Karin S. Wozonig · Betty Paoli

Inhalt

Vorspann 11

1 1814–1839 · Die ersten fünfundzwanzig Jahre 15

Kindheit und Jugend 15

Literarische Anfänge 19

Abschied von Ungarn 19 · *Alfred. Novelle* 22 · *An die Männer der Zeit ...* 24
... und an die Frauen 29 · *Baden, Kremenez, Szaflary* 33 · *Allein* 41

Betty Paoli macht sich einen Namen 44

Clary 44 · *Literatur und Liebe* 53 · *Größter Schmerz* 60
Elegante Welt 66

2 1840–1847 · Die Lyrikerin etabliert sich 89

Ruhm 89

Vertonungen 90 · *Reaktionen und Rezensionen* 93 · *Die jungen Böhmen* 97
Lorm 103 · *Ideenschmuggel mit George Sand* 105
Byron, Faust, Venedig 109 · *Wertheimer* 115 · *Existenzfragen* 119

Nach dem Gewitter 1843 127

Die Fürstin und ihr Sohn 130 · *Auf der Hochseeinsel* 137
Passangelegenheiten 140 · *Romancero* 143 · *In den Süden* 148
Achtung, Satire! 154 · *Was sagt Stifter dazu?* 157

3 1848–1855 · Revolutionen, Reisen, Ressentiments 175

Wien–Leipzig–Zerbst … 175
Jubel und Unruhe in Wien 177 · *Leipzig – alle weg* 183
Ruhe und Reaktion in Zerbst 185 · *Auf Jobsuche: Teplitz, Dahlen, Berlin* 190
Neue Kreise 193 · *Neue Gedichte und neue Auflage* 195
Klatsch und Tratsch mit Amely Bölte 199 · *Seeleneinsamkeit* 201

Handwerksbursche und ABC-Schütze 203
Rachel und Heine 204 · *Konservative Kritik* 206 · *Kunstschätze* 209
Revanche mit Puschkin 211 · *Wieder im Süden* 215
Im Salon mit Grillparzer 217 · *Waschlappen* 221 · *Theatermann* 230

4 1856–1869 · Familie und Feuilleton 253

Das Haus Fleischl 253
Ida Fleischl 255 · *Carl Fleischl* 258 · *Ernst von Fleischl-Marxow und seine Brüder* 259 · *Die Tiere* 265

Literatur und Netzwerke 266
Lyrisches und Episches für die Gabillons 268 · *Noch ein Theatermann* 273
Übersetzungen für das Burgtheater 277 · *Zu Besuch bei …* 280
Auf dem satirischen Parnass 288

Meinungsbildung 291
Sittengeschichten 292 · *Frauenfrage? Mädchenbildung!* 295 · *Julie Rettich* 302
Krieg und Frieden 305 · *Kunstgeschichte* 310

5 1870–1884 · Altes und Neues 325

Wieder auf Reisen 325

Das alte Dresden 326 · *Das neue Italien* 329

Gedichte und Geschichten 335

Neueste Gedichte 336 · *Ein neues Theater* 338 · *1873. Zu viel! zu viel!* 341
Die Dioskuren 344 · *Huldigungen und Abschiede* 350
Kunst und Leben: Friedrich Pecht 354 · *Poesie und Tendenz* 356
Die Lage der Schriftsteller 360 · *Droste-Hülshoff, die edelste Dichternatur* 364
Marie von Ebner-Eschenbach 367 · *Von Grillparzer bis Saar* 373
C. F. Meyer 380 · *Altern mit George Sand* 384

6 1885–1894 · Feiern und Ende 403

Lesen und schreiben bis zum Schluss 403

Angeblich 70. Geburtstag (1885) 406 · *Gelehrte* 410
Tarock mit Ebner-Eschenbach 418 · *Die Wandlungen der Frauenfrage* 422
Ein letztes Mal Droste-Hülshoff 426 · *Krankheit* 429

Tod und Nachhall 436

Baden bei Wien 1894 437 · *Nachruf von Marie von Ebner-Eschenbach* 441
Ferdinand von Saar: Requiem 444 · *Zwei Burgtheaterstars bei einer Gedenkfeier* 446

Zum Schluss 457

Literaturverzeichnis 461 · Personenregister 497
Bildnachweis 505 · Zeittafel 507

Betty Paoli, um 1850, Carl Rahl

»Was ich bedurfte, mußt' ich selbst erringen.«

Betty Paoli

Vorspann

Pythia und Schwarzseherin auf dem Olymp

Im Jahr 1865 besucht Baronin Marie von Ebner-Eschenbach eine Soirée der Tänzerin Fanny Elßler. Unter den Gästen ist Betty Paoli, fünfzig Jahre alt, prominent als Rezensentin und Feuilletonistin, geschätzt als Übersetzerin französischer Salonstücke für das Burgtheater und die berühmteste Lyrikerin Österreichs. Ebner-Eschenbach, später bekannt als Meistererzählerin mit scharfem Blick für die menschliche Natur, hält nach ihrer Begegnung im Tagebuch fest: »Eine Minerva, eine Olympierin. Imposant gescheit und hinreißend wenn sie sich herablässt liebenswürdig zu sein.«[1] Sollte Paoli unter den olympischen Göttern einen Vertrauten gehabt haben, dann war das Apollo. Zu seinem breiten Portfolio gehören unter anderem die Dichtkunst und die Weissagung. Er verlieh auch Kassandra die Seherinnengabe. Das war Teil eines misslungenen Verführungsversuchs des Gottes. Der Zurückgewiesene bestimmte, dass niemand mehr Kassandras Prophezeiungen über verlorene Kriege, Gattenmord etc. Glauben schenken sollte.

Von der Poesie, die ihre Vertreter aus der Menge hervorhebt, und von der Schwarzmalerei, umgeformt zum kulturpessimistischen Essay in der großbürgerlichen Presse, handelt Betty Paolis Leben. Da es im sogenannten langen 19. Jahrhundert in der Habsburgermonarchie gelebt wurde, erzählt es auch von Revolution und Emanzipation, von Salon und Fortschritt, von der Entwicklung der Massenmedien und von der Moderne; und davon, wie es passieren konnte, dass eine der Hauptakteurinnen der österreichischen Literatur, Kunst und Kultur fast vollständig vergessen wurde.

Eine Dichterinnenbiographie als Zeitbild

Der Wiener Literaturhistoriker Robert Franz Arnold schreibt in seiner Rezension eines postum erschienenen Gedichtbandes:

> Eine Würdigung der Paoli, deren Leben mit einem halben Jahrhundert Wiener Literatur, von Feuchtersleben bis zu Frau v. Ebner herab, verknüpft war, ist hier nicht am Orte; für ihren Biographen oder besser ihre Biographin, werden die schier unzähligen Beziehungen eines sonst schlichten und entbehrungsreichen Lebens zu Größen der Kunst, Literatur und Wissenschaft besonders verlockende Darstellungsobjekte sein.[2]

Dieser Literaturhistoriker hat recht: Es gibt kaum eine bedeutende Persönlichkeit des literarischen, künstlerischen und intellektuellen Lebens in Österreich im 19. Jahrhundert, mit der Paolis Name nicht auf die eine oder andere Weise verbunden ist. Und doch ist Paoli heute fast vergessen. Sogar in Friedrich Sengles dreibändigem Standardwerk aus den 1970er Jahren *Biedermeierzeit*[3] wird lediglich der Ausspruch Grillparzers, Paoli sei der größte Lyriker der Zeit, kolportiert, sie ansonsten aber kaum erwähnt – diese Lücke war es auch, die meine Neugier geweckt hat. Und wirklich: Die Kenntnis des Lebens dieser talentierten, gebildeten Frau und starken Persönlichkeit gewährt einen tiefen Einblick in die Kultur- und Literaturgeschichte Österreichs. Wer sich für das Jahrhundert interessiert, in dem die Weichen für die Herausbildung eines bürgerlichen, liberalen und demokratischen Gesellschaftsverständnisses gestellt wurden, das im Guten wie im Schlechten bis heute weiterwirkt, wird durch Paoli, durch ihre Literatur und ihre hellsichtigen Feuilletons Neues in neuen Zusammenhängen erfahren.

Ohne Paolis Werk sind weder die österreichische Lyrik des 19. Jahrhunderts noch die Besonderheiten des österreichischen Realismus in ihrem ganzen Umfang zu verstehen. Sie hat andere Autoren und Autorinnen beeinflusst, unterstützt, beraten und kritisiert. Im kleinen (feministischen) Rahmen wurden Paolis Feuilletons zur sogenannten Frauenfrage vor einiger Zeit wiederentdeckt, sie wird gelegentlich auch als erste bezahlte Journalistin Österreichs gewürdigt.[4] Dass ihre Lyrik von der Forschung wenig beachtet wurde, liegt einerseits an dem Etikett ›Biedermeier‹ und andererseits daran, dass ihre formale Perfektion darüber hinwegtäuscht, wie weit diese Gedichte vom poetischen Mainstream der Zeit entfernt sind. Die Quellen zu Paolis Leben und zu ihrem Werk sind umfangreich, aber verstreut und verschüttet. In dieser Biographie werden die Informationen zum Leben der Dichterin, aber auch ihre Texte erstmals chronologisch erfasst und in den Kontext ihrer Zeit gestellt – von der ersten Novelle aus dem Jahr 1832 bis zur letzten Kritik von 1894.[5]

Die meisten ungedruckten Briefe, Dokumente und Gedichtmanuskripte Paolis befinden sich in der Wienbibliothek im Rathaus. Die ›Sammlung Paoli‹ enthält Material aus der Zeit von 1844 bis 1908, insgesamt 889 Inventarnummern, teilkatalogisiert und vorgeordnet. Einiges findet sich in der Handschriftensammlung der Österreichischen Nationalbibliothek und verstreut in deutschen und tschechischen Archiven. Gedruckt liegen unter anderem Briefe an Friedrich Schwarzenberg[6] und an die Vormärzautoren Moritz Hartmann, Alfred Meißner und Hieronymus Lorm[7] vor. Auch so manche Memoiren und Tagebücher von Zeitgenossen sind in Bezug auf Paolis Leben aufschlussreich. Auf dieser Basis erzählt die vorliegende Biographie eine der möglichen Geschichten, die über diese illustre Persönlichkeit geschrieben werden können.

Wie erzählen?

Das gelebte Leben ist die Basis, auf der die Lebenserzählung aufbaut, eine Biographie ist aber immer auch eine Neukonstruktion aus der Perspektive einer in ihre Zeit eingebetteten Biographin.[8] Die Biographie einer Autorin wie Betty Paoli ist darüber hinaus eine Besonderheit, denn Paoli hat nicht nur ihr eigenes Leben innerhalb der von der Gesellschaft gewährten Freiheiten gestaltet und dabei Zeugnisse hinterlassen, die der Forschung zur Verfügung stehen. Sondern sie hat, wie viele andere auch, ihr Leben durch ihr Werk literarisch vermittelt. Und in einer langen und komplexen Reihe von Wechselwirkungen prägte wiederum ihr Schreiben ihr Leben.

In diesem Buch wird nicht nur die Person Betty Paoli dargestellt, es werden auch ihre intellektuellen und poetischen Leistungen sowie ihre Selbstkonstruktion gewürdigt. Um Paoli die Beachtung zu verschaffen, die sie verdient, muss ihr Leben in Erinnerung gebracht werden. Seine Poetik, das Abspulen des Lebensfadens bestimmt die Form. Und damit möchte ich zur Entdeckung des Lebens und Schreibens dieser Autorin einladen.

Anmerkungen

1 Marie von Ebner-Eschenbach: *Tagebücher I. 1862–1869*. Kritisch hg. und kommentiert v. Karl Konrad Polheim unter Mitwirkung von Rainer Baasner. Tübingen: Niemeyer 1989, S. 68. (7. Dezember 1865)

2 R[obert] F[ranz] Arnold: *Betty Paoli Gedichte. Auswahl und Nachlaß* [Rezension]. In: *Euphorion* 3 (1896), S. 556.

3 Friedrich Sengle: *Biedermeierzeit*. Deutsche Literatur im Spannungsfeld zwischen Restauration und Revolution 1815–1848. 3 Bde., Stuttgart: Metzler 1971–80.

4 Vgl. Betty Paoli: *»Was hat der Geist denn wohl gemein mit dem Geschlecht?«* Hg. v. Eva Geber. Wien: Mandelbaum 2001; vgl. Peter Payer: *Am Anfang war Betty Paoli*. In: *Die Presse*. Spectrum, 25. Mai 2018, S. I–II.

5 Dass man in Erwägung ziehen kann, die in ephemeren Quellen verstreuten Texte in größtmöglicher Vollständigkeit zu präsentieren, liegt an Digitalisierungsprojekten wie *ANNO – AustriaN Newspapers Online der Österreichischen Nationalbibliothek* und *digiPress – Das Zeitungsportal der Bayerischen Staatsbibliothek*. Absolute Sicherheit über den Bestand der Primärliteratur ist aber nur sehr schwer zu erreichen. Ich halte es für nicht ausgeschlossen, dass es Texte von Paoli gibt, die mir entgangen sind.

6 Betty Paoli: *Gesammelte Aufsätze*. Hg. v. Helene Bettelheim-Gabillon. Wien: Schriften des Literarischen Vereins 1908, S. V–CXI.

7 Otto Wittner (Hg.): *Briefe aus dem Vormärz*. Eine Sammlung aus dem Nachlaß Moritz Hartmanns. Prag: Calve 1911. [in der Folge zitiert Wittner (Hg.)]

8 Zu Theorie und geglückter Praxis vgl. Daniela Strigl: *Prolegomena zu einer neuen Biographie Marie von Ebner-Eschenbachs und »Berühmt sein ist nichts.«* Marie von Ebner-Eschenbach. Eine Biographie. Habilitationsschrift Wien, 2017.

1
1814–1839
Die ersten fünfundzwanzig Jahre

Kindheit und Jugend

Betty Paoli wurde als Barbara Anna Glück am 30. Dezember 1814 in Wien im Haus Nummer 362 Innere Stadt geboren, im ›Färbergäßl‹, das an der Grenze der ehemaligen Judenstadt lag. Das Haus gehörte Barbaras Großmutter[1], im ersten Stock befand sich die Weinhandlung von Franz Carl Dawit und gleich nebenan der ›Sabelkeller‹, ein traditionsreiches Weinlokal tief unter der Erde.[2] Getauft wurde das Kind wenige Tage nach seiner Geburt in der nahegelegenen Kirche ›Zu den neun Chören der Engel‹ (Kirche Am Hof), der zweite Taufname ist der Tradition entsprechend der Name der Taufpatin, Anna Dawit, der Frau des Weinhändlers.[3]

Über Barbaras Eltern wissen wir wenig. Ihre Mutter hieß Theresia oder Therese Grünnagel, wurde 1776 in Wien geboren und heiratete am 5. Mai 1814 in Brünn, Mähren, den Feld-Oberarzt des Feldspitals Nr. 23, Anton Glück[4], der 1777 in Ofen in Ungarn geboren wurde und in Erlangen Heilkunde studierte. Gut möglich, dass er mit jenem Anton Glick identisch ist, der im Jahr 1803 einer der Unterärzte des Infanterieregiments Nr. 37 in Großwardein, Ungarn, war.[5] Der Name Glück oder auch Glick ist allerdings nicht ungewöhnlich und vor allem in der Variante Glückl oder Glickl ein häufiger jüdischer Name. Das ist einer der Gründe, warum Betty Glück/Paoli später gelegentlich als jüdische Schriftstellerin gelten wird. Anton Glück starb im Jahr 1822 an Tuberkulose.[6] Über ihn lässt sich mit einiger Bestimmtheit sagen, dass er nicht Bettys leiblicher Vater war. Ihre Zeitgenossen hielten sie für die uneheliche Tochter eines ungarischen Adeligen, wobei Fürst Nikolaus II. Esterházy de Galantha ein möglicher Kandidat für die Vaterschaft ist. Bettys Mutter war in zweiter Ehe mit Sigismund Groschan, einem Kanzleibediensteten in der k. k. Cameral-

Hauptbuchhaltung, verheiratet und starb 1834 im Alter von 58 Jahren an der Schwindsucht.[7]

»Die tatsächlichen Angaben über die Verhältnisse und Geschehnisse bis zur Lebensmitte der Dichterin leiten fast alle auf eine Quelle, auf den bekannten Schriftsteller Leopold Kompert, zurück und begnügen sich mit andeutenden Umrissen«, schreibt Friedrich Beck 1906 in einer biographischen Skizze.[8] Kompert, seinerzeit populär als Verfasser von ›Ghetto-Geschichten‹, hatte für das literarische Taschenbuch *Gedenke mein!* des Verlags Pfautsch & Voß eine Kurzbiographie Paolis verfasst.[9] Dies sind die spärlichen biographischen Informationen, die Kompert über Kindheit und Jugend der Dichterin liefert:

> Ihr Vater, seines Berufes Arzt, starb frühzeitig, seine Gattin mit dem kaum erwachsenen Kinde einer gesichert scheinenden Zukunft überlassend; denn die Mutter unserer Dichterin besaß ein eigenes, bedeutendes Vermögen. So gestalteten sich ihre Kindertage zu recht freundlichen und heiteren, und nichts ließ ahnen, daß in diese anscheinend gesicherten Verhältnisse das Mißgeschick einschneiden könne. Betty Paoli hatte ihr fünfzehntes Jahr erreicht, als der Bankerott des Kaufmannes, dem die Mutter ihr Vermögen anvertraut hatte, die bisherige Behäbigkeit plötzlich unterbrach, und das junge Mädchen sich in die Nothwendigkeit versetzt sah, für sich und die Mutter Sorge zu tragen. Von diesem Augenblicke an entwickelte sich in der Mutter eine eigenthümliche, fast krankhafte Rastlosigkeit, ein beständiges Wandern von einem Aufenthaltsort zum anderen […].[10]

Was für die Leser nicht erkennbar ist: Diese biographische Skizze entstand im Auftrag und nach Angaben von Paoli. Im Juli 1856 weilte sie zur Kur in Franzensbad, von dort schreibt sie an Kompert: »Herr Pfautsch will mein Portrait in dem Taschenbuch ›Gedenke mein‹ erscheinen lassen und besagtem Conterfei auch meine Biographie beigeben. Gegen eine solche habe ich mich nun entschieden erklärt.«[11] Und Paoli begründet ihre Abneigung gegen das Ansinnen des Verlegers:

> Bin ich einmal todt und es will sich Jemand die Mühe nehmen, meine Biographie zu schreiben, so kann ich es, leider! nicht hindern, aber so

> lange ich noch auf Erden wandle, fühle ich nicht den mindesten Beruf, vor dem Publikum eine Art Generalbeichte abzulegen. Biographien noch lebender Personen müssen entweder lügen- oder lückenhaft sein; wenn dieß nicht, sind sie noch Schlimmeres: eine Entweihung, die man seinem eigensten Wesen zufügt, um die Neugier und Klatschsucht der plumpen Masse zu befriedigen.[12]

Paoli ringt sich dennoch dazu durch, »einige biographische Notizen« zu liefern, und ergänzt:

> Diesen flüchtigen Umrissen meines äußeren Lebens wäre es aber passend, ein Bild meines geistigen Seins beizufügen [...]. Mein guter, treuer Freund! Sie erzeigen mir einen großen Liebesdienst und ersparen mir wahrscheinlich bedeutende Unannehmlichkeiten, wenn Sie die Arbeit, um die es sich hier handelt, übernehmen.[13]

Kompert nimmt den Auftrag an, schreibt eine Kurzbiographie mit besonderer Würdigung des lyrischen Werks und schickt seinen Text vorab an Paoli. Diese lobt, dass der Aufsatz »in dem *Geist* und der *Weise* geschrieben ist, wie ich es wünschte: mit vorherrschender Bezugnahme auf meine literarische Wirksamkeit und möglichster Beseitigung äußerer Verhältnisse, die das Publikum nicht im Geringsten angehen.«[14] Einfach macht es die Dichterin ihrer Biographin also nicht.

Zwei Menschen konnten aus langjährigem persönlichem Umgang und mündlichen Berichten schöpfen, wenn sie über »äußere Verhältnisse, die das Publikum nicht im Geringsten angehen«, schrieben: Marie von Ebner-Eschenbach und Paolis Wahltochter, die Zeichnerin und Schriftstellerin Helene Bettelheim-Gabillon. Aber auch diese beiden sparten Details über Herkunft und Jugend Paolis aus. Bei Helene Bettelheim-Gabillon geht die Diskretion so weit, dass sie aus Briefen für den Abdruck ganze Passagen streicht, ohne es zu kennzeichnen, und die Anrede vom intimen »Du« auf das distanziertere »Sie« ändert.

Schon die Zeitgenossen stellten fest, dass Paoli Selbsterlebtes in ihren Gedichten verarbeitete. Die biographische Legende wurde bei ihr von Anfang an mitgelesen. Und die Dichterin kannte die Wechselwirkung genau, die zwischen dem literarischen Werk und dem Bild der Dichterin entsteht.

Betty Paoli, Taschenbuch »Gedenke mein!«, Jahrgang 1857

In Paolis Dichtung steckt immer auch ihre bewusste Selbstkonstruktion, ein angedeuteter Erfahrungs- und Erlebnishintergrund, der Raum für Spekulationen und Anlass für Gerüchte bot, gerade auch, weil die gesicherten biographischen Informationen spärlich waren.

So wissen wir zum Beispiel, dass Betty Glück als Kind eine gute Ausbildung genoss, allerdings wissen wir nicht, bei wem und wo. Marie von Ebner-Eschenbach schreibt in ihrem Nachruf: »Ihre Mutter hatte den Wunsch, aber nicht die Fähigkeit, ihr eine gute Erziehung zu geben, und vertraute das hochbegabte Kind der Familie des ausgezeichneten Grammatikers Schmidt, durch den der Grund zu ihren reichen Sprachkenntnissen gelegt wurde.«[15] Wer dieser Grammatiker Schmidt war und wo er gelebt hat, das erwähnt Ebner-Eschenbach nicht. Auch Bettelheim-Gabillon deutet nur an, dass sich Paolis Gedicht *Rückblick* auf diese Zeit beziehen könnte. Sie zitiert zwei Strophen daraus:

Das Dampfroß hat mich hergetragen
In raschem Fluge nach der Stadt,
Die seit der Jugend fernen Tagen
Mein irrer Fuß nicht mehr betrat.
[...]

Mein Haus hier! keine frohen Stunden
Verlebt' ich unter seinem Dach.
Doch, ob auch äußerlich gebunden,
Frei war der Geist, der in mir sprach![16]

Das zitierte Gedicht entstand im September 1862 und da irrte Paoli tatsächlich herum, allerdings in einem für sie üblichen Maß, denn sie verbrachte die Sommer- und Herbstmonate immer fern von Wien.[17] Ihre Reiseziele waren dabei über Jahre hinweg die gleichen. Sie besuchte zum Beispiel Fürstin Caroline Bretzenheim in Saros-Patak (Sárospatak, Ungarn); sie reiste nach Dahlen in Sachsen zu ihrer ehemaligen Arbeitgeberin Frau von Sahr; dazwischen besuchte sie in München Paul Heyse (›Dichterfürst‹ und späterer Literaturnobelpreisträger) und in Dresden Otto Ludwig (er prägte den Begriff ›poetischer Realismus‹). Auch Iduna Laube, intellektuelle Salondame in Leipzig, wollte besucht werden, und weil Laube die Fixpunkte in Paolis Reiseprogramm kannte, schlug sie vor: »Also von Mitte Juli bis in den September stellte sich ein Zeitraum von 8 Wochen heraus, wo sich Ihr Besuch herrlich einschieben würde, auch träte ich damit den Rechten der Sahr auf den Vorsommer u. denen der Bretzenheim auf den Herbst nicht zu nahe«.[18] Anlass für einen Rückblick boten die regelmäßigen Besuche auf dem Gut der Malerin Baronin Wilhelmina (Mina) von Stein, denn das lag bei Wieliczka in der Nähe von Krakau, Galizien (Polen), und damit befand sich Paoli an jenem Ort, an dem sie als junge Frau Begegnungen mit der Literatur gehabt hatte, die ihren weiteren Lebensweg bestimmen sollten. In welchem Land Paoli aber ihre Jugend verbrachte, lässt sich tatsächlich aus einem Gedicht rekonstruieren, genauer gesagt aus ihrem ersten. Es trägt den Titel *Abschiedswort an Ungarn.*

Literarische Anfänge

Abschied von Ungarn

Betty Glück tritt im Jahr 1832 erstmals literarisch in Erscheinung. Im Gedicht *Abschiedswort an Ungarn* (sechs achtzeilige Strophen in jambischen Fünfhebern mit Kreuzreim) spricht ein Ich, das Ungarn verlässt und über die Gründe für sein Weggehen Rechenschaft ablegt.[19] In der ersten Strophe wird das Land Ungarn als Du adressiert, danach wechselt die Perspektive und die Sprecherin wendet sich an ein Kollektiv, das in der letzten Strophe als die »Theuern« benannt wird, die ihm in dem fremden Land »voll Lieb und Milde, / Voll holder Freundlichkeit« begegnet sind. Aber der Abschied ist ambivalent. So ist Ungarn wohl zum »zweite[n] Heimathsland« geworden, und durch den bevorstehenden Verlust wird dem Ich das Land »doppelt hoch und hehr«. Das Ich ist unsicher und verwirrt, sein Seelenzustand ähnelt einem »wüsten Traum« – ein Kontrastbild zum ›süßen Traum‹, der in der Lyrik der Zeit häufig evoziert wird. Die Trennung verursacht ihm »todesbitter[e] Schmerzen« und »tiefempfundne[s]« Leid. Das Ich schwankt: »Von dannen eil' ich und möchte bleiben, / Ich könnte bleiben und ich will doch nicht!« Schließlich ist es ein »willenloses Wesen«, das einer vom Schicksal vorgezeichneten Bahn folgen muss.

Betty Glück ist der Name, mit dem dieses Gedicht gezeichnet ist und unter dem Paoli in den ersten beiden Jahren ihrer Dichterinnenkarriere veröffentlicht. Sie spricht in *Abschiedswort an Ungarn* zum ersten Mal, wenngleich auch noch nicht so unverstellt wie in späteren Gedichten, von der künstlerischen Bestimmung, die sie um- und antreibt. In ihren biographischen Notizen für Leopold Kompert nennt Paoli ihre Jugend eine Phase des Nachdenkens, in der sie sich ihres Ziels bewusstwurde.[20] Kompert fand das für seine Kurzbiographie offenbar nicht deutlich genug und ergänzt Paolis Zitat: »[E]s war die Poesie!«[21]

Schon bei ihrem ersten poetischen Auftritt als Siebzehnjährige thematisiert Paoli das Schicksalhafte der poetischen Begabung und die dichterische Getriebenheit. In ihrer Lyrik wird sie außerdem immer wieder Abschiedsschmerz, aber auch andere Leidenserfahrungen wie Verlust, Verrat und Enttäuschung als Schreibanlass thematisieren. Der Literaturhistoriker Jakob Minor macht die interessante Bemerkung, Paoli drücke in ihrer Poesie »die weiblichste aller Empfindungen, den Schmerz um betrogene Liebe« aus.[22]

Schmerz als Inspiration ist eine lange wirksame frühromantische Vorstellung, der auch Paoli folgt. Sie beschreibt ihre erste Begegnung mit der Lyrik George Byrons: »[D]en Schmerz kannte ich bereits, jetzt lernte ich auch die Poesie des Schmerzes kennen, die grauenvolle Wollust des Wühlens in den eigenen Wunden«.[23] Das Nachdenken über ihr Schreiben, die Begründung und auch die Rechtfertigung für ihre Poesie finden sich in Gedichten mit Titeln wie *Dichterherz*, *Die Dichterin*, *Mein Dichten* oder *Die Pythia*. Auf der einen Seite steht der übermächtige Drang zur poetischen Produktion, der das überragende Talent auszeichnet, und mit dem sich Paoli in die Tradition des ›hohen‹ Dichterbilds der ›Dichtergedichte‹ stellt.[24] Auf der anderen Seite steht ihre Fähigkeit, Schmerz und Schicksalsschläge in Poesie zu verwandeln. Zwischen dem Bild der Frau, die erlebt, leidet und sich Gehör verschafft, und der Rolle des Genies (im Biedermeier eine paradoxe Konstruktion, in der Originalität zur Norm erhoben und mit Talent gekoppelt wird) betreibt Paoli ihr *Selffashioning*[25] und verankert sich in der Wahrnehmung ihrer Zeitgenossen als getriebene Dichterin. Von Anfang an übt Betty Glück Techniken der poetischen Selbstbeobachtung, Zeichen einer selbstreflexiven, modernen und selbstbewussten Subjektivität, die die Überzeugung von der eigenen dichterischen Berufung ausdrücken.[26]

Die Siebzehnjährige hat mit *Abschiedswort an Ungarn* ihren poetischen Einstand an prominente Stelle, denn das Gedicht erscheint im *Spiegel oder Blätter für Kunst, Industrie und Mode* in Pesth (Budapest). Es war Ungarns »niveauvollste belletristische Zeitschrift der Epoche«, in der Lyriker der romantischen Schule und des Biedermeier, Vertreter des Jungen Deutschland und ihre österreichischen Pendants buchstäblich Seite an Seite standen.[27] Zu den Beiträgern zählte im Jahr 1832 zum Beispiel Heinrich Adami, Schriftsteller und Journalist, der auch Redakteur von Adolf Bäuerles *Wiener Theaterzeitung* war, dem populärsten österreichischen Organ der Zeit. Außerdem finden sich im *Spiegel* Gedichte von Johann Gabriel Seidl, dem »Inbegriff« des österreichischen Biedermeierdichters[28], und Texte von Moritz Rappaport, einem galizischen Schriftsteller und Arzt. Die Versepen von Rappaports Studienfreund Ludwig August Frankl, der im März 1848 das erste Gedicht der zensurfreien Zeit veröffentlichen und sich später durch besondere kulturelle Umtriebigkeit hervortun sollte, wurden im *Spiegel* regelmäßig besprochen.[29] Betty Glück befand sich mit ihrer ersten Gedichtveröffentlichung 1832 also mitten in der literarischen Szene der Habsburgermonarchie und wurde zur Kollegin von Männern, die etwas abseits von Wien und nicht im direkten Blickfeld der strengen Zensur des Metternichregimes die publizistische und literarische Landschaft mitgestalteten.

Der *Spiegel* und die *Wiener Theaterzeitung* erschienen mehrmals wöchentlich und waren Unterhaltungsblätter moderner Machart. Sie enthielten kolorierte Modebilder, brachten Berichte aus dem Kulturleben, Theaterkritiken und Konzertankündigungen aus Pesth und Wien, aber auch Korrespondenzen aus anderen Städten, kurz: Stoff für die gesellige Unterhaltung im bürgerlichen Salon. Viel Platz bekamen die beliebten Novellen, zumeist konventionelle Prosa, die in Fortsetzungen gedruckt die Funktion hatte, die Leserschaft an die Zeitschrift zu binden.[30] Wegen der Popularität dieser Beiträge waren die Verleger bereit, gute Honorare zu zahlen.[31] Novellen waren also eine Einnahmequelle für Autoren und vor allem Autorinnen, die Gattung hatte aber den Nachteil, als kunsthandwerklich zu gelten und dem Ruf des ›wahren‹ Dichters zu schaden. So ist es nicht verwunderlich, dass Betty Paoli, die begnadete Schöpferin freimütiger Liebesgedichte mit Innovations- und Skandalpotential, ihren allerersten literarischen Auftritt im *Spiegel* nie erwähnte. Denn *Abschiedswort an Ungarn* ist zwar das erste Gedicht von Betty Glück, aber schon drei Monate zuvor erschien *Alfred*, eine Novelle in vier Teilen.[32]

Alfred. Novelle

Die erste Novelle Paolis entspricht in allem der Genrekonvention. Die Nennung realer Orte verleiht der frührealistischen Prosa den Anschein der Tatsächlichkeit; fremde Schauplätze und Handlungen in der Vergangenheit lassen Anspielungen auf Zustände und Begebenheiten zu, die ohne die örtliche und zeitliche Entrückung Probleme mit der Zensur gebracht hätten; der Wirklichkeitsgehalt wird oft durch eine Rahmenhandlung mit einer beglaubigenden Erzählstimme oder durch die Verwendung von Asterisken (zum Beispiel »Carl von ***«) unterstrichen.

In Paolis Novelle *Alfred* ist Paris die Chiffre für eine Großstadt mit ihrem Salonleben. Die Handlung spielt während der Napoleonischen Kriege, ist in sich geschlossen und hat ein zentrales, überraschendes Moment, das, ebenfalls novellentypisch, als Brief eingebaut ist: Die Marquise von Darency hat ihre Nichte Pauline aus Montpellier zu sich nach Paris geholt und hofft, sie mit ihrem Ziehsohn Alfred zu verheiraten. Dieser ist jedoch auf Napoleons Russlandfeldzug verschollen und wird von den beiden Frauen für tot gehalten. Die Novelle beginnt mit der überraschenden Heimkehr Alfreds. Er war in der Schlacht verwundet und von einem russischen Grafen gerettet worden. Das Treffen von Alfred und Pauline verläuft nicht so erfreulich, wie die Marquise und ihr Ziehsohn gehofft hatten. Während Alfred in Pauline verliebt ist, ist diese im Geheimen leidenschaftlich für einen jungen Russen entflammt, den sie in Montpellier kennengelernt hatte und der inzwischen nach Russland zurückgekehrt ist. Es kommt zur Aussprache zwischen Alfred und Pauline, wobei er in ihrem Zimmer zufällig ein Bild ihres Geliebten entdeckt und in ihm Fedor erkennt, den zukünftigen Schwiegersohn seines russischen Retters. Bestürzt verlässt Alfred das Zimmer und schreibt Pauline einen Brief, in dem er ihr berichtet, dass ihr Geliebter mit einer anderen Frau verlobt war und dass er, Alfred, ihn im Streit getötet hat. Pauline stirbt an gebrochenem Herzen. Alfred zieht wieder in den Krieg und kommt in der Schlacht bei Leipzig ums Leben. Der letzte Satz der Novelle lautet: »Einsam beschloß die Marquise ihr verödetes freudloses Leben.«

Vom Auftakt mit einer Gesprächsszene im adeligen Salon über die beiden verhinderten Liebesgeschichten bis zum gebrochenen Herzen und dem Soldatentod bedient *Alfred* die Erwartungen des biedermeierlichen Lesepublikums. Im Zentrum steht ein Ereignis, das bei aller sonstigen Wirklichkeitsnähe doch auch etwas Wunderbares in sich trägt (da begegnet der Protagonist im ganzen weiten Russland ausgerechnet dem heimlichen Geliebten seiner Angebeteten), die Figuren werden im gemäßigten Konversationston ohne Exzentrizität präsentiert, staatliche Ordnung und Religion spielen eine wichtige Rolle (Alfred trifft Pauline in ihrem Zimmer beim innigen Gebet an). Und obwohl große dramatische Effekte fehlen, ist doch ein gewisser Spannungsbogen vorhanden, so dass die wichtigste Funktion der Fortsetzungsnovelle aus verlegerischer Sicht, nämlich die Leserschaft bei der Stange zu halten, erfüllt ist. Betty Glück kannte den Markt der Unterhaltungsblätter, konnte ihn bedienen und als Verdienstmöglichkeit nützen. Zwar arbeitete sie später als Gouvernante, wurde Gesellschafterin, Übersetzerin und Sprachlehrerin, bekam Honorare für Gedichte, Kritiken und Essays und irgendwann wird sie auch mit Wertpapieren spekulieren (»Zwölf Stück Pilsener-Priesener Eisenbahn im Nominalwerth von 1 800 um 1 606 fl 33 kr gekauft«[33]), die Novelle *Alfred* stand aber am Anfang ihres literarischen Erwerbslebens. Nach diesen ersten

Lebenszeichen im ungarischen *Spiegel* veröffentlichte Betty Glück andernorts einige Gedichte, die ebenso aufschlussreich in Bezug auf ihr poetisches Programm wie auf ihr Leben sind.

An die Männer der Zeit …

Betty Glück verließ 1832 Ungarn in Richtung Wien. Durch das Netzwerk des *Spiegel* eröffneten sich der achtzehnjährigen Dichterin Publikationsmöglichkeiten in der Residenzstadt, ihre nächsten Gedichte erschienen in der *Theaterzeitung* und in der renommierten *Wiener Zeitschrift für Kunst, Literatur, Theater und Mode*, über die der Kulturhistoriker Anton Schlossar schreibt, dass in ihr viele »später zur Berühmtheit Gelangten« ihre Karriere begannen.[34] Gründer und Redakteur der *Wiener Zeitschrift* war Johann Schickh, nach seinem Tod im Jahr 1835 übernahm Friedrich Witthauer die Zeitschrift. Der war nach dem Zeugnis eines Zeitgenossen stets bescheiden, korrekt gekleidet, kultiviert[35] und »einer der besten Kenner der österreichischen und allgemeinen Litteratur«[36]. »Der Hochtory der Journalisten, […] dessen Mitarbeiter die namhaftesten Schriftsteller Oesterreichs: Grillparzer, Lenau, Betti Paoli etc. waren, erhob sich mit wahren [sic] Stolze über seine Collegen und namentlich war Saphir ihm ein Dorn im Auge.«[37]

Der 1795 in Ungarn geborene Moritz Gottlieb Saphir war eine publizistische Skandalnudel, ein Spötter, der sich mit jedem anlegte und Klatsch und Tratsch verbreitete.[38] Er war unter anderem Mitarbeiter von Bäuerles *Theaterzeitung*, 1837 gründete er die Zeitschrift *Der Humorist*. Warum Betty Paoli, die vom »Musterprosa«[39] schreibenden Friedrich Witthauer gefördert wurde, im ersten Jahrgang von Saphirs Zeitschrift Gedichte veröffentlichte, ist rätselhaft.

Im Jahr 1831 erschien in Hamburg ohne Verfasserangabe unter dem Titel *Spaziergänge eines Wiener Poeten* eine Sammlung regime- und kirchenkritischer Gedichte. Sie standen am Anfang einer wahren Flut an politischer Literatur, die durch die Julirevolution in Frankreich befeuert wurde und gegen die Unterdrückung durch das restaurative Regime des Staatskanzlers Metternich gerichtet war. Bald wurde publik, dass die *Spaziergänge* von einem Autor stammten, der zuvor bereits unter dem Pseudonym Anas-

Friedrich Witthauer, 1845

tasius Grün veröffentlicht hatte. Wer aber wiederum hinter diesem Pseudonym steckte, nämlich Anton Alexander Graf von Auersperg, blieb noch jahrelang ein Geheimnis.[40] Eines der Gedichte der Sammlung trägt den Titel *Unsere Zeit*. Die Stimme in diesem Rollengedicht gehört dem Anwalt der Zeit (im Sinne von Gegenwart), der sie gegen die Kläger verteidigt, die vor »Kruzifix und Kerzenlicht« über sie zu Gericht sitzen. Die Kläger werfen der Zeit vor, sie sei »trüb' und unheildrohend und von sturmbewegtem Sinn«. Der Anwalt wendet sich an »Schöff' und Räte« mit der Belehrung:

> Lästert nicht die Zeit, die reine! Schmäht ihr sie, so schmäht ihr euch!
> Denn es ist die Zeit dem weißen, unbeschriebnen Blatte gleich;
> Das Papier ist ohne Makel, doch die Schrift darauf seid ihr!
> Wenn die Schrift nicht just erbaulich, nun, was kann das Blatt dafür?[41]

Im August 1832 veröffentlicht Betty Glück in der *Wiener Zeitschrift* das Gedicht *An die Männer unserer Zeit*, verfasst im trochäischen Tetrameter in Paarreimen, dem Versmaß der *Spaziergänge eines Wiener Poeten*.[42] Ihr Gedicht greift die Situation von Anklage und Verteidigung auf, die Ankläger sind hier die »Männer unserer Zeit«, das Ich des Gedichts verteidigt die von ihnen angeklagten Frauen. Vorgeworfen wird den Frauen ihre Oberflächlichkeit, ihr »Wankelmuth«, die »in zarten Mädchenherzen gar zu leicht entbrannte Glut« und die weibliche Gefallsucht im Allgemeinen. Die Rede an die Ankläger beginnt mit der Strophe:

Lästert feindlich nicht die Frauen! Schmäht Ihr sie, so schmäht
Ihr Euch,
Denn es sind der Frauen Herzen einem reinen Spiegel gleich:
Selber ist er ohne Makel, doch das Spiegelbild seyd Ihr;
Will nun dieses nicht gefallen, ey, was kann das Glas dafür?[43]

Das Gedicht verwendet ein zeittypisches Bild: Frauenherzen, Frauenseelen, der Geist der Frau – alles ist abhängig von der männlichen Umgebung, die Frau spiegelt sie nur. Dann geht das Gedicht zum Vergleich mit einem ungeschliffenen Diamanten über, der durch falsche Behandlung verdorben werden kann. Von dort führt die Argumentation aber weg von der Passivität hin zur weiblichen, aktiven Nachbildung nach dem männlichen Vorbild: »Ihr seyd uns're Herr'n und Meister! Ja, wir bilden uns an Euch, / Um von Euch geliebt zu werden, möchten wir Euch werden gleich.«[44] Wie der Anwalt der Zeit in Grüns Gedicht hat auch das weibliche Ich in *An die Männer unserer Zeit* ein Rezept für die Verbesserung der Lage. Aber bei Paoli werden die Spiegelsymbolik und die Rolle des Vorbilds konsequent zu Ende gedacht. Anastasius Grüns Gedicht endet mit der Aufforderung an die Ankläger, die stumme Harfe der Zeit zum Klingen zu bringen wie Amphion, der Sohn des Zeus, der mit seinem Lyraspiel wilde Tiere zähmt und Steine zum Bau der Mauer von Theben bewegt. Der Lösungsvorschlag von Betty Glück ist nicht mythisch verklausuliert, sondern sehr konkret. Strophe sieben ihres Gedichts wendet sich an die Männer ihrer Zeit mit der Forderung:

Sollen Frauen sich veredeln, möget edler werden Ihr,
Möget bannen aus dem Busen wilder Leidenschaften Gier,
Mögt zuvor erst selber werden, wie die Frauen sollten seyn,
Fehlerfrey und ohne Mängel, und im Herzen treu und rein.[45]

Aber Paoli lässt es nicht bei dieser im Anbetracht der Geschlechterrollen der Zeit radikalen Idee bewenden. Sie dichtet eine achte Strophe, einen resignativen Schluss:

Ob dies jemals wird geschehen? Ach, ich glaub' es nimmermehr!
Manches Jahr noch wird sich senken in der Ewigkeiten Meer,
Doch wohl nimmer wird man schauen, daß Ihr fühlt, wie's unrecht sey,
And'rer Fehler zu bekritteln, wenn man selbst nicht fehlerfrey.[46]

Pessimismus bezüglich der Lernfähigkeit der Männer: Das ist ein überraschendes Statement aus der Feder einer jungen Dichterin. Hier kritisiert eine selbstbewusste Achtzehnjährige den sogenannten Geschlechts-Charakter, der sittsames Wohlverhalten von Frauen, dem »moralischen Geschlecht«[47], verlangt und Männer davon aufgrund ihrer angeblich natürlichen Triebhaftigkeit ausnimmt. Diese stereotype Rollenverteilung gehörte zum Standardrepertoire von Literatur und Philosophie der Zeit, durchdrang das biedermeierliche Alltagsleben und brachte Mädchen und junge Frauen in Betty Glücks Situation (bürgerlich, unverheiratet, ohne Vermögen) in Schwierigkeiten. Ihre Tugendhaftigkeit, die augenscheinliche Zurückhaltung in erotischen Belangen, wurde für viele von ihnen zum wichtigsten Kapital, denn die Voraussetzung, um eine ›gute Partie‹ zu machen oder auch nur schlicht standesgemäß zu heiraten, war ein tadelloser Ruf.

Bürgerliche Männer konnten voreheliche Liebesbeziehungen führen, ohne dass ihr Wert auf dem Heiratsmarkt deshalb gesunken wäre, und auch außereheliche Beziehungen zu unverheirateten Frauen stellten üblicherweise kein gravierendes Problem für sie dar. Ihre weiblichen Pendants brachten sich mit dem gleichen Verhalten hingegen in existenzielle Not: Sie wurden für eine Ehe unvermittelbar und waren de facto außerstande, sich selbst und gegebenenfalls ein Kind zu ernähren, da es kaum Berufe gab, die sie ausüben konnten. Noch am Ende des 19. Jahrhunderts galt der Aphorismus von Marie von Ebner-Eschenbach: »Die Unschuld des Mannes heißt Ehre; die Ehre der Frau heißt Unschuld.«[48] Betty Glücks Vater hinterließ als Feldarzt seinem Kind nur eine geringe Versorgung. Ihre Mutter hatte ihr Vermögen und das Haus in der Färbergasse verloren, Mutter und Tochter wohnten im Wiener Bürgerspitalzinshaus, einer Wohnanlage in der Inneren Stadt, in einer Mietwohnung.[49] Und dass Betty Paoli später sagen wird, ihre Mutter sei »[leicht]sinnig, frivol, aber nicht schlecht, nicht verderbt«[50] gewesen, bedeutet wohl, dass Therese Glück die Tugend ihrer Tochter und vielleicht auch ihre eigene nicht im wünschenswerten Maß bewachte. Betty Glück könnte selbst den männlichen Schmähungen von »in zarten Mädchenherzen gar zu leicht entbrannter Glut« ausgesetzt gewesen sein und im Gedicht *An die Männer unserer Zeit* durchaus pro domo sprechen. In jedem Fall ist es ein passender Startpunkt der Karriere einer Dichterin, die immer wieder freimütig aus der weiblichen Perspektive sprechen würde – auch über charakterschwache Männer.

Abgesehen davon, dass da eine junge Frau einen kritischen Blick auf ihre eigene schwierige Lage wirft, ist *An die Männer unserer Zeit* aber auch ein bemerkenswerter politischer Text. Denn Betty Glück klinkt sich durch den Bezug auf ein Gedicht von Anastasius Grün in den politischen Diskurs im Vorfeld der Märzrevolution von 1848 ein, in dem es um Freiheit und Selbstbestimmung geht, politische Forderungen, die sich gegen die Unterdrückung durch den Polizeistaat, gegen Zensur und gegen die Vorherrschaft der katholischen Kirche richten. Die Dichterin zeigt mit der metrischen Anlehnung an die *Spaziergänge eines Wiener Poeten* und der teils wörtlichen Übernahme aus einem Gedicht dieser Sammlung, dass sie sich für Politik interessiert, vor allem aber, dass es zum Thema Unterdrückung noch mehr zu sagen gibt, als Anastasius Grün und die anderen Vormärzautoren sagen. Betty Glück führt der Leserschaft vor Augen, dass außer den feudalen und klerikalen auch andere Herrschaftsverhältnisse bedacht, kritisiert und verändert werden sollten.

Dass ihr Gedicht den Untertitel *Halb Scherz, halb Ernst* trägt, ist keine Abschwächung, sondern unterstreicht vielmehr die Wichtigkeit des Themas: Die Forderung nach der sittlichen Verbesserung der Männer ist eben nicht als Scherz abzutun. Betty Glück kritisiert, dass die Moral von Frauen und Männern mit zweierlei Maß gemessen wird. Sie verlangt eine faire Behandlung und diese würde, konsequent zu Ende gedacht, für Frauen Selbstbestimmung bedeuten. Diesen emanzipatorischen Gedanken wird Paoli in ihrer Lyrik und ihren Essays immer wieder zum Ausdruck bringen. Ihr Freund Hieronymus Lorm, der prinzipiell gegen weibliche Emanzipation ist, kann nicht umhin, über Paoli zu bemerken: »[S]ie hat das Licht der Freiheit im Auge und der unerschrockene Flug danach wird nicht minder edel, ob es nun einer Nation oder nur ihrem Geschlechte leuchten soll.«[51]

Betty Glück kam 1832 aus Ungarn nach Wien zurück und verbrachte dort den Winter, für Adalbert Stifter die schönste Jahreszeit in dieser Stadt, denn »die Cirkel glänzen, die Carrossen rollen, […] die Oper und das Schauspiel überfüllen sich, die Concerte überschwemmen uns, […] – das Gesellschaftsbuschwerk wuchert, und die Bälle und aller Teufel ist los.«[52] Auch Betty Glück nahm an diesen Lustbarkeiten teil, der idealen Gelegenheit für Eheanbahnungen. Die Veranstaltungen waren aber wegen der geltenden moralischen Doppelstandards durchaus auch gefährlich. Das traf besonders auf Bälle zu, die dazu dienten, Mädchen in der Gesellschaft zu ›präsentieren‹, und bei denen es buchstäblich zur Berührung der Geschlechter kam. Ein Erziehungsbuch der Zeit warnt davor, die Töchter zu früh an Bällen teilnehmen zu lassen, erst mit vierzehn Jahren sei es passend, denn dann lerne das Mädchen »ein ganz neues Vergnügen kennen, und es wird ihr nicht einfallen, auch noch nebstbey Eroberungen zu machen«. Mädchen, die schon früher auf Tanzveranstaltungen gehen, seien bis zum heiratsfähigen Alter hingegen verdorben, da sie »keinen Reitz mehr am Tanzen allein finden, und das Vergnügen eines Balles in den Eroberungen suchen, die sie etwa machen würden.«[53] Der Erzähler in Alexander Puschkins Versepos *Eugen Onegin* bringt die Gefahr auf den Punkt:

Ihr Mütter auch: mit strengen Mienen
Bleibt euren Töchtern zugewandt!
Habt die Lorgnette stets zur Hand!
Sonst – – – helfe Gott im Himmel ihnen![54]

Gegen Ende der Ballsaison 1833 veröffentlichte Betty Glück ein Gedicht, in dem auch sie eine Warnung vor auf Bällen angebahnten Verbindungen ausspricht, allerdings aus der weiblichen Perspektive. Ihr Gedicht trägt den Titel *Empfindungen am Ende eines Maskenballs*[55] und erschien in Adolf Bäuerles viel gelesener *Theaterzeitung*. Das Ich betritt mit uns den Ballsaal nach dem Fest:

Vorbei ist nun die frohe, der Lust geweihte Nacht,
Entflohn sind die Gestalten voll Reiz und bunter Pracht;
Ich steh' allein im Saale, der erst noch so gefüllt,
Worin so strahlend glänzte manch lieblich Frauenbild.

Es war ein Maskenball, der hier stattgefunden hat, aber die Maskierten legen nach dieser Nacht ihre Masken nicht ab, sie vertauschen sie nur. Im geselligen Umgang ist alles nur Lug und Trug. Adressatinnen des Gedichts sind diejenigen, die noch an Verbindlichkeiten glauben, die naiven Geschlechts-, Alters- und Standesgenossinnen der Dichterin. Sie werden über die Natur der Bande, »geknüpft im Ballgewirr«, aufgeklärt:

Sie sind ja nur gewoben aus Lust und leichtem Scherz,
Umschlingend wol die Sinne, doch fesselnd nie das Herz,
Oft tilgt der nächste Morgen schon ihre fahle Spur
Und dem betrog'nen Busen bleibt die – Enttäuschung nur!

Das ist die desillusionierte Einsicht in die gesellschaftlichen Rituale des Täuschens und Betrügens, und auch hier spricht Betty Glück wohl aus eigener Erfahrung. Ihre Biographin Helene Bettelheim-Gabillon bemerkt, dass »das Schicksal« Betty Glück »zwang, auf eigenen Füßen zu stehen und sich dabei noch mit aller Kraft gegen verderbliche Einflüsse zu wehren, die ihre Mutter weit entfernt war, von ihr abzuhalten«[56]. Durchaus vorstellbar, dass die Dichterin zur Feder griff und mahnende Worte schrieb, nachdem ihre Mutter als Chaperon auf einem Ball versagt hatte; vielleicht war Therese Glück sogar so weit vom angemessenen mütterlichen Verhalten entfernt, dass sie selbst einem Fallensteller im Gesellschaftsbuschwerk erlegen ist; aus der Pflicht des weiblichen, tugendhaften Wohlverhaltens waren auch Witwen nicht entlassen und auch die Matrone musste noch auf ihren Ruf achten. Oder wie es K. A. Glaser, Mitarbeiter von *Spiegel* und *Theaterzeitung*, etwas unbeholfen ausdrückt: »Ein Weib, das allerlei Modentand, / Roman' und Journals nur nimmt zur Hand, / Beim Hange zum Ball, zur Theaterschau, / Das ist eine sehr *verderbliche* Frau.«[57]

Zweifellos stand im Winter 1832 auch die Theaterschau auf Betty Glücks Vergnügungsprogramm. Ihre Liebe zur Bühne dürfte früh geweckt worden sein, sie stellte sie später als »Egeria«, also weise Beraterin des

Publikumslieblings am k. k. Hoftheater Josef Lewinsky[58], als Verfasserin von Theaterkritiken sowie als Übersetzerin französischer Salonstücke vielfach unter Beweis. Und auch als Verfasserin von Huldigungsgedichten für Bühnenkünstlerinnen.

Den Auftakt zu diesen poetischen Widmungen macht ein Gedicht an die junge Sängerin Sophie Löwe, aus dem wir schließen können, dass Betty Glück in der Saison 1832/33 in Wien das Kärntnertortheater besuchte, in dem Opern und Ballettproduktionen aufgeführt wurden. Betty Glücks Gedicht *An Dlle. Sophie Löwe, als Giulietta in Bellini's Oper: ›I Montecchi ed i Capuletti.‹*[59] ist eine Huldigung und zugleich ein origineller Beitrag zum komplizierten biedermeierlichen Liebesdiskurs. In den ersten beiden Strophen des vierstrophigen Gedichts besingt Paoli in direkter Adressierung die Künstlerin, ihre »holde Anmuth« des Liebesausdrucks und die Wirkung der lebendigen Darstellung des Liebesschmerzes: »Und auf dem Fittich Deiner Seufzer schwebet/Die Seele hoffend, sehnend, himmelwärts.« Das Du des Gedichts ist aber nicht nur die Sängerin, sondern auch die Figur Giulietta, wie der Librettist Felice Romani sie schuf. Es kommt zu einer Verschmelzung von Sängerin und literarischer Gestalt und zu einer Konzentration auf das Ende der Oper. Die Huldigung der Künstlerin mündet in den Lobpreis der Vereinigung der Liebenden im Tod, nachdem ihnen das Glück im Leben durch das Trennende »der Erde Macht« versagt war. Über die eher simple Anerkennung der schauspielerischen Leistung hinaus ist das eine eigenwillige Interpretation des Stoffes. Denn Romanis Giulietta (wie Shakespeares Julia) will sich nicht töten, sondern durch den Trick mit dem Scheintod weiterleben, und zwar mit ihrem Romeo. Der Tod der beiden ist genau genommen die Folge eines Kommunikationsversagens, in diesem Gedicht hingegen ist er für die hoffnungslos liebende Giulietta, deren Geliebter in ihren Armen stirbt, das »selig' Loos«.

An Dlle. Sophie Löwe ist das erste Gedicht von Betty Glück, das Liebesschmerz, hoffnungslose Sehnsucht und den Tod als Erlösung oder Befreiung behandelt. Diese wichtigen Themen bilden insofern Paolis poetisches Alleinstellungsmerkmal, als es sehr ungewöhnlich ist, die Stimme der unglücklich oder hoffnungslos liebenden, gar todessehnsüchtigen Frau in der Liebeslyrik des Biedermeier zu hören. Es gibt viele verehrte, geliebte und begehrte Frauen in der von Männern verfassten Lyrik der Zeit, von diesen Frauen verraten die Gedichte allerdings meist nicht mehr als äußere Merkmale und Namen (und oft nicht einmal die), es sind Frauengestalten, die Chiffren für die Liebe selbst sind. In den Gedichten der Dichter kommen sie häufig zu Tode oder verschwinden nach einmaliger Nennung ohne Erklärung spurlos aus dem Text. Diese passiven Frauenfiguren sind Teil der »Orientierungsleistung«[60], die die Liebeslyrik der Zeit für die bürgerliche Gesellschaft erbringt: Der unkontrollierbare Eros wird dämonisiert, die erfüllte Liebesbeziehung läge normgerecht in der Zähmung der Leidenschaften durch die Ehe, was implizit die Selbstabschaffung dieser Art der sehnsüchtigen Liebeslyrik bedeuten würde. Deshalb dominieren in der biedermeierlichen Dichtung unerfüllte Geschlechtsliebe, hoffnungslose Sehnsucht, Entsagung, Verzicht und der Tod der geliebten, verehrten Frau. Das Ideal dieser Lyrik ist nicht »das liebende Ich, sondern das Ich, das geliebt hat und sich diese Liebe, künstlerisch sublimiert, immer von neuem vergegenwärtigt«.[61] Ein Kollege Paolis konstatiert: »Ist das Unerreichte erreicht, so fällt es dem realen Leben anheim und hört auf Objekt der Poesie zu sein.«[62]

Das Ich der biedermeierlichen Liebeslyrik ist männlich. Eine Frau, die im Gedicht selbst sehnsüchtig und hoffnungslos liebt, in ihrem Liebesschmerz Todessehnsucht verspürt, ist die Ausnahme.[63] Und auch bei ihr muss die Liebe unerfüllt bleiben, da das weibliche Ich andernfalls seine Unschuld verliert; auch der Geliebte verschwindet, stirbt, ist unerreichbar. In der Lyrik Betty Paolis äußert sich gelegentlich ein erfüllt liebendes weibliches Ich, aber auch bei ihr scheitern die Verbindungen an unerklärten, unüberwindlichen Hindernissen, am Tod des Geliebten, an Verrat und Betrug oder – ein weiteres Skandalon – am Nichtgenügen des Geliebten. Besonders in der Sammlung *Astern*, Teil des Gedichtbandes mit dem sprechenden Titel *Nach dem Gewitter*[64], spielt Paoli mehrere Varianten verhinderter und abgebrochener Beziehungen durch. Das lyrische Ich ist dabei immer auch ein Dichterinnen-Ich, das dem Verlust der Liebe in Versen Ausdruck verleiht, die unerfüllte Liebe wird zum kreativen Antrieb.

Im August 1833 finden wir in der *Wiener Zeitschrift* Betty Glücks Gedicht *Dichterherz*[65], das aus dem gängigen Bildrepertoire schöpft und die Ausdrucksfähigkeit des Dichters mit der Äolsharfe, der Nachtigall und der blühenden Landschaft vergleicht. Für ihre Entfaltung bedarf es des »Schmerzensturmes Schwingen«, einer von Dornen verwundeten »blut'ge[n] Brust« und der »Himmelsthränen«. Das ›Sichaussprechen‹ des

Subjekts, eine Definition von Lyrik, die Hegel in seinen Vorlesungen zur Ästhetik prägte, ist in diesem Gedicht also vor allem eine Bewältigung von Verletzungen. Die poetische Kraft speist sich aus schmerzlichen Erlebnissen und die Berufung führt in Paolis Lyrik das weibliche Ich heraus aus dem Kreis, in dem sich eine Frau idealiter zu bewegen hat, so zum Beispiel in dem Gedicht *Bekenntniß*:

> Soll ich herab von meiner Höhe steigen,
> Entsagen meinem Rechte, meinem Rang,
> Um mich vor einem Irdischen zu neigen,
> Der nie verstände meines Herzens Drang?[66]

Dieses Verlassen der zugewiesenen Sphäre ist das im Kontext der zeitgenössischen Lyrik auffallendste Beziehungshindernis für das Ich in Betty Paolis Gedichten.

Baden, Kremenez, Szaflary

Nach den winterlichen Vergnügungen in Wien machten Betty Glück und ihre Mutter das, was im Sommer für den Adel selbstverständlich und zunehmend auch für das Bürgertum üblich war: Sie verließen die Stadt und quartierten sich auf dem Land ein, konkret besuchten sie das »in der That lieblich gelegene«[67] Baden bei Wien. Die Popularität dieses von der Residenzstadt aus bequem zu erreichenden Kurorts ging auf Kaiser Franz zurück, der von 1796 bis 1834 jeden Sommer in Baden verbrachte. Im Gefolge des Hofes fand sich »eine nicht geringe Zahl von Staatsmännern und Diplomaten« in Baden ein, außerdem die »*haute finance*« und

> was immer auf guten Ton und Eleganz Anspruch machte. [...] Schöne Frauen in sorglich gewählter Toilette, Staatsmänner, in deren Händen die Geschicke Europas lagen, Celebritäten aller Art verwandelten den Park, den man Mittags und Abends zu besuchen pflegte, in einen Salon voll anmuthiger, bedeutender oder interessanter Erscheinungen.[68]

So erinnert sich Betty Paoli später an ihren ersten Sommeraufenthalt in Baden. Und sie bemerkt: »Selbstverständlich blieben auch die problematischen Existenzen nicht aus, die aus einem solchen Zusammenfluß von Reichen und Vornehmen Gewinn zu ziehen hoffen.«[69]

Baden war für eine attraktive, mittellose junge Halbwaise und ihre leichtsinnige Mutter zu dieser Zeit also kein ungefährliches Pflaster, trotzdem finden wir in der Kurliste im Juni 1833 »Frau Theresia Glück, Med. Dr. Wittwe sammt Tochter aus Wien«[70]. Im Herbst des gleichen Jahres ist Theresia Glück zum zweiten Mal verheiratet und wollte weit weg von Baden oder Wien, und das ohne ihren neuen Ehemann Sigismund Groschan, der einige Jahre später im Zusammenhang mit dem Delikt der Adelsanmaßung aktenkundig werden sollte[71]. Theresia Groschan, »Secretärs-Gattinn«, beantragte im Oktober 1833 für sich und ihre Tochter einen Pass mit einer Gültigkeit von zwei Jahren, also für eine Reise zu Erwerbszwecken, denn »Luxusreisen« von dieser Länge waren behördlich verboten. Der Pass galt wie üblich nur für einen Ort[72], und zwar für Kremenez in »Russisch-Pohlen«, also im russischen Kaiserreich (heute Ukraine).

Wir wissen nicht, was zwischen ihrer sommerlichen Übersiedlung von Wien nach Baden und diesem Passantrag passiert ist, aber der Wunsch wegzukommen hatte wohl auch mit den lockeren Sitten im Kurort zu tun: »Baden hatte zwar keine Spielbank, doch in jeder anderen Beziehung ging es dort kaum tugendlicher zu, als jetzt in Baden-Baden, Wiesbaden u.s.w.«[73] Das schreibt Paoli in einem Feuilleton 1869, zur Zeit, als die baden-württembergische Stadt Baden-Baden die Hautevolee aus ganz Europa anzog und das hessische Wiesbaden wegen seines Kasinos das ›Nizza des Nordens‹ genannt wurde. Da lobt sich die Feuilletonistin der Ringstraßenzeit das harmlose, wenn auch etwas langweilige Ischl, Sommeraufenthalt Kaiser Franz Josefs, denn »nie hat das ›schöne Laster‹, das [...] einst in unserem heimatlichen Baden so üppig florirte, hier seine Schlingen gelegt.«[74] Mütter hatten ihre Töchter vor den Gefahren zu schützen, die an solchen Orten lauerten, Betty Glücks Mutter tat das offenbar nicht, wohl eher im Gegenteil. Denn es kam so weit, dass die Mutter von der Tochter »Verzeihung für das schwere Unrecht« »erflehen« musste, das sie an ihr begangen hatte.[75]

Als Indiz dafür, dass Theresia Glück ihrem Kind das Leben schwer gemacht hat, können wir Betty Glücks erstes Almanachgedicht interpretieren, das Ende des Jahres 1833 gedruckt wurde.[76] Es trägt den Titel *Meine Jugend*, ist in seiner Prägnanz vielleicht das beste ihrer frühen Gedichte und das letzte, das sie unter ihrem bürgerlichen Namen veröffentlichte. Literarische Taschenbücher oder Almanache waren als Publikationsorte von besonderer Bedeutung und hier zu veröffentlichen, war für die junge Dichterin ein wichtiger Karriereschritt. Diese Verlagsprodukte erschienen jährlich und manche der Reihen bestanden jahrzehntelang. Das *Taschenbuch des k.k. privilegirten Theaters in der Leopoldstadt*, in dem *Meine Jugend* erschien, wurde 1814 gegründet und bestand unter dem Titel *Thalia* bis in die 1860er Jahre.

Almanache, oft mit floralen oder mythologischen Bezeichnungen, richteten sich hauptsächlich an ein Publikum, das in der ersten Jahrhunderthälfte ökonomisch wichtig wurde, nämlich an Mädchen und Frauen mit ausreichend Bildung und Muße für Lektüre und für eine eigene, zum häuslichen Gebrauch bestimmte künstlerische Produktion. Die einzelnen Ausgaben waren durch ihre dekorative Aufmachung ideale Geschenke, die üblichen Formate waren das handliche Kleinoktav oder das Oktav. Ein zeitgenössischer Kritiker meint, der Käufer sehe nur »auf den gepreßten Einband und die Küpferchen, damit das Geschenk wohlthuend in's Auge falle«[77], ein anderer spricht von »Damennippes-Litteratur«[78]. Um möglichst viele Leserinnen zu erreichen, wurden die Taschenbücher oft in mehreren Ausstattungen angeboten, die literarischen Beiträge waren von ganz unterschiedlicher Qualität, wie die Modezeitschriften und Unterhaltungsblätter lieferten aber auch die Almanache eine gute Grundlage für den geselligen Austausch am Teetisch, sie beeinflussten das Literaturverständnis der Zeit maßgeblich.[79]

Betty Glücks Gedicht *Meine Jugend* befindet sich in der Gesellschaft von Gedichten des hauptsächlich als vormärzlicher Lustspieldichter bekannten Eduard von Bauernfeld, des später mit Moritz Saphir verfeindeten Bühnenautors Josef Kilian Schickh, Neffe des Begründers der *Wiener Zeitschrift*, und des gemütvollen Vieldichters Johann Nepomuk Vogl, der in den Taschenbüchern der Zeit omnipräsent war, ein Zeitgenosse spricht von »Vogls Balladenmanufaktur«[80]. Aber auch eine Novelle von Magdalena Freiin von Callot mit dem Titel *Lohn der Treue* findet sich in dem Band.[81] Darin pflegt die Heldin, eine arme achtzehnjährige Waise, während der Choleraepidemie in Wien im Jahr 1831 eine Hofrätin, in deren Sohn sie heimlich verliebt ist, aber als ihr der attraktive junge Mann aus Dankbarkeit für ihren Dienst einen Heiratsantrag macht, zögert sie: »Schüchtern, ihrem Glücke noch mißtrauend, wagte sie von Pflicht und Rechtlichkeit angetrieben, ihm vorzustellen, daß sie weit unter seinem Stande sey, daß er höhere Ansprüche machen könne.«[82] Die Novelle ist ein Paradebeispiel für die Bestätigung und Einübung bürgerlicher Werte wie Treue, Standesbewusstsein, Familiensinn und sie hat ein Happy End im modernen Sinn. Hier zeigt sich: Wenn es um die Verfestigung von bürgerlichen Normen im Biedermeier geht, gibt es ein Netz aus Literatur und Kunst, in dem die Wirklichkeit frührealistisch abgebildet oder eine gesellschaftliche Konstellation so lange als Ideal vorgeformt wird, bis sie vom Lesepublikum nachgelebt wird.

In Betty Glücks Gedicht *Meine Jugend* präsentiert das Ich eine andere Seite des mit diesem Lebensalter assoziierten Frühlings, nämlich ohne Blüten, aber mit »Sturmeswüthen« und »Blitzeslicht«. Das Ich gibt »wahr und offen« Auskunft. Seine Jugend sei »Ein Trauern sonder Hoffen, / Von Schmerzensnacht umhüllt«.[83] Bedenkt man die gesellschaftliche Funktion der Almanache im recht überschaubaren Zirkel des städtischen gebildeten Bürgertums, ist das als intime Selbstauskunft einer jungen Frau zu verstehen, die, neu im Salon, eine Antwort auf die Frage nach ihrem bisherigen Leben gibt. Und da das Gedicht nicht von näheren Umständen, sondern in einer Umkehrung der gattungsüblichen Jugendsymbolik spricht, verstand es die zeitgenössische Leserschaft als biographische Mystifikation eines dunklen Schicksals der Dichterin. Wir können davon ausgehen, dass Betty Glück hier von ihrem eignen Leben spricht und der innere Aufruhr des Gedichts seinen Grund in der äußeren Unsicherheit hat, in der sie ihre Jugend verbrachte und unter der sie litt.

Im Jahr 1855 schreibt Betty Paoli einen Brief an ihren Geliebten, den Schauspieler Ludwig Gabillon. Sie ist 39, als sie ihn kennenlernt, und klärt ihn nun über ihre Jugendzeit auf. Wir fänden auf dem ersten Blatt dieses Briefs wahrscheinlich Details über die seelische Verletzung, an der ihre Mutter Mitschuld hatte, wir bekämen vielleicht sogar genaue Auskunft über die Vorkommnisse im Badener Sommer 1833 und über die prägenden Ereignisse 1836, die Paoli dazu brachten, Wien ein zweites Mal für längere Zeit zu verlassen. Dieses erste Blatt aber fehlt. Erhalten ist Blatt zwei, auf dem Paoli berichtet: »Nun suchte ich eine Stelle in der Provinz; in Wien konnt ich nicht bleiben, man hätte mich hier nicht ruhig gelaßen, auch war mir zu dem neuen Leben, das ich beginnen wollte, eine neue Umgebung nothwendig.«[84] Helene Bettelheim-Gabillon verwendete diesen Brief an ihren Vater wie alle persönlichen Dokumente Paolis, die sich im Besitz ihrer Familie befanden, für ihre biographische Arbeit nach »näherer Durchsicht und Prüfung«[85] – und Zensur. In diesem hat sie sich nicht mit einer rücksichtsvollen Auswahl begnügt, sondern offenbar ein Blatt des Originals vernichtet. In ihrem Aufsatz *Zur Charakteristik Betty Paolis* zitiert sie aus dem Brief und wir erfahren dort, dass der Dichterin nach den Erlebnissen ihrer Jugend keine geordnete bürgerliche Existenz mehr möglich war: »[I]ch paßte in kein menschliches Verhältnis mehr hinein. Bei dem unseligen Versuch, den ich machte, jene Schranke zu überspringen ward mir die Schuld, die ich nicht begangen hatte, sondern die an mir begangen worden war, höhnend ins Gesicht geschleudert …«[86] An der Stelle, an der Bettelheim-Gabillon das Zitat mit drei Auslassungspunkten abbricht, wird im erhaltenen Manuskript das ganze Ausmaß der Erschütterung der Lebensverhältnisse deutlich, denn der nächste Satz lautet: »Es war kurz vor der Geburt meines Sohnes; wäre der Instinkt, der mich das in mir schlummernde Leben heilig halten ließ, nicht zu mächtig gewesen, so hätte ich mich damahls getödtet«.[87]

Paolis moralisch gefährdete Jugend als Tochter einer leichtsinnigen, rastlosen Mutter, eine verheimlichte Schwangerschaft und Spekulationen über ein lediges Kind waren offenbar auch viele Jahre später noch Thema von Klatsch und Tratsch in den Wiener Theater- und Literaturkreisen (Ludwig Gabillon kam 1853 an das Hofburgtheater), so dass die Dichterin sich dazu genötigt sah, ihren Geliebten brieflich über die Wahrheit in Kenntnis zu setzen. Dass Gabillon das nicht gut aufnehmen würde, setzte sie voraus, und so stellt sie in dem Brief die rhetorische Frage: »Was ist das Glück des Menschen wenn das unbedachte Wort eines Gleichgiltigen es zerrütten und verschütten kann?«[88] Die zerstörte Jugend des Gedichts findet sich in Paolis Brief wieder: »So ist das Leben hingegangen, die Jugend hingeschwunden und nichts davon zurückgeblieben als wüste Erinnerungen, deren Dunkel nun der Strahl meines Bewußtseins erhellt.«[89]

Es bleibt ein Rätsel, warum die Wahl von Mutter und Tochter für ihre Flucht vor einem Leben im sozialen Abseits auf Kremenez fiel, eine kleine Stadt im russischen Wolhynien, die bis 1831 ein wissenschaftlich anerkanntes Lyceum und einige polnische Revolutionäre aufzuweisen, 1833 seine beste Zeit aber bereits hinter sich hatte. Vielleicht war es auch gerade das, was für sie an Kremenez attraktiv war: Nach der Aufhebung des Lyceums »verzog sich der Adel und seine Stelle nahmen pensionierte Militairs und Beamten ein, da die verlassenen Wohnungen zu billigen Preisen zu miethen waren, überhaupt das Leben nicht theuer war.«[90] Davor war Kremenez ein »Sammelplatz der polnischen Aristokratie« und wurde wegen des »regen Lebens, der vielen Feste, des bunten Treibens« als »wolhynisches Paris« bezeichnet.[91]

Es ist gut möglich, dass Betty Glück in Baden auf eine polnische großbürgerliche oder adelige Familie aus Wolhynien getroffen ist, die Bedarf an einer sprachgewandten Gouvernante hatte. Betty Glück sprach und schrieb perfekt Französisch. Die mündliche Beherrschung dieser Sprache zum Zweck einer oberflächlichen Konversation war im gehobenen Bürgertum üblich, Betty Glücks Französischkenntnisse übertrafen diese gängige Fertigkeit aber weit. Vielleicht hatte sie in ihrer Zeit in Ungarn engen Kontakt zur Familie ihres leiblichen Vaters – in der Aristokratie der Habsburgermonarchie war Französisch die Familiensprache.

Viele Angehörige der polnischen Oberschicht orientierten sich nach 1830 in Richtung Deutschland oder Frankreich, denn die russische Reaktion auf den Novemberaufstand der polnischen Nationalbewegung trieb Tausende in die Emigration. Vielleicht war es aber auch, wie von Helene Bettelheim-Gabillon kolportiert, eine russische Adelsfamilie, bei der Betty Glück als Erzieherin in den Dienst trat.[92] Jedenfalls war ihr die große Distanz zu ihrer Heimatstadt, in der man sie »nicht ruhig gelaßen« hätte, sicher recht. Gehen wir von einer Route über Mähren, Krakau und Lemberg nach Kremenez aus, begaben Betty Glück und ihre Mutter sich auf eine Reise von beinahe tausend Kilometern – und das vor dem Bau der Eisenbahn.

Wir können mit Sicherheit annehmen, dass Gouvernante nicht Betty Glücks Traumjob war, die Verdienstmöglichkeiten für bürgerliche Frauen waren aber begrenzt. Die ohnedies schlecht bezahlte ›weibliche Handarbeit‹, gar die Putzmacherei im trauten Wiener Heim, kam für Betty Glück nicht in Frage; ganz abgesehen davon, dass sie nach eigenen Angaben, »geklagt sei's Gott!«, nicht verstand, »Hüte und Hauben anzufertigen«[93]. Ihre Bildung und der Umstand, dass sie mehrere Sprachen beherrschte, befähigten sie aber zum Beruf der Erzieherin.

Die Anforderungen waren hoch – theoretisch, denn noch gab es keine Erzieherinnen- oder gar Lehrerinnenausbildung: »Jedem jungen Mädchen [...], das sich zu dem ernsten, nichts weniger als leichten Berufe des Erziehungsfachs vorbereitet [...] sei freundlich gerathen, neben der französischen Sprache ja auch die, gegenwärtig zu einer höhern Anstellung durchaus erforderliche englische zu studiren [...].«[94] Italienisch sollte die Gouvernante nur insoweit können, als es für musikalische Aufgaben nötig war, aber es werden »solide Kenntnisse in der Geschichte, Geographie, Naturgeschichte, Frauenarbeiten u. s. w.« vorausgesetzt, und auch das »schöne und so unendlich nützliche Talent des Zeichnens und Malens von Blumen und Landschaften« (Portraitmalerei galt als unweiblich) sollte sie mitbringen.[95]

Es war ein seltsamer und für die Ambivalenz des biedermeierlichen bürgerlichen Wertekatalogs aufschlussreicher Beruf, den Betty Glück ergreifen musste, ein Beruf, an dem sich die Schwierigkeiten der Konstruktion des ›natürlichen‹ Geschlechtscharakters[96] besonders deutlich zeigen: Um Mädchen in der Häuslichkeit zur weiblichen Häuslichkeit zu erziehen, mussten andere Frauen außer Haus arbeiten, und zwar manchmal sehr weit weg vom eigenen Herd. Außerdem passt es keineswegs zur Vorstellung einer natürlichen Bestimmung der Frau, dass sie ausgerechnet die Erziehung ihrer Kinder in fremde Hände legt. Die Gouvernanten »verkörperten ganz offensichtlich ein weibliches Lebenskonzept, das konträr zum bürgerlichen Frauenideal stand«.[97] Betty Paoli schreibt später in einem Feuilleton:

> Es heißt, daß allen Frauen die Liebe für Kinder angeboren sei. Abgesehen davon, daß diese Regel vielen Ausnahmen unterliegen dürfte, wird es doch gewiß keinem Vernünftigen einfallen, den Frauen insgesammt auch die Befähigung zum Erziehungsamte zuzusprechen. Wie nun erst, wenn man – und dies ist der Fall – so viele junge und eben deßhalb erfahrungslose Mädchen sich dazu drängen sieht? Es liegt auf der Hand, daß sie den psychologischen Blick, die Ruhe und Selbstbeherrschung nicht besitzen können, deren es bedarf, um in diesem ernsten und schwierigen Berufe Ersprießliches zu leisten. Die Tausende

> von schmerzlichen Opfern, die sie dennoch täglich bringen müssen, kommen weder ihnen noch Anderen zugute.[98]

Die Beschäftigung als Erzieherin bedeutete schlechte Bezahlung bei großer Verantwortung und völliger Abhängigkeit vom Dienstgeber. Außerdem hatten Gouvernanten wie das restliche Personal rund um die Uhr und de facto jeden Tag zur Verfügung zu stehen.

Betty Glück trat ihre Erzieherinnenstelle fern von Wien als Achtzehnjährige an und schreibt über diese Lebensphase: »Nun begann eine schwere Prüfungszeit für mich: mein hochfahrender Sinn mußte gehorchen lernen, ich mußte die Träumerei, die meiner Seele Bedürfniß von mir verbannen, um tagtäglich des Tages Arbeit zu verrichten.«[99]

Marie von Ebner-Eschenbach berichtet, die junge Dichterin habe die Stelle als Erzieherin in Russland gewählt, da ihre Mutter, »an der sie mit großer Liebe hing«, sie dorthin begleiten durfte, aber die rastlose Therese Glück, verehelichte Groschan, hielt es in Kremenez nicht lange aus. Nach kurzer Zeit wollte sie wieder zurück nach Wien und ihre Tochter verließ ihren Posten ohne die Einwilligung ihres Arbeitgebers.[100] Die beiden Frauen machten sich auf den Rückweg und überquerten im Winter 1833/34 die nahe Grenze zum Habsburgerreich (Bettelheim-Gabillon berichtet, dass die beiden sich Schleppern anschließen mussten[101]).

Auf halber Strecke nach Wien mussten sie die Reise unterbrechen, da Therese Groschan krank wurde. Sie machten Station in Szaflary im Sandecer Kreis, einem »der schönsten Theile der großen Provinz Galizien« (heute Polen), der sich »vorzüglich durch die wundervollen, oft wahrhaft Staunen erregenden Naturschönheiten auszeichnet, welche die denselben durchschneidenden Karpathen darbieten«.[102] Betty Glück fand erneut eine Stelle als Erzieherin und scheint das Beste aus ihrer Lage gemacht zu haben. In ihrer biographischen Skizze für Leopold Kompert schreibt sie:

> Von großem Einfluß auf meine Entwicklung war mein längerer Aufenthalt in Rußland und Galizien; ich lebte dort von meinem 18. bis zu meinem 20. Jahre in der tiefsten Einsamkeit, ohne andern Umgang als mit mir selbst, ohne andere Zerstreuung als jene, die Studium und Arbeit mir bothen. In diesen für mich entscheidenden Jahren, die mich

zur Einkehr in mich selbst nöthigten, gelang es mir, manche Lücke meiner Erziehung zu ergänzen […].[103]

Das Selbststudium betreibt Betty Glück aber nicht ohne Ziel und Zweck, sondern mit der Absicht, literarisch tätig zu sein und zu veröffentlichen. Dementsprechend bezieht sich die tiefste Einsamkeit nur auf den persönlichen Umgang, denn brieflich hält sie Kontakt zur literarischen Szene in Wien. Sie korrespondiert mit ihrem Mentor Friedrich Witthauer, der nicht nur ihre Karriere bis an sein Lebensende begleiten wird, sondern auch gut über ihr Privatleben informiert ist. Vielleicht meint der Spötter Uffo Horn es anzüglich, wenn er Witthauer einen »besondere[n] Förderer junger Talente« nennt.[104]

Betty Glück berichtet Witthauer über ihre Situation, und er antwortet im November 1834: »Die Nachricht von der Verbeßerung Ihrer Lage hat mich unendlich beruhigt, so wie die Schilderung Ihres Lebens und Thuns mich hoch erfreut hat.«[105] Und wohl mit Bezug auf die Vorkommnisse in Wien oder Baden meint er, er sei überzeugt, es werde »die gemeine Niedrigkeit des Lebens, die eben nur den Gemeinen zu sich herab zieht, Ihrem beßeren Wesen nichts anhaben können«[106]. Der Herausgeber der *Wiener Zeitschrift* Johann Schickh scheint der jungen Dichterin ein Angebot gemacht zu haben, vielleicht zur Veröffentlichung einer Novelle oder für regelmäßige Mitarbeit, denn Witthauer schreibt: »Das [sic] Sie mit Schickh sich nicht auf eine für Sie entscheidende Weise einlaßen, finde ich begreiflich, jede Art der Verbindung mit ihm könnte nur prekär und unzuverläßig seyn und würde Sie Ihrem Zwecke schwerlich näher führen.«[107] Dass Betty Glück und ihre Mutter planen, im kommenden Sommer nach Wien zurückzukehren, begrüßt Witthauer und er ist zuversichtlich: »Gewiß werden Sie hier auf eine zweckmäßige Weise über Ihre fernere Zukunft verfügen können.«[108] Die Reise nach Wien musste Betty Glück dann aber allein antreten, denn ihre Mutter starb im Dezember 1834.[109]

Allein

Betty Paoli widmete ihrer Mutter mehrere Gedichte. In *Dunkle Einsamkeit*, aufgenommen in ihren ersten Gedichtband, schreibt sie über die letzten

Stunden der Sterbenden.[110] Es ist eines der fünf Gedichte, die Marie von Ebner-Eschenbach in ihrem Nachruf auf Paoli zitiert, und dabei erinnert sie sich, wie eine »junge Enthusiastin« vor dem hingerissenen Publikum das Gedicht deklamierte und »die Kraft und das Feuer« der Dichtung »alle Mängel des Vortrages« vergessen ließen.[111] *Dunkle Einsamkeit* besteht aus sechs Zweizeilern und beginnt mit den Versen »Als meine Mutter krank und nach der letzten Reise,/Da ward verändert viel auf mannigfache Weise.« Eindrucksvoll werden hier das Innehalten vor dem Tod und der Verlust der Dinge aufgerufen, die das Leben der Sterbenden ausgemacht haben: Blumen, die aus dem Zimmer verbannt werden; das Tageslicht, das ausgesperrt wird; und schließlich ihr Kind, das aus dem Zimmer geschickt wird. So ist es nur noch ein »Schein von Leben«, der im Sterben erlischt. Das lyrische Ich, einsam in der Dunkelheit zurückgelassen, wartet nun auch auf den Tod: »Auch mir ward nach und nach Duft, Licht und Lieb' genommen,/Ich lieg' in stiller Nacht – wird wohl der Tod bald kommen?«

Die starke Wirkung, die dieses Gedicht auf das Publikum hatte und an die sich Ebner-Eschenbach erinnert, hat nicht nur mit der berührenden Aussage zu tun, sondern auch, wie so oft in der Lyrik Paolis, mit ihrer Beherrschung der Form. Das Ich spricht vom Verlöschen des Lebens und der Aussicht auf den Tod in sechshebigen, jambischen Paarreimen mit einer Zäsur. Das ist eine, jedenfalls für das zeitgenössische Publikum erkennbare metrische Anleihe bei den barocken Alexandrinersonetten, deren Themen menschliches Leid, die Vergeblichkeit menschlichen Strebens und die Aussicht auf den erlösenden Tod sind. Als ihre ersten Gedichte gedruckt wurden, hatte Betty Glück nach eigenen Angaben »von den Regeln der Metrik keine Ahnung«, »errieht« sie aber.[112] Die Zeit in Galizien nützte die junge Dichterin augenscheinlich für ein intensives Studium.

Selbst ohne die Isolation in Szaflary wäre die Dichterin beim Erlernen der Metrik, der Rhetorik und der Literaturgeschichte (Gegenstände, die sie nicht nur anwandte, sondern später auch erfolgreich an Schülerinnen weitergab), auf sich allein gestellt gewesen, denn für Mädchen gab es keine höhere Bildung. Betty Glück perfektionierte die Form auf eigene Faust und ihre Lyrik erregte einerseits wegen der weiblichen Perspektive und der damit einhergehenden Offenherzigkeit bei ihren Zeitgenossen Aufsehen, andererseits konnte es dem Publikum aber auch nicht entgehen, dass diese Dichterin metrische Strenge, die erlernt und geübt werden muss, außergewöhnlich gut beherrschte. Betty Glück wusste, dass sich der Ausschluss von Mädchen aus der formalen höheren Bildung auf ihre Teilhabe am literarischen Markt auswirkte, und sie verstand die Mechanismen der gesellschaftlichen Zuschreibung von geschlechtsspezifischen, angeblich natürlichen Fähigkeiten. Das waren Mechanismen, die sich vielen Männern (auch klugen) nicht erschlossen. Noch 1914 staunt ein Literaturhistoriker über die »männlichen Züge« in Betty Paolis Lyrik.[113] Und ein anderer sieht in den Gedichten des Nachlassbandes zwar das »Vollendetste« ihrer Dichtung zusammengestellt, warnt aber davor, sich bei der Beurteilung Paolis ausschließlich auf diese Sammlung zu stützen, denn dadurch würde »das Bild der Dichterin – ich finde kein anderes Wort – zu männlich erscheinen.«[114]

In den 1860er Jahren trat Paoli in Essays für Mädchengymnasien und für die Zulassung von Frauen zum Universitätsstudium ein, doch bis dahin (die Einrichtung der ersten österreichischen Mädchengymnasien erlebte sie gerade noch, die erste Zulassung von Frauen zum Studium erfolgte in Österreich drei Jahre nach Paolis Tod), konnte sie einer jungen Dichterin nur zum gleichen autodidaktischen Eifer raten, den sie selbst an den Tag legte:

> Lesen Sie, aber mit steter Aufmerksamkeit und Beziehung auf sich selbst, unsere großen Dichter; unter den Neueren namentlich Platen, dessen Poesie, als solche, Ihnen zwar nicht immer zusagen dürfte, dessen Form aber von so idealer Schönheit, daß Sie daraus den nachhaltigsten Nutzen schöpfen können. Ihr Ohr muß erst recht gebildet werden; es ist dies mitunter eine verdrießliche Arbeit, sie trägt aber später reichliche Früchte.[115]

Das schreibt die arrivierte Lyrikerin Betty Paoli der siebzehnjährigen Comtesse Marie Dubsky, 1848 verehelichte Baronin Ebner-Eschenbach. Diese hatte um die Beurteilung ihrer poetischen Erstlinge gebeten, und Jahrzehnte später würde sie Paoli einen Nachruf widmen, in dem sie schreibt: »Segen ihrem Andenken, und Dank ihr, mit der Keiner im Verkehre stehen konnte, ohne sich wachsen zu fühlen, ohne die Grenzen seines Denkens zu erweitern.«[116]

Betty Paoli macht sich einen Namen

Clary

Während Betty Glück ihren Posten als Gouvernante noch innehatte und damit für ihre Kost und Logis in Szaflary gesorgt war, schrieb sie einen längeren Prosabeitrag für die *Wiener Zeitschrift* und, so können wir annehmen, verdiente damit Geld. Ihre Erzählung mit dem Titel *Clary* wird in Fortsetzungen im Mai und Juni 1835 veröffentlicht.[117] Der Text ist ein gutes Beispiel für die frührealistische Prosa, die mustergültig eine ganze Palette bürgerlicher Werte vorführt und auf Umbrüche in der Gesellschaftsordnung, auf den Zerfall alter Sicherheiten und auf die Suche nach Stabilität reagiert; und das mit einem Plot und in dem Ton, der von der Leserschaft geschätzt wurde. Aber auch abgesehen davon ist die Erzählung *Clary* für Betty Glücks Schaffen von ganz besonderer Bedeutung, denn unter dem letzten der dreizehn Teile, in denen die Erzählung erschien, steht als Name der Verfasserin Betty Paoli, das Pseudonym, unter dem die Autorin berühmt wird.

Ermutigt von ihrem Förderer Witthauer kehrt Betty Glück nach Wien zurück, meldet sich allerdings nicht bei der k. k. niederösterreichischen Landesregierung als der für die Pass-Ausstellung zuständigen Behörde. Diesem Umstand verdanken wir, dass wir über die Eckdaten der russischen Reise von Betty und ihrer Mutter 1833/34 informiert sind, denn am 15. März 1836 fanden die sich in der *Wiener Zeitung* im Einberufungsedikt, also der Aufforderung der Behörde an die bereits verstorbene Therese Groschan zur Rückkehr (ein Fernbleiben nach Ablauf eines Passes war strafbar).

Die Wahl eines Pseudonyms sollte der Dichterin ursprünglich vielleicht nur dazu dienen, sich von der ungeliebten Novellenproduktion zu distanzieren. Dann aber erkannte sie die Vorteile eines Nom de Plume. In ihrem Bekenntnisbrief an Ludwig Gabillon aus dem Jahr 1855 schreibt sie:

> Ich dichtete damals meine ersten Lieder; später ließ ich sie einzeln, aus Grille, nicht aus Absicht, unter fremdem Namen erscheinen. Der Beifall, den sie fanden, erweckte erst in mir den Gedanken, mir einen reinen, von keinem Schatten verdunkelten Namen selbst zu schaffen, daß über diesem mein wahrer vergessen ward.[118]

Eine Grille, also eine Laune, soll es gewesen sein, die die Dichterin dazu bewogen hat, ein Pseudonym zu wählen; eine Laune und ohne tiefere Bedeutung ist daher vielleicht auch der gewählte Name. Warum sie sich gerade für diesen Namen entschieden hat, bleibt für uns im Dunkeln. Auffallend ist, dass Paoli sogar in diesem intimen Brief an ihren Geliebten nur von ihren Gedichten schreibt und ihre Prosa unerwähnt lässt.

Zwanzig Novellen und Erzählungen für Journale und Almanache und einen Roman verfasste Paoli zwischen 1835 und 1856.[119] Dabei traf sie den Massengeschmack, was ihr Bekanntheit einbrachte, allerdings aus Perspektive der Lyrikerin die falsche. Ihrem Freund Moritz Hartmann schreibt sie später: »Die Kritik über meine Novellen könnte sich Jeder füglich ersparen, so wie mich langweilen sie doch keinen Menschen.«[120] Ganz unzufrieden war sie aber wohl doch nicht (und es ging wahrscheinlich nicht nur um Geld), als sie 1843 acht ihrer Prosatexte für eine Buchausgabe auswählte. Verlegt wurde die Sammlung mit dem Titel *Die Welt und mein Auge* von Gustav Heckenast, der auch Adalbert Stifters Verleger war. Stifter seinerseits plante ein Novellenbuch mit Paolis Beteiligung, ein Projekt, das nicht verwirklicht wurde.[121]

In *Clary* geht es um produktive Tätigkeit – im Gegensatz zum adeligen Müßiggang; außerdem um Zuverlässigkeit – eine wichtige Tugend der sich etablierenden Bourgeoisie; um Treue und um die weitschichtige Familie (in den Biedermeiernovellen im Allgemeinen und bei Paoli im Besonderen wimmelt es förmlich von Wahlverwandtschaften, fernen Tanten und Onkeln, Ziehtöchtern und -söhnen[122]). Der männliche Ich-Erzähler (obgleich adelig) ist als typischer Bürger ausgewiesen. Er versucht »wirkliches thätiges Mitglied in der menschlichen Gesellschaft«[123] zu werden und damit ein Bürgerideal zu erfüllen. Das möchte er erreichen, indem er sein Landgut ›Amalienruhe‹ ideal bewirtschaftet, doch da begegnet ihm das biedermeierliche Bürger-Dilemma, unter dem viele Protagonisten der Zeit leiden und die zu einem »Entbehrlichkeitsbewusstsein« führte.[124] Dem Ich-Erzähler mit dem sprechenden Namen Ernst ist sein Onkel zuvorgekommen, das Gut läuft ganz ohne das Zutun des ambitionierten jungen Grafen.

Ernst ist im Ansatz ein ›überflüssiger Mensch‹, ein Prototyp der russischen Literatur, wie Puschkins Eugen Onegin oder Michail Lermontows Erzähler in *Ein Held unserer Zeit*. Allerdings vertritt Ernst bürgerliche Moralvorstellungen. Er könnte unverzüglich in die ideale Familienkonstellation eintreten, denn auf Amalienruhe lebt auch seine liebenswürdige Cousine Fanny, die bereit wäre, ihn zu heiraten. Fanny wurde von Ernsts Mutter erzogen und für die erwünschte bürgerliche Triebregulierung kann man sich kaum etwas Besseres als eine solche vermittelt geschwisterliche Beziehung vorstellen. Und tatsächlich löst Fanny in Ernst keine Leidenschaft aus, sehr wohl tut das aber die titelgebende Heldin.

Clary ist eine mit ihrem Sohn auf dem Nachbargut wohnende Gräfin, um die sich ein dunkles Geheimnis rankt, Ernst vermutet einen »Fehltritt ihrer früheren Tage«[125], ein Geheimnis, das am Ende der Erzählung genretypisch in einem Brief gelüftet wird. Clarys Leben ist eine Ansammlung von Vorfällen, die das fragile weibliche Tugendkonzept verdeutlichen, die klassische verfolgte Unschuld. Sie wird von intriganten Familienmitgliedern trotz einer bestehenden Verlobung in die Ehe mit dem viel älteren Grafen Wahlberg (nicht ihre Wahl, sondern die der Familie) getrieben, der Ex-Verlobte namens Blendheim (bei der Namensgebung ist Paoli nicht gerade subtil) kompromittiert Clary, indem er in ihr Zimmer einbricht, wo die beiden von Clarys Mann überrascht werden. Die Rivalen duellieren sich und Wahlberg stirbt. Blendheim droht, die Sache publik zu machen und Clarys Ruf zu ruinieren, sollte sie sich einem anderen Mann zuwenden. Clary zieht sich in die Einsamkeit ihres Landguts zurück. Als Ernst sich in sie verliebt, verlässt sie ihr Refugium mit unbekanntem Ziel und Ernst heiratet nun doch die tugendhafte Fanny. Nach zwei Jahren kommt Ernst auf einer Geschäftsreise zufällig an dem neuen Domizil der mittlerweile schwerkranken Clary vorüber (das zur Gattung gehörende unerwartete und unwahrscheinliche Ereignis). Clary stirbt in seinen Armen und es stellt sich heraus, dass Carl, der vermeintliche Sohn Clarys, ein armer Waisenknabe ist. Fanny und Ernst nehmen Carl als Ziehsohn an, die asexuelle Patchworkfamilie ist komplett und Paolis zweite Novelle hat ein pragmatisch-entsagendes Ende, wie es später für Texte des poetischen Realismus typisch wird.

Richard M. Werner leitete aus der Ähnlichkeit der Themen und Motive ab, dass nicht nur Paolis Gedichte, sondern auch ihre Prosa auf ihren Erfahrungen basiere. Er nennt die Novellen »Beichten [...], bei denen die Dichterin Vieles aus dem eigenen Herzen geschöpft hat«, und es sei »hauptsächlich die Frau, ihr Lieben, Getäuschtwerden, Kämpfen, Zweifeln und Ringen, ihr Verhältnis zum Manne, zur Welt, ihre Schuld und Buße, was

Betty Paoli immer wieder zum Studium, zur Betrachtung lockt.«[126] Was Werner hier aufzählt, sind Themen, die für die Biedermeiernovelle typisch sind, wobei die weibliche Perspektive dabei nicht selten ist. Denn gerade die erzählende Prosa, in der ersten Jahrhunderthälfte das »Stiefkind unserer Literatur«, wird auch von Frauen verfasst.[127] Gelegentlich findet sich in Paolis Novellen eine gemäßigte Kritik an den Geschlechterrollen, und auch wenn in einer Gräfin mit Ziehsohn, die am Tod ihres Mannes im Duell schuld ist, nicht sehr viel von der jugendlichen Dichterin steckt: Das Thema der bürgerlichen Doppelmoral und die Erpressbarkeit der Frauen, deren wichtigstes Kapital ihr tadelloser Ruf ist, kannte Paoli aus eigener Erfahrung.

Clary galt schon den Zeitgenossen als vom Leben der Autorin inspiriert und einige Aspekte der Novelle finden sich in den Gerüchten um Paoli wieder, so etwa die Existenz intriganter Familienmitglieder, der Rückzug in die Einsamkeit und ein jugendlicher ›Fehltritt‹. Eine intertextuelle Spur dieser Deutung von Clarys Schicksal findet sich in einem 1842 veröffentlichten Roman von Paolis literarisch und charakterlich sehr speziellem Kollegen Karl Braun von Braunthal. Sein Roman *Dichterleben aus unserer Zeit*[128] zeugt von der Prominenz Paolis und davon, dass das Leben der Erfolgsautorin von Geheimnissen und Gerüchten umgeben war. Es wurden mehrere Versionen ihres Lebens vor ihrem Durchbruch als Lyrikerin erzählt, die abenteuerlichste Variante lieferte die Romanautorin Amely Bölte, aber davon später mehr. Hier sei nun Braun von Braunthals Literarisierung des Lebens seiner Dichterkollegin in seinem Schlüsselroman zur Wiener Literaten- und Salonszene vorgestellt.

Im Zentrum des Romans, verfasst unter dem Pseudonym Jean Charles, steht Braun von Braunthal selbst als Carl von ***, gutaussehend, klug, »durch frühe Verarmung, Verwaisung und schmerzliche Enttäuschung vorzeitig zum strengen Denker gereift«, gefühlvoll und der talentierteste Dichter Wiens.[129] Bei seinen theatralischen Studien schwebt »dieser junge Aar, das Auge ohne Zittern nach der Sonne der Wahrheit gerichtet, mit gewaltigem Flügelschlage« »schwindelnden Höhen« zu.[130] Zu seinen Freunden gehört der Dichter Alexander von ***, »aus einer eben so alten als berühmten Familie«, am Anfang seiner Karriere stehend, »ehrgeizig, ja ehrsüchtig«[131]. Carl als echter Dichter lehnt Alexanders politische Lyrik ab und im Laufe des Romans entzweien sich die beiden. Ein anderer an-

Karl Johann Braun von Braunthal, um 1830

gehender Dichter aus Carls Kreis ist Nicolaus von ***. Dieser trägt ihm bei ihrer ersten Begegnung ein Gedicht vor. »Beim Himmel, rief Carl entzückt am Schlusse, Sie sind auf dem rechten Wege! Das ist Poesie, das ist Lyrik.«[132] So von Carl bestärkt, wird Nicolaus sein Glück als Dichter machen, die beiden werden beste Freunde.

Carl sieht Clary zum ersten Mal in einem Gastgarten, in dem Johann Strauß musiziert.

> Das Mädchen mochte etwa siebzehn Jahre zählen und war, wenn keine schöne, doch eine sehr reizende Brünette. Prächtige schwarze Locken fielen – sie hatte das Hütchen abgelegt – von der hohen, vortretenden, glänzenden Stirne, in pikanter Unordnung auf den zartgewölbten Nacken und leichtverhüllten Busen; [...] die Blässe der Wangen aber stach so seltsam zur Gagatschwärze des seideweichen Haares wie zum Purpur des Mundes ab, daß man sie nur mit einer Art Unruhe betrachten konnte, die sich durch den stechenden, brennenden Blick aus ihren großen schwarzen Augen bis zur Beklemmung steigerte.[133]

Als Clary ihm in die Augen schaut, durchzuckt Carl ein Blitz, er ist verliebt, kann Clary aber in der Öffentlichkeit nicht ansprechen. Einige Wochen später begegnet er ihr und ihrer Mutter zufällig im Theater, verfolgt sie heimlich bis zu ihrem Haus, befragt am nächsten Tag die Portiersfrau über die beiden und bekommt genaue Auskunft:

> Madame **, sagte sie, ist eine eben so brave als gescheidte Frau und spricht besser französisch als deutsch, wiewohl sie von hier geboren. Sie wohnt genau so lange in diesem Hause als sie Witwe ist, nämlich drei Jahre. Ihr Mann war Militairarzt; geschickt wie wenige, aber leider arm wie viele. Er hinterließ ihr außer Fräulein Clary, ihrem gemeinschaftlichen und einzigen Kinde, nur sehr wenig; [...] Ihre einzige Freude ist das Theater und sie besuchen es mehrmals die Woche. Das hat aber auch seine guten Ursachen; Fräulein Clary wird ja Schauspielerin und soll schon im nächsten Monate auftreten.[134]

Als Clarys Mutter erfährt, dass Carl eine Stelle als Dramaturg in Norddeutschland in Aussicht hat, bittet sie ihn, Clary mitzunehmen und ihr ihre erste Rolle zu geben. Die Mutter preist die Schönheit und Klugheit Clarys und dass sie »poetisches Naturell, glühende Liebe zur Dichtkunst, deren Meisterwerke sie in deutscher, französischer, italienischer und englischer Sprache studirt und durchdrungen« und »ein seltenes Darstellungstalent« hat.[135] Carl willigt ein, sich eine Probe von Clarys Können geben zu lassen, sie deklamiert Schillers Ballade *Der Taucher* und stellt sich als hoch emotional, aber völlig untalentiert heraus: »[S]o mochte Cassandra, so mochte die Pythia gesprochen haben«[136]. Mit seinem negativen Urteil zerstört Carl zwar die Hoffnungen der Mutter, Clary ist jedoch froh darüber, denn sie will nicht auf der Bühne stehen. Ihre wahre Berufung ist die Dichtkunst. Carl nimmt einige ihrer Gedichte mit, liest sie und erkennt – im üblichen Kurzschluss von lyrischem Ich mit der Dichterin: Clary liebt unglücklich und hat ihre Unschuld bereits verloren. »Gefallen also! seufzte er auf, das Blatt an seine glühende Stirn pressend – zerstört!«[137] »Aus dem Grabhügel ihrer Unschuld wuchs die Poesie«, schließt er aus seiner Lektüre.[138] Wie schon bei Alexander, der allerdings nicht einsichtig war, und bei dem gelehrigen Nicolaus, fördert Carl nun auch Clarys dichterisches Talent. »Er [...] machte sie, unterstützt von ihrem Scharfsinne und Gedächtnisse, mit allen Gesetzen und Regeln des Rhythmus und der Metrik rasch bekannt. Sie arbeitete hierin rastlos und hatte alsbald die Technik in ihrer Gewalt.«[139]

Carl verlässt die Stadt und als er nach zwei Jahren nach Wien zurückkehrt, ist Clary verschwunden, niemand weiß, wohin. Eines Tages geht Carl, der mittlerweile Vater und bereits verwitwet ist, mit seinem Kind an das Grab seiner Frau. In seiner Nähe, von ihm unbemerkt, sehen wir eine weibliche Gestalt und »wir blicken in ein edles aber gramgebleichtes Antlitz, dessen dunkle, thränenbethauete Augen einen Blick voll unaussprechlicher Wehmuth nach Carl und seinem Kinde richten.«[140]

> Es ist die junge Dichterin, deren Gedichte und Novellen gegenwärtig in dieser Stadt so viel Aufsehen erregen und deren Name einst ganz Deutschland durchtönen wird. [...] Vor einem Jahre kam sie hier aus einem fernen Lande an und lebt zurückgezogen und einsam. Niemand kennt ihre Lebensgeschichte, ihre Verhältnisse; sie schreibt unter einem angenommenen Namen und hält sich jeder Berührung fern. Nur ein Mensch unter den Hunderttausenden dieser großen Stadt kennt die Quelle, aus der ihr edler Geist diese Begeisterung, diesen großen Lebensschmerz geschöpft [...].[141]

Aber dieser eine Mensch, Carl, sieht Clary nicht, verlässt den Friedhof, ohne dass Clary sich zu erkennen gegeben hat, Carls Lebensgeschichte aber steht »auf ihrer hohen Stirne wie mit Sonnenstereotypen geschrieben. [...] ›O du Warner, Lehrer, Freund meiner Jugend [...]!‹«[142] Mit Clarys stiller Klage über Carls vergeblichen Kampf um die wahre Poesie und um die Wahrheit endet der Roman.

Wenn auch in diesem autofiktionalen Werk so manches Körnchen Wahrheit steckt: Die Darstellung von Braunthals literarischem Talent und seiner Rolle als Förderer und Lehrer ist erfunden. Ein Rezensent, der den wahren Autor hinter dem Pseudonym vermutet, begründet seinen Verdacht so:

> Die Geschichte spielt in Wien und das Verhältniß Karl's mit Alexander Grafen von Auersperg, mit dem Braun von Braunthal das viel besprochene Rencontre hatte, wird genau erörtert [...]. Auch Nicolaus Lenau, unter dem Namen Nicolaus, tritt auf, empfängt von Karl manche gute Lehren, wird aber, da er sich zu Karl freundschaftlicher verhielt als der schärfer blickende Alexander, höchlichst gefeiert;[143]

Das hier erwähnte Rencontre hatte seinen Ursprung in einer literarischen Kaperaktion Braunthals. Er betätigte sich 1837 als Herausgeber eines *Österreichischen Musenalmanachs*, zu dem auch Betty Paoli vier Gedichte beitrug.[144] Im Gegensatz zum aufstrebenden Talent Paoli versagte der Erfolgsautor Anastasius Grün die Mitarbeit. Daraufhin schrieb der Herausgeber für den Almanach kurzerhand selbst Gedichte unter dem Pseudonym »A. Grün«. In ihnen finden sich »heftige metrische und katachrestische Entgleisungen« und der echte Anastasius Grün sah sich dazu genötigt, in der *Augsburger Allgemeinen Zeitung* klarzustellen, dass diese Machwerke nicht von ihm stammten.[145] Daraufhin deckte Braunthal in der gleichen Zeitung das Pseudonym Anastasius Grün auf und outete Alexander Graf von Auersperg als Verfasser der politisch brisanten *Spaziergänge eines Wiener Poeten*. Es steht zu vermuten, dass Braunthal als Polizeispitzel arbeitete und Auersperg absichtlich aus der Deckung lockte.[146]

Dass die Gedichte von »A. Grün« so schlecht sind, dass sich Auersperg davon distanzieren musste, könnte einen bösen Streich Braun von Braunthals vermuten lassen. In der Tat gehen aber ernstgemeinte Verse von ihm als abschreckende Beispiele in ein Handbuch für guten Stil ein. Der Verfasser des Handbuchs hält fest, Braun von Braunthal reime »sehr schlecht nicht nur: Weibes und bleib' es, sondern sogar: Felix und unseligs«.[147] Und diese schlechten Verse gelten ausgerechnet der in metrischen Dingen perfektionistischen Betty Paoli. Denn schon fünf Jahre bevor er Barbara Glück/Betty Paoli in der Figur der Clary große literarische Begabung und einen unsittlichen Lebenswandel zuschrieb, betätigte Braunthal sich in der poetischen Gerüchteküche und verfasste ein Gedicht auf die Kollegin. Es trägt den Titel *Bärbel Felix*, ein eher schlichtes Namensrätsel, und erschien im Almanach *Immergrün*.[148] Darin warnt die arme »Mutter Felix« ihre Tochter Bärbel vor der Schädlichkeit des Dichtens und schickt sie zu reichen Verwandten. Nach einem Jahr kehrt sie zurück, aber sie hat ihre Unschuld verloren. An dieser Stelle reimt Braun von Braunthal: »Leute, sagt, wer ist das wohl? / Seh' ich recht? Unselig's / Mädel, jüngst so freudenvoll, / Bist du's – Bärbel Felix?«

Vielleicht schrieb Braun von Braunthal das Gedicht aus reiner Klatschsucht, vielleicht war er ein abgewiesener Verehrer oder wollte Paoli schaden, weil er in ihr literarische Konkurrenz sah. Es war ihm auf jeden Fall sicher klar, dass er Paoli, die sich zu dieser Zeit ohnedies in einer schwierigen Lage befand, mit dem Gedicht bloßstellte. Ein Rezensent bemerkt, ohne auf den Inhalt weiter einzugehen, dass Braunthal, »von dem wir zwar manche sonderbare Reime und seltsame Wendungen gewohnt sind, [...] doch hier in seiner Manier zu viel gewagt haben mag«, und er meint damit wahrscheinlich nicht nur die metrischen Ausritte.[149]

Braun von Braunthals Gedicht *Bärbel Felix* und seine Romanfigur Clary zeigen, dass Betty Glücks Lebensgeschichte Gegenstand von Gerüchten in den literarischen Zirkeln Wiens war. Es wurde über ihren aristokratischen Vater spekuliert und darüber, dass sie ein uneheliches Kind zur Welt gebracht hatte. Die Autorin Betty Glück brachte mit der literarischen Persona Betty Paoli lediglich eine dämpfende Schicht zwischen sich und ihre Novellen-Protagonistinnen, und sie stellte eine nominelle Distanz zu dem lyrischen Ich ihrer Gedichte her. Ganz unabhängig von den Geistern der Vergangenheit, die ihr in der Wiener Gesellschaft begegneten, würde ein Pseudonym natürlich ihre Erinnerungen nicht auslöschen können. In ihrem Bekenntnisbrief an Gabillon schreibt sie:

> Ich konnte meine Vergangenheit begraben, mich von dem Namen, den ich in ihr trug lossagen, aber ihr Gedächtnis kann ich nicht verlöschen, das Geschehene nicht ungeschehen machen. Es ist ein Flecken wie auf Lady Macbeth's Hand: Niemand sieht ihn, aber ihr Auge schaut ihn ewig unverwandt.[150]

Der Name Betty Glück war nicht zu rehabilitieren und der Künstlername Betty Paoli konnte nur dazu dienen, die öffentliche Wahrnehmung zu filtern. Das gelebte Leben blieb aber immer die Quelle des literarischen Schaffens der Dichterin. Mit dem Abstand von mehr als vierzig Jahren wird Paoli hart über ihre frühen Gedichte urteilen:

> Ich war eben sehr jung, sehr unerfahren und die Leidenschaftlichkeit meiner Natur war durch keine vernünftige Erziehung auf höhere, allgemeine Ziele hingelenkt worden. So präsentiere ich mich denn als ein zwar wirkliches, aber schlecht verwertetes Talent, das unter günstigeren Bedingungen weit besseres hätte leisten können, so aber im ganz Persönlichen stecken blieb.[151]

Die Salons von Wien und der literarische Kreis um Friedrich Witthauer waren nicht nur Orte von Klatsch und Tratsch, sondern bildeten auch viele Jahre lang Betty Paolis wichtigstes soziales Netzwerk. Nach ihrer Rückkehr aus Galizien belebte sie alte Freundschaften und machte neue Bekanntschaften. Die wichtigste Begegnung dieser Zeit war die mit dem 1813 geborenen Juristen Carl Lewinsky. Seine Briefe werfen ein Licht auf Paolis bewegtes und verschwiegenes Privatleben; vor allem gewähren sie einen Einblick in die literarische Bildung der Dichterin.

Lewinksy studierte die Rechte in Wien, 1835 tat er in Lemberg als Landrechts-Auscultant (Anwärter auf das Richteramt) Dienst – die erste Station einer seltsamen Karriere. Nach einigen Jahren als Rats-Actuar (Schriftführer) und k.k.-Rat des Kriminalgerichts in Lemberg wurde er 1849 nach Wien versetzt und dem k.k. niederösterreichischen Landesgericht zugeteilt, in den Fünfzigerjahren in den Ritterstand, 1864 in den Freiherrenstand erhoben.[152] In der Zeit der Reaktion war er als Hofrat in der obersten Polizeibehörde für die Zensur zuständig, und man hatte an diese Stelle keinen Unwissenden gesetzt, denn Lewinsky war unter anderem mit Josephine von Wertheimstein befreundet, in deren Salon sich Künstler, Schriftsteller und Intellektuelle trafen.[153] Polizeiminister Johann Franz Kempen sah Lewinsky als »Freidenker, aber von ehrenhafter Gesinnung«[154], der Zwiespalt, in dem sich der kunst-, theater- und literaturbegeisterte oberste Zensurbeamte befand, wirkte sich aber auf seine Amtsführung aus. 1859 wurde er nach Brünn weggelobt, wo er Vizepräsident des Ober-Landesgerichtes wurde. 1861 holte ihn Staatsminister Anton von Schmerling nach Wien zurück und Lewinsky war für die Kontrolle der Presse und der Institute der Wissenschaft und Kunst zuständig. Als der Konservative Richard Graf von Belcredi den liberalen Schmerling ablöste, wurde Lewinsky ein zweites Mal nach Brünn versetzt. Dort starb er im Jahr 1869.

Trotz seiner liberalen Einstellung machte sich Lewinsky zum Handlanger der staatlichen Meinungskontrolle und in einem Nachruf auf ihn ist zu lesen: »Hätte er politischen Charakter besessen, so hätte er sicher eine bedeutende Rolle in Oesterreich gespielt.«[155] In der zweiten Hälfte der 1830er Jahre spielte er jedenfalls eine bedeutende Rolle im Leben von

Carl Lewinsky, um 1860

Betty Glück, nämlich die eines intimen Freundes und literarischen Beraters.

Im Oktober 1835 schreibt Lewinsky an seine Freundin: »Du fragtest mich um meine Meinung über Lenau; nun ich kann sie ganz kurz characterisiren, wenn ich sage sie ist der Deinigen ganz entgegengesetzt, ich halte die Schöpfungen dieses herrlichsten Talents für Zierden unseres sehr armen neu-deutschen Parnaßes [...].«[156] Paoli hatte die Meinung geäußert, die Lyrik Heinrich Heines wäre tiefgründiger als die Lenaus, da die Quelle seiner Dichtung ein »weltvernichtender« Schmerz sei, und Lewinsky entgegnet: »Dieß gebe ich zu, aber ein viel edlerer Schmerz klagt in seinen [Lenaus] Liedern, ein weltversöhnender«; Lewinsky findet die Poesie Heines »herrlich«, aber es fände sich darin doch einiges an »Gereiztsein« und ein »Vornehmthun, das in sehr irdischen gemeinmenschlichen Unannehmlichkeiten seinen Ursprung hat, wenn es auch nicht minder geist- u. gefühlvoll u. bezaubernd wahr dargestellt wird;« Was er an Lenau und anderen Autoren der Gegenwart schätze, sei die Darstellung eines »heilbringenden« Schmerzes, das »Anerkennen einer höheren Macht, gegen die wir im Staube verschwinden, dieses Gefühl der Allmacht der Naturgesetze, mit dem ruhigen Erkennen es müße dieses so sein, es müße ein Herz brechen, eine Nation zertreten werden, damit der Weltzweck erreicht werde«.[157] Lewinsky unterstreicht sein Plädoyer für Lenaus Byron'sche Melancholie[158] mit Beispielen und Lektüretipps: »Der Dichter sollte dich nicht kalt lassen, der im süßen Schmerz von der Vergangenheit sagt

Friedhof der entschwundnen Tage
Schweigende Vergangenheit
Du begräbst des Herzens Klage
Ach! und seine Seligkeit.«[159]

Lewinsky zitiert hier (nicht ganz korrekt) aus einem Gedicht mit dem Titel *Vergangenheit* aus Lenaus erstem Band *Gedichte* von 1832. Jahre nachdem Lewinsky sie in seinem Brief so nachdrücklich auf das Gedicht hingewiesen hat, wird Paoli diese Strophe ihrem Gedichtband *Nach dem Gewitter* als Motto mitgeben. Von Lenaus Erstlingen empfiehlt Lewinsky ihr 1835 auch *Der Greis* und alle *Lieder der Vergangenheit*, und zwar der »zarten schönen Gedanken« wegen.[160] Außerdem legt er ihr »ein wunderherrliches Gedicht Heimatklang« ans Herz, das im druckfrischen *Deutschen Musenalmanach für das Jahr 1836* erschienen war.[161]

Ein Hexenschuss zwingt Lewinsky, mit dem Schreiben des Briefs einige Tage zu pausieren und als er es wieder aufnimmt, greift er auch das Thema Lenau vs. Heine noch einmal auf, und zwar mit einem interessanten Bild: »Also pour revenir a mes moutons, Du findest bei meinem Protegé Lenau sogar den favorisirten Heine-schen Herz-Borkenkäfer, der in einigen Gedichten par exemple in den Heidebildern, besonders im Robert und der Invalide, auf wahrhaft großartige Weise, sein Wesen u. Unwesen treibt.«[162] Der Heine lesende Jurist und zukünftige zensierende Sektionschef im k. k. Staatsministerium empfiehlt seiner Freundin dann aber auch Lenaus *Am Grabe eines Ministers* (»Das Vaterland mit Lachen und Singen / Hält Wacht an deinem Grab« – das Gedicht, ursprünglicher Titel *Am Grabe des Ministers* *** und auf Metternich gemünzt, ist das erste politische Gedicht Lenaus[163]), und er empfiehlt ihr *Mischka* aus dem *Musenalmanach*, eine Ballade, in der die »Tokayertraube lacht« und die Husaren, angestachelt von der Musik des Zigeuners Mischka, von der Zeit träumen, als sie »speisten ihre Nächte / Mit gehäuften Türkenleichen«.[164] Lewinskys Leseempfehlungen und seine poetischen Argumente überzeugten Paoli: Ihren ersten Gedichtband, erschienen 1841, widmete sie Nikolaus Lenau.

Weniger Erfolg als in literarischen Dingen hatte ihr gebildeter und geistreicher Korrespondenzpartner (der Philosoph Heinrich Gomperz konstatierte, dass in Lewinsky »etwas vom Geiste Nestroys« lebendig gewesen sei)[165] bei einer zweiten Sache, die in dem Brief zur Sprache kommt, nämlich bei der Frage, was Betty Glück gegen ihre Gemütskrankheit tun sollte. Die Ursache für ihr Leiden liege, so diagnostiziert ihr Freund, »in einem sublimirten Grade des Fühlens in einem Zuviel- zu edel, zu übermenschlich-Fühlen möcht' ich sagen«. Das Mittel, das sie dagegen ergriffen habe, sei ungeeignet: Paoli ist einem Mann »gewogen«, von dem Lewinsky keine gute Meinung hat. Der sei eine »taube Nuß, eine zierliche Puppe, die den Doctorhut trägt« und »höchstens ein Weltmensch, aber nicht einmal ein Weltmann«. Harsch beurteilt Lewinsky den »süßen piano forte spielenden Doctor mit den zierlichen Manchetten«.[166] Lewinsky nennt keinen Namen, aber zum Bekannten- und Freundeskreis von Paoli in Wien gehörten zu dieser Zeit einige interessante Männer, denen sie hätte gewogen sein können. Denn durch die Vermittlung Friedrich Witthauers hatte sie Zugang zum Salon der Henriette Wertheimer.

Im Haus der exzentrischen und für ihre Großzügigkeit bekannten Frau von Joseph Wertheimer, Kaufmann, Autor, Übersetzer und Philanthrop, verkehrten zum Beispiel Ernst von Feuchtersleben, dichtender Pionier der Psychosomatik, sein Freund Romeo Seligmann, Arzt und Intimus von Ottilie von Goethe, und Franz Grillparzer, der seinerseits als Magnet für Nachwuchsdichter und kultivierte Gäste aus dem In- und Ausland wirkte. In dieser Gesellschaft fasste auch der aus Böhmen stammende Ludwig August Frankl Fuß, der sich 1835 als »Dr. der Philosophie und Doctorand der Medicin aus Wien« in die Badener Kurliste eintrug.[167]

Der spätere ›Denkmal-Frankl‹, so genannt, weil er sich unermüdlich für papierene und steinerne Denkmäler verschiedenster Art engagierte, hatte häufig wechselnde Partnerinnen und seine erste Frau Ernestine, geborene Wiener, schreibt nach acht Jahren Ehe an ihren Mann: »Man kann dir jetzt nicht mit dem milden Antheil eine Jugendsünde vorwerfen, nachdem Du in ein Alter trittst, wo derlei Liebschaften anfangen lächerlich zu werden. Geliebt hast Du keine von all diesen Zahllosen, es waren geschmeichelte Eitelkeiten und Zeitvertreib, ich glaube ein Mann von Geist und Bildung könnte eine würdigere Anregung finden.«[168]

Für Betty Paoli war die Begegnung mit Frankl folgenschwer. Im Kreis

Ludwig August Frankl, 1838

um Lenau glaubte man zu wissen, dass Paoli von Frankl, einem Dichter, »dem sie an poetischer Begabung offenbar weit überlegen ist«, verführt und sitzengelassen wurde, und dass sie ihn deshalb in ihren Gedichten »oft mit solcher Schmach bedeckt«.[169] Und mehr als ein halbes Jahrhundert später, an seinem achtzigsten Geburtstag, stellte die gut informierte Marie von Ebner-Eschenbach fest, dass Frankl augenscheinlich »Frieden machen« wollte, indem er Paoli einen Gedichtband schickte.[170]

Paolis Gedichte an den treulosen Dichter erschienen in ihrer ersten Gedichtsammlung 1841, in den Jahren davor kam ihre Publikationstätigkeit allerdings wiederholt zum Erliegen, nämlich in den Monaten nach ihrer Rückkehr aus Galizien sowie nachdem sie Wien zum zweiten Mal für längere Zeit verließ. Zwar verfasste sie einen Text für die *Wiener Zeitschrift*, der wurde aber von der Zensur abgelehnt. Schon 1834 schrieb Friedrich Witthauer: »Ihre Manuskripte sind mir bestens, also in meinem eigenen Herzen, empfohlen. Hätte doch auch unsre Censur so etwas einem Herzen ähnliches! Statt des Herzens aber hat die eine Tarantel sitzen, mit giftigen Stacheln und schneidenden Scheeren.«[171] Anfang 1836 wird von der Redaktion der *Wiener Zeitschrift* ein heute verschollenes Manuskript Paolis mit dem Titel *Auguste. Fragment* eingereicht und von der Zensurstelle abgelehnt. Im nächsten Jahr versuchte es die Redaktion des *Humoristen* noch einmal, und wieder wurde der Druck untersagt.[172] Witthauer schreibt der Autorin: »[W]ie hoch ich Ihre ›Erzählung‹ angeschlagen, und – wie niedrig die Censur damit verfahren! So gleich ohne Weiteres erstickt und erdrückt – was soll man zu solchen Erlebnissen sagen? Das Dreinschlagen geht nicht, und das Geschlagen werden schmeckt bitter, was man auch von der Allmacht der Gewohnheit sagen mag.«[173]

Die Veröffentlichung weiterer Prosatexte wäre eine Verdienstmöglichkeit für Paoli gewesen, die wir im Sommer 1836 als Alleinreisende (»Fräulein Barbara Glück, Med. Dr.-Tochter aus Wien«[174]) in der Badener Kurliste finden. Zur selben Zeit hielt sich Henriette Wertheimer mit Entourage in Baden auf, und auch Anastasius Grün war anwesend und wurde von Paoli kontaktiert.[175]

Vielleicht war sie von der Zensurerfahrung entmutigt, vielleicht wollte sie keine Prosa mehr schreiben, vielleicht war es aber auch der Versuch, eine Schwangerschaft geheim zu halten: Betty Paoli nahm wieder eine Stelle als Erzieherin an und verließ Wien erneut für längere Zeit. Im Winter 1835 hatte sie einen Brief von Carl Lewinsky unbeantwortet gelassen und der Freund in Lemberg machte sich Sorgen; auch, weil es in Wien eine Choleraepidemie gab und Paoli in ihrem letzten Brief von Unwohlsein berichtet hatte. Lewinsky schreibt nach längerem Schweigen Paolis:

> Ich erwartete viel Schönes von der Antwort auf meine Fragen, Bericht über dein Leben, Thun und Treiben überhaupt, von dem ich so wenig weiß, von deinen Arrangements für jetzt u. Plänen für die Zukunft [...]. Antworte mir bald, so bald als möglich, wenns nur 3 Worte sind, drei kleine mir unschetzbare Worte, ich liebe dich; – lebe wol meine theure Betty Dich küßt dein Carl.[176]

Erst im Oktober 1836 schreibt Paoli wieder an Lewinsky, er ist in seiner Antwort verständlicherweise deutlich abgekühlt, aber auch erleichtert: »Nun weiß ich wenigstens daß Sie leben, daß Sie Ihren Freund nicht vergeßen haben, ja daß sogar der Raum der uns von einander trennt, geringer geworden ist.«[177] Ihr Brief kam nämlich nicht aus Wien, sondern ca. 280 Kilometer weiter nordöstlich aus Teschen in Schlesien (heute die Doppelstadt Cieszyn/Český Těšín an der südlichen Grenze Polens zu Tschechien). Helene Bettelheim-Gabillon berichtet, Paolis Arbeitgeber dort habe sie sehr geschätzt und ihren Fleiß bewundert, »denn sie pflegte bis spät in die Nacht zu schreiben und zu studieren, nachdem ihre Zöglinge längst schliefen.«[178] Bettelheim-Gabillon beruft sich dabei auf Gräfin Therese Bobrowska, die die polnische Adelsfamilie kannte, in deren Dienst Paoli stand und die auch mit Marie von Ebner-Eschenbach befreundet war. Als Ebner-Eschenbach ihre Erzählung *Der Kreisphysikus* schrieb, wurde sie von Bobrowska mit Informationen zum Krakauer Aufstand von 1846 versorgt.[179]

Auch Betty Paoli und Carl Lewinsky verband außer einer im Sande verlaufenen Liebesbeziehung und der Gedicht-Lektüre ein Interesse an der sogenannten polnischen Frage, also den Unabhängigkeitsbestrebungen der Polen, deren Territorium die Großmächte Russland, Preußen und Österreich untereinander aufgeteilt hatten. Als Paoli in den 1860er Jahren nach Galizien reiste, um Baronin Mina von Stein, Portraitmalerin von auffallendem Äußeren und Persönlichkeit, auf ihrem Gut Krzyszkowice zu besuchen, berichtete sie Lewinsky von einem Ausflug in das zwanzig Kilometer entfernte Krakau und er antwortet: »[Ü]berhaupt hat Ihr Brief – und die Erwähnung so wohlbekannter Oertlichkeiten eigenthümliche Erinnerungen in mir hervorgerufen. – Wie wirkte Krakau auf mich als ich noch an Polen glaubte – und ich es im J. 830, in einem Moment großer Erregung, unmittelbar nach der Nachricht von der Julirevolution, besuchte;«[180] Lewinsky kannte auch Baronin von Stein, er hatte sie seinerzeit (»ich will jedoch nicht sagen vor wie viel Jahrhunderten das war«[181]) in Wieliczka nahe Krakau »zu Rosse« gesehen. Auch für Paoli waren die Besuche bei Mina von Stein Reisen in die Vergangenheit, liegt Krzyszkowice doch auf dem Weg von Krakau nach Szaflary. Paoli stand mit Carl Lewinsky also auch in den 1860er Jahren noch in Kontakt, und als Iduna Laube im April 1869 von Lewinskys Tod erfährt, schreibt sie an Paoli: »Für Sie, liebe Freundin, ist dieser Verlust eine schmerzhafte Lücke in Ihrem Leben, Sie verkehrten ja zusammenhängend u. intim mit ihm.«[182]

Wie auch immer die amourösen Verwicklungen in den Wiener Kreisen der 1830er Jahre im Detail ausgesehen haben mögen, Lewinsky versuchte damals aus der Ferne Anteil am Leben Paolis zu nehmen und als sie seine Briefe nicht beantwortete, beschwerte er sich, dass ihm »der dumme Briefträger alle Tage die Zeitung, die elende Wienerzeitung und weiter nichts« bringe.[183] Aber nicht nur ihm gegenüber, sondern auch poetisch verstummte Paoli für Monate. Als sie dem Freund wieder schreibt, spricht sie von »viel Unglück, – sogar von selbstverschuldetem« und er erhofft sich eine »baldige detaillirte Erzählung, Ihrer bisherigen Lebens u. Leidensgeschichte.«[184] Die bekam Lewinsky wohl mündlich, denn 1837 trafen sich die beiden, es war ihre letzte Begegnung vor einer langen Pause.[185] Aus Paolis Gedichten nach der Phase des Schweigens lässt sich einiges über die Art ihres Unglücks herauslesen, wobei es der Dichterin immer ein Anliegen war, ihr Geheimnis zugleich preiszugeben und zu verhüllen.

Größter Schmerz

Im Sommer 1837 erschienen von Paoli im erwähnten *Oesterreichischen Musenalmanach* des zweifelhaften Karl Braun von Braunthal vier Gedichte, die von einer resignativen Stimmung geprägt sind, von Sehnsucht und Todessehnsucht erzählen, aber auch von poetischer Berufung.[186] In der ersten Strophe von *Mein Dichten* spricht das lyrische Ich das Lied als direktes Gegenüber an. Die »Liederquelle« der Dichterin wäre beinahe versiegt, nun aber weiß sie wieder, dass alles, was sie »besessen und verloren« hat, ihr nur durch das Gedicht »unentreißbar« wird. Die Aneignung des Flüchtigen, die Vergegenwärtigung des Vergangenen, der Trost über den Verlust, das sind wichtige Funktionen der poetischen Äußerung. Die Trostfunktion der Poesie hilft dem Dichterinnen-Ich und der Dichterin Paoli über den Tod geliebter Menschen hinweg und gibt ihr die Möglichkeit, die Erinnerung an die Verstorbenen aufrechtzuerhalten. Schon dem Beginn ihres Dichtens liegt eine schmerzvolle Erfahrung zugrunde, die dichterische Begabung des lyrischen Ich wurde aus »meines Kinderherzens off'ner Wunde« geweckt. Wie in *Dichterherz* von 1833 schafft Paoli in *Mein Dichten* ein Bild für den inneren Resonanzraum, der von außen zum Tönen gebracht wird, das Herz ist eine klangvolle Glocke, die von jedem Schmerz und jeder Lust angestoßen wird. In den letzten beiden Strophen des fünfstrophigen Gedichts gibt die Dichterin poetische Anweisung, wie der Schmerz ihrer Gedichte zu verstehen sei: »Von Leiden spricht wohl manches meiner Lieder, / Doch nicht vom Leid', wie es die *Erde* hegt«. Es ist ein auf Erlösung hoffendes Sehnen der Seele, das sich in den Gedichten artikuliert, ein höherer Schmerz, »auf dessen Gluthgefieder / Die Seele sich in ihre Heimath trägt«, und damit erfüllt Paoli die poetische Forderung, die Carl Lewinsky aufgestellt hat: Keinen »irdischen« Schmerz wie Heinrich Heine drückt sie aus, sondern den »veredelten heilbringenden Schmerz«, den Lewinsky an Lenau schätzt.[187]

Auch in *Verhängniß der Kunst* adressiert das lyrische Ich die poetische Begabung, hier aber ausschließlich negativ: »O könnte ich dich von mir werfen, / Du *Fluch* des *Sang's*, der auf mir ruht!« Denn die Poesie zeigt dem Ich eine Parallelwelt, ein unerreichbares Ideal, nach dem das Ich Heimweh verspürt; die Dichtung ist die quälende Verheißung einer Transzendenz. Die Sprecherin fühlt sich fremd in der Welt und sehnt sich nach dem Tod, allerdings ohne den Wunsch nach Lebensglück ganz aufgegeben zu haben. Die dichterische Gabe wird hier zum Ursprung einer schmerzlichen Ambivalenz, die auch den Ausschluss aus der menschlichen Gesellschaft bedeutet.

Gleich nach seinem Erscheinen rezensierte Ignaz Kuranda den *Oesterreichischen Musenalmanach*.[188] Kuranda gründete später die einflussreiche Vormärz-Zeitschrift *Die Grenzboten* und wurde 1848 Abgeordneter zur Frankfurter Nationalversammlung, 1837 gehörte er allerdings noch zu jenem schriftstellerischen Nachwuchs, der, aus Prag kommend, in Wien »die Gesellschaft berühmter Dichter suchte«[189]. In seiner Rezension stellt Kuranda zwar fest, dass die beiden wichtigsten österreichischen Dichter, nämlich Grillparzer und Zedlitz[190], fehlten, versichert dann aber, der Leser erhalte »eine große Entschädigung durch die Beiträge einiger junger Poeten, deren Namen ihm bisher fast gänzlich unbekannt waren.«[191] Neunundsechzig Dichter zählt Kuranda im Verzeichnis, darunter »nicht weniger als fünf weibliche Namen«[192], die er (die Maßstäbe für männliche und weibliche Lyrikproduktion sind nun einmal unterschiedlich), gesondert behandelt, wobei er Paolis *Holden Todes Ahnung* – »tief empfunden« – besonders empfiehlt.[193]

Die ausführliche Besprechung des *Oesterreichischen Musenalmanachs* durch Kuranda erschien im September 1837 im zweiten Jahrgang der Zeitschrift *Der Telegraph*, in der sich auch Gedichte von Paoli finden, »die einen mannhaften Geist verrathen und bei aller Weiblichkeit und Zartheit vollkräftige Gefühle ertönen lassen.«[194] Im November 1837 erscheint hier ihr liedhaftes Gedicht *Gruß*, in dem ein lyrisches Ich ein neues »Heimathsland« begrüßt und sich zugleich auch an ein geliebtes Du wendet.[195]

Thematisiert wird der Kontrast zwischen dem südlichen Sehnsuchtsland und den nördlichen Gefilden, in denen sich der Adressat aufhält. Dass der geliebte Mensch im nördlichen Land ist, macht diese Region auch für das lyrische Ich attraktiv. Die Dichterin weiht diesem Gegenüber, ihres »Lebens Zier«, viele Lieder und Tränen. Zwar handelt es sich um ein Liebes- und Sehnsuchtsgedicht (»D'rum sehnt mein Herz so glühend heiß/Sich hin in deinen Zauberkreis«), aber auch in solchen spielen bei Paoli Vergänglichkeit und Tod eine wichtige Rolle: Die Verbundenheit wird in *Gruß* darin ausgedrückt, dass das Ich sich wünscht, in der Erde dieses Landes begraben zu werden.

Ein schlichtes und keineswegs resignatives Liebesgedicht, das wie *Gruß* eine geographische Anspielung enthält, erscheint im Dezember 1837.[196] Es trägt den Titel *Morgens* und begrüßt die aufgehende Sonne, die aus dem Osten eine Liebesbotschaft an das Ich des Gedichts mitbringen könnte. Das Gedicht *Dem Verlornen*, das im nächsten (und letzten) Jahrgang von *Der Telegraph* gedruckt wird, handelt dann von »jenem sonnenlosen Tag«, der dem Ich das Ende der Beziehung zu dem geliebten Menschen gebracht hat. Er hat sich von ihr getrennt, die Verbindung ist abgerissen und die Sprecherin weiß nur durch andere, dass er noch lebt. Die detaillierte Schilderung der »nachtumhüllten Stunde« der letzten Begegnung steht im Widerspruch zur Distanz, die das Ich der Gegenwart zu diesem Du vorgeblich verspürt:

> Mir aber bist Du abgeschieden,
> Entrücket diesem ird'schen Ort,
> Und lebst in meiner Brust in Frieden
> Nur der Erinn'rung Leben fort![197]

Auch im letzten Gedicht Paolis, das im *Telegraph* erscheint, bekommt die Erinnerung einen besonderen Platz. Im zehnstrophigen *Meine Wohnung* führt die Dichterin uns durch ihr Leben, für das metaphorisch eine einsame Ruine steht, die von Wald umgeben und von Stürmen umbraust ist (Paoli ist 23 Jahre alt).[198] Es gibt eine Kapelle für die Religion, einen Ort für die Dichtkunst und einen Ort der Erinnerung an die Toten, die »Lieben meiner Wahl«. Der Kapelle ist eine Strophe gewidmet, der »Ahnensaal« wird in zwei Strophen geschildert, das Zimmer, in dem das Ich in fremder und eigener Dichtung Zuflucht vor der Welt findet – »Wo für Leben

Schein ich tausche« –, bekommt drei Strophen. In der vorletzten Strophe des Gedichts fasst die Sprecherin das Innere ihrer Wohnung zusammen: »Glaubenssel'ge Hoffnungsträume, / Poesie, Erinnerung / Füllen alle ihre Räume«. Am Ende richtet die Dichterin eine Frage an die Leserin:

Sag' mir nun, ist meine Wohnung
Nicht ein schönes, lichtes Reich?
Brauch' ich And'rer Mild' und Schonung,
Macht nicht sie mich stark und reich?

Dass jeder Mensch auf sich selbst gestellt ist, mithin die Feststellung einer fundamentalen Einsamkeit, gehört zu den wichtigsten Themen der Lyrik Paolis, denn: »Lass' mich immer einsam bleiben / Wenn ich einsam glücklich bin!«

Im *Telegraph* erscheint auch Paolis biographisch wichtigstes Gedicht dieser Zeit, *Das todte Kind*, die poetische Reaktion auf den Tod ihres Sohnes, dessen Geburt sie nur in ihrem Brief an Gabillon erwähnen wird.[199] Das Gedicht beginnt mit drei rhetorischen Fragen:

So frühe schon vollendet?
Verblühet schon im Keim?
Der Gott, der Dich gesendet,
Rief Dich so bald schon heim?

Es ist die Fassungslosigkeit über den Schicksalsschlag, die hier zum Ausdruck kommt, aber es ist auch ein Trostgedicht, denn die Sprecherin hadert nicht mit Gott, sondern malt dem Kind in direkter Adressierung aus, was ihm durch seinen frühen Tod erspart geblieben ist: Ihm wurde keine »Schicksalswunde« zugefügt, es hat nie die Klage gekannt, die »uns die Brust zerbricht«, seine Seele ist vom »Lebensschaume« unbefleckt geblieben. Unschuldig und in der »Freuden Prangen« wurde das Kind vielmehr durch »der Gottheit Huld« früh aus dem Leben geholt »zu ew'ger Seligkeit«. Die innige Verbundenheit der Sprecherin drückt sich in der zweiten und dritten Strophe aus, die von der Schönheit des Kindes im Leben und im Tod und von seinen »holdsel'gen Zügen« sprechen. Auffallend ist die mehrfache Wiederholung der Kürze des Lebens des Kindes: Es ist »in der kurzen Stunde«, »in dem kurzen Tage« und »im kurzen Zeitenraume«, in dem es gelebt hat, nicht mit dem rauen, grausamen Leben in Berührung gekommen. In der späteren Version des Gedichts verändert Paoli das zu »flücht'gen Stunde« und »engen Zeitenraume« und betont damit die Gedrängtheit des kurzen Daseins noch stärker.

In einem weiteren Gedicht Paolis ist die kurze Lebensspanne ihres Kindes und ein sich daraus notwendig ergebendes Versäumnis das zentrale Motiv.[200] Das Leben des Kindes dauert in diesem Gedicht symbolische »kärgliche Minuten nur«, so dass die Mutter ihm ihre Liebe nicht begreiflich machen konnte. Sie wendet sich an das Kind: »Du starbst dahin und wußtest nicht,/Wie tief ich dich geliebt!« Wie in *Das todte Kind* bedauert die Sprecherin auch in diesem Gedicht den frühen Tod nicht, beklagt nicht »daß so früh zu reinerm Glück/Du zogst in's höh're Land«. Sondern mit »bitterm Weh« stellt sie fest, dass das Kind gestorben ist, bevor sie ihm ihre Liebe mitteilen konnte und dass ihr der Trost versagt bleibt, dass »du begriffen und erkannt/Mich und mein treues Herz«. Dieses unsentimentale, von tiefer Trauer und dem schmerzlichen Gefühl des unwiederbringlich Versäumten geprägte Gedicht mit dem Titel *Zu spät!* gehört zu Paolis erfolgreichsten. Es findet sich in den 1840er Jahren im prominent besetzten *Album deutscher Dichter* und wurde über Jahrzehnte in der weitverbreiteten Anthologie *Dichtergrüße. Neuere deutsche Lyrik* von Elise Polko abgedruckt.[201] In Paolis erstem Gedichtband von 1841 steht *Zu spät!* nach *Dunkle Einsamkeit*, dem Gedicht über das Sterben ihrer Mutter.

Das Gedicht *Meine Todten* von 1850 handelt von der Erinnerung an einen verstorbenen Jugendfreund, an die Mutter und zuletzt und am eindrücklichsten, wenn auch verklausuliert, an das Kind.[202] Offen betrauert die Sprecherin den verstorbenen, ungenannten »Freund aus meinen Jugendtagen«, an den zu denken ihr Mut gibt, wenn sie an sich zweifelt, und der in ihren Gedichten weiterlebt. Eine Strophe des Gedichts ist der Mutter gewidmet, der sie verziehen hat. Die Trauer um das Kind, das als »verklärte Lichtgestalt! Geliebteste von ihnen allen!« apostrophiert wird, die »leuchtend, wie ein Schwan« entschwebt, ist der tiefste Schmerz, den das Ich empfindet. Aber gerade dieses Gefühl muss die Dichterin vor den Menschen verbergen und darf es nur mit dem toten Kind im Lied teilen.

Und diese unermess'ne Pein
Den Menschen darf ich sie nicht klagen!
Nur dir, mein Alles! Dir allein
Darf ich in meinem Liede sagen:
Daß von den Thränen, die es trank,
An jedem Morgen feucht mein Kissen,
Mein Leben an der Wurzel krank,
Mein Herz im tiefsten Kern zerrissen!

Trost entspringt aus dem sanften und feierlichen Lächeln des Kindes, das das Ich wie einen »ew'gen Lenzhauch« spürt, der den Schmerz lindert, und der »Strahlenschimmer, der dich krönt, / Scheint rosig mir die Nacht zu färben!«

Während der tote Jugendfreund ihr von jenseits des Grabes zuruft: »›Dein Loos ist Wirken und Ertragen!‹« und die Sprecherin mit dieser Aufforderung stärkt, steht die Mutter im »Gefühl der Schuld befangen« vor ihr. Das Helle, Schwebende, Leuchtende der dritten Figur in *Meine Todten* und der Umstand, dass die Sprecherin »auf dem weiten Erdenrund« nichts als seinen Grabhügel sieht, sind Chiffren für die Unschuld und Kleinheit des Kindes.

Diese Gedichte Paolis, in denen es um den Tod ihres Kindes geht, wurden bis dato nicht als das besprochen, was sie sind. Niemand war auf die Idee gekommen, dass das »todte Kind« keine Erfindung oder exemplarische Darstellung, sondern das Kind der Dichterin sein müsse. Paolis Geheimnis war gewahrt worden. Es ist nicht verwunderlich, dass sich dieses einschneidende Ereignis in ihrem Leben in Paolis Lyrik niederschlagen musste. Dass die Interpretation dieser Gedichte ohne Kenntnis biographischer Fakten nicht möglich ist, zeigt das Beispiel des Germanisten Richard M. Werner. Nach einem eher ratlosen Versuch, *Meine Todten* ohne Wissen um das tote Kind biographisch zu lesen (wobei er sogar auf einen möglichen Druckfehler verfällt), kapituliert Werner vor Paolis »überaus intimen, gerade das Persönliche ganz genau und darum nicht immer völlig verständlich behandelnden Lyrik«.[203]

Mit den Gedichten im *Oesterreichischen Musenalmanach* und im *Telegraph* in den Jahren 1837 und 1838 beginnt die Hauptphase in Paolis lyrischem Schaffen. In den folgenden Jahren wird sie mit ihren Gedichten in jeder wichtigen literarischen Publikation Österreichs vertreten sein und sich in der literarischen Szene wie auch in der Wiener Gesellschaft etablieren. Die Presselandschaft, die von Zensur, aber auch von Diffamierungen wie im Fall von Anastasius Grün geprägt ist, wird 1837 um die Zeitschrift *Humorist* bereichert. Ihr Gründer, der früher oder später mit allen, unter anderem unversöhnlich mit Johann Nestroy, zerstrittene Moritz Gottlieb Saphir leitete sie bis zu seinem Tod im Jahr 1858.

Betty Paolis erste Veröffentlichung ist hier das Gedicht *Die Dichterin*[204], eine Reaktion auf die Vorurteile, mit denen schreibende Frauen konfrontiert waren.[205] Paoli bringt einige Argumente vor, die schon aus ihrer frühesten Lyrik bekannt sind. Sie betont die Gleichheit der Geschlechter in puncto dichterischem Talent – es gehe um »der Musa *Kinder*«, also nicht nur um ihre Söhne –, und dass nicht nur Frauen, sondern auch Männer schlechte Gedichte schreiben würden. Zugleich argumentiert Paoli in diesem Gedicht, dass die Frau, zu deren natürlichen Aufgaben es gehört, Trost zu spenden, dieses auch durch die Dichtkunst tun könne. Und außerdem ließe sich die dichterische Berufung gar nicht unterdrücken: »Wer sich das Dichten kann verwehren, / Hat sich zum Dichten nur gemüht!« Die letzte Strophe des Gedichts ist eine Rechtfertigung, in der die Dichterin aufzählt, was sie alles nicht tut: für den Ruhm dichten, lügen, eine »Sündennacht« besingen. Die ersten Verse von *Die Dichterin* lassen ahnen, dass Paoli Anfeindungen gewohnt ist:

> Viel Muth braucht man in unsern Tagen,
> (Ja Muth! nicht nur Beruf allein),
> Sich an die Lira noch zu wagen,
> Hat man das Unglück Weib zu sein.

Nicht nur Paoli war dem Verdacht ausgesetzt, sich für eine Frau ungebührlich hartnäckig an die Öffentlichkeit zu drängen. Die ausschließlich männliche Literaturkritik reagierte mit wenigen Ausnahmen ungehalten auf die weibliche Konkurrenz. Leopold Schick schreibt in einer Rezension von Paolis erstem Gedichtband:

> Soll denn aber der schöne Genius der Dichtkunst nicht auch die Rosenlippen des Weibes küssen dürfen? Soll die Dichterin das Geschenk der Götter verbergen, weil sie inniger, zarter und weicher empfindet? Soll sie nicht singen das hohe Lied der glücklichen, und das schmerzliche Weh der unglücklichen Liebe? Soll sie nicht? – Nein, sie soll nicht! Sie soll die glückliche Liebe pflegen in der selig, tief verschloss'nen Brust; sie soll den Schmerz der Liebe tragen mit edler Weiblichkeit, eine stille Dulderin, aber nicht mit geschwätziger Zunge sie erzählen auf dem lauten Markte vor dem Forum der Oeffentlichkeit.[206]

Schicks Rezension fällt dann aber doch noch positiv aus, denn er sieht in Paoli ein Ausnahmetalent, für das die Forderung nach weiblichem Wohlverhalten nicht gilt, ein Muster, dem auch andere Kritiker folgen.

Im Oktober 1837 erscheint im *Humorist* Paolis Gedicht *Die Naturalistin*, in dem die Dichterin in scherzhaftem Liedton mit ihrer dichterischen Begabung kokettiert: Sie habe das Dichten nicht gelernt und die Theorie sei ihr fremd.[207] In drei Strophen wird die Natur als Lehrmeisterin besungen, vom Vogelgesang über die Morgensonne bis zu den Wolken – ihnen allen lauscht die Dichterin den poetischen Gehalt ab. In der letzten Strophe betont das dichtende Ich noch einmal, dass es das Dichten »nie *gelernt*« habe, was die Leserinnen und Leser des Gedichts wohl erkennen könnten.

Die Berufung auf das Talent, das sich nur an der Natur schult, war eine Möglichkeit, sich gegen die Anfeindungen, mit denen die Dichterin wegen der Anmaßung männlicher Fertigkeiten und Publizität zu rechnen hatte, durch einen Beweis eben dieses Talents zu wehren. So verwahrte sich Paoli gegen den Verdacht, sie beschäftige sich mit der Theorie der Dichtkunst, mit Poetik und Rhetorik. Selbstverständlich konnte jeder, der etwas davon verstand, sehen, dass Paoli das in Wirklichkeit sehr wohl tat, und der Einwand, ihre Lyrik sei zu männlich – was sich auf die Form, nicht auf den Inhalt bezog – wurde, wie erwähnt, auch fast achtzig Jahre nach Entstehung des Gedichts *Die Naturalistin* noch erhoben.

Einen anderen Zugang zu ihrer Poetik bietet Paoli in einem Gedicht mit dem Titel *Konversation*, in dem sich das Dichterinnen-Ich scherzhaft bei seinen »Liedern« darüber beschwert, dass sie einerseits nicht konventionell und andererseits nicht spektakulär genug seien.[208] Die Muse solle plaudern »wie am Theetisch« und »Daten« aus der »skandalösen Chronik« liefern, das verlange das Publikum (wobei Paoli durchaus den Publikationsort dieses Gedichts als Beweis vor Augen gehabt haben könnte). Die Lieder antworten darauf: »Sieh, wir singen ja nicht *Allen*!« Jene Seele, auf die es ankomme, werde sie schon verstehen. Die Beobachtung, dass die hehre und elitäre Kunst zusehends verdrängt wird, trägt das Ich hier in leichtem Ton und ironisch vor. Diese Entwicklung wird im Laufe der nächsten Jahre für Paoli und alle Biedermeierdichter immer wichtiger werden. Denn im Vorfeld der Revolution von 1848 gerät die Poesie durch die politische Tendenzlyrik, aber auch durch die Prosa, immer stärker unter Druck.

Im *Humorist* erscheinen von Paoli nur noch drei weitere Gedichte, eines mit dem Titel *Reiseprojekte* und zwei, die von Kummer und Trennung handeln.[209] Dennoch wird der *Humorist* wichtig für ihre Karriere bleiben, denn in den nächsten Jahren werden ihre Werke darin immer wieder ausführlich rezensiert. Im Jahr 1838 kehrte Paoli mit ihrer Lyrik in die *Wiener Zeitschrift* zurück. Das erste Gedicht trägt den Titel *Dem Freunde* (»Du so mild, die Welt so arg!«)[210] und gilt vermutlich dem Herausgeber, ihrem Förderer Witthauer.

Unter den Gedichten für die *Wiener Zeitschrift* handeln auch einige von der Trauer um Verlorenes und von seelischer Verletzung, so *Der Blumenstrauß*, in dem ein verwelkter, auf der Straße zertretener Blumenstrauß zum Sinnbild für eine blühende Seele wird, die sozusagen unter die Räder gekommen ist. Auch von der Flüchtigkeit des Glücks (*Rath*), von Melancholie und Zukunftsträumen (*Umgekehrte Elegie*) erzählen die Gedichte, die Paoli in dieser Zeit veröffentlicht. *Verschweigen* thematisiert das Verbergen der innersten Erschütterung und der tiefen Verzweiflung über »des Schicksals Göttermacht«.[211] Ein Gedicht, auf das Braun von Braunthal später in seiner literarischen Verarbeitung von Paolis Leben indirekt Bezug nehmen wird, trägt den Titel *Die Pythia*.[212] Auch hier erklärt Paoli den seelischen Schmerz zum eigentlichen, dringlichen Anlass für ihre Dichtung. Das Dichterinnen-Ich vergleicht sich mit der Priesterin von Delphi, die Alexander der Große mit Gewalt zum Orakelspruch zwingt. Wie die Pythia vom makedonischen Herrscher zur Prophezeiung wird das Ich dieses

Gedichts gegen seinen Willen vom »wilden Überwinder *Schmerz*« zur poetischen Äußerung gedrängt.

Das Gedicht *Wüstenspiegelung* ist Friedrich Rückert gewidmet[213], einem der bekanntesten deutschen Dichter. In seiner Gedichtsammlung *Oestliche Rosen* (1822) ließ sich Rückert vom persischen Dichter Hafis inspirieren. Persische und arabische Literatur stand auch wegen der Hafis-Übersetzung des österreichischen Orientalisten Joseph von Hammer-Purgstall bei österreichischen Almanachautoren hoch im Kurs. Paoli griff immer wieder orientalische Bilder und Themen in ihrer Lyrik auf und sie dichtete Ghasele, eine der arabischen Literatur entlehnte Gedichtform. Ihr erstes Ghasel befasst sich mit dem Zusammenhang von Form und Inhalt, thematisiert die ungewöhnliche Versform (»›Ghasel! Was magst du wohl, so fragt' ich lange, sein?/Soll ich, dein Wesen zu ergründen, bange sein?‹«) und ist also ein Ghasel auf ein Ghasel.[214]

In Paolis Gedicht *Wüstenspiegelung* steht des »Morgenlandes Herrlichkeit« im Zentrum, wie Rückerts Nachdichtungen sie ihr vor Augen stellen. Diese Bilder werden zu Fluchtpunkten der Wünsche und Träume der Sprecherin, Träume, aus denen sie schließlich auftauchen muss, um in die Wirklichkeit zurückzukehren. Am Ende des Gedichts kontrastiert das Ich die Welt des Morgenlandes mit der Wüste in seinem Herzen, die »ohne der Oasen Pracht« nur »ein Grab im Lebenssand« ist.[215]

Die meisten Gedichte, die Paoli nach ihrer Publikationspause veröffentlichte, variieren Stoffe und Motive ihrer frühen Lyrik.[216] Im Jahr 1840 erscheinen dann aber auch ihre ersten Liebesgedichte an einen Dichter, die die Spekulationen über ihr Liebesleben aufs Neue nähren. In dem Gedicht *Einem Dichter* wendet sich das Ich noch an ein Gegenüber, dessen Lieder es nur aus der Ferne erreichen, und das Ich schließt: »Doch du selbst bist meinem Herzen/Nur ein Lied, ein Ton, ein Klang!«[217] Das könnte bedeuten, dass der besungene Dichter der Sprecherin unbekannt ist, vielleicht will sie sich damit aber auch von ihm distanzieren, ihm nicht mehr Platz in ihrem Herzen einräumen als seinen Liedern, die sie mit dem Gesang von Wandervögeln und dem Ton der unsichtbaren Äolsharfe vergleicht.

In dem langen Gedicht *Stille Liebe* wendet sich das lyrische Ich explizit an einen Dichter, den es nicht kennt, den es aber seiner Gedichte und der Seelenverwandtschaft wegen liebt: Auch er spricht in seinen Gedichten von Schmerz, verlorener Hoffnung, Kälte und Einsamkeit.[218] Die Botschaft des Gedichts ist ambivalent. Die Sprecherin verehrt den unbekannten Dichter und möchte ihn mit ihrer Liebe erlösen. Die Gelegenheit böte sich, weibliche Zurückhaltung hindert das Ich aber am Geständnis:

> [Es] schwieg mein Mund; es blieb dir unbewußt
> Der reiche Liebesschacht in meiner Brust;
> Die Scheu des Weibes konnt' ich nicht besiegen!

Mit den Gedichten *Eines Abends* und *Jugendwiederkehr*[219] veröffentlichte Paoli dann zwei der offenherzigen Liebesgedichte, mit denen sie endgültig zur literarischen Sensation wurde und die ihr den Ruf der »Profanation des weiblichen Gemüths«[220] einbrachten. *Eines Abends* ist ein Sehnsuchtsgedicht, in dem sich das Ich ausmalt, in welcher Gestalt es dem geliebten Dichter würde begegnen wollen, wobei sich Paoli auch hier des Bildrepertoires der Nachdichtungen in Rückert-Manier bedient. Als Damaszenerrose, kühlender Lufthauch, Welle, süßes Traumbild und als Nachtigall möchte das Ich dem Dichter erscheinen, ihm aber auch als Muse den Lorbeerkranz reichen. Die Sprecherin ist jedoch »als Tochter dieser dunkeln Erde« auf das »Liebeswort« beschränkt, das die anderen Gaben ersetzen muss.

Im Gedicht *Jugendwiederkehr* wird das Ich durch einen »Flammenblick«, poetischer Ausdruck für Begehren, aus seiner lethargischen Abgeklärtheit und Hoffnungslosigkeit gerissen und spürt, dass in seinem Herzen noch »heißes Wünschen, stürmisches Verlangen« lebendig sind. Es möchte »der Ruhe dumpfe Kerkerhallen« hinter sich lassen und »der Entsagung Leichentuch« abwerfen, auch wenn es letztlich keine Erfüllung finden sollte. Dieses Gedicht kann als eine Art Selbstkorrektur gelesen werden, die sich auf ein früheres Gedicht mit dem Titel *Bekenntniß* bezieht. In diesem gibt Paoli ausführlich und unverstellt autobiographisch Auskunft über ihre Entsagung in Liebesdingen: Ihre dichterische Begabung treibt sie in die selbstgewählte Einsamkeit. Das Dichterinnen-Ich fühlt seine Überlegenheit gegenüber jedem »Irdschen«, vor dem es sich in einer Beziehung »neigen« müsste, und bleibt allein,

> weil mein Geist, von würd'gem Stolz bewegt,
> Sich leichter zum Entbehren kann entschließen
> Als Glück, das seiner unwerth, zu genießen.[221]

Die Dichterin (im Gedicht und des Gedichts) hatte einst auf einen ebenbürtigen Partner gehofft, eine Hoffnung, die sich nicht erfüllte, und *Bekenntniß* schließt mit der Maxime: »Entsagen lieber jedem Freudenbilde, / Als einen Flecken auf dem Wappenschilde!« Ein halbes Jahr später rechnet Paoli im Gedicht *Jugendwiederkehr* mit dieser Haltung ab und befindet:

Die eitle Weisheit, die ich, toll vermessen,
Mich besser dünkend, frevelhaft geübt,
Sie war nur dumpfes Streben, zu vergessen,
Was ich vordem gewünschet und besessen,
Was ich gehasset und was ich geliebt.

Jugendwiederkehr handelt von der energetisierenden Macht des Verliebtseins und davon, dass auch »Stürme« und »Qualen« der Liebe willkommener sind als die emotionale Kälte eines liebesleeren Lebens. Kein Wunder also, dass Zeitgenossen und Nachwelt nach dem Verursacher des Aufruhrs in der Seele der Dichterin, dem Grund für ihren Sinneswandel, fragten.

Wenn man *Jugendwiederkehr* als autobiographische Fortführung von *Bekenntniß* liest, kann man den Schluss ziehen, dass sich Betty Paoli im Jahr 1840 in einen Dichter verliebte und von ihm aus ihrer *splendid isolation* gerissen wurde. Paoli lebte zu diesem Zeitpunkt wieder dauerhaft in Wien und bewegte sich unter Dichtern und Intellektuellen im Salon von Henriette Wertheimer. Von besonderem Interesse ist das Gedicht *Bekenntniß* als dichterische Selbstauskunft Paolis und als strategisch gewagtes Statement zum Stellenwert der Dichtung in ihrem Leben:

Wollt' ich auch hemmen meines Ich's Entfaltung,
Beschränken meinen freyen Wolkenzug,
Mich unterwerfen fremden Geist's Gestaltung,
Es wär' ein thöricht eitler Selbstbetrug!
Und könnt' auch *Er* in meiner Näh' erwarmen,
Ich bliebe einsam doch in seinen Armen![222]

Hier setzt sich eine Lyrikerin selbst auf den Parnass und thront über ihren unverständigen potenziellen Partnern. Ihren Dichterkollegen und generell den Männern in ihrer Umgebung kann das nicht gefallen haben. Von Karl

Braun von Braunthal wissen wir, dass er Paoli mit literarischen Mitteln in die Schranken weisen wollte, aber sie scheint diesbezüglich nicht nachtragend gewesen zu sein, denn obwohl dieser Almanach zuvor Braunthals diffamierendes *Bärbel Felix* gebracht hatte, lieferte Paoli für den Jahrgang 1840 des *Immergrün* ein Gedicht. Es trägt den Titel *Der Orient* und ist ein Sehnsuchtsgedicht, in dem die positiv konnotierte Wüsteneinsamkeit mit dem tatsächlichen Leben der Dichterin kontrastiert wird, einem Leben voll von »Trug und Haß und Heuchelschein«.[223] Das lyrische Ich erträumt sich die ultimative orientalische Freiheit zu Pferde und unter freiem Himmel:

Dann wollt' ich auf das Roß mich schwingen,
Gezähmt von meiner eig'nen Hand
Und wie auf raschen Sturmesschwingen
Hinfliegen durch das weite Land.[224]

Wie zwei Jahre später Annette von Droste-Hülshoff ihre Freiheitsphantasien auf dem Turm im Konjunktiv formuliert (»Wär' ich ein Jäger auf freier Flur, / Ein Stück nur von einem Soldaten«[225]), imaginiert Paoli hier ein schönes, einsames Wüstenleben.

Im »ehrenvollen«[226] *Immergrün* befindet sich Paoli in der Gesellschaft der beiden fruchtbarsten Almanachautoren Seidl und Vogl, aber auch Moritz Gottlieb Saphir ist im Jahrgang 1840 vertreten. Der Verleger Karl Haas bewirbt sein Produkt mit den Worten: »Dieses Taschenbuch [...] wird [...] den Freunden schöner Litteratur eine willkommene Gabe seyn – da der *Inhalt* sehr *gewählt*, die Kupfer treffliche Copien *berühmter Originalgemälde* und die äußere Ausstattung höchst *elegant* ist.«[227] Der Almanach ist in unterschiedlichen Aufmachungen zu haben: im Etui um 4 fl C. M., also vier Gulden Conventionsmünze, das entspricht heute einer Kaufkraft von ca. 85 Euro, im Seideneinband und in englischem Mosaik-Leder um nahezu das Doppelte.[228]

Die beiden literarisch bedeutendsten Verlagsprodukte, in denen Paolis Gedichte nach ihrer Rückkehr aus Schlesien erschienen, waren aber ein Wohltätigkeitsalbum, das Friedrich Witthauer initiierte, und das literarische Taschenbuch *Iris* von Paolis späterem Verleger Heckenast (die *Iris* kostete im Seideneinband fünf und als Prachtausgabe zehn Gulden C. M.[229]). Beide Publikationen gingen auf dieselbe Naturkatastrophe zurück. Durch ungewöhnlich starke Schneefälle und wegen der dicken Eisdecke führte die Donau beim Einsetzen des Tauwetters Mitte März 1838 extremes Hochwasser und ein Großteil von Pest und Ofen (Budapest) war tagelang überflutet. Es gab über hundert Tote, tausende Menschen wurden obdachlos, das Magazin des Verlegers Heckenast wurde stark beschädigt, seine wirtschaftliche Existenz war gefährdet.[230]

In der ersten Ausgabe der *Iris*, erschienen im Sommer 1839, schreiben die beiden Redakteure Sigmund Saphir (ein Neffe des streitlustigen Moritz Gottlieb) und Johann Graf Mailáth (glückloser Lyriker, Historiker und Polizeiinformant), sie hätten wenige Wochen nach der Überschwemmung den Beschluss gefasst, ein Album herauszugeben und wären sich schon im Voraus der »humanen und gefälligen Unterstützung der geachtetsten Literaten« sicher gewesen.[231] Tatsächlich lieferten zahlreiche Autorinnen und Autoren Texte für die *Iris*, die die Finanzen des Verlegers Heckenast sanieren sollte. Wir finden im ersten Jahrgang eine Szene aus Franz Grillparzers Lustspiel *Weh' dem, der lügt* und Gedichte von Ernst von Feuchtersleben, Ludwig August Frankl, Uffo Horn und selbstverständlich von Seidl und Vogl. Die Redakteure bitten in ihrem Vorwort um die Gunst der Lesewelt, danken ihren »verehrten Mitarbeitern und Mitarbeiterinnen« und ersuchen sie »recht sehr«, »ihre freundliche Gesinnung durch neue Beiträge für den nächsten Jahrgang darzuthun.«[232] Die Liste der Beiträger der *Iris* in den folgenden Jahren liest sich wie ein Who's who der literarischen Szene Österreichs. Und Betty Paoli fehlt nur in einem der neun Jahrgänge, auf die es dieser Almanach brachte.

Im ersten Jahrgang finden wir von ihr *Ein Dutzend*[233], Alexandrinerepigramme nach dem Muster des Barockdichters Friedrich von Logau, die das Bild einer tieftraurigen, aber auch sehr starken Persönlichkeit vermitteln, zum Beispiel:

3.
Um sklavenmäßig nicht mein Schicksal zu erfüllen,
Verwandl' ich sein Gebot in meinen eig'nen Willen.

5.
Eins ist's, was an mir selbst mir gut und schön erscheint:
Der Hasser hab' ich viel, doch keinen einz'gen Feind.

Anders als die *Iris* ist das von Witthauer redigierte Wohltätigkeitsalbum eine einmalige Benefizaktion für die Opfer der Überschwemmungskatastrophe.[234] Eröffnet wird das *Album* mit einem ausführlichen Bericht über die Ereignisse in Ofen und Pest im März 1838. Es folgt ein Prolog, den Nikolaus Lenau für eine Benefizveranstaltung im Wiener Universitätssaal im April 1838 verfasste. Die Texte in dem Album sind bunt durcheinandergewürfelt, größtenteils fertige Arbeiten, aber auch einige Gelegenheitsgedichte. So steuert zum Beispiel Seidl ein langes Gedicht mit dem Titel *Des Stromgott's Rache* bei, Vogl die Ballade *Die Flüchtende*, in der eine trauernde Mutter ihren Schmuck im überschwemmten Haus zurücklässt, um die Leiche ihres Kindes im Rettungsboot mit sich nehmen zu können. Joseph von Hammer-Purgstall schreibt über Regenfluten in Mekka, Caroline Pichler, die Grande Dame der österreichischen Literatur, schwelgt in Pest- und Ofen-Erinnerungen, Anton Graf Auersperg dichtet im *Album* unter seinem richtigen Namen und Lenau liefert außer dem Prolog noch weitere Gedichte, darunter auch *Drey Zigeuner*, dessen Vertonung durch Joseph Fischhof die Musikbeilage des *Albums* bildet. Grillparzer überlässt dem Herausgeber neben einigen Gedichten und Sprüchen die dramatische Szene *Hannibal und Scipio*.

Von Paoli finden sich in Witthauers *Album* vier Gedichte: *Wandlung*, *Zusammenklang*, *Herbstgefühl* und *Versagtes*, wobei das erste zu den populärsten Gedichten der Dichterin zählt. Es handelt von der entwaffnenden Macht der Liebe, wurde mit geringfügigen Änderungen in Paolis erste Gedichtsammlung aufgenommen und erschien im Laufe der Zeit in mehreren Anthologien. Marie von Ebner-Eschenbach zitiert dieses Gedicht in ihrem Nachruf auf Paoli als eines der mustergültigen Beispiele aus dem Schaffen der Dichterin. Das Gedicht ist formal auffällig, denn die beiden Strophen sind achtzeilig mit je zwei Mal vier Reimpaaren im Kreuzreim, wobei die korrespondierenden Zeilen unterschiedlich lang sind und aus einem jambischen Fünfheber und einem jambischen Zweiheber bestehen.[235] Das entspricht in Versmaß und Reimschema dem Gedicht *Nähe des Geliebten* von Goethe (»Ich denke dein, wenn mir der Sonne Schimmer / Vom Meere strahlt«), einem Gedicht an den fernen Geliebten, das mit dem Sehnsuchtsausdruck »O wärst Du da!« endet. Dieses Gedicht Goethes wurde vielfach vertont, am bekanntesten ist wohl Schuberts Fassung von 1815. Die Popularität des Gedichts von Paoli beruht wahrscheinlich auch auf dem wiedererkennbaren Rhythmus, wobei aber auch die Textaussage von *Wandlung* sehr eingängig ist: Das von Schicksalsschlägen getroffene lyrische Ich ist stark bis zu dem Moment, als ihm das Du seine Liebe gesteht. Die erste Strophe schließt mit dem Vers »Wie stark war ich«, die zweite mit »Wie schwach bin ich!«

Auch das Gedicht *Herbstgefühl* wählte Paoli für die Buchausgabe aus, nicht aber *Zusammenklang*, ein zweistrophiges Gedicht über die Liebe, die aus intensiver Freude und intensiven Qualen gleichermaßen zusammengesetzt ist. Und auch *Versagtes* fehlt in der ersten Gedichtsammlung, eine Absage an einen edlen Mann, der sich dem lyrischen Ich »auf ewig verschrieben« hat und den das Ich trotz seiner Tugenden nicht lieben kann.

Das Fundraising für die Überschwemmungsopfer erfolgte durch Pränumeration, also Vorauszahlung für eine bestimmte Anzahl an Exemplaren des *Albums*, und im Anhang des Buchs findet sich eine lange Liste von Personen, die auf diese Art für die Opfer der Katastrophe spendeten. Ganz oben stehen Kaiser Ferdinands Gemahlin Maria Anna und die Kaiserwitwe Karolina Augusta. Es folgen Almanachkäufer aus der ganzen Monarchie, vom Baron in Wien über den Gymnasiallehrer in Tarnow bis zum Arzt in Temeswar. Die meisten auf der Liste pränumerierten auf ein Exemplar zu 2 fl C. M., so auch »Fräul. Betty Glück« aus Wien.

Nicht nur unter den Autorinnen und Autoren und beim Publikum stieß die Unternehmung von Witthauer auf große Resonanz, auch die Kritik nahm das *Album* wahr, besonders ausführlich der anonyme Wien-Korrespondent der *Zeitung für die elegante Welt*, die in Leipzig erschien. Redakteur der sogenannten *Eleganten* war der gemäßigte Jungdeutsche Gustav Kühne, der Heinrich Laube abgelöst hatte, nachdem dieser aus politischen Gründen verhaftet worden war. Der Korrespondent lässt anhand der Beiträge im Almanach »die Literatur Oesterreichs flüchtig Revue passiren«.[236] Manche der Autoren des *Albums* werden dabei nur erwähnt, auf wenige Texte geht der Rezensent etwas ausführlicher ein. So ist er von Grillparzers *Hannibal und Scipio* begeistert, über die Ballade von Vogl meint er: »Ein Ei sieht dem andern nicht ähnlicher, als die Balladen Vogl's«[237]. Anhand der Gedichte Lenaus sinniert der Korrespondent über die Eigentümlichkeit der österreichischen Lyrik und befindet, Lenau habe »die Schnauzbärte zur Mannhaftigkeit« erhoben. Über Friedrich Witthauers Beitrag, eine kurze Novelle, in der der Ich-Erzähler gegen die Sklaverei Position bezieht, schreibt er: »Es ist [...] nur eine kleine Erzählung; aber von ganz besonderem Werthe, des Styles halber.«[238] Über Betty Paoli urteilt der Anonymus:

> Dieses Mädchen verspricht bald eine bedeutende Stellung unter den Dichtern Oesterreichs einzunehmen; frisch und gesund sind ihre Gefühle; die Gedankenglieder weich umhüllend und doch plastisch formend ist ihre Sprache; und es herrscht etwas Urkräftiges in ihrer noch schwankenden Lyrik, gleichsam das Schweben und Flüstern zarter Blätter an einem festwurzelnden Baume. »Wandlung« ist unter den mitgetheilten Gedichten [...] das Vorzüglichste.[239]

Mit der Aufnahme in dieses Album stand Paoli im Zentrum der literarischen Welt Österreich-Ungarns. Der Korrespondent der *Eleganten* berichtet, dass die erste Auflage von 1 000 Exemplaren bereits ganz, die zweite Auflage in der gleichen Höhe zur Hälfte verkauft sei. Das Unternehmen wandte sich außerdem an die sogenannten höheren Kreise. Nicht nur auf der Pränumerantenliste sind zahlreiche Namen des alten und des neuen, des hohen und des niederen Adels der k. k.-Monarchie zu finden, der Korrespondent berechnet auch, dass unter den 84 Autorinnen und Autoren sechsundzwanzig adelig sind.[240] Mit vierundzwanzig Jahren befand sich Betty Glück, die Tochter eines Militärarztes, am Beginn einer steilen Karriere und vor der Aufnahme in die höhere und höchste Gesellschaft.

Anmerkungen

1 Theresia Grünnagel, k. k. Hofsekretärswitwe. Nach ihrem Tod ging das Haus an ihren Schwiegersohn über. Vgl. Verzeichniß aller in der k. k. Haupt- und Residenzstadt Wien und sämmtlichen Vorstädten inner den Linien befindlichen numerirten Häuser und Plätze, Namen der Eigenthümer, Hausschilder, Straßen und Gassen, umgearbeitet von Alois Edlen v. Fraißl. Wien: Carl Gerold'sche Buchhandlung 1812, Neuaufl. 1816. Theresia Grünnagel starb im Jänner 1815 mit 66 Jahren in diesem Haus. Vgl. Pfarre St. Michael, Am Hof, Sterbebuch 1796–1819 (digital).

2 Vgl. Handlungs-Gremien und Fabriken Adressen Buch der Haupt- und Residenzstadt Wien; dann mehrerer Provincialstädte für das Jahr 1816, verf. und hg. v. Anton Redl.

Wien: Eigenverlag 1816. 1945 wurde das Haus bei einem Luftangriff zerstört, an seiner Stelle steht heute ein Neubau aus dem Jahr 1956, Hausnummer 8. Vgl. Wien Geschichte Wiki.

3 Vgl. Pfarre St. Michael, Am Hof, Taufbuch 1806–1822 (digital).

4 Vgl. Pfarre St. Michael, Am Hof, Trauungsbuch 1801–1824 (digital).

5 Vgl. *Verzeichnis Saemmtlicher bey der K. K. Armèe angestellten Feldärzte*. Wien: Gedruckt mit Joh. Carl Schuender'schen Schriften 1803, S. 28.

6 Vgl. Pfarre St. Michael, Am Hof, Sterbebuch 1819–1835 (digital); vgl. [Notiz]. In: *Wiener Zeitung*, 19. März 1822, S. 4.

7 Vgl. Auszug aus den Totenbüchern der Pfarre Szaflary in Galizien, Sandecer Kreis, (heute Woiwodschaft Kleinpolen) in lateinischer Sprache, ausgestellt am 7. Juni 1835. Wienbibliothek, Handschriftensammlung, [in der Folge zitiert WB, Hss.] HIN 106377.

8 Vgl. Friedrich Beck: *Betty Paoli*. In: *Österreichische Rundschau* 9 (1906), S. 260–272, hier S. 260.

9 Vgl. Leopold Kompert: *Betty Paoli*. In: *Gedenke mein!* 1857, S. IX–XVIII.

10 Kompert, *Betty Paoli*, S. XII.

11 Stefan Hock (Hg.): *Briefe Betty Paolis an Leopold Kompert*. In: *Jahrbuch der Grillparzer-Gesellschaft* 18 (1908), S. 177–209, hier S. 201.

12 Hock (Hg.), *Briefe Betty Paolis an Leopold Kompert*, S. 201.

13 Hock (Hg.), *Briefe Betty Paolis an Leopold Kompert*, S. 201.

14 Hock (Hg.), *Briefe Betty Paolis an Leopold Kompert*, S. 205. [Herv. i. O.]

15 Marie von Ebner-Eschenbach: *Betty Paoli*. In: Betty Paoli: *Gedichte. Auswahl und Nachlaß*. Stuttgart: Cotta 1895, S. IX–XXI, S. IX. (Erstdruck: *Neue Freie Presse*, 22. Juli 1894, S. 1–4.)

16 Zitiert in: Helene Bettelheim-Gabillon: *Zur Charakteristik Betty Paolis*. Nach alten und neuen Quellen. In: *Jahrbuch der Grillparzer-Gesellschaft* X (1900), S. 191–250, hier S. 197. (Strophen 1 und 5 des 21-strophigen Gedichts.)

17 Vgl. Manuskript, datiert 21. September 1862. WB, Hss., IN 237089; Druckfassung in Betty Paoli: *Neueste Gedichte*. Wien: Gerold 1870, S. 35–39 [AW S. 116–119].

18 Brief Iduna Laubes an Betty Paoli, 28. April 1869. WB, Hss., IN 49051. Zitiert in: Alexia Kathmann: *Frauenrechtlerin & Salondame*. Die Briefe von Iduna Laube (1808–1879) an Betty Paoli als Verhandlungen von Subjektivität und Gesellschaft. DA Wien, 2014, 123f.

19 Vgl. Betty Glück: *Abschiedswort an Ungarn*. In: *Der Spiegel für Kunst, Eleganz und Mode*, 16. Juni 1832, S. 38f.

20 Vgl. Hock (Hg.), *Briefe Betty Paolis an Leopold Kompert*, S. 203.

21 Kompert, *Betty Paoli*, S. XIII.

22 Vgl. Jakob Minor: *Die deutsche Literatur in Wien und Niederösterreich*. In: *Die österreichisch-ungarische Monarchie in Wort und Bild*. Auf Anregung und unter Mitwirkung Seiner kaiserlichen und königlichen Hoheit des durchlauchtigsten Kronprinzen Erzherzog Rudolf. 1. Abtheilung: Wien. Wien: Kaiserlich-königliche Hof- und Staatsdruckerei 1886, S. 139–168, hier S. 167.

23 Betti Paoli: *Reise-Memoiretten*. In: *Wiener Lloyd*, 10. November 1852, S. 1–3, hier S. 3.

24 Vgl. Heinz Schlaffer: *Das Dichtergedicht im 19. Jahrhundert*. Topos und Ideologie. In: *Jahrbuch der Schillergesellschaft* 10 (1966), S. 297–335.

25 Vgl. Stephen Greenblatt: *Renaissance Self-Fashioning*. From More to Shakespeare. Chicago: University of Chicago Press 1980.

26 Vgl. Jochen Grywatsch und Cornelia Blasberg: *Vorwort*. In: Jochen Grywatsch und Cornelia Blasberg (Hg.): *Annette von Droste-Hülshoff. Handbuch*. Berlin, Boston: De Gruyter 2018, S. XI–XIII.

27 Vgl. Hedvig Ujvári: *Abriss der deutschsprachigen Presselandschaft in Ungarn im 18. und zu Beginn des 19. Jahrhunderts*. In: *Germanistische Studien* VII (2009), S. 63–76, hier S. 73; vgl. Anna Ananieva und Rolf Haaser: *Der Pester »Spiegel«: Bibliografie, Autoren, Programme: ein Überblick*. Tübingen: Universitätsbibliothek Tübingen 2016. DOI: http://dx.doi.org/10.15496/-publikation-12232.

28 Vgl. Hubert Lengauer: *Seidl, Johann Gabriel*. In: *Österreichisches Biographisches Lexikon*. Hg. v. Österreichische Akademie der Wissenschaften (digital).

29 Vgl. Louise Hecht (Hg.): *Ludwig August Frankl (1810–1894)*. Eine jüdische Biographie zwischen Okzident und Orient. Wien: Böhlau 2016.

30 Vgl. Norbert Bachleitner: *Fiktive Nachrichten*. Die Anfänge des europäischen Feuilletonromans. Würzburg: Königshausen & Neumann 2012; vgl. Friedrich Sengle: *Biedermeierzeit*. Bd. 2: Die Formenwelt, S. 833–842.

31 Vgl. Hugo Aust: *Novelle*. 5., aktualisierte und erweiterte Aufl. Stuttgart: Metzler 2012, S. 1–4.

32 Betty Glück: *Alfred. Novelle*. In: *Spiegel für Kunst, Eleganz und Mode* 18–21 (1832) [3., 7., 10., 14. März 1832].

33 Betty Paoli: Tagebuch 13. Jänner 1886. WB, Hss., IN 126449.

34 Vgl. Anton Schlossar: *Die »Wiener Zeitschrift« von J. Schickh und F. Witthauer*. Ein Beitrag zur Geschichte des österreichischen Journalwesens in vormärzlicher Zeit. In: *Zeitschrift für Bücherfreunde* 5 (1901/1902), S. 464–479, hier S. 473.

35 Vgl. Constantin von Wurzbach: *Witthauer, Friedrich*. In: *Biographisches Lexikon des Kaiserthums Oesterreich*. 57. Teil. Wien: Kaiserlich-königliche Hof- und Staatsdruckerei 1889, S. 158–160.

36 Schlossar, *Die »Wiener Zeitschrift«*, S. 471.

37 Anonym: *Ein Ballfest aus halbvergangenen Zeiten*. In: *Die Presse*, 24. Jänner 1869, S. 10.

38 Vgl. Andreas Brandtner: *Saphir, Moritz*. In: *Neue Deutsche Biographie* 22 (2005), S. 433–434; vgl. Hubert Lengauer: *Ästhetik und liberale Opposition*. Zur Rollenproblematik des Schriftstellers in der österreichischen Literatur um 1848. Wien, Köln: Böhlau 1989, S. 62; vgl. Johann Sonnleitner: *Bauernfeld, Saphir, Nestroy. Literarische Streitfälle im österreichischen Vormärz*. In: Wendelin Schmidt-Dengler, Johann Sonnleitner und Klaus Zeyringer (Hg.): *Konflikte – Skandale – Dichterfehden in der Österreichischen Literatur*. Berlin: Erich Schmidt Verlag 1995, S. 92–117.

39 Wurzbach, *Witthauer*, S. 160.

40 Vgl. Dietmar Scharmitzer: *Anastasius Grün (1806–1876)*. Leben und Werk. Wien u. a.: Böhlau 2010, S. 113; vgl. Dietmar Scharmitzer: *Nicht Auersberg. Tant mieux*. Franz Grillparzer und Anastasius Grün. Protokoll einer komplizierten Beziehung. In: *Jahrbuch der Grillparzer-Gesellschaft*. 3. Folge, Bd. 20 (1997–2002), S. 278–318.

41 Anastasius Grün: *Unsere Zeit*. In: Anastasius Grün: *Gesammelte Werke*. Hg. v. Ludwig August Frankl. 2. Bd. Berlin: Grothe 1877, S. 388f., hier S. 388.

42 Betty Glück: *An die Männer unserer Zeit*. In: *Wiener Zeitschrift für Kunst, Literatur, Thea-*

ter und Mode, Nr. 102, 25. August 1832, S. 821f., auch in: Betty Paoli: *»Ich bin nicht von der Zeitlichkeit!«* Ausgewählte Werke. Hg. v. Karin S. Wozonig. Salzburg, Wien: Residenz 2024 [in der Folge zitiert AW], S. 13f.

43 Glück, *An die Männer unserer Zeit*, S. 822 [AW 13].

44 Glück, *An die Männer unserer Zeit*, S. 822 [AW 14].

45 Glück, *An die Männer unserer Zeit*, S. 822 [AW 14].

46 Glück, *An die Männer unserer Zeit*, S. 822 [AW 14].

47 Liselotte Steinbrügge: *Das moralische Geschlecht*. Theorien und literarische Entwürfe über die Natur der Frau in der französischen Aufklärung. 2. Aufl. Stuttgart: Metzler 1992.

48 Marie von Ebner-Eschenbach: *Sämtliche Werke*. Bd. 1: Erzählungen. Božena. Neue Erzählungen. Aphorismen. Die Prinzessin von Banalien. Am Ende. Berlin: Paetel o. D. [1920], S. 611.

49 Vgl. Einberufungs-Edict. In: *Oesterreichisch-Kaiserliche privilegirte Wiener Zeitung*, 1. April 1836, S. 8.

50 Betty Paoli an Ludwig Gabillon, o. D. [1855]. WB, Hss., IN 236701.

51 Hieronymus Lorm: *Wien's poetische Schwingen und Federn*. Leipzig: Wilhelm Friedrich Grunow 1847, S. 83.

52 Adalbert Stifter: *Werke und Briefe*. Historisch-kritische Ausgabe, Bd. 9/1. Wien und die Wiener [1844]. Hg. v. Johann Lachinger. Stuttgart: Kohlhammer 2005, S. 343.

53 Vgl. Sophie von Scherer: *Erfahrungen aus dem Frauenleben*. Gedanken über weibliche Bestimmung und Bildung über Mutterpflicht und Erziehung. In einer Sammlung von Briefen mitgetheilt und allen Frauen, Müttern und erwachsenen Töchtern zum Selbststudium übergeben. Bd. 3. Gratz: J. A. Kienreich 1848, S. 272.

54 Alexander Puschkin: *Eugenius Onegin*. Ein Roman in Versen. Übersetzt von Carl Friedrich von der Borg. Erster Abschnitt, Vers 29. In: *Der Refraktor. Ein Centralblatt Deutschen Lebens in Russland*, Nr. 16, 15. August 1836, S. 122.

55 Betty Glück: *Empfindungen am Ende eines Maskenballs*. In: *Allgemeine Theaterzeitung und Originalblatt für Kunst, Literatur, Musik, Mode und geselliges Leben*, Nr. 52, 12. März 1833, S. 1 [AW 16].

56 Vgl. Bettelheim-Gabillon, *Charakteristik*, S. 193.

57 K. A. Glaser: *Frauenspiegel*. In: *Der Spiegel, oder: Blätter für Kunst, Industrie und Mode*, 1. Juli 1829, S. 309f.

58 Vgl. Helene Richter: *Josef Lewinsky*. Fünfzig Jahre Wiener Kunst und Kultur. Zum 150-jährigen Jubiläum des Burgtheaters. Wien: Deutscher Verlag für Jugend und Volk 1926, S. 96.

59 Betty Glück: *An Dlle. Sophie Löwe, als Giulietta in Bellini's Oper: »I Montecchi ed i Capuletti.«* In: *Wiener Zeitschrift*, Nr. 25, 28. Februar 1833, S. 205 [AW S. 15]. (Die Oper wurde unter dem Titel »I Capuleti e i Montecchi« 1830 im Teatro La Fenice in Venedig uraufgeführt. Sophie Löwe trat in Wien am 1. Dezember 1832 zum ersten Mal in der Rolle der Giulietta auf.)

60 Steffen Martus, Stefan Scherer, Claudia Stockinger: *Einleitung*. Lyrik im 19. Jahrhundert – Perspektiven der Forschung. In: Steffen Martus, Stefan Scherer und Claudia Stockinger (Hg.): *Lyrik im 19. Jahrhundert*. Gattungspoetik als Reflexionsmedium der Kultur. Bern: Lang 2005, S. 9–30, hier S. 17.

61 Vgl. Martin Lindner: »*Noch einmal*«. Das tiefenpsychologische und künstlerische Konservieren der Erinnerung an den »Liebesfrühling« in Liebeslyrik-Zyklen 1820 bis 1860. In: Michael Titzmann (Hg.): *Zwischen Goethezeit und Realismus*. Wandel und Spezifik in der Phase des Biedermeier. Tübingen: Niemeyer 2002, S. 39–77, hier S. 62.

62 Vgl. E.[duard] M.[autner]: *Bunte Bücherschau*. In: *Die Presse*, 3. Dezember 1848, S. 1f., hier S. 1.

63 Vgl. die Kategorie »Weibliche Perspektiven in Gedichten von Autoren« In: *Frauen \ Lyrik. Gedichte in deutscher Sprache*. Hg. v. Anna Bers. Stuttgart: Reclam 2020.

64 Betty Paoli: *Nach dem Gewitter*. Pesth: Heckenast 1843. (2., vermehrte Aufl. 1850)

65 Betty Glück: *Dichterherz*. In: *Wiener Zeitschrift*, Nr. 101, 22. August 1833, S. 825.

66 Betty Paoli: *Bekenntniß*. In: *Wiener Zeitschrift*, Nr. 71, 4. Mai 1840, S. 563f. [AW 30f.].

67 Betty Paoli: *Wandlungen. Ischler Feuilleton*. In: *Neue Freie Presse*, 12. September 1869, S. 1f., hier S. 1.

68 Paoli, *Wandlungen*, S. 1.

69 Paoli, *Wandlungen*, S. 1.

70 Cur- und Fremden-Liste des Curortes Baden bei Wien, 1833, Heft 22, S. 2 (18. Juni). Digitalisat.

71 Vgl. Österreichisches Staatsarchiv, Hofadelsakten, AT-OeStA/AVA Adel HAA AR 316.22.

72 Vgl. Das gesetzliche Verfahren in Auswanderungsfällen. Aus dem allerhöchsten Patente vom 24. März 1832 und den früher erlassenen Verordnungen, wie auch den Paßvorschriften, dargestellt von Franz Joseph Schopf. Wien 1834.

73 Paoli, *Wandlungen*, S. 1.

74 Paoli, *Wandlungen*, S. 2.

75 Betty Paoli an Ludwig Gabillon, o. D. [1855]. WB, Hss., IN 236701.

76 Betty Glück: *Meine Jugend*. In: *Taschenbuch des k. k. privilegirten Theaters in der Leopoldstadt für das Jahr 1834*, S. 82 [AW 17].

77 Vgl. Ferdinand Johannes Wit: *Die Almanachomanie*. In: *Politisches Taschenbuch*. 1831, S. 102–111, hier S. 104.

78 Vgl. Anton Schlossar: *Taschenbücher und Almanache zu Anfang unseres Jahrhunderts*. In: *Zeitschrift für Bücherfreunde* 3 (1899/1900), S. 49–64 und S. 298–315, hier S. 310.

79 Vgl. Paul Gerhard Klussmann: *Das literarische Taschenbuch der Biedermeierzeit als Vorschule der Literatur und der bürgerlichen Allgemeinbildung*. In: Paul Gerhard Klussmann und York-Gothart Mix (Hg.): *Literarische Leitmedien*. Almanach und Taschenbuch im Kulturwissenschaftlichen Kontext. Wiesbaden: Harrassowitz 1998, S. 89–111, hier S. 90.

80 Vgl. Anonym [Joseph Tuvora]: *Briefe aus Wien*. Von einem Eingeborenen. Bd. 2. Hamburg: Hoffmann und Campe 1844, S. 29; vgl. Minor, *Die deutsche Literatur in Wien und Niederösterreich*, S. 157.

81 Magdalena Freyin v. Callot: *Lohn der Treue*. Novelle. In: *Taschenbuch des k. k. privilegirten Theaters* 1834, S. 145–162.

82 Callot, *Lohn der Treue*, S. 159.

83 Vgl. Glück, *Meine Jugend*, S. 82 [AW S. 17].

84 Betty Paoli an Ludwig Gabillon, o. D. [1855]. WB, Hss., IN 236701.

85 Vgl. Bettelheim-Gabillon, *Charakteristik*, S. 192. Helene Bettelheim-Gabillon standen

nicht nur die an ihre Eltern und an sie selbst adressierten Briefe zur Verfügung, sondern der ganze persönliche Nachlass der Dichterin, denn der ging an ihre Tochter Friederike Bettelheim verehelichte Bunzel (geb. 1884, ermordet 1942 im Vernichtungslager Maly Trostinez).

86 Bettelheim-Gabillon, *Charakteristik*, S. 195.

87 Betty Paoli an Ludwig Gabillon, o. D. [1855]. WB, Hss., IN 236701.

88 Betty Paoli an Ludwig Gabillon, o. D. [1855]. WB, Hss., IN 236701.

89 Betty Paoli an Ludwig Gabillon, o. D. [1855]. WB, Hss., IN 236701.

90 Vgl. *Eine Amtsreise durch Wolhynien*. Bericht eines Pastors 1871. In: *St. Petersburgisches Evangelisches Sonntagsblatt* 1871, XIV. Jg., S. 386–389, 397–398, 405; XV. Jg., S. 12–15, 20–22. Transkript online: https://www.myvolyn.de/get_file.php?id=29543599&vnr=164880.

91 Vgl. *Eine Amtsreise durch Wolhynien*, Transkript, S. 10.

92 Vgl. Bettelheim-Gabillon, *Charakteristik*, S. 195.

93 Betty Paoli an Moritz Hartmann, 18. Februar 1847. In: Wittner (Hg.), S. 425.

94 *Gouvernante*. In: *Damen Conversations Lexikon*. Bd. 4. Leipzig: Adorf 1835, S. 487–489, hier S. 487.

95 Vgl. *Gouvernante*, S. 488.

96 Vgl. die immer noch gültige grundlegende Untersuchung von Karin Hausen: *Die Polarisierung der ›Geschlechtscharaktere‹*. Eine Spiegelung der Dissoziation von Erwerbs- und Familienleben. In: Werner Conze (Hg.): *Sozialgeschichte der Familie in der Neuzeit Europas*. Stuttgart: Klett 1976, S. 363–393.

97 Vgl. Gunilla Budde: *Als Erzieherinnen in Europa unterwegs*. Gouvernanten, governesses und gouvernantes. In: *Europäische Geschichte Online*. Hg. v. Institut für Europäische Geschichte, Mainz 2011 (digital).

98 Betty Paoli: *Eine Zeitfrage*. In: *Neue Freie Presse*, 4. November 1865, S. 1 f., hier S. 2 [AW 210–217, hier S. 215]; auch in: Paoli, *»Was hat der Geist denn wohl gemein mit dem Geschlecht?«*, S. 80–87.

99 Betty Paoli an Ludwig Gabillon, o. D. [1855]. WB, Hss., IN 236701.

100 Vgl. Ebner-Eschenbach, *Betty Paoli*, S. IX.

101 Vgl. Helene Bettelheim-Gabillon: *Betty Paoli*. In: *Neue Österreichische Biographie*. 1815–1918. Wien: Amalthea 1928, S. 48–65, hier S. 49.

102 Vgl. J. Edlen von Mehoffer: *Der Sandecer-Kreis im Königreich Galizien*. Wien: H. F. Müller 1842, S. 14.

103 Hock (Hg.), *Briefe Betty Paolis an Leopold Kompert*, S. 203.

104 Zitiert in: Scharmitzer, *Anastasius Grün*, S. 74.

105 Friedrich Witthauer an Betty Glück, 9. November 1834. WB, Hss., IN 49038.

106 Vgl. Friedrich Witthauer an Betty Glück, 9. November 1834. WB, Hss., IN 49038.

107 Friedrich Witthauer an Betty Glück, 9. November 1834. WB, Hss., IN 49038.

108 Friedrich Witthauer an Betty Glück, 9. November 1834. WB, Hss., IN 49038.

109 Im Nachlass von Paoli befindet sich das lateinische Original des Totenscheins (WB, Hss., IN 106377) bzw. des Auszugs aus den Totenbüchern der Pfarre Szaflary in Galizien, Kreis Sandez, datiert mit 7. Juni 1835, und eine handschriftliche Übersetzung. Demnach starb am 21. Dezember 1834 Theresia Großan, Ehefrau von Sigismund Großan, römisch-katholisch, 58 Jahre alt, im Haus Nummer 1 an der Schwindsucht und wurde in Szaflary begraben.

110 Betty Paoli: *Dunkle Einsamkeit*. In: Betty Paoli: *Gedichte*. Pesth: Heckenast 1841, S. 75 [AW 23].

111 Vgl. Ebner-Eschenbach, *Betty Paoli*, S. X.

112 Vgl. Hock (Hg.), *Briefe Betty Paolis an Leopold Kompert*, S. 203.

113 Vgl. W. A. Hammer: *Betty Paoli*. In: Johann Willibald Nagl, Jakob Zeidler und Eduard Castle (Hg.): *Deutsch-österreichische Literaturgeschichte*. Ein Handbuch zur Geschichte der deutschen Dichtung in Österreich-Ungarn. Bd. 2. Wien: Carl Fromme 1914, S. 787–791, hier S. 788.

114 Werner, *Betty Paoli*, S. 57.

115 Brief Betty Paolis an Marie Dubsky, 31. Juli 1847. Zitiert in: Bettelheim-Gabillon, *Charakteristik*, S. 238f.

116 Ebner-Eschenbach, *Betty Paoli*, S. XXI.

117 Betty Paoli: *Clary*. Erzählung. In: *Wiener Zeitschrift*, Nr. 60–71, 9. Mai bis 16. Juni 1835.

118 Betty Paoli an Ludwig Gabillon, o. D. [1855]. WB, Hss., IN 236701. Unbestreitbar war der Familienname Glück für eine Weltschmerzdichterin auch nicht sehr passend.

119 Bei dieser Zählung gilt wie bei den Gedichten: Es ist nicht auszuschließen, dass es noch mehr gibt, die aufgrund der ephemeren Publikationsorte verloren gegangen sind.

120 Wittner (Hg.), S. 425.

121 Vgl. Adalbert Stifter an Gustav Heckenast, 17. Juli 1844. In: Adalbert Stifter: *Sämmtliche Werke*. Bd. 17: Briefwechsel. Hg. v. Gustav Wilhelm. 2. Aufl. Reichenberg: Sudetendeutscher Verlag Franz Kraus 1929, S. 125.

122 Vgl. Wolfgang Lukas: *Novellistik*. In: *Hansers Sozialgeschichte der deutschen Literatur*. Bd. 5. *Zwischen Restauration und Revolution 1815–1848*. München: Hanser 1998, S. 251–280.

123 Paoli, *Clary*, S. 482.

124 Vgl. Hellmuth Himmel: *Probleme der österreichischen Biedermeiernovellistik*. Ein Beitrag zur Erkenntnis der historischen Stellung Adalbert Stifters. In: *VASILO* 12 (1963), S. 36–59.

125 Paoli, *Clary*, S. 507.

126 Werner, *Betty Paoli*, S. 38.

127 Vgl. Minor, *Die deutsche Literatur in Wien und Niederösterreich*, S. 157.

128 Jean Charles [Karl Braun von Braunthal]: *Dichterleben aus unserer Zeit*. Leipzig: Bösenberg 1842.

129 Jean Charles, *Dichterleben*, S. 132.

130 Jean Charles, *Dichterleben*, S. 148.

131 Jean Charles, *Dichterleben*, S. 137.

132 Jean Charles, *Dichterleben*, S. 175.

133 Jean Charles, *Dichterleben*, S. 138f. [Gagat = Kohle]

134 Jean Charles, *Dichterleben*, S. 157.

135 Vgl. Jean Charles, *Dichterleben*, S. 189.

136 Jean Charles, *Dichterleben*, S. 207.

137 Jean Charles, *Dichterleben*, S. 214.

138 Vgl. Jean Charles, *Dichterleben*, S. 217.

139 Jean Charles, *Dichterleben*, S. 242f.

140 Jean Charles, *Dichterleben*, S. 280.

141 Jean Charles, *Dichterleben*, S. 281.

142 Jean Charles, *Dichterleben*, S. 282.

143 Anonym: *Dichterleben aus unserer Zeit* [Rezension]. In: *Blätter für literarische Unterhaltung*, 18. August 1843, S. 923f., hier S. 923.

144 Betty Paoli: *Mein Dichten, Verhängniß der Kunst* [AW 16f.], *Holden Todes Ahnung, Dort wie hier!* In: *Oesterreichischer Musenalmanach* 1837, S. 233, S. 235, S. 238, S. 240f.

145 Vgl. Scharmitzer, *Anastasius Grün*, S. 147f.

146 Vgl. Scharmitzer, *Anastasius Grün*, S. 149.

147 Vgl. Heinrich Bauer: *Systematisches Handbuch der deutschen Sprache*, namentlich zur Vermeidung der zahllosen Fehler, deren sich noch immer die meisten selbst der gebildeten Deutschen gegen die Grammatik der neuhochdeutschen Sprache schuldig machen. Berlin: Hahn 1846, S. 143; vgl. auch Anonym: *Taschenbücherschau für 1838*. In: *Blätter für literarische Unterhaltung*, Nr. 16, 16. Jänner 1838, S. 61f., hier S. 61.

148 Ritter Braun von Braunthal: *Bärbel Felix*. In drei Balladen. In: *Immergrün*. Taschenbuch für das Jahr 1838, S. 295–307.

149 Vgl. B. T.: *Almanach-Literatur* [Rezension zu *Immergrün* 1838]. In: *Der Oesterreichische Zuschauer*. Beilage, 29. Dezember 1837, S. 1598f., hier S. 1599.

150 Betty Paoli an Ludwig Gabillon, o. D. [1855]. WB, Hss., IN 236701.

151 Betty Paoli an Conrad Ferdinand Meyer, 9. Mai 1883. In: A. Schaer (Hg.): *Betty Paoli und Conrad Ferdinand Meyer*. Zeugnisse einer Dichterfreundschaft in elf Briefen (1877–1886). In: *Euphorion* 16 (1909), S. 497–510, hier S. 506f.

152 Vgl. Provinzial-Handbuch der Königreiche Galizien und Lodomerien für das Jahr 1849. Lemberg: k. k. galizische Aerarial Druckerei 1849, S. 207; vgl. *J. Siebmacher's grosses und allgemeines Wappenbuch in einer neuen, vollständig geordneten und reich vermehrten Auflage mit heraldischen und historisch-genealogischen Erläuterungen*. 14. Abt., Bd. 14: Der Adel von Galizien, Lodomerien u. der Bukowina. Nürnberg: Bauer und Raspe 1905, S. 105.

153 Vgl. Robert A. Kann (Hg.): *Briefe an, von und um Josephine von Wertheimstein*. Ausgewählt und erläutert von Heinrich Gomperz. Wien: Verlag der Österreichischen Akademie der Wissenschaften 1981.

154 Vgl. Kann (Hg.), *Briefe an, von und um Josephine von Wertheimstein*, S. 186.

155 Anonym: [Nachruf auf Carl Lewinsky]. In: *Wiener Sonntagsblatt*. Beilage zu *Der Osten*. Organ für Politik, Volkswirthschaft und Assecuranz, für Wissenschaft, Kunst und Literatur Nr. 20, 16. Mai 1869, S. 4.

156 Carl Lewinsky an Betty Paoli, Lemberg, 18./19./22. Oktober 1835. WB, Hss., IN 52831.

157 Vgl. Carl Lewinsky an Betty Paoli, Lemberg, 18./19./22. Oktober 1835. WB, Hss., IN 52831. [Herv. i. O.]

158 Vgl. Brigitte Schöckl: *Die österreichische Dichtung von der Neo-Empfindsamkeit zum Weltschmerz*. Konturen einer Entwicklungsgeschichte. In: *Lenau-Jahrbuch* 23 (1997), S. 59–80; vgl. Wilhelm Alfred Braun: *Types of Weltschmerz in German Poetry*. New York: Aris Press 1966 [1905]; vgl. Wolfgang Martens: *Bild und Motiv im Weltschmerz*. Studien zur Dichtung Lenaus. Köln, Graz: Böhlau 1976.

159 Carl Lewinsky an Betty Paoli, Lemberg, 18./19./22. Oktober 1835. WB, Hss., IN 52831.

160 Vgl. Carl Lewinsky an Betty Paoli, Lemberg, 18./19./22. Oktober 1835. WB, Hss., IN 52831.

161 Adelbert von Chamisso und Gustav Schwab (Hg.): *Deutscher Musenalmanach für das Jahr 1836*, S. 384.

162 Carl Lewinsky an Betty Paoli, Lemberg, 18./19./22. Oktober 1835. WB, Hss., IN 52831.

163 Vgl. Nikolaus Lenau: *Werke und Briefe*. Bd. 1: Gedichte bis 1834. Hg. v. Herbert Zeman und Michael Ritter in Zusammenarbeit mit Wolfgang Neuber und Xavier Vicat. Wien: Deuticke, Klett Cotta 1995, S. 395.

164 *Deutscher Musenalmanach für das Jahr 1836*, S. 390.

165 Vgl. Heinrich Gomperz: *Vorrede*. In: Kann (Hg.), *Briefe an, von und um Josephine von Wertheimstein*, S. 23–31, hier S. 27.

166 Carl Lewinsky an Betty Paoli, Lemberg, 18./19./22. Oktober 1835. WB, Hss., IN 52831.

167 Cur- und Fremden-Liste des Curortes Baden bei Wien, 1835, Heft 75, S. 1. Digitalisat.

168 Ernestine Frankl an Ludwig August Frankl, 18. Februar 1851. Zitiert in: Dieter J. Hecht: *»Wie glücklich ist sicher die gute Paula, …«* (Voigt 1878). Frauen im Leben von Ludwig August Frankl. In: Hecht (Hg.), *Ludwig August Frankl*, S. 47–75, hier S. 64.

169 Vgl. Notiz Max Löwenthals über ein Gespräch mit Lenau 1842. In: Eduard Castle (Hg.): *Lenau und die Familie Löwenthal*. Briefe und Gespräche, Gedichte und Entwürfe. Bd. 1. Leipzig: Hesse 1906, S. 230. Den Namen des treulosen Dichters löst der Herausgeber nur indirekt auf, vgl. Eduard Castle: [Brief an die Red.]. In: *Das literarische Echo* 18 (1915/1916), Heft 7, Sp. 458. (»Wie schon viele Biographen festgestellt haben, kann man sich die Freunde seiner wichtigsten Figur leider nicht aussuchen.« Julian Barnes: *Der Mann im roten Rock*. Köln: Kiepenheuer & Witsch 2021, S. 83.)

170 Vgl. Marie von Ebner-Eschenbach: *Tagebücher IV*. 1890–1897. Kritisch hg. und kommentiert v. Karl Konrad Polheim und Norbert Gabriel unter Mitwirkung von Markus Jagsch. Tübingen: Niemeyer 1995, S. 9. (3. Februar 1890)

171 Friedrich Witthauer an Betty Glück, 9. November 1834. WB, Hss., IN 49038.

172 Vgl. Zensurdatenbank der Abteilung für Vergleichende Literaturwissenschaft der Universität Wien: https://www.univie.ac.at/zensur.

173 Friedrich Witthauer an Betty Paoli, [o. D.]. WB, Hss., IN 49040.

174 Cur- und Fremden-Liste des Curortes Baden bei Wien, 1836, Heft 48, S. 2. Digitalisat.

175 Vgl. Scharmitzer, *Anastasius Grün*, S. 536.

176 Carl Lewinsky an Betty Paoli, St. Barbara [= 4. Dezember] 1835. WB, Hss., IN 52830.

177 Carl Lewinsky an Betty Paoli, Lemberg, 3. November 1836. WB, Hss., IN 52829.

178 Helene Bettelheim-Gabillon: [Brief an die Red.]. In: *Das literarische Echo* 18 (1915/1916), Heft 10, Sp. 653.

179 Vgl. Daniela Strigl: *Berühmt sein ist nichts*. Marie von Ebner-Eschenbach. Eine Biographie. 2., überarb. Aufl. Salzburg: Residenz 2019, S. 274.

180 Carl Lewinsky an Betty Paoli, Calsbad, 26. August 1867. WB, Hss., IN 52827.

181 Vgl. Carl Lewinsky an Betty Paoli, Calsbad, 26. August 1867. WB, Hss., IN 52827.

182 Iduna Laube an Betty Paoli, Leipzig, 28. April 1869. Zitiert in: Kathmann, *Frauenrechtlerin & Salondame*, S. 123f.

183 Vgl. Carl Lewinsky an Betty Paoli, St. Barbara [= 4. Dezember] 1835. WB, Hss., IN 52830.

184 Vgl. Carl Lewinsky an Betty Paoli, Lemberg, 3. November 1836. WB, Hss., IN 52829.

185 Vgl. Carl Lewinsky an Betty Paoli, 22. Jänner 1848. WB, Hss., IN 106475.

186 Betty Paoli: *Mein Dichten*, *Verhängniß der Kunst* [AW S. 18], *Holden Todes Ahnung*, *Dort wie hier!* In: *Oesterreichischer Musenalmanach* 1837, S. 233, S. 235, S. 238, S. 240f.

187 Vgl. Carl Lewinsky an Betty Paoli, Lemberg, 18./19./22. Oktober 1835. WB, Hss., IN 52831.

188 Ignaz Kuranda: [Rezension des *Oesterreichischen Musenalmanachs*]. In: *Der Telegraph*, II. Jg., 9. September 1837, S. 443–445.

189 Vgl. Gerhard Winkler: *Kuranda, Ignaz*. In: *Neue Deutsche Biographie* 13 (1982), S. 320f.

190 Von der Almanachdichtung des seinerzeit vielgelesenen Joseph Christian Freiherrn von Zedlitz (1790–1862) ist heute noch das Gedicht »Mariechen saß weinend im Garten« (1832) bekannt, das vom Schicksal einer ledigen Mutter handelt (»Mariechen saß weinend im Garten, im Grase lag schlummernd ihr Kind. […] ›Dein Vater lebt herrlich, in Freuden; Gott lass' es ihm wohl ergehn! / Er gedenkt nicht an uns beide. Will mich und dich nicht sehn. […]‹«).

191 Kuranda, [Rezension], S. 444.

192 Kuranda, [Rezension], S. 444.

193 Vgl. Kuranda, [Rezension], S. 445.

194 Vgl. Anonym: *Briefe aus Wien*. In: *Ost und West*, Nr. 43, 30. Mai 1838, S. 177–178, hier S. 177.

195 Betti Paoli: *Gruß*. In: *Der Telegraph*, II. Jg., Nr. 134, 8. November 1837, S. 553.

196 Betti Paoli: *Morgens*. In: *Der Telegraph*, II. Jg., Nr. 146, 6. Dezember 1837, S. 601.

197 Betti Paoli: *Dem Verlornen*. In: *Der Wiener Telegraph*, III. Jg., Nr. 39, 30. März 1838, S. 159.

198 Betti Paoli: *Meine Wohnung*. In: *Der Wiener Telegraph*, III. Jg., Nr. 52. 30. April 1838, S. 213.

199 Betti Paoli: *Das todte Kind*. In: *Der Telegraph*, II. Jg., Nr. 142, 27. November 1837, S. 584 [AW S. 23f.].

200 Betty Paoli: *Zu spät!* In: Paoli, *Gedichte*, 1841, S. 76f. [AW S. 24f.].

201 *Album deutscher Dichter*. Hg. v. H[ermann] Kletke. 2. Aufl. Berlin: Schroeder 1846, S. 140; *Dichtergrüße*. Neuere deutsche Lyrik ausgewählt von Elise Polko. Leipzig: C. F. Amelang's Verlag 1861, S. 248 und bis zur Ausgabe 313.–317. Tausend [20. Aufl., nach 1909], S. 98f.

202 Betti Paoli: *Meine Todten*. In: Betti Paoli: *Neue Gedichte*. Pest: Heckenast 1850, S. 254–258 [AW 105–107].

203 Vgl. Werner, *Betty Paoli*, S. 9.

204 Betti Paoli: *Die Dichterin*. In: *Der Humorist*, Nr. 124, 30. August 1837, S. 494 [AW S. 20f.].

205 Vgl. Karin Tebben (Hg.): *Beruf: Schriftstellerin*. Schreibende Frauen im 18. und 19. Jahrhundert. Göttingen: Vandenhoeck & Ruprecht 1998.

206 Leopold Schick: *Gedichte von Betty Paoli* [Rezension]. In: *Der Humorist*, Nr. 25, 4. Februar 1842, S. 102.

207 Betti Paoli: *Die Naturalistin*. In: *Der Humorist*, Nr. 155, 23. Oktober 1837, S. 618.

208 Betty Paoli: *Konversation*. In: *Der Humorist*, Nr. 184, 13. Dezember 1837, S. 734.

209 Betti Paoli: *Reiseprojekte*. In: *Der Humorist*, Nr. 153, 20. Oktober 1837, S. 610; Betty Paoli: *Ersehnte Gleichheit* und *Forderung* [AW S. 22], beide in: *Der Humorist*, Nr. 186, 16. Dezember 1837, S. 742.

210 Betty Paoli: *Dem Freunde*. In: *Wiener Zeitschrift*, Nr. 111, 15. September 1838, S. 884f.

211 Betty Paoli: *Der Blumenstrauß* [AW S. 28f.] und *Verschweigen*. In: *Wiener Zeitschrift*, Nr. 28, 18. Februar 1840, S. 219f. und Nr. 46, 21. März 1840, S. 363f.; *Umgekehrte Elegie* und *Rath*. In: *Wiener Zeitschrift*, Nr. 61, 16. April 1840, S. 484f. und Nr. 99, 22. Juni 1840, S. 787f.

212 Betty Paoli: *Die Pythia*. In: *Wiener Zeitschrift*, Nr. 22, 8. Februar 1840, S. 172f. [AW S. 37f.].

213 Betty Paoli: *Wüstenspiegelung*. An Friedrich Rückert. In: *Wiener Zeitschrift*, Nr. 24, 11. Februar 1840, S. 188f.

214 Betty Paoli: *Ghasel*. In: Paoli, *Gedichte*, 1841, S. 88 [AW S. 39].

215 Vgl. Paoli, *Wüstenspiegelung*, S. 189.

216 Eine Ausnahme bildet das Gedicht *Einem Skeptiker*, in dem Paoli erstmals die Diskrepanz zwischen Spiritualität bzw. Religiosität und naturwissenschaftlichem Weltbild behandelt. Betty Paoli: *Einem Skeptiker*. In: *Wiener Zeitschrift*, Nr. 39, 9. März 1840, S. 308.

217 Betty Paoli: *Einem Dichter*. In: *Wiener Zeitschrift*, Nr. 95, 15. Juni 1840, S. 756.

218 Betty Paoli: *Stille Liebe*. In: *Wiener Zeitschrift*, Nr. 131, 17. August 1840, S. 1044f.

219 Betty Paoli: *Eines Abends*. In: *Wiener Zeitschrift*, Nr. 140, 1. September 1840, S. 1116 [AW S. 40f.]; Betty Paoli: *Jugendwiederkehr*. In: *Wiener Zeitschrift*, Nr. 155, 28. September 1840, S. 1235.

220 lf [Alfred Meißner]: *Deutsche Literatur*. Gedichte von Betty Paoli. [Rezension]. In: *Ost und West*, Nr. 100, 14. Dezember 1841, S. 402f., hier S. 402.

221 Betty Paoli: *Bekenntniß*, S. 564 [AW S. 30].

222 Paoli, *Bekenntniß*, S. 563 [AW S. 30].

223 Betti Paoli: *Der Orient*. In: *Immergrün*. Taschenbuch für das Jahr 1840, 4. Jg., S. 310f. [AW S. 56f.]. Der Almanach erschien Ende Oktober 1839.

224 Paoli, *Der Orient*, S. 311 [AW S. 56].

225 Annette von Droste-Hülshoff: *Am Thurme*. In: Annette von Droste-Hülshoff: *Historisch-kritische Ausgabe*. Werke, Briefwechsel. Hg. v. Winfried Woesler. Bd. I, 1. Tübingen: Niemeyer 1997, S. 78.

226 Vgl. B. T., *Almanach-Literatur*, S. 1598.

227 Vgl. [Verlagsanzeige]. In: *Beilage zur Allgemeinen Zeitung* [Augsburg], 10. Dezember 1839, S. 2698. [Herv. i. O.]

228 Vgl. [Verlagsanzeige]. In: *Beilage zur Allgemeinen Zeitung* [Augsburg], 10. Dezember 1839, S. 2698; hier und im Weiteren: *Historischer Währungsrechner der Österreichischen Nationalbank*: https://www.eurologisch.at/docroot/waehrungsrechner.

229 Vgl. [Verlagsanzeige]. In: *Beilage zur Allgemeinen Zeitung* [Augsburg], 26. Oktober 1839, S. 2340.

230 Vgl. Eva Offenthaler: *Der »österreichisch-ungarische Buchhändler-Cavalier« Gustav Heckenast*. Biographie des Monats September 2011. Österreichisches Biographisches Lexikon und biographische Dokumentation (digital).

231 Vgl. Johann Mailáth und Sigmund Saphir: *Vorwort*. In: *Iris*. Taschenbuch für das Jahr 1840, S. Vf., hier S. V.

232 Vgl. Johann Mailáth und Sigmund Saphir: *Vorwort*. In: Iris, 1840, S. Vf.

233 Betty Paoli: *Ein Dutzend*. In: Iris, 1840, S. 142–144.

234 *Album*. Unter Mitwirkung vaterländischer Schriftsteller zum Besten der Verunglückten in Pesth und Ofen. Hg. v. Friedrich Witthauer. Wien 1838.

235 Betty Paoli: *Wandlung*. In: *Album*. Unter Mitwirkung vaterländischer Schriftsteller zum Besten der Verunglückten in Pesth und Ofen, S. 289 [AW S. 48].

236 Anonym: *Aus Wien (Witthauer's Album)*. In: *Zeitung für die elegante Welt*, Nr. 139, 19. Juli 1838, S. 555f., hier S. 556.

237 Anonym, *Aus Wien (Witthauer's Album)*, S. 556.

238 Anonym: *Aus Wien (Witthauer's Album)*. In: *Zeitung für die elegante Welt*, Nr. 142, 23. Juli 1838, S. 567f., hier S. 568.

239 Anonym: *Aus Wien (Witthauer's Album)*. In: *Zeitung für die elegante Welt*, Nr. 141, 21. Juli 1838, S. 563f. hier S. 564.

240 Vgl. Anonym: *Aus Wien (Witthauer's Album)*. In: *Zeitung für die elegante Welt*, Nr. 142, 23. Juli 1838, S. 567f., hier S. 568.

2
1840–1847
Die Lyrikerin etabliert sich

Ruhm

Nach den Veröffentlichungen in Witthauers *Album* und im ersten Jahrgang der *Iris* ging es in Betty Paolis Karriere Schlag auf Schlag. Die meisten Gedichte, die in dieser Zeit entstanden, wurden von der Kritik bemerkt, spätestens, als 1841 ihr erster Lyrikband *Gedichte* erschien. Viele ihrer Texte wurden auch nachgedruckt. Vor der Durchsetzung des Urheberrechtsgesetzes waren Übernahmen aus fremden Quellen eine gängige Praxis und erst in der Zeit des Liberalismus konnte Paoli konstatieren: »Eine einsichtigere Gesetzgebung hat [...] den Frevel an geistigem Eigenthum als gemeinen Diebstahl gebrandmarkt.«[1] Für Erfolgsautorinnen und -autoren und ihre Verlage führten die Raubdrucke zu ärgerlichen Gewinneinbußen, bei literarischen Newcomern trugen sie aber erst einmal zur größeren Bekanntheit bei.

Eine Publikation, die praktisch alle österreichischen Dichter von Rang und Namen, aber auch viele Nachwuchskräfte versammelte, war der *Oesterreichische Musen-Almanach* für das Jahr 1840. Der Herausgeber Andreas Schumacher, eine Art intellektueller Gelegenheitsarbeiter, war als Redakteur wenig geeignet und es blieb bei diesem einen Jahrgang. Paoli lieferte vier Gedichte, die einerseits die Spekulationen über ihr Liebesleben nähren mussten, andererseits aber auch ihren Ruf als originelle Stimme im großen Chor der Almanach-Dichtung festigten.

In *Wahrheit in der Dichtung* nimmt das Dichterinnen-Ich sein Diktum vom Fluch des Sanges aus *Verhängniß der Kunst* zurück.[2] Ihr Lied sei doch der einzige Ort, an dem die Sprecherin ihrem Geliebten ihre Liebe gestehen darf und ihm sagen kann, dass er der »Quell ihrer Lieder« ist. Während sie diesen Verehrten, der »herrlich steht im Leben/Wie ein Halbgott aus versunk'nen Zeiten«, liebend besingt, wird in *Warnung* ein anderer, der ihr ewige Treue schwört, abgewiesen, und zwar, weil ihm diese Liebe nicht guttäte. Die Sprecherin warnt: »dich möge Gott behüten/Vor meiner Dichterliebe Glut!«[3]

Das interessanteste der vier Gedichte ist *Sühnung*. Das lyrische Ich wendet sich an ein geliebtes Du, gesteht seine eigene Verfehlung, spricht aus »was ich verbrochen/Und nennt dir auch, wie ich gebüßt«.[4] Das Gedicht endet mit der Strophe:

> Daß ich noch lebe, sagt mein Leiden,
> Daß ich dich liebe, sagt mein Schmerz,
> Daß schwer ich büße, sagt mein Scheiden,
> Daß dein ich würdig, sagt mein Herz.

Die Trennung von dem geliebten Menschen ist der Preis für eine Verfehlung, die das lyrische Ich aber nicht seiner Liebe unwürdig macht. Der Titel *Sühnung* stellt diesen Aspekt der Buße ins Zentrum. Für den Wiederabdruck 1841 gibt Paoli dem Gedicht den Titel *Melancholie*, was die Aufmerksamkeit von der Schuld hin zur Trauer über das Verlorene lenkt. Ein anonymer Rezensent schreibt, dieses Gedicht, ein »bange[r] Seufzerlaut«, sei Paolis »Urtypus, nach welchem sie den größten Theil ihrer poetischen Schöpfungen gebildet« habe.[5] Das ist die Lyrik, die Paoli in den nächsten Jahren weit über die Wiener Salons hinaus berühmt machen wird, nun wird ihr Name auch erstmals in einem Lehrwerk genannt, dem Schulbuch »für Lehrerseminarien, höhere Töchterschulen und für die obern Klassen deutscher Realschulen und schweizerischer Sekundarschulen«.[6]

Vertonungen

Einen Teil ihres Ruhms verdankte Paoli dem Umstand, dass ihre Gedichte als Lieder verbreitet wurden.[7] Ein Redakteur der *Allgemeinen Wiener Musik-Zeitung* schreibt: »Unsere Tonsetzer klagen häufig über den Mangel an musikalischen Gedichten [...]. Wage sich einmal Einer an die herrlichen Gedichte der Betty Paoli.« Er mahnt aber auch, dass man »bei einem solchen

Unternehmen mit jenen leicht summbaren und klettenartigen Melodien, die jedermann um den Kopf sausen, nicht weit kommen wird«.[8]

Unter dem Titel *Dort wie hier!* war im *Musenalmanach* von 1837 Paolis poetische Umsetzung des Sprichworts vom Gras, das auf der anderen Seite immer grüner ist, erschienen. Das lyrische Ich stellt sich ein Leben auf einem anderen Stern vor, auf dem es »ein Wesen,/Das ich wohl lieben könnt'«, gibt, einen Stern mit schönerem Sonnenschein, schöneren Blumen und schöneren Herzen als auf der Erde. Die sieben vierzeiligen Strophen bestehen aus jambischen Dreihebern mit halbem Kreuzreim, ein ins Ohr gehender Rhythmus, aber auch einer, der zum ›Klappern‹ tendiert. 1839 erschien das Gedicht *Dort wie hier!* als Lied in der Fassung von Eugen Petzold, einem Jahrgangskollegen von Richard Wagner und wie dieser musikalisch in Leipzig ausgebildet. Die *Allgemeine Musikalische Zeitung* urteilt: »[H]übsch, freundlich ansprechend, wenn auch nicht tief und etwas gemacht, was für gesellige Unterhaltung oft nichts auf sich hat. Text- und Ton-Inhalt wird Vielen zusagen.«[9]

Im Jahr 1841 folgt dann eine Vertonung von *Forderung* aus *Der Humorist* durch Gottfried Preyer, Professor des Konservatoriums der Gesellschaft der Musikfreunde in Wien.[10] *Erkenntniß*, ein zweistrophiges Liebesgedicht, wurde mehrfach vertont.[11] Fürstin Julie von Waldburg-Wurzach, eine Halbschwester von Marie von Ebner-Eschenbach, nahm sich als Komponistin des Liedes Nr. 46 (»Laß mich vor dir niedersinken«) aus dem Liederzyklus *Astern* an,[12] einer Zusammenstellung von 56 titellosen, teilweise schon verstreut veröffentlichten Gedichten, die Bestandteil des zweiten Gedichtbandes Paolis (*Nach dem Gewitter*, 1843) ist.

Als Karl Ziegler, Pseudonym Carlopago, im Jahr 1841 seine Zeitschrift *Oesterreichisches Odeon* gründete, eröffnete er das erste Heft mit vier Gedichten von Paoli.[13] In der *Theaterzeitung* ist zu lesen: »Die Dichtungen Betti Paolis stehen mit Recht an der Spitze dieser ersten Abtheilung, – es sind schön entwickelte leidenschaftliche Momente, kraftvoll und gerundet in Sprache und Form.«[14] Im dritten Heft des *Odeon* finden sich eine Reihe titelloser Gedichte[15] von Paoli und die *Wiener Zeitung* bemerkt: »Das Interessanteste der Sammlung sind die acht Nummern von Betty Paoli, köstliche Ergießungen eines originellen und tiefen Frauengemüthes.«[16]

Die Erwartungen an das *Oesterreichische Odeon* waren hoch und die Reaktionen auf die fünf Hefte (1842 erschienen sie gebunden als Jahrbuch) waren positiv. Die *Allgemeine Wiener Musik-Zeitung* hofft auf eine »Sammlung tauglicher Liedertexte«, an denen es »trotz dem Xerxesheere deutscher Metriker« mangle, und schreibt bei der Besprechung des ersten Hefts: »Von diesem Standpuncte aus beurtheilt, empfiehlt sie [die *Musik-Zeitung*] die Gedichte 2. und 4. von Betti Paoli [...] als gute musikalische Vorwürfe [...].«[17] Ein Rezensent in Dresden fasst Paolis vier Gedichte zusammen: »›Stilles Bündnis‹ – ein schönes poetisches Liebesbekenntniß – ›Dein Angesicht‹ – eine wahrhafte Liebesanbetung – ›Forderung‹ – eine heroische Liebesresignation – und ›Trost,‹ wie ihn eine ganz im Anschauen des geliebten Gegenstandes untergehende Seele fühlt.«[18] Später wird der Komponist Robert Volkmann aus Paoli-Gedichten »eine kleine Liebesnovelle« zusammenstellen.[19]

In ihren zweiten Gedichtband nahm Paoli neben *Stilles Bündnis*[20] auch die acht Gedichte für das dritte Heft des *Odeon* als Teil des bereits erwähnten Liederreigens *Astern* auf.[21] Das Lied Nummer 33 – es beginnt mit den Versen »O dunkles Auge! zaubervolle Nacht,/So reich an wunderbaren Wonneträumen!« – findet sich in Clara und Robert Schumanns »Abschriften verschiedener Gedichte zur Composition«.[22] Der in musikalischer Hinsicht erfolgreichste Text der *Astern* war aber das Lied mit der Nummer 37 und den Anfangsversen: »Im tiefsten Innern/Ein süß Erinnern«.[23] Bereits wenige Wochen nach dem ersten Abdruck des Texts in der *Wiener Zeitschrift* im Jänner 1842 veröffentlichte das gleiche Blatt die erste Vertonung,[24] es folgten zahlreiche weitere unter verschiedenen Titeln (*Gute Nacht*, *Zum Tagesschluss*, *Im tiefsten Innern*).[25] Manchmal fehlt bei den Notendrucken die Verfasserangabe, der Text wird wie ein Volkslied als Gemeingut betrachtet, was durchaus auch der Form und dem Inhalt entspricht. Es handelt sich um ein schlichtes Lied mit vier Strophen, die kurzen Verse im Paarreim, nach Art eines Abendgebets.

Betty Paoli war ganz ohne ihr Zutun als Lieddichterin erfolgreich, denn zur Musik hatte sie keine Beziehung, verwendete nur gelegentlich musikalische Stoffe und Motive.[26] Als sie in ihrem letzten Lebensjahr gebeten wurde, ein Gelegenheitsgedicht für einen Komponisten zu schreiben, antwortete Paoli abschlägig: »Ich muß Ihnen jedoch gestehen, daß ich in gar keinem Verhältniß zur Musik stehe, ihre Schönheiten nicht empfinde [...].«[27] Noch vor dem Erfolgstitel Nr. 37 und den Gedichten im *Odeon* trug Paoli aber zu einer der Musik gewidmeten Publikation bei. In *Orpheus.*

Musikalisches Taschenbuch für das Jahr 1841 finden wir ihre Gedichte *Wiederkehr* und *O, frage nicht!*[28] Die thematische Kontinuität in Paolis mittlerweile weit verbreiteter Lyrik war zu diesem Zeitpunkt schon erkennbar und in einer Rezension ist zu lesen: »Betty Paoli's Gedichte, geistreich und trostlos, wie immer.«[29]

Reaktionen und Rezensionen

Nur wenige Reaktionen auf Paolis Lyrik waren so lapidar, häufig meldeten sich ihre rezensierenden Dichterkollegen recht ausführlich zu Wort. Immerhin war eine in dieser Offenheit dichtende Frau eine interessante Ausnahme auf dem literarischen Feld und auch die persönliche Bekanntschaft mit ihr brachte Prestige. Im *Humorist* lobt Heinrich von Levitschnigg, Rückert-Epigone und Romanautor: »Musen in's Gewehr! Eine eurer würdigsten Töchter betritt den Parnaß. Sie heißt Betty Paoli. Ihre glühenden tiefgefühlten Gedichte gehören unstreitig zu den besten Beiträgen des Almanaches.«[30] Auf diese Rezension Levitschniggs bezieht sich wiederum ein anonymer Rezensent des *Frankfurter Konversationsblatts*, der den ersten Gedichtband Paolis ankündigt: »Die lieblichste Erscheinung, nach der ich bange und verlange, werden die Gedichte der feurigen Dichterin Betti Paoli seyn. [...] Tiefes Gemüth, reiche Phantasie, unsägliche Glut athmen, blitzen, sprühen aus jedem ihrer Gedichte! Er [Levitschnigg] hat nicht zu viel gesagt mit diesem Lobe.«[31] Und der Anonymus vermutet, Levitschnigg stehe »überhaupt mit dieser Dichterin im geistigen Rapporte«, also in Beziehung. Wie es Levitschnigg mit Paoli erging, berichtete Moritz Hartmann in einem Brief: »Lewitschnig, bisher auch ein Don Juan, ist mit seiner ersten reinen platonischen Liebe, bei der George Sand'schen Betty (die ich übermorgen besuche, sie ist genial) Paoli schlecht angekommen und ist unglücklich.«[32]

Ganz besondere Fans hatte Paoli in Lemberg in der Redaktion der *Mnemosyne. Galizisches Abendblatt für gebildete Leser.* Anfang 1840 wurde hier Paolis Gedicht *Wandlung* aus Witthauers Wohltätigkeitsalbum nachgedruckt und die Redaktion vermerkt dazu:

> Dieser Kleinigkeit, bereits anderwärts abgedruckt, obschon auch sie das bekannte ›ex ungue leonem‹ bestätigt – hoffen wir bald noch sprechendere Zeugen eines seltenen, auf der Grundlage edler Gesinnung und tüchtigen Charakters beruhenden Talents folgen lassen zu können und tragen kein Bedenken, in der Verfasserinn die dritte im Bunde der Rahel [Varnhagen] und Bettina [von Arnim] – vorherzubezeichnen.[33]

Einige Wochen später folgte in der *Mnemosyne* eine Rezension des *Musen-Almanachs*, in deren Rahmen Paolis Gedicht *Sühnung* vollständig abgedruckt wurde.[34] Der Rezensent »Igrek« präzisiert den Vergleich mit Rahel Varnhagen: Paoli sei eine Dichterin, »die vollkommen geeignet ist, dem bereits altersschwachen Vorurtheil gegen schriftstellernde Frauen den Gnadenstoß zu geben, – sie ist, um ein Wort, dessen sich Gentz in Bezug auf Rahel bediente, zu wiederholen ›ein großer Mann‹«.[35] Anfang Mai wird dann die erste (und letzte) der »unmittelbar für unser Blatt bestimmten Mittheilungen« Paolis gedruckt, die die Redaktion »stets als dessen schönste Zierde ansehen« möchte.[36] Es ist ein Gedicht mit dem Titel *Schöner Irrthum*, das »E. v. F.«, dem dichtenden Arzt und Pionier der Psychosomatik Ernst von Feuchtersleben gewidmet, dem Paoli darin das zweifelhafte Kompliment macht, wegen seines Idealismus könne er nur einen verzerrten, nämlich beschönigenden, Ausschnitt der Welt abbilden.[37] Ebenfalls im Mai 1840 druckte die *Mnemosyne* ein Paoli-Gedicht aus der *Wiener Zeitschrift* nach, nämlich *Die Pythia*, und zwar mit einer leicht veränderten Schlussstrophe und unter dem recycelten Titel *Mein Dichten*[38] sowie unter dem ursprünglichen Titel das Gedicht *Der Blumenstrauß*.[39]

Im November 1840 tauchte Paolis Name dann wieder in dieser Lemberger Zeitschrift auf, und zwar in einer kurzen Skizze zu ihrer Person, mit dem bereits stereotyp gewordenen Vergleich mit George Sand und dem Hinweis: »Die meisten süddeutschen Zeitschriften wie Almanache haben bis jetzt häufig zarte, sinnige Dichtungen von Betty Paoli mitgetheilt.«[40] Nun sollen von der *Mnemosyne* auch die bisher fehlenden biographischen Informationen geliefert werden:

> Diese interessante Dichterin heißt Betty Glück, und ist eine geborene Wienerin (?). In früher Jugend schon verlor sie den Vater, und folgte, um die nicht bemittelte Mutter unterstützen zu können, kaum 17 Jahr

> alt, als Gouvernante einer angesehenen russischen Familie in das Innere Rußlands. Seit vier Jahren lebt sie in Wien als Erzieherin. Betty Glücks Poesien gehen über die weibliche Alltags-Lyrik hinaus. Sie sind ausgezeichnet durch Gedankentiefe, wie Gluth des Gefühlsausdruckes und einen richtigen Blick in das menschliche Herz.[41]

Der anonyme Autor der Skizze hält Paoli für eine »sehr interessante Persönlichkeit« und es folgen Auskünfte, die auf eine Begegnung schließen lassen: »Der Teint der Mulatin, das sich in Fülle hervordrängende, schwarzlockige Haar, die glühenden Augen geben ihr auch einige Aehnlichkeit mit der Rachel [Rahel Varnhagen] und George Sand. Betty Paoli ist – wie die letztere – eine feurige, starke – aber keineswegs excentrische Seele.«[42]

Die beiden letzten in der *Mnemosyne* abgedruckten Gedichte Paolis, *Stolze Güte* und *Aufgegeben!*, sind als Nachdrucke aus dem zweiten Jahrgang des Taschenbuchs *Iris* gekennzeichnet.[43] Der rezensierende Dichter Franz Stelzhamer zeigte sich in der *Wiener Zeitschrift* von der Aufmachung der *Iris* angetan. Zwischen zwei »kirschrothen Taftdeckeln auf einem Papier, daß die Finger bei seiner Berührung wonnelächeln«, findet er »recht gewählte Beyträge in gebundener und ungebundener Rede und sechs Stahlstiche, die durch Geschmack und fleißige, kunstreiche Ausführung gewiß einen ehrenvollen Vorderplatz in der dießjährigen Almanachgallerie einnehmen werden.«[44] Heckenast, ein »echter buchhändlerischer Ästhet« schuf mit der *Iris* »Kabinettstücke« der Almanachproduktion.[45] Die Gedichte der »gemüthstiefen, charakterkräftigen Betty Paoli« zählte der *Mnemosyne*-Rezensent zum Wertvollsten dieses Jahrgangs.[46] In dem Band sind unter anderem auch der für Paoli problematische L. A. Frankl, der unglückliche Don Juan Levitschnigg und der von Paoli bedichtete Ernst von Feuchtersleben vertreten. Aber nicht jedem der Beiträger wurde die volle Aufmerksamkeit des Rezensenten der *Mnemosyne* zuteil. Mit Bezug auf eine Besprechung im *Humorist*[47] schreibt er: »Dagegen stimmen wir den dort ausgesprochenen Bemerkungen über die zweite voluminöse Erzählung von Adalbert Stifter: ›Feldblumen‹ unbedingt bei, da wir sie ihrer Länge wegen – gar nicht gelesen haben.«[48]

Ab 1841 nahmen in Galizien die *Leseblätter*, die literarische Beilage der *Lemberger Zeitung*, den publizistischen Platz der *Mnemosyne* ein, im Juni 1841 erschien darin der Nachdruck von Paolis Gedicht *Dort wie hier!*

aus Braunthals *Musenalmanach*.[49] Bei Erscheinen des ersten Gedichtband Paolis merkt der *Leseblätter*-Redakteur an, die Publikation einiger Gedichte »dieser trefflichen vaterländischen Dichterin«, die sich »eben so sehr durch innern Werth, wie durch Zartheit und Innigkeit des Ausdruckes« auszeichneten, dürfte willkommen sein.[50] Betty Paoli, mit ihrer freimütigen Lyrik ein Shootingstar der literarischen Szene Österreichs, war 1841 bereits fest in ihr verankert.

Man wurde aber auch international auf sie aufmerksam. In der in London erscheinenden Zeitschrift *Foreign monthly review and Continental Literary Journal* ist zu lesen: »*Betti Paoli* is about to publish the first collection of her poems. She has also tales and French poems ready for press, and is a writer of much promise.«[51] Einen treuen englischen Verehrer hatte Paoli im anglikanischen Geistlichen, Dichter und Grillparzer-Übersetzer Archer Gurney, der 1839 für einige Zeit in Wien gelebt und Paoli im Salon Wertheimer kennengelernt hatte. Jahre später ruft sich Gurney brieflich bei Grillparzer in Erinnerung und fragt nach, »ob Fräulein Betty Paoli (Glück), meinem Erachten nach die erste Dichterin Deutschlands, vielleicht der Welt, sich noch in Wien aufhalte und wie sie sich befinde [...]?«[52] Grillparzer seinerseits erinnerte sich allerdings nicht an den Engländer und gab in seiner Antwort freimütig zu, dass er erst bei ihrer gemeinsamen Freundin Paoli nachfragen musste, wer Gurney sei.[53]

Die Information über die bevorstehende Publikation von Paolis erstem Gedichtband hatte die Redaktion von *Foreign monthly review* aus einem Beitrag, der in *Der Freihafen*, der Zeitschrift des Jungdeutschen Theodor Mundt, erschienen war. Darin klagte der in Prag geborene Schriftsteller Adolph Neustadt unter dem Pseudonym Stephan Thurm über die Zensur und generell über das drückende geistige Klima in Österreich und bot gleichzeitig einen Überblick über die aktuelle österreichische Literatur und Publizistik.[54] Neustadt lebte seit 1837 in Wien und war wegen seiner kritischen Aufsätze im Visier der Polizei.[55] Im *Freihafen* kündigte Neustadt an, dass Betty Paoli ihre demnächst erscheinende Gedichtsammlung Anastasius Grün widmen würde.[56] Es ist nicht mehr festzustellen, ob das eine zu dem Zeitpunkt (1839) noch mögliche Variante oder einfach nur der Wunsch des politisch denkenden Autors Neustadt war. Der Melancholiker Lenau war als Vorbild für Paoli jedenfalls wichtiger als der aufmüpfige Graf Auersperg, und ihr Band *Gedichte* trägt die gedruckte Widmung: »Nicolaus

Lenau empfange diese Blätter als Zeichen freudigster Anerkennung und innigster Bewunderung von der Verfasserin«, eine Widmung, zu der der Dichter »mit Vergnügen« seine Zustimmung gegeben hatte.[57]

Im zweiten Jahrgang der *Iris* finden wir vier Gedichte, darunter *Dichterloos*, in dem das Thema »Fluch des Sangs« behandelt und um die Klage über die Wirkungslosigkeit der poetischen Botschaft erweitert wird.[58] *Dichterloos* ist aber auch eine Huldigung an einen nicht genannten Dichter. Das Ich reiht Bilder für die unbezwingbare Macht der lyrischen Äußerung und für die seelische Verletzung als ihren Ursprung aneinander und drückt sein Verständnis für den »düstren« Dichter aus: »Auch meine Stirn versehrt der Musa Kuß«[59]. Wie in anderen Gedichten Paolis ist die poetische Gabe hier quälend aus dem tiefen Schmerz hervorgegangen und erhebend in ihrer Göttlichkeit zugleich.

O wahrlich! einer Fackel gleicht die Dichtung,
Von Liebe oder Zorn uns zuerkannt:
Sie weiset nach den Himmeln uns die Richtung
Und steckt zugleich das Erdenglück in Brand.[60]

Das Unverständnis des Publikums für die wahre Poesie wird in diesem Gedicht beklagt, aber es winkt dem Dichter doch auch von dieser Seite Lohn, wenn er unbeirrt das hehre künstlerische Ziel verfolgt:

Und so der Dichter! Ohne Widerstreben
Folgt er dem Drange, der ihn mächtig treibt,
Zur Stätte hin, wo Sternenkränze schweben,
Wo Glück verschwindet und ein Name bleibt![61]

Diese Selbstauskunft der Dichterin brachte wohl in so manchem Dichterkollegen Paolis eine Saite zum Klingen.

Die jungen Böhmen

In der Zeitschrift *Ost und West* ist über die *Iris*-Gedichte zu lesen: »Wie rein aus glühender Seele hervorschießend sind [...] die Lieder der Betti Paoli.

Möchte doch die wahre Dichterseele uns bald mit einer Sammlung ihrer zerstreuten Lieder beschenken.«[62] Bei dem Rezensenten handelte es sich um den neunzehnjährigen Alfred Meißner aus Teplitz in Böhmen, Dichter, Student der Medizin und Mitglied einer Gruppe von deutsch- und tschechischschreibenden Schriftstellern, die sich in der Prager Zeltnergasse im Kaffeehaus ›Roter Thurm‹ traf. Man diskutierte in diesem Kreis liberale und radikal-demokratische Ideen[63] und in Analogie zum Jungen Deutschland um Heinrich Laube wurde die Gruppe als Junges Böhmen bezeichnet. Die 1837 gegründete Zeitschrift *Ost und West*, die bis ins Revolutionsjahr 1848 bestand, galt als Plattform dieser Autoren.[64] Schon 1838 wurde der *Ost-und-West*-Herausgeber Rudolf Glaser auf Betty Paoli aufmerksam und im Laufe der Jahre erschienen Gedichte von ihr und ausführliche Rezensionen ihrer Lyrik in dieser Zeitschrift.

Wien zog aufstrebende Dichter- und Schriftstellertalente aus allen Teilen der Monarchie an, die die Kontakte zu ihren Herkunftsorten aufrechthielten, und so war auch der Austausch zwischen den literarischen Kreisen in Prag und der Residenzstadt Wien rege. Die deutschschreibenden Intellektuellen aus Böhmen, viele von ihnen Juden, waren besonders empfänglich für die gesellschaftlichen Veränderungen im Vormärz. Sie waren von der zunehmenden Bedeutung ethnischer, sprachlicher und nationaler Zugehörigkeiten persönlich betroffen und registrierten und kommentierten auch die dumpfe geistige Atmosphäre, die an den Universitäten des Habsburgerreichs, an denen die meisten von ihnen studierten, herrschte.

Die Dichter und Schriftsteller aus Böhmen, die selbst oft aus bürgerlichen Familien stammten, beobachteten und begrüßten zudem das wachsende Selbstbewusstsein und die Demokratiebestrebungen der Bürger in den anderen europäischen Ländern. Sie sympathisierten mit den Arbeitern, auch weil sich in Böhmen das Proletariat früher und schneller als in den anderen Teilen der Monarchie formierte. Sie mischten sich in die aufkeimende Nationalitätendebatte ein, orientierten sich dabei in Richtung Deutschland, träumten von seiner Einigung unter der Führung Deutsch-Österreichs, besangen mitunter aber auch (in deutscher Sprache) die ›czechische Nation‹. Sie vertraten einen Protonationalismus oder liberale Positionen des nationalen Miteinander. Und auch die Frage, ob die Poesie der geeignete Ort sei, die Verwerfungen der Zeit zu benennen oder nicht, wurde in diesem Kreis kontrovers diskutiert. So wie die Fragen nach bürgerlicher Mitbestimmung und Selbstständigkeit der Nationen wurde auch jene nach der ästhetischen Autonomie und der Möglichkeit ›engagierter‹ Literatur von den Autoren des Jungen Böhmen beziehungsweise des Jungen Österreich keineswegs eindeutig beantwortet.

Für Paoli war es unumstößlich, dass aktuelle politische Bezüge und Agitation nicht poesiefähig sind. Die transzendente Qualität der Literatur trennt sie von gesellschaftlichen Fragen. Als 1841 ein *Album der Wohlthätigkeit* erscheint, heißt es in einer Rezension in *Ost und West*: »Nennen wir noch vor Andern das ergreifende Gedicht ›Psyche‹ von Betti Paoli, worin die Sehnsucht der Seele nach Oben mit flammendem Pinsel gemalt wird […].«[65] Das Oben des Gedichts ist der transzendente Raum, der im Kontrast zur unwirtlichen materiellen Welt steht. *Psyche* wurde von Paoli in ihren ersten Gedichtband aufgenommen, allerdings mit einigen Änderungen, die auffallendste in der letzten Strophe.[66] Im *Album* wird die Seele nach ihrem nächtlichen freien Flug vom göttlichen Willen in die Hülle des Körpers zurück auf »jenen verhaßten Planeten« Erde geschickt und das Ich schließt: »Und was mir im Kerker an Tröstung bescheert, / Ist Lieben und Weinen und Beten!«[67] In der Buch-Version hingegen besteht der Trost, der der Psyche auf »jenem unsel'gen Planeten« zuteilwird, in »Lieben und Dichten und Beten«.[68] Das lyrische Ich, das sich im Traum aus den Zwängen des Lebens befreit, wird hier deutlich als Seele der Dichterin ausgewiesen, die Poesie als Befreiung.

Die zitierte lobende Erwähnung dieses Gedichts in *Ost und West* stammte von Isidor Heller, 1816 in Jungbunzlau (Mladá Boleslav) in Böhmen geboren, ein unruhiger Geist, der als politischer Schriftsteller immer wieder in Konflikt mit der Zensur geriet, in der Dichtung aber der apolitischen Haltung den Vorzug gab. Paolis Weltschmerz- und Liebeslyrik kam allerdings nicht bei allen Vertretern des Jungen Böhmen gut an. Sie verfiele »in die langweilige Zerrissenheit eines Braunthal und der Heinomanen, welche die reizende, blasse Schmerzkoketterie Heine's bis zur Grimasse verzerrt haben«, schreibt Uffo Horn, wie Heller Mitglied des Roten-Thurm-Kreises, in der Prager Zeitschrift *Der Novellist*.[69] Die Zerrissenheit als Symptom der resignativen Zeitgenossenschaft ist für Horn langweilig und lächerlich. Horn gilt gemeinhin als Verfasser der Spottschrift *Oesterreichischer Parnass, bestiegen von einem heruntergekommenen Antiquar*.[70] Es ist eine Abrechnung mit der literarischen Prominenz Österreichs, wobei auf persönliche Schwächen abgezielt wird und die unentschiedene politische Haltung vieler Autoren zur Sprache kommt.[71]

Zwar wird Paoli in Uffo Horns Rezension nicht mit George Sand oder Bettina von Arnim verglichen, wohl aber mit ihrer österreichischen Kollegin Juliane Ebert: Deren Lyrik sei »poetischer und natürlicher« als die Paolis.[72] Ebert, eine ausgebildete Sängerin, war die Schwester des Dichters Karl Egon Ebert, der mit seinem Epos *Wlasta* die gesamtböhmische Idee propagierte (Deutsch-Österreicher und Tschechen bilden gemeinsam das böhmische Volk), eine Idee, die auch das Junge Böhmen beeinflusste.[73] 1838 heiratete Juliane Ebert den *Ost-und-West*-Herausgeber Rudolf Glaser, in dessen Zeitschrift viele ihrer Gedichte erschienen. Paoli bemühte sich aus Anlass der Publikation ihres ersten Gedichtbandes um eine Rezension in Glasers Zeitschrift und dass die ausführliche Kritik von Alfred Meißner für *Ost und West* mit Verspätung erschien, lag an Juliane Ebert (nunmehr Glaser), die aus literarischer oder persönlicher Eifersucht dagegen intervenierte. »Die Kritik der Paoli verschiebt er [Glaser] von Woche zu Woche – daran ist Juliana Schuld – tantaene animis coelestibus irae (et jalousiae?)«, schreibt Meißner im November an seinen Freund Hartmann.[74] Mitte Dezember erscheint die Besprechung dann doch noch und ist anerkennend, *cum grano salis*. Meißner befindet über Paolis Gedichte: »Da diese Lieder nur das Herz, seine Geschichte und seine Widersprüche zu deuten haben, so werden Viele sie für monoton erklären. Aber das genialste Weib bleibt in dieser Hinsicht monoton.«[75]

Alfred Meißner und Moritz Hartmann waren die wichtigsten Vertreter des Jungen Böhmen, mit denen Paoli regelmäßig und über Jahre hinweg in Kontakt stand. Die beiden Dichter vermittelten sich gegenseitig Publikationen und bildeten eine Beifallsgemeinschaft zwischen Prag und Wien. Paoli profitierte von diesem Netzwerk und der anfänglichen Übereinstimmung in ästhetischen Belangen mit Meißner. Später entfremdeten sie sich aus politischen Gründen, denn Meißner wurde vom kritischen Jungböhmen, der 1846 das revolutionäre Heldenepos *Žiška* verfasste, zum »Lobhudler eines aggressiven Nationalismus«[76], Paoli dagegen bezieht »zur deutschnationalen Xenophobie des deutsch-liberalen Bürgertums ausdrücklich Distanz«[77].

Wie Meißner begann auch Moritz Hartmann, Sohn eines jüdischen

Hammerwerkbesitzers, ein Medizinstudium in Prag. Da er an einer Prüfung scheiterte, musste er sein Studium in Wien fortsetzen, gab es aber bald zugunsten der Literatur und Publizistik auf.[78] Die Trennung von seinem Busenfreund Meißner in Prag fiel Hartmann schwer und er verabschiedete sich von ihm, ganz im Einklang mit dem sentimentalen biedermeierlichen Freundschaftskult, mit einem Gedicht. Meißner antwortete mit einem Gegengedicht. Beide Stücke waren so pathetisch, dass ihnen ein anderer hoffnungsvoller Dichter aus dem ›Roten Thurm‹, nämlich der auf dem Feld der Kritik größte Paoli-Verehrer Friedrich Bach, eine prosodische Persiflage hinterherschickte: »Blaue Tage, froh und herrlich / Lebten wir im schwarzen Prag, / Und nun zieht ihr, o fürchterlich, / Von mir fort am nächsten Tag! […] Hartmann, du, im Liede Sieger, / Reich' zum Abschied mir die Hand, / Ewig hält ein gewaltiger / Eindruck mich an Dich gebannt […]«.[79]

Getreulich berichtete der kaum zwanzigjährige Hartmann seinem Freund nach Prag, wie er in der literarischen Gesellschaft Wiens anzukommen versuchte, ein schwieriges Unterfangen trotz der Unterstützung durch den älteren L. A. Frankl. Am ›Tisch der Dichter‹ im legendären ›Silbernen Kaffeehaus‹ war Hartmann unerwünscht. In diesem Etablissement spielte zum Beispiel Lenau mit Vogl Billard, Witthauer diskutierte mit Feuchtersleben, gelegentlich schaute Grillparzer vorbei und manchmal auch Moritz Saphir. Hartmann beschwert sich nach einem solchen Abend im ›Silbernen Kaffeehaus‹: »Bauernfeld, Lenau, etc. saßen an einem kleinen Tische beisammen und ich mußte in einem Winkel die Goldkörner seiner [Lenaus] Rede verstohlen auffangen und mich damit begnügen, wenn er mir unter dem Reden zulächelte, und seine Worte an mich richtete und mich die Leute angafften.«[80] Und dabei hatte ihm der große Weltschmerzdichter doch schon »mit Lenau'scher liebevoller Freundschaft« am Bett – Lenau im Bett, Hartmann als Besucher daneben – »wenigstens acht Mahl« die Hand gedrückt.[81]

Hartmann suchte die Nähe zu Lenau, aber auch zu Paoli, die 1842 laut Hartmann-Biograph Wittner bereits eine »literarische Großmacht«[82] gewesen sei, was für diese Zeit aber doch noch übertrieben ist. Denn noch hatte sich Paoli nicht als Rezensentin hervorgetan, war vielmehr ihrerseits Meißner dankbar für seine Kritik ihrer Gedichte, und Hartmann schreibt ihm: »Betti Paoli, die ich noch früher besuchte, als Lenau, grüßt Dich viele, viele mahl, dankt Dir sehr für Deine Kritik [...] und bittet Dich ja bald wieder nach Wien zu kommen. Du hast eine bedeutende Eroberung an ihr gemacht.«[83]

Hartmann und Meißner, das Ehepaar Rudolf und Juliane Glaser, Isidor Heller, Friedrich Bach, Uffo Horn und auch Ludwig August Frankl: Sie alle sind deutschböhmische Autoren, die bei der Durchsetzung neuer Lyrik aus Österreich in den späten 1830er und frühen 1840er Jahren eine wichtige Rolle spielten. Und das nicht nur in Prag oder Wien, sondern auch als Emigranten, die sich in den deutschen Ländern um die Veröffentlichung von Gedichten, Prosa und Kritiken, politischen Betrachtungen und programmatischen Schriften kümmerten, die von der österreichischen Zensur unterdrückt wurden.

Leipzig, das Zentrum der deutschböhmischen Opposition, bot Publikationsmöglichkeiten in den Zeitschriften *Komet*, *Europa* und *Die Grenzboten*, letztere »bemüht, den in jener Zeit in Oesterreich auftauchenden poetischen und literarischen jugendlichen Kräften zu einem Sammel- und Stützpuncte zu dienen.«[84] Ihr Herausgeber Kuranda sah es als seine Aufgabe, zu beweisen, dass es in Österreich trotz Polizei- und Zensurwesen ein intellektuelles Leben gab. Was die verschiedenen Gruppierungen und Freundschaftsbünde einte, war die Diskrepanz zwischen ihren Idealen und der Wirklichkeit der von Metternichs Polizei stillgehaltenen, katholischen Monarchie. Als Meißner in einem Brief an Hartmann die Zeitdiagnose der Zerrissenheit stellt, schreibt er damit zugleich einen Katalog der Widersprüche, die im Zentrum der dem Staat verdächtigen Vormärzdichtung stehen:

> Wir sind zerrissen im Glauben, im Dichten, in der Philosophie, in der Moral. Die alte Welteinheit des Altertums und des Mittelalters ist hin. Wir wissen, daß Freiheit kommen muß, und wir sind gefeßelt und werden wie Schuljungen gehalten, das schmerzt, das zerreißt. Wir sehn Deutschland zerrissen, Italien geknechtet, den Flügel des Markuslöwen zerbrochen, Polen geschändet und schmerzensbleich, Spanien verblutend und wer nicht ein Winkelherz hat, den die Poesie weich gemacht hat, einen solchen zerreißt solches Weh. Wir schweben zwischen Erd und Himmel, wir wissen nicht woran wir glauben sollen, der Spalt zwischen Religion und Philosophie ist gar zu groß, das zerreißt.

> Das Christenthum fordert Enthaltsamkeit, das Fleisch braust und fordert egoistische Befriedigung, das zerreißt auch. Genug Risse für den Menschen des 19. Jahrhunderts.[85]

Es waren nicht nur die politischen Umbrüche, die diese Dichter beschäftigten, nicht nur die soziale Frage, die Feudalismuskritik, das materialistische Weltbild und die Funktion der Kunst. Die jungen Männer mussten sich auch mit der katholischen Sexualmoral und mit den auf Aufgabenteilung basierenden bürgerlichen Geschlechterrollen arrangieren. Frauenemanzipation und freie Partnerwahl gehen bei den jungdeutschen Autoren theoretisch Hand in Hand, in den Vormärzdiskurs geht die Verteidigung von Sexualität und Erotik unter dem Stichwort ›Emanzipation des Fleisches‹ ein. Hartmann und Meißner waren in der Pubertät, als Karl Gutzkows Roman *Wally, die Zweiflerin* auch wegen seiner ›Sinnlichkeit‹, das heißt der Darstellung von Erotik, verboten wurde – und mit ihm 1836 gleich alle Werke des Jungen Deutschland.[86]

Lorm

Für Paolis poetische Positionierung war auch der 1821 in Mähren geborene Heinrich Landesmann wichtig, der unter dem Pseudonym Hieronymus Lorm schrieb. Landesmann war gehörlos, bei Adalbert Stifter kündigt Paoli den »jungen, ungewöhnlich begabten Menschen« mit dem Hinweis an, man könne sich mit ihm schriftlich oder durch die »Zeichensprache (die man übrigens in einer halben Stunde mit der größten Leichtigkeit erlernt)« verständigen.[87] Lorm betätigte sich als Dichter, philosophischer Schriftsteller (»das geistige Standbein« Schopenhauers in Wien[88]) und als Verfasser von Erzählungen und Romanen. Als Rezensent machte sich Lorm bei Marie von Ebner-Eschenbach unbeliebt, als er für positive Besprechungen ihrer Werke Gegenleistungen forderte.[89]

Lorm hätte seinerseits in den frühen 1840er Jahren reichlich Grund zur Dankbarkeit gegenüber Betty Paoli gehabt, die sich für das unbekannte Talent einsetzte, indem sie mit ihren eigenen Beiträgen auch Gedichte ihres Freundes an den *Iris*-Herausgeber und den Initiator eines Wohltätigkeitsalbums schickte.[90] Beide nahmen Landesmanns Gedichte zur Veröffentlichung an, wobei seine beiden Sonette unter dem Titel *Weiblicher Faust*, die von einem hochfliegenden Geist und einer Liebe handeln, die von »spitzer Pfeile Gift« getroffen wurde, wahrscheinlich an Paoli gerichtet sind.[91]

Auch sein erstes Auftreten als Kritiker unter Pseudonym verdankte Lorm wohl Paoli, die Anfang 1844 Ignaz Kuranda einen »sehr guten Aufsatz« für seine Zeitschrift *Die Grenzboten* empfahl.[92] Kurz darauf erschien dort Lorms Text *Die Zukunft der deutschen Lyrik*. Darin hielt Lorm seine prinzipielle Skepsis gegenüber politischer Dichtung fest, womit er auf einer Linie mit Paoli war: »Je ausschließlicher in unseren Gedichten die Freiheit besungen wird, desto mehr ist zu fürchten, daß die Freiheit immer ausschließlicher – zum Gedichte werde.«[93] Allerdings ist Lorms Haltung zur Frage der ›engagierten‹ Literatur ambivalent. Im Herbst des Jahres 1844 begegneten sich Lorm und Paoli in Leipzig, es kam zwischen den beiden aus ungeklärter Ursache zu einem Zerwürfnis[94] und ihre innige Beziehung, die, wie Hartmann berichtet, »die Leute fälschlich auf ihre Art« ausgelegt hatten, war zu Ende.[95] Die beiden blieben allerdings bis an Paolis Lebensende in Kontakt und in seinem Nachruf auf sie schreibt Lorm: »Es ist nicht weniger eine Forderung des sittlichen Dranges nach Gerechtigkeit als ein Begehren des öffentlichen Interesses, von dieser Persönlichkeit, ihrem Leben und Wirken, ein wahrheitsgetreues Bild zu besitzen.«[96] Lorms Version von Paolis Leben und Werk weist dann allerdings erhebliche Abweichungen von der Wahrheit auf.

Lorm wurde einer breiten Öffentlichkeit mit dem Buch *Wien's poetische Schwingen und Federn* bekannt, das 1847 in Leipzig erschien. Er rechnet darin mit der ›unpolitischen‹ Dichtung ab, die er drei Jahre zuvor noch zur einzig wahren erklärt hatte. Paoli ist die einzige Frau, die Lorm erwähnt, sie wird von ihm in die erste von drei Abteilungen gereiht und auf eine Stufe mit Stifter und Lenau gestellt. Lorm zählte aber zu jenen Kritikern, die im poetischen Talent einer Frau, wenn es öffentlich wird, die Beschädigung ihrer Weiblichkeit sahen. Noch 1877 schreibt er, Talent zu haben, sei für eine Frau eine »Tragödie«, denn es führe zu einem »Bruch mit den normalen oder mindestens mit den herkömmlichen Gesetzen des Lebens«.[97] Und in seinem Nachruf auf die Dichterin meint er, Paoli (kontrafaktisch) dafür loben zu müssen, dass sie mit ihrer – nota bene vor über fünfzig Jahren erschienenen – ersten Gedichtsammlung »nichts mit Gewalt an der socialen Stellung der Geschlechter verändern« wollte, vielmehr »die friedliche Enge« gepriesen habe, »in der sich das Weib zu bewegen hatte«.[98]

An dieser Widersprüchlichkeit arbeiten sich alle Rezensenten von Paolis erstem Gedichtband ab, die sich auf die Kategorie Geschlecht konzentrieren: Leopold Schick zum Beispiel, der grundsätzlich der Auffassung ist, dass bei Werken von Frauen »selbst die Schönheiten des Buches verlieren, denn sie sind gewöhnlich die Fehler der Dichterin«, gesteht Paoli das Recht zu dichten zu, denn der Vorwurf »verletzter Weiblichkeit« gelte nicht, wo der Genius der Dichtkunst so walte wie bei ihr.[99] Und Eduard Bauernfeld hält bei Erscheinen der ersten Gedichtsammlung Paolis in seinem Tagebuch verwirrt fest: »Gedichte von Betti Paoli. Ein echt weiblicher Charakter. Inhalt: Verlassene Dido. Die Verse natürlich, häufig schlagend. Man fühlt, Alles ist erlebt – wenn auch auf Kosten des Weibes in der Dichterin.«[100]

Ideenschmuggel mit George Sand

Zur Frage, wie weit die Weiblichkeit einer Autorin durch ihre Publikationen ausgestellt oder beeinträchtigt wird, und zu damit einhergehenden Spekulationen über ihr Privatleben kam es auch bei der französischen Romanautorin Aurora Dudevant, die sich George Sand nannte. Der Einfluss ihrer Romane, besonders von *Indiana* (1830) und *Lélia* (1833), auf deutsche Autorinnen und Autoren war groß, auch Karl Gutzkow ließ sich für *Wally, die Zweiflerin* von ihnen inspirieren.[101] Wie die Briefe der Jungen Böhmen zeigen, waren George Sands literarische Darstellungen der gesellschaftlichen Lage der Frauen, ihre Forderung nach erotischer Autonomie und ihre Kritik an der Ehe auch in Paolis Kreisen wohlbekannt, in Alfred Meißners erstem Gedichtband findet sich eine Eloge auf Sand.[102]

Im Jahr 1840, noch bevor ihre erste Gedichtsammlung erschien, hatte Paoli einen Aufsatz über die gesellschaftliche Stellung der Frau geschrieben, den sie als offenen Brief an die französische Kollegin gestaltet, besser gesagt: getarnt hatte.[103] Der Brief erschien in der Stuttgarter Zeitschrift *Europa*, die ca. 2000 Abonnenten hatte und von August Lewald geleitet wurde, einem Verwandten der Schriftstellerin Fanny Lewald, die in den 1840er Jahren mit frauenemanzipatorischen Romanen und Aufsätzen zu

Ruhm gelangte.[104] Später übernahm der jungdeutsche Schriftsteller Gustav Kühne die Redaktion und die Zeitschrift wurde ein wichtiges Publikationsorgan für politische Autoren aus Österreich.

In ihrem Aufsatz mit dem Titel *Offener Brief an Aurora Dudevant* greift Paoli den Gedanken auf, dass es sich bei Autorinnen wie Mme de Staël, Rahel Varnhagen und eben George Sand um Ausnahmen handle. Für Paoli ist das aber, anders als für ihre Schriftstellerkollegen, kein biologisches Thema, sondern ein soziales. Nicht die Ausnahme vom weiblichen Geschlecht, also unweiblich, sind diese Frauen in Paolis Augen. Die gesellschaftlichen Gegebenheiten führten vielmehr dazu, dass Frauen unter Beschränkungen litten. Und Paoli meint das durchaus im intellektuellen Sinn. Ihre Zeitdiagnose ist bitter: Die Frau von heute, geboren »in diesem schwankenden, dämmrigen Jahrhundert«, müsse »entweder in düstern Vorurtheilen verharren, oder heucheln, oder elend sein«.[105] Aber den Frauen sei kein Vorwurf aus ihrer Beschränktheit zu machen, denn »wer wollte den Sklaven für die Fehler verantwortlich machen, die ihm eben durch die Sklaverei aufgezwungen wurden?«[106] Den Beweis, dass sehr viele Frauen von dunklen Vorurteilen geleitet würden, findet Paoli in der Reaktion auf die genannten drei Autorinnen. Die Art, wie »jene glorreichen Ausnahmen bei ihrem eigenen Geschlecht angenommen wurden, und das maßlose Erstaunen, das sie erregten, scheint mir der bündigste Beweis ihrer unendlichen Verschiedenheit von den übrigen Frauen.«[107]

Es geht in dem *Offenen Brief* nicht um die für ihr interessantes Liebesleben bekannte Aurora Dudevant oder um ihre unter dem männlichen Pseudonym George Sand geschriebenen Romane, in denen eine alle Sicherheiten erschütternde Kritik an der weiblichen Rollenzuschreibung zu finden war. Leben und Werk Dudevants/George Sands sind in diesem frühen Essay Paolis nur der Aufhänger für das Thema, das sie ihr ganzes Leben lang umtreiben wird: die Mädchen- und Frauenbildung. Zwischen einer wie pflichtschuldig abgelieferten Einleitung, in der sie sich einer pathetischen Verehrungsrhetorik bedient, und einem Schluss, der Kunst und Künstlerpersönlichkeit sakralisiert, schreibt Paoli eine grundvernünftige Abhandlung über die bürgerliche Gesellschaft und ihre Geschlechterrollen. Diese Gesellschaft basiert nach Paolis Beobachtung auf dem Funktionieren der Familie, das aber keineswegs damit einhergehen müsste, dass Frauen von der Bildung ferngehalten werden. Dass Bildungsferne nötig sei, scheinen die meisten Frauen aber selbst zu glauben, meint Paoli, und man merkt der autodidaktisch gebildeten Fünfundzwanzigjährigen den Unmut über ihre Geschlechtsgenossinnen an, denen sie ins Stammbuch schreibt: »Man kann eine vortreffliche Hausfrau seyn, ohne jeden aufflackernden Gedanken durch den Rauch des Küchenfeuers zu ersticken«.[108]

Die Adressatinnen ihrer Schelte teilt Paoli in zwei Gruppen: Einerseits gäbe es da jene, »die sich von Köchinnen und Haushälterinnen nur dadurch unterscheiden, daß sie keinen fixen Lohn bezahlt bekommen und die da meinen, ihre ganze Lebensaufgabe bestehe im Stricken, Nähen und Kochen«. Und andererseits solche, »die in der Ueberzeugung leben und sterben, Gott habe sie nur geschaffen, um die Salons zu bevölkern, und die demzufolge auch nur jene Talente und Kunstfertigkeiten an sich ausbilden, deren sie zu ihren Erfolgen in der gedankenlos erwählten Sphäre bedürfen.«[109] Der Grund: »Geistesträgheit, Mangel an ernstem, prüfendem Denken.«[110] Und sie stellt die rhetorische Frage: »Aurora! hast Du das auch bedacht, als Du diese Geschöpfe emancipirt wissen wolltest?«[111] George Sand ist in Paolis Augen eine Idealistin, ihre Forderung nach weiblicher Emanzipation ist »ungehörig und den Bedürfnissen der Zeit widersprechend«, da sie zu früh kommt.[112] Aber es sind in Paolis Augen doch »Keime«, die Aurora Dudevant für die Nachwelt ausstreut, »deren erst in ferner Zukunft erblühende Blumen« sie allerdings nicht mehr erleben werde.[113]

Paoli hat eine sehr konkrete Vorstellung davon, wie die erstrebte moralische Bildung zustande kommen soll, die die weibliche Selbstbestimmung begründen könnte. Moral versteht sie ganz im Sinne Kants als vernünftiges, neigungsunabhängiges und autonomes Verhalten, dessen Grundlage der freie Wille ist. Das ist einerseits durch die Erziehung zum selbstständigen Denken, andererseits durch Wissen zu erlangen. Höhere und echte Bildung bedeutet für Paoli die »gleichmäßige, möglichst harmonische Entwicklung *aller* Geist- und Gemüthsanlagen eines Menschen«, was sowohl im Haushalt als auch im Salon keineswegs schaden würde, ganz im Gegenteil.[114] Mit dieser konventionellen Absicherung der Forderung nach Mädchen- und Frauenbildung zur Verbesserung der häuslichen Sphäre bleibt Paoli zeitlebens in einem für ihre bürgerliche Leserschaft akzeptablen Rahmen, zumal sie immerhin in Erwägung zieht, die Ungleichheit der Geschlechter könnte gottgewollt sein.

> Es wäre frevelhaft, zu denken, Gott habe die eine Hälfte des Menschengeschlechts bloß darum erschaffen, daß sie der andern knechtisch diene; doch selbst wenn dem so wäre, so schiene es mir noch immer räthlich, die Intelligenz der Frauen zu entwickeln, und geschähe es auch nur, weil die Dienstleistungen eines denkenden Geschöpfes gewiß besser und befriedigender sind, als die einer stupiden Maschine.[115]

Für die Zukunft hat Paoli ein Programm: »[L]ehrt eure Töchter denken, gewöhnt sie an strenge, geistige Arbeit, an häufigen Umgang mit sich selbst, an gewissenhafte Erforschung des eigenen Ich wie aller Dinge, die sie jetzt, statt in ihrem ursprünglichen Lichte, nur im täuschenden Reflex gemachter, unwesenheitlicher Verhältnisse erblicken.«[116]

Paoli richtet den *Offenen Brief* an Aurora Dudevant und verwendet in späteren Texten über George Sand durchwegs die Abkürzung »G. Sand«. Sie will jene, auf die sie hinsichtlich weiblicher Erziehung und Bildung einzuwirken versucht, nämlich Männer des Besitz- und Bildungsbürgertums (und ihre Frauen und Töchter), deren wirtschaftliche Existenz von der geschlechtsspezifischen Sphärenteilung abhängt, nicht durch ein Verwirrspiel mit männlichen und weiblichen Identitäten überfordern. Paoli schreibt an die privilegierte Frau aus der französischen Oberschicht, nicht an die Skandalautorin mit männlichem Pseudonym. Auf diese Weise kommt sie mit ihrer im Kern radikalen Forderung nach Mädchen- und Frauenbildung ebenso wie mit ihrer erfolgreichen Lyrik in ihrer Weiblichkeit unbeschadet davon. »Betti Paoli ist auch nie so weit gegangen wie die Sand, sie hat ihrem Geiste keine Männerkleider angezogen, sie ist stets Weib geblieben«, schreibt ein Rezensent anerkennend.[117]

Eine Ähnlichkeit zwischen Paoli und George Sand besteht darin, dass ihr dichterisches Werk als unverstellter autobiographischer Kommentar gesehen wurde und dadurch das Interesse am Leben der Autorin weckte. 1882 schreibt Paoli über Sand:

> Wäre ein Mann der Autor von *Indiana*, *Valentine*, *Jaques* gewesen, so hätte man sich damit begnügt, diese Romane als literarische Erscheinungen zu behandeln und sie, je nach dem Standpunkt des Kritikers, als solche anzupreisen oder zu befehden. Da sie aber von einer Frau, und zwar von einer jungen und schönen Frau herrührten, konnte es

nicht fehlen, dass man sich mit den persönlichen Verhältnissen der Dichterin eifrigst beschäftigte.[118]

Betty Paoli wusste 1840 genau: Verleumdung, Hass, »Missverstanden- und Verkanntwerden« gehörten zum Leben der Aurora Dudevant.[119] Zehn Jahre und eine gescheiterte Revolution später steht Paoli Sand kritisch gegenüber. Zwar liebe sie die Wahrhaftigkeit und Leidenschaft in ihren Werken, aber die »politischen Doctrinen der Sand sind mir ein Greuel, ihre Reformpläne utopistische Träumereien«, schreibt sie 1850.[120] Schließlich muss Paoli 1882 feststellen, dass »sowohl die Hoffnungen der Anhänger wie die Befürchtungen der Gegner weit über Maß und Ziel« hinausgegangen seien.[121]

Byron, Faust, Venedig

Auch ein weiteres von Paolis wichtigsten literarischen Vorbildern, nämlich George Gordon Byron, war Zielscheibe von Anfeindungen. George Sand trage wie er das »Strahlendiadem der Poesie« und die »Dornenkrone der Leiden«, befindet Paoli in ihrem Essay von 1840 und meint das Leiden an der Welt, den Weltschmerz. Und »daß zur vollsten Gleichheit nichts Dir fehle, rücken tausend philiströse Goliathe gegen Dich aus, wie vordem gegen ihn, und tausend freche Anschuldigungen erheben sich allerwärts und lästern Dich, Dein Leben, Denken, Wollen.«[122] Byron war umstritten, sein Lebenswandel galt als unsittlich, seine Literatur als von Gotteszweifeln durchsetzt. Die von Paoli erwähnten Angriffe fußten auf moralischer Empörung, waren jedoch von der Faszination des Dämonischen begleitet. Die Verbindung zwischen den beiden Ikonen Byron und Sand wurde nachgerade zum Topos.

Dadurch, dass Sand in eine Traditionslinie mit dem Weltschmerzdichter gestellt wurde, erfuhr ihr Prosawerk eine poetologische Aufwertung, die in den 1830er Jahren dem wenig angesehenen Genre des Romans üblicherweise versagt blieb. Ihrer Reflexionsprosa wurde eine poetische Qualität zugeschrieben, und das brachte es auch mit sich, dass der Name George Sand seinerseits zum »bloßen literarischen Kampfbegriff«[123] wurde, der sich auch zur schlagenden und treffenden Kategorisierung von Person und Werk Paolis eignete. Wenn Moritz Hartmann sie die »George

Sand'sche Paoli« nennt, ist damit für seinen Briefpartner alles gesagt.[124] Gemeint ist die gesellschaftspolitische Übereinstimmung, der emanzipatorische Impetus, nicht aber das literarische Werk. Denn Paoli verstand sich als Lyrikerin, der einzige Roman aus ihrer Feder, erschienen in der dreibändigen Prosasammlung *Die Welt und mein Auge*[125], unterscheidet sich grundlegend von den Prosa Sands, ebenso ihre Novellen; wenngleich ein Rezensent bemerkte, dass in Paolis Novellen »immer die Ehe [...] den Boden der Kollisionen bildet [...].«[126]

Für Paolis literarische Entwicklung war von Anfang an der Dichter Nikolaus Lenau von großer Bedeutung, das »österreichisch-ungarisch[e] Pendant zu Lord Byron«[127]. Aber auch mit Byron befasste sich die Dichterin eingehend und lernte von ihm. In ihrer poetischen Behandlung von Weltüberdruss, Heimatlosigkeit und Zerrissenheit wird der Einfluss beider Autoren deutlich, die Schnittmenge ist das Denk- und Gefühlsmodell »Weltschmerz«.[128] Dieser Begriff nahm mit Lenau aber eine spezifische Färbung an, die auch in Paolis Dichtung durchscheint.[129] Als Ausdruck einer pessimistischen Geisteshaltung, als Bezeichnung für die wehmütige Stimmung, die durch das allgemeine Leid an der Vergänglichkeit entsteht, aber auch konkret im Sinne von schmerzhafter Melancholie und Resignation hatte der Begriff in den 1830er Jahren bereits seine heutige alltagssprachliche Bedeutung, war aber auch als literarisches Thema in der ästhetischen Diskussion und der Kritik präsent.

Durch den offenkundigen Zusammenhang von persönlichem Schmerzerleben und Schreiben waren diese literarischen Äußerungen besonders dazu angetan, die Aufmerksamkeit auf die Biographien der Autorinnen und Autoren zu lenken. Hieronymus Lorm schreibt: »[Ein Dichter] muss unglücklich sein und unglücklich machen und ich habe Lenau und Lord Byron nie mehr geliebt, als wenn sie mich in alle Schmerzen der Leidenschaft, der Weltumstände und des Menschseins versenkten«.[130] Auch die Dichterin macht dadurch unglücklich, dass sie selbst für unglücklich gehalten wird, die Wirkung dieser Literatur beruht auf einer vorgeblichen Authentizität, erzeugt durch die Stimme eines Dichterinnen-Ich und Adressierung eines ausgestalteten Du. Es ist das Paradox künstlicher Echtheit, das die ästhetische Wirkung erzielt und zugleich das Interesse an den realen Personen weckt.

Bei Lenau beruhte die »Wahrhaftigkeit« des Gefühlsausdrucks in seinen Gedichten auf einer ausgefeilten Rhetorik.[131] Das trifft auch auf Paoli zu, sie musste aber außerdem den weiblichen Aktionsradius und die Zuschreibungen des weiblichen Geschlechtscharakters in ihr Identifikationsangebot aufnehmen. Beides ist beim »Menschsein«, wie Lorm und seine Dichterkollegen es verstehen, keineswegs mitgemeint. Dass Paoli in ihren Gedichten ein weibliches Ich, oftmals eine Dichterin, an der männlichen Welt leiden lässt, führte dazu, dass die Weltschmerzdichtung Lenaus oder Byrons sozusagen einen zusätzlichen Produktionsgang durchlaufen musste.

> Ihr [Paoli] ist es unmöglich, die grellen Dissonanzen des Briten, die scharfen Töne seiner Skeptik und Weltverachtung wiederzugeben; nur den stürmischen Herzschlag, die tief zitternde und doch so starke Empfindung seiner Muse können wir wiederfinden; die Sentimentalität, an der sonst die weibliche Lyrik kränkelt, wird zu gesunderem Gefühlslaut. [...] Nun, man denke sich eine Geliebte Byron's, die seine Träume noch einmal träumt, die aus seiner Seele Flammen getrunken und ihm die bang austönende Musik namenloser Sehnsucht abgelauscht hat.[132]

Die wohlwollende Betrachtung des Kritikers sieht in Paolis Lyrik das Beste aus beiden Welten: Das weibliche Erleben zähmt die wilde, männliche Leidenschaft, die männliche Stärke des literarischen Vorbilds verhindert bei der produktiven Nachschöpfung die weibliche Gefühlsduselei.

Anders als viele ihrer männlichen Kollegen ist Paoli nicht mit dem Vorwurf konfrontiert, die Weltschmerzlyrik Byrons lediglich (schlecht) zu kopieren.[133] Ihre Lyrik wird als eigenständig und originell wahrgenommen, weil die weibliche Lebens- und Gefühlswelt den Hintergrund dafür bildet. Und auch wenn Paoli als weiblicher Byron[134] bezeichnet wurde, bedeutete diese Zuschreibung (die auch anderen Dichterinnen zuteilwurde[135]), dass ihre Lyrik als eine gelungene Mischung aus männlich-starker Emotionalität und passiv-weiblicher Empathie betrachtet wurde. Das Despektierliche von Byrons Lebenswandel fiel bei der Dichterin weg, der Vergleich war nicht kompromittierend.

Paoli gibt Auskunft über die Wirkung, die die Dichtung Byrons auf sie hatte: Der »todte Byron war die erste, glühende Leidenschaft meines jugendlichen Geistes, wie ein Blitzstrahl fiel sein Giaour, das erste Gedicht das ich von ihm las, in meine träumerische Seele.«[136] Im 1813 erschienenen

Giaour wird die Geschichte der Haremsdame Leila erzählt, die wegen ihrer Liebe zu einem Ungläubigen mit dem Tod bestraft und von ihrem Geliebten gerächt wird. Diese »Lieder voll bitterer Lust und stolzem Leid« wirkten unmittelbar auf die junge Dichterin: Sie »zerrissen und beseligten mein Herz, der betäubende Duft dieser Daturen berauschte mich, die aus ihnen emporlodernden Flammen rissen meinen Geist in ihren Brand hinein.«[137]

Man könnte meinen, Paolis Weltschmerzdichtung sei eine Art von intuitiver, auf der emotionalen Übereinstimmung mit ihrem Vorbild basierender Nachdichtung mit sittlicher Komponente, aber so war es nicht. Entsprechend ihrer Forderung nach gewissenhafter Erforschung aller Dinge setzte Paoli sich intensiv mit Byrons Dichtung auseinander. In einer 1841 veröffentlichten Studie nähert sie sich ihm aus einer kritischen Perspektive und vergleicht den Protagonisten von Byrons dramatischem Gedicht *Manfred* mit Goethes Faust.[138] Das 1817 veröffentlichte Versdrama Byrons thematisiert eine »melodramatische, selbstzerstörerische Leidenschaft, autoreflexiven Weltschmerz, [...] ethische Fragen nach dem Warum des früheren Tuns, Verzweiflung am Leben, Todeswunsch, [...] das Herausragen des überdurchschnittlich Begabten«[139], mithin Fragen, um die auch die Dichtung Paolis kreist. Bei der ersten Lektüre sei dieses Werk für sie wie der »Schrey einer verzweifelnden Seele« gewesen, hält Paoli in ihrer Studie fest, um sich sogleich mit der Frage zu beschäftigen, wie diese Wirkung erzielt wird, was also den »Dichtergenius« ausmacht.[140]

In der Folge beschreibt Paoli die gelungene Weltschmerzvermittlung als vage Authentizitätsillusion: Byron könne seine Leserschaft »von dem wahrhaften Daseyn eines Schmerzes« überzeugen, dessen eigentliche Ursache unbekannt bleibe.[141] Paoli vergleicht dann den Zweifel und die Verzweiflung der beiden Figuren Faust und Manfred und nimmt damit an dem literaturtheoretischen Diskurs teil, der von Goethes Äußerungen über Byron angestoßen worden war.[142] Wie für andere Dichterinnen und Dichter (auch Annette von Droste-Hülshoff) ist Byron für Paoli ein wichtiger Impulsgeber, von dem sie ebenso lernt wie zum Beispiel von August von Platen, dessen Beherrschung der Metrik sie schätzt. Den hundert Sentenzen unter der Überschrift *Tagebuch* in ihrem ersten Gedichtband stellt sie Verse von Byron voran: »Ah! when by thee these lines are read/ Perchance in some succeeding year,/Reflect on me as on the dead/And think my heart is buried here.«[143]

Bei der Suche nach den Parallelen zwischen George Sand und Byron rekurriert Paoli auf den Aufenthalt in Venedig. Für Paoli war Venedig generationstypisch auch eine poetische Herausforderung, Byrons Canto IV in *Childe Harold's Pilgrimage* stand am Beginn einer Venedig-Literatur, die die Stadt mit der großen, verlorenen Vergangenheit zum Hintergrund für das leidende lyrische Ich machte.[144] Der Verlust der politischen Größe und der kulturellen Bedeutung, der Verfall der Paläste und Monumente, der drohende Untergang auch im wörtlichen Sinn, alles das wird zur Kulisse für die Inszenierung der persönlichen Verlustgeschichte, ein vielfach kopiertes und literarisch langlebiges Muster.

Mehrfach geht Venedig auch in Betty Paolis Literatur ein, so zum Beispiel in die Novelle *Das Mädchen von San Giorgio* (1846), die Geschichte einer unglücklichen Liebe mit viel Venedig-Folklore.[145] Ein Rezensent konstatiert, dass die Novelle »in der Darstellungsweise auffallend an A. Stifter's Auffassungsart« erinnere, was wohl als positives Urteil gemeint ist.[146] In der Sammlung *Neue Gedichte* (1850) finden sich mehrere Texte, in denen Paoli den Venedig-Topos einsetzt: In *Auf einer nächtlichen Fahrt* hört ein abgeklärtes Ich die Liebesklage eines jungen Freundes, in *So mag es sein!* vergleicht das Ich die Gondel mit einem Sarg, in *Am Lido* weckt der Anblick des Wassers Gedanken an den ersehnten Tod in den Wellen.[147] Aber Venedig war für Paoli nicht nur ein Ort der literarischen Inspiration, für sie erfüllte die Stadt auch die traditionelle Funktion des Kunstspeichers, eines Ortes, an dem Gemälde und Skulpturen vergleichend studiert werden konnten.

Paoli besaß ein ausgeprägtes kunsthistorisches Interesse, das über die für Frauen ihrer Zeit und ihres Standes vorgesehene oberflächliche Beschäftigung hinausging. Sie strebte nach fundiertem Wissen und kritischer Kompetenz, suchte den Kontakt zu Malern und Kunstkritikern, um von ihnen zu lernen, verfasste regelmäßig Ausstellungskritiken und schrieb 1865 den Galerienführer *Wien's Gemälde-Gallerien in ihrer kunsthistorischen Bedeutung*. Paoli war viele Jahre mit Friedrich Pecht befreundet, dem Münchner Historienmaler, Kunstkritiker und Illustrator von Werken der deutschen Klassik und Shakespeares. Seinen Ruf als Schriftsteller begründete er mit einem zweibändigen Werk mit dem Titel *Südfrüchte. Skizzenbuch eines Malers*.[148] Der erste Band war seinen Reisen nach Venedig und Rom gewidmet.

Ihren Venedig-Aufenthalt von 1842, den ersten von insgesamt vier, verwendete Paoli dazu, sich sowohl mit den Alten Meistern als auch mit der Kunst ihrer eigenen Zeit vertraut zu machen. Das findet seinen Niederschlag im Text *Zwey Ateliers in Venedig*, in dem Paoli erklärt, dass nicht nur »Venedigs alter Malerruhm« von Interesse, sondern auch die Gegenwart »reich an großen Talenten« sei.[149] Sie besuchte das Atelier von Placidus Fabris, einem Maler und Restaurator, und das von Ludovico Lipparini, geboren 1800 in Bologna, zuerst Student und später Professor an der Accademia di belle arti di Venezia. Paoli beschreibt unter anderem Lipparinis Darstellung des Dogen Marino Faliero im Moment der Verkündung des Todesurteils gegen ihn. Byron verarbeitete die Verschwörungsgeschichte aus dem 14. Jahrhundert in seinem Drama *Marino Faliero, Doge of Venice* (1823) und Paoli vergleicht die Darstellungen von Angiolina, der Frau des Dogen, bei Lipparini und Byron.[150]

Ein weiteres Bild mit Byron-Bezug, das Paoli beschreibt, ist eines der zahlreichen sogenannten Griechenbilder Lipparinis, ein Sujet aus dem Aufstand der Griechen gegen die Osmanen, an dem Byron teilnahm.[151] Das Bild stellte den Metropoliten Germanos dar, der die Fahne hält, auf die die Griechen schwören für ihre Freiheit zu kämpfen. Wie später der polnische Freiheitskampf war der griechische Aufstand für viele österreichische Intellektuelle eine Art Stellvertreter-Revolution.

Paoli bewunderte in Lipparinis Atelier auch ein dreiteiliges Altarbild, das der Maler im Auftrag von Franz Anton Graf von Kolowrat-Liebsteinsky anfertigte.[152] Im nächsten Jahr beschrieb Paoli in den *Grenzboten* die Kunstsammlung des Grafen in Wien.[153] Auch eine Skizze zu einem der Griechenbilder Lipparinis, den Tod des griechischen Freiheitskämpfers Markos Botsaris darstellend, befand sich in der Wiener Sammlung des kunstsinnigen Ministers und Metternich-Rivalen Kolowrat.[154]

Ein Albumblatt in der Kolowrat-Sammlung bringt Paoli dazu, über die Schönheit Italiens nachzudenken und zu befinden, dass auch das Alltägliche, die Gesichter, die Haltung und die Kleidung in Italien schöner seien als im Norden. Das Blatt stellt Szenen eines Tumults in einer venezianischen Schenke dar:

> Denke Dir, wenn ein deutscher Maler ähnliche Scenen aus seiner Heimath darstellen sollte; […] In welchem Vortheil steht hier der Italiener!

> Er braucht sich nicht auf's hohe Pferd zu setzen, um poetisch zu sein: er braucht nur wiederzugeben, was ihm in jedem Augenblick entgegentritt. [...] Bei uns fallen die Genremaler gewöhnlich entweder in's Triviale oder in's Affectirte, je nachdem sie die Natur treu wiedergeben oder idealisiren wollen. Der Italiener entgeht dieser Klippe dadurch, daß er nichts Schöneres ersinnen könnte, als was ihm täglich leib- und wesenhaft vor Augen steht.[155]

Paoli bekennt in diesem Text auch, dass sie von Venedig sprechend »leicht zu divagiren« anfange.[156] Überhaupt ist dieser Beitrag in den *Grenzboten* ein Beispiel für Paolis freudige essayistische Abschweifungen.

Wertheimer

Zwischen dem Ausruf des dichtenden Rezensenten Levitschnigg: »Musen ins Gewehr! Eine eurer würdigsten Töchter betritt den Parnaß« (Jänner 1840) und dem Erscheinen des Aufsatzes *Zwey Ateliers in Venedig* (März 1843) war Paoli unglaublich produktiv: Sie verfasste Gedichte für *Ost und West*, den *Oesterreichischen Musen-Almanach*, die *Wiener Zeitschrift*, die *Iris*, außerdem für *Immergrün*, das ›Musikalische Taschenbuch‹ *Orpheus*, das *Österreichische Odeon*, für zwei Wohltätigkeitsalben, für die *Aurora* und für die literarischen Taschenbücher *Cyanen*, *Thalia* und *Huldigung den Frauen*. In etwas mehr als drei Jahren stellte Paoli zwei Gedichtsammlungen zusammen (*Gedichte* 1841 und *Nach dem Gewitter* 1843), schrieb den protofeministischen Essay *Offener Brief an Aurora Dudevant* und die poetologische Analyse über Byrons *Manfred*. Auch ein Roman, ein Stück Reflexionsprosa mit dem Titel *Ein einsamer Abend* und mehrere Novellen entstanden in dieser Zeit. Letztere erschienen in der *Wiener Zeitschrift*, der *Europa* und der *Zeitung für die Elegante Welt*, wurden in anderen Zeitschriften nachgedruckt und 1844 in der Prosasammlung *Die Welt und mein Auge* gesammelt veröffentlicht.

Dass Betty Paoli in dieser Zeit so überaus produktiv sein konnte, war dem jüdischen Ehepaar Wertheimer zu verdanken. Seit 1839 war Paoli nicht mehr nur Salongast, sondern in dem angesehenen Haus wohnende Gesellschafterin. Joseph Wertheimer, geboren 1800, war Sekretär, später

Präsident der Israelitischen Kultusgemeinde, seine Frau Henriette war eine Tochter des Henle Ephraim Ullmann, Bankier und Hoffaktor in Augsburg. Durch ihre Position hatte Paoli Zugang zu einem illustren Kreis, der sich nicht auf die weitverzweigten Familien und Kontakte innerhalb der jüdischen Gemeinde beschränkte, und es blieb ihr genug Zeit zum Schreiben.

Der Hausherr im Salon Wertheimer war nicht nur Kaufmann und prominentes Mitglied der jüdischen Gemeinde, sondern auch literaturaffin. Sein Vater war mit dem Aufklärer Joseph von Sonnenfels befreundet und seine Mutter mit Franziska (Fanny) von Arnstein verschwägert gewesen, der ersten jüdischen Salondame in Wien. Wertheimer hatte zwar keine klassische Bildung, betätigte sich aber als Schriftsteller und Übersetzer.[157] Sein Biograph Gerson Wolf zählt die vielen Seiten des öffentlichen sozialen Engagements auf und hält auch fest: »Wertheimer hat vielen jungen Leuten den Weg ins Leben gebahnt und wir könnten Namen von Personen nennen, welche heute von großem Klange sind, denen Wertheimer die Carriere eröffnet hat.«[158] Als Wolf das schrieb, gehörte Betty Paoli zu den Personen mit klingendem Namen und mit ihrem Förderer verband sie eine lebenslange Freundschaft. Noch 1879 schreibt sie ein Gedicht anlässlich der goldenen Hochzeit des Ehepaars Wertheimer.[159]

Bei Wertheimer lernte Paoli unter anderem den schon erwähnten anglikanischen Geistlichen, Dichter und Grillparzer-Übersetzer Archer Gurney kennen. Der berichtet in seinen Erinnerungen, dass er bei seinem ersten Besuch Henriette Wertheimer und Paoli, »the chief poetess of Germany, who lived with them«, zum Weinen gebracht hätte mit seinen Ausfällen gegen Napoleon und – ausgerechnet – Byron, »two of my pet aversions then«.[160] Dabei findet Gurney, dass die Zusammenkünfte im Salon Wertheimer besonders angenehm gewesen seien, »a truly brilliant literary gathering«, mit allen möglichen interessanten Gästen, er nennt unter anderen Moritz Saphir, Ludwig August Frankl, Lenau und Franz Grillparzer.[161]

Die lange Freundschaft Paolis mit dem notorisch ungeselligen Franz Grillparzer geht wahrscheinlich auf den Wertheimer-Salon zurück. Lenau lernte sie im Sommer 1842 kennen, als sie Wertheimers nach Baden bei Wien begleitete. Paolis Vertrauter Hieronymus Lorm war zu Gast bei der Lenau-Freundin Sophie von Löwenthal auf der Badener Weilburg und vermittelte ein Treffen zwischen Paoli und dem berühmten Dichter.[162] Lenau hatte vor dem Treffen Vorbehalte wegen Paolis überschwänglicher Verehrungsrhetorik und war dann erleichtert: »Ich habe die Dichterin besucht und fand sie sehr liebenswürdig und vernünftig.«[163] Emma Niendorf, quasi Lenaus Eckermann, berichtet: »Von Betty Paoli, deren Lyrik Niembsch sehr hoch stellt, äußerte er, sie sei die deutsche Frau, welche am meisten Ähnlichkeit im Geiste mit der Sand habe.«[164]

Bei Wertheimer in Baden machte Paoli auch die Bekanntschaft der Familie Marpurgo[165] (auch Morpurgo oder Malpurgo), die sie im Winter 1842 nach Triest begleitete, wo sie sich so unwohl fühlte, dass sie seitdem im wahrsten Sinn des Wortes einen Bogen um die Stadt machte.[166] Jacob Marpurgo war Kaufmann, seine Frau Rachel, geborene Luzatto, eine Gelehrte und Dichterin, die auf Hebräisch schrieb. Ihre Gedichte erschienen in der Zeitschrift *Kochbe Jizchak* in Wien.[167] Ihr unerfreulicher Aufenthalt in Triest bescherte Paoli immerhin ihren ersten Ausflug nach Venedig, und wenn ihr damals die Zeit auch »kärglich zugemessen«[168] war (das übliche Gouvernanten- und Gesellschafterinnenschicksal), so reichte es doch für den Besuch von zwei Ateliers, der, wie bereits ausgeführt, publizistische Früchte trug.

Im Salon Wertheimer fand sich wohl so mancher Gast auch wegen der interessanten Gesellschafterin ein. Die Schauspielerin Louise Neumann, verehelichte Gräfin Schönfeld, von 1839 bis 1856 Mitglied des Hofburgtheaters, erinnert sich an ihre erste Begegnung mit Paoli: »In seinem [Wertheimers] Hause fand Betty Paoli ein Asyl, dort sah ich sie zum erstenmal, und angezogen von der interessanten Erscheinung mit den ›unergründlich tiefen Augen‹ frug ich Dr. Frankl, wer diese Dame sei, worauf er mich sehr verwundert ansah und fragte: ›Sie kennen nicht Fräulein Betty Paoli, das größte lyrische Talent, welches wir besitzen?‹«[169] Nach dieser Auskunft hatte die junge Schauspielerin nicht mehr den Mut, Paoli anzusprechen. Erst viele Jahre später lernten die beiden Frauen einander kennen.

Auch die Bekanntschaft der Goethe-Schwiegertochter Ottilie machte Paoli durch Wertheimer:

> Fr. (v) Wertheimer besuchte mich, die ich bis dahin nur in dem Tempel gesehen, und stellte mir ihre interessante Gesellschafterin Betty Glück (unter dem Dichternamen Betty Paoli bekannt) vor. Ich hatte lange gewünscht sie zu sehen. Grosse schwarze Augen, dicke schwarze

Augenbrauen, blasses Gesicht hagere grosse Gestalt ist der äussere Eindruck; sie mag wohl 28 Jahre alt sein. Sie sprach leicht angenehm und einfach.[170]

Offenbar war auch die Arbeit Gegenstand der Unterhaltung, denn wenige Tage später notierte Ottilie von Goethe, dass ihr Intimus Romeo Seligmann ihr das »Sendschreiben der Betty Paoli an Aurora Dudevant« mitgebracht habe, sie solle es an eine Zeitschrift vermitteln.[171] Der Text erschien im vierten Quartal der *Europa*. Im nächsten Jahr gab Frankl ein Romanmanuskript von Paoli an Ottilie von Goethe weiter, offenbar mit dem Auftrag, dafür einen Verleger zu suchen.[172] Frankl kündigte das Buch in seiner Zeitschrift im Jänner 1842 an.[173] Goethe leitete das Manuskript an den Verlag Cotta weiter, der druckte das Buch aber nicht, und so verlangte Paoli ein Jahr später, dass das Manuskript von Cotta direkt an den Verleger Heckenast weitergeschickt werde.[174] Der Roman *Die Ehre des Hauses* wurde 1844 als Band 1 der Prosasammlung *Die Welt und mein Auge* mit einer gedruckten Widmung veröffentlicht: »Frau von Goethe empfange dieses Buch als Zeichen inniger Huldigung.«

Auch Ottilie von Goethe, die als Schwiegertochter zur literarischen Welt gezählt wurde, führte einen Salon. Sie wohnte auf der Wiener Mölkerbastei und lud Gäste aus allen Bereichen der Gesellschaft, der Kultur und der Wissenschaft zum Tee,[175] so auch Friedrich Fürst Schwarzenberg, zu dem sie eine enge Beziehung hatte. Dessen Mutter, Fürstin Maria Anna Schwarzenberg, stellte sich bei einem Besuch als Anhängerin der sozialpolitisch engagierten Bettina von Arnim und der jüdischen Intellektuellen Rahel Varnhagen heraus.[176]

Goethe wurde oft von den Verehrerinnen und Verehrern ihres Schwiegervaters besucht und stand auch aufgrund ihres unkonventionellen Lebenswandels im Zentrum des gesellschaftlichen Interesses der Residenzstadt. In gewisser Weise ähnelten ihre Teegesellschaften dem Salon von Henriette Wertheimer, so mancher Gast besuchte beide Zusammenkünfte, Fragen von Standes- und Konfessionsunterschieden oder sittliche Bedenken scheinen nicht wichtig gewesen zu sein.[177]

Als Betty Paoli im Sommer 1839 Gesellschafterin von Henriette Wertheimer wurde und in das Haus am Judenplatz einzog, wünschte ihr Friedrich Witthauer alles Gute für ihre Zukunft und für ihre (literarischen)

Ziele.[178] In den darauffolgenden vier Jahren gelangte Paoli zu Popularität, Ruhm und Ehre. Aber wie Heinrich Heine spottete: Die Poesie, »die Himmelstochter, die Hochgeborene, hat selbst nie Geld und wendet sich bey solchem Bedürfniß immer an Cotta«[179] – aber der übernahm die Rechnung eben auch nicht immer.

Existenzfragen

Auf Paolis Karriere wirkte sich die Integration in das Haus Wertheimer in mehrfacher Hinsicht positiv aus, da die Dichterin nicht nur Zeit zum Schreiben fand, sondern auch ihre eigene literarische Position weiterentwickelte, indem sie sich mit den Werken von Autorinnen und Autoren, aber auch mit deren Lebensgeschichten befasste. So schrieb Paoli die erwähnte Studie zu Lord Byron, aber auch ein Sonett mit dem Titel *An Frederike Bremer*.[180] In diesem Gedicht reflektiert sie die tröstliche und stärkende Wirkung der Literatur der schwedischen Romanautorin und Vorreiterin der Frauenbewegung Fredrika Bremer (1801–1865), die im deutschen Sprachraum durch die Aufnahme in Brockhaus' Reihe ›Ausgewählte Bibliothek der Klassiker des Auslandes‹ populär geworden war. Bremer stammte aus der Stockholmer Oberschicht und ging wie Paoli von einer Gleichbegabung der Geschlechter und der Notwendigkeit von Frauenbildung für das Funktionieren der Gesellschaft aus.[181]

Im Juli 1842 erschien ein Gedicht Paolis mit dem Titel *Felicia Hemans*, das die poetische Qualität des Werks dieser britischen Autorin thematisiert, und auch ihr Sterben.[182] Wie Paoli und Bremer begann auch Hemans (1793–1835) schon in jungen Jahren zu schreiben und war eine anerkannte Lyrikerin (ihr bekanntestes Gedicht mit dem Titel *Casabianca* war Schullektüre in England und Nordamerika). Mit Paoli verbindet Hemans auch, dass sie die Ambivalenz der Geschlechterrollen sichtbar machte und in ihrem Leben den Spagat zwischen unkonventionellem Denken und angepasster Praxis schaffte.[183]

Auch in ihrem Prosawerk schlug sich Paolis Interesse für das Leben anderer Dichterinnen nieder, am eindrücklichsten in ihrer Novelle *Auf- und Untergang*. Der Text trägt den Untertitel *Lebensbild*.[184] Die Protagonistin ist die in Nantes geborene Dichterin Élisa Mercœur (1809–1835), deren Lebensgeschichte im Detail bekannt war, da die Nachlassausgabe ihrer Werke eine ausführliche, von ihrer Mutter verfasste biographische Darstellung enthält.[185] Paolis Text ist eine literarische Bearbeitung dieser Lebensgeschichte und wurde wegen der äußeren Ähnlichkeit der Figur (Paolis Elisa Mercœur hat dunkle Locken und ist »eine Südenblume«[186]), der ähnlichen Schreibbedingungen und des dichterischen Selbstverständnisses von Paolis Zeitgenossen autobiographisch gelesen.

Die sechzehnjährige Elisa dichtet gegen den Willen ihrer Mutter und erklärt, dass »von allen Gütern, die der Mensch erringen kann«, ihr der Ruhm »das Höchste, Herrlichste« scheine, sie aber auch ganz ohne Anerkennung dichten würde, da sie vom unbezwingbaren Drang dazu getrieben sei.[187] Sie vernachlässigt ihre Pflicht aber trotz dieser Berufung nicht, sondern gibt Unterricht und ernährt damit wie die junge Betty Glück sich selbst und ihre Mutter.

Gefördert wird Mercœur bei Paoli zuerst durch einen alten Onkel, mäßig erfolgreicher Schriftsteller und Journalist, den seine Arbeit »in beständige Berührung mit den Größen, wie mit den Handlangern der literarischen Welt«[188] bringt, was auch auf Paolis Förderer Witthauer zutrifft. Wie Paoli wurde auch ihre Protagonistin (und die historische Élisa Mercœur) mit einem Schlag für ihre ›authentische‹ Lyrik berühmt: »Wonach Andere mühvoll und oft erfolglos Jahrelang ringen, war dem ersten Versuch des jungen Mädchens geworden, ohne Intriguen, ohne Camaraderie, blos durch die Gewalt des Talents und die Wahrhaftigkeit der Empfindung.«[189] Wie Paoli in Wien wird Elisa in Paris wegen ihrer prominenten Unterstützer zum gerngesehenen Salongast, denn, so erzählt Elisa im Rückblick, »man wußte, daß ich unter dem Schutze des Ministers stand, daß die Herzogin von L. sich für mich interessierte, und dieß war bei dem damaligen Stand der Dinge hinreichend, mir die ersten Salons zu öffnen«.[190] Viele Jahre später schreibt Paoli über ihren eigenen gesellschaftlichen Aufstieg in Wien: »Meine Stellung nach außen hin ward sicherer und günstiger, theils weil mein immer mehr sich entwickelndes Talent mir Freunde erwarb, theils weil mein Leben in den höchsten Gesellschaftskreisen die leicht bestechliche Menge meinen ließ, es müsse doch etwas Rechtes an mir sein.«[191]

Der Erfolg hat Schattenseiten: Das Publikum verlangt von Elisa *more of the same*, was bei Poesie, die als unmittelbarer Gefühlsausdruck verstanden wird, nicht funktioniert, denn ihre Gedichte »waren Offenbarungen

Élisa Mercœur

ihres tiefsten Seelenlebens; war das Geheimnis einmal ausgesprochen, so war sie damit fertig, und was sie in frühern Tagen gedichtet, stand kaum mehr in einer Beziehung zu ihr«.[192] Elisa erzählt: »Alle wahrhaften Freuden und Schmerzen meiner Seele hatte ich enthüllt und ausgesprochen; jetzt mußte ich neue erdichten, und bald ward ich zur Leibeigenen der Gestalten, die ich selbst geschaffen hatte [...] [M]an forderte Bände von mir, nicht Meisterwerke.«[193] Paoli machte die Erfahrung, dass von ihr eine Fortsetzung der erfolgreichen Liebes- und Weltschmerzlyrik gefordert wurde, sie kannte den schnellen Aufstieg und das ›Ausgeschriebensein‹. Der Kritiker der *Wiener Zeitschrift* sieht die Qualität der Novelle und meint, der Leser müsse fühlen, »daß das innere Leben einer Dichterinn nur wieder von einer Dichterinn so überzeugend dargelegt werden kann.«[194]

In Paolis literarischer Biographie stirbt Élisa Mercœur an Überarbeitung, ein Opfer des Literaturbetriebs – und es ist nicht das erste aus Paolis Feder. Zwei Jahre vor dem Lebensbild Mercœurs verfasste Paoli unter dem Titel *Ein einsamer Abend* eine Mischung aus biographischer Skizze und Reflexionsprosa (mit der Aufnahme in die Novellensammlung *Die Welt und mein Auge* wird der Essay zum fiktionalen Text umetikettiert), in der sie die Unbarmherzigkeit des literarischen Markts und die Kälte der Gesellschaft thematisierte.[195] Paoli erzählt, wie sie an einem einsamen Novemberabend in einer alten Ausgabe des *Journal des Dames* auf die »Kunde eines trüben Dichterendes« stößt, nämlich auf den Bericht über den Selbstmord des frühsozialistischen Lieddichters Jules Mercier (1812–1834).[196] Paoli erzählt nun von Merciers Scheitern am Leben und verknüpft diesen Bericht mit Reflexionen über den literarischen Markt. Sie nützt das karge biographische Material des Zeitschriftenartikels, um eine Charakterstudie des jungen Mannes zu liefern. Auch er war schon mit seinen ersten Gedichten erfolgreich, und das führte dazu, dass für ihn alles andere »schaal und unerträglich« wurde und er nur noch dichten wollte.[197] »In seiner jugendlichen Unkenntniß der Dinge glaubte der Arme seine Existenz auf seine Dichterwirksamkeit gründen zu können.«[198] Schnell merkt er, dass er vom Dichten nicht leben kann, es folgt ein poetischer Seelenkampf, weiter angeheizt durch die Hoffnungslosigkeit einer Liebesbeziehung. Verzweifelt sucht Mercier den Freitod in der Seine.

Vor allem anderen ist *Ein einsamer Abend* eine Betrachtung über die aus Paolis Sicht zu geringe Wertschätzung von Lyrik. Paoli begründet den Umstand, der sie ebenso betrifft, wie er Mercier betroffen hat, mit den gesellschaftlichen, politischen und wirtschaftlichen Gegebenheiten. Die Poesie macht gerade Pause: »[W]ehe aber dem Flöten- oder Harfenspieler, der zu einer Zeit geboren wird, wo Flöte und Harfe pausieren müssen und nur die Trommeln wirbeln, die Trompeten schmettern oder die Maschinen schnarren und die Federn in Bureaux und Comptoirs kreischen.«[199] Wenn ein neues Dichtertalent auftaucht, antwortet »die Welt«: »Ich habe Eisenbahnen und Maschinen zu bauen, Kanäle zu graben, Constitutionen zu ersinnen, und was die Poesie betrifft, so habe ich das Meinige für sie gethan, indem ich [Victor] Hugo, [Ludwig] Uhland und noch ein paar Andre gelten lasse.«[200] Die Zeit sei nicht reif für die Poesie, »als bis die Materie bezwungen, Elend und Sklaverei überwunden und der Mensch Herr sein wird über die Erde und ihre Kräfte.«[201] Bis es so weit ist, habe sich der Dichter auf Entbehrungen einzustellen, seine wahre Berufung zeige sich darin, dass ihn das Unzeitgemäße seines Tuns nicht davon abbringen könne.

Auch Paoli schrieb in der Zeit, in der sie unter dem Schutz des Ehepaars Wertheimer stand, unverdrossen weiter, selbst wenn mit den verstreut veröffentlichten Gedichten nicht viel zu verdienen war. Zwischen 1839 und 1843 erschienen viele ihrer populärsten Gedichte, besser als diese wurden aber die Novellen honoriert, die Paoli eher widerstrebend verfasste. Fünf Novellen aus dieser Zeit sind im dritten Band von *Die Welt und mein Auge* zusammengefasst, die gedruckte Widmung lautet: »Frau Henriette Wertheimer nehme diese Blätter als Zeichen treuer herzlicher Neigung freundlich auf.«

Als 1841 Paolis erster Gedichtband erschien, ging der renommierte Verleger Gustav Heckenast in Pesth mit dem literarischen Neuling auch ein gewisses wirtschaftliches Risiko ein. Es lohnte sich, 1845 erschien die zweite Auflage des Buchs und ein zeitgenössischer Rezensent bemerkt, das sei der »giltigste Beweis, welchen Wiederhall diese zarten Saitenklänge beim Lesepublikum gefunden«, eine zweite Auflage käme »bei lyrischen Erzeugnissen in neuester Zeit« äußerst selten vor.[202]

Heckenast war für die Qualität seiner Verlagsprodukte bekannt und hatte verlegerischen Instinkt. 1847 waren bereits drei Gedichtbände von Paoli in seinem Verlag erschienen und wir lesen in der *Wiener Zeitschrift*:

> [W]ir können es nicht unterlassen, Herrn Heckenast, der sich in Mitten des Ungarlandes der schönen Literatur Deutschlands auf eine so ausgezeichnete Weise annimmt, unsere öffentliche Anerkennung zu zollen. Wir selbst haben schon einen Wiener Verleger sagen hören: »Ja, der Heckenast kann leicht drucken, er ist schon im Ruf!« Ja, freilich ist der Heckenast jetzt im Ruf, aber wer hat ihm den Ruf errungen? Er selbst durch seine Thätigkeit. [...] Von einem in Ruf stehenden, modernen Schriftsteller etwas zu verlegen, das ist keine Kunst, ein verständiger Verleger muß sich seine Schriftsteller ziehen, so wie es Heckenast mit Stifter und Betty Paoli gethan.[203]

Nur mit der Gedichtsammlung *Romancero*, die von der österreichischen Zensur in Teilen beanstandet wurde, wich Paoli nach Leipzig aus, ihr Werk blieb aber sozusagen in der Familie, denn ihr Leipziger Verleger Otto Wigand war Heckenasts Schwager.

Dass Heckenast neue Talente für sich gewinnen konnte, hatte auch damit zu tun, dass er gute Honorare zahlte. Betty Paoli bekam für die 12½ Bogen der ersten Auflage ihrer Gedichte 20 Dukaten (ca. 1900 Euro). Dass wir das wissen, verdanken wir dem für Paoli auch in dieser Angelegenheit problematischen Ludwig August Frankl. Im August 1841 wandte Paoli sich an Heckenast mit der Bitte um die Übersendung des Honorars für ihren

 Gedichtband, und er möge ihr auch die zugesagten Freiexemplare schicken.[204] Auf ihrem Brief findet sich von fremder Hand der Vermerk »an Dr. Frankl gewiesen«. In ihrem nächsten Brief an den Verleger schreibt Paoli, sie habe die Antwort Heckenasts an Frankl weitergleitet und

> er antwortete mir hierauf es müsse hier ein Irrthum obwalten, er habe allerdings im Juli Geld von Euer Wohlgeboren empfangen, doch sei dieß eine à-compte Zahlung für eines seiner in Ihrem Verlage zu erscheinenden Werke und jene Summe nicht mir bestimmt gewesen. Ich kann Ihnen nicht sagen, geehrter Herr, wie überaus unangenehm mir alle diese Erörterungen sind und beschränke mich darauf Ihnen die Versicherung zu geben, daß ich von der Rechtlichkeit Ihres Verfahrens vollkommen überzeugt und nur der Meinung bin Dr. Frankl müsse Sie mißverstanden haben.[205]

Paoli ersucht Heckenast, Frankl die »Weisungen zu ertheilen, die Ihnen nothwendig scheinen werden«, er möge sich damit aber beeilen, denn Frankl reise in den nächsten Tagen ab. Vier Tage später bedankte sich Paoli bei dem Verleger und ließ ihn wissen, Frankl habe ihr die 20 Dukaten ausgehändigt.[206]

Paoli bekam nach der Intervention nicht nur das ihr zustehende Honorar, sondern auch die Freiexemplare ihrer ersten Gedichtsammlung. Sie fragte ihren Verleger daher, an welche Redaktionen sie das Buch zur Besprechung schicken könne, und gab auch gleich zu bedenken, dass ihre potenzielle Leserschaft jetzt, Anfang September, noch auf dem Lande weile und Rezensionen besser erst später im Jahr erscheinen sollten.[207] Paoli kannte das Kauf- und Leseverhalten der oberen Schichten. In *Ein einsamer Abend* schreibt sie, die »unendlich größere Menge« begnüge sich mit oberflächlicher Lektüre oder mache es sich noch bequemer: »[Ein] Journalartikel ist geschwinder gelesen, als ein Buch, erspart überdieß auch die Mühe, ein eigenes Urtheil zu fällen; darum greifen sie lieber nach irgend einem Literaturblatt und variiren dann in ihren Salongesprächen die unverstandene Kritik eines ungelesenen Buches auf die abenteuerlichste Weise.«[208] Als Buchkäufer gehen diese Bequemen verloren und Paoli stellt die rhetorische Frage: »Lebt im ganzen deutschen Land ein Dichter [...], dem sein Talent allein eine unabhängige Stellung sichert? Muß nicht jeder, falls er nicht zugleich Rentier ist, [...] sich in Verhältnisse schmieden, die seine Freithätigkeit mehr oder minder hemmen?«[209] Da mag Paoli an die schreibenden Hauslehrer Moritz Hartmann und Adalbert Stifter, an den genialen Direktor des Hofkammerarchivs Franz Grillparzer oder an den dichtenden Arzt Ernst von Feuchtersleben gedacht haben – und an ihre eigene Lage. Zu Paolis Glück war es im Interesse des großzügigen Ehepaars Wertheimer, dass sie, die Zierde ihres Salons, ihre literarische Karriere betrieb. Was aber, wenn sie das Haus Wertheimer verlassen müsste? Im Sommer 1843 war es so weit. Ende Mai finden wir in der Badener Kurliste wieder das alleinreisende »Fräulein Barbara Glück, Med. Drs.-Tochter, aus Wien«.[210]

Den Salongästen konnte es nicht entgangen sein, dass Paoli ihren Posten als Gesellschafterin bei Henriette Wertheimer aufgeben wollte und dass sie das in finanzielle Schwierigkeiten bringen würde. Offenkundig sann man auf Abhilfe, Friedrich Halm (Pseudonym von Eligius Franz Joseph Freiherr von Münch-Bellinghausen), dichtender Regierungsrat, bot ihr seine »Protection« an – und erntete Empörung. Paoli schreibt:

> Hochgeehrtester Herr Baron. Für die Ehre, die Sie mir zuzudenken so gütig waren, kann ich mich nur insofern dankbar erweisen, als ich der Ablehnung derselben nicht den vollsten Ausdruck meines unangenehmen Befremdetseins beifüge. Denn nicht erfreulich konnte es mich berühren, daß ich eine Mittheilung von Seiten eines literarisch so hoch gestellten und so edelgesinnten Dichters, keinem seiner und meiner würdigerm Anlaß verdanke, als den Antrag seiner Protection bei der Bewerbung um eine Summe Geldes. Aus dem Nachlaß eines mir völlig unbekannt gewesenen Mannes würde ich selbst ein mir persönlich zugedachtes Legat kaum annehmen; noch viel weniger kann es meine Absicht sein, mich bei der n. ö. Landesregierung um eine Geldsumme zu bewerben, die, gleichviel ob bedeutend oder unbedeutend, mir für eine Anerkennung etwaigen literarischen Verdienstes gelten könnte; sie aber in einem anderen Sinne anzunehmen, stimmt weder mit meinen Verhältnissen noch mit meiner Gesinnung überein. Mir scheint diese Unterstützung minder für emporkommende Literaten denn für herabgekommene bestimmt und ich habe keine Ursache, mich diesen beizuzählen.[211]

Paoli fügte noch hinzu, dass sie gegenüber dem Dramatiker Halm, »dem hochgeschätzten Kunstgenossen«, nur ungern »die materiellste Prosa« in Anwendung bringe und dem Dichter lieber »als Dichter« gegenübergetreten wäre.[212] Unversorgt verlässt Paoli das Haus Wertheimer.

Wir wissen nicht, was im Haus Wertheimer genau passiert ist, sicher ist aber, dass es eine gescheiterte Beziehung war, die Paoli dazu veranlasste, 1843 ihre Stelle aufzugeben. Wahrscheinlich hat Heckenast ihr Honorar nicht einfach nur deshalb an L. A. Frankl übergeben, weil dieser häufig Gast im Haus Wertheimer war, sondern wegen der Liebesbeziehung zwischen Frankl und Paoli, die sich bis zu Lenau herumgesprochen hatte. Paolis Tage bei Wertheimer waren gezählt, als klar wurde, dass Frankl nicht sie, sondern Ernestine Wiener heiraten würde.[213] Ihr gilt wohl Paolis Gedicht *In's Album einer Braut*, ein vergifteter Glückwunsch.[214]

Das Gedicht besteht aus vier Strophen zu je vier Zeilen, von denen jeweils die ersten beiden sich mit guten Wünschen an die Braut richten, die nächsten zwei die Klage über das Schicksal der Sprecherin ausdrücken. In der ersten Strophe verabschiedet sich die »Scheidende« mit diesem »Gruß«, den die Braut freundlich aufnehmen möge. In der zweiten Strophe wünscht ihr das Ich: »Eine liebevolle Hand/Schlichte dir des Lebens Wirren« und kontrastiert: »Während ich in fremdem Land,/Freundlos, heimathlos muß irren.« Der zweite Teil der letzten Strophe kann als Klage über das verlorene Liebes- und versagte Eheglück der verlassenen Geliebten verstanden werden:

Und dir werde zugesagt
Alles, was an Glück und Frieden
Ich zu hoffen einst gewagt,
Und was mir nicht ward beschieden.[215]

Frankls Braut war indes nicht uneingeschränkt zu beneiden, denn dass er es mit der Treue nicht genau nahm, zeigte sich schon im ersten Jahr der Ehe. Als Ernestine schließlich die Scheidung verlangt, schreibt sie ihm: »Du wurdest im Winter 1843 für jeden Sonntag zu Frau v. Wertheimer zu Tische geladen, Du gingst zu Deinem besten Freunde ohne mich, die man desavouiert hatte. Ich enthalte mich jeder Kritik, die Welt sprach mir gegenüber nur von Infamie der Frau v. Wertheimer. So ging das fort durch acht Jahre.«[216]

Paolis Verhalten unterlag strengeren moralischen Standards als das der Männer im Salon. Die Anerkennung, die sie als Dichterin genoss, stellte noch kein ausreichendes Gegengewicht zum unmoralischen Lebenswandel dar, das »menschliche« Verhältnis, aus dem sie herausgefallen war, war vor allem ein bürgerliches. Ihr Vorleben machte ihre Aufnahme in die Gesellschaft in der Rolle der Dichterin möglich, die gewisse moralische Freiheiten gewährte. Erst durch die literarische Anerkennung, die sie zum Schmuck der kulturinteressierten und intellektuellen Kreise machte, verblassten allmählich auch die moralisch-sittlichen Implikationen; als Achtundzwanzigjährige hatte sie diesen Status offenbar noch nicht erreicht.

Nach dem Gewitter 1843

Im März des Jahres 1843 erschien Paolis zweite Gedichtsammlung, *Nach dem Gewitter*. Ein Rezensent bemerkt: »Geprüft und geläutert durch Leiden und Liebe, singt die Dichterin aus tiefster, einst viel bewegter und jetzt noch in der Erinnerung zuweilen aufwogender Brust.«[217] Besonders das Langgedicht in drei Teilen mit dem Titel *Briefe an einen Verstorbenen* war dazu angetan, den Gerüchten um ihre Person Nahrung zu geben, denn darin wendet sich ein Dichterinnen-Ich an einen toten Geliebten und erinnert sich an die gemeinsamen Gänge durch die Natur, an gemeinsame Gedichtlektüre und die tiefe Trauer über seinen Tod.[218] Die Parallelen zwischen Paoli und dem lyrischen Ich sind deutlich, und es ist wahrscheinlich, dass es für den Geliebten ein reales Vorbild gegeben hat. Vielleicht handelt es sich um jene Jugendliebe, die für ihre literarische Entwicklung von großer Bedeutung war und derer sie auch in dem Gedicht *Meine Todten* im Band *Neue Gedichte* gedenkt.

Im ersten der drei Briefe erfahren wir, dass der Geliebte, der »Duft und Blume«, »ein Sonnenstrahl, ein süßer Maienglanz« war, im Herbst gestorben ist und dass das lyrische Ich im darauffolgenden Frühling zu jener Hütte im Wald geht, die die beiden oft gemeinsam besucht haben. Die Dichterin wähnt dabei den Verstorbenen an ihrer Seite, sie fühlt sich von ihm begleitet. Erst die Begegnung mit einer Bewohnerin der Hütte, die nach ihm fragt, reißt die Dichterin aus diesem Traum und tiefe Trauer überkommt sie.[219]

Im zweiten Teil des Gedichts erinnert sich die Dichterin daran, wie sie sich in Arbeit stürzen musste, immer begleitet vom Zweifel über die Sinnhaftigkeit ihres Tuns. Hier taucht ein Leitmotiv der Paoli'schen Lyrik auf, nämlich das poetische Getriebensein: »Ich wußte nicht, wofür ich rang und stritt, / Wofür ich sang und blutete und litt.«[220] Sie vergleicht sich mit einem Krieger in der Schlacht, der auf einen Posten gestellt wird: »All seines Wissens Anfang und Beschluß / Ist nur dies Eine: daß er *kämpfen* muß!«[221] So angetrieben, dichtete sie ohne den Wunsch nach Ruhm. Dieser wäre schal, denn »könnt ich mich des Kranzes wohl erfreuen, / Den meines Lieblings Auge nicht mehr sieht?«[222] Aber die Dichterin drückte ihren Schmerz über den Verlust des Geliebten aus und fand damit Widerhall: »Und staunend sah ich, daß ich ausgesprochen, / So manchen Herzens tiefgeheimstes Pochen.«[223]

Der dritte Teil der *Briefe an einen Verstorbenen* schildert die Gegenwart der Dichterin. Es ist einige Zeit seit dem Tod des Geliebten vergangen, es ist wieder Frühling und sie kann sich daran wieder erfreuen. Es gibt Menschen, die ihr verbunden sind: »So mancher Freund, so manches theure Wesen / Neigt sich zu mir mit sanftem Herzenswort«[224]. Die Poesie hat der Dichterin nicht nur über die schwere Zeit hinweggeholfen, sondern auch Ruhm gebracht.

Sie ließ in fernem Land mich Freunde finden,
Die liebevoll der Dicht'rin Namen nennen,
Die mit mir denken, streben und empfinden,
Und die ich liebe, ohne sie zu kennen.[225]

Sie kann sich über ihr Leben nicht beklagen, aber mit dem Verstorbenen ist auch ein Stück von ihr gestorben. Die Sprecherin schließt: »Und froh genießend meinen Erdensegen / Freu' ich mich still dem Tod und dir entgegen.«[226]

In diesem Teil spricht das lyrische Ich ebenfalls von der gemeinsamen Lektüre der Gedichte eines ungenannten Dichters, die auch das Selbstverständnis der Dichterin beeinflusst hat. Der Poesie wird nicht nur eine heilende und tröstende Kraft zugesprochen, sie ist auch der Prozess des künstlerischen Ordnens der Welt, der Selbstschöpfung bedeutet:

Ich gehe an die Arbeit, denke, dichte,
Und während ich den Streit der Formen schlichte,
Versöhnt von selbst sich mancher inn're Streit;
Denn dieses ist die heil'ge Macht der Kunst,
Daß, wer da wahrhaft strebt nach ihrer Gunst,
In seines Strebens reiner Leidenschaft
Zum Kunstwerk wird, indem er eines schafft,
[...]
Zu klären seines Innern trübe Wellen,
Um auch in sich die Schönheit herzustellen. –[227]

In ihrer Schilderung ihres äußeren Lebens gewährt die Dichterin einen Einblick in die Salongeselligkeit. Ihre Tage verbringt sie in der Natur und am Schreibtisch, einsam dichtend und lesend und:

Der Abend trifft mich in dem trauten Kreise,
Der nach und nach um mich sich eingefunden,
Mit dem mein Geist durch gleiche Strebensweise
Durch gleiches Ziel verbrüdert und verbunden.[228]

Es wird über die Ereignisse des Tages gesprochen, des »Größten wie des Kleinsten wird gedacht«[229], es wird gescherzt, die Zeit vergeht rasch, spät zieht sich die Dichterin zurück in ihre nächtliche Einsamkeit.

Paoli litt im Jahr 1843 unter einer Trennung, die kein »Unglück« war, sondern »was ich eine Losschälung nenne«.[230] Diese sei unvermeidlich und »soll darum mit möglichster Grazie ausgehalten werden«.[231] Paoli fuhr im Oktober nach Prag: »Was ich hier will? Gewaltsam von dem abgelenkt werden, was mich beschäftigt [...].«[232] Sie wolle neue Eindrücke »in die Seele« bekommen, schreibt sie an Fritz Schwarzenberg[233] und dazu sollte sie in den nächsten Jahren in der Position als Gesellschafterin seiner Mutter, Fürstin Maria Anna (1769–1848), Gelegenheit bekommen. Vom bunten, jüdischen Netzwerk wechselte Paoli in den Haushalt einer unkonventionellen und weltoffenen Fürstin. Gräfin Schönfeld-Neumann, vormals Schauspielerin, berichtet von ihren Vorurteilen gegenüber kreativ-chaotischen Schriftstellerinnen ohne Benimm, die sie nach der näheren Bekanntschaft mit Paoli revidieren musste: »Ich war daher sehr erstaunt, in Betty einer äußerst soignierten Dame zu begegnen, der man ansah, daß sie sich nur in distinguierten Kreisen bewegte.«[234] Nicht alle bewerteten die Quasi-Hoffähigkeit der Dichterin mit der dunklen Vergangenheit positiv: Die Zeitschrift *Der Ungar* nennt sie das »schriftstellernde Kammerfräulein«.[235]

Die Fürstin und ihr Sohn

Zu Beginn ihres neuen Dienstverhältnisses begleitete Paoli die Fürstin auf ihren Sommersitz. Im Juni 1843 war Paoli noch in Baden, wo sie mit Moritz Hartmann zusammentraf.[236] Dann informiert uns eine Notiz in den *Grenzboten*: »Betty Paoli, die interessante, liebenswürdige Dichterin, ist dieser Tage als Gesellschafterin der verwittweten Fürstin Schwarzenberg nach Böhmen gereist.«[237] Maria Anna Schwarzenberg bewohnte in den Sommer- und Herbstmonaten, wenn es in ihrer Wiener Wohnung im Jakoberhof heiß und stickig war, das eindrucksvolle Schloss Worlik (Orlík).[238] Dort verbrachte Paoli in den Jahren 1843 bis 1847 jeden Sommer einige Wochen allein (abgesehen vom Hauspersonal) mit der Fürstin. Erst zur Jagdzeit im Herbst kam Besuch, wie zum Beispiel Maria Annas Schwiegertochter Josephine, die Frau ihres Sohns Karl, der als Majoratsherr der Besitzer von Worlik war.

Anders als im Haus Wertheimer hatte Paoli als Schwarzenbergs Gesellschafterin wenig Zeit zum Schreiben. Die Fürstin war 75 Jahre alt, ihre Sehkraft eingeschränkt, sie brauchte eine Vorleserin, bedurfte nicht nur der Unterhaltung und der Unterstützung bei der Korrespondenz, sondern auch der Pflege. Ihr Sohn Friedrich, der älteste von dreien, schreibt an Paoli: »Ich entnehme mit wahrer Freude, dass die Nähe meiner teuren Mutter und der Aufenthalt in Worlik Ihnen nicht allein nicht unangenehm ist, sondern auch in gewisser Beziehung zusagt. [...] Mir jedenfalls ist es eine überaus beruhigende Empfindung, die Pflege dieses mir so teuren Wesens in geistiger und materieller Beziehung in Ihre Hände, die einzigen mir geeignet scheinenden weiblichen, gelegt zu wissen.«[239]

Obwohl sie selbst durch die Ereignisse bei Wertheimer seelisch gebeutelt und kränklich war, schien sich Paoli in ihrem ersten Sommer in Worlik wohlzufühlen – oder gerade deshalb, denn sie genoss die ländliche

Einsamkeit und die geistige Anregung als Gesprächspartnerin der agilen Fürstin.[240] Das Leben auf dem Schloss geht »sanft und unmerklich« hin, schreibt Paoli an den Fürsten Friedrich, und weiter:

> Die Morgenstunden ausgenommen, verbringe ich den ganzen Tag mit Ihrer Durchlaucht zu, Vormittags meistens lesend, den Nachmittag zu Spaziergängen verwendend. Die Fürstin ist (unberufen!) wohl und heiter; ich spreche nur *davon*, denn wie gütig, wie tief, wie klar und mild sie ist, brauche ich Ihnen nicht erst zu sagen.[241]

Die Spaziergänge führten die beiden Frauen durch einen imposanten englischen Park, den die Fürstin gemeinsam mit ihrem verstorbenen Mann, dem Feldmarschall Karl Philipp Schwarzenberg (1771–1820), hatte anlegen lassen.

Auch an Friedrich Witthauer sandte Paoli die Nachricht, dass sie sich auf Schloss Worlik wohlfühlte. Er antwortet: »Daß Sie mit ihrem Tage zufrieden, ist ganz recht und verdient. Ich habe mirs gedacht und freue mich, daß mein Wunsch und meine Weissagung in Erfüllung gegangen.«[242] Viele Jahre später zitiert Leopold Kompert in seiner biographischen Skizze die Aussagen Paolis über ihre Arbeitgeberin: »Groß war der Gewinn, [...] den ich aus dem beständigen Verkehr mit dieser wahrhaft außerordentlichen Frau zog. [...] Was die Erziehung an mir versäumte, hat der Verkehr mit diesem ganz großen und ganz reinen Charakter nachgeholt.«[243]

Der Aufenthalt in Böhmen war für Paoli auch mit Fahrten nach Prag, allein oder in Gesellschaft der Fürstin, verbunden. Dort vertiefte sie ihre Beziehungen zu den Autoren des Jungen Böhmen, die sie persönlich aus Wiener Salons oder aus der Ferne als Kollegen und Rezensenten kannte.[244] So stammt aus der Feder von Friedrich Bach nicht nur eine ausführliche Besprechung ihres zweiten Gedichtbandes[245], er widmete Paoli auch ein Gedicht mit dem Titel *Nach dem Gewitter*.[246] Uffo Horn hielt im Karolinum in der Prager Altstadt eine öffentliche Vorlesung ab und »[d]ie beiden gefühlvollen Dichterinnen Charlotte Stieglitz und Betty Paoli, von welchen er mehrere Gedichte vorlas, gehörten unter die erfreulichsten Momente von Horns Vorlesungen.«[247]

Zwar gefiel die Stadt Prag der Dichterin ausnehmend gut, die verpflichtenden Aufenthalte als Begleiterin der Fürstin machten ihr aber keine

Freude, war sie in dieser Funktion doch für die Dinge des täglichen Lebens zuständig und wohnte wochenlang in einem Gasthof, wenn auch im ›Schwarzen Roß‹, dem ersten Haus am Platz.[248] Währenddessen wurden in Worlik die Vorbereitungen für die große Jagd getroffen, ein traditionelles gesellschaftliches Ereignis, an dem Mitglieder der weitverzweigten Familie Schwarzenberg, Nachbarn und andere Gäste teilnahmen. Im Jahr 1843 waren zum Beispiel außer Maria Annas Sohn Karl mit Familie auch die Familie Dietrichstein und Mitglieder der Häuser Colloredo, Fürstenberg, Khevenhüller »etc. etc.« angesagt.[249]

Auch Fürst Friedrich war ein passionierter Jäger, der es ganz besonders auf Gämsen abgesehen hatte.[250] Er war ein weitgereister Militär und Schriftsteller und veröffentlichte 1844 unter dem Titel *Aus dem Wanderbuche eines verabschiedeten Lanzknechtes* Novellen, Erzählungen, Tagebuchblätter und Gedichte. Joseph von Eichendorff hielt ihn für eine »durch und durch poetische Natur« und lobte Schwarzenberg dafür, dass er, anstatt »in vornehmem Weltschmerz einen Wiener Poeten-Spaziergang mitzumachen«, das wahre Leben poetisch schildere.[251] Der Jungdeutsche Karl Gutzkow hingegen hielt wenig von den literarischen Ambitionen Schwarzenbergs, der sich »mit allen Blumen moderner Bildung« und »Citaten aus Byron, Ironieen aus Heine« schmücke und »Selbsterlebtes, ›als Manuscript gedruckte‹ Erinnerungen an Sonnenuntergänge auf Ischia und Capri, hier ein Bonmot vom Fürsten Ligne, dort eine Strophe von Manzoni« veröffentlichte.[252] Gutzkows Ablehnung galt vor allem dem aristokratischen Dünkel und der erzkonservativen Haltung Friedrich Schwarzenbergs, »eine politische Anschauung, die noch über die Metternich'sche hinausging«.[253] Für Moritz Hartmann ist der Fürst ein »romantisch-eingefleischter Aristokrat von Geist und doch gewissermaßen borniert«.[254] Die Verwaltung seiner Güter interessierte Friedrich Schwarzenberg wenig. Das Majorat trat er seinem Bruder Karl ab, der im Gegensatz zu Friedrich verheiratet war.

Alle drei Söhne der Fürstin Maria Anna waren Offiziere. Der jüngste, Edmund, erreichte den Rang eines Feldmarschalls und trat damit in die großen Fußstapfen seines Vaters. Dieser war der Besitzer des für die zweite Linie der böhmischen Familie Schwarzenberg gestifteten Majorats, zu dem Schloss Worlik gehörte. Bevor sich Karl Philipp Schwarzenberg 1813 als Sieger der Völkerschlacht bei Leipzig in die Annalen der österreichischen Geschichte eingeschrieben hatte, war er in diplomatischer Mission unter-

Friedrich Fürst Schwarzenberg, um 1835

wegs gewesen, unter anderem als österreichischer Gesandter in Paris, in welcher Funktion er auch die Hochzeit von Marie-Louise von Österreich mit Napoleon Bonaparte organisierte. Diese diplomatischen Tätigkeiten wurden vom Kaiserhaus nicht entlohnt und auch der Aufwand für seine militärischen Unternehmungen wurde dem Fürsten Schwarzenberg nicht ersetzt, die Fürstin Maria Anna und ihre drei Söhne waren nach dem Tod von Karl Phillip 1820 verschuldet.[255]

Die Maßnahmen zur Entschuldung waren radikal: Diener wurden entlassen, Pferde, Wagen und Silber wurden verkauft, ebenso der Wein aus dem fürstlichen Weinkeller, Teile der Bibliothek und der Kunstsammlung. Laut Heiratsvertrag hätte Maria Anna ein Recht auf eine Jahresrente, die Unkosten für Wagen, Zaumzeug und sechs Pferde gehabt, den beiden jüngeren Brüdern stand eine Apanage zu. Alle Familienmitglieder verzichteten auf Teile ihrer Ansprüche, um das Vermögen dieser Schwarzenberg-Linie zusammenzuhalten, darben mussten sie aber nicht. 1834 übergab der erstgeborene Friedrich seinem Bruder Karl die Leitung des Fideikommisses gegen eine Jahresrente von 16 000 Gulden, Karls Gattin, geborene Gräfin Josephine Wratislaw-Mitrowitz, brachte Vermögen ein. Zu den Anstrengungen der finanziellen Konsolidierung gehörte es auch, dass Maria Anna das Geld aus der Esterházy'schen Familienkasse beisteuerte, das ihr als Witwe des Fürsten (Paul) Anton (I.) Esterházy de Galantha (1738–1794), ihrem ersten Mann, zustand. Mit ihm war Maria Anna, geborene Gräfin Hohenfeld, 1785 verheiratet worden.

Und hier soll nun auch Betty Paolis angeblich hochadelige Herkunft zur Sprache gebracht werden, und zwar als Gerücht, das an dieser Stelle aus vierter Hand stammt: Der Biograph Anton Bettelheim vertraute dem Schauspieler Hugo Thimig an, dass er von Marie von Ebner-Eschenbach wisse, die Dichterin sei »eine natürliche Tochter des Fürsten Esterhazy« gewesen.[256] Der wahrscheinliche Kandidat für die Vaterschaft ist der Sohn von Fürst Anton Esterházy aus seiner ersten Ehe mit Gräfin Maria Theresia Erdödy, Nikolaus II. Esterházy de Galantha (Esterházy Miklós). Er wurde 1765 in Wien geboren, war seit 1794 Chef des Hauses Esterházy und starb im Jahr 1833 in Como, Italien. Nikolaus II. war nicht nur einer der größten Kunstförderer seiner Zeit, sondern auch berühmt für seine zahlreichen nicht standesgemäßen Verbindungen und illegitimen Nachkommen.[257] Betty Paoli wäre somit als Gesellschafterin der Stiefmutter ihres leiblichen Vaters engagiert worden; Maria Anna Schwarzenberg, verwitwete Esterházy, war drei Jahre jünger als ihr Stiefsohn.

Fürstin Maria Anna war eine Persönlichkeit mit einem bewegten Leben, die es sich leisten konnte, eine freimütige Lyrikerin an ihrer Seite zu haben, deren Herkunft rätselhaft und deren Vorleben mysteriös war. Die Schriftstellerin Emilie von Binzer erinnert sich an einen Besuch auf Schloss Worlik im Jahr 1820:

> Welch ein Glanz umgab damals dieses Haus, dessen Herr aber schon vom ersten Schlaganfall getroffen war. Ich spreche aber nicht von dem Glanze eines fürstlichen Haushaltes, sondern von dem, der aus den Persönlichkeiten hervorgeht; der Fürst war das Bild der Güte, der edelsten Bescheidenheit. […] An Güte und Adel der Gesinnung ihm ebenbürtig, aber geistreicher als er, stand ihm seine Gemahlin zur Seite. Eine sehr kleine Frau mit schönen antiken Zügen, liberal im besten Sinne des Wortes, aber auch im modernen; ihre Standesgenossen rümpften die Nase über sie und sagten, sie sei halb verrückt. […] Die Fürstin Nanni war im hohen Grade verständig, voll Originalitäten, einer lebhaften Diskussion sehr zugethan, sogar etwas streitsüchtig; sie ließ die Gelegenheit zu einem Wortwechsel nie vorüber gehen; dabei war sie grade aus und haßte alle Umschweife.[258]

Fürst Nikolaus II. Esterházy

Betty Paoli

Außerdem berichtet Binzer, bei dem Besuch 19 Jahre alt, von dem hübschen Fürsten Fritz (Friedrich), geistreich und »ein liebenswürdiger Querkopf«, und davon, dass seine beiden Brüder die »schönsten Jünglinge« gewesen seien, die sie je gesehen habe.[259]

Emilie von Binzer war mit Adalbert Stifter befreundet, der seinerseits der Fürstin Schwarzenberg in seinem Roman *Der Nachsommer* ein literarisches Denkmal setzte. Die Fürstin in Stifters Roman führt einen Salon, ist freundlich und gebildet, »geistige Erholung oder Anstrengung – wie man den Ausdruck nehmen will«, ist ihr ein Bedürfnis.[260] »Sie wollte nicht bloß das wissen, was jetzt noch auf den geistigen Gebieten hervorgebracht wurde [...], sondern sie nahm oft auch ein Buch von solchen Personen in die Hand, die in ihre Jugendzeit gefallen und dort bedeutsam gewesen waren [...].«[261] Außerdem informiert sich die Roman-Fürstin aus Zeitungen und durch ein Korrespondentennetzwerk darüber, »was in den Verhältnissen der Staaten und Völker vorging«.[262] Vorlesen lässt sie sich das alles von einer Gesellschafterin, die »mit ihr über das Gelesene sprach, und die eine solche Bildung besaß, daß sie dem Geiste der alten Frau Nahrung zu geben vermochte, so wie sie von diesem Geiste auch Nahrung empfing.« Die Gesellschafterin ist zudem außerordentlich begabt und ihre eigenen »Hervorbringungen« gehören zu den »beachtenswertesten der Zeit.«[263]

Stifters Verleger Gustav Heckenast wusste, dass sich sein Autor bei dem literarischen Porträt einer Fürstin und ihrer begabten Gesellschafterin an die Wirklichkeit anlehnte. Er schreibt in einem Brief: »Mit B. Paoli war St[ifter] viele Jahre hindurch in Beziehungen. Er schätzte ihr Talent u erwähnte ihrer im Nachsommer als Vorleserin der Fürstin (Schwarzenberg) [.]«[264]

Nicht literarisiert schreibt Heinrich Landesmann über die Gesellschaft bei Maria Anna Schwarzenberg: »Wahrhaftig, ein interessantes Haus! Die geistreiche, vielerfahrne Frau, der chevalereske Lanzenknecht, die Dichterin der ›Briefe an einen Verstorbenen‹, das liberale, das aristokratische Princip und der über allen Parteien schwebende Geist der Poesie.«[265]

Betty Paolis Beziehung zur Familie Schwarzenberg überdauerte den Tod der Fürstin. Nach Österreichs Niederlage bei Königgrätz 1866 war die gefeierte Dichterin sogar bereit, bei der politischen Instrumentalisierung des Siegers der Völkerschlacht mitzumachen. Sie verfasste anlässlich der Enthüllung des Schwarzenberg-Denkmals in Wien ein Gedicht, mit dem der Sieger von 1813 auch in der Absicht besungen wird, 1866 vergessen zu machen.[266]

Auch der Familie des ältesten Bruders von Karl Philipp blieb Paoli jahrzehntelang verbunden. Eine der zahlreichen Nichten der Fürstin Maria Anna war Karolina (1806–1875), seit 1831 mit Ferdinand Fürst Bretzenheim verheiratet, dem die Herrschaft Saros-Patak in Ungarn gehörte. Ab 1860 besuchte Paoli die verwitwete Fürstin Bretzenheim regelmäßig, 1862 entstand dort das Gedicht *Rückblick*. Es ist ein bedrückendes Erinnern an ihre schwierige Kindheit und Jugend, die dennoch Raum für Hoffnungen ließ, Hoffnungen, die dem lyrischen Ich durch den Besuch nach so langer Zeit grausam ins Bewusstsein gebracht werden. An diesem Ort schrieb die Dichterin des Gedichts ihre ersten Verse, aber würde sie jetzt ihrem früheren Ich begegnen, so wäre, »[w]as ich seitdem errang, [...]/Staub unter meinen Füßen mir«. Das Gedicht endet mit der resignativen Strophe:

Es weichen nicht dem Sonnenscheine
Die Geister, die mich still umweh'n!
Gestorben fühl' ich mich und meine
Auf meinem eig'nen Grab zu steh'n.[267]

Fürstin Maria Anna Esterházy, geb. Gräfin Hohenfeld, 1795

Auf der Hochseeinsel

Als persönliche Begleiterin der Fürstin Schwarzenberg hatte Paoli die Möglichkeit, ihr Leben im Hause Wertheimer hinter sich zu lassen und im wahrsten Sinne des Wortes Abstand zu gewinnen. Sie reiste nicht nur nach Böhmen, sondern begleitete ihre Dienstherrin im Jahr 1844 auch nach Helgoland. Die Fürstin hatte mit Paoli eine selbstständige, kluge Frau als Betreuerin, die die praktischen Dinge organisierte und auch für die medizinische Versorgung ihrer Arbeitgeberin zuständig war.[268] Als erfolgreiche Schriftstellerin war sie außerdem ein gern gesehener Gast in den Salons und intellektuellen Kreisen fremder Städte. Und sie war eine gewandte und interessante Gesprächspartnerin, die Französisch, Englisch und Italienisch beherrschte. In den Jahren, in denen Paoli bei ihr war, entwickelte die Fürstin eine auffallend rege Reisetätigkeit, abzulesen an den Reiserechnungen, die in ihren letzten Lebensjahren deutlich über dem Durchschnitt lagen.[269] Die 76-jährige Fürstin Schwarzenberg schlug bei der Reise durch Deutschland ein beachtliches Tempo an. Die im Anschluss an diese Reise geplante Fahrt nach Gmunden und Ischl wurde dann zwar abgesagt, man verbrachte den Rest des Sommers auf Schloss Worlik, Ende Oktober war man aber schon wieder unterwegs.

Paoli war schon als junge Frau Arbeitsmigrantin, die ihre Reiseziele nicht frei wählen konnte und nicht zum Vergnügen reiste. Auch als Begleiterin der Fürstin Schwarzenberg hatte sie wohl keinen Einfluss auf die Wahl der Route, trotzdem boten ihr diese Reisen eine Freiheit, die bürgerlichen Frauen üblicherweise verwehrt war. Unternahmen diese gar »Reisen als Selbstzweck, zur Befriedigung persönlicher Interessen«, dann machten sie sich verdächtig und man »bezichtigte [...] sie unangebrachter, unweiblicher Beweggründe.«[270] Für die unverheiratete Dichterin wäre die zweckfreie Erkundung anderer Länder und Städte zu diesem Zeitpunkt noch ein ungehöriger Ausbruch gewesen, wohingegen sie als Gesellschafterin typisch weibliche Betreuungsarbeit verrichtete.

Die Reise im Jahr 1844 in die deutschen Länder, vom vormärzlich Metternich'schen Österreich aus betrachtet Länder der Freiheit, war Paoli trotz der erwartbaren Arbeitsbelastung willkommen.

> Ich gehe übermorgen mit der Fürstin nach Prag von wo wir unsern Pilgerzug nach Dresden, Leipzig, Hamburg, Helgoland antreten sollen. Ich brauche Ihnen wohl nicht erst zu sagen, daß ich mit diesem Project völligst einverstanden bin und nur noch im Herzen vor einem möglichen Widerruf zittre. Ich könnte mich nicht zufrieden geben, diese schöne Reisehoffnung vereitelt zu sehn.[271]

Wenn auch nur wenige Gedichte Paolis unmittelbar von Reiseeindrücken handeln, ihre Zeitungsbeiträge, ihre Übersetzungen und Nachdichtungen, ihr ganzes Werk ist ohne ihre Besuche in den Museen und Theatern fremder Städte, ohne die Gespräche in den Salons außerhalb Wiens nicht denkbar. Schon 1837 träumt das lyrische Ich in dem Gedicht *Reiseprojekte* von Reisen an den Rhein, nach Frankreich, Italien und Spanien. Es gibt kein Reisehindernis, weder »Amt noch Pflicht«, »kein Hoffen« und auch »kein Glück« halten es zurück – nur das eigene Versäumnis, der Schluss »Will in die Weite streben, / Will morgen sein bereit!« spricht vom ewigen Aufschub der Pläne.[272] Sieben Jahre später ist es Paolis Pflicht, die Fürstin bis nach Helgoland zu begleiten und bei ihrer Rückkehr berichtet sie ihrem Freund Moritz Hartmann:

> [Ich] reiste mit der Fürstin über Dresden, Leipzig, Magdeburg und Hamburg nach Helgoland und von dort über Hannover und Braunschweig wieder nach Böhmen zurück. Wir machten die Reise in solcher Hast und Eile, daß unsere Abwesenheit nicht länger als fünf Wochen währte; nur in Dresden, Hamburg und auf Helgoland selbst hielten wir uns einige Tage auf. Der letztgenannte Ort hat einen tiefen Eindruck auf mich gemacht, obschon ich um keinen Preis auf diesem roten Felsen leben möchte; allein kürzere Zeit daselbst zu verweilen und die unbeschreibliche Großartigkeit der Nordsee auf sich wirken zu laßen ist ein Gewinn der die Reisefatiguen und die keineswegs comfortable Existenz auf Helgoland mehr als aufwiegt.[273]

Wegen der beeindruckenden Natur allein reiste man im Vormärz allerdings nicht auf die Nordseeinsel. Vielmehr war die Reise in das Seebad, eine britische Kronkolonie, ein politisches Statement. Heinrich Heine verbrachte einige Sommer dort, der mit den Jungdeutschen sympathisierende Franz Dingelstedt, später Burgtheaterdirektor, war regelmäßig zu Gast, ebenso Julius Campe, der wichtigste Verleger oppositioneller Literatur.[274] Dass Friedrich Fürst Schwarzenberg einige Zeit auf der Insel weilte, hatte allerdings mehr mit dem Ruf der Helgoländerinnen und mit der Seehundjagd zu tun. Aber Fürstin Maria Anna Schwarzenberg war Teil der liberalen Klientel, die den Raddampfer bestieg, weil sie »eine Handweit Erde außer dem festen und gefesteten Europa« suchte und zwischen sich und Deutschland eine »breite Strömung der Nordsee« rollen wissen wollte.[275]

Für Paoli, die in ihren Gedichten Naturbilder zumeist konventionell metaphorisch einsetzt, indem zum Beispiel der Vogelgesang für die Dichtung steht oder Sonnenuntergänge für die Resignation am Ende des Lebens, bietet Helgoland eine Erweiterung ihres naturpoetischen Repertoires ex negativo. Zwei lyrische Stücke ihrer Gedichtsammlung von 1850 stehen unter dem Titel *Auf Helgoland*, das erste davon beginnt mit den Versen:

> Kein Baum erhebt sich hier
> Auf sand'ger Dünenfläche,
> Der von dem Lenze dir
> Mit Säusellauten spräche.[276]

Im zweiten Gedicht träumt das lyrische Ich »Am weißen Strand/Von Helgoland«, an dem ihm ein »Lied« erklungen sei, das noch immer sein »Herz durchzieht«. Das Gedicht schließt mit den Versen: »Und Lust und Leid/Sie wurden Beid'/Staub unter meinen Füßen.«[277] Die Reise von Worlik auf die Hochseeinsel nützte Paoli vielleicht auch dazu, endlich mit den emotionalen Wirren in den Wiener Salons abzuschließen.

Passangelegenheiten

Der Brief, in dem Paoli ihrem Freund Hartmann in Wien von ihrer Deutschlandreise berichtet, enthält auch eine Bitte: Ihr Zigarrenvorrat sei »seinem Ende nah« und es sei eine traurige Tatsache, dass sie ohne Zigarren nicht arbeiten könne. Hartmann würde ihr also »einen wahren Dienst erweisen«, wenn er ihr zehn Stück von ihrer »gewöhnlichen Sorte« schickte.[278] Zu einer solchen Gefälligkeit dürfte er gern bereit gewesen sein, hatte sich Paoli doch in einer anderen, noch wichtigeren Angelegenheit für ihn ins Zeug gelegt. Hartmann wollte wie viele österreichische Autoren trotz des Verbots durch die österreichischen Behörden seine Gedichte in einem deutschen Verlag veröffentlichen. Alle Vermittlungsversuche scheiterten und so sah er seine einzige Chance darin, selbst nach Deutschland zu reisen, und zwar konkret nach Leipzig, die Stadt der liberalen Zensurgesetze.[279]

Aber nicht für alle war das Reisen so einfach wie für Paoli in Begleitung der Fürstin Schwarzenberg. Hartmann brauchte einen Pass und der wurde nur für einen bestimmten Ort und auf Zeit ausgestellt. Ein junger Schriftsteller, der einen Pass für Leipzig beantragte, machte sich verdächtig, denn was anderes konnte er dort wollen, als regierungskritische Schriften zu veröffentlichen? Die österreichische Regierung machte es ihren Untertanen schwer, das Land gesetzeskonform zu verlassen. Neben der Personenbeschreibung und den Aufenthaltsorten einschließlich aller Zwischenstationen war eine genaue Auskunft über den Zweck der Reise im Pass anzugeben. Am Zielort mussten diese Angaben durch die zuständige Behörde bestätigt werden.

Natürlich konnte Hartmann versuchen, Österreich ohne einen vorschriftsmäßigen Pass zu verlassen, aber Paolis Freund Jakob Kaufmann schildert in einem Brief die prekäre Lage, in der er sich im Exil wiederfand: Um sich in Deutschland dauerhaft niederzulassen, seien »überall Paß, Heimathschein, an vielen Orten auch Taufschein« nötig, er selbst müsste Leipzig eigentlich in zwei Wochen verlassen und hoffe, dass ihn die Behörden noch ein paar Monate lang in Ruhe lassen würden.[280] Auch wüsste er nicht, wohin er gehen sollte: »Ja, könnte ich als Fremder – d. h. mit der Gewißheit daß mir die Thüre zum Fortgehen immer wieder offen steht – nach Oesterreich kommen, so säße ich in wenigen Wochen bei Euch.«[281] Jakob Kaufmann plagte das Heimweh.[282] Wer aber die im Pass festgesetzte Dauer des erlaubten Aufenthalts überschritt oder im Ausland ohne Zustimmung der österreichischen Zensurbehörde publizierte, riskierte bei seiner Rückkehr nach Österreich, verhaftet zu werden.

Hartmann erhielt keinen Pass für Leipzig, da kam es ihm gelegen, dass sich Betty Paoli in einflussreichen Kreisen bewegte. Die Fürstin Schwarzenberg verachtete den Staatskanzler Metternich und war seinem politischen Widerpart Staatsminister Graf Franz Anton (František Antonín) Kolowrat-Liebsteinsky gewogen. 1844 erschien von Paoli die ausführliche Besprechung der Kunstsammlung des Grafen, in der sie nicht nur Bilder aus den Ateliers in Venedig beschreibt, sondern auch dem Sammler im Staatsdienst ein kleines Denkmal setzt:

> Wohl Dem, in dessen Macht es steht, sich mit einer glanzreichen Welt von Schönheit zu umgeben; aber mehr noch: Ehre Dem, der inmitten eines vielbewegten, von ernsten Arbeiten angefüllten Lebens das Bedürfniß nach Schönheit, die Liebe zur Kunst treu in sich bewahrt hat; und endlich: Dank Dem, der auch der Fremden den Genuß seiner Schätze so gütevoll verstattete.[283]

Paoli war bereit, bei Kolowrat-Liebsteinsky in der Passangelegenheit für Hartmann zu intervenieren, und vermittelte ein Treffen zwischen den beiden. Sie informierte Hartmann darüber, dass Kolowrat ihn empfangen würde, legte dem Brief ein Empfehlungsschreiben bei und erklärte Hartmann: »Sie werden in Graf Kolowrat einen Menschen Seltnen Werthes kennen lernen, einen Menschen.«[284] Am Ende des Briefes gibt Paoli dann ihrem Dichterkollegen, der vom geeinten, republikanischen Deutschland und der Hegemonie der Deutschen in Böhmen träumt, noch mit: »Eine

Bemerkung: Graf Kolowrat ist mit Leib und Seele Czeche, vergeßen Sie diß nicht.«[285]

Paolis Fürsprache war erfolgreich, im Herbst des Jahres 1844 reiste Hartmann nach Leipzig – und dachte nicht daran, in der von der Behörde vorgesehenen Zeit nach Österreich zurückzukehren. »Als sein Paß zu Ende war und er eine Auslieferung befürchtete, ging H[artmann] nach Brüssel und Paris und kehrte erst 1846 nach Leipzig zurück [...].«[286] Als er dann nach Böhmen einreiste, wurde er wegen Pressvergehens (er hatte in Leipzig seine erste Gedichtsammlung veröffentlicht) angeklagt und zur Verhaftung ausgeschrieben. Hartmann floh nach Berlin und wieder bemühte Paoli ihren Freund Kolowrat. Sie informierte Hartmann, dass »von der Wiener Behörde an die in Prag der Bescheid ergangen sei, dem gegen Sie intentirten Proceß sei vorläufig keine weitre Folge zu geben.«[287] Kolowrat und sie würden aber von einer Rückkehr nach Böhmen abraten, denn der Prozess könnte wieder aufgenommen werden.[288] Hartmann verbrachte dann zwar einige Monate unbehelligt in Böhmen, als er aber für die Leipziger Schillerfeier ein Tendenzgedicht schrieb, musste er Österreich wieder verlassen. Er lebte, von einer kurzen Unterbrechung während der Revolution von 1848 abgesehen, die nächsten zwanzig Jahre im Exil und kehrte erst 1867 nach Österreich zurück.[289]

Bei seinem ersten Aufenthalt in Leipzig im Herbst 1844 bekam Hartmann gleich Besuch von Paoli. Diesmal waren sie und die Fürstin nicht nur kurz in der Stadt wie im August (die Leipziger *Allgemeine Zeitung* hatte berichtet: »Fräulein Glück, Betty Paoli, wie sich die Dichterin nennt, war im Gefolge der Fürstin Schwarzenberg, der Wittwe des Feldmarschalls, nur flüchtig auf der Durchreise hier.«[290]) Bei dem zweiten Besuch in diesem Jahr lernte Paoli »die meisten Notabilitäten« der Stadt kennen, wie zum Beispiel den Kritiker und Redakteur Gustav Kühne und Heinrich Laube.[291]

Paoli trennte sich nur schwer von Leipzig, wo die Atmosphäre viel freier war als in Wien. Bei ihrer Abreise war sie krank, musste aber trotzdem ihre Pflichten als Gesellschafterin und Pflegerin erfüllen, was bedeutete, dass sie die »lästigsten Besorgungen« erledigte, eine davon war die Beschaffung eines Passes für Dresden.[292] Mit einer weiteren Zwischenstation in Prag kehrten Paoli und ihre Dienstherrin nach Worlik zurück.

So erfreulich ihre Begegnungen mit Hartmann, Laube, Kühne und

Wigand (dem Verleger ihres nächsten Buches) gewesen sein mochten: In literarischer Hinsicht noch ergiebiger war der Besuch in Berlin, den Paoli und die Fürstin kurz zuvor absolviert hatten. Sie verkehrten dort im Salon von Karl August Varnhagen und seiner Nichte Ludmilla Assing, die sich noch Jahrzehnte später an Paolis Besuch erinnerte: »Sie trat unter uns wie eine Muse.«[293] Das Haus Varnhagen war auch mehr als zehn Jahre nach dem Tod von Rahel Varnhagen ein wichtiger Treffpunkt der Gebildeten Berlins, und so machte Paoli auch die Bekanntschaft Bettina von Arnims, der sie ihr nächstes Buch widmete, »als Ausdruck meiner freudigen Bewunderung für Ihren Genius, als Zeichen des Dankes für tausend unvergängliche Genüsse, endlich auch als Pfand der Erinnerung an die Tage, die ich in Berlin bei Ihnen verlebte«.

Romancero

Der Bettina von Arnim so gewidmete Gedichtband *Romancero* nimmt eine besondere Stellung in Paolis Werk ein. Zwar finden wir schon in *Nach dem Gewitter* unter dem Titel *Lyrisch-Episches* einige erzählende Gedichte, im *Romancero* wendet sich Paoli aber ganz der Versepik zu, einer variantenreichen Form, die im Vormärz gerne verwendet wird, um historische und politische Stoffe mit metaphysischen und religiösen Elementen zu durchsetzen.[294] Die Texte unterscheiden sich einerseits vom Epos klassischen Zuschnitts und zählen andererseits nicht zur Novellen- oder Romanprosa, die von der Lyrikerin reinen Wassers geringgeachtet wird. Paoli spielt im *Romancero* so geschickt auf der Klaviatur der epischen Lyrik, dass man kaum bemerkt, wie sie die emphatische Dichtkunst hinter sich lässt und zum Erzählen in Versen wechselt. Oder in den Worten eines Rezensenten: Wir merken kaum, wie die »subjectiv-lyrische Betty Paoli« »Polyhymnia's Gebiet verlassen« und als »objectiv-epische« sich in »Kalliope's Dienste« begeben hat.[295]

Der Titel der Gedichtsammlung (wie später auch Heinrich Heines *Romanzero*) soll zeigen, dass sich die Dichterin vom Erhabenen des traditionellen Epos distanziert, die überhöhende Wirkung aber beibehält, und dabei auch Volkssagen und kleinere Begebenheiten einbezieht. Ganz besonders ist aber die Stoffwahl: Die Sammlung ist ein deutliches Zeichen für Paolis kurz währende politische Sturm-und-Drang-Phase, ihre republikanische Position, die in ihrer Radikalität jener ihrer vormärzlichen Dichterfreunde in nichts nachsteht; und die sie nach den Revolutionsschrecken von 1848 revidieren wird.

Im Winter 1842 las Moritz Hartmann in geselliger Runde Paolis episches Gedicht *Stabat Mater* vor, später das erste Stück im *Romancero*.[296] Dieses Werk »von ungefähr 1200 Versen«, schreibt er an Meißner, »hat der Gesellschaft und mir sehr gefallen«.[297] Bei Erscheinen des *Romancero* nennt er es ein Gedicht »voll Glut der Farben, wie alte Glasmalerei«.[298] Vordergründig geht es darin um die Entstehung der ›Stabat-Mater‹-Vertonung des Barockkomponisten Giovanni Battista Pergolesi, allerdings vermischt Paoli den Stoff mit einer Legende aus dem Leben des Komponisten Emanuele d'Astorga. Paoli wirft Streiflichter auf ein Musikerleben in einem von Fremdherrschaft bestimmten Italien und im Dienste Gottes. Sie legt diesen Stoff vor die Folie der italienischen Landschaft, die die kulturelle Einheit des Landes symbolisiert und die in den ersten Versen mit der nordischen kontrastiert wird:

Ein freud'ger Lenzesmorgen war entglommen, –
Nicht, was in unserm Norden man so nennt –
Ein Morgen, sonnenhelle, duftdurchschwommen,
Wie nur Neapel's Strand allein ihn kennt![299]

An diesem schönen Tag werden Freiheitskämpfer im Beisein ihrer Angehörigen mit dem Schwert hingerichtet und das Blut eines dieser »neuen Glaubenshelden« im »Kampfe mit dem Tiger Tirannei« spritzt auf seine Frau und seinen Sohn.[300] (Gleichwohl hält ein Rezensent diesen ersten Teil des Gedichts für eine »abstrakt liberale Reflexion«.[301]) Der zweite Teil des Gedichts handelt von einem Hochbegabten, der im Kloster zu seiner musikalischen Berufung findet. Der letzte Teil führt uns einen berühmten Musiker vor, der sein Leben im Andenken an die trauernde Mutter mit dem Meisterwerk *Stabat Mater* beendet. Die Dichterin benützt den religiösen Stoff zu einer »Verherrlichung des italienischen Einheits- und Freiheitsgedankens«.[302]

Noch deutlicher ist das Eintreten Paolis für den italienischen Freiheitskampf im zweiten Gedicht der Sammlung, *Maria Pellico*, das von liberalen

Geistern mit Spannung erwartet wurde.[303] Maria Pellico, Titelheldin und Erzählerin im Versepos, war die Schwester des Dichters und Freiheitskämpfers Silvio Pellico (1789–1854), der für seine Beteiligung am Risorgimento von einem österreichischen Gericht zuerst zum Tode verurteilt und dann zu fünfzehn Jahren Kerker begnadigt wurde. Im Gedicht entsagt Maria nach der Begnadigung ihres Bruders, mit dem sie die Freiheitsliebe teilt, der Welt und geht ins Kloster, quasi um weggesperrt zu sein wie er. Dieses Gedicht Paolis traf auf den herben Spott Heinrich Landesmanns. Er bezeichnete es als »grausam langweilige[n] Monolog«, »in dem ein Mannweib vor dem Spiegel steht, um sich mit den Granaten und Perlen eines Jammers zu schmücken, der oft bis zur Heucheley herabsinkt.«[304] Die Klage Marias und ihre Rückblicke auf das Leben Silvios weisen wirklich eine beträchtliche epische Breite auf. Was Landesmann aber wohl hauptsächlich stört, ist die weibliche Stimme im politischen Kampf und dass die zerstörte Hoffnung auf die Befreiung Italiens dazu führt, dass die Heldin sich als Frau verweigert. Ihren Entschluss, ins Kloster zu gehen, fasst sie just auf einer Hochzeitsfeier.

Von ihrer ersten Novelle an sind Weltflucht und Flucht in das Kloster wichtige Elemente in Paolis Werk, und als ihrem glücklosen Verehrer Alfred Meißner das auffällt, schreibt er frustriert: »Braucht man zum Himmel zu sehen, wenn uns der Geliebte umfängt? Man schließt (ich meine das Weib) schließt am Besten die Augen und legt das Köpfchen weltvergessen an die Schultern des Mannes. So hat sie's 1840 gethan, warum will sie 1842 hinter Klostermauern sterben?«[305]

Die Anregung zum Stoff der Ballade stammte aus einer Episode, die Silvio Pellico in seinem Buch *Le mie prigioni* (*Meine Gefängnisse*, 1832) schilderte, einem Kultbuch des Risorgimento. Pellicos Werk wurde wegen seiner Darstellung der Brutalität der Österreicher populär und fügte der österreichischen Regierung einen beträchtlichen Imageschaden zu.[306] Paoli konzentriert sich in ihrem Gedicht aber weitgehend auf den Seelenkampf der Schwester Pellicos vor ihrem Entschluss, Nonne zu werden. Der Blick auf das Leben ihres Bruders und die inbrünstige Religiosität der Heldin führen zu einer Diskrepanz zwischen politischem Inhalt und romantisch-lyrischer Form, die von einem Rezensenten als Qualität ausgelegt wird:

> Schon an der Wahl der Stoffe sieht man, die Verfasserin steht auf den Höhen der modernen Zeit und hat den Freiheitsdrang derselben gefühlt und ihr Streben begriffen und getheilt. Daß sie sich trotzdem von Frömmigkeit und Glauben und Romantik nicht emanzipieren kann, das giebt Zeugniß von der echten Weiblichkeit der Dichterin und macht uns in dieser Beziehung ihre Gedichte lieber, als so manche andere Schöpfungen der Gegenwart, welche an Reichthum der Gedanken und an Schönheit der Form über denselben stehen mögen.[307]

Anders als im abstrakt bleibenden *Stabat Mater* ist das politische Ziel in *Maria Pellico* explizit gemacht. Maria erinnert sich, wie Silvio sie über die einstige Größe des Landes belehrte, bevor er in den Kampf um die Einigkeit Italiens und gegen die Fremdherrschaft zog.

> Und wenn du dann in flammenden Berichten
> Mir Kunde gabst von minder fernen Tagen,
> Wie in Italiens späteren Geschichten
> Erhabne Menschen, große Thaten ragen
> [...]
> Da war ich stolz des Bodens Kind zu sein [...][308]

Dass Paoli sich so deutlich dem brisanten Thema der protonationalistischen Aufstände zuwandte, hatte nicht zuletzt mit ihrer Begegnung mit Bettina von Arnim in Berlin zu tun. Die Welthaltigkeit und Aktualität der Dichtung Paolis erhöhte sich durch den Austausch mit dieser umtriebigen und umstrittenen Schriftstellerin, die sich für frühsozialistische Ideen erwärmte, den König als ersten Bürger im Staate sehen wollte und außerdem, wie viele mittel- und westeuropäische Intellektuelle, mit den polnischen Unabhängigkeitsbestrebungen sympathisierte.[309]

Auch das dritte Gedicht der Sammlung ist politisch, zudem ist der Stoff von *Ein Todtenopfer* höchst aktuell. Es trägt den Titelzusatz *Cosenza* und besingt in 24 achtzeiligen Strophen Attilio und Emilio Bandiera, die Anführer des missglückten Aufstands gegen die Bourbonenherrschaft in Süditalien.[310]

Die Brüder Bandiera, Sympathisanten der radikaldemokratischen ›Giovine Italia‹ von Giuseppe Mazzini, wurden im Juli 1844 in Rovito bei Cosenza hingerichtet. Das lyrische Ich legt das Gedicht als »dunkeln Kranz« auf das Grab der Freiheitskämpfer, die mit ihrer aussichtslosen Aktion zu politischen Märtyrern werden wollten:

Ihr starbt, um durch der Väter Racheschrei,
Um durch unsel'ger Mütter Kummerzähren
In euerm Volk zu wecken und zu nähren
Den Haß, den heil'gen, gegen Tyrannei.[311]

Heinrich Landesmann schreibt an Moritz Hartmann vor Erscheinen des *Romancero*, Betty Paoli hoffe auf »Erfolge und auf Verfolge, wegen des Todtenopfers, das wirklich schön ist, aber durch die ähnliche Tendenz der andern Dichtungen monoton erscheint«.[312] Mit »Verfolge« meinte Landesmann ein Verbot durch die österreichischen Behörden, was zeigt, dass die willkürliche österreichische Zensur in manchen Fällen als Marketinginstrument betrachtet wurde. Der *Romancero* wurde mit der Verbotsformel »erga schedam« belegt, was bedeutete, dass in den Augen der österreichischen Zensur in dem Werk »die Anstößigkeiten das Gute und Gemeinnützige« überwogen und das Buch »ohne Gefahr nur Geschäftsmännern und den Wißenschaften geweihten Menschen gegen Reverse von der Polizeyhofstelle« ausgehändigt werden durfte.[313]

Lag es an ihrer Stellung als Gesellschafterin der Fürstin Schwarzenberg, an der schützenden Hand des Grafen Kolowrat oder daran, dass die Behörden meinten, ihre Leserschaft sei unpolitisch: Paoli hegte offenbar keinen Zweifel daran, dass das Buch verkauft würde. Nirgendwo in ihrer Privatkorrespondenz finden sich Klagen über Folgen dieses Zensurdiktums. Vielmehr mahnt die Dichterin ihren Verbindungsmann in Leipzig, Moritz Hartmann, ganz geschäftsmäßig das Leseverhalten ihres Publikums antizipierend:

Ich bitte Sie, lieber Hartmann, quälen Sie Drucker, Buchbinder u. s. w. so viel wie möglich, damit mein Romancero recht bald erscheine. Nicht stupide Ambition macht mich diß wünschen, sondern die Überzeugung, daß es mein und meines Verlegers Vortheil so erheischt. Jetzt, in dem Moment, wo man sich arrangirt um in Bäder oder aufs Land zu gehen, jetzt schafft man sich Bücher an; die später erscheinen, bleiben

> liegen, denn es ist Niemand in der Stadt und nur wenige große Seelen laßen sich Bücher nachschicken.[314]

Der Schauplatz aller Gedichte im *Romancero* ist Italien, das Sehnsuchtsland Paolis. Dorthin reiste sie im Jahr nach Erscheinen des Buchs, um sich von der Arbeit bei der Fürstin zu erholen.

In den Süden

Schon Ende 1844 zeichnete sich ab, dass Paoli mit dem Leben in Worlik, Prag und Wien an der Seite Maria Anna Schwarzenbergs zugleich unter- und überfordert war. In ihren Briefen an Hartmann berichtet sie von schrecklich langen Abenden auf Schloss Worlik, von Mitgliedern der Jagdgesellschaft, die im Salon auf ihren Sesseln einschliefen »wie die Apostel auf dem Öhlberg«[315]; davon, dass das Leben in Prag sie vom Schreiben abhalte, ohne dass sie durch Unterhaltung oder Genuss dafür entschädigt werde; die Pflege der Fürstin sei anstrengend, dabei war Paoli selbst oft krank.[316] Als sie in elendem Zustand von Leipzig nach Worlik unterwegs war (die Symptombeschreibung lässt einen Kater oder Migräne vermuten), musste sie nicht nur wie üblich die Reiseorganisation übernehmen, sondern auch bei der Whistpartie neben der Fürstin sitzen. Paoli ruft dem Freund zu: »[S]chreiben Sie mir!!! Gefangne besuchen ist ein mildthätig Werk und, o Gott! hinter welchen Gittern und Riegeln lieg' ich verkerkert!«[317] Das ist ein bitterer Scherz der Dichterin, deren neueste Gedichtsammlung ein großes Lob der Freiheit ist.

Paoli lieferte 1844 mit *Merced* für das Taschenbuch *Iris* ein Prosastück, in dem die Langeweile die Hauptrolle spielt.[318] Merced, die Frau eines Helden, vergisst aus Langeweile ihren Mann und wirft sich dafür einem Soldaten in die Arme, der, so ein Rezensent, »ein vierschrötiges Stück Gardeoffizier mit gewichstem Bart« ist.[319] Schon der Schauplatz der Novelle, eine kleine, armselige Garnisonstadt in Spanien, ist langweilig. Das »Städtchen« ist so klein, »daß seine Bewohner mit einander umgehen müssen, wenn sie nicht wie die Maulwürfe leben wollen«.[320] Als ihr Mann aus der Stadt abkommandiert wird und Merced, die ihn bisher immer begleitet hat, zurücklässt, bemerkt sie »mit leiser Bitterkeit«, dass er sie »dießmal für entbehrlich halte«.[321] Am Ende nach ihrem Motiv für die Affäre mit dem Offizier befragt, sagt Merced »achselzuckend und mit einer aufgebenden Handbewegung«: »›El fastidio‹ (Die Langeweile.) [...] ›Es ist so. Ich langweilte mich gar zu gräßlich.‹«[322] Die meisten Kritiker reagierten ablehnend auf diese Novelle, wenngleich sie die gelungene Umsetzung der skandalösen Idee lobten. Sie fanden es verwerflich, dass eine Frau das Thema der Untreue aus Langeweile und Unterforderung thematisierte.

Im Jänner 1845 berichtete Heinrich Landesmann, dass Paoli krank sei, wenige Monate darauf, dass sie ihre Stelle bei der Fürstin aufgeben und nach Deutschland ziehen wolle.[323] Paoli bezeichnete sich selbst als »Vogel im Käfich«, sie will die Fürstin verlassen, denn »ich ertrage die Lebensweise, zu der ihre Verhältniße sie zwingen, nicht länger, ich ersticke in dieser Atmosphäre, ich verkümmere in diesem Boden.« Den Sommer 1845 wollte Paoli noch mit der Fürstin in Gmunden, eventuell in der Schweiz oder in Meran verbringen, sich dann aber allein in Dresden »etabliren«. Ihre Pläne klingen recht vage und vor allem: Sie weiß nicht, wie sie ihren Entschluss der Fürstin beibringen soll.[324]

Paoli ging es wie Landesmann, der in seinen Briefen an seine böhmischen Freunde enthusiastisch vom Auswandern nach Deutschland phantasierte. Beide gehörten zu den »jungen poetischen und denkenden« Köpfen, von denen Karl Gutzkow bei seinem Besuch in Wien berichtet, denen es »hier überall an Anknüpfungspuncten für ihre Bestrebungen fehlt, und die sich, durch den Zauber der Entfernung, vielleicht die literarischen Zustände des übrigen Deutschlands glücklicher ausmalen, als sie sind«.[325]

Paoli konnte sich nicht entschließen, den Schritt zu tun, sie blieb bei der Fürstin und im Jahr darauf ist aus dem Vogel im Käfig ein »Murmelthier« geworden.[326] In ihren Briefen an Hartmann beschwerte Paoli sich aber nicht nur über die lähmende Atmosphäre, sondern auch darüber, dass es mit der Arbeit an einem Roman schlecht steht, »wenn man das Herz so voll Kümmernisse hat!«[327] Im *Rheinischen Taschenbuch* erschien 1846 die umfangreiche Novelle *Die Brüder*, von der Paoli wünschte, dass sie noch einmal in einer Buchfassung publiziert würde, was erst nach ihrem Tod geschah.[328] An Karl August Varnhagen schreibt Paoli:

> Von allem, was ich gern täte, kann ich kaum zum geringsten gelangen, ich sehe meine Freunde äußerst selten, von literarischen Arbeiten ist

> gar nicht die Rede, und wenn die unerquicklichen Zerstreuungen mir auch wirklich ein paar Stunden freilassen, so fehlt die rechte Stimmung, die sich nicht plötzlich herzaubern lässt.[329]

In *Auf- und Untergang*, ihrer literarischen Biographie mit autobiographischen Spuren, lässt Paoli ihre Protagonistin von ihrem kometenhaften Aufstieg als Lyrikerin erzählen:

> Bald merkte ich aber, daß ich nicht für dieß Salonleben geschaffen sei. Wenn Jemand Ruhe und Sammlung braucht, so ist es der Dichter, denn der Genius verstummt, wo die schrillen Stimmen des alltäglichen Verkehrs und die tausend Nichtigkeiten geselliger Convenienzen sich breit machen.[330]

Paoli nannte die Wintermonate in Wien einen »Taranteltanz«[331] und sich selbst »versumpft« und »untergegangen in den Nichtigkeiten« des gesellschaftlichen Lebens.[332] Auch ihre Freunde bemerkten: »Paoli reibt sich in dem trouble ihres Concert- Theater- und Praterleben auf«.[333]

Nach drei Jahren als Gesellschafterin, Vorleserin, Sekretärin und Pflegerin der Fürstin suchte Paoli bei Friedrich Fürst Schwarzenberg um Urlaub an und verschwieg nicht, dass das auch der Versuch war, ihre fremdbestimmte Lebenssituation zu verändern:

> Ich bin so leidend und auch geistig so gestört, daß ich das dringende Bedürfnis fühle, Etwas zu thun um meine Gesundheit wieder zu erlangen und mich wieder auf mich selbst zu besinnen. [...] So wie ich jetzt bin, kann mein Umgang Niemandem auf der Welt zur Zerstreuung und Erheiterung dienen, und was mich betrifft, so habe ich die Überzeugung, daß ich nur in neuer Umgebung, bei der Möglichkeit ganz nach meinem Sinn und Bedürfniß zu leben, wieder werden kann, was ich vordem war.[334]

Und wo anders als in Italien sollte Paoli die nötige Erholung suchen? In diesem Brief an Fürst Schwarzenberg erwähnte sie Venedig, Adalbert Stifter gegenüber präzisiert sie: »Ich [...] reise [...] nach Italien, wohin mich die Hoffnung zieht, Genesung zu finden, denn ich bin innerlichst krank. […] Ich will in Venedig Seebäder nehmen, später vielleicht einen Ausflug nach Bologna machen […].«[335] Paolis Urlaub dauerte fast ein halbes Jahr und verlief etwas anders als geplant. In Bologna hielt sie sich nicht länger auf, Lucca und Pisa, die ursprünglich auch auf ihrer Liste standen, wurden wieder gestrichen.[336] Nach einigen Wochen in Florenz, wo sie auf Empfehlung des Fürsten bei dem böhmischen Arzt Gabriel Taußig (er behandelte auch Nikolaus Lenau[337]) wohnte, reiste Paoli im August 1846 in die Stadt, die ihr am meisten am Herzen lag: Venedig.

Nach ihrer Rückkehr nach Wien und an die Seite der Fürstin Schwarzenberg gab Paoli ihrem Freund Hartmann einen farbenfrohen Bericht von ihren »Irr- und Leidensfahrten«, den Mühen der Reise und ihrem schlechten Gesundheitszustand während ihres Aufenthalts.[338] Zwei Monate lang hatte sie die »Gräuelhitze eines florentinischen Sommers« ertragen, dann erlebte sie in Venedig den Scirroco und die Gelsenplage, fühlte sich aber trotzdem wohler und genoss die »gute größtentheils aus Deutschen bestehende Gesellschaft«.[339] Bei einem Ausflug nach Riva am Gardasee, wo sich die Fürstin aufhielt, erkrankte sie erneut, kehrte mit Fieber nach Venedig zurück und fuhr schließlich, noch von der Krankheit geschwächt, mit der Postkutsche nach Wien, was drei Tage und drei Nächte dauerte.[340] Paoli blickt in dem Brief an Hartmann auf ihre Reise wie auf ein bestandenes Abenteuer zurück und bemerkt, nicht ohne Humor: »[N]ach aller menschlicher Berechnung hätte ich in meinem damaligen Zustand schon in Udine verscheiden müßen […]«.[341] Der anstrengende Urlaub trug offenbar Früchte: Paoli fühlte sich geistig genesen[342] und machte auf ihre Umgebung einen erholten Eindruck.[343]

Nach dieser Schilderung würde man kaum vermuten, dass Paoli in Venedig auch ihrem Interesse an italienischer Kunst nachgegangen sein könnte. Einige Jahre später, als die Gefahr gebannt war, dass man positive Reiseberichte von ihr missgünstig als Pflichtvergessenheit auslegen könnte, erinnert sich Paoli:

> Es war im Jahre 1846, als ich Wien verließ und dem Süden zueilte. Mein eigentliches Reiseziel war Florenz, doch wollte ich mir den Genuß nicht versagen, einige Zeit in dem mir bereits bekannten Venedig zuzubringen. Mein Freund Schwab hatte mir ein Schreiben an Stieglitz mitgegeben, ich versäumte es ihm zuzusenden; statt die neue, ungewisse

> Bekanntschaft anzuknüpfen, zog ich es vor, die alte, teuere mit Titian, Gian Bellin und Giorgione zu erneuern. [...]. Von einem kleinen Kreis mir befreundeter Personen umgeben, saß ich eines Abends auf dem Markusplatz vor dem Café Florian, dem gewöhnlichen Sammelplatz der Fremden. Der Abend war wunderschön, die warme Luft von dem seewärts her wehenden Wind köstlich erfrischt, Mond und Sterne, die es bei uns im günstigsten Falle zum Silberglanz bringen, strahlten wie gediegenes Gold. Es lag damals ein schwerer Bann von Krankheit und bitterstem Unglück auf mir, aber er mußte schwinden vor dem stärkeren Zauber des Südens; seit langer Zeit zum erstenmal wieder ward ich mir meines Lebens anders als durch Schmerz bewußt. Ich nahm an dem heiteren Gespräch der mich Umgebenden Teil, bis einer von ihnen mir zuflüsterte: Da kommt Stieglitz.[344]

Der Anlass für diese Erinnerung war ein Feuilleton über den Dichter Heinrich Stieglitz, über den Paoli schreibt, er »benahm sich gegen mich so vortrefflich, daß mich die Dankbarkeit zum Schweigen über seine übrigen Faxen und Geschichten verpflichtet [...].«[345] Stieglitz war durch den Selbstmord seiner Frau Charlotte, ein Opfer für seinen poetischen Genius, zu trauriger Berühmtheit gelangt. Paoli attestierte ihm größere »Einbildungs- als Verstandeskraft«[346], aber er war in Venedig gut vernetzt und sie machte durch ihn interessante Bekanntschaften.[347] Mit dem erwähnten »Freund Schwab« ist Christoph Schwab gemeint, Schriftsteller und Sohn von Gustav Schwab, dem Autor der heute noch vielgelesenen *Sagen des klassischen Altertums*. Paoli war Christoph Schwab im Haus von Anton Freiherrn Prokesch von Osten, ehemals Adjutanten des Feldmarschalls Karl Philipp Schwarzenberg, begegnet, wo er als Lehrer tätig war. Kurz vor ihrer Abreise nach Florenz hatte Paoli im Salon der musikalischen Irene Prokesch-Osten noch Franz Liszt spielen gehört.[348]

In der Lyrik Paolis hinterließ die Reise nach Florenz und Venedig deutliche Spuren. Im Band *Neue Gedichte* von 1850 finden wir einige Venedig-Stücke, wie zum Beispiel das schon erwähnte *So mag es sein!* mit der Anfangszeile »Um meine Gondel kost der Wind«, in der die Gondel, ganz in der symbolischen Tradition der romantischen Venedig-Literatur, mit Wiege und Sarg verglichen wird.[349] Wir finden aber auch sehr konkrete Berichte, wie das balladenhafte, elf Strophen umfassende *Eine Begegnung in Venedig. An Rottmann in München.*[350] Darin fungiert der Landschaftsmaler Carl Rottmann, den Paoli durch die Vermittlung von Stieglitz kennengelernt hatte, als Cicerone, der die Dichterin durch sein Wissen noch empfänglicher für die Schönheit der Kunst macht.

Mehrere Gedichte aus der Sammlung von 1850 beziehen sich topographisch konkret auf Florenz. Das Gedicht *Endziel* ist die gedichtete und verdichtete Version ihres Reiseberichts, in dem der Süden personifiziert und zum Freund der Sprecherin wird.[351] Das siebenstrophige Gedicht beginnt mit den Zeilen

> Mein schöner Süd! ein fremder Gast
> Bin ich zu dir gekommen,
> Allein mit Freundesarmen hast
> Du mild mich aufgenommen

Vieles an Paolis langem Aufenthalt im Süden war typisch für die biedermeierliche Bildungsreise, die kleine Italientour in der Nachfolge Goethes. Auch für die Schriftstellerin war es die Reise an einen Ort der klassischen Bildung durch Anschauung. Und auch für sie war es eine Möglichkeit, sich ihres Selbstverständnisses als Dichterin auf den Spuren ihrer Vorbilder zu vergewissern. Der Publizist Robert Prutz schreibt 1847:

> Eine Reise nach Italien ist (oder war doch bis vor Kurzem) der Mehrzahl von uns nicht [...] nur ein veränderter Aufenthalt, ein bloßer Zeitvertreib, eine Ergötzungsreise: sondern den meisten ist oder war es eine Herzensangelegenheit, ein lange und sehnlich gehegter Wunsch, ein Traum der Kindheit, den sie endlich nach jahrelanger Ungeduld nur spät und mühsam auszuführen im Stande sind.[352]

Prutz meint reisende Männer, es gilt aber auch für Paoli, eine alleinstehende Frau und Dichterin, die es 1846 immerhin in die Abteilung »Celebritäten und Notabilitäten des österr. Kaiserthums« im *Oesterreichischen Bürger-Kalender* gebracht hatte.[353]

Die Sammlung *Nach dem Gewitter* und der *Romancero* machten zwar weniger Sensation als Paolis erstes Buch, die Dichterin war aber innerhalb weniger Jahre eine literarische Berühmtheit geworden, an der die Kritik nicht vorbeikam. Und so ist es nicht verwunderlich, dass auch der anonyme Verfasser einer Satire über schreibende Frauen sie in seinem Text auftreten ließ. Der *Actenmäßige Bericht über die erste Versammlung deutscher Schriftstellerinnen*[354] ist ein geistreicher, spöttischer Einblick in die literarische Produktion von Autorinnen aus den deutschsprachigen Ländern. Der Anonymus (die Broschüre wird O. L. B. Wolff, Improvisator und Professor in Jena, zugeschrieben) imaginiert eine Versammlung von rund 90 schreibenden Frauen, von der Lyrikerin bis zur Verfasserin von Kochbüchern, eine Zusammenkunft, die die Satire im Oktober 1846 in Weimar stattfinden lässt. Die Damen essen gemeinsam symbolträchtige Speisen wie Karpfen à la Polonaise und Gänsebraten, diskutieren über Vereinsstrukturen und Verlagswesen und streiten über die Vorzüge von norddeutschen und süddeutschen Städten. Die satirische Fiktion ist die einer Schriftstellerinnenversammlung, ausgeführt mit einem Personal, das aus Autorinnen der Zeit besteht, die im Jahr 1846 oder davor publizierten. Sie tragen in der Satire ihre richtigen Namen, ihre Werke werden genannt, ihre Herkunft und ihre Lebensumstände sind dem Verfasser bekannt. Ein zeitgenössischer Rezensent meint, man sei »bisweilen versucht, zu glauben, das Ganze beruhe auf Wahrheit«.[355] Das macht den *Actenmäßigen Bericht* zu einer interessanten Informationsquelle für die Schreibsituation und das Image von Autorinnen Mitte des 19. Jahrhunderts.

Paoli taucht in dieser Satire einige Male auf, zuerst in einem politischen Zusammenhang. Da der Zweck der fiktiven Schriftstellerinnenversammlung die Gründung einer Standesvertretung sein soll und es um Fragen der gesellschaftlichen Teilhabe geht, wird im *Actenmäßigen Bericht* auch über Wahlen und Abstimmungsprocedere diskutiert. Die Autorin Ida Frick, in der realen Welt die Verfasserin des Buchs *Der Frauen Sclaventhum und Freiheit*[356], tritt auf und appelliert an die Versammlung, die »zwängenden bureaukratischen Formen der Männer« abzulegen und alle Hierarchien in der Versammlung zu beseitigen. Sie ruft: »Keine Präsidentin! Freiheit, Gleichheit! Gleichheit, Freiheit walte unter uns. Wer meine Ansicht theilt, gebe es durch Aufheben der rechten Hand zu erkennen.«[357] Nur fünf Schriftstellerinnen heben die Hand, darunter Betty Paoli. Außer ihr ist in der Satire, wie zu erwarten, auch Bettina von Arnim radikal-demokratisch punziert. Louise Otto gehört ebenfalls dazu, deren reales Vorbild die Verfasserin des sozialen, 1846 in zensurierter Fassung veröffentlichten Romans *Schloß und Fabrik* ist (in dem einigen Kapiteln Verse von Paoli vorangestellt sind). Fünf von rund neunzig Schriftstellerinnen sind im *Actenmäßigen Bericht* dafür, dass »Rang und Stand« in der Versammlung gleichgültig sein sollten.[358]

Wenngleich Ida Frick in der Satire auch soziale Gleichheit fordert, so soll es ihrer Ansicht nach doch Unterschiede geben, nämlich je nach schriftstellerischem Talent. Und das ist auch das Thema, bei dem Betty Paoli im *Actenmäßigen Bericht* einen längeren und aufschlussreichen Auftritt hat.[359] Amalie Schoppe, im wirklichen Leben eine vielseitige Autorin, Übersetzerin und Redakteurin, schlägt vor, dass erfahrene Schriftstellerinnen den Nachwuchs, eingeteilt in Sektionen nach literarischen Gattungen, mit Ratschlägen unterstützen sollten. »Hierüber erhob sich eine lebhafte Discussion, namentlich opponirte die hochachtbare Betty Paoli auf das Entschiedenste. [...] Wem Gott Talent gegeben habe, wahres, wirkliches und ein tiefes Gemüth, denn ohne dieses sei alles Talent nur Spreu, recht, wie es in der Bibel heiße, hohles Erz und eine tönende Schelle, der bräche sich schon selbst Bahn [...]« Und die Betty Paoli der Satire kann auch Beispiele dafür nennen: Ferdinand Freiligrath und – »um bei ihrem Geschlechte stehen zu bleiben« – Annette von Droste-Hülshoff.[360] Die Satire verflicht hier reale Literatur und Kritik, denn Paoli bewunderte Droste-Hülshoff und wurde mit ihr verglichen, und zwar nicht zuletzt vom Lyriker und Übersetzer Freiligrath:

> Von all den Nachtigallen die seit 1830 in deutschen Dichterhainen geschlagen haben, sang eben jede immer nur aufs neue dasselbe alte Lied von Liebe und Sehnsucht; [...] Nur zwei Ausnahmen wüßt' ich mich aus den letzten Jahren zu erinnern, ohne daß sie freilich bis jetzt zu allgemeinerer Anerkennung gelangt wären: des Wiener Sprosses Betty Paoli und der westfälischen Haidenachtigall Annette Droste. Ich habe einige Lieder der ersten gelesen, die wie heißes siedendes Herzblut mir entgegenpulsten, und eine große dichterische Begabung, geweckt und

> genährt vielleicht durch ein ernstes Schicksal, außer alle Frage stellt. Bedeutender ist übrigens die Droste […].[361]

In der Satire tritt Paoli auch gegen die Erlernbarkeit des Schreibens und gegen die Schriftstellerei zum Zweck des Broterwerbs auf:

> Wer freilich Schriftstellerin werde, um nicht Haushälterin zu werden, oder Nähjungfer, oder Ladenmamsell, dem möge das ganz nützlich dünken, damit wolle sie den hochachtbaren Damen, die von ihrer Feder leben müßten, keinesweges zu nahe treten; unsere Zeit sei nun einmal so und von der Feder leben immer besser als von der Nähnadel, aber Talent gehöre zu Allem und lernen und eintrichtern, lasse sich das einmal nicht.[362]

Der *Actenmäßige Bericht* macht sich zwar über Schriftstellerinnen lustig, bringt aber durchaus ernste Themen der Zeit wie Gattungsfragen oder weibliche Emanzipation aufs Tapet.[363] Für Betty Paoli, zum Zeitpunkt des Erscheinens einunddreißig Jahre alt und als Lyrikerin, Novellistin und Gesellschafterin einer Fürstin berühmt, stellte sich die Frage, wie weibliches Selbstverständnis und öffentliches Auftreten in die männlich geprägte Gesellschaft zu integrieren seien. Der misogyne Diskurs, der die Schriftstellerinnen traf, war ebenso weit verbreitet wie durchschaubar. So schreibt der Prager Adolph Neustadt, einer ihrer frühesten Rezensenten, im Jahr 1838:

> Dem Humor, dem Witze und der Satyre ist es erlaubt, ihr jeu d'esprit über die weiblichen Schriftsteller blitzen zu lassen; es gibt wenig ergiebigere Stoffe als die Blaustrümpflerinnen; aber wer mit gewichtigthuender Miene, mit herrischem Ernste den Frauen die Feder entwinden will, als ein Palladium, dem nur Männer folgen dürfen, der ist entweder ein abgewirthschafteter, schon zahnloser Kritiker, dessen selbstständige Produkte als Emballage in die Welt kommen, oder ein flaumbärtiger Anfänger, der keinen andern Muth hat, als am schwachen Geschlechte seinen Muth zu zeigen.[364]

Im Namen der Fürstin lud Paoli regelmäßig Gäste in den Salon im Wiener Jakoberhof, zum Gespräch über literarische Arbeiten, zum Vorlesen aus Manuskripten, zum Austausch über gemeinsame Lektüre. Adalbert Stifter war wohl einer der originellsten Köpfe in dieser Runde. In einem Brief mit der üblichen Einladung (»Sie würden die Fürstin ganz glücklich machen wenn Sie den heutigen Abend bei uns zubringen wollten«) schreibt Paoli an Stifter:

> Mit Schamerröthen und Herzklopfen bitte ich Sie um Vergebung die Gedichte der Droste so lange behalten zu haben. [...] Indem Sie mich mit diesem Buch bekannt machten, haben Sie mehr gethan, als mir bloß einen Genuß bereitet: Sie haben mich innerlich gefördert und innigst danke ich Ihnen dafür.[365]

Es handelte sich um den zweiten, 1844 erschienenen, Gedichtband Annette von Droste-Hülshoffs, den sich Paoli von Stifter geliehen hatte. Wir erfahren aus diesem Brief auch, dass sich die beiden über George Sand unterhalten hatten, von der Paoli bei dieser Gelegenheit meint, dass ihre »Natur« so reich sei, »daß dieselben Resultate, aus denen Andere sich ein Haus für zeitlebens bauen würden, für sie nur Durchgangsphasen« seien.[366]

Stifter hatte auch keine Angst vor der direkten, weiblichen Konkurrenz, setzte vielmehr auf Zusammenarbeit, wenngleich in der üblichen paternalistischen Haltung: »[...] wenn sie [Paoli] sich zusammennimmt, und etwas lenken läßt, daß wir Excentricitäten vermeiden, so verspreche ich mir etwas vortreffliches von ihr, denn das Weib ist durch und durch Genie, und es fehlt nur noch an Ruhe und Besonnenheit.«[367] Paoli ihrerseits machte für Stifter Werbung bei ihrem Freund Heinrich Landesmann und vermittelte die persönliche Bekanntschaft zwischen den beiden.[368] Landesmann verfasste eine ausführliche Besprechung von Stifters *Studien* für die *Grenzboten*[369] und schätzte an ihm die »konsequente Absonderung vom Literatenpöbel«[370].

Ein weiterer Bereich, in dem sich Paolis und Stifters Interessen kreuzten, war die bildende Kunst. Während Stifter selbst als Maler hervortrat, entwickelte Paoli auf ihren Italienreisen eine Expertise, die es ihr später

Adalbert Stifter, um 1845

ermöglichte, Kunstkritiken zu schreiben und auf dem Gebiet der Kunstgeschichte zu publizieren. Auch Stifter hätte gern in Italien sein Wissen vertieft, die italienische Landschaft und Kultur zur Inspiration seiner literarischen Arbeit gemacht. Er hatte aber im Gegensatz zu seiner Kollegin nie die Gelegenheit dazu: »Göthe ist erst durch Italien ein großer Dichter geworden, wäre ich vor 20–25 Jahren zum ersten Male und dann öfter nach Italien gekommen, so wäre auch aus mir etwas geworden. Das Herz möchte einem brechen bei Betrachtung gewisser Unmöglichkeiten.«[371] Paolis kenntnisreicher Führer durch die venezianischen Galerien im Jahr 1846 war Carl Rottmann, den Stifter für den größten ›Landschafter‹ seiner Zeit hielt.[372]

Abgesehen vom Freundes- und Bekanntenkreis und dem Verleger ihrer Bücher teilten Paoli und Stifter auch einige Publikationsorte. Beide veröffentlichten in der *Wiener Zeitschrift* von Witthauer und sie schrieben Beiträge für dieselben Almanache. Sogar beim Nicht-Veröffentlichen gibt es zwischen ihnen eine Parallele: Im Vorwort von *Austria oder Oesterreichischer Universal-Kalender für 1847* findet sich der Hinweis: »Herr Ad. Stifter und Fräulein Betty Paoli waren durch Kränklichkeit abgehalten, ihre versprochenen Beiträge zu spenden, welche daher den nächsten Jahrgang schmücken werden.«

In sechs der neun Jahrgänge von Heckenasts *Iris* finden sich Beiträge sowohl von Paoli als auch von Stifter. So ist zum Beispiel in der Nummer, in der Paolis Skandalnovelle *Merced* veröffentlicht wird, auch Stifters Novelle *Hagestolz* abgedruckt. Der letzte Band der *Iris* ist eine Art Stifter-Fest. Vorangestellt sind eine Illustration zur enthaltenen Novelle *Prokopus* und ein »etwas geschmeicheltes«[373] Porträt von Stifter. Und schließlich finden wir in dieser Ausgabe der *Iris* ein Huldigungsgedicht, verfasst von Betty Paoli.[374]

Die *Iris* für 1848 erschien Ende des Jahres 1847 in der üblichen dekorativen Aufmachung und ist ein typischer später Vertreter der Biedermeieralmanache. Nach der Revolution von 1848 fanden derlei Verlagsprodukte keine Abnehmer mehr, die Reihe wurde eingestellt, was im Fall von Stifter als Glück betrachtet werden kann, denn das Manuskript für den nächsten Jahrgang, das Stifter zurückverlangte, als klar wurde, dass es keine *Iris* für das Jahr 1849 geben würde, bildete den Nukleus für den Roman *Der Nachsommer*.[375]

Die Umgestaltung des literarischen Markts war nur eine der gravierenden Folgen der 48er-Revolution. Die Zentrifugalkräfte, die von den politischen Umwälzungen freigesetzt wurden, trieben schließlich auch Stifter und Paoli auseinander, in den ersten Monaten des Jahres 1848 waren die beiden aber noch durch die Fürstin Schwarzenberg verbunden. Und durch ihre Revolutionsbegeisterung.

Anmerkungen

1 Paoli, Betty: *In Sachen der Literatur*. In: *Neue Freie Presse*, 21. April 1870, S. 1–3, hier S. 1.

2 Betty Paoli: *Wahrheit in der Dichtung*. In: *Oesterreichischer Musen-Almanach* 1840, S. 67f. [AW S. 42f.].

3 Betty Paoli: *Warnung*. In: *Oesterreichischer Musen-Almanach* 1840, S. 65f. [AW S. 54f.].

4 Betty Paoli: *Sühnung*. In: *Oesterreichischer Musen-Almanach* 1840, S. 70 [später unter dem Titel *Melancholie*, AW S. 58].

5 Vgl. Anonym: [Rezension von Paoli: *Gedichte*]. In: *Blätter für literarische Unterhaltung*, Nr. 304, 31. Oktober 1842, S. 1226f., hier S. 1227.

6 Vgl. Thomas Scherr: *Freundlicher Wegweiser durch den deutschen Dichterwald für Gebildete außer dem Gelehrtenstande*; zugleich ein Schulbuch für Lehrerseminarien, höhere Töchterschulen und für die obern Klassen deutscher Realschulen und schweizerischer Sekundarschulen. Winterthur: Steiner 1842, S. 462.

7 Vertonungen siehe *The LiederNet Archive*: https://www.lieder.net/lieder/get_author_texts.html?AuthorId=2107.

8 Vgl. L. G. R.: [Rezension von *Hygea*. Bäderalmanach]. In: *Allgemeine Wiener Musik-Zeitung*, Nr. 92, 2. August 1842, S. 375 f., hier S. 375.

9 Anonym: *Dort wie hier! Gedicht von B. Paoli*, für eine Singstimme mit Begleitung des Pianoforte und Violoncello's (ad libit.) komponirt von Eugen Petzoldt [Rezensionsnotiz]. In: *Allgemeine Musikalische Zeitung* 51 (1839), Sp. 1020.

10 Gottfried Preyer: Gesänge für eine Stimme mit Begleitung des Pianoforte. »Forderung«. Gedicht v. Betty Paoli. Op. 35 (Und trennt uns jetzt des Schicksals Haß). Wien: Diabelli u. Co. 1841.

11 Georg August Behrens-Senegalden: »Erkenntniss: ›Dass ich dich liebe tief und heiss‹«, Op. 3, (Lotosblätter für 1 tiefe Stimme mit Pianofortebegleitung, Heft 2, Nr. 10). Berlin: Sulzer Nachf. 1891; Theodor Blumer: »Dass ich dich liebe tief und heiss«. Op. 6. Mainz: Schott 1890; Walter von Rosen: »Erkenntniss«. Op. 17. In: *Die musikalische Welt*. Braunschweig: Litolff 1875.

12 Betty Paoli: *Lieder*. Nr. 46. In: Paoli, *Nach dem Gewitter*, S. 55 [AW 79]; Julie von Waldburg-Wurzach: Drei Lieder für 1 Singstimme mit Pianoforte. Nr. 2. Op. 48. Stuttgart: Ebner 1886.

13 Betty Paoli: *Stilles Bündniß*; *Dein Angesicht*; *Forderung*; *Trost*. In: *Oesterreichisches Odeon*. Jahrbuch für Poesie. Bd. 1, 1842, S. 3–6.

14 A. Sch.: *Aus der literarischen Welt*. In: *Allgemeine Theaterzeitung*, Originalblatt für Kunst, Literatur, Musik, Mode und geselliges Leben, Nr. 148, 22. Juni 1841, S. 660.

15 Betty Paoli: *Gedichte*. 1–8. In: *Oesterreichisches Odeon*, Bd. 3, 1842, S. 89–91.

16 R: *Literarische Nachrichten*. In: *Wiener Zeitung*, 22. Dezember 1841, S. 2648.

17 Vgl. Anonym: [Notiz zum Oesterreichischen *Odeon*]. In: *Allgemeine Wiener Musik-Zeitung*, Nr. 83, 13. Juli 1841, S. 347.

18 B: [Rezension des *Oesterreichischen Odeon*]. In: *Blätter für Literatur und bildende Kunst*, Nr. 82, 13. Oktober 1841, Sp. 665–669, hier Sp. 666.

19 Vgl. Hans Volkmann (Hg.): *Briefe von Robert Volkmann*. Leipzig: Breitkopf & Härtel 1917, S. 482. Robert Volkmann (1815–1883), Op. 46 *Betty Paoli. Liederkreis* für Alt und Klavier erschien 1865 bei Heckenast und wurde 1995 von Yvi Jänicke (Gesang) und Nicole Winter (Klavier) eingespielt (cpo Classics 9990732).

20 Betty Paoli: *Stilles Bündniß*. In: Paoli, *Nach dem Gewitter*, S. 80 f.

21 Betty Paoli: *Lieder*. In: Paoli, *Nach dem Gewitter*, S. 25–41.

22 Betty Paoli: *Lieder*. Nr. 31. In: Paoli, *Nach dem Gewitter*, S. 40; [O *dunkles Auge! zaubervolle Nacht*, AW S. 80]; Clara und Robert Schumann: *Abschriften verschiedener Gedichte zur Composition* (1839–1852). Staats- und Universitätsbibliothek Dresden. 4871, VIII, 4-A3. Digitalisat.

23 Betty Paoli: *Lieder*. Nr. 37. In: Paoli, *Nach dem Gewitter*, S. 46 [*Im tiefsten Innern*, AW S. 83].

24 Vgl. Betty Paoli: *Lieder*. VII. In: *Wiener Zeitschrift*, Nr. 13, 18. Jänner 1842, S. 99; Franz Seraf. Hölzl: *Zum Tagesschluß*. Gedicht von Betty Paoli. [für Singstimme und Pianoforte]. In: *Wiener Zeitschrift*, Nr. 41, 26. Februar 1842 [Musikbeilage]; vgl. zwei aktuelle Aufnahmen: Anton Urspruch: Sechs Lieder. Op. 3. Leipzig: Kistner 1875 – Zauberdunkel und Lichtazur (Unerhörtes von Zeitgenossen), Thorofon Records 2011 mit

Rebecca Broberg (Sopran) und Ulrich Urban (Klavier); Walter Battison Haynes: Vier Lieder. Op. 8. Leipzig: Kistner 1885. – Songs & Sonnets. Songs in English and German from the reign of Queen Victoria. Mit Belinda Williams (Mezzosopran) und David Owen Norris (Klavier) EM RECORDS 2019.

25 Ich konnte 26 Komponisten und drei Komponistinnen ermitteln, die das Lied Nr. 37 vertont haben.

26 Vgl. Betty Glück, *An Dlle. Sophie Löwe*, S. 205 [AW S. 15]; vgl. Betty Paoli: *Stabat Mater*. In: Betty Paoli: *Romancero*. Leipzig: Wigand 1845, S. 1–46; vgl. Betty Paoli: *Inneres Echo*. In: *Thalia*. Taschenbuch für das Jahr 1842, S. 247.

27 Betty Paoli an Ludwig Eisenberg, 9. Mai 1894. WB, Hss., IN 39455.

28 Betty Paoli: *Wiederkehr; O, frage nicht!* In: *Orpheus*. Musikalisches Taschenbuch für das Jahr 1841, S. 85f.; Paoli, *Gedichte*, 1841, S. 25; 74 [AW S. 61].

29 Franz Stelzhamer: *Die Almanache von 1841*. [2. Teil]. In: *Wiener Zeitschrift*, Nr. 206, 26. 12. 1840, S. 1645–1647, hier S. 1646.

30 [Heinrich von] Levitschnigg: *Heerschau vaterländischer Almanache*. In: *Der Humorist*, Nr. 16, 22. Jänner 1840, S. 63f., hier S. 63.

31 Anonym: *Aus Wien*. Rosen und Dornen. In: *Frankfurter Konversationsblatt*, Nr. 221, 11. August 1840, S. 884.

32 Wittner (Hg.), S. 121.

33 *Anm. der Redaction*. In: *Mnemosyne*, Nr. 4, 14. Jänner 1840, [S. 13].

34 Vgl. Igrek: *Betrachtungen*, veranlaßt durch den neuesten österreichischen Musenalmanach. In: *Mnemosyne*, Nr. 28, 7. April 1840, S. 113f.

35 Igrek, *Betrachtungen*, S. 114. Friedrich von Gentz würdigte seinerzeit mit dieser Bemerkung Rahel Varnhagens literarische Produktivität. Vgl. Friedhelm Kemp (Hg.): *Rahel Varnhagen*. Briefwechsel. Bd. III: Rahel und ihre Freunde. 2. Aufl. München: Winkler 1979, S. 122.

36 Vgl. *Anm. d. Red*. In: *Mnemosyne*, Nr. 35, 2. Mai 1840, [S. 145].

37 Vgl. Betty Paoli: *Schöner Irrthum*. An E. von F. In: *Mnemosyne*, Nr. 35, 2. Mai 1840, [S. 145]; vgl. auch Franz Ilwof: *Betty Paoli und Ernst Freiherr von Feuchtersleben*. In: *Jahrbuch der Grillparzer-Gesellschaft* 12 (1902), S. 199–211.

38 Betty Paoli: *Mein Dichten*. In: *Mnemosyne*, Nr. 39, 16. Mai 1840, [S. 163].

39 Betty Paoli: *Der Blumenstrauß*. In: *Mnemosyne*, Nr. 41, 23. Mai 1840, [S. 173] [AW S. 28f.].

40 Anonym: *Betty Paoli*. In: *Mnemosyne*, Nr. 91, 21. November 1840, S. 374.

41 Anonym, *Betty Paoli*. In: *Mnemosyne*, Nr. 91, 374.

42 Anonym: *Betty Paoli*. In: *Mnemosyne*, Nr. 91, 374.

43 Betty Paoli: *Stolze Güte*. In: *Mnemosyne*, Nr. 97, 12. Dezember 1840, [S. 395]; Betty Paoli: *Aufgegeben!* In: *Mnemosyne*, Nr. 99, 19. Dezember 1840, [S. 403] (Erstdruck: *Iris*. Taschenbuch für das Jahr 1841, S. 411 und 418.)

44 Franz Stelzhamer: *Die Almanache von 1841*. [3. Teil]. In: *Wiener Zeitschrift*, Nr. 207, 28. Dezember 1840, S. 1653–1655, hier S. 1653.

45 Vgl. Michael Maria Rabenlechner: *Streifzüge eines Bibliophilen durch die deutsche Dichtung Österreichs der letzten hundertfünfzig Jahre*. Wien: Wiener Bibliophilengesellschaft 1931, S. 39.

46 Vgl. S: *Iris* [Rezension]. In: *Mnemosyne*, Nr. 100, 22. Dezember 1840, S. 408–410, hier S. 409.

47 Vgl. T. S.: *Heerschau vaterländischer Almanache*. In: *Der Humorist*, Nr. 241, 2. Dezember 1840, S. 990.

48 S: *Iris* [Rezension]. In: *Mnemosyne*, Nr. 100, S. 408.

49 Betty Paoli: *Dort wie hier!* In: *Leseblätter*, Nr. 64, 5. Juni 1841, S. 505f.

50 Vgl. R.: [Anmerkung]. In: *Lesebätter*, Nr. 106, 16. September 1841, S. 841.

51 Anonym: *Literary Intelligence*. In: *The Foreign monthly review and Continental Literary Journal* 3 (1839), S. 319–327, hier S. 324.

52 Archer Gurney an Franz Grillparzer, 27. August 1856 [recte 1855]. In: *Grillparzers Gespräche und die Charakteristiken seiner Persönlichkeit durch die Zeitgenossen*. III. Bd., II. Abt. Gespräche und Charakteristiken April 1831 bis März 1848. Hg. v. August Sauer. Wien: Verlag des Literarischen Vereins 1906, S. 174–184, hier S. 184.

53 Vgl. die Übersetzung des (verschollenen) Briefs von Franz Grillparzer an Archer Gurney, 26. November 1855. In: William Alfred Little: *Franz Grillparzer and Archer Thompson Gurney*. In: *The German Quarterly* 45/4 (1972), S. 629–644, hier S. 639.

54 Vgl. Stephan Thurm [Adolph Neustadt]: *Briefe an Th[eodor] M[undt] über die Literatur in Österreich 1838*. In: *Der Freihafen* 2 (1839), Heft 1, S. 198–245.

55 Vgl. Madeleine Rietra (Hg.): *Jung Österreich*. Dokumente und Materialien zur Liberalen Oesterreichischen Opposition 1835–1848. Amsterdam: Rodopi 1980, S. 493f.

56 Vgl. Thurm [Neustadt], *Briefe an Th[eodor] M[undt]*, S. 241.

57 Nikolaus Lenau an Gustav Heckenast: »Ich bestätige, daß ich die mir zugedachte Widmung der Gedichte von Betty Paoli mit Vergnügen annehme. Nicolaus Niembsch von Strehlenau genannt Nicolaus Lenau, Wien 4 Jänner 1841.« Nikolaus Lenau: *Werke und Briefe*. Bd. 6: Briefe 1838–1847. Hg. v. Norbert Oellers und Hartmut Steinecke in Zusammenarbeit mit Norbert Otto Eke und Karl Jürgen Skrodzki. Wien: ÖBV Klett-Cotta 1990, S. 173.

58 Betty Paoli: *Vergütung*. In: *Iris*, 1841, S. 412; auch unter dem Titel *Ersatz*. In: *Gedichte*. 2. Aufl. Pest, Leipzig: Heckenast 1845, S. 164–166 [AW 62]; *Vermuthung*. In: *Iris*, 1841, S. 417; *Vergütung*. In: *Iris*, 1841, S. 412; *Dichterloos*. In: *Iris*, 1841, S. 413–416.

59 Paoli, *Dichterloos*, S. 413.

60 Paoli, *Dichterloos*, S. 414.

61 Paoli, *Dichterloos*, S. 416.

62 A. M.: *Deutsche Literatur*. [Rezension über Iris, 1841]. In: *Ost und West*, Nr. 51, 19. Februar 1841, S. 59.

63 Vgl. Otto Wittner: *Moritz Hartmanns Jugend*. Diss. Wien, 1903, S. 18f.

64 Vgl. Steffen Höhne: *Vormärz und spätes Biedermeier*. In: *Handbuch der deutschen Literatur Prags und der Böhmischen Länder*, S. 136–145, hier S. 138f.

65 ll [Isidor Heller]: *Deutsche Literatur*. [Rezension des *Albums der Wohlthätigkeit*]. In: *Ost und West*, Nr. 78, 28. September 1841, S. 315f., hier S. 316.

66 Betti Paoli: *Psyche* (Fantasie). In: *Album der Wohlthätigkeit*. Wien 1841, S. 316f. und in: Paoli, *Gedichte*, 1841, S. 41–43 [AW 50f.].

67 Vgl. Paoli: *Psyche* (Fantasie). In: *Album der Wohlthätigkeit*, S. 317.

68 Paoli, *Gedichte*, S. 43 [AW S. 51].

69 Vgl. Uffo Horn: *Die Schriftstellerinnen in Oesterreich*. In: *Der Novellist* 1 (1838), S. 373–376, hier S. 376.

70 [Anonym] [Uffo Horn?]: *Oesterreichischer Parnass, bestiegen von einem heruntergekommenen Antiquar*. Frey – Sing, bei Athanasius & Comp. [o. D.] [Hamburg, ca. 1840]

71 Vgl. Rietra, *Jung Österreich*, S. 14; Vgl. Martin Vavroušek: *Uffo Horn – der engagierte Dichter*. In: *brücken* – Germanistisches Jahrbuch Tschechien-Slowakei 20/1–2 (2012), S. 245–259.

72 Vgl. Horn, *Die Schriftstellerinnen in Oesterreich*, S. 376.

73 Vgl. Jan Budňák: *Das Bild der Tschechen*. In: *Handbuch der deutschen Literatur Prags und der Böhmischen Länder*, S. 264–273, hier S. 266.

74 Vgl. Wittner (Hg.), S. 160. Zitat aus Vergils Aeneis: »Ist wirklich der Zorn so groß in den himmlischen Seelen?«

75 lf [Alfred Meißner], *Deutsche Literatur*, S. 402.

76 Wolfgang Häusler: *Alfred Meißner (1822–1885)*. Ein österreichischer Dichter zwischen Revolution und Reaktion. In: *Jahrbuch des Instituts für deutsche Geschichte* 9 (1980), S. 139–185, hier S. 183.

77 Vgl Hildegard Kernmayer: *Judentum im Wiener Feuilleton* (1848–1903). Exemplarische Untersuchungen zum literarästhetischen und politischen Diskurs der Moderne. Tübingen: Niemeyer 1998, S. 172.

78 Vgl. Wittner, *Moritz Hartmanns Jugend*, S. 58f.

79 Wittner, *Moritz Hartmanns Jugend*, S. 31; vgl. Alfred Meißner: *Geschichte meines Lebens*. Bd. 1. Wien, Teschen: Prochaska 1884, S. 66.

80 Wittner (Hg.), S. 174.

81 Vgl. Wittner (Hg.), S. 165.

82 Wittner, *Moritz Hartmanns Jugend*, S. 79.

83 Wittner (Hg.), S. 166.

84 Wurzbach: *Kuranda, Ignaz*. In: *Biographisches Lexikon des Kaiserthums Oesterreich*. 13. Teil, 1865, S. 408; Vgl. *Handbuch der deutschen Literatur Prags und der Böhmischen Länder*, S. 139.

85 Alfred Meißner an Moritz Hartmann, 24. August 1839. In: Wittner (Hg.), S. 20. [Herv. i. O.]

86 Vgl. Edda Ziegler: *Literarische Zensur in Deutschland*, 1819–1848. Materialien, Kommentare. München: Hanser 1983, S. 157–163.

87 Vgl. Eugen von Andrassy (Hg.): *Briefe an Stifter*. In: *Oesterreichische Rundschau*. Monatsschrift für das gesammte geistige Leben der Gegenwart 1 (1883), S. 610–624, hier S. 611. Im Laufe seines Lebens erblindete Landesmann/Lorm und entwickelte eine eigene Kommunikationsmethode, das heute noch verwendete ›Lormen‹. Dabei werden Buchstaben durch Tippen und Streichen in die Handfläche des Gesprächspartners geschrieben.

88 Vgl. Karlheinz Rossbacher: *Literatur und Liberalismus*. Zur Kultur der Ringstraßenzeit in Wien. Wien: J & V 1992, S. 228.

89 Vgl. Strigl, *Berühmt sein ist nichts*, S. 246.

90 Vgl. Betty Paoli an Johann Mailáth, 27. Februar 1842. WB, Hss., IN 28068; vgl. Betty Paoli an Jules de Schröckinger-Neudenberg, 17. März 1842. WB, Hss., IN 28069.

91 Vgl. Heinrich Landesmann: *Weiblicher Faust*. In: *Album aus Oesterreich ob der Enns*, S. 189f.

92 Vgl. Wilhelm Schenkel (Hg.): *Betty Paoli*. Ungedruckte Briefe. In: *Das literarische Echo* 18 (1915/1916), Heft 3, Sp. 151–164, hier Sp. 151.

93 Hieronymus Lorm: *Die Zukunft der deutschen Lyrik*. In: *Die Grenzboten*. Zeitschrift für Politik, Literatur und Kunst 3 (1844), I. Semester, S. 575–587, hier S. 581f.

94 Vgl. Wittner (Hg.), S. 282.

95 Vgl. Wittner (Hg.), S. 206–208. [Herv. i. O.]

96 Hieronymus Lorm: *Betty Paoli*. In: *Allgemeinen Zeitung*. Beilage, 23. Juli 1894, S. 1–4, hier S. 1.

97 Vgl. Hieronymus Lorm: *Meditationen über deutsche Lyrik*. In: *Deutsche Dichterhalle*, Jg. 1877, Nr. 17, S. 283–287, hier S. 282f.

98 Vgl. Lorm, *Betty Paoli*, S. 2.

99 Vgl. Schick, *Gedichte von Betty Paoli*, S. 102.

100 Eduard Bauernfeld: *Tagebücher I* (1819–1848). Hg. v. Carl Glossy. In: *Jahrbuch der Grillparzer-Gesellschaft* 5 (1895), S. 1–217, hier S. 96.

101 Vgl. Kerstin Wiedemann: *Zwischen Irritation und Faszination*. George Sand und ihre deutsche Leserschaft im 19. Jahrhundert. Tübingen: G. Narr 2003.

102 Vgl. Alfred Meißner: *Georges Sand*. In: *Gedichte*. Leipzig: Friedrich Ludwig Herbig 1845, S. 155–159.

103 Betty Paoli: *Offener Brief an Aurora Dudevant*. In: *Europa* 4 (1840), S. 337–346.

104 Vgl. Sibylle Obenaus: *Literarische und politische Zeitschriften 1830–1848*. Stuttgart: Metzler 1986, S. 20.

105 Vgl. Paoli, *Offener Brief*, S. 341.

106 Vgl. Paoli, *Offener Brief*, S. 342.

107 Vgl. Paoli, *Offener Brief*, S. 342.

108 Paoli, *Offener Brief*, S. 342.

109 Vgl. Paoli, *Offener Brief*, S. 342.

110 Paoli, *Offener Brief*, S. 344.

111 Paoli, *Offener Brief*, S. 342.

112 Vgl. Paoli, *Offener Brief*, S. 342.

113 Vgl. Paoli, *Offener Brief*, S. 346.

114 Vgl. Paoli, *Offener Brief*, S. 342–344. [Herv. i. O.]

115 Paoli, *Offener Brief*, S. 343f.

116 Paoli, *Offener Brief*, S. 345.

117 Vgl. Wolfram: *Die Zerrissenen*. In: *Wiener Zeitschrift*, Nr. 53, 14. März 1848, S. 210.

118 Betty Paoli: *Briefe aus George Sand's Jugendzeit*. In: *Presse*, 1. Juli 1882, auch in: Paoli, *Gesammelte Aufsätze*, S. 112–130 und in: Paoli, *»Was hat der Geist denn wohl gemein mit dem Geschlecht?«*, S. 141–153.

119 Vgl. Paoli, *Offener Brief*, S. 346.

120 Betty Paoli, *Pariser Eindrücke II*. Ary Scheffer. In: *Lloyd*, 6. 12. 1850.

121 Vgl. Paoli, *Gesammelte Aufsätze*, S. 113.

122 Vgl. Paoli, *Offener Brief*, S. 339.

123 Wiedemann, *Zwischen Irritation und Faszination*, S. 82.

124 Vgl. Wittner (Hg.), S. 121.

125 Betty Paoli: *Die Ehre des Hauses*. Bd. 1 von *Die Welt und mein Auge*. Pesth: Heckenast 1844.

126 Anonym: *Die Welt und mein Auge*, von B. Paoli. Novellen [Rezension, 2. Teil]. In: *Oesterreichische Blätter für Literatur und Kunst*, Nr. 33, 17. März 1846, S. 258–260, hier S. 258.

127 Walter Schmitz, Meinhard Prill: *Das lyrische Werk [Lenaus].* In: *Kindlers Neues Literatur Lexikon.* Hg. v. Walter Jens. Studienausgabe Bd. 10. München: Kindler 1996, S. 189.

128 Vgl. Erwin A. Stürzl: *Betty Paoli. A Byronic Disciple?* In: Erwin A. Stürzl (Hg.): *Gaben der Zeit – Fruits of the Time.* Salzburg: Institut für Anglistik und Amerikanistik 1989, S. 107–122.

129 Vgl. Wynfrid Kriegleder: *Weltschmerz und Romantik in Österreich.* In: *Lenau-Jahrbuch* 23 (1997), S. 45–57.

130 Wittner (Hg.), S. 266.

131 Vgl. Richard Dove: *The Rhetoric of Lament*: A Reassessment of Nikolaus Lenau. In: *Orbis Litterarum* 39 (1984), S. 230–265.

132 Anonym: *Die Frauen-Literatur.* In: *Die Grenzboten* 3 (1844), I. Semester, S. 543–552, hier S. 547.

133 Vgl. Hansgeorg Schmidt-Bergmann: *Nikolaus Lenau.* Zwischen Romantik und Moderne. Studien. Wien: Edition Praesens 2003, S. 75–86.

134 Vgl. [Anonym]: *Mrs. Browning and Miss Lowe.* In: *English Review* 19 (1850), S. 320–333, hier S. 322.

135 Vgl. Ghislaine McDayter: *Byromania and the Birth of Celebrity Culture.* New York: University of New York Press 2009, S. 34.

136 Paoli, *Reise-Memoiretten*, 10. November 1852, S. 3.

137 Paoli, *Reise-Memoiretten*, 10. November 1852, S. 3. [Datura = Stechapfel]

138 Betty Paoli: *Faust und Manfred.* Studie. In: *Wiener Zeitschrift*, Nr. 20–22, 4.–8. Februar 1841, S. 156–57, 163–64 und 172–73.

139 Susanne Schmid: *Byron, George Gordon Lord, Manfred. A Dramatic Poem.* In: *Kindlers Literatur Lexikon.* Hg. v. Heinz Ludwig Arnold. Stuttgart, Weimar: Metzler 2009.

140 Vgl. Paoli, *Faust und Manfred*, S. 156.

141 Vgl. Paoli, *Faust und Manfred*, S. 171.

142 Vgl. Günther Blaicher (Hg.): *Die Rezeption Byrons in der deutschen Kritik (1820–1914).* Eine Dokumentation. Mit einer Byronbibliographie (1820–1914) von Brigitte Glaser. Würzburg: Königshausen und Neumann 2001, S. 421–455.

143 Paoli, *Gedichte*, S. 157. Es handelt sich um die zweite Strophe von Byrons *Lines Written in an Album, at Malta*, entstanden 1809.

144 Vgl. Angelika Corbineau-Hoffmann: *Paradoxie der Fiktion.* Literarische Venedig-Bilder 1797–1984. Berlin, New York: De Gruyter 1993, S. 165–172.

145 Betty Paoli: *Das Mädchen von San Giorgio.* Novelle. In: *Iris.* Taschenbuch für das Jahr 1846, S. 269–301.

146 Vgl. A. B…s: [Rezension]. In: *Die Grenzboten* 4 (1845), II. Semester, IV. Bd., S. 541.

147 Betti Paoli: *Auf einer nächtlichen Fahrt* [AW S. 103f.]; *So mag es sein!*; *Am Lido.* In: Paoli, *Neue Gedichte*, S. 3–5, 125 und 155.

148 Friedrich Pecht: *Südfrüchte.* Skizzenbuch eines Malers. 2 Bde. Leipzig, J. J. Weber 1853.

149 Betty Paoli: *Zwey Ateliers in Venedig.* Fragment eines Briefes. In: *Wiener Zeitschrift*, Nr. 54, 17. März 1843, S. 428–430 und Nr. 55, 18. März 1843, S. 436f.

150 Vgl. Paoli, *Zwey Ateliers*, S. 428f.

151 Vgl. Paoli, *Zwey Ateliers*, S. 429f.

152 Vgl. Paoli, *Zwey Ateliers*, S. 429.

153 Betty Paoli: *Eine Gemäldesammlung in Wien*. In: *Die Grenzboten* 3 (1844), I. Semester, S. 395–417.

154 Vgl. Paoli, *Zwey Ateliers*, S. 429.

155 Vgl. Paoli, *Eine Gemäldesammlung*, S. 406f.

156 Vgl. Paoli, *Eine Gemäldesammlung*, S. 405.

157 Vgl. Gerson Wolf: *Joseph Wertheimer, ein Lebens- und Zeitbild*. Beiträge zur Geschichte der Juden Oesterreich's in neuester Zeit. Mit Benützung archivalischer Quellen. Wien: Herzfeld & Bauer 1868, S. 65.

158 Wolf, *Joseph Wertheimer*, S. 37.

159 Manuskript im Nachlass Paoli: Zur goldenen Hochzeit meiner Freunde Joseph und Henriette von Wertheimer. Wien 7. Juni 1879. WB, Mss., IN 237109; vgl. Anonym: *Die Wertheimer-Feier*. In: *Die Neuzeit*, 19. Jg., 13. Juni 1879, S. 185–190, hier S. 186.

160 Vgl. Archer Gurney: *Reminiscences of Vienna*. In: *Macmillan's Magazine*. XIV. Mai–Oktober, London 1866, S. 417–424, hier S. 420.

161 Vgl. Gurney, *Reminiscences of Vienna*, S. 422.

162 Vgl. Bettelheim-Gabillon, *Charakteristik*, S. 199.

163 Nikolaus Lenau an Emilie von Reinbeck, 6. Oktober 1842. In: Lenau, *Werke und Briefe*, 1990, S. 266.

164 Emma Niendorf: *Lenau in Schwaben*. Aus dem letzten Jahrzehnt seines Lebens. Leipzig: Herbig 1853, S. 196.

165 Vgl. Bettelheim-Gabillon, *Charakteristik*, S. 199f.

166 Vgl. Paoli, *Reise-Memoiretten*, 7. November 1852, S. 1.

167 Vgl. Louise Hecht: *Das ›Phänomen‹ Rachel Luzatto/Morpurgo (1790–1871)*. Die erste moderne Dichterin hebräischer Sprache oder Die Grenzen des Erfolgs. In: *Trumah* 16 (2006), S. 105–130; vgl. auch Anonym [Ludwig August Frankl]: *Rachel Malpurgo*. Eine ebräische Dichterin der Gegenwart. In: *Sonntagsblätter*, Nr. 23, 6. Juni 1847, S. 1–3; vgl. Joseph Wertheimer: *Die Triester Cultusgemeinde*. In: *Jahrbuch für Israeliten* (1855/56), S. 224f.

168 Paoli, *Zwey Ateliers*, S. 428–430, hier S. 428.

169 *Erinnerungen von Louise Gräfin Schönfeld-Neumann*. Mitgeteilt von Helene Bettelheim-Gabillon. In: *Österreichische Rundschau* 5 (1905/06), S. 167–180 [4. Teil], hier S. 171.

170 Ottilie von Goethe: *Tagebücher 1839–1841*. Weimar/Wien/Weimar. Hg. v. Heinz Bluhm. Bd. 1. Wien: Bergland 1962, S. 143 (9. Juli 1840).

171 Vgl. Goethe, *Tagebücher 1839–1841*, S. 147 (13. Juli 1840).

172 Vgl. Goethe, *Tagebücher 1839–1841*, S. 27 (12. Juni 1841).

173 [Notiz]. In: *Sonntags-Blätter für heimathliche Interessen*, 30. Jänner 1842, S. 82.

174 Vgl. Betty Paoli an Cotta, 14. März 1843. Zitiert in: Birgit Oser: *Ada Christen – Betty Paoli*. Möglichkeiten weiblichen Schreibens im 19. Jahrhundert. DA Wien, 2005, S. 133f.

175 Vgl. Hermine Cloeter: *Häuser und Menschen von Wien*, 5. Aufl. Wien: Anton Schroll 1917, S. 214f.

176 Vgl. Ottilie von Goethe, *Tagebücher 1839–1841*, S. 86.

177 Wolf, *Joseph Wertheimer*, S. 65.

178 Vgl. Friedrich Witthauer an Betty Paoli, 1. August 1839. WB, Hss., IN 49049.

179 Heinrich Heine: *Die Bäder von Lukka*. In: *Düsseldorfer Heine-Ausgabe* (DHA). Bd. 7/1. Hamburg: Hoffmann und Campe 1986, S. 137.

180 Betty Paoli: *An Frederike Bremer*. In: *Wiener Zeitschrift*, Nr. 204, 23. Dezember 1841,

S. 1627. Fußnote zum Gedicht: »Verfasserin der Romane: ›das Haus‹, ›die Nachbarn‹, ›Nina‹ usw.«

181 Vgl. Helena Forsås-Scott: *Swedish Women's Writing*: 1850–1995. Women in Context. London: Athlone Press 1997, S. 34–51.

182 Betty Paoli: *Felicia Hemans*. In: *Wiener Zeitschrift*, Nr. 133, 5. Juli 1842, S. 1059f. und in: Paoli, *Nach dem Gewitter*, S. 118.

183 Vgl. Jeffrey C. Robinson: *The Poetics of Expiration: Felicia Hemans*. In: *Romanticism on the Net* (29–30) (digital).

184 Betty Paoli: *Auf- und Untergang*. Lebensbild. In: *Iris*, 1844, S. 215–271.

185 Vgl. Élisa Mercœur: *Oeuvres complètes d'Elisa Mercoeur de Nantes*. Précédées de mémoires et notices sur la vie de l'auteur, écrits par sa mère. Bd. 1. Paris: Madame Veuve Mercoeur/Pommeret et Guénot 1843.

186 Paoli, *Auf- und Untergang*, S. 224.

187 Vgl. Paoli, *Auf- und Untergang*, S. 220.

188 Vgl. Paoli, *Auf- und Untergang*, S. 233.

189 Paoli, *Auf- und Untergang*, S. 234.

190 Vgl. Paoli, *Auf- und Untergang*, S. 263.

191 Betty Paoli an Ludwig Gabillon, o. D. [1855]. WB, Hss., IN 236701.

192 Vgl. Paoli, *Auf- und Untergang*, S. 234.

193 Paoli, *Auf- und Untergang*, S. 267.

194 S.: *Literaturblatt*. Taschenbücher für 1844. Iris. In: *Wiener Zeitschrift*, Nr. 255, 23. Dezember 1843, S. 2038.

195 Betty Paoli: *Ein einsamer Abend*. In: *Iris*, 1842, S. 423–442 [AW S. 218–231], auch in: *Die Welt und mein Auge*. Novellen. Bd. 3, S. 173–196.

196 Vgl. Anonym: *Le suicide d'un poète*. In: *Journal Des Dames et des Modes* Nr. 43, 31. Juli 1834, 329–333.

197 Vgl. Paoli, *Ein einsamer Abend*, S. 429 [AW S. 221].

198 Paoli, *Ein einsamer Abend*, S. 429 [AW S. 221].

199 Paoli, *Ein einsamer Abend*, S. 436 [AW S. 226].

200 Paoli, *Ein einsamer Abend*, S. 437 [AW S. 227].

201 Vgl. Paoli, *Ein einsamer Abend*, S. 439 [AW S. 228].

202 Vgl. [Anonym]: *Preß-Zeitung*. In: *Der Spiegel für Kunst, Eleganz und Mode*, 18. Jg., Nr. 50, 21. Juni 1845, Sp. 792.

203 Anonym: *Lesekabinet*. In: *Wiener Zeitschrift*, Nr. 51, 12. März 1847, S. 203f.

204 Betty Paoli an Unbekannt [Gustav Heckenast], 25. August 1841. WB, Hss., IN 65756.

205 Betty Paoli an Unbekannt [Gustav Heckenast], 2. September 1841. WB, Hss., IN 53311.

206 Betty Paoli an Unbekannt [Gustav Heckenast], 7. September 1841. WB, Hss., IN 53313.

207 Vgl. Betty Paoli an Unbekannt [Gustav Heckenast], 7. September 1841. WB, Hss., IN 53313.

208 Paoli, *Ein einsamer Abend*, S. 437 [AW S. 227].

209 Paoli, *Ein einsamer Abend*, S. 437f. [AW S. 227].

210 Vgl. Fremden- und Curliste Baden bei Wien, Heft 10, S. 1, 24. Mai 1843. Paoli wohnt in der Alleegasse.

211 Betty Paoli an Friedrich Halm, 21. April 1843. ÖNB, Teilnachlass Friedrich Halm, 179/47-1 Han.

212 Vgl. Betty Paoli an Friedrich Halm, 21. April 1843. ÖNB, Teilnachlass Friedrich Halm, 179/47-1 Han.

213 Vgl. Hecht: »*Wie glücklich ist sicher die gute Paula, …*«, S. 47–75.

214 Betty Paoli: *In's Album einer Braut*. In: Paoli, *Gedichte*, 1845, S. 98f. [AW S. 60].

215 Paoli, *In's Album einer Braut*, S. 99 [AW S. 60].

216 Ernestine Frankl an Ludwig August Frankl am 18. Februar 1851. Zitiert in: Hecht: »*Wie glücklich ist sicher die gute Paula, …*«, S. 64.

217 Anonym: *Korrespondenznachrichten aus Wien*. In: *Morgenblatt für gebildete Leser*, 28. Juli 1843, S. 716.

218 Betty Paoli: *Briefe an einen Verstorbenen*. In: Paoli, *Nach dem Gewitter*, S. 161–181 [AW S. 63–78].

219 Vgl. Paoli, *Briefe an einen Verstorbenen*, S. 161–165 [AW S. 62–68].

220 Paoli, *Briefe an einen Verstorbenen*, S. 171 [AW S. 71].

221 Paoli, *Briefe an einen Verstorbenen*, S. 172 [AW S. 71].

222 Paoli, *Briefe an einen Verstorbenen*, S. 173 [AW S. 72].

223 Paoli, *Briefe an einen Verstorbenen*, S. 173 [AW S. 72].

224 Paoli, *Briefe an einen Verstorbenen*, S. 175 [AW S. 73].

225 Paoli, *Briefe an einen Verstorbenen*, S. 175 [AW S. 73].

226 Paoli, *Briefe an einen Verstorbenen*, S. 181 [AW S. 78].

227 Paoli, *Briefe an einen Verstorbenen*, S. 176 [AW S. 74].

228 Paoli, *Briefe an einen Verstorbenen*, S. 178 [AW S. 76].

229 Vgl. Paoli, *Briefe an einen Verstorbenen*, S. 178 [AW S. 76].

230 Vgl. Paoli, *Gesammelte Aufsätze*, S. XXII.

231 Paoli, *Gesammelte Aufsätze*, S. XXII.

232 Paoli, *Gesammelte Aufsätze*, S. XXIII.

233 Vgl. Paoli, *Gesammelte Aufsätze*, S. XXIII.

234 Erinnerungen von Louise Gräfin Schönfeld-Neumann, S. 171.

235 Vgl. Anonym: *Salon für Theater, Kunst und Literatur*. In: *Der Ungar*, 3. Dezember 1844, S. 1122f.

236 Vgl. Wittner (Hg.), S. 214f.

237 R..r: *Tagebuch*. In: *Die Grenzboten* 2 (1843), S. 777–786, hier S. 779.

238 Vgl. Elisabeth Fiorioli: *Die Salonkultur der Wiener Aristokratie in der ersten Hälfte des 19. Jahrhunderts am Beispiel der Fürstin Maria Anna Schwarzenberg*. DA Wien, 1991.

239 Friedrich Schwarzenberg an Betty Paoli, 14. Juli 1843. Zitiert in: Bettelheim-Gabillon, *Betty Paoli*. Ein Gedenkblatt zu ihrem hundertsten Geburtstag, S. 670.

240 Vgl. Paoli, *Gesammelte Aufsätze*, S. XVIf.

241 Paoli, *Gesammelte Aufsätze*, S. XIX. [Herv. i. O.]

242 Friedrich Witthauer an Betty Paoli, 29. Juli 1843. WB, Hss., IN 49036.

243 Kompert, *Betty Paoli*, S. XV.

244 Vgl. Paoli, *Gesammelte Aufsätze*, S. XVIf.; vgl. Wittner (Hg.), S. 220.

245 Friedrich Bach: *Nach dem Gewitter*. Gedichte von Betty Paoli. In: *Ost und West*, Nr. 13–16, 1844, auch in: Friedrich Bach: *Gedichte*. Herausgegeben von Julius Reinwarth. Prag: Calve 1900, S. 131–136.

246 Friedrich Bach: *Nach dem Gewitter*. In: Bach, *Gedichte*, S. 59.

247 Anonym: *Korrespondenz-Nachrichten*. In: *Morgenblatt für gebildete Leser*, 18. Juni 1844, S. 584.

248 Vgl. Wittner (Hg.), S. 286; vgl. Legis-Glückselig: *Miniaturgemälde von Prag*. Neuester Prager Taschen-Wegweiser und alphabetischer Auskunfts-Sekretär. Prag 1853, S. 293.

249 Vgl. Paoli an Friedrich Schwarzenberg, 18. Oktober 1843. In: Paoli, *Gesammelte Aufsätze*, S. XIII.

250 Vgl. Friedrich Fürst von Schwarzenberg: *Einladung zur Gemsjagd*. Ein Sendschreiben an Heinrich Laube. In: Andreas Schumacher (Hg.): *Lebensbilder*. Ein Denkbuch vaterländischer Erinnerungen. Wien: Tauer und Sohn 1843, S. 254–256.

251 Vgl. Joseph von Eichendorff: *Lanzknecht und Schreiber*. In: *Historisch-politische Blätter für das katholische Deutschland*. 1847, Bd. 20, S. 1–12.

252 Vgl. Karl Gutzkow: *Rückblicke auf mein Leben*. Berlin: Hofmann 1875, S. 287f.

253 Gutzkow, *Rückblicke*, S. 287f.

254 Vgl. Wittner (Hg.), S. 238.

255 Vgl. Hannes Stekl: *Österreichs Aristokratie im Vormärz*. Herrschaftsstil und Lebensformen der Fürstenhäuser Lichtenstein und Schwarzenberg. Wien, München: Verlag für Geschichte und Politik 1973, S. 30–34.

256 Vgl. Franz Hadamovsky (Hg.): *Hugo Thimig erzählt*. Graz, Köln: Böhlau 1962, S. 160.

257 Vgl. Stefan Körner: *Nikolaus II. Esterházy und die Kunst*. Biographie eines manischen Sammlers. Wien u. a.: Böhlau 2013.

258 Emilie von Binzer: *Drei Sommer in Löbichau: 1819–21*. Stuttgart: Spemann 1877, S. 78; vgl. Traute Zacharasiewicz: *Nachsommer des Biedermeier, Emilie von Binzer*. Eine Freundin Adalbert Stifters. Linz: Adalbert Stifter Institut des Landes Oberösterreich 1983.

259 Vgl. Binzer, *Drei Sommer in Löbichau*, S. 79.

260 Vgl. Adalbert Stifter: *Der Nachsommer*. In: Adalbert Stifter: *Werke und Briefe*. Historisch-kritische Gesamtausgabe. Hg. v. Alfred Doppler, Wolfgang Frühwald. Bd. 4, 2. Stuttgart: Kohlhammer 1999, S. 76.

261 Stifter, *Der Nachsommer*, S. 76f.

262 Vgl. Stifter, *Der Nachsommer*, S. 77.

263 Vgl. Stifter, *Der Nachsommer*, S. 78.

264 Gustav Heckenast an Peter Rosegger, 5. Jänner 1871. In: Peter Rosegger, Gustav Heckenast: *Briefwechsel 1869–1878*. Hg. v. Karl Wagner, Max Kaiser und Werner Michler. Wien: Böhlau 2003, S. 57.

265 Asmodeus [Heinrich Landesmann]: [Notiz]. In: *Zeitung für die elegante Welt*, Nr. 20, 15. Mai 1844, S. 316.

266 Betty Paoli: *Zur Enthüllung des Schwarzenberg-Denkmals*. In: *Neue Freie Presse*, 20. Oktober 1867, S. 3; vgl. Gerhard Murauer: *Inszenierung von Geschichte im öffentlichen Raum am Beispiel der Wiener Ringstraße*. DA Wien, 2009, S. 132.

267 Paoli, *Neueste Gedichte*, S. 39 [AW S. 119].

268 Vgl. z. B. Brief Betty Paolis an einen Arzt, in dem sie von dem »ins Ohr gegoßene Mandelöhl« schreibt, das der Fürstin unangenehm sei und über eine Ersatztherapie mit Eibischwurzeln. Betty Paoli an Dr. Gruber, 6. Februar 1846. WB, Hss., IN 248714.

269 Vgl. Stekl, *Österreichs Aristokratie im Vormärz*, S. 154.

270 Gabriele Habinger: *Eine Wiener Biedermeierdame erobert die Welt.* Die Lebensgeschichte der Ida Pfeiffer (1797–1858). Wien: Promedia 1997, S. 50.
271 Vgl. Betty Paoli an Moritz Hartmann, 2. Juli 1844. In: Wittner (Hg.), S. 251f.
272 Vgl. Paoli, *Reiseprojekte*, S. 610.
273 Wittner (Hg.), S. 257.
274 Vgl. Eckhard Wallmann: *Helgoland – Eine deutsche Kulturgeschichte.* Hamburg: Köhler 2017, hier bes. Kapitel VI und VII.
275 Vgl. Ludolf Wienbarg: *Tagebuch von Helgoland.* Hamburg: Hoffmann & Campe 1838, S. VI–VIII.
276 Betty Paoli: *Auf Helgoland. I.* In: Paoli, *Neue Gedichte*, S. 53f.
277 Betty Paoli: *Auf Helgoland. II.* In: Paoli, *Neue Gedichte*, S. 55f.
278 Vgl. Wittner (Hg.), S. 256.
279 Vgl. Wittner, *Moritz Hartmanns Jugend*, S. 61.
280 Vgl. Wittner (Hg.), S. 211.
281 Wittner (Hg.), S. 211. Kaufmann verließ Leipzig im Oktober 1844 in Richtung Paris.
282 Vgl. Jakob Kaufmann an Betty Paoli, 1. September 1844. In: Bettelheim-Gabillon, *Charakteristik*, S. 202–204.
283 Paoli, *Eine Gemäldesammlung in Wien*, S. 417.
284 Wittner (Hg.), S. 250f. [Herv. i. O.]
285 Wittner (Hg.), S. 250.
286 Wurzbach: *Hartmann, Moriz.* In: *Biographisches Lexikon des Kaiserthums* Oesterreich. 8. Teil, 1862, S. 4–11, hier S. 5f.
287 Betty Paoli an Moritz Hartmann, Pfingstsonntag [= 23. Mai] 1847. Privatbesitz.
288 Vgl. Betty Paoli an Moritz Hartmann, Pfingstsonntag [= 23. Mai] 1847. Privatbesitz.
289 Vgl. Otto Wittner: *Österreichische Porträts und Charaktere.* Wien: Heller 1906, S. 170–195.
290 [Notiz]. In: *Allgemeine Zeitung*, 12. August 1844, S. 1799.
291 Vgl. Paoli, *Gesammelte Aufsätze*, S. XXVI.
292 Vgl. Wittner (Hg.), S. 282.
293 Zitiert in: Ebner-Eschenbach, *Betty Paoli*, S. XIII.
294 Vgl. Stefan Elit: *Versepik.* In: *Vormärz-Handbuch.* Hg. v. Norbert Otto Eke. Bielefeld: Aisthesis 2020, S. 611–619; vgl. Sengle, *Biedermeierzeit.* Bd. 2, Kap. 5: Die Versepik, S. 626–742.
295 Vgl. 54: Leistungen auf dem Gebiete der modernen Epik [Teil 2]. In: *Blätter für Literarische Unterhaltung*, Nr. 71, 12. März 1846, S. 281–284, hier S. 283.
296 Paoli, *Romancero*, S. 1–46.
297 Vgl. Wittner (Hg.), S. 198.
298 Vgl. G [Moritz Hartmann]: *Romancero von Betty Paoly.* In: *Die Grenzboten* 4 (1845), II. Semester, III. Bd., S. 93f., hier S. 94.
299 Paoli, *Romancero*, S. 3.
300 Paoli, *Romancero*, S. 6. Der Vater des Komponisten Emanuele d'Astorga (1680–1757) soll wegen Teilnahme an einem Aufstand vor den Augen seiner Frau und seines kleinen Sohnes enthauptet worden sein.
301 Vgl. Anonym: *Oesterreichische Lyrik: Betty Paoli.* In: *Oesterreichische Blätter für Literatur und Kunst*, Nr. 101, 23. August 1845, S. 785–790, hier S. 789.
302 Vgl. Wittner (Hg.), S. LIV.

303 Paoli, *Romancero*, S. 47–101.
304 Vgl. Wittner (Hg.), S. 336.
305 Wittner (Hg.), S. 222.
306 Vgl. Erika Weinzierl: *Amtliche österreichische Reaktionen auf Werke Silvio Pellicos 1832–1834*. In: *Mitteilungen des Österreichischen Staatsarchivs* 31 (1978), S. 209–218.
307 Anonym: *Romancero* [Rezension]. In: *Magazin für die Literatur des Auslandes*, Nr. 29, 13. Jänner 1846, S. 26.
308 Paoli, *Romancero*, S. 60.
309 Vgl. Ingeborg Drewitz: *Bettine von Arnim*. Romantik – Revolution – Utopie. Eine Biographie. Düsseldorf: Claassen 1984.
310 Betty Paoli: *Ein Todtenopfer* (Cosenza). In: Paoli, *Romancero*, S. 103–115.
311 Paoli, *Romancero*, S. 109f.
312 Vgl. Wittner (Hg.), S. 336.
313 Vgl. Zensurdatenbank. Vgl. Julius Marx: *Die österreichische Zensur im Vormärz*. Wien: Verlag für Geschichte und Politik 1959, S. 75.
314 Wittner (Hg.), S. 353f.
315 Vgl. Wittner (Hg.), S. 283.
316 Vgl. Wittner (Hg.), S. 286 und S. 294.
317 Wittner (Hg.), S. 284.
318 Betty Paoli: *Merced*. In: *Iris*. Taschenbuch für das Jahr 1845, S. 147–179.
319 Vgl. Ernest Mayrhofer: *Revue der Almanache für 1845*. In: *Der Wanderer*, Nr. 278, 19. November 1844, S. 1111.
320 Paoli, *Iris 1845*, S. 159.
321 Vgl. Paoli, *Iris 1845*, S. 165.
322 Paoli, *Iris 1845*, S. 178.
323 Vgl. Wittner (Hg.), S. 313 und 347.
324 Vgl. Wittner (Hg.), S. 354.
325 Zitiert in einem Brief von Heinrich Landesmann an Moritz Hartmann, 24. Mai 1845. In: Wittner (Hg.), S. 349. Auch Betty Paoli lernte Gutzkow bei seinem Wienbesuch 1845 kennen. Vgl. Wittner (Hg.), S. 354f.
326 Vgl. Betty Paoli an Moritz Hartmann, 14. Februar 1846. WB, Hss., IN 47172.
327 Vgl. Wittner (Hg.), S. 355.
328 Betty Paoli: *Die Brüder. Anna*. Zwei Erzählungen. Wien: C. Daberkow 1898. (Erstdruck: *Rheinisches Taschenbuch* 1847, S. 101–200); vgl. Hock (Hg.), *Briefe Betty Paolis an Leopold Kompert*, S. 188.
329 Schenkel, *Betty Paoli*, Sp. 153.
330 Paoli, *Auf- und Untergang*, S. 264.
331 Vgl. Schenkel, *Betty Paoli*, Sp. 153.
332 Vgl. Wittner (Hg.), S. 421.
333 Wittner (Hg.), S. 399.
334 Paoli, *Gesammelte Aufsätze*, S. XXIXf.
335 Betty Paoli an Adalbert Stifter, 20. Juni 1846. In: Adalbert Stifter: *Sämmtliche Werke*. Bd. 23: Briefwechsel 7. Hg. v. Gustav Wilhelm. Reichenberg: Sudetendeutscher Verlag Franz Kraus 1939, S. 30.
336 Vgl. Paoli, *Gesammelte Aufsätze*, S. XXXV.

337 Vgl. Lenau, *Werke und Briefe*. Bd. 6, S. 333.

338 Vgl. Betty Paoli an Moritz Hartmann, 15. Jänner 1847. In: Wittner (Hg.), S. 418–422.

339 Vgl. Wittner (Hg.), S. 419.

340 Vgl. Wittner (Hg.), S. 420.

341 Wittner (Hg.), S. 420.

342 Vgl. Wittner (Hg.), S. 421.

343 Vgl. Wittner (Hg.), S. 438.

344 Betty Paoli: *Heinrich Stieglitz*. In: *Gesammelte Aufsätze*, S. 161–175. (Erstdruck: *Der Lloyd*, 17. Juni 1852, 1–3.)

345 Wittner (Hg.), S. 419f.

346 Paoli, *Heinrich Stieglitz*, S. 170.

347 Vgl. Wittner (Hg.), S. 420.

348 Vgl. Bauernfeld, *Tagebücher I*, S. 126.

349 Betti Paoli: *So mag es sein!* In: Paoli, *Neue Gedichte*, S. 125.

350 Betti Paoli: *Eine Begegnung in Venedig*. An Rottmann in München. In: Paoli, *Neue Gedichte*, S. 184–187.

351 Betti Paoli: *Endziel*. In: Paoli, *Neue Gedichte*, S. 6f.

352 Robert Prutz: *Ueber Reisen und Reiseliteratur der Deutschen*. In: Robert Prutz: *Kleine Schriften zur Politik und Literatur*. Bd. 1. Merseburg: Louis Garcke 1847, S. 232–257, hier S. 245.

353 Vgl. *Oesterreichischer Bürger-Kalender von Franz Gräffer*. Bd. 1. Wien: A. Pichlers Witwe 1846, S. 300 (der Eintrag lautet: »Paoli, Betti [Glück], Schriftstellerin, geb. 1814, Wien«).

354 Anonym: *Actenmäßiger Bericht über die erste Versammlung deutscher Schriftstellerinnen*, gehalten zu Weimar am 5., 6. und 7. October 1846. Leipzig: Wolfgang Gerhard 1846; Reprint Berlin 2001.

355 Anonym: *Kritische Revue der schönen Literatur* [Rezension des *Actenmäßigen Berichts*]. In: *Jahreszeiten* VI (1847), Bd. 1, Sp. 417–420, hier 420.

356 Ida Frick: *Der Frauen Sclaventhum und Freiheit*. Ein Traum am Hans-Heilig-Felsen, allen deutschen Frauen und Jungfrauen gewidmet. Dresden: Arnold 1845.

357 *Actenmäßiger Bericht*, S. 25.

358 Außer Paoli, Arnim und Otto auch Helmina von Chézy und Kathinka Zitz-Halein.

359 Vgl. *Actenmäßiger Bericht*, S. 56–58.

360 Vgl. *Actenmäßiger Bericht*, S. 56.

361 Anonym [Ferdinand Freiligrath:] *Deutsche Poesie*. Frauenlyrik. Vom Rhein. In: *Allgemeine Zeitung*, 13. Februar 1844, S. 347f., hier S. 347.

362 *Actenmäßiger Bericht*, S. 57.

363 Vgl. Ruth-Ellen Boetcher-Joeres: *Der Circulus vitiosus der Rollenerwartungen und Selbstbilder*. Deutsches Frauenschrifttum im 19. Jahrhundert. In: *Akten des VIII. Internationalen Germanisten-Kongresses*. Tokyo 1990. Bd. 10. Sektion 17. Hg. v. Eijirō Iwasaki. München: Iudicium 1991, S. 237–245, hier S. 283.

364 Adolf Neustadtl: *Roman und Novelle in Oesterreich*: In: *Ost und West*, Nr. 82, 13. Oktober 1838, S. 336f., hier S. 327. [Herv. i. O.]

365 Betty Paoli an Adalbert Stifter, 9. April 1847. In: Stifter, *Sämmtliche Werke*, Bd. 23: Briefwechsel 7, S. 38.

366 Vgl. Stifter, *Sämmtliche Werke*, Bd. 23: Briefwechsel 7, S. 39.

367 Adalbert Stifter an Gustav Heckenast, 17. Juli 1844. In: Stifter, *Sämmtliche Werke*, Bd. 17: Briefwechsel 1, S. 125.

368 Vgl. Andrassy, *Briefe an Stifter*, S. 611.

369 Vgl. Hieronymus Lorm: *Literarische Blätter aus Oesterreich*. In: *Die Grenzboten* 3 (1844), II. Semester, II. Bd., S. 499–502, auch in: *Wien's poetische Schwingen und Federn* von 1847.

370 Heinrich Landesmann an Moritz Hartmann, 20. Juni 1844. In: Wittner (Hg.), S. 248.

371 Adalbert Stifter an Gustav Heckenast, 20. Juli 1857. In: Stifter, *Sämmtliche Werke*, Bd. 19: Briefwechsel 3. Hg. v. Gustav Wilhelm. Prag: Sudetendeutscher Verlag Franz Kraus 1923, S. 39.

372 Vgl. Adalbert Stifter: *Ausstellung des oberösterreichischen Vereines für bildende Kunst* (1853). In: Adalbert Stifter: *Sämmtliche Werke*. Bd. 14: Vermischte Schriften 1. Hg. v. Adalbert Horčička. Prag: Calve 1901, S. 40–46.

373 Sz.: *Taschenbücher-Revue*. In: *Der Humorist*, 1./2. Dezember 1847, S. 1149.

374 Betty Paoli: *An Adalbert Stifter*. In: *Iris*. 1848, S. Vf. [AW S. 113f.]; auch in: *Dichtung und Dichter*. Eine Anthologie von Ferdinand Freiligrath. 2. Bd. Dessau: Gebrüder Katz 1854, S. 774.

375 Vgl. Walter Hettche: *Der Nachsommer*. Eine Erzählung. StifterHaus (digital).

3
1848–1855
Revolutionen, Reisen, Ressentiments

Wien–Leipzig–Zerbst …

Anfang des Jahres 1848 erhielt Betty Paoli einen Brief von ihrem Freund Carl Lewinsky. Er war weiterhin literarisch interessiert und außerdem in Lemberg über alle Vorkommnisse durchaus gut informiert. Die Unruhen in den Kronländern stellten das System Metternich schon seit Jahren auf die Probe, die kaiserliche Regierung in Wien verspürte immer mehr nationalistischen Gegenwind, so auch aus Galizien. Einiges in Lewinskys Brief ließ erahnen, was auf die Wiener in den nächsten Monaten zukommen würde.

Bereits 1846 war es zum Krakauer Aufstand gekommen, bei dem die Befreiung von der Fremdherrschaft durch die Österreicher und Russen, die Aufhebung der bäuerlichen Leibeigenschaft und die vollständige Gleichberechtigung der Juden gefordert wurde. Die Idee einer selbstständigen (polnischen) Nation eignete sich bestens als »Projektionsfläche für alle Veränderungswünsche, die sich in den Jahrzehnten politischer Stagnation und Unterdrückung angestaut hatten«[1]. Die Revolte scheiterte und die durch die Verquickung von nationalen und sozialen Forderungen zunehmend in Bedrängnis gebrachte Regierung griff hart durch. Zwei der Anführer des Krakauer Aufstands wurden hingerichtet.

Der richterliche Spruch dazu erging in Lemberg und der mittlerweile zum k. k.-Rath am Criminal-Gericht[2] aufgestiegene Carl Lewinsky verfasste die Begründung für die Verurteilung von Theophil Wiśniowski wegen Hochverrats. Lewinskys Darstellung des Tatbestands umfasst im Druck sechs Seiten und ist eine offizielle Kurzversion der staatsgefährdenden Umtriebe der polnischen Unabhängigkeits- und Demokratiebewegung im Exil und auf österreichischem Boden.[3] Lewinsky zeigte sich als Chronist und Jurist dabei so geschickt, dass ihm in Folge einer »hohen – höchsten und vielleicht allerhöchsten Entschließung –/: ich meine mit letzterer nicht eine des lieben Herrgott:/« der Auftrag erteilt wurde, den »galizischen Revolteversuch actenmäßig historisch darzustellen«, woraus dann im Druck die »anerkannte öffentliche Kundmachung« über den Aufstand und die Prozesse in Galizien werden sollte.[4] Lewinsky beeilte sich, seiner Freundin zu versichern, dass diese Abhandlung nicht ohne Eingriff der Zensur gedruckt werden würde, mithin nicht alles, was sie darin finden werde, von ihm stamme.

Lewinsky ließ Paoli auch wissen, dass er die Ansicht ihres »hochbegabten« Freundes teile, der über den Aufstand einen Artikel für die *Grenzboten* geschrieben hat. Dieser anonym gedruckte *Brief eines Reisenden aus und über Galizien* stammte aus der Feder von Paolis Freund und Unterstützer Friedrich Fürst Schwarzenberg.[5] Der hatte sich 1840 zwar aus dem Militärdienst zurückgezogen, ging nach den ersten Berichten über den Krakauer Aufstand aber als Freiwilliger nach Galizien, um den Gouverneur, seinen ehemaligen Kommandierenden Feldmarschall Erzherzog Ferdinand d'Este zu unterstützen. Die liberale Redaktion der *Grenzboten* druckte seinen Text, distanzierte sich aber von der habsburgtreuen Darstellung mit den Worten: »Der Leser kann aus manchen Stellen errathen, daß der Herr Verfasser ein höherer Officier ist.«[6] Schwarzenberg wurde für seine Dienste in Galizien in den Rang eines Obersten erhoben.

Carl Lewinsky war regelmäßig Gast im Salon des österreichischen Statthalters in Galizien, des konservativen Franz Seraph Graf Stadion, der später Innen- und Bildungsminister in der Regierung des Ministerpräsidenten Felix Fürst Schwarzenberg, eines Cousins von Friedrich, wurde. Die »Aristocratie und Bureaucratie« brächten sich in Stadions Salon »Stöße und Hiebe« bei, aber mit Glacéhandschuhen, schildert Lewinsky die Lage.[7] Die Demokratie sei in dem Salon nicht zu Gast, zumindest gebe sie sich nicht zu erkennen. Er, Lewinsky, glaube ohnedies an die »Humanitätscratie«. Lewinsky berichtet auch von Graf Stadions Versuchen, die öffentliche Meinung durch ein Zeitungsprojekt zu beeinflussen, bezweifelt aber den Erfolg. Das Misstrauen des Volkes gegenüber der österreichischen Regierung war zu groß, als dass sich die Unruhen hätten journalistisch befrieden lassen. Außerdem störte den literaturaffinen k. k.-Rath Lewinsky, dass der »Kunstverächter« Stadion die Kultur in den hintersten Winkel der Zeitung verbannte.

Lewinsky kommentierte in seinem Brief auch den sogenannten Zigarrenrummel in Mailand. In diesem Protest zu Beginn des Jahres 1848, der sich gegen die österreichische Tabaksteuer richtete und zu blutigen Ausschreitungen führte, manifestierte sich das gestärkte italienische Nationalbewusstsein. Wenig später wurde über die Lombardei der Ausnahmezustand verhängt.

Carl Lewinsky sieht nach der Lektüre von Alphonse de Lamartines *L'Histoire des Girondins* (1847) die Weisheit bestätigt, dass es nichts Neues unter der Sonne gibt, und er schreibt seiner Freundin: »Unter unseren jetzigen Verhältnißen läßt sich so wenig Tröstliches sagen daß es am Klügsten scheint sich den Wellen des Zeitstroms willenlos zu überlassen – als Geretteter oder als Leiche kömmt man doch an's Land.«[8] Das willenlose Mitschwimmen war allerdings Paolis Sache nicht. 1848 und in den folgenden fünf Jahren versuchte sie das Beste aus ihrer Situation und aus den gesellschaftlichen Veränderungen zu machen. Sie aktivierte nicht nur ihre Netzwerke in Wien und Berlin, sondern reiste auch nach Italien und Paris.

Jubel und Unruhe in Wien

Anfang Februar 1848 flanierte ein Feuilletonist des *Wiener Zuschauer*, Untertitel *Zeitschrift für Gebildete*, über den Kohlmarkt, eine der elegantesten Straßen Wiens, und betrachtete bei dem Kunst- und Musikalienhändler H. F. Müller ein Porträt »der geist- und gemüthsvollen Dichterin«[9] Betty Paoli, ein Bild, das »sehr ähnlich«[10] sein soll.

Die Zeitung *Der Wanderer* druckte das Porträt gemeinsam mit einem Huldigungsgedicht aus der Feder Cajetan Cerris, der unter anderem dichtet:

Oft blick' ich kühn zu Deinen Sonnenhöhen,
Ein Aar auf fremdem eisigen Gefild;
Ich las Dein Lied – mein Herzblut rollte wild
Und Südenslüfte fühlt' ich mich umwehen.[11]

Betty Paoli, 1848

Paoli zählte 1848 zu den »Schaukästen-Berühmtheiten«[12] und wurde verehrt, nicht nur von Cerri, sondern auch von der nächsten Generation schreibender Frauen, zu der Marie Comtesse Dubsky gehörte. Moriz Ebner-Eschenbach erinnert sich an den Schreibtisch seiner Braut: »In einem Schreine [...] lag ein Bindfaden, mit welchem die gefeierte Dichterin Betti Paoli das erste ihr zur Beurteilung übergebene Drama umwunden hatte.«[13] Anton Bettelheim weiß zu berichten: »Marie Dubsky ruht nicht, bis sie [...] der Dichterin persönlich gegenüber steht. (Betty Paoli war dazumal in der vornehmsten Wiener Adelsgesellschaft viel gesehen, auch viel gesucht wegen ihrer Literaturvorträge.)«[14] Im Februar 1848 trafen sich die beiden Frauen auf Initiative von Xaverine, geborene Gräfin Kolowrat-Krakowský, der Stiefmutter der Comtesse.[15]

Trotz ihrer hochadeligen Verbindungen sympathisierte Paoli mit den Revolutionsforderungen der Bürger. Wie die meisten ihrer Schriftstellerkollegen wünschte sie Metternich weg, mitsamt seiner Geheimpolizei, die Hausdurchsuchungen durchführte und Manuskripte beschlagnahmte. Paoli war für die Abschaffung der Zensurstelle, die willkürlich Texte unterdrückte und Gedichte verstümmelte. Die Beschränkung des öffentlichen Meinungsaustausches und die publizistische Abschottung gegenüber dem Ausland hatten das Habsburgerreich in einen intellektuellen

Winterschlaf versetzt, den Paoli als unerträglich empfand. 1847 schreibt sie an Moritz Hartmann: »Es fehlt nur noch, daß man den Verkauf von Scheeren und Meßern verbiethe damit die lieben Kinderchen sich ja nicht stechen oder schneiden.«[16]

Als nun im März 1848 die Staatsgewalt dem Druck des Bildungsbürgertums, also der Studenten, Professoren, Beamten und Schriftsteller, nachgab und eine Verfassung samt Pressefreiheit ankündigte, war der Jubel auch bei Paoli groß. Später im Revolutionsjahr schreibt sie an Adalbert Stifter: »Erinnern Sie sich noch, wie ich am Morgen des 15. März zu Ihnen kam und wie wir uns der neugewonnenen Freiheit freuten? Ich werde es nie vergeßen, denn dieser Tag gehört zu den seltenen, an denen wir das Ideal zur Wirklichkeit verkörpert sehen [...].«[17]

Allerdings wurde für Paoli auch einiges schwieriger. Die Pressefreiheit und die allgemeine Politisierung bedeuteten, dass sich die Medienlandschaft grundlegend veränderte, und nicht nur zum Vorteil der Dichterin. Verleger mussten sich umstellen – oder untergehen. Ein Opfer dieser Entwicklung war die für Paoli so wichtige *Wiener Zeitschrift*, in der 1845 auch die Erzählung *Condor* erschienen war, die Adalbert Stifters literarischen Ruhm begründete. Als wichtigste Mode- und Kulturzeitschrift des Biedermeier, aufwendig ausgestattet mit Bildern und Musikbeilagen, verlor die *Wiener Zeitschrift* im Revolutionsjahr ihre Leserschaft. Die Redaktion versuchte das Blatt mit dem neuen Untertitel *Politisch-belletristisches Tagsblatt für alle socialen und literarischen Interessen* zu retten; vergebens. In der letzten Nummer der Zeitschrift verabschiedete sich der Herausgeber mit der Erklärung, dass die »neugestalteten literarischen Errungenschaften (oder vielleicht ›Verlorenschaften‹)« zur Einstellung der Zeitschrift führten.[18]

Am 15. März 1848 hob Kaiser Ferdinand nicht nur die Zensur auf und gewährte Pressefreiheit, sondern gestattete auch die Bildung einer Nationalgarde. Folgerichtig wandte sich Karl Lößl, der in den Jahren 1846 und 1847 den Almanach *Donaublumen* herausgegeben hatte, in einem Flugblatt an die »P. T. Herren Bezirks-Chefs und Corps-Commandanten der gesammten Nationalgarde«. Er habe bereits von den »vorzüglichsten und beliebtesten vaterländischen Dichtern« – und hier zählt er zahlreiche bekannte Almanach- und Taschenbuchautoren auf, darunter auch Betty Paoli – Beiträge für den nächsten Almanach bekommen, aber »nach den Errungenschaften der Märztage konnte ich für die Herausgabe dieser Sammlung keinen Verleger, selbst mit der geringsten Honorarsvergütung auffinden [...]«. Mit einem Subskriptionsaufruf an die bewaffneten Bürger sollte nun der Druck finanziert werden.[19] Das Unternehmen scheiterte.

Den publizistischen und literarischen Verlusten standen aber auch nachhaltige Zeitungsgründungen gegenüber, zum Beispiel die *Presse* von August Zang und der *Lloyd*, geleitet von Eduard Warrens. Beide Publikationen erwiesen sich für Paoli im Laufe der Jahre als nützlich. Der *Lloyd* ging aus dem *Journal* des ›Oesterreichischen Lloyd‹ hervor, einem Informations- und Handelsblatt im Auftrag der größten Schifffahrtsgesellschaft der Monarchie. Graf Stadion, 1848 zum Innenminister bestellt, verlegte die Redaktion von Triest nach Wien und setzte um, was ihm in Lemberg nicht gelungen war: Er stellte eine Zeitung in den Dienst seiner Sache.

Wenn auch nur für kurze Zeit änderte sich durch die Revolution noch etwas Wesentliches: Frauen traten an die Öffentlichkeit. Paoli fasste im Journalismus Fuß und sie ließ sich dieses Betätigungsfeld auch nicht mehr nehmen. Das Ende der Abschottung der Habsburgermonarchie vereinfachte außerdem das Reisen, was ihr ebenfalls zugutekam. Denn Paoli geriet nicht nur wegen der politischen Umstürze in Bedrängnis: Maria Anna Schwarzenberg, Metternich-Hasserin aus politischer Überzeugung und weil sie meinte, ihr zweiter Mann hätte vom Staatskanzler die Anerkennung, die er verdiente, nicht bekommen, starb am 2. April 1848. »Sie entschlief sanft und ruhig, im Beisein ihrer Söhne Friedrich und Edmund, dann ihres Gesellschaftsfräuleins, – der hochbegabten, vielseitig gebildeten und bekannten Dichterin – Betti Paoli, welche sie bis an ihr Lebensende mit unermüdlicher Liebe und hingebender Sorgfalt gepflegt hatte.«[20]

Mit einer Unterbrechung hatte Paoli fast fünf Jahre an der Seite der Fürstin verbracht, und wenn sie auch weniger Gelegenheit zur literarischen Arbeit hatte als in den Jahren zuvor im Haus Wertheimer, war diese Zeit bei Schwarzenberg doch sehr wichtig für sie. Sie knüpfte Verbindungen zu adeligen Familien, deren Mitglieder ihr bis an ihr Lebensende verbunden blieben. Gerade diese Kontakte waren es aber auch, die 1848, als Bürger, Bauern und Arbeiter gegen die Aristokratie aufbegehrten, ihre Situation kompliziert machten. An Friedrich Schwarzenberg schreibt sie: »[I]ch habe nicht die entfernteste Aussicht, eine für mich passende Stelle zu finden, Alles schränkt sich ein, und da ist leider keine Nachfrage nach einem solchen Luxusartikel wie ich, ebenfalls <u>leider</u>! einer bin.«[21]

Dazu kam, dass die Revolution in Wien sich gar nicht in Paolis Sinn entwickelte. Was anfangs nach einer eher halbherzigen Befreiung der bürgerlichen Eliten aussah, wurde zum Aufstand der Massen und lief aus Sicht vieler Bürger aus dem Ruder. Flugblätter und Zeitungen riefen zur Mäßigung auf, so auch die *Constitutionelle Donau-Zeitung*, gegründet am 1. April 1848. Zu ihrem Zielpublikum sollte zählen:

> Wer es gut mit Oesterreich meint, wem seine Einheit und Unverletztheit gegenüber den kundgewordenen separatistischen Bestrebungen am Herzen liegt, [...] wer nicht den Umsturz, sondern die zeitgemäße Umgestaltung der gegebenen Verhältnisse will, [...] wer einsieht, daß das Los der arbeitenden Classen in ihrem Interesse und in jenem der Gesammtheit einer wesentlichen Verbesserung bedarf, wer Achtung vor Religiosität und Sitte, vor der eigenen und fremden Menschenwürde fühlt, und wer endlich vor allen communistischen und socialistischen Richtungen [...] und der Aufregung zuchtloser Leidenschaft zurückschreckt [...].[22]

Das entspricht Paolis (neuer) politischer Position und am 2. Mai 1848 erschien in dieser Zeitung ihr Gedicht *Einigung*, ein Sonett, in dem sie zu Besonnenheit und Brüderlichkeit aufruft.[23] Nur sechs Wochen waren zwischen dem Jubel bei Adalbert Stifter und der Veröffentlichung dieser Verse vergangen:

> In scheuer Angst seh' ich die Einen jagen,
> Die Andern hör' ich Freudenhymnen singen,
> Ich aber fühl' es tief mein Herz durchdringen,
> Daß jetzt nicht Zeit zum Jubeln noch zum Klagen![24]

An Stifter schreibt Paoli, dass sie Wien verlassen werde, denn es ließe sich nur »dürftige Ausbeute« »auf dem Felde der literarischen Thätigkeit in einem Augenblicke vorhersehen, wo die Politik jedes andere Interesse verschlingt. Wer liest jetzt Anderes als Zeitungen und Pamphlet?«[25] Stifter flüchtete Anfang Mai nach Linz und fand, seine Wiener Kollegin und Freundin sollte es ihm gleichtun. Er schrieb ihr, er habe ein »Stübchen« für sie gefunden, ganz in seiner Nähe: »Bei Director Wimmer (eine liebe achtbare Familie) 100 Schritte von mir ist ein separirtes Zimmer, Aussicht auf Wasser und Berge […].«[26] Er machte ihr die Unterkunft sozusagen schmackhaft: »Frühstük, Jause, Bedienung etc. 6 fl C. M. im Monat.« Das Mittagessen könnte sie aus dem Gasthaus holen lassen. In der Linzer Ruhe soll Paoli einen Roman schreiben, meint Stifter, in zwei Jahren könnte sie damit fertig sein. Er schließt besorgt, aber zuversichtlich: »[…] wir werden gute edle Tage verleben. Seien Sie mir vielmal gegrüßt, und kommen Sie mir ja auf der Stelle (Ich muß Ihren Vormund machen. Jede Secunde in Wien ist für Sie Verlust an Leben und Gemüth).«[27] Von Paolis literarischer Arbeit in Linz hatte Stifter schon eine konkrete Vorstellung und ließ ihren gemeinsamen Verleger wissen: »B. Paoli hat eine sehr schöne Erzählung geschrieben. Ich hoffe Vortreffliches, wenn sie sich auf den socialen Roman verlegt.«[28] Er meinte vielleicht das Manuskript einer unveröffentlichten Erzählung, die Paoli dem Verleger Pfautsch für ein Taschenbuch hätte liefern sollen, die ihr aber »unter der Hand« auf einen den Rahmen sprengenden Umfang angewachsen war.[29]

Doch Paoli verbrachte mehrere Wochen in Malatzka in Ungarn (Malacký, Slowakei), ca. 100 Kilometer von Wien entfernt, auf den Gütern der Grafen Pálffy (Therese Gräfin Pálffy war die Witwe eines Cousins von Friedrich Schwarzenberg) und kündigte an, dass sie in die Kleinstadt Zerbst im Herzogtum Anhalt-Dessau ziehen würde, falls es in Malatzka zu Unruhen kommen sollte.[30] Das verlockende Angebot des Freundes in Linz konnte sie nicht umstimmen. Aber um in einer fremden Stadt Fuß zu fassen, brauchte Paoli persönliche Kontakte, denn touristische Infrastruktur, die von reisenden Frauen genutzt werden konnte, gab es nur in Badeorten, und in denen war das Leben teuer. Als ihr Lemberger Freund Lewinsky, der wortgewandte Jurist, der den Despotismus der Habsburger in Galizien schönschreiben sollte, für seine Dienste belohnt und in die Residenzstadt geschickt wurde (er wurde von Justizminister Alexander von Bach zum Leiter einer Untersuchungskommission ernannt[31]), hatte Paoli Wien bereits verlassen. Und so wurde wahr, was Lewinsky, der Paoli zuletzt 1837 in Schlesien getroffen hatte, in seinem Brief im Jänner prophezeit hatte: »Das Jahr '838 bekömmt nun seinen zehnten Nachfolger und ich glaube erst nach vollendetem Jahrzehend wieder ihre [Paolis] Hand drücken zu können […].«[32]

Während Stifter nach Linz zog, aktivierte Paoli ihren deutschen Kontakt in Zerbst, Theodor Elze, den sie auf Reisen mit der Fürstin Schwarzenberg kennengelernt und später in Florenz besucht hatte. Sie reiste aber nicht direkt zu ihm, sondern machte zuerst in Leipzig Station, voller Vorfreude auf das Wiedersehen mit Freunden und Bekannten, die sie seit mindestens zwei Jahren nicht mehr gesehen hatte.

Die Reise führte von Wien über Breslau und Dresden, was recht anstrengend war, sie kam »von den Torturen einer 34stündigen Eisenbahnfahrt so erschöpft« an, dass sie sich »ein paar Rasttage« gönnen musste.[33] Am Ende der langen Fahrt stand dann eine Enttäuschung:

> [D]ie Physiognomie der Stadt fand ich unverändert, um so größere Veränderungen waren jedoch in dem Kreise vorgegangen, den ich dort wiederzufinden gehofft hatte. Kühne war auf dem Land, Laube und Hartmann in Frankfurt, die österreichische Colonie, wie wir uns scherzend nannten, auseinander gestoben und nur Einer zurückgeblieben, nur Einer, der aber ›zehntausend Tybalts‹ aufwiegt: J. Kaufmann. Nach langen Irrefahrten ist er nach Leipzig zurückgekehrt.[34]

So steht es im ersten ihrer Feuilletonbeiträge für die neue österreichische Zeitung *Die Presse*. Paoli gestaltet ihre Texte als subjektive Reise- und Lageberichte, adressiert an Freunde unter dem Titel *Deutsche Briefe*.

Noch in Wien hatte Paoli erkannt, dass die seit 3. Juli unter dem Motto »Gleiches Recht für Alle« erscheinende *Presse* aus der Masse an Neugründungen herausstach. August Zang hatte das Herausgeberhandwerk in Paris gelernt und brachte Technologie und Vermarktungsstrategien der Zeitung *La Presse* nach Wien. Er übernahm auch die Platzierung des Feuilletons auf der ersten Seite ›unter dem Strich‹. Paoli schreibt an den Fürsten Friedrich Schwarzenberg, der nach dem Tod seiner Mutter die Stadt verlassen hatte: »Ich erlaube mir Ihnen hier 2 Nummern, der Ihnen wahrscheinlich noch unbekannten ›Presse‹ zuzusenden; dieses Blatt ist ohne Vergleich das bedeutendste unter den in Wien erscheinenden und hat sich selbst Stadions Anerkennung erworben.«[35]

Ihr erster Beitrag für *Die Presse* erschien am 25. August 1848. In diesem

Feuilleton erklärt sie, dass ihr Deutschland nach den revolutionären Ereignissen in Österreich »ein Asyl vor dem Despotismus einer mißverstandnen Freiheit« bot.[36] Im Vormärz hatte die österreichische Kolonie in Leipzig eine ganz andere Asylerfahrung gemacht, denn in der Stadt wurden »die Flüchtlinge aufgenommen, die den Druck des österreichischen Despotismus nicht zu ertragen vermochten«.[37] Damals hatte Paoli als Begleiterin der Fürstin Schwarzenberg diese Flüchtlinge besucht und war schweren Herzens in das kleingeistige, polizeilich überwachte Österreich zurückgekehrt. Jetzt waren Heinrich Laube und Moritz Hartmann in Frankfurt, wo die Nationalversammlung den Parlamentarismus verwirklichte. Laube war von Anfang an als kritischer Berichterstatter[38] dabei, Hartmann stand als Abgeordneter des böhmischen Bezirks Leitmeritz auf der Seite der radikaldemokratischen Linken.

Nur Paolis Freund Jakob Kaufmann war im August 1848 noch in Leipzig. Er war Redakteur der *Grenzboten*, die in Österreich, solange die Metternich'sche Zensur galt, verboten waren und trotzdem gelesen wurden. Im Herbst zog Kaufmann nach Wien, um für die *Ost-Deutsche Post* zu arbeiten, die Ignaz Kuranda, vormals *Grenzboten*-Herausgeber, gründete. Kuranda war in Frankfurt Abgeordneter für das böhmische Teplitz, mit Paoli verband ihn eine lange Geschichte. Einerseits war er einer ihrer ersten Rezensenten gewesen, andererseits lag sie mit ihm in Streit, nachdem er ihren Förderer Witthauer in seiner Zeitschrift angegriffen hatte.[39] Paoli wäre aber bereit gewesen, mit Kuranda die »Friedenspfeife« zu rauchen.[40]

Paoli und Kuranda passten freilich ideologisch nicht zusammen, die Linie von Kurandas neuem Blatt zeigt es: Die *Ost-Deutsche Post* propagierte die Gründung eines deutschen Nationalstaates unter der Führung Österreichs, das sich dafür von den nicht überwiegend deutschsprachigen Territorien trennen und seine Kronländer in die nationale Souveränität entlassen müsste. Kuranda unterstützte die Idee einer Verfassung, die die Vormacht der Habsburger beenden würde. Paoli stellte sich die Zukunft ganz anders vor. Ihre Heimat war die k. k.-Monarchie mit allen ihren Teilen und unter der uneingeschränkten Herrschaft der Habsburger. Im ersten *Deutschen Brief* schreibt sie über die Vorgänge im Zuge der Revolution (der Kaiser war nach Innsbruck geflohen, Fürst Windischgrätz hatte den Pfingstaufstand in Prag brutal niederschlagen lassen, in Norditalien tobte ein Unabhängigkeitskrieg): »Seh ich [...] die Wunden, die meinem Vaterlande geschlagen werden, die es mit eigner Hand sich schlägt, da fühl' ich wie tief meine Wurzeln in seinem Boden haften, und daß es mein Blut ist, was seinen Adern entströmt.«[41] Sie erkennt, dass »Schmerz und Zorn« ihre Gedanken trüben und »indem man gegen die Parteien eifert wird man einseitig, unbillig, verblendet, wie sie. Auch mir war es so ergangen; [...] Das sicherste Mittel dagegen schien mir, den Kampfplatz für einige Zeit zu meiden und neue Eindrücke auf mich wirken zu lassen.«[42]

Im November des Revolutionsjahres war Paoli aber wieder in Wien und der ideologische Streit dehnte sich auf den brüderlich geliebten Jakob Kaufmann aus: »[Z]um Glück trug ich eine Haube, sonst wären wir einander in die Haare gerathen.«[43] Den »Ehrentitel einer schwarz-gelb gefleckten Hyäne« habe sie sich in wenigen Wochen erworben, berichtete Paoli in einem Brief an Friedrich Schwarzenberg.[44] Die Farben des Hauses Habsburg hatten sich im Revolutionsjahr nicht nur diejenigen auf die Fahnen geheftet, die für das Herrscherhaus waren, also die Aristokratie, das Großbürgertum und die höheren Beamten, sondern auch jene, die gegen das deutsche (und großdeutsche) Schwarz-Rot-Gold auftraten.

Ruhe und Reaktion in Zerbst

Betty Paoli hatte allen Grund, im Revolutionsjahr aus Malatzka wegzugehen. Die Güter der Grafen Pálffy lagen im Komitat Preßburg, in dem die Interessen der Ungarn, der nichtmagyarischen Nationalitäten und der Vertreter der Gesamtmonarchie aufeinandertrafen und sich eine massive militärische Intervention abzeichnete. Paoli ließ sich von ihrer Entscheidung für Zerbst und Theodor Elze auch nicht abbringen, als Stifter ihr schreibt: »In Ihrem Zerbst stelle ich es mir nicht das Tausendstel so schön und stille vor, als hier, und Ihr Freund läßt sich gewiß auch mit mir nicht vergleichen; denn ich bin Ihr bester und damit Punktum.«[45]

Paolis Freund Ludwig Theodor Elze aus Dessau war dichtender und malender Kirchenhistoriker, Slawist und Erzieher eines Sohnes des Prinzen von Anhalt-Dessau. Was Elze und Betty Paoli verband, war ihre Liebe zu Italien.

> Durch ganz Italien bis über Neapel hinaus ist er so während der Jahre 1845–1847 gekommen, die immer den Glanzpunkt von Elzes Erinnerungen bildeten; den meisten Teil dieser Zeit hat er indessen in Florenz und der nahegelegenen Villa Pucci verlebt. Hier schloß er sich [...] der Dichterin Betty Paoli an, die er als Gesellschafterin der feingebildeten Fürstin Schwarzenberg kennen gelernt hatte.[46]

Fürst Franz von Anhalt-Dessau hatte rund um seinen Sommersitz in Wörlitz einen Landschaftsgarten nach englischem Vorbild anlegen lassen. Er war mit Luise Prinzessin von Brandenburg-Schwedt verheiratet, einer künstlerisch begabten und gebildeten Frau, die viel reiste und zu deren Freundeskreis nicht nur die Malerin Angelika Kauffmann, sondern auch Fürstin Maria Anna Schwarzenberg gehörte.

Im August 1848 schreibt Paoli an Friedrich Schwarzenberg, dass sie Wörlitz besucht habe, einen Ort »treuer, theuerer Erinnerung«. Im Jahr 1844 hatte sie auf dem Weg nach Helgoland mit der Fürstin hier Halt gemacht. Die Gartenlandschaft, die heute zum UNESCO-Welterbe zählt, war schon zu Lebzeiten des Fürsten Franz von Anhalt-Dessau in ganz Europa berühmt und Fürst Nikolaus II. Esterházy ließ sich bei der Umgestaltung des Stammsitzes der Familie Esterházy in Eisenstadt von der Anlage in Dessau-Wörlitz inspirieren. Zwar hatte er die Parks nicht selbst gesehen, er »wanderte jedoch zusammen mit Louise von Anhalt-Dessau, der Gattin des Gartenfürsten«, durch Rom.[47] Und wurde dabei wahrscheinlich von seiner jungen Stiefmutter Maria Anna begleitet.

Fürst Franz führte in seinem kleinen Fürstentum, ab 1807 Herzogtum, Reformen in Gesundheitsversorgung, Bildungswesen und Infrastruktur durch und machte Anhalt-Dessau nach aufgeklärt-absolutistischen Prinzipien zu einem der modernsten und reichsten Kleinstaaten Deutschlands. Das entsprach ganz Paolis Ideal vom gut gelenkten Staat: legitimistisch und vernünftig reformerisch.

> Oft sitze ich draußen, und die Bäume und Pflanzen lesen mir Collegien über Naturrecht und Staatsweisheit. Da will kein Blatt länger leben als der Stamm, der es getrieben, da will aber auch keine Frucht vorwitzig der Blüthe voraneilen; ewigen Gesetzen folgend schreiten die Erscheinungen fort, einfach wie alles Schöne, geregelt wie alle Weis-

heit, segensreich wie jede echte Kraft. O, daß die Menschen doch in diese Schule gingen![48]

Paoli hielt die Revolution im Sinne der Ablösung des Überlebten zwar für nötig, in ihrer radikalen Form aber für fehlgeleitet. Ihr zweites Feuilleton unter dem Titel *Deutsche Briefe* ist an einen ungenannten Freund gerichtet, von dem sie sagt, er hätte ihren »Kummer verstanden und getheilt«, in dieser unruhigen Zeit brauche sie aber etwas anderes, nämlich einen »Gebieter«.[49] Und genau dieses Sentiment prophezeit Paoli jenen, die jetzt revoltierten und nach uneingeschränkter Freiheit riefen: »Aber laß die Welt nur noch eine Weile hinrollen und sie wird, wie ich, das Bedürfniß empfinden, sich einem Willen zu unterwerfen, der höher, edler, reiner als das Gebot ihrer wilden Leidenschaften und dunklen Triebe.«[50]

Wohin die politische Geschäftigkeit führen wird (und da denkt Paoli sicher an die zahlreichen Versuche der Paulskirchenversammlung in Frankfurt, die unterschiedlichen Interessen der deutschen Staaten in einem Gesetzeswerk zusammenzubringen), und wer der zukünftige Gebieter sein wird, das will Paoli nicht vorhersagen. Sie vermutet, dass das »Resultat dieses Hämmerns und Schmiedens« wieder nur Kronen und Ketten sein werden, denn »bisher hat die Menschheit noch wenig Anderes zu Stande gebracht! Es wechselten immer nur die Classen, die mit jenen geschmückt, von diesen gedrückt waren.«[51] Einmal mehr warnt Paoli vor dem Despotismus des Volkes und den Verbrechen im Namen der Freiheit.

Im letzten Drittel dieses Feuilletonbeitrags bekennt Paoli dann Farbe. Anlass dazu geben die neuesten Entwicklungen in Norditalien und die Nachricht, dass Radetzky Mailand zurückerobert hat. Im März 1848 hatte der Volksaufstand in der Stadt dazu geführt, dass die österreichischen Truppen abgezogen wurden. Mit ihrer Rückkehr nach Mailand im August war die österreichische Vorherrschaft in der Lombardei vorerst wieder gesichert, was Paoli emphatisch begrüßte. Durch und durch Legitimistin und von der Berechtigung der militärischen Intervention überzeugt, spricht sie in diesem *Deutschen Brief* vom »Sieg unsers Doppeladlers über die verrätherische Schlange, die Mailand in seinem Wappen führt«, und davon, dass der Bruder des ungenannten Briefempfängers ihr »ein Blatt des Feldzeichens« schicken möge, mit dem er in Mailand eingezogen ist. Der ungenannte Adressat des zweiten *Deutschen Briefs* war demnach Friedrich

Schwarzenberg, dessen Bruder Edmund als Brigadekommandant den Truppen angehörte, die im August Mailand übernahmen.[52]

Dass ihr Gesinnungswandel in Bezug auf den italienischen Freiheitskampf erklärungsbedürftig war, musste Paoli selbst auffallen. Im dritten *Deutschen Brief* rechtfertigt sie sich denn auch öffentlich für ihre Zustimmung zur Niederschlagung des nationalen Aufstands, der Briefempfänger ist diesmal Hieronymus Lorm.[53] Paoli und Lorm hatten sich im Vormärz entzweit, jetzt aber stehen sie auf der gleichen Seite:

> Ist es nicht seltsam, daß diese stürmischen Zeiten, die so viele Bande zerreißen, die Macht hatten, uns nach längerer Entfremdung wieder geistig zu vereinigen. Verschiedenen Richtungen folgend, gingen wir auf verschiedenen Pfaden durchs Leben, kaum mehr Eines von dem Andern wissend; da ertönte der Schlachtruf, die Reihen ordneten sich und siehe da! wir begegneten uns unter demselben Banner.[54]

Das Banner, das Paoli meint, ist das der Habsburger, vor allem das der Gegner des ›Despotismus des Volkes‹, und ganz konkret ist es *Die Presse*. Lorm bot im Feuilleton dieser Zeitung in den Worten des Biographen Wurzbach »dem demokratischen Wahnwitz die Stirne«.[55] Paolis Begeisterung über Radetzkys Erfolg gründet in ihrer zuversichtlichen Hoffnung auf eine bessere österreichische Monarchie. Sie geht davon aus, dass die italienischen Provinzen im neuen Österreich gut aufgehoben sind. Vaterlands- und Freiheitsliebe seien nun keine widerstreitenden Empfindungen mehr. »Sagen Sie das Jenen die sich es nicht zu erklären wissen, wie ich, in deren Seele Pellico's und der Bandiera tragisches Loos ein klagendes Echo weckte, mich nun der Siege Radetzky's freuen mag.«[56]

Von der Fürsprecherin des Risorgimento, die die italienischen Helden im *Romancero* besang, wurde Paoli zur Reaktionärin, die die Niederlage der Nationalbewegung und den Sieg der Habsburger begrüßte. Die Parteinahme für nationale Freiheitsbestrebungen in den Kronländern sieht sie nun als Ventil für frustrierte österreichische Bildungsbürger. Wenn Meinungsfreiheit und nationale Selbstbestimmung im Verband der Habsburgermonarchie gewährt wurden – und Paoli zweifelte nicht daran, dass die im Schrecken über die Märzrevolution von der Regierung gegebenen Zusagen eingehalten würden –, waren derlei Ersatzrevolutionen unnötig.[57]

Paoli schrieb noch einen vierten *Deutschen Brief* aus Zerbst, richtete ihn an Adalbert Stifter und behandelte darin grundsätzliche Fragen zu einer neuen Poetik und der Rolle der Kunst in politisch unruhigen Zeiten. In diesem Feuilleton geht es um jene Themen, die auch im Salon von Maria Anna Schwarzenberg zur Sprache gekommen waren.[58] Die Möglichkeit der ästhetischen Intervention verwarf Paoli dabei völlig, vielmehr betrachtete sie wie Stifter die Kunst als reine, politikferne Religion. Paolis Text war eine Reaktion auf einen, im Juli anonym in der *Allgemeinen Zeitung* (Augsburg) veröffentlichten Beitrag Stifters, mit dem er die Werbetrommel für ein Gemälde seines Freundes Johann Fischbach rührte (wobei das Bild durchaus politisch ist, da es Erzherzog Johann, Reichsverweser, also Oberhaupt der ersten gesamtdeutschen Regierung, darstellt).[59] Der Artikel, auf den Paoli zufällig gestoßen war[60], brachte sie zu der grundsätzlichen Betrachtung, dass die politischen Stürme zwar das Interesse an der Kunst im Moment verschüttet hätten, die Zukunft aber weisen werde, dass die Menschen die Kunst brauchten.[61]

In ihrem Essay *Ein einsamer Abend* rät Paoli: »Wer sich jetzt dem Dienst der Göttin [Poesie] weihen will, der lerne vor Allem mit hohem Muth entbehren [...]«.[62] Das galt auch für sie selbst. Als sie im Juli Wien verließ, hoffte sie auf einen Vertrag mit einer deutschen Redaktion, zum Beispiel der *Allgemeinen Zeitung*.[63] Bevor sie im Oktober nach Wien zurückkehrte, versuchte Paoli bei dem anhaltischen Hofbankier Cohn österreichische Banknoten zu tauschen und Esterházy'sche Anleihen zu verkaufen. Da Cohn das Geld nicht sofort auszahlte, streckte Theodor Elze ihr 55 Taler von der Gesamtsumme für die Reise vor.[64] Paoli machte Station in Prag, wo sie Gast der Fürstin Josephine Schwarzenberg war. Eine Einladung nach Malatzka wurde von Gräfin Pálffy wegen der drohenden Kampfhandlungen zwischen den österreichischen und den ungarischen Truppen wieder zurückgezogen. Und so verbrachte Paoli die Oktobertage 1848 im Jakoberhof in Wien.[65]

Paolis *Deutsche Briefe* waren im politisch turbulenten August und September in sicherer Entfernung entstanden, nun aber erlebte sie den Oktoberaufstand. Der brach aus, als kaiserliche Truppen von Wien gegen das aufständische Ungarn ziehen sollten und sich ihnen Arbeiter und Studenten entgegenstellten. Der Aufstand forderte hunderte Tote und in seiner Folge wurden alle demokratischen Maßnahmen wieder abgeschafft. Am

18. Oktober schreibt Paoli an Adalbert Stifter: »Die Entscheidung wird wohl nicht lange ausbleiben: eine Militärdiktatur oder die rote Republik, ich sehe keinen Weg zwischen beiden.«[66] Einige Wochen später beschloss Paoli, Wien wieder zu verlassen. Eine Einladung von Friedrich Hebbel, mit ihm und seiner Frau Weihnachten zu feiern, schlug sie aus, machte das aber mit den Worten: »Lassen Sie mich hoffen, daß ich bei meiner Rückkehr glücklicher sein werde. Vielleicht entschädigt mich Ostern für die Stunde, die ich mir Weihnachten versagen muß.«[67]

Auf Jobsuche: Teplitz, Dahlen, Berlin

Die letzten Wochen eines Jahres waren die Zeit der Almanache und literarischen Taschenbücher, aber im Revolutionsjahr war auch das anders. Die *Wiener Zeitschrift*, die gerade den Untertitel *Tagsblatt für die gebildete Lesewelt* trug, kommentiert: »Das heurige Jahr war nicht fruchtbar an Taschenbüchern; wir zählten die Häupter unserer Lieben aus den vergangenen Jahren her – und es fehlte manch theueres Haupt!«[68] Der Rezensent möchte jedoch die »Lesewelt«, die sich »bereits wieder von der politischen Literatur allmählich der sanfteren Romantik zuneigt« auf Karl Herloßsohns *Vergißmeinnicht* aufmerksam machen, denn das sei in der bekannten Qualität erschienen, sowohl was die Ausstattung betrifft als auch »dem innern Gehalte nach«.[69] Selbstverständlich ist Betty Paoli in dieser Ausnahmepublikation vertreten: Unter den poetischen Beiträgen finden wir ihr Gedicht *Ein Brief* und unter den Bildbeigaben eine (schlechte) Wiedergabe der Prinzhofer-Lithographie, die im Schaufenster am Kohlmarkt zu sehen gewesen war.[70]

Paoli litt als Lyrikerin in dieser Zeit nicht nur unter den Veränderungen des literarischen Markts, sie war auch mit dem Zustand der aktuellen Poesie unzufrieden. Um dem Ausdruck zu verleihen, bediente sie sich wiederum des Feuilletons einer konservativen Zeitung. In ihrem Anfang 1849 im *Lloyd* erschienenen *Kritischen Portefeuille*[71] beklagt sie die »künstlerische Unfruchtbarkeit des entschwundenen Jahres« und stellt fest, dass es bislang weder eine angemessene Poesie des Neuen noch eine des Untergegangenen gebe.[72] Paolis Erfolgsrezept für eine zeitgemäße Literatur lautet: »Die Poesie und ihre ernstere Schwester die Philosophie, müssen Eines werden mit dem Leben; allzulang waren sie von ihm geschieden und wir zehren nun an den bittern Früchten dieser Trennung.«[73] Ihr Auftrag an die Autoren ist ein psychologischer Realismus: Die Poesie »stelle dem seelenlosen Gliedermann der überspannten Schule, der trostlosen Einförmigkeit, mit der sie alle Höhen und Tiefen gleich flach machen möchte, wahre und wirkliche Menschen mit der unendlichen Mannigfaltigkeit und Verschiedenheit ihrer Charaktere und Bedürfnisse, ihres Liebens, Hassens und Wollens« gegenüber.[74]

Paolis Hoffnung auf ein fixes Engagement bei einer deutschen Zeitung hatte sich nicht erfüllt und die Unterstützung durch die Familie Schwarzenberg enthob sie nicht der Notwendigkeit, eine bezahlte Anstellung zu finden.[75] Wieder erhielt sie eine Einladung der Gräfin Pálffy nach Malatzka, und die militärische Niederschlagung des Aufstands in Ungarn machte es ihr möglich, diese anzunehmen.[76] Im April 1849 (nach Ostern), kehrte Paoli nach Wien zurück, wohnte wieder im Jakoberhof, machte sich dann aber gleich auf Arbeitssuche. An Adalbert Stifter in Linz schreibt sie:

> Seit wenigen Tagen bin ich wieder in Wien, wo ich wahrscheinlich nur ein paar Wochen bleiben und dann nach Teplitz gehen werde; nicht um die dortigen Bäder zu gebrauchen, sondern weil ich durch die Vermittlung der Damen Clary, Fiquelmont und Waldstein eine paßende Stelle, oder sonst Beschäftigung durch Stundengeben, Vorlesen u. dgl. zu finden hoffe. Ich muß darauf bedacht sein, da an eine auf den Ertrag literarischer Arbeiten begründete Existenz in den jetzigen Zeiten nicht zu denken ist.[77]

Paoli schwebte eine Stelle in Russland vor. Vielleicht sagte ihr die Politik Russlands zu (der Zar schlug sozusagen stellvertretend für Österreich die ungarische Revolution endgültig nieder), oder ihr erschien die große Distanz zu Wien aus persönlichen Gründen wünschenswert. Jedenfalls lässt sie Friedrich Schwarzenberg wissen, dass es ein »großer Glücksfall« für sie wäre, nach St. Petersburg gehen zu können.[78]

Die Vermittlung der Stelle sollten die russische Salonnière Dorothea von Ficquelmont und deren Tochter Elisabeth-Alexandra übernehmen. Dorotheas Mann Karl Ludwig Graf von Ficquelmont war in der Metternich-Zeit Botschafter in St. Petersburg und im Revolutionsjahr für einige Wochen Außenminister gewesen. Dann zog er sich nach Teplitz in Nordböhmen zurück, der Herrschaft seines Schwiegersohns Edmund Fürst von Clary-Aldringen. Über Paoli hatte die literaturaffine, polyglotte Gräfin Ficquelmont, eine enge Freundin Puschkins, nur Gutes zu berichten, zuerst durch die Empfehlung der Familie Schwarzenberg, dann aber auch aus persönlicher Anschauung: Paoli sei eine »personne très distinguee«, sehr belesen und ein »caractère adorable«, lässt sie ihre Tochter wissen.[79]

Paoli bekam zwar keine Stelle in St. Petersburg, aber sie wurde Gesellschafterin der Gräfin Auguste Bünau, geborene Gräfin Einsiedel, im zwischen Leipzig und Dresden gelegenen Schloss Dahlen. Es war nur ein »provisorisches« Verhältnis, mit dem Paoli aber ganz zufrieden war, denn die Gräfin war eine gute Arbeitgeberin, wenn auch seit dem Tod ihres zweiten Mannes bedrückt.[80] Heinrich Graf von Bünau-Dahlen, der letzte seines Stammes, war 1842 in Italien gestorben, wahrscheinlich bei einem Duell.[81] Die Gräfin heiratete 1851 ein drittes Mal, und zwar den österreichischen Offizier Carl Heinrich Sahrer von Sahr, angeblich einer der »größten Gourmands Dresdens«.[82] Mit dieser Heirat ging Paolis Dienstverhältnis, das schon zuvor mehrfach unterbrochen worden war, endgültig zu Ende. 1849 dauerte Paolis Verpflichtung bei Bünau von Juli bis Ende Oktober, dann reiste die Gräfin in Gesellschaft ihres Vaters nach Nizza und nahm Paolis Dienste erst nach ihrer Rückkehr wieder in Anspruch.[83]

In den anstellungslosen Monaten versuchte Paoli in Berlin ihr Glück, musste aber einsehen, dass die Kontakte, die sie dort hatte, ihr bei ihrer Stellensuche in Russland nicht nützen konnten. Der Orientalist Anton Prokesch, seit Jahrzehnten eng mit dem Haus Schwarzenberg verbunden, war zwar österreichischer Gesandter in Berlin, lebte aber ganz zurückgezogen. Der Rechtsgelehrte Friedrich Carl von Savigny, ebenfalls ein Bekannter Paolis aus der Zeit bei der Fürstin Schwarzenberg, hatte bei Ausbruch der Revolution alle Ämter zurückgelegt. Und August Varnhagen von Ense war nach Paolis Einschätzung »ganz und gar des Teufels geworden und vergöttert jetzt das ›große, majestätische‹ Volk, ganz ebenso wie früher Titel und Ordensbänder«, die traurige Folge eines vermeintlichen Mangels an offizieller Anerkennung.[84]

Da ihr weder Teplitz noch Berlin für ihre Zukunftspläne dienlich war und auch ein weiterer Winter in Malatzka keinen Reiz für sie hatte (sie lehnte die Einladung Gräfin Pálffys 1849 ab), mietete Paoli sich in der Nähe ihres Freundes Theodor Elze ein. Ihre Vermieterin war eine Verwandte von Ludwig Olivier, ehemals Hauslehrer der Schwarzenberg-Söhne[85], und Paoli schreibt: »[S]o befinde ich mich seit vorgestern in der Haupt- und Residenzstadt der Anhalt'schen Lande, wo ich einen ruhigen Winter zu erleben und sehr viel zu arbeiten hoffe.«[86]

Neue Kreise

In Dessau reaktivierte Paoli einerseits Kontakte, die sie in ihrer Zeit bei der Fürstin Schwarzenberg geknüpft hatte, andererseits bescherten ihr die Jahre nach der Revolution auch einige interessante neue Bekanntschaften. So hatte ihre Idee, nach St. Petersburg zu gehen, vielleicht auch etwas mit Fanny Tarnow zu tun. Die umtriebige und unkonventionelle Schriftstellerin und Übersetzerin lebte seit 1841 in Dessau und gehörte zum Kreis um Theodor Elze und seinen Bruder Karl. 1817 hatte Tarnow ein Jahr in Russland verbracht, ein Versuch, aus dem Alltag in Deutschland auszubrechen und sich gesellschaftlichen Zwängen zu entziehen. Aus St. Petersburg hatte sie Reiseberichte für das vielgelesene *Morgenblatt für gebildete Stände* geliefert.[87]

Im Jahr 1844 hatte Paoli in Berlin Bettina von Arnim ihre Reverenz erwiesen, nach der publizistischen Kindesweglegung des *Romancero* konnten die beiden Frauen aber wohl keinen unbelasteten Umgang mehr pflegen. Ihre Wege dürften sich dennoch weiterhin gekreuzt haben, denn Paoli verkehrte in Berlin auch im Salon der Henriette (Jette) Solmar. Der war seit den 1820er Jahren ein Treffpunkt für Gelehrte und Künstler und eine »der wichtigsten Nachrichtenbörsen Berlins«.[88] Bei Solmar waren dereinst, vermittelt von August Varnhagen, Iwan Turgenjew und Michail Lermontow zu Gast und später auch die mit Paoli bekannte Fanny Lewald.[89] Diese war durch eine beißende Satire auf die Modeschriftstellerin Ida Hahn-Hahn, ihrerseits eine Freundin von Friedrich Schwarzenberg, berühmt geworden, tat sich aber vor allem als scharfblickende Journalistin hervor und thematisierte in ihren Romanen die Revolution 1848 ebenso wie die Judenemanzipation und den Pauperismus.

Paoli und Lewald teilten die Überzeugung, dass die bürgerliche Gleichstellung der Frauen nur durch Bildung möglich sei, und für beide waren die Ereignisse von 1848 das Signal, dem Liberalismus, dem sie bis dahin anhingen, zu misstrauen. Dass Gespräche über Politik im Salon Solmar kein Tabu waren, wissen wir aus einem späteren Bericht Paolis. 1867 erinnert sie sich:

> Wie geringe Ansprüche der Sinn für wahre Geselligkeit auf Glanz und Luxus macht, ist mir nie deutlicher geworden, als in dem Salon, dem Fräulein Solmar in Berlin noch vor etwa fünfzehn Jahren mit bewundernswerthem Tacte vorstand. Mit Recht galt er für einen der interessantesten der preußischen Residenz; viele ihrer geistigen Sommitäten waren seine täglichen Gäste. Von einem Bekannten des Hauses eingeführt, ward es auch Fremden leicht, dort Zutritt zu erlangen. Man unterhielt sich über die Tagesereignisse, man debattirte über Politik, Kunst und Literatur, nicht oberflächlich, wie der fälschlich gut genannte Ton es vorschreibt, nicht schwerfällig wie eine Pedanten-Versammlung, sondern mit der heiteren Unbefangenheit, die ein Attribut echter Bildung ist, ernst oder launig, wie die augenblickliche Stimmung es mit sich brachte.[90]

Fräulein Solmar sei weder jung noch schön und auch nicht besonders bemittelt gewesen, Verpflegung wie Saloneinrichtung waren bescheiden, und doch versammelte sich hier jeden Abend »ein Kreis, wie er geistreicher, gebildeter und anregender kaum gedacht werden kann.«[91] In diesem Salon musste sich Paoli, meinungsstark und eloquent, wohlfühlen.

Ein weiteres Haus, das Paoli bei ihren Besuchen in Berlin offenstand, war das der Gräfin Elisa von Ahlefeldt.[92] Auch in ihrem Salon trafen sich Berlinerinnen und Berliner mit den Gästen von auswärts. Ludmilla Assing erinnert sich:

> Als Fremde erschienen die liebliche, anmuthige Therese von Bacheracht [...], Betty Paoli, die interessante österreichische Dichterin, [...] Fanny Tarnow, die sich noch im Alter in seltenem Grade einen frischen Geist und eine beinahe jugendliche Lebhaftigkeit bewahrt hat, Heinrich Laube, Gustav Kühne und der talentvolle junge Dichter Julius Rodenberg.[93]

Die Schriftstellerin Therese von Bacheracht hatte enge Beziehungen zu Russland und war die Freundin Karl Gutzkows. Sie wurde vom ganzen Jungen Deutschland, aber auch von den Jungen Böhmen verehrt. Laube und Kühne kannte Paoli aus Leipzig, Julius Rodenberg hieß zu dieser Zeit noch Julius Lewy und studierte Rechtswissenschaften, wurde aber in den folgenden Jahrzehnten zum einflussreichsten Kulturpublizisten Deutschlands. Er erwarb sich das Verdienst, mit dem Abdruck von *Lotti, die Uhrmacherin* in seiner *Deutschen Rundschau* im Jahr 1879 die Karriere Marie von Ebner-Eschenbachs mitbegründet zu haben.

Auch bei Wilhelm Hemsen, später Hofbibliothekar in Stuttgart, war Paoli zu Gast. In seinem Album verewigte sie sich, bevor sie Deutschland bis auf weiteres verließ, mit einem Spruch, der die verschlungenen Lebenspfade und die zufälligen Begegnungen in den Salons bedenkt: »Wie sich die Bächlein winden / Die Länge und die Quere, / Sie werden all' sich finden / Dereinst im ew'gen Meere.«[94]

Da aus der Stelle in Russland nichts wurde und Gräfin Bünau erst im Sommer wieder Bedarf an einer Gesellschafterin haben würde, beschloss Paoli, nach Paris zu reisen. Während Russland ein ungewöhnliches Reiseziel für eine alleinstehende, nicht begüterte Frau war, gehörte die Hauptstadt Frankreichs zu den beliebtesten Destinationen gebildeter Städtereisender beiderlei Geschlechts. Einerseits waren manche von ihnen im Vormärz mehr oder weniger freiwillig dorthin ausgewandert, andererseits stand die Stadt nicht nur am Anfang der sogenannten bürgerlichen Revolution, sondern zeigte auch früher als andere Städte Anzeichen der Reaktion. 1850 konnte man in Paris beobachten, wie die konservativen Kräfte die Uhren zurückzudrehen versuchten. Für ihre Reisepläne waren Paolis Berliner Kontakte nützlich, aber bevor sie sich in die französische Millionenstadt aufmachte, widmete sie sich der Literatur.

Neue Gedichte und neue Auflage

Kaum war Paolis dritter Gedichtband fertig (die Sammlung *Neue Gedichte* erschien Ende 1849 mit Erscheinungsdatum 1850), erfuhr sie von ihrem Verleger, dass er eine zweite, erweiterte Auflage des zweiten Bandes (*Nach dem Gewitter*, 1843) plante.[95] Paoli machte sich im ruhigen Dessau an die

Arbeit. Sie wohnte in einem Haus mit Garten in der Cavalierstraße und fühlte sich in ihrer Abgeschiedenheit wohl: »Ich sah fast Niemand, stand entschieden mit Niemand in näherem Verkehr, und darum bildete auch mein inneres Leben einen vollen Strom in dem ich Erkräftigung und Erquickung fand.«[96]

Ihren Berliner Bekannten entging nicht, dass Paoli die Einsamkeit suchte. Im Jänner 1850 schreibt August Varnhagen an Amely Bölte, die Nichte Fanny Tarnows: »Fräulein Paoli lebt in Dessau sehr still und zurückgezogen, arbeitet fleißig für die neue Ausgabe ihrer Gedichte, und denkt im Frühjahr nochmals Berlin zu besuchen, um später nach Paris zu gehen. Ich weiß von ihr nur durch Herrn Schwab.«[97] Und vier Wochen später: »Fräulein Paoli führt in Dessau ein einsiedlerisches Leben, und arbeitet fleißig; das ist alles was ich von ihr weiß, durch Herrn Rust.«[98] Die beiden Gewährsmänner Varnhagens, Christoph Schwab und Wilhelm Rust (ein Komponist und Musiker aus Dessau), sind Freunde Paolis aus dem Kreis des Gesandten Prokesch.[99]

Ende Februar bekam Varnhagen dann eine Nachricht von Paoli: Sie sehe in Dessau nur Fanny Tarnow, lese wenig und besinne sich auf sich selbst. »Das tut mir not, ich bin mir in einer Reihe von Jahren, während welcher es mir nicht vergönnt war, auch nur einen Tag mir selbst zu leben, gar sehr abhanden gekommen.«[100] Paoli wandte sich an Varnhagen mit der Bitte, ihren Band *Neue Gedichte* zu besprechen.[101] Postwendend antwortete Varnhagen, dass ihm die Gedichte gefielen, eine Besprechung könne er aber nirgendwo unterbringen, denn er habe keine entsprechenden Kontakte mehr.[102] Die Kritik nahm Paolis *Neue Gedichte* auch ohne Varnhagens Vermittlung wahr, und gleich nach Erscheinen finden wir in der *Presse* eine anonyme Notiz: »So eben wurde eine neue poetische Sammlung von Betty Paoli ›neue Gedichte‹ betitelt ausgegeben. Es ist ein Schatzkästlein dichterischer Gedanken. Betty Paoli darf wie Jeanne d'Arc sagen: ›Nicht ohne meine Fahne darf ich kommen, denn ich trug sie treu.‹ Es ist die Fahne der Poesie und Liebe, die sie unbekümmert um die Märzstürme entfaltete.«[103]

Dass die Revolution keine weiteren Spuren in Paolis Dichtung hinterlassen hat, fällt auch einem anderen Rezensenten auf. Aber ihn enttäuscht dieser Umstand, denn: »Wir waren begierig zu erfahren welchen Eindruck, wenn auch im negativen Sinne, die politischen Stürme der jüngsten Zeit auf das contemplative Gemüth Betty Paoli's geübt haben mochten [...]«.[104]

Paoli sei sich »gleichgeblieben«, dem »rauhen Treiben der Außenwelt blieb sie ferne.«[105] Die Dichterin musste man 1850 dem Publikum nicht mehr vorstellen: »Die Schreibart Betty Paoli's ist der gebildeten Lesewelt zu bekannt um hier einer weitläufigen Auslassung zu bedürfen.«[106]

Diesem Rezensenten fällt die Vielgestaltigkeit des Bandes *Neue Gedichte* unangenehm auf. Neben Liebes-, Freundschafts-, Sehnsuchts- und Todessehnsuchtsgedichten findet sich auch Venedig- und Florenz-Lyrik. Für den geübten Paoli-Leser war das lyrische Ich bisher mit sich (und mit der Dichterin) identisch, und so kommt es, dass der Rezensent einen Widerspruch entdeckt: In dem einen Gedicht »hat sie den Gegenstand ihrer Sehnsucht gefunden« und im nächsten »beklagt sie den Verlust desselben. Und in wie kurzem Zwischenraume, in wie unmotivirter Plötzlichkeit!«[107]

Dass Paoli die zweite Auflage von *Nach dem Gewitter* mit neuen Gedichten erweiterte, gereichte ihr nicht zum Vorteil:

> Wie es der Dichterin selbst schwer geworden sein mochte, sich in die Stimmungen zurück zu versetzen, aus welchen vor Jahren jenes ›Nach dem Gewitter‹ hervorgegangen ist, so wird es auch dem Leser nicht leicht den Eindruck der also bezeichneten Gedichte mit der Richtung zu vereinbaren, die in den später hinzugekommenen Gedichten herrscht.[108]

Die Dichterin kannte das Problem. Als sie Leopold Kompert, den Feuilletonchef des *Lloyd*, bittet, den Band zu besprechen, schickt sie ihm auch einen langen Begleitbrief, in dem sie die Anlage des Buchs erklärt:

> Wie Sie sehen, zerfällt das Buch in zwei Hälften, die eine gehört einer früheren Zeit an, die zweite, ›Mosaik‹ betitelt, ist, mit Ausnahme von 4–5 Gedichten, im vorigen Winter im Lauf weniger Wochen entstanden. Mir scheinen diese beiden Hälften so ganz heterogen, daß ich ihre Vereinigung zu einem Buche selbst nicht gutheißen kann. Zwischen beiden liegen acht Jahre; mein jetziger geistiger Standpunkt ist von meinem damaligen so gänzlich verschieden, daß ich dem Leser kaum zumuthen darf sich mit der Schnelligkeit, womit man ein Blatt umwendet, von dem einen zu dem andern zu schwingen.[109]

Als Kompert nicht gleich antwortet, wird Paoli unsicher. Sie bedauert offensichtlich, den Kompositionsfehler des Bandes angesprochen zu haben, und versucht in einem zweiten Brief, die Feder des Kritikers zu Gunsten des Gedichtbandes zu steuern.[110] Sie wolle keine lobende Besprechung, sie erwarte von ihm, der selbst eine dichterische Natur sei, dass er ihre Poesie »als Ergebnis eines Gesammtwesens« erfassen könne, er habe die »großartige Auffassungsgabe, die, statt sich aus dem Einzelnen das Ganze erklären und zusammensetzen zu wollen, vielmehr das Ganze festhält und in der Anschauung desselben die Nothwendigkeit der übrigen Detailzüge erkennt.«[111] Aber Paolis Korrekturversuch kam zu spät. Am 20. Jänner 1851 erschien Komperts ausführliche Besprechung, den Einwand gegen die neuen Gedichte unter dem Titel *Mosaik* übernahm er dabei beinahe wörtlich aus Paolis erstem Brief.[112]

Die Dichterin reagierte gereizt auf Komperts Kritik, die eigentlich ihre eigene war, und warf ihm kaum verklausuliert vor, er habe ihre Lyrik nicht verstanden. Sie belehrt den Kollegen, dass eine Besprechung »die charakteristischen Züge einer geistigen Erscheinung so prägnant bezeichnen« sollte, dass »selbst die mit dem in Rede stehenden Talent Unbekannten über die eigentliche Wesenheit desselben nicht in Zweifel bleiben können und unverzüglich errathen müssen, welchem Styl, ja welcher Schule es angehört«, und das sei ihm, Kompert, nicht gelungen.[113] Kompert bekommt von Paoli auch gleich noch eine Lektion im Gedichtelesen: »Gedichte pflegt man ja doch nicht in einem Zuge hinter einander zu lesen, man geht sie einzeln durch und sucht für das einzelne die verwandte Stimmung zu finden.«[114] Der Herausgeber des Briefwechsels der Dichterin und ihres Kritikers kommentiert: »Wir werden der tapferen Frau darum so wenig zürnen, als Kompert es tat.«[115]

Paoli wertete Komperts Besprechung ihrer Gedichte auch mit dem Argument ab, dass Kritiken zu schreiben eben kein Geschäft für produktive Geister sei. Dabei wandte sie sich selbst nun dem Rezensieren zu. In den nächsten Monaten und Jahren nützte sie ihre vielfältigen Kontakte, um in der Welt des Journalismus, der Literatur- und Kunstkritik Fuß zu fassen. Auch in dieser Phase ihres Lebens jedoch verfolgte die Fama ihrer Jugend sie, und die Gerüchte um ihre Person nahmen eine besonders kuriose Form an.

Ab November 1849 stand Paoli wieder mit August Varnhagen in persönlichem Kontakt. Dass sie ihm aus Wien Autographen für seine Sammlung schickte und er sie in Berlin zu sich einlud, ist in den von Wilhelm Schenkel herausgegebenen *Ungedruckten Briefen*[116] und in den 1860 erschienenen *Briefen an eine Freundin* dokumentiert. Die ›Freundin‹ aus dem Titel ist die Tarnow-Nichte Amely Bölte, von der sich Ludmilla Assing, stellvertretend für ihren Onkel, allerdings zu distanzieren versuchte: Bölte sei nur eine Bekannte Varnhagens gewesen.[117] Bölte stammte aus Güstrow, war Erzieherin und lebte zwischen 1839 und 1852 mit Unterbrechungen in London.

1850 traf sie dort auf den exilierten Moritz Hartmann und der erzählte ihr – so glaubte Bölte zumindest – Betty Paolis Lebensgeschichte. Bölte, die den neugierigen August Varnhagen regelmäßig mit Nachrichten aus London versorgte, schreibt an ihn darüber: »Mein Gott! welch ein Drama ist solch ein Dasein – von der Wiege bis zum Grabe! – Das hätte ich mir nicht träumen lassen.«[118] Varnhagen antwortet darauf: »Ich verstehe die pathetischen Ausrufungen nicht, zu denen die Erzählung von Fräulein Paoli's Schicksalen Sie veranlaßt, weil ich diese nicht kenne; ein paar Grundzüge derselben müssen Sie mir zum Verständnis doch mittheilen.«[119] Bölte antwortet: »Sie kennen Betty Paoli's Geschichte nicht? Wie konnte ich das ahnen?«, und erzählt in aller Ausführlichkeit die Lebensgeschichte Paolis, die sie von Moritz Hartmann gehört haben will.

Hier seien nur die Eckpunkte wiedergegeben: Betty Glück sei in Pesth, Ungarn, geboren worden, ihre Mutter hätte das Kind in Brüssel auf Rechnung des Fürsten Esterházy zu dessen Mätresse erziehen lassen, mit fünfzehn Jahren habe Betty in Pesth als Nobelprostituierte gelebt. Sie sei nach Wien gezogen, schwanger geworden, hätte sich umbringen wollen und sei von »den Frauen Wiens« gerettet und ihr Kind »untergebracht« worden, Betty Glück habe eine Stelle als Gesellschafterin einer reichen Jüdin bekommen und ihr literarisches Talent entdeckt.[120]

Wilhelm Schenkel, der 1915 in der Zeitschrift *Das literarische Echo* diesen Brief Böltes veröffentlichte, freute sich, endlich Licht in Betty Paolis »verborgenes Geschick« bringen zu können, das bisher »in dichtestes Dunkel gehüllt« gewesen sei und durch diesen Brief Böltes nun »in erschrecklicher Klarheit enthüllt« würde.[121] Nicht nur den Literaturhistoriker Eduard Castle, sondern auch Helene Bettelheim-Gabillon reizte die Wiedergabe der abenteuerlichen Geschichte zum Einspruch. Der Lenau-Kenner Castle verweist auf Gespräche über Paoli im Lenau-Kreis und möchte damit die Gefahr bannen, »daß die Klatschgeschichten der Amalie Bölte über Betty Paoli [...] aufgegriffen und festgehalten werden«.[122] Und Bettelheim-Gabillon, mit den Bölte- und Varnhagen-Briefen längst vertraut, führte gleich eine ganze Reihe an Beweisen dafür an, dass die Version von Bölte nicht stimmen konnte. Sie fand es außerdem unwahrscheinlich, dass Moritz Hartmann »der Verkünder der seltsamen Ausstreuungen über Betty Paolis Schicksale« gewesen sein soll.[123] Vielleicht hatte Hartmann sich einen schlechten Scherz mit Bölte erlaubt, deren Klatschsucht bekannt war. Sie war deswegen mit vielen zerstritten, so auch mit Fanny Lewald, deren Beziehung zu dem verheirateten Schriftsteller Adolf Stahr genau der Stoff war, aus dem Bölte und Varnhagen Gerüchte und Skandale machten. Als Lewald Bölte zur Rede stellte, antwortete Bölte: »Wo habe ich die Wahrheit entstellt? [...] [W]as mir die Berliner über [...] Ihre Verhältnisse zu ihm [Stahr] auftischten, erzählte ich hier als Couriosität.«[124] Und Böltes ›Lebensbild‹ ihrer Tante Fanny Tarnow wird ein »unglaubwürdiges, boshaftes Zerrbild«, ein Ausweis von »Mißgunst und Neid«.[125]

Paoli kann nicht entgangen sein, welche Biographie Bölte ihr angedichtet hatte, trotzdem standen die beiden noch Ende 1851 in Kontakt. Paoli hatte ihre Tätigkeit bei Gräfin Bünau beendet, wohnte aber weiterhin in deren Wohnung im Zentrum Dresdens und versuchte, sich neu zu orientieren. An Wilhelm Hemsen schreibt sie, sie wisse nicht, wie es weitergehen solle, denn »von den verschiedenen Wegen, die ich einschlagen könnte, sagt mir keiner recht zu«.[126] Bölte behauptete, Fanny Tarnow habe ihr empfohlen, mit Paoli ein Mädchenpensionat zu eröffnen, was – falls es stimmt – nicht in ihrem Interesse sein konnte.[127] Die Dichterin vermied es offensichtlich, mit Bölte in Verbindung gebracht zu werden: Als Bölte vor einer Wien-Reise Empfehlungsschreiben von Paoli haben wollte, ließ diese sie abblitzen.[128] Das ist bemerkenswert, denn Paoli wusste genau, dass es praktisch unmöglich war, ohne diese Fürsprache in einer fremden Stadt Fuß zu fassen.

Im Sommer 1850 nahm Paoli auf Schloss Dahlen, ihrem alten »Standquartier«, wieder ihren Posten als Gesellschafterin von Auguste Bünau ein.[129] Für die nächsten eineinhalb Jahre war sie für das Wohl der zehn Jahre älteren Gräfin verantwortlich, in der schönen Jahreszeit auf dem Land und im Winter in der Wohnung in Dresden. Dabei fand Paoli auch Zeit zu lesen, zu lernen und zu schreiben. Aber für die Arbeit brauchte sie, wie wir wissen, Zigarren. Für derlei Besorgungen war der Bruder ihres Freundes Theodor, Karl Elze, Shakespeareforscher in Dessau, zuständig. Paoli schreibt ihm:

> Sie haben sich bisher meiner unglücklichen Rauchpassion immer so hilfreich bewiesen daß ich auch dißmal auf Ihre Gefälligkeit zu rechnen wage. Hätten Sie wohl die Güte hundert Stück Cigarren für mich zu besorgen? Doch wünschte ich eine etwas feinere Sorte als die letzten, deren Preis 2 Thlr. per Hundert war; vielleicht ließe sich um 3 Thlr. eine beßere, worunter ich jedoch nicht stärkere Sorte verstehe, auftreiben.[130]

Elze erfüllte ihren Wunsch und Paoli bedankt sich: »Sie haben [...] damit ein gutes Werk gethan und so oft ich eine dieser Cigarren anstecke, zünde ich auch ein Brandopfer der Dankbarkeit für Sie an.«[131]

So ausgestattet schrieb Paoli Artikel und arbeitete an einer Novelle, ihre Pflicht als Gesellschafterin ging jedoch vor. Ihre Berichte erschienen im *Lloyd* mit Verzögerung, denn, so ließ Paoli den Redakteur wissen, »ich bin jetzt damit beschäftigt, kann aber nur über so wenig Zeit verfügen, daß ich zu einer Arbeit, zu der nur ein paar Tage erforderlich, oft eben so viele Wochen brauche und am Ende, der rastlosen Störungen wegen, doch nur Ungenügendes zu Stande bringe.«[132] Paoli fehlte einerseits die Konzentration, andererseits gab es in Dahlen aber auch keine Anregung. Ihre Arbeitgeberin stellte für Paoli eine intellektuelle Unterforderung dar. Zwar wurde ihr Verhältnis zu Auguste Bünau immer »angenehmer und freundlicher je mehr wir uns kennen lernen«[133], aber der geistige Austausch, den Maria Anna Schwarzenberg mit ihrer Gesellschafterin gepflegt hatte, war Bünau nicht wichtig.

Auch illustre Versammlungen wie im Salon Schwarzenberg gab es auf

Schloss Dahlen nicht. An ihren Freund Carl Lewinsky schreibt Paoli: »Lieber Karl! wenn man Ihnen jemals sagen sollte, dieser oder jener Mensch sei aus Langeweile gestorben, so glauben Sie es nicht, so lange ich noch lebe.«[134] Sie zapple wie »ein Fisch im eigentlichsten Sinne auf dem Trockenen«, niemand könne sich von ihrem Leben einen Begriff machen, und: »Getheilte Langeweile ist doppelte Langeweile.« Aber Paoli konnte nicht wählerisch sein: »Ich weiß selber was sich gegen meinen Entschluß dieß Verhältniß abzubrechen, sagen läßt, aber wer nur immer einen Tag hier an meiner Statt verleben müßte, würde mir gewiß Recht geben. Genug davon; Gott laße mich den Winter muthig überdauern.«[135] Anfang Dezember 1850 verließ Gräfin Bünau in Paolis Begleitung ihr Schloss und übersiedelte in ihre Stadtwohnung nach Dresden, was eine Verbesserung brachte: »[I]ch gedenke zwar auch hier ganz zurückgezogen zu leben, doch ist diese freiwillige Einsamkeit im Gewühl etwas ganz Andres als die gezwungene des Landlebens, da sie Kunstgenüsse keineswegs ausschließt […] und vielleicht findet sich, trotz der hier herrschenden geselligen Dürre, hin und wieder eine Persönlichkeit, in deren Umgang Anregung und Genuß zu finden.«[136]

Im Haus der Gräfin Kuefstein, der Frau des österreichischen Gesandten in Dresden, begegnete Paoli dann auch tatsächlich dem Ministerpräsidenten Felix Fürst Schwarzenberg, Friedrichs Cousin.[137] Und sie lernte Friedrich Pecht, Historienmaler und Schriftsteller, kennen. Pecht hinterließ uns ein Porträt von Paoli, wenn auch ein geschriebenes.

> Ein in der Richtung aufs Pathetische, Geibel verwandtes Talent sollte ich bald darauf in Betty Paoli kennen lernen, die im Jahre 49 nach Dresden kam, in dessen Nähe sie sich bei einer Gräfin Bünau als Gesellschaftsdame aufhielt. Während man sich die Dichterinnen nach alter Tradition gewöhnlich hässlich vorstellt, war diese im Gegenteil bildschön und ebenso verführerisch liebenswürdig als überdies mit dem köstlichsten Humor gesegnet, der sie in Gesellschaft zu einer wahren Perle machte, wenn sie es nicht vorzog, sich als unheilweissagende Kassandra zu geben, was ihre entschiedene Liebhaberei war. Eine glänzendere Vertreterin der Wiener Frauenart wäre aber unmöglich zu finden gewesen, und das Romanhafte ihrer bisherigen Schicksale trug nicht wenig dazu bei, ihre Anziehungskraft zu vermehren. Groß und schlank, mit Augen wie getränkt in Schwarz, vollkommen

> regelmäßigen Zügen, feinem, sammtartig brünettem Teint und reichem, nachtschwarzem Haar, machte sie selbst damals noch, wo sie bereits im 33. Jahr stand, einen bezaubernden Eindruck und schien noch mehr geeignet, Romane zu erleben, als sie zu schreiben.[138]

Paoli war zu diesem Zeitpunkt allerdings weit davon entfernt, Romane zu erleben. Vielmehr litt sie in ihrem langweiligen Gesellschafterinnendasein und begrüßte jeden Brief und jeden Besuch von Freunden und Bekannten, wie zum Beispiel Anton Prokesch und Carl Lewinsky.[139] Die intellektuellen Durststrecken überbrückte Paoli aber auch mit dem Lernen der russischen Sprache, weil sie plante, russische Literatur zu übersetzen.

Handwerksbursche und ABC-Schütze

Paoli beschloss, nach Paris zu reisen, und tat das nach eigenem Bekunden nicht zu ihrem Vergnügen, sondern »wie ein Handwerksbursche auf die Wanderschaft geht: um zu lernen.«[140] Als Gesellschafterin war sie schwer vermittelbar, die »erschütterten Verhältniße so ziemlich Aller« raubten ihr »jede Hoffnung auf Begründung einer irgendwie gesicherten Existenz« in diesem Job.[141] Von Friedrich Schwarzenberg erhielt sie einen Empfehlungsbrief an die Sängerin und Komponistin Pauline Viardot, die den Kontakt zu George Sand herstellen sollte.[142] Diese Begegnung kam nicht zustande. Eine andere Empfehlung des Fürsten öffnete ihr aber das Haus des Kritikers Jules Janin, gewissermaßen ihr Bruder im wertkonservativen, kulturkritischen Geiste. Was Paoli in diesen zwei Monaten in der französischen Metropole sah und erlebte, verarbeitete sie zu Reisebriefen für den *Lloyd*, für dessen Feuilleton Leopold Kompert zuständig war, und für die *Wiener Zeitung*.

In Paris betrieb Paoli das Flanieren im buchstäblichen und im kompositorischen Sinne des Feuilletons. Der feuilletonistischen Leichtigkeit gab sie sich allerdings nie ganz hin, ihre Texte behielten bei aller Launigkeit immer einen ernsten Grundton. Mit der Paris-Reise legte Paoli die Basis für ihre literatur- und kunstkritische Arbeit, ohne sich ganz von der Lyrik zu verabschieden. Aber sie konnte sehen, dass die Zeit der biedermeierlichen Almanachnovellen und des poetischen Weltschmerzes vorbei war. Für die autodidaktisch gebildete Expertin wurde das Zeitungsfeuilleton der wichtigste Publikationsort. Aber das Schreiben der kleinen Form wollte gelernt sein und den Platz im Markt musste sich Paoli erst erkämpfen.

Rachel und Heine

Für deutsche und österreichische Reisende war Paris in den frühen 1850er Jahren ein guter Ort, denn hier konnte man den siechen Heinrich Heine besuchen und dann über ihn schreiben, ein »Matratzengruft-Tourismus«, der »Publikationsmöglichkeiten zu einem öffentlich ständig interessanten Thema« bot.[143] Auch Freunde und Bekannte Paolis nützten diese Gelegenheit. Heine schreibt an Heinrich Laube über ihre gemeinsamen böhmischen Freunde: »Meißner war hier und ich sah ihn viel. Auch seinen großen Landsmann Moritz Hartmann sah ich dieser Tage; ist ein sehr hübscher Mensch, und alle Frauenzimmer sind in ihn verliebt, mit Ausnahme der Musen.«[144] Laube konnte es sich nicht verkneifen, Heines abfällige Bemerkung über Hartmanns Talent publik zu machen.[145]

Paoli, die sich als Zwanzigjährige mit ihrem Freund Lewinsky über den »Heine-schen Herz-Borkenkäfer« ausgetauscht hatte, schlachtete ihren Besuch bei dem Dichter hingegen nicht publizistisch aus. Das liegt nicht daran, dass sie keine Gelegenheit dazu gehabt hätte, etwas über Heine und seine Pariser Lebensumstände auszuplaudern, denn August Varnhagen war gern bereit gewesen, ihr für Heine einen Empfehlungsbrief mitzugeben:

> Theuerster Heine! [...] Ich schreibe Ihnen, um Ihnen Frln Betty Paoli zu empfehlen, die anmuthige, begabte Dichterin, welche diese Zeilen mitnimmt. Ich verdenk' es ihr nicht, daß sie bei ihrer Anwesenheit in Paris vor allem die Bekanntschaft des berühmten Landsmannes wünscht, dessen Namen sie gewohnt ist in ihrem Kreise nur mit größter Bewunderung und feurigstem Antheil aussprechen zu hören.[146]

Außerdem überbrachte Paoli auch einen Brief von Elise von Hohenhausen.[147] Noch Jahre später lässt Heine die Dichter-Kollegin durch Heinrich Laube grüßen.[148] Und Jahrzehnte nach ihrer Paris-Reise wird Paoli schreiben:

> Ich lese jetzt Heine's Memoiren […]. Noch heute, nach 34 Jahren, reut es mich, Heine nicht viel öfters besucht zu haben. Dumme Bescheidenheit hielt mich davor zurück, trotz der Freundlichkeit, mit der er mich stets empfing und mich aufforderte bald wiederzukommen. Ich fürchtete jedoch dem Schwerleidenden lästig zu fallen und ließ es bei einigen Besuchen bewenden. Nun finde ich in den Briefen, daß es für Heine schon eine Wonne war, Deutsch zu sprechen und Deutsch zu hören.[149]

Paoli reiste jedoch nicht nach Paris, um Anekdoten aus Heines Leben berichten zu können, sondern um Geschichte, Kunst und das kritische Handwerk zu lernen. Sie ging ins Theater und sah Rachel Felix, die berühmteste und einflussreichste Schauspielerin ihrer Zeit. Es kam ihr gelegen, dass ›die Rachel‹ im Herbst 1850 in Deutschland und Österreich gastierte, denn der *Lloyd* veröffentlichte aus diesem Anlass Paolis Würdigung der Bühnenkünstlerin.[150] Paolis *Pariser Eindrücke* sind weder typische Reisefeuilletons, noch ist der Beitrag über Rachel Felix eine klassische Theaterkritik. Dieser Text zeigt die Schriftstellerin vielmehr als frühe ›flâneuse‹, als eines der wenigen weiblichen Pendants zum großstädtischen Flaneur, des schlendernden Beobachters, dem Flaubert und Baudelaire Denkmäler gesetzt haben.

Paoli geht durch die Stadt und bleibt in der Rue Richelieu vor einem Geschäft stehen, das »Statuetten der verschiedensten pariser Kunstgrößen«, Schauspielerinnen und Sängerinnen ausstellt.

> Aber inmitten aller dieser Figuren und Figürchen und sie alle überragend, erhob sich eine ernste, strenge, gebietende Gestalt, von antiken Gewändern umflossen, das von einem Goldreif umzirkte Haupt sinnend und schwermüthig auf den Arm gestützt, als erliege es unter dem Gewicht der Gedanken, oder der Wucht der Leidenschaft. So hatte ich mir die Rachel gedacht, und ich hätte sie erkannt, wenn auch die Aufschrift des Sockels ihren Namen nicht genannt hätte.[151]

Was Paoli hier beschreibt, ist eine Statuette, die Rachel Felix selbst bei dem Bildhauer Jean-Auguste Barre in Auftrag gegeben hatte. Er stellte sie in ihrer Rolle als Phèdre in Jean Racines gleichnamigem Drama dar, die Statuette wurde vielfach kopiert.[152]

Eingehend berichtet Paoli im weiteren Verlauf ihres Feuilletons, wie sie sich dazu entschließt, ins Theater zu gehen. Sie schreibt über ›die Rachel‹, über die Vorzüge und Nachteile ihres Spiels, über die Reaktionen des Publikums. Sie vermutet, dass sich die Kunst von Rachel Felix in Deutschland besser hätte entwickeln können als in Frankreich, weil ihr natürliches Spiel dort noch besser angekommen wäre – wie Paoli überhaupt oft die deutsche Natürlichkeit der französischen Künstlichkeit gegenüberstellt.[153]

Paoli zeigt sich in diesem Feuilleton als Kennerin der Schauspielkunst und vertraut mit dem Repertoire der Pariser Theater. Dass sie die »tiefe Gemeinheit«, den »Schmutz« und den »Qualm sittlicher Verwesung« des Erfolgsstücks *Mademoiselle de Belle-Isle* von Alexandre Dumas kritisiert, passt in ihr konservatives Programm, hindert sie aber nicht daran, den Inhalt des Stücks ausführlich wiederzugeben, um das Spiel von Rachel Felix zu charakterisieren. Das Feuilleton entstand nach Paolis Rückkehr aus Paris, und so konnte sie im *Lloyd* auch schon davon berichten, dass ›die Rachel‹ in Dresden vor einem »halbvollen Haus und eiskalten Publikum« gespielt hatte. Paoli zweifelte aber nicht daran, dass der bevorstehende Auftritt des französischen Bühnenstars in Wien erfolgreicher sein werde.[154]

Konservative Kritik

Zu Betty Paolis Jugend gehörten regelmäßige Theaterbesuche und Tanzunterricht (sie besuchte – nach eigenen Angaben völlig talentfrei – den Tanzunterricht von Cajetan Destefani, Tänzer am Kärntnertortheater).[155] Hinweise auf die Stars der Zeit sowohl des Sprech- als auch des Musiktheaters finden sich immer wieder in ihren Texten. Nun hatte sie sich auch die Fertigkeit erarbeitet, über Stücke zu schreiben. Ihr Lehrmeister, den sie allerdings keineswegs unkritisch sah, war dabei der bereits erwähnte Jules Janin, der ab 1836 für das *Journal des débats* schrieb und zum hochgelobten und viel gescholtenen Großkritiker wurde. Ein österreichischer Kollege nennt Janin den »leichtfüßigen französischen Feuilletonisten«, der »jene elastische Routine hat, über Nichts durch viele Spalten geistreich zu plaudern«.[156]

Die Aufgabe der Kritik bestand für Janin darin, das Wertvolle in der Kunst zu vermitteln und den Geschmack des Publikums zu bilden. Viele von Paolis Kritiken haben ebenfalls einen didaktischen Impetus und beziehen sich auf einen Kanon, der ein Identifikationsangebot an das Bildungsbürgertum darstellte. Janins kritisches Richteramt sagte Paoli in vielem zu, und so machte sie von Friedrich Schwarzenbergs Empfehlungsbrief Gebrauch, besuchte ihn – und fand, dass seine Frau vollkommen verrückt sei.[157] Die Gespräche mit Janin verarbeitete Paoli in einem Feuilleton.[158] Es »kamen die Pariser Theaterzustände zur Sprache. Ich äußerte meine Bewunderung für das Genie der Rachel; zu meinem Erstaunen wurde Janin hier plötzlich einsylbig, es war unverkennbar, daß er meine Ansicht keineswegs unbedingt theile.«[159]

Am liebsten sprach Janin bei den Treffen mit Paoli im Jahr 1850 über seinen eigenen aktuellen Roman und las aus dem Manuskript des nächsten vor. Paoli vergleicht in ihrem Feuilleton das literarische Talent Janins mit dem einiger anderer französischer Roman- und Novellenautoren, George Sand lässt sie dabei mit der Begründung weg, dass ihr »jede zwischen dem Talent und dem Genie gezogene Parallele ein Beiden zugefügtes Unrecht« erschiene.[160] Janins Dienste, »die er auf dem Felde der Kritik der guten Sache des Geschmackes und der Vernunft leistete«, sind für Paoli herausragend. Er habe einen »sehr scharfen und sehr richtigen Blick für den Kern der Dinge«, eine »lebensvolle Frische, die den Eigensinn der Theorie von sich fern zu halten weiß«, einen »raschen, durch vieljährige Erfahrung zum Bewußtsein erhobenen Instinkt«, sowie – und das gefällt Paoli wohl am besten – »rücksichtslosen Freimuth, womit er das Schlechte schlecht, das Gemeine gemein zu nennen wagt, gleichviel unter welcher Firma es den Beifall der gedankenlosen Menge zu gewinnen strebt.«[161]

Der konservative *Lloyd* wurde in den frühen 1850er Jahren mehr und mehr zu Paolis publizistischer Heimat, 1852 begann ihre Karriere als regelmäßige Beiträgerin, zuständig für Theaterkritiken und die Bücherschau, das Rezensieren von Büchern aller Art. Adalbert Stifter schreibt im November an Heckenast: »Schiken Sie gleich ein Exemplar unsers neuen Buches an Betti Paoli Schulerstraße 851 und schreiben Sie ihr einige Zeilen, Sie schreibt litt. krit. [Literaturkritiken] etc… ins Feulleton [sic] des Lloyd.«[162] Über Stifter schrieb Paoli in den vielen Jahren ihrer Tätigkeit als Literaturkritikerin zwar nicht, aber über Otto Ludwig, Paul Heyse,

Berthold Auerbach, Eduard Bauernfeld, Annette von Droste-Hülshoff und Franz Grillparzer. Außerdem wurde sie zur Fürsprecherin von C.F. Meyer, Marie von Ebner-Eschenbach und Ferdinand von Saar, was zeigt, dass die konservative Kritik keineswegs eine ist, die dem Neuen gegenüber nicht aufgeschlossen wäre. Aber das Neue wird mit einem strikten Maßstab, dem Kanon, gemessen.

In Paolis grundsätzlich positiver Rezension einer Literaturgeschichte für Frauen (die sie auch Männern empfiehlt), finden wir einen knappen Abriss ihrer Einschätzung der jüngeren Literatur:

> Auf die Literatur der Gegenwart übergehend, müssen wir gestehen, daß wir hier den Urtheilen der Verfasserin nicht immer beipflichten können. Unserer Meinung nach läßt sie weder Rahel Varnhagen's tief philosophischem Geist, noch der zaubervollen Blüthenfülle von Bettina's Dichtergemüth, wie sich diese in ihren beiden ersterschienenen Werken offenbart (die spätern mögen um dieser willen vergessen und vergeben sein) ihr volles Recht wiederfahren; sie verkennt Grillparzer's alle seine Mitstrebenden weit überragende Größe, sie scheint endlich nicht zu ahnen, daß unser unglücklicher Lenau zu den äußerst wenigen Dichtern gehört, deren Lieder nur mit unserer Sprache selbst untergehen werden. [...] Um so freudiger erklären wir uns aber mit ihr [der Verfasserin] einverstanden, wenn sie Annetten von Droste den ihr gebührenden Rang anweist [...].[163]

In ihren Theaterkritiken widmet Paoli neuen Stücken und jungen Talenten viel Aufmerksamkeit. Dabei sieht sie ihre Aufgabe darin, dem Nachwuchs hilfreiche Hinweise zu geben. Paoli analysierte die schauspielerischen Leistungen sehr genau, besonders bei Gastspielen, und Heinrich Laube, seit 1850 Direktor des Burgtheaters, legte auf ihr Urteil großen Wert. Über die zwanzigjährige Zerline Würzburg schreibt Paoli:

> Unseres Erachtens nach neigt sich Fräul. Würzburg's eigentlicher Beruf entschieden dem höheren Lustspiel zu; ihre besten Momente als Donna Diana waren eben die dieser Sphäre angehörenden, ihre schwächsten jene, die ein Aufflammen mächtigeren Gefühles, tiefer Leidenschaft nothwendig machten. Hier stießen wir auf jenen Mangel an Phantasie

> und idealer Auffassungsgabe, der uns bereits in ihrer Darstellung der Jungfrau von Orleans gestört hatte und vermöge dessen sie schwerlich je dazu gelangen dürfte, rein poetischen Gestalten ihr volles Recht widerfahren zu lassen.[164]

Das sei jedoch kein »Endurtheil«, denn die Schauspielerin zeige bereits die »sicherste Routine«, zugleich fehle es ihr aber an gründlicher Schulung, »daher ihre ganz materielle Auffassungsweise, ihre Unfähigkeit, in einer Rolle den geistigen Mittelpunct, den eigentlichen Lebensherd derselben herauszufinden und sich Rechenschaft darüber abzulegen was sie soll und will [...]«.[165] Die Rezensentin empfiehlt der Nachwuchsmimin weiterzulernen und wünscht sich, sie möge der Stimme Gehör schenken, die »ihr Talent anerkennend, sie auch auf die Schlacken aufmerksam macht, wovon sie es noch zu reinigen hat.«[166]

Kunstschätze

Als Helene Bettelheim-Gabillon im Jahr 1908 eine Sammlung von Paolis Kritiken herausgab, fügte sie im Anhang eine Titelliste weiterer Texte an, die die Autorin selbst für eine postume Buchausgabe ausgewählt hatte.[167] Unter dem Titel *Pariser Eindrücke 1850* finden wir hier die bereits erwähnten Feuilletons über Rachel Felix und Jules Janin, aber auch einen Aufsatz, in dem es um ihren Besuch im Haus des Malers Ary Scheffer und um bildende Kunst im Allgemeinen geht.[168] Über ihr Reiseziel schrieb Paoli 1850: »Mir war das historische und monumentale Paris mit seinen Stätten, von denen so manche die Welt umgestaltende Botschaft ausging, und seinem unermeßlichen Reichthum an Kunstschätzen vor Allem wichtig.«[169] Damit folgte sie der Tradition der zeitgenössischen Paris-Reisenden, für die die Stadt einerseits als Ort der politischen Umbrüche, andererseits aber auch, ähnlich wie Venedig, als Kunstspeicher von Reiz war.[170]

Auch für ihren Besuch bei Ary Scheffer, in dessen Salon unter anderem George Sand und Pauline Viardot verkehrten, brachte Paoli ein Empfehlungsschreiben mit. Es kam von dem in Berlin lebenden Maler Peter von Cornelius und verschaffte ihr »die wohlwollendste Aufnahme und die Vergünstigung, aus dem Munde des Künstlers selbst den Commentar zu seinen Werken zu erhalten.«[171] Paoli berichtet auch über ihren Besuch im Louvre unter der Führung eines Konservators. Der Gang durch dieses Museum gehörte zum Standardrepertoire der Reiseberichte aus Paris, Paoli verlässt aber die ausgetretenen Pfade, indem sie sich Bildern im Depot widmet und ihre Tour mit Überlegungen zur Kunstfeindlichkeit einer sozialistischen Gesellschaft verknüpft, die in der »gleichmäßigen Abfütterung ihrer sämmtlichen Mitglieder« bestehe.[172] Paoli referiert auch über Schülerinnen Scheffers und nimmt seine Porträts von Frédéric Chopin und Franz Liszt zum Anlass, um über George Sand zu schreiben.[173]

Einige Jahre später war Paoli nicht nur für die Buchbesprechungen und die Theaterkritiken im *Lloyd* zuständig, sondern übernahm, als der bisherige Referent ausfiel, auch die Wiener Kunstausstellungen.[174] Die männliche Konkurrenz auf dem sich gerade verfestigenden Feld der Kunstvermittlung durch das Feuilleton war von Paolis Auftauchen irritiert. Eine Kritikerin war ungewöhnlich genug, dass sie aber ernsthaft über bildende Kunst schreiben sollte, dagegen ließ sich, je nach Standpunkt, entweder die Geschichte oder die Zukunft des Metiers ins Treffen führen. Beim Blick auf die Vergangenheit wirkte der Nimbus des Sprechens über Kunst weiter, für den es einer Akademieausbildung bedurfte, die selbstverständlich nur Männer haben konnten. Betrachtete man die Zukunft der Kunstkritik, so drängte sich mit Paoli eine Frau in ein neues Geschäftsfeld: Die Verflechtung von Kunstmarkt und Kunstkritik versprach profitable Arrangements und derlei war für Frauen ungebührlich und ihre Konkurrenz unerwünscht.

Ein Kritikerkollege wunderte sich darüber, dass sich die Dichterin ein kunstkritisches Urteil anmaßte.[175] Seine weiteren Ausführungen zeigen, dass es um etwas anderes als um Paolis Kompetenz geht: »Es ist gewiß eine seltene Erscheinung, die vielleicht etwas zu sehr nach Emancipation riecht, wenn eine Dame die Kritik so scharf in Journalen handhabt, geschieht das aber in einer Weise, welche zeigt, daß die Kritikerin ihrer Aufgabe auch nicht entfernt gewachsen ist, so zwingt Einem dies ein stilles wehmüthiges Lächeln ab, wenn man das Talent der Dame sonst achtet.«[176] Von einem männlichen Kollegen würde dieser Schreiber sicher nicht fordern, er möge »immer in den Grenzen der stillen, anerkennenden Bescheidenheit« bleiben.[177]

Paoli kannte ihre Aufgabe sehr genau. Die Bilder und Skulpturen in den regelmäßig stattfindenden Ausstellungen wurden im Feuilleton beschrieben, um den potenziellen Besuchern und vor allem Käufern einen Eindruck zu vermitteln, für tiefergehende Analysen bot die Zeitung keinen Platz. Organisatoren der Ausstellungen waren der ›Österreichische Kunstverein‹ und der ›Verein zur Beförderung der bildenden Künste‹. Letzterer zieht nach zwanzigjährigem Bestehen Bilanz: Seit seiner Gründung hatte er 1 267 Gemälde zu knapp 350 000,– fl CM (ca. 5,6 Mio. Euro) für den Weiterverkauf per Los oder Versteigerung angekauft.[178] Im Juni 1854 berichtete Paoli über 47 Ölgemälde und 16 Aquarelle, Zeichnungen und Kupferstiche – und das waren weniger als in den Monaten zuvor. Paoli kritisierte zwar so manches, hauptsächlich gab sie aber ihre »Ansichten und Eindrücke« wieder.[179]

Ein Vorwurf trifft Paoli allerdings zu Recht: Sie trete gegen »heimische Interessen« auf, und das noch dazu »in einem großen, conservativen Blatte, wie der Lloyd Eines sein will«.[180] Denn Paoli unterstrich zwar oft wortreich die Überlegenheit der deutschen, also auch deutsch-österreichischen Kultur als solcher und grenzte sie vor allem von der sittlich zweifelhaften französischen ab. Sie zeigte aber bei der Bewertung individueller Leistungen, sei es auf dem Gebiet der bildenden Kunst, in der Literatur oder auf der Bühne, kaum jemals die Neigung zum Chauvinismus und niemals eine zur rücksichtvollen Schonung österreichischer Künstler.

Revanche mit Puschkin

Paoli ließ ihren Freund Kompert wissen, dass sie an einer Novelle arbeite und im *Humorist* war zu lesen, dass die Autorin, »von Paris dieser Tage hier [in Wien] eingetroffen«, mit einem Gedicht, »das in Wien spielt«, beschäftigt sei[181]. Einstweilen wurde ihr Roman *Die Ehre des Hauses* ins Tschechische übersetzt. Carl Barthel nahm Paoli, »eine Oesterreicherinn, die sich bei großer Lebendigkeit des Gefühls durch Gedankenkeuschheit, ernste Contemplation und die höchste Correktheit des Ausdrucks auszeichnet«, in sein populäres Werk *Die deutsche Nationalliteratur der Neuzeit* auf, und auch in der Anthologie *Die Lyrik der Deutschen in ihren vollendetsten Schöpfungen* finden sich Gedichte von ihr.[182] Die Dichterin sattelte aber wie geplant auf Übersetzungen um. An Kompert schreibt sie:

> Eine so reiche und tief eigenthümliche Literatur, wie Rußland sie besitzt, verdient wohl, daß man die Arbeit nicht scheue, um zu klarer Einsicht in ihr Wesen zu gelangen. Vorläufig bin ich freilich noch lange nicht so weit und beschäftige mich im Schweiße meines Angesichts nur mit Declinationen, Conjugationen und dem Auswendiglernen Äsop'scher Fabeln. Wie Sie sehen, bin ich in meinen alten Tagen wieder zum Abc-schützen geworden, aber kann ich erst einmahl Puschkin verstehen, dann will ich dafür meine Revanche nehmen.[183]

Paoli hoffte, dass »sorgliche, mit Sinn und Geschmack ausgearbeitete Übersetzungen rußischer Schriftsteller zu einer Quelle gesicherten Einkommens« für sie werden könnten, das Russischlernen sollte ihr aber auch die Zeit vertreiben, denn es war die einzige Zerstreuung, die sie im Haus der Gräfin Bünau hatte.[184]

Im Jänner 1851 plagte Paoli sich mit den Anfangsschwierigkeiten, »die bei dieser Sprache wirklich ungeheuer sind«, vor allem machte ihr das »fremde, aus 35 Buchstaben bestehende Alphabet« zu schaffen. Hinzu kam, dass sie ihre eigene Schrift nicht lesen konnte. Aber Paoli merkte sich die Vokabeln leicht und zu ihrem Erstaunen kam ihr ihre, wenn auch »nur sehr mittelmäßig[e]«, Kenntnis des Polnischen beim Lernen zugute.[185] Nach drei Monaten berichtete sie: »Meine Fortschritte sind ganz anständig und wären noch größer, wenn ich nicht eine Art Faulthier zum Lehrer hätte.«[186] Ungefähr ein Jahr nachdem sie mit dem Erlernen der Sprache begonnen hatte, erschien in der *Wiener Zeitung* das Prosastück *Ein Fatalist* mit dem Zusatz »Novelle von Lermontoff. Aus dem Russischen von Betty Paoli«.[187] Die Redaktion versah den Abdruck mit einer Anmerkung:

> Die Russische Belletristik ist im Allgemeinen nur sparsam in Deutschland vertreten [...]. Aus diesem Grunde geben wir der folgenden Novelle hier um so lieber Raum, als sie uns von einer bekannten vaterländischen Dichterin gedolmetscht wird, die wie sie der fremden Sprache mächtig ist, in ihrem entschiedenen Talente auch Bürgschaft gibt, daß sie ebenso das Dichterische einer fremden Produktion zu verstehen und wieder zu spiegeln im Stande sei.[188]

Ein Fatalist ist Teil von Michail Lermontows *Ein Held unserer Zeit*, eines Romans bestehend aus mehreren, novellenartigen Erzählungen, die sich um den Protagonisten Petschorin gruppieren. Der ist eine der ersten Verkörperungen des ›überflüssigen Menschen‹ in der russischen Literatur, eines Typus, wie wir ihn auch bei Alexander Puschkin oder Fjodor Dostojewski finden, in Iwan Gontscharows *Oblomow* (1859) oder in Iwan Turgenjews *Tagebuch eines überflüssigen Menschen* (1850). Er ist des Treibens und der Welt müde, schwankend zwischen lähmender Schicksalsergebenheit und Überschwang, der Einfluss Byrons ist bemerkbar und die Schöpfer dieser Figuren lieferten mit der Schilderung des Seelenzustands auch Zeitdiagnosen, die über die Landes- und Sprachgrenzen hinweg wirkten. 1852 erschien die erste deutsche Fassung von *Ein Held unserer Zeit*, der Teil, den Paoli im Jahr davor übersetzt hatte, fehlte hier allerdings.[189] In *Ein Fatalist* geht es um den Streit zwischen Vorbestimmung und freiem Willen. Petschorin geht eine Wette mit einem Waffenbruder ein, der sein Schicksal herausfordert, das ihn dann schließlich ereilt.

Aufgrund ihrer neu erworbenen Expertise konnte Paoli auch als Feuilletonistin über russische Übersetzungen urteilen:

> Friedrich Bodenstedt's meisterhafte Verdeutschung Lermontoff'scher Dichtungen und Wolfsohn's gelungene Uebersetzung der Novellen von verschiedenen Autoren haben dem deutschen Publicum in neuester Zeit bewiesen, daß die russische Literatur in ein Stadium getreten ist, in welchem ihr die Aufmerksamkeit und Theilnahme des Auslandes nicht länger vorenthalten bleiben darf.[190]

Und so machte Paoli das Publikum auch gleich mit Wladimir Alexandrowitsch Sollogub bekannt, Diplomat und Verfasser von Novellen, Romanen und Bühnenstücken, der in St. Petersburg ein offenes Haus führte. Bei diesem Autor, meint Paoli, »vermählt sich der aristokratische mit dem volksthümlichen Geist, in seinen Werken äußert sich mit gleicher Lebendigkeit der Einfluß der ausländischen Bildung und des nationalen Elementes.«[191] Dieser Feuilletonbeitrag Paolis erregte die Aufmerksamkeit der späteren Meistererzählerin Marie von Ebner-Eschenbach: »Die russische Litteratur kommt jetzt wie es scheint in Schwung. Betty Paoli hat einen sehr gut geschriebenen Artikel darüber in den Lloyd einrücken lassen.«[192] Bald nach

Erscheinen ihres Feuilletons über russische Literatur im Allgemeinen und diesen Autor im Besonderen begann im Wiener *Lloyd* der Abdruck einer Novelle Sollogubs in Paolis Übersetzung[193] und Ebner-Eschenbach fragt ihre Korrespondenzpartnerin: »Hast Du die von ihr [Paoli] übersetzte Novelle im Feuilleton derselben Zeitung gelesen? Sie ist sehr spannend – Ich erwarte mit großem Interesse die letzten Nummern.«[194] Später übersetzte Paoli Sollogubs Humoreske *Ein Löwe*.[195]

Auch an die russische Lyrik wagte Paoli sich und veröffentlichte im zweiten Jahrgang des *Illustrirten Familienbuchs*, einer Monatszeitschrift aus dem Verlag des *Österreichischen Lloyd*, das *Kosakische Wiegenlied*, die Übersetzung eines Gedichts von Lermontow.[196] Darin singt eine kosakische Mutter ein Schlaflied an der Wiege ihres Sohnes, der einst wie sein Vater in den Kampf gegen die Tschetschenen ziehen wird, wofür ihm die Mutter schon jetzt eine Satteldecke stickt und ein Heiligenbild schenkt. Das Gedicht erschien 1855 auch in Paolis Sammlung *Lyrisches und Episches* und wurde in die Auswahlausgabe ihrer Gedichte von 1895 aufgenommen.

Die Reise nach Deutschland, von der Paoli erwartet hatte, dass sie ihr ein sicheres Auskommen eröffnen würde, war halb erfolgreich. Nach St. Petersburg war sie nicht vermittelt worden, bei Auguste Bünau hatte sie aber eine Stellung, die, wenn sie ihr auch nicht entsprach, doch »den Vortheil hatte, die peinlichste Sorge, die um meine Existenz, von mir entfernt zu halten«.[197] Zwar bekam sie keine festen Verträge mit deutschen Zeitungen, stand nun aber in ständigem Kontakt zur Redaktion des *Lloyd*. Und mit den neu erworbenen Russischkenntnissen eröffnete sich ihr ein neues Betätigungsfeld. Als Paoli durch die Hochzeit von Gräfin Bünau im November 1851 ihre Stellung endgültig verlor, wurde sie von Zukunftsängsten geplagt. Friedrich Schwarzenberg machte sich erbötig, die Dichterin finanziell zu unterstützen, was Paoli fürs Erste ablehnen konnte, denn ihre ehemalige Dienstgeberin hatte »für das Nothwendigste Sorge getragen«. Paoli bezog ihr Dresdner »Winterquartier«, gemeinsam mit ihrem kleinen schwarzen Hund namens Midnight, »in weicheren Momenten aber Pizzichi genannt«, und schmiedete Pläne für das kommende Frühjahr.[198]

Anfang des Jahres 1852 berichtete Amely Bölte nach Berlin, womit Betty Paoli in Dresden ihre Zeit verbrachte und wie ihre weiteren Pläne aussahen. August Varnhagen antwortete: »Sehr schön, daß Fräulein Paoli Fortschritte im Russischen macht! Aber gar nicht schön, daß sie uns nach Italien enteilt!«[199] Paoli heuerte nämlich als Gesellschafterin bei einer Verwandten der Fürstin Schwarzenberg an und begleitete ihre neue Arbeitgeberin nach Italien. Auch diese Reise verarbeitete sie zu Feuilletonbeiträgen für den *Lloyd*[200], vier Artikel, die sie später auch für eine postume Publikation auswählte.

Paoli beginnt die Feuilletonreihe, die immerhin den Titel *Reise-Memoiretten* trägt, mit der Erklärung, dass ihr das Reisen zuwider sei und dass sie lieber in ihren eigenen vier Wänden bleiben würde:

> Wenn Jemand das Reisen aufrichtig aus tiefster Seele verabscheut, bin ich's; wenn Jemand den zauberischen Reiz des Lebens in Schlafrock und Pantoffeln gerührt zu würdigen weiß, bin wieder ich es. Und gerade mich muß es treffen, rastlos umherzuwandern, mich, die ich so gern in meiner Klause bleiben und Tag für Tag zur selben Stunde dasselbe thun möchte, eine lebendige Uhr für die ganze Nachbarschaft.[201]

Paoli malt dann den angenehmen Zustand aus, in dem man sich im eigenen Heim befinde, zumal als Autorin:

> Zur beliebigen Stunde aufzustehen, beim Frühstück zwischen jedem Nippen an der Tasse eine Schaar doppelt lieblicher, weil wacher Träume vorbeidefilieren zu lassen, in alten und neuen Büchern herumzuspüren, ›sinnvoll gedankenlos‹ Blatt um Blatt umzuwenden, bis zu der dämonisch-fesselnden Stelle, aus welcher dem froh bestürzten Geist sein eigenes Spiegelbild entgegenblickt, dann nach der Feder zu greifen [...].

Und diese so schön ausgepinselte Lage vertauschte sie nun mit der Unbill der Reise:

> Bei Tagesanbruch mit dem Schreckensruf geweckt zu werden: ›Es ist keine Zeit mehr zu verlieren!‹ schlaftrunken in die Kleider zu fahren, in der Hast der Abreise die Hälfte meiner Toilette-Requisiten im Gasthof zu vergessen, endlich in einem mit Menschen angefüllten Waggon geschoben zu werden, dessen Wärmegrad mit dem eines Orchideenhauses auf gleicher Höhe, und in dieser Folterkammer auszuhalten bis der Punkt erreicht ist, an dem mit den übrigen auch die menschlichen Colli abgeliefert werden [...].[202]

Im ersten Teil der *Reise-Memoiretten* begleiten wir Paoli von Wien über den Semmering in die Steiermark, »den Smaragd in Oesterreichs Krone.«[203] Über Graz und Cilli geht es dann weiter bis zum Karst, der nicht zu Paolis Lieblingslandschaften gehört, denn »er ist ganz einfach langweilig, sterbenslangweilig, und für diesen Fehler haben Gegenden ebenso wenig auf Nachsicht zu hoffen wie Menschen.«[204] Nach zwei Tagen in Triest reist Paoli mit dem Dampfschiff weiter nach Venedig, wo sie im ›Hotel de la Ville‹ im Palazzo Grassi absteigt, einem Gebäude, das eine »gewisse massive Pracht« besitze.[205]

Ausführlich beschäftigt sich Paoli mit dem Wetter. Regen sei generell schrecklich, aber »in einer von allen Seiten geschlossenen Gondel spazieren fahren ist das traurigste Vergnügen von der Welt; es wird einem dabei zu Muthe als wohnte man wie Carl der Fünfte seinem eigenen Leichenzuge bei.«[206] Darauf folgt eine lange, komisch-missmutige Ausführung über den Scirocco, den lähmenden Südwind, ein Memento mori, da der Geist ganz dem Körper unterliege. Morgens kommt die Autorin kaum aus dem Bett, sie hat keinen Appetit, der Wein ist warm, die Tinte ist vertrocknet, dafür ist das Papier feucht. Für Besichtigungen sei diese Wetterlage ungeeignet, schreibt Paoli, und findet zwischen den sciroccobedingten Ausfällen dann doch Zeit für Kunst und Kultur. Der kunsthistorische Teil der *Reise-Memoiretten* beginnt mit einem Besuch in der Accademia, Paoli beschreibt die Kirche Santa Maria di Frari und den Palazzo Mocenigo (›Il Nero‹), die Wohnung Byrons. Auch von der Kunstreligion, dem Zusammenhang von Genie und Produktivität sowie von der Bedeutung des richtigen Restaurierens von Bildern handeln diese Feuilletonbeiträge.

Paoli verdankte ihre kunsthistorische Bildung italienischen Galerien, Museen und Ateliers, und sie liebte Venedig immer noch sehr. Aber so enthusiastisch sie über Kunstschätze und Bauwerke schrieb, so ungnädig verfuhr sie mit touristischer Reiseliteratur: »Könnte einem Italien durch etwas verleidet werden, so wäre es durch die Touristen, die sich verpflichtet glauben, ihre Reiseeindrücke in bändereichen Schilderungen niederzulegen.«[207] Zu den schlimmsten unter den Reisenden zählt Paoli jene, »welche bei der Abreise aus der Heimat nebst ihren Hemden und Stiefeln auch die Begeisterung in ihren Koffer einpacken, um sie bei der Ankunft in Italien gleich zur Hand zu haben.« Bücher der Touristen dieser Sorte erkenne man daran,

> daß sie unwandelbar mit folgenden Fragen an den Leser beginnen: ›Hast du jemals das tiefe Azur des südlichen Himmels über Dir blauen gesehen? Bist Du jemals vor den marmornen Götterbildern des Vaticans gestanden?‹ Und in diesem Tone, der dem epistolarischen Talent einer ästhetisch gebildeten Nähmamsell Ehre machen würde, geht es fort, bis der Leser versucht ist, sich heimlich Glück zu wünschen, daß er die Herrlichkeiten niemals sah, deren Anblick das delirium tremens eines solchen Enthusiasmus zur schlimmen Folge hat.[208]

Aber unversehens wurde auch Paoli Beiträgerin zu einem touristischen Buch: Ihr Gedicht *Vor einem Bilde Giotto's* wurde in *Italia. Deutsche Dichter als Führer jenseits der Alpen* abgedruckt, mit dem Levin Schücking 1851 den Prototypen des literarischen Reiseführers schuf.[209] Der Rezensent der *Allgemeinen Zeitung* ist beeindruckt: »Es ist ein starker Band von nicht weniger als 693 Seiten […]. Der Poeten, welche Beiträge geliefert haben sind es, wohlgezählt, nicht weniger als 72, darunter vier Dichterinnen: Friederike Brun, Ida Hahn-Hahn, Betty Paoli und Luise v. Gall.«[210]

Im Salon mit Grillparzer

Als Paoli im Revolutionsjahr Österreich verlassen hatte, tat sie das »mit sehr schwerem Herzen, denn unter den gegenwärtigen Verhältnissen ist die Rückkehr, die doch eigentlich le fond de mes projets bildet, wohl sehr in Frage gestellt.«[211] Erst vier Jahre später entschloss sie sich, wieder dauerhaft in Österreich zu leben, und trat mit dem *Lloyd*-Herausgeber Eduard

 Warrens in Verhandlungen über eine Anstellung als Rezensentin.[212] Bis es dazu kam, musste Paoli jedoch auf ihr adeliges Unterstützungsnetzwerk und ihre Gesellschafterinnenkompetenz zurückgreifen.

Nach wenigen Monaten als Gesellschafterin der Gräfin Ferdinandine von Károlyi war Paoli nervlich zerrüttet[213] und benützte zur Erholung die kalte Stahlquelle (eisenhaltiges Mineralwasser) in Toblbad in der Steiermark, das in solchen Fällen besonders empfohlen wurde. Danach wohnte sie auf Schloss Dobl, eine Stunde Fußweg vom Kurbad entfernt »auf freundlicher Anhöhe« gelegen, von der aus »die lohnendste Rundschau geboten ist« und das durch seinen kunstsinnigen Besitzer Freiherrn von Bonar zu einem »reizenden Aufenthalte umgestaltet wurde«.[214] Ernest Augustus Bonar, Esq. of Camden, war englischer Gesandter in Wien, seine Frau Rosalie die Schwester von Bernhard von Wüllerstorf-Urbair. Der wiederum war ein Bekannter von Friedrich Schwarzenberg, lebte bis zur Revolution 1848 in Venedig und wurde später als Kapitän der Novara-Expedition berühmt.

Freiin von Bonar wollte Paoli auf Schloss Dobl beherbergen, bis Gräfin Bünau, nunmehr verehelichte Frau von Sahr, nach Wien kommen würde und sich die weiteren Geschicke Paolis entscheiden würden.[215] Gräfin Bünau hatte sich, als das Ende der Beschäftigung Paolis bei ihr absehbar war, »alle erdenkliche Mühe« gegeben, ihr eine neue Stelle als Gesellschafterin oder Vorleserin zu verschaffen.[216] Die Anstellung bei einer österreichischen Zeitung erschien Paoli dann aber doch verlockender, wenn auch mit Vorbehalten, wie sie im Sommer 1852 an Friedrich Schwarzenberg schreibt: »Vielleicht wäre ein solcher Wirkungskreis für meine Individualität am paßendsten; an Arbeit, ja auch an Verdruß und Ärger wird es darin allerdings nicht fehlen, aber die Martern, die ich in meiner Stellung bei Gfin. Károlyi erduldete, laßen mich alle andern Widerwärtigkeiten als geringfügig und nicht der Rede werth betrachten.«[217]

Paolis Karriere als Theaterrezensentin beim *Lloyd* begann im November 1852, eine ihrer ersten Besprechungen galt dem Drama *Die Makkabäer* von Otto Ludwig.[218] Helene Bettelheim-Gabillon hält diesen Text für eine typische Paoli-Kritik, denn obwohl sie Otto Ludwig verehrte, weist Paoli doch ganz deutlich auf die Mängel des Stückes hin oder auf das, »was sie als solche empfand«.[219] Paoli schließt positiv: »Was ist es nun, das dieses an zahlreichen und großen Fehlern krankende Stück dennoch hoch emporhebt über das Gewöhnliche und die Leistungen vieler Anderer? Die Erklärung liegt darin, daß es das Werk eines Dichters ist; ein solcher kann wohl den rechten Weg, nie aber sich selbst verlieren.«[220] Ein mild vergiftetes Lob wird auch einem Roman des in Graz lebenden Schauspielers und Autors Karl von Holtei zuteil: »Die Fehler des Werkes haben wir angegeben, sein Gutes aber scheint uns überwiegend, und wir denken, daß man bei Büchern wie bei Menschen statt von ihnen zu fordern was sie nicht geben können, sich lieber an die Vorzüge halten soll, die sie wirklich besitzen.«[221]

Die Besprechung von Holteis Roman ist einer von vielen Texten, die Paoli in der Rubrik *Bücherschau* für das Feuilleton des *Lloyd* verfasste und sie verfährt bei weitem nicht immer so gnädig wie in diesem Fall. Gelegentlich landet auch Nichtliterarisches auf dem Tisch der Rezensentin, zum Beispiel das Werk *Méditations chrétiennes* von »Mme. de B-S.«. Bei der Autorin handelte es sich um Elisabeth Bagréeff-Speranski, Tochter des russischen Grafen und Justizreformers Michail Speranski, dem Leo Tolstoi in seinem Roman *Krieg und Frieden* ein literarisches Denkmal setzte.[222] Seit 1850 lebte sie in Wien, wo sie »einen Kreis geistig bedeutender Menschen« um sich versammelte.[223] Zu dem gehörte auch Betty Paoli, die sich bei Bagréeff-Speranski als Gesellschafterin verdingte. Damit befand sie sich wieder in einem Haus, in dem Schriftsteller, Künstler und Intellektuelle ein und aus gingen, viele davon auf ihre Vermittlung hin. Paoli sprach im Namen der ›Excellenza‹ Einladungen an Ludwig Gabillon und an Leopold Kompert aus, häufig waren auch Franz Grillparzer, Joseph Christian Zedlitz und Eduard Bauernfeld zu Gast.[224] Vermutlich war Paoli froh darüber, dass sie wieder den Austausch im Salon pflegen konnte, aber auch diese Anstellung hatte Nachteile.

Bagréeffs Intimus war Georg Preyß, der jahrelang nicht nur Paolis, sondern auch Franz Grillparzers Arzt war. Preyß schickte den Dichter im Sommer 1853 zur Kur nach Szliacs in Ungarn (Sliač, Slowakei) und kaum war Grillparzer dort angekommen, fand Preyß, »daß seiner Frau von Bargrejew die Bäder in Sliacs, die ihr vor drei Jahren schadeten, heuer recht gut thun würden«.[225] Und nun wurde zu Grillparzers Ärger regelmäßig gemeinsam gebadet, gegessen und – vorgelesen: »Dazu habe ich noch einen neuen Roman der Bargrejew lesen hören müssen, der mich einerseits sehr langweilte, andererseits aber in Verlegenheit setzte, da ich nicht wußte, wie ich ihr diesen Eindruck auf die schonendste Art beibringen sollte.«[226] In Grillparzers Bibliothek fand sich ein Exemplar der *Méditations chrétiennes* mit einer persönlichen Widmung der Verfasserin und dem Zusatz »Pour être lu à Sliacs«.[227]

Zwar veröffentlichte Paoli 1852 noch eine Novelle, gab wahrscheinlich auch Sprachunterricht und Stunden in Stilistik und Literaturgeschichte, die ihr nach Auskunft Marie von Ebner-Eschenbachs »glänzend honoriert« wurden.[228] Die Vertragsverhandlungen mit Warrens, die ihr ein regelmäßiges Einkommen sichern sollten, zogen sich jedoch hin.[229] Und selbst wenn Paoli genug für ihr Auskommen verdient hätte: Das Sozialprestige der Gesellschafterin einer russischen Diplomatengattin mit (wenn auch konfliktbeladenen) Beziehungen zum russischen Adel und die Möglichkeiten, die ein offenes Haus, ein regelmäßiger Salon und Soiréen boten, waren unbezahlbar.

Was Paoli in ihrer Rezension von Bagréeff-Speranskis Debut *Méditations chrétiennes* schreibt, kann, nach Abzug aller Rücksichten und wenn man bedenkt, dass Paoli für ihr feines, ja übersteigertes Sprachgefühl berühmt war, allerdings als grobe Rüge gelten: Der Stil des Buches, »wenn auch nicht immer vollkommen correct«, wirke durch »Eigenthümlichkeit und Prägnanz des Ausdrucks«, schreibt Paoli. Und wer da noch nicht verstanden hat, dass sie fand, die Autorin beherrsche die französische Sprache nicht, für den ergänzt sie: »Es weht darin etwas von dem frischen, mitunter vielleicht auch herben Duft jener grünen Steppe der Ukraine, welche die Verfasserin ihre Heimat nennt.«[230] Womit außerdem zumindest die Wiener Leserschaft wusste, wer hinter »Mme. de B-S.« steckte.

Bagréeff-Speranskis Veröffentlichungen begannen mit dem Auftauchen Paolis an ihrer Seite, und in den wenigen Jahren, in denen die berühmte Dichterin und Kritikerin ihre Gesellschafterin war, schrieb die Gräfin zahlreiche Reiseberichte, Erzählungen und mehrere Dramen (eines davon wurde auf Initiative Holteis in Graz aufgeführt), reichlich Stoff also für lange Lesungen.[231] Paoli hielt sich mit ihrem Urteil zurück, aber das reichte Bagréeff-Speranski nicht. Die genervte Gesellschafterin schreibt an Friedrich Schwarzenberg: »[W]enn ich auch schweigen kann, so besitze ich doch leider nicht die edle Verstellungsgabe und kann nicht loben, was mich gähnen macht«.[232] Schließlich gab Paoli ihre Position bei Bagréeff auf, als geistreicher Salongast war sie aber immer noch willkommen.

Fräulein Paoli gehört seit 20 Jahren zu den bedeutenden Erscheinungen in den verschiedenen Wiener Salons [...]. Wenn man bei der Gräfin B... die in sich gesunkene Gestalt beinahe kauernd im Fauteuil neben Grillparzer sieht, so begreift man nicht, wie die grollenden Töne dieser Brust entströmen konnten! Da muß der Sturm arg gehaust haben![233]

Neben dem emotionalen Sturm, der das dichterische Grollen hervorbrachte, stürmte es Anfang der 1850er Jahre bei Paoli auch beruflich.

Waschlappen

Eduard Warrens (Wolf Ahrens) war eine interessante Persönlichkeit in der österreichischen Zeitungswelt.[234] Er wurde in Altona geboren, lebte einige Zeit in Nordamerika und wurde in Triest vom späteren Minister Stadion als ein Redakteur erkannt, der sich politisch instrumentalisieren ließ. Allgemein galt er als eine Art publizistischer Söldner, der in politischen Belangen, zum Beispiel während des Krimkriegs, des ersten medial begleiteten Kriegs im modernen Sinn[235], aber auch bei der Finanz- und Infrastrukturpolitik des Habsburgerreichs die öffentliche Meinung maßgeblich beeinflusste, oft mit lauten Tönen und zu seinem eigenen Vorteil.

Als die Stellungnahmen zur ›orientalischen Frage‹ im *Lloyd*, an dem Warrens seit 1848 inhaltlich und finanziell beteiligt war, zu dezidiert wurden, wurde die Zeitung 1854 verboten, was auch die Konkurrenz aufschreckte. Die Zeitungen seien zahmer geworden und sprächen wieder »mit zurückgehaltenem Athem. Es schreckt das Exempel, statuirt an Warrens, den doch alle seine frühern Dienste, alle Protection nicht retten konnte.«[236] Aber schon 1855 gründete Warrens die *Oesterreichische Zeitung*, die unter diesem Titel bis 1861 bestand und dann noch einige Jahre als *Constitutionelle Oesterreichische Zeitung* weitergeführt wurde.

Als Paoli die Funktion der Theater- und Buchreferentin beim *Lloyd* übernahm, ließ sich Warrens mit dem Vertragsabschluss so lange Zeit, dass Paoli auf das Angebot Friedrich Schwarzenbergs zurückkommen und sich von ihm Geld borgen musste.[237] Auch während sie regelmäßig für die Zeitung schrieb, hatte sie immer wieder Diskussionen mit Warrens, bis

Eduard Warrens, 1856

es 1854 zum Zerwürfnis kam. Trotzdem bot er ihr im nächsten Jahr eine Stelle in seiner neuen Zeitung an. Die Verhandlungen verliefen amikal, Paoli agierte strategisch:

> Vorerst soll sich meine Thätigkeit auf sein Montagsblatt beschränken, doch habe ich gegründete Hoffnung mir binnen kurzem ein weiteres Gebieth zu erobern. Aus eben diesem Grunde drang ich nicht auf ein fixes monatliches Honorar; dieses könnte unter den gegenwärtigen Verhältnissen nicht bedeutend sein und dabei wäre der Nachtheil, daß mein künftiges Gehalt darnach berechnet würde. Ich weiß überhaupt noch so wenig, was und wie viel ich zu leisten haben werde, daß ich auch für das Entgelt keinen Maßstab habe; das wird sich finden und in so vortheilhafterer Weise, je mehr es mir gelingt, mich dem Blatte nützlich zu machen.[238]

Mit 1. September 1855 wurde Paoli Referentin der *Oesterreichischen Zeitung*, der Anfang war wieder holprig, Paoli ärgerte sich über Warrens' »maßlose Indolenz« und die Auseinandersetzungen von früher wiederholten sich.[239] Und nicht nur mit dem Besitzer der Zeitung, sondern auch mit dem Setzer hatte Paoli ihre Probleme.

Genau genommen war Paoli, die Sprachperfektionistin, für den Tagesjournalismus ungeeignet. In einer ihrer ersten Theaterrezensionen für den *Lloyd*, der Besprechung der Aufführung der *Phädra* mit Christine Hebbel in der Hauptrolle, finden wir die kryptische Formulierung: »In vielen ihrer Darstellungen hat Frau Hebbel zur Genüge bewiesen, daß Talent, Dauer, Leidenschaft ihr innewohnt [...]«. Der Druckfehler »Dauer« statt »Feuer« wird – ungewöhnlich genug bei einer Rezension –, am nächsten Tag berichtigt.[240] Aber allein für den *Lloyd* verfasste Paoli ca. 150 Referate und Kritiken, Druckfehler in ihren Texten wurden für sie zur ärgerlichen Begleiterscheinung. Aus einem Brief an den Verlag Cotta kann man sehen, dass Paoli darunter litt: »Beifolgend sende ich Ihnen [...] das Verzeichniß der Druckfehler [...]. Einer derselben ist geradezu sinnstörend, die übrigen sind der Art, daß sie meine Kenntnis der deutschen Grammatik und Rechtschreibung sehr zweifelhaft machen. Es ist mir daher viel daran gelegen, sie ausgemerzt zu sehen.«[241]

Paoli schuf auch für das schnelllebige Feuilleton Texte von bleibendem Wert und erfüllte damit eine selbstgestellte kritische Aufgabe:

> Wenn ich mich nicht sehr täusche, liegt eines der Hauptgebrechen der Kritik, wie sie in unseren Tagen geübt wird, und ein Mitgrund ihres geringen Einflusses darin, daß sie, statt ihre Aufmerksamkeit ausschließlich dem im guten oder im bösen Sinne Hervorragenden zuzuwenden, sich mit jeder Bagatelle beschäftigen zu müssen glaubt, wenn es nur neu ist. Erfaßte sie die Würde ihres Berufes, so würde sie das Gewöhnliche, Unbedeutende, klanglos zum Orkus hinabsteigen lassen und ihre wahre Sendung allein erkennen, ein Dolmetsch zu sein zwischen dem Genius und den Massen, eine Stimme, die das irregehende Talent zurechtweist, eine mutige Hand, die dem Schlechten und Verwerflichen den gleißenden Mantel, womit es seine ekle Blöße bedeckt, abreißt, um der Welt zu zeigen wie sich hinter all diesem Flitter erlogener Genialität nichts berge als Moder und Fäulnis; mit einem Worte: sie würde sich bloß mit solchen Werken beschäftigen, die dem Geschmack des Publikums entweder als Leuchte oder als Warnungstafel dienen können.[242]

Dieses Programm konnte Paoli immer wieder verwirklichen, die von Helene Bettelheim-Gabillon herausgegebenen *Gesammelten Aufsätze*, neunzehn ausführliche Besprechungen aus sieben verschiedenen Tageszeitungen, beweisen es. Eine ihrer Rezensionen beendet Paoli mit den Worten: »Die Ausstattung ist höchst anständig, der Druck ganz correct. Diese letztere Bemerkung füge ich eigentlich nur aus verbissenem Ingrimm gegen meinen Setzer hinzu.«[243]

Paoli machte aus der tagesjournalistischen Dutzendware das Beste. Neben dem (nota bene fehlerfrei gesetzten) Seitenhieb auf den Setzer enthält diese *Bücherschau* auch die typische Boshaftigkeit, mit der sich Paoli ihrer Aufgabe entledigte, wenn das besprochene Objekt weder als »Leuchte« noch als »Warnungstafel« dienen konnte. Sie wendet sich darin direkt an ihren Leser, der sich von ihrer Besprechung vielleicht etwas Unterhaltendes erwartet:

> [W]ie ist es möglich unterhaltend zu sein, wenn man eben erst eine dreibändige Langeweile ausgestanden hat, deren Nachwehen der Geist auf lange hinaus empfindet? [...] Wäre mein Gemüth nicht lauter Milde und Sanftmuth, so würde ich mich für die harte Geduldsprobe, die mir zugemuthet wurde, rächen, indem ich dir den Inhalt der drei Bände haarklein erzählte [...].[244]

Paoli stand auf der »kritischen Warte« und lugte ins Land hinaus, »nach einer Botschaft der Poesie an ihre Getreuen«, doch meistens war »nichts zu gewahren, als auf Stelzen gehendes Phrasentum, nichts zu vernehmen als leeres Reimgeklingel.«[245] Sie ortete viel technisch gut gemachtes Belangloses. »Wir würden es unserer Zeit leichter vergeben, so arm an guten Gedichten zu sein, wenn sie nicht so reich an mittelmäßigen wäre.«[246] In einer Sammelrezension von fünf Lyrikbänden stellt Paoli einen besonders misslungenen nicht an den Beginn mit der Begründung: »Es bestünde nämlich zu befürchten, daß wir, falls wir mit Gräfin Oldofredi's ›Moos‹ begönnen, bei Besprechung dieser Gedichte in eine Lethargie verfielen, die den Anfang zugleich zum Ende machte.«[247]

Paolis Kritik war unerbittlich und nahm, wie man sieht, auch auf den Stand der Person keine Rücksicht. Kein Wunder also, dass ihr, kaum hatte sie ihr Amt angetreten, vorgeworfen wurde – und zwar »von mehr als einer Seite und mehr als einmal« –, sie sei in ihrem Urteil »zu hart und zu schroff«.[248] Vielleicht hatte der eine oder andere Autor gehofft, Paoli würde sich in die Schranken weisen lassen. Dies entsprach aber weder ihrer Auffassung von Kritik noch ihrer Persönlichkeit. Paoli entgegnete jenen, die ihren Ton nicht guthießen:

> Verdienen wir der Härte geziehen zu werden, weil wir den Zwergbaum keine Palme, die Schmalzblume keine Datura nennen? Wer da meint, wir fänden am Tadel Vergnügen, kennt nicht die bittere Entmuthigung des Geistes, der dem Ideal huldigend und dienend, auf seiner Pilgerfahrt nach dem Schönen und Wahren meistens nur der Mittelmäßigkeit und Unnatur zu begegnen verdammt ist.[249]

Und so fertigt sie schon einmal einen Dichter ab: »Seine Verse sind nicht mittelmäßig, sie sind positiv schlecht; die Gedanken, die er vorbringt, sind nicht abgeblaßte Reflexe fremder Ideen, nein! sie glänzen durch selbstständige Absurdität [...].«[250] Dies galt einem in der Dichtkunst dilettierenden Historiker, Paoli konnte aber auch mit den Talentvollen kurzen Prozess machen, wenn sie hinter ihren Erwartungen zurückblieben. Über Paul Heyses Erzählung *Die Blinden* schreibt sie:

> Wir mögen es uns ersparen, die Mängel und Schwächen dieser ganz und gar kindischen Composition hervorzuheben; sie liegen so offen am Tage, daß es keiner kritischen Loupe bedarf, um sie wahrzunehmen. [...] Von den Hauptpersonen abgesehen, ist auch in den übrigen Gestalten nicht mehr Mark und Blut wie in den Tragantfiguren eines Zuckerbäckers [...]. Ueber das Ganze halten eine durch und durch unwahre Sentimentalität und ihre Lieblingstochter Langeweile die in Schlaf fächelnden Flügel ausgespannt.[251]

Heyse, Literaturnobelpreisträger von 1910, stand 1853 noch ganz am Anfang seiner literarischen Karriere. Bei der Besprechung seiner nächsten Novelle fand Paoli dann lobende Worte für sein Talent[252], später verband die beiden eine Freundschaft und Heyse widmete Paoli eine seiner Novellensammlungen.[253]

In regelrechte Fehden verstrickte Paoli sich aber durch ihre rücksichtslose Kritik etablierter Autoren, und ohne zu zögern, konnte sie auch zum Werk eines Freundes einen Verriss liefern. Eduard Bauernfeld und Paoli kannten sich schon aus ihrer Zeit bei Wertheimer und von den Teegesellschaften bei Ottilie von Goethe. Auch in den 1850er Jahren begegneten sie einander regelmäßig in den Salons und bei Bagréeff-Speranskis wöchentlicher Soirée. Als auf Paolis Kritikerinnentisch ein Band Gedichte von Bauernfeld landet, schreibt sie in ihrer Rezension:

> Statt zu höflichen Umschreibungen, die zuletzt an der Sache selbst doch nichts ändern, unsere Zuflucht zu nehmen, wollen wir lieber mit einfachen Worten gestehen, daß Bauernfeld's Gedichte die nicht eben sehr hoch gespannten Erwartungen, womit wir sie zur Hand nahmen, befriedigten.[254]

Dem Bühnenautor sei »das eigentliche Wesen der Poesie« fremd, befindet Paoli und ergänzt: »Am auffallendsten und empfindlichsten tritt der Mangel in den Gedichten hervor, in welchen Bauernfeld sich von seiner Vorliebe für Heine verleiten ließ, die Manier jenes Unnachahmlichen nachzuahmen [...].« Bauernfelds Witz mache nach dem von Heine ungefähr den Eindruck »wie Apfelwein nach Champagner.«[255] Der geschmähte Dichter notierte verärgert in sein Tagebuch:

> Gestern wurden meine Gedichte zum 1.mal hier besprochen, und zwar im Lloyd von Betti Paoli. Herunter gemacht, auch mit Rücksicht auf meine Stücke, in denen eben so wenig Poesie enthalten sei etc. – Die Deutschen sind eigens! Sie vergleichen Niemanden mit sich selbst, sondern legen, wenn Einer etwas macht, immer gleich den höchsten Maßstab an um sich selber die Freude an irgend etwas Hervorgebrachtem zu vergällen ...[256]

Dass die Bemerkung auf »die Deutschen« (Bauernfeld meinte die deutschen Österreicher) generell zutraf, darf bezweifelt werden, Paolis kritisches Programm brachte der Gekränkte damit allerdings auf den Punkt.

Ganz besonders war Paoli daran gelegen, als unbestechlich zu gelten. Die Presse in der Zeit der Reaktion war allgemein schlecht beleumundet und Paoli arbeitete für den dubiosen Warrens. Als sich dieser mit August

Zang, dem *Presse*-Herausgeber, wegen missglückter Finanztransaktionen in ihren Blättern öffentlich stritt, schreibt Paoli an Friedrich Schwarzenberg, dass sie »das ganze journalistische Treiben« satthabe.

> Wenn man auch sich selbst rein weiß, ist es doch peinlich, einer Gilde anzugehören, die alles Erforderliche thut um bei dem Publikum den letzten Rest von Achtung einzubüßen. Die skandalöse Polemik zwischen Zang und Warrens hat die Journalistik auf Jahre hinaus discreditirt und da sie in ihren Reihen nur sehr wenige Persönlichkeiten von unbeflecktem Charakter und wahrhafter Bildung zählt, so werden diese mit den übrigen in einen Topf geworfen. Wahrlich! wenn ich Hüte und Hauben zu fabriciren verstünde, sollte mich keine Macht auf Erden dazubringen, für eine Zeitung auch nur eine Zeile zu schreiben.[257]

Eduard Bauernfeld, die allgemeine Stimmung antizipierend, stellte in einem seiner Stücke Journalisten als grundsätzlich käuflich dar und die prinzipientreue Kritikerin weist den Dramatiker öffentlich zurecht:

> Wir kennen nichts Beschränkteres, um nicht zu sagen Gemeineres, als eine solche Generalisirung, die zwischen den reinen und unreinen Elementen des Journalismus keinen Unterschied macht. Uebrigens möge uns Herr Bauernfeld glauben, daß dergleichen mit wohlfeilen Witzen verbrämte Ausfälle auch von schlechtem Geschmack und geringem Selbstvertrauen zeugen; die Dichter, die ihrer Sache innerlich gewiß sind, kümmern sich um feile und käufliche Recensenten nicht mehr wie um die Fliegen vom vorigen Jahr.[258]

Neben dieser allgemeinen Unbill muss sich Paoli außerdem »gegen die Angriffe wehren, die einer zu journalistischen Thätigkeit verdammten Frau nicht erspart bleiben«.[259] Was damit gemeint sein könnte, sehen wir an einer Reaktion des gekränkten Friedrich Hebbel. Paoli schreibt in ihrer Rezension seines Stücks *Magellone*, Hebbels tragische Helden »treten mit dem Dolch in der Brust auf und sind fünf Acte lang bemüht, sich ihn immer tiefer und tiefer einzubohren, bis der Tod ihrer und der Qual der Zuschauer ein Ende macht.«[260] Hebbel ließ mit einem, allerdings erst aus dem Nachlass veröffentlichten, Epigramm mit dem Titel

 Auf eine rezensirende Dichterin Dampf ab: »Darf die gestiefelte Katze, die ganz sich als Kater geberdet, / Wirklich der Peitsche entgeh'n, weil es am Bart ihr gebricht?«[261]

Dabei ist Paoli in der Rezension auch voller Anerkennung für Hebbels dramatisches Talent, wenngleich er sich auf Abwegen befinde. Sie lobt: »Die Sprache des Stückes ist kräftig, schwunghaft, ohne eine Spur jener sentimentalen Breite, welche die Jamben so mancher unserer modernen dramatischen Dichter zu eben so vielen Keulenschlägen für die Geduld des Hörers macht.«[262] Als Paoli auch noch freundliche Worte für seine Tragödie *Gyges und sein Ring* fand, musste Hebbel sich von Karl Gutzkow, der das Stück misslungen fand, sagen lassen: »Was Ihnen da die Betty Paoli geschrieben hat und sonst aus den Quellen der Befreundung fließt, kann man nur werthschätzen als die nicht genug zu preisende Liebe und Treue guter Menschen, die es wohlmeinen.«[263] Hebbel antwortet pikiert:

> Wie kommen Sie dazu, mich, gerade mich, vor den Urtheilen Befreundeter zu warnen? [...] Die Betty Paoli, auf deren Artikel Sie Sich berufen, hat noch obendrein, so lange sie die krit. Feder in der Hand hält, zu meinen Feinden gehört, und wenn sie sich, wie ich allerdings vernehme, plötzlich gewendet hat, so ist sie durch den Gyges gewonnen worden, nicht durch mich.[264]

Paolis Urteil war jedenfalls von Bedeutung, ihre Kritiken im *Lloyd* »fanden gebildete Leser sehr anziehend.«[265] Und die *Bohemia* berichtet über Warrens' *Oesterreichische Zeitung*: »Unter dem Strich schwingt Fräulein Betti Paoli den Scepter über das Burgtheater und Herr Speidel jenen über die Oper [...].«[266] Wer in der Theater- und Literaturszene Wiens Fuß fassen wollte, brauchte Paolis Unterstützung; mit Paoli befreundet zu sein, war aber keineswegs eine Garantie dafür, diese zu bekommen.

Als dem Dichter und Beamten Joseph Christian Zedlitz zu Ohren kam, dass es Veränderungen bei der *Oesterreichischen Zeitung* gab und Leitungsposten neu besetzt werden mussten, schreibt er an eine Freundin: »[F]ür das Feuilleton muß jemand gewählt werden, und wer paßte besser und wäre brillanter dazu, als Betty Paoli? Ich werde, wo ich kann, die Sache zu vermitteln suchen.«[267] Inoffiziell galt Paoli ohnedies als Leiterin des Feuilletons. Das Witzblatt *Figaro* schreibt unter der Überschrift *Journal-*

Devisen: »Jetzt weiß ich nicht, habe ich die Betty Paoli oder hat die Betty Paoli mich. Oesterreichische Zeitung«.[268]

Nach dem vorangegangenen großen Streit mit Warrens und dem Ende ihrer Arbeit für den *Lloyd* war Paoli bereits einmal als Redakteurin gehandelt und dabei von Zedlitz unterstützt worden. 1854 erschien in Wien die erste Ausgabe von *Faust*, »Polygrafisch-illustrirte Zeitschrift für Kunst, Wissenschaft, Industrie und Unterhaltung«, der weitere Titelzusatz machte das Ziel der Publikation deutlich: »Mit 72 Kunst-Beilagen verschiedener Druckfächer und vielen Holzschnitten«. Denn initiiert wurde *Faust* von Alois Auer, ab 1860 Ritter von Welsbach, dem experimentierfreudigen Direktor der k. k. Hof- und Staatsdruckerei (und Vater des Erfinders des Glühstrumpfs), der verschiedene Drucktechniken verbesserte und die Zeitschrift zum Schaufenster für seine neuen Verfahren machte. Verlegt wurde der *Faust* von Michael Auer, die Redaktion leitete Leopold Kordesch, der bis zum Sommer 1854 Redakteur der Grazer Modezeitschrift *Iris* gewesen war, zu der er auch eigene Gedichte, Novellen und Aufsätzen beitrug.

Kordesch trat sein Amt beim *Faust* mit einer eigenwilligen *Neujahrs-Epistel an die Leser* an. Da heißt es über den ersten Jahrgang: »Und was sich hie und da noch ließ vermissen – / Am Wollen hat es wahrlich nicht beruht.« Das Gedicht schließt mit den Versen: »Mein Rath ist d'rum mehr in dem Kleid der Bitte: / Verfolgen Sie nur gütigst immerdar / Bei Ihrem Urtheilsspruch die – gold'ne Mitte, / Dann wird der Tadel selbst gerecht und wahr«.[269] Dem Verleger Auer war offenbar klar, dass mit Kordesch kein Blumentopf zu gewinnen war, und so bot er Paoli die Redaktionsleitung an. Freudig berichtet Paoli ihrem Gönner Fürst Schwarzenberg, »die Sache ist so gut wie abgeschlossen, es fragt sich nur noch wann ich die Redaction antreten soll«.[270]

Wiens Zeitungslandschaft war von Skandalen gebeutelt, die Lage für Herausgeber und Redakteure wegen der Zensur angespannt, und schon allein das Gerücht, dass Paoli die Leitung des *Faust* übernehmen sollte, erregte Aufsehen. In der *Theaterzeitung* stand zu lesen: »An der von mehreren hiesigen Blättern gebrachten Nachricht, daß die Dichterin *Betti Paoli* die Redaction der poligraphisch-illustrirten Zeitschrift ›Faust‹ übernimmt, *ist kein wahres Wort*.«[271] Paoli, die nun selbst nicht mehr so recht daran glaubte, fand sich bestätigt: »Mein Vorgefühl hat mich nicht getäuscht; zwar sucht man mich jetzt noch hinzuhalten und bis zum Herbst zu vertrösten [...], aber ich sehe voraus, daß es anders kommen wird.«[272] Paoli wusste, dass es unüberwindliche Hindernisse für ihre Anstellung als Redakteurin gab – und die hatten Namen: Leopold Kordesch und Michael Auer. Nach einem letzten Gespräch mit dem Verleger berichtet Paoli: »Kordesch droht Auern mit einem éclat, mit Selbstmord u.s.w. wenn er ihn vom Blatt entferne und der terrorisirte Auer sieht sich nun schon im Geiste als nothgedrungener Versorger der sieben Waisen des Opfers seiner Härte. Mit so einem Waschlappen ist nichts anzufangen.«[273]

Theatermann

Betty Paoli hätte der Zeitschrift *Faust* sicher ihre persönliche intellektuelle Note gegeben, ihre guten Kontakte zur literarischen Welt genützt, um Beiträge einzuwerben, und auch als verantwortliche Redakteurin noch ihre populären Besprechungen geschrieben. Dass aus der Anstellung bei dieser Zeitschrift nichts wurde, war ihr aber vielleicht gar nicht so unrecht. Immerhin hatte sie auch noch anderes zu tun, wie zum Beispiel Gedichte zu schreiben (sie bereitete die zweite, vermehrte Auflage der *Neuen Gedichte* vor und arbeitete an der Sammlung *Lyrisches und Episches*) und französische Stücke für das Burgtheater zu übersetzen. Überhaupt war das Theater mittlerweile Paolis Hauptbetätigungsfeld, auch im Tagesjournalismus.

Paoli verpasste keine wichtige Aufführung des k.k. Hoftheaters, das Angebot in der Theaterstadt Wien konnte die Möglichkeiten der eifrigen Rezensentin allerdings auch übersteigen. In einem Feuilletonbeitrag, der den Titel *Ein Referat statt einer Recension* trägt, schreibt Paoli: »Ich bin meinen Lesern eine Erklärung darüber schuldig, wie es kam, daß ich den im Burgtheater begonnenen Abend im Carltheater beschloß und muß mich bei ihnen entschuldigen, wenn meine Kritik von der Darstellung des Don Carlos plötzlich auf den Ole der Señora Pepita de Oliva überspringt.«[274] Sie wollte eigentlich *Don Carlos* im Burgtheater sehen, stand schon »zum Fortgehen gegürtet und gerüstet«, als »der Versucher in Gestalt eines Bureaudieners des ›Lloyd‹« ihr eine Karte für die letzte Vorstellung der berühmten spanischen Tänzerin (Johann Strauß' Sohn widmete ihr die Pepita-Polka) im Carltheater brachte. In der Kritikerin entspann sich »ein Kampf zwischen Pflicht und Neigung«, der »an fünf Minuten währte«, dann ging sie

Ludwig Gabillon, 1855

zuerst in den *Don Carlos* und danach zur Vorführung der Pepita. Ihr »kritisches Gewissen« lasse es nicht zu, eine lückenhafte Rezension abzugeben, meint Paoli, die Besprechung des Gastauftritts von Ludwig Gabillon in der Titelrolle beginnt deshalb mit einer Einschränkung:

> Da ich Hrn. Gabillon nicht im Verlauf seiner Rolle folgen konnte, kommt mir kein Urtheil über seine Leistung als Don Carlos zu; ich kann nur des Eindrucks erwähnen, den sein Spiel in den beiden ersten Acten auf mich machte. Dieser war entschieden günstig und durch das Interesse gehoben mit dem man eine unzweifelhafte Begabung nach dem entsprechenden Ausdruck für ihren inneren Gehalt ringen sieht.[275]

Paoli erkennt in dem Achtundzwanzigjährigen (»Herr Gabillon ist sehr jung«) das sich entwickelnde Talent. »Allerdings muß die Gluth, die ihn jetzt oft zu weit fortreißt, erst künstlerisch gemäßigt, die oft überschäumende Lyrik seines Vortrags erst in ein richtigeres Verhältniß zu den dramatischen Anforderungen gebracht werden, ehe man sich seines Spieles unbedingt wird freuen können.«[276]

Paoli begleitete rezensierend das Gastspiel der Nachwuchshoffnung aus Mecklenburg (er trat in fünf Rollen auf) und gab Hinweise zur Entwicklung und Perfektionierung seiner Schauspielkunst. In der neuen Saison desselben Jahres wurde Gabillon Ensemblemitglied des Burgtheaters. Seine Antrittsrolle war der Ferdinand in *Kabale und Liebe* – und ein Misserfolg.[277] Aber Gabillon nahm sich Paolis Ratschläge zu Herzen und wurde zu einem der größten Stars dieser Bühne. Gabillons Tochter Helene schreibt über die Beziehung zwischen der rezensierenden Expertin und dem Schauspieler:

> Es war im Herbst 1853, als Laube Ludwig Gabillon vom Hoftheater zu Hannover an das Burgtheater brachte, und bald darauf hat Betty Paoli den jungen Künstler im Hause des Directors, in dem er damals noch zu den entschiedenen Lieblingen des Ehepaares gehörte, kennen gelernt. Aus diesen häufigen Begegnungen an Frau Idunas Kaffeetisch entspann sich bald eine herzliche Freundschaft, der sich wenige Jahre später auch Gabillons nachmalige Frau, die zur selben Zeit für das Burgtheater gewonnene junge Künstlerin Zerline Würzburg, anschloß.[278]

Tatsächlich hatte Paoli mit Ludwig Gabillon vom Winter 1853 bis zum Sommer 1855 eine Liebesbeziehung. Helene Bettelheim-Gabillon zensierte die Briefe der beiden für ihre Publikationen über Betty Paoli und ihren Vater. Sie strich dabei nicht nur die Stellen, die auf die Art ihres Verhältnisses hinweisen, sondern schrieb die Briefe konsequent von der Du- zur Sie-Form um, vielleicht ist sie auch für den Verlust der ersten Seite des Bekenntnisbriefes aus dem Jahr 1855 verantwortlich, in dem es um Paolis Kind geht.

Die Leidenschaft für das Theater, die Paoli und den gut zehn Jahre jüngeren Gabillon verband, überdauerte die intime Beziehung und führte dazu, dass Paoli bis an ihr Lebensende an Gabillons Karriere Anteil nahm. Sie interessierte sich für seine Rollen, sie half ihm über seine Anfangsschwierigkeiten hinweg und sie unterstützte ihn dabei, sich im Ensemble zu etablieren. Auch bei den Auseinandersetzungen mit dem oft groben Direktor Laube war Paoli auf Gabillons Seite. Paoli vertraute trotz anfänglicher Misserfolge auf das Talent ihres Louis. Ein Jahr nach seinem Eintritt ins Ensemble bekam er in *Der Fechter von Ravenna*, einem Trauerspiel von Friedrich Halm, die Rolle des Caligula. Paoli hielt sie für die beste im Stück und die passendste für Gabillon.[279] Es wurde der erste glänzende Erfolg des Schauspielers.

Im Sommer 1854 schenkte Paoli ihrem Geliebten einen Hund. Das Tier wurde von einem Bediensteten abgegeben, dazu ein Begleitbrief, in dem Paoli dem neuen Besitzer rät, er solle sich nicht davon täuschen lassen, dass das Tier klein und schüchtern sei, es sei intelligent. Nachsatz: »Lumperl hat noch nicht gefrühstückt.«[280] Der norddeutsche Gabillon konnte seinen Hund unmöglich Lumperl nennen und entschied sich für ›Puck‹. Kurze Zeit später musste Gabillon der Schenkerin tief betrübt berichten, dass Puck verschwunden war.[281] Paoli hatte offenbar nicht nur in die schauspielerische Begabung Gabillons Vertrauen, sondern auch in seine Befähigung zum Hundehalter, denn sie schenkte ihm noch einen weiteren.

> In der rühmlichen Reihe Gabillonscher Hunde oder vielmehr Hündinnen, von allen möglichen Rassen, war der schneeweiße schottische Pintscher Witch der früheste. Er war ein Geschenk der Betty Paoli und entwickelte sich zu einem wahren Haupthund, der, reizend und stark zugleich, rasch zu allgemeiner Geltung gelangte.[282]

Witch kam an einem besonderen Tag zu Gabillon, nämlich am 10. Dezember 1854, dem ersten Jahrestag seines ersten, offenbar noch harmlosen, aber doch folgenschweren Besuchs bei Paoli. Am 28. Dezember 1853 küssten sich die beiden zum ersten Mal, was diesen Tag für Paoli am Ende der Beziehung retrospektiv zum »Tag des Unheils« machte.[283]

Schon im Sommer 1854, den Paoli in Baden verbrachte, kriselte es zwischen ihr und Gabillon. Er machte Urlaubspläne ohne sie und erzählte Bagréeff-Speranski davon, was Paoli kränkte.[284] Gabillon begab sich auf eine Wanderung und ein geplantes Wiedersehen mit Paoli verzögerte sich.[285] Während ihre Briefe hochemotional sind, wirkt Gabillon zwar zugeneigt, aber nicht leidenschaftlich. So verabschiedet er sich von ihr mit den Worten: »Leb wohl, meine liebe Betty und sei gewiß, daß ich deiner ebenso oft u lebhaft gedenke, als du eines gewissen Herrn Hofschauspielers.«[286] Üblicherweise nennt er sie »meine liebe, gute Betty«, die Grußformel ist immer eher distanziert, und Gabillon unterschreibt seine Briefe an Paoli nur gelegentlich mit »Dein Louis«.

Als Gesellschafterin einer umtriebigen Salondame stand Paoli unter Beobachtung, ihre intime Beziehung zu Gabillon war ein offenes Geheimnis und nicht wohlgelitten. Gabillon berichtete von seiner Begegnung mit einem Bediensteten und mit Bagréeff-Speranski: »Nie berührte mich die Stimme des guten Florian so unangenehm, als Sonnabend Mittag, wo er mir kaltblütig meldete: du seist ausgegangen. [...] Ich machte darauf Excellenz eine Visite, die mit einer gewissen Schadenfreude, Florians Aussage bestätigte.«[287]

In diese Jahre, in denen Betty Paoli unter einer Mehrfachbelastung leidet, fällt auch die Entstehung der Gedichte der Sammlung *Lyrisches und Episches*. Sie ging dem anstrengenden Kritikerinnenberuf nach und war gleichzeitig Gesellschafterin der anspruchsvollen Frau von Bagréeff. Es war für die Dichterin aber auch die Zeit einer euphorischen Verliebtheit und Gabillon war der Begleiter ihres lyrischen Schaffens, wenngleich in der Korrespondenz der beiden wenig Spuren davon zu finden sind. Paoli widmete Gabillon *Lyrisches und Episches*, daran änderte auch seine Verlobung mit Zerline Würzburg nichts: »Ich lege diesem Brief das Widmungsgedicht bei, mit dem ich das dir mißfällige ersetzt habe. Sage mir, ob dir's besser gefällt; ich hoffe ja, denn ich selbst finde es wahrer und ächter. Hätte ich das frühere beibehalten, so wäre mir damit die ganze Sammlung verleidet worden, weil es dir nicht gefiel.«[288] Das Gedicht trägt den Untertitel *Dem Freunde* und beginnt mit der Bitte des lyrischen Ich an Gott, es möge von Dumpfheit und Empfindungslosigkeit erlöst werden, um wieder starke Gefühle verspüren zu können.

Im Dunkel rang ich meine Hände,
Mein Blick nur flehte himmelwärts:
Zermalm es, wenn du willst, doch wende
Dieß dumpfe, dieß erstorb'ne Herz!
[...]
Nimm sie hinweg die bange Schwüle
Darin die Seele mir erschlafft,
Daß ich auf's neu dein Kind mich fühle,
Dein Kind an heil'ger Liebeskraft! –[289]

Der Wunsch wird erfüllt und in den nächsten vier Strophen wendet sich das Ich an den Freund, dem die Gedichte gewidmet sind, der aber nicht nur ein Quell der Freude ist:

Hell leuchtend tratst du mir entgegen
In ungetrübter Herrlichkeit,
Du meines Daseins Fluch und Segen,
Mein höchstes Glück, mein tiefstes Leid!
[...]
Dem müden Geiste hast du wieder
Ein leuchtend edles Ziel gesteckt!
D'rum sind dein eigen diese Lieder,
Die du in meiner Brust geweckt![290]

Im Sommer 1855 war die Liebesbeziehung, die für Paoli von größter Bedeutung war, zu Ende. Als der Band fertig war, schreibt Paoli ihrem ehemaligen Geliebten, dass die Entstehungszeit der Gedichte eine schöne Zeit gewesen sei und dass nicht nur sie, sondern auch Gabillon »kaum eine reichere, schönere erleben« würde.[291] Das ist doch eine recht starke Aussage in Anbetracht dessen, dass Gabillon sich gerade verlobt hatte.

Paoli versuchte, mit dem Übersenden des Gedichtbandes, der während ihrer Liebesbeziehung entstanden war, einen Schlusspunkt zu setzen, doch nach einigem Schwanken entschied sie sich dafür, Gabillon weiterhin zu treffen und mit ihm befreundet zu bleiben. Schließlich kehrten die beiden in ihren Briefen zum höflichen ›Sie‹ zurück, durch Gabillons Tochter Helene entstand eine neue enge Verbindung zwischen den beiden und die blieb bis zu Paolis Tod aufrecht.

In der Zeit der Krise knüpfte die Hündin Witch das Band zwischen Paoli und Gabillon. In seiner Abwesenheit kümmerte Paoli sich um den Hund: »Du hast mir eine rechte Freude gemacht, indem du mir das herzige Thier zurückließest. Wenn ich den Blick mit dem sie mich jetzt ansieht, recht verstehe, trägt sie mir tausend Grüße und Küsse an ihren Herrn auf.«[292] Am 10. Dezember 1855 erinnerte Paoli ihren Ex-Geliebten daran, dass Witch seit einem Jahr bei ihm war und welche Bedeutung dieser Tag für sie beide hatte. Sie fordert: »Und versprich mir auch, Witch nie wegzugeben, sondern ihr, wenn sie alt und krank wird, einen raschen, leichten Tod zu gönnen. So lange du sie hast, kannst du auch mich nicht vergessen.«[293]

Nicht nur die Verbundenheit, sondern auch eine gewisse Rivalität zeigte sich zwischen den beiden Hunde-Menschen. Als Gabillon den Hund zurückholte, muss er berichten, dass es Witch nicht gut gehe, worauf Paoli antwortet:

> Daß Witch krank und trübsinnig ist, bekümmert mich sehr; bei mir war sie immer frisch und munter. Vielleicht sehnt sie sich hierher zurück. Zwar hängt sie sehr an dir, aber du wirst zugeben müssen, daß sie hier Manches hatte, was sie bei dir entbehren muß: sie machte weite Spaziergänge, den ganzen Tag über beschäftigte man sich und spielte mit ihr, während sie bei dir viel allein ist. Das macht sie melancholisch; sie wird sich aber wohl wieder eingewöhnen.[294]

Regelmäßig kündigt Gabillon in seinen Briefen an, den Hund bei seinen Besuchen mitzubringen, und immer wieder übernimmt Paoli mit Freuden seine Betreuung:

> Nur ungern schicke ich dir Witch zurück; sie ist gar zu lieb und putzig. Ich freute mich gestern schon den ganzen Abend hindurch auf den Moment des Nachhausekommens und mit Recht: Witch empfing mich mit wahrem Herzensjubel. Dann soupirte sie mit mir, schlief bei mir im Bette und nahm heut mit unbeschreiblicher Grazie ihr Frühstück ein.[295]

Paoli wünschte sich, dass sie auch nach ihrer Trennung mit Gabillon befreundet sein könnte, litt, schwankte, vermisste ihn. Sie schreibt: »Lass mich dich küssen! Wenn's auch unter Thränen geschieht, so denk: es sind Thränen, die keinen gereuen. Ich möchte lieber blind sein als ihre Seligkeit nie gekostet haben. Leb wohl!«[296]

Was Gabillon für den Rest seines Lebens an Paoli band, war die Dankbarkeit für die Unterstützung, die sie ihm hatte zukommen lassen und die seine Karriere begründete. Anfangs wurde er von Laube mit Rollen überhäuft und konnte in keinem Stück reüssieren. Umso wichtiger war ihm der Zuspruch, den er von der ihn nicht nur bewundernden, sondern liebenden Paoli bekam. »Ich danke dir herzlich, meine gute Betty, für das große, begeisterte u darum begeisternde Lob. Es thut mir Noth!«, schreibt Gabillon an sie, als er sich von allen anderen verkannt und von Laube überfordert fühlt.[297] Nach seinen ersten großen Erfolgen erinnert er sich:

Zerline Würzburg, 1854

> Meine liebe, gute Betty! [...] Du hast in den herbsten, bittersten Stunden meines Lebens, die Hälfte des schweren Kummers auf dich genommen, freudig lächelnd hast du mit mir gelitten, du treuer Dulder! [...] Jetzt, wo das Glück mir lacht, sehe ich erst ganz, was ich damals gelitten. – Wäre ich so verachtet zu Grunde gegangen, – ich hätte glaube ich im Grabe keine Ruhe gehabt. – Du allein hast in jener Schreckenszeit an mich geglaubt.[298]

Das Glück lachte Gabillon nicht nur wegen seiner Bühnenerfolge, sondern auch, weil er nun mit seiner norddeutschen Kollegin Zerline Würzburg, geboren 1834 und damit halb so alt wie Paoli, verlobt war.

Beide, Gabillon und Würzburg, stammten aus Güstrow im Kreis Rostock, laut ihrer Tochter Helene begegneten sich die beiden aber erst in Wien im Jahr 1853.[299] 1855 wurde die Verlobung offiziell bekannt gegeben. Gabillon teilt Paoli seine Heiratspläne mit und schlägt ihr gleichzeitig vor, ihre Beziehung trotzdem aufrecht zu halten. Paoli lehnt ab und führt ihrem Geliebten vor Augen, dass sie in einem solchen Arrangement in eine missliche Lage geraten würde: »Hast du auch bedacht, wie so ganz ohne Recht und Anspruch ich dir gegenüber stehen würde?«[300] Paoli forderte ein Bild und ihre Briefe von Gabillon zurück. Dass er die Herausgabe verweigerte, bedeutet wohl, dass es auch für ihn keine oberflächliche Beziehung war, die er leichten Herzens aufgeben konnte.[301]

Selbst wenn es vernünftig und sogar in den eng verflochtenen Theaterkreisen machbar gewesen wäre, einander aus dem Weg zu gehen: Paoli merkte, dass sie eine endgültige Trennung nicht ertrug. Aus den Briefen, die sie Gabillon nach der Mitteilung seiner Verlobung schreibt, spricht die schwankende Verzweiflung der verlassenen Geliebten. Gleichzeitig mit den Argumenten für den endgültigen Bruch schickt sie ihm Hinweise, wann er sie am besten in Baden besuchen könnte. Die beiden einigen sich fürs Erste darauf, ihre Beziehung auf einer anderen Basis weiterzuführen, und Gabillon kündigt sich mit den Worten an: »Ich hoffe u. wünsche, Dich recht freundlich u. ruhig zu finden. – Wenn nicht, so werde ich nur Gelegenheit haben, dir zu zeigen, wie tief meine Freundschaft für Dich ist.«[302] Das geplante Treffen ein wenig abseits der sozialen Kontrolle durch die Wiener Kreise kam jedoch nicht zustande, denn Gabillon wurde krank und Paolis Aufenthalt im Kurbad ging zu Ende.

Bis zu Gabillons Hochzeit bestand weiter regelmäßiger Kontakt zwischen den beiden, und Paoli ließ keinen Zweifel daran, dass sie entschlossen war, die Zeit, die ihnen noch blieb, zu nützen:

> Nenn mich nicht unbescheiden, daß ich dich so viel bei mir haben will: es ist nicht Ungenügsamkeit, und auch nicht meine Schuld, wenn mir jeder Moment, den ich nicht mit dir zubringe, vergeudet, verloren, aus meinem Leben gestrichen scheint. [...] Auf morgen denn! Ich bitte um einen gründlichen Besuch.[303]

Ob für Gabillon eine Ehe mit Paoli jemals denkbar gewesen war, wissen wir nicht. Ihre Heiratsfähigkeit hatte sich jedenfalls rapide dadurch verringert, dass in einem der Salons über ihre Vergangenheit getratscht worden war. Gabillon erfuhr zwar von Paoli selbst Näheres aus dem nicht vollständig erhaltenen Bekenntnisbrief. Aber sie haderte verständlicherweise damit, dass ihre Vergangenheit sie wegen einer Indiskretion einholte. »[W]arum mußte es zu dieser Erklärung kommen?«, fragt sich Paoli und ist quasi auf das Ende ihrer Beziehung wegen ihres Geständnisses gefasst: »[I]ch sage dir nicht: Liebe mich hinfür wie früher [...], mein Bekenntniß hat mein Bild in deiner Phantasie getrübt und über dies kannst du selbst nicht gebiethen.«[304]

Dass Gabillon selbst bereits ein Mal verheiratet war (1847 hatte er die Schauspielerin Johanna von Zahlhaas geheiratet, die Scheidung erfolgte 1852) und einen Sohn hatte, scheint kein Thema zwischen ihm und Paoli gewesen zu sein. Paoli maß im Gegensatz zu den meisten ihrer Zeitgenossen Männer allerdings nicht mit einem anderen moralischen Maß als Frauen, wie ihre Antwort auf Gabillons Ansinnen zeigt, ihre Beziehung auch nach seiner Verlobung mit Zerline Würzburg aufrecht zu halten:

> Glaubst du, daß Z. W. unser Verhältniß dulden würde, daß du es vor ihr verantworten könntest? Laß mich ein Beispiel wählen. Wir wollen den Fall setzen, daß sie entschlossen wäre, einen Mann, den sie liebte, bevor sie dich kannte, fort und fort als Freund bei sich zu sehen. Würdest du dieß dulden? Nein, du würdest es nicht und wärest darin in deinem vollsten Rechte. Warum soll sie nun fügsamer sein?[305]

Die offizielle Version davon, wann und wie sich die Beziehung zwischen Gabillon und Würzburg anbahnte, liefert Würzburgs Biograph Hevesi: Im Oktober 1854, bei der Aufführung des *Fechters von Ravenna*, verliebte Gabillon sich in Zerline; vor einer Aufführung des *Wilhelm Tell* (10. November 1854) vertiefte sich die Sache und nach seinem Auftritt als Richard der Dritte (26. November 1854) verlobten sie sich heimlich.[306] Ein Brief Gabillons an seine Braut lässt allerdings vermuten, dass sie ihn schon im Sommer 1854 auf einer Wanderung begleitete.[307] Wer sich in den Wiener Theaterkreisen bewegte, wusste auf jeden Fall vor der offiziellen Verlobung Bescheid.[308] Bis zur Hochzeit dauerte es einige Zeit, denn Ludwig Gabillon war evangelisch, Zerline Würzburg Jüdin. Sie konvertierte, ließ sich taufen und im Juni 1856 heirateten die beiden.[309]

Bei jenen, die Paoli nahestanden, machte Gabillon sich mit dieser Ehe besonders unbeliebt: »Laube, der Gabillon in Hannover entdeckte und ihn zuerst mit reicher Gunst und großen Rollen überschüttete, zog seine Hand von ihm zurück, nachdem Zerline Würzburg seine Frau geworden, mit der der Direktor von Anbeginn auf Kriegsfuß gestanden.«[310] Für Paoli kam erschwerend hinzu, dass sie durch ihre Anstellung bei der *Oesterreichischen Zeitung*, wo sie für Theaterkritiken zuständig war, in Kontakt mit dem Ensemble des Burgtheaters und Dauergast in Iduna Laubes Salon war. Und wer von Paolis Beziehung zu Gabillon nichts wusste, sprach vor ihr ungehemmt über die Verlobung der beiden Bühnenstars. Paoli, die mit dem Theaterressort eigentlich genau jenes Betätigungsfeld gefunden hatte, das ihr lag, wusste, welches Ungemach in der nächsten Saison auf sie zukam. Sie schreibt an Gabillon:

> Mir graut vor dem, was ich im nächsten Winter hierin zu überdauern haben werde und kann mich einer Stellung nicht freuen, die mich zwingt, mich in einem Kreis zu bewegen wo Alle sich das Wort gegeben zu haben scheinen, mir beständig zu wiederholen, was ich nicht hören kann, ohne vor Schmerz und Demüthigung überwältigt, zusammenzubrechen.[311]

Als Gabillon nach den Ferien in die Stadt zurückkehrte, versuchte er, Paoli die Unterstützung ihrer Theaterfreunde ins Gedächtnis zu rufen: »Laube's, Laroches, Rettich's grüßen Dich herzlich.«[312] Der auftrumpfende Jungstar machte sich durch die Heirat mit der schwierigen Zerline bei der alten Garde allerdings endgültig unbeliebt und beider Karrieren würden bis zu Laubes Abgang und darüber hinaus von Zwist begleitet bleiben.

Dass sie Würzburg weder als Schauspielerin noch als Person schätzte, daraus machte auch Paoli keinen Hehl, und die Aversion beruhte auf Gegenseitigkeit. »[D]aß Z. W. mich haßt und daß sie mir, lange bevor ich ahnte, daß sie einst mein Verderben sein werde, nicht sympathisch war, weißt du.«[313] Es kommt so weit, dass sich Paoli zu einem »unwürdigen« Ausbruch ihres Hasses »gegen jenes Wesen, das doch nur die zufällige Veranlaßung zu meinem Untergang ist«, hinreißen lässt, was sie später bedauert.[314]

Es fällt auf, dass in den Biographien des Ehepaars Gabillon immer wieder die geordnete Bürgerlichkeit ihrer Ehe betont wird, mit dem Tenor, dass Zerline trotz ihres künstlerischen Berufs eine gute Hausfrau gewesen sei. Die Tochter Helene schreibt allerdings, ihre Mutter sei ein

> zerrissenes Gemüth […], rastlos, unzufrieden, voll Misstrauen gegen ihre Nächsten, stets wild erregt, voll Bitterkeit über vermeintliches Unrecht, das ihr ewig geschah. Nirgends ein ruhiger Punkt, nirgends

> eine Spur innerer Harmonie und seelischer Reife mit den wachsenden Jahren, nirgends das Aufblitzen des Bewusstseins wie viel Glück das Schicksal ihr in den Schoß gelegt […].[315]

Witch akzeptierte die neue Frau an Gabillons Seite nicht, zog dabei aber natürlich den Kürzeren: »Als ihr Herr heiratete, war sie plötzlich wie ausgetauscht, wurde bissig und führte eine Art Guerillakrieg gegen die neue Hausfrau. Und als nun gar noch ein Kind kam, kannte ihre Entrüstung keine Grenzen, so daß sie schließlich, um des lieben Hausfriedens willen, erschossen werden mußte.«[316]

Anmerkungen

1 Vgl. Dieter Hein: *Die Revolution von 1848/49*. In: *Vormärz-Handbuch*. Hg. v. Norbert Otto Eke im Auftrag des Forum Vormärz Forschung. Bielefeld: Aisthesis 2020, S. 118–127, hier S. 122.

2 Vgl. Hof- und Staatshandbuch des österreichischen Kaiserthumes für 1848. Wien: k. k. Hof- und Staats-Ärarial-Druckerei, S. 554.

3 Anonym [Carl Lewinsky]: *Todesurtheil*, welches von dem Lemberger k. k. Criminal-Gerichte an Theophil Wiśniowski, fälschlich Carl Duval, Winnicki, Dabrowski, Zagorski und Benedict Lewinski genannt, wegen des Verbrechens des Hochverrathes, in Folge gerichtlichen, von den höheren Instanzen bestätigten Spruches, am heutigen Tage, d. i. den 31. Juli 1847 mit dem Strange vollzogen worden ist. Lemberg 1847. ÖNB Digitalisat.

4 Vgl. Carl Lewinsky an Betty Paoli, 22. Jänner 1848. WB, Hss., IN 106475. Die weiteren Ereignisse machten die Publikation dann wohl obsolet.

5 Vgl. Anonym [Friedrich Schwarzenberg]: *Brief eines Reisenden aus und über Galizien*. In: *Die Grenzboten* 5 (1846), I. Semester, II. Bd., S. 97–111; Auch in: Anonym [Friedrich Schwarzenberg]: *Ante-diluvianische Fidibus-Schnitzel*: von 1842 bis 1847. 6tes Fascikel. Als Manuskript für Freunde 1850. Wien: Grund 1861.

6 Anonym, *Brief eines Reisenden*, S. 97.

7 Vgl. Carl Lewinsky an Betty Paoli, 22. Jänner 1848. WB, Hss., IN 106475.

8 Carl Lewinsky an Betty Paoli, 22. Jänner 1848. WB, Hss., IN 106475.

9 Vgl. I-s.: *Eine Szene am Kohlmarkt*; oder: *Nichts um Nichts*. In: *Wiener Zuschauer*, Nr. 19, 4. Februar 1848, S. 151f., hier S. 151.

10 Vgl. Wurzbach: *Glück, Barbara*. In: *Biographisches Lexikon des Kaiserthums Oesterreich*. 5. Teil, 1859, S. 232f., hier S. 233.

11 Vgl. Cajetan Cerri: *An Betty Paoli*. Als ihr lithographiertes Porträt erschien. In: *Der Wanderer*, 35. Jg., Nr. 20, 24. Jänner 1848, S. 1.

12 Vgl. M[ichael] Kl[app]: *Karikaturen Wiener Poeten*. In: *Ost-Deutsche Post*, 16. März 1862,

S. 1f., hier S. 1. Die Initiative für das Porträt ging wahrscheinlich auf den Verleger Pfautsch zurück; vgl. Betty Paoli an Unbekannt [Friedrich Wilhelm Pfautsch?], 26. November 1847. UB Leipzig, Kurt-Taut-Sammlung 2/K–Z/P/85.

13 Moriz Ebner-Eschenbach: *Erinnerungen des k. k. Feldmarschall-Lieutnants.* Hg. v. Edda Polheim. Berlin: Nicolai 1994, S. 57.

14 Anton Bettelheim: *Marie von Ebner-Eschenbach.* Biographische Blätter. Berlin: Gebrüder Paetel 1900, S. 24.

15 Vgl. Bettelheim, *Marie von Ebner-Eschenbach*, S. 24f.

16 Wittner (Hg.), S. 425.

17 Betty Paoli an Adalbert Stifter, 18. Oktober 1848. In: Stifter, *Sämmtliche Werke*, Bd. 23: Briefwechsel 7, S. 57f.

18 Vgl. J. August Bachmann: *Schlußwort an die Leser.* In: *Wiener Zeitschrift.* Jg. 34, Nr. 64, 31. März 1849, S. 1.

19 Vgl. Karl Lößl: *Ein bittend Wort.* Flugschrift. Wien 1848: Online https://www.digital.wienbibliothek.at/wbrobv/content/titleinfo/2012300.

20 Paul Aloys Moldawsky [Paul Aloys Klar]: *Fürst Friedrich von Schwarzenberg.* In: *Libussa.* Jahrbuch für 1854. Prag, S. 429–442, hier S. 440.

21 Paoli, *Gesammelte Aufsätze*, S. XLIII. [Herv. i. O.]

22 Programm und Einladung zur Pränumeration der *Constitutionellen Donau-Zeitung.* ÖNB Digitalisat.

23 Betty Paoli: *Einigung.* In: Paoli: *Neue Gedichte*, S. 42f. (Erstdruck: *Constitutionelle Donau-Zeitung*, 2. Mai 1848, auch in: Joseph Alexander von Helfert: *Wiener Parnaß im Jahre 1848.* Wien: Manz 1882, S. 191f.)

24 Paoli, *Neue Gedichte*, S. 42.

25 Stifter, *Sämmtliche Werke*, Bd. 23: Briefwechsel 7, S. 48.

26 Adalbert Stifter an Betty Paoli, 11. Mai 1848. In: Adalbert Stifter: *Sämmtliche Werke.* Bd. 22, Briefwechsel 6. Hg. v. Gustav Wilhelm. Reichenberg: Sudetendeutscher Verlag Franz Kraus 1931, S. 200. Stifter wohnte mit seiner Frau an der Donaulände im heutigen StifterHaus.

27 Stifter, *Sämmtliche Werke*, Bd. 22, Briefwechsel 6, S. 200.

28 Stifter, *Sämmtliche Werke*, Bd. 17, Briefwechsel 1, S. 287. [Herv. i. O.]

29 Vgl. Betty Paoli an Friedrich Wilhelm Pfautsch, 28. Februar 1848. In: UB Leipzig, Sammlung Liebeskind. Slg. IV/27. Die Novelle sollte den Titel *Lady Jane* tragen. Vgl. Betty Paoli an Unbekannt [Friedrich Wilhelm Pfautsch?], 26. November 1847. UB Leipzig, Kurt-Taut-Sammlung.

30 Vgl. Stifter, *Sämmtliche Werke*, Bd. 23, Briefwechsel 7, S. 47f.

31 Vgl. Sitzung 124, in: ÖMR, Abteilung I, Die Ministerien des Revolutionsjahres 1848, Band 1. Digitalisat *Die Protokolle des österreichischen Ministerrates* 1848–1867.

32 Carl Lewinsky an Betty Paoli, 22. Jänner 1848. WB, Hss., IN 106475.

33 Vgl. Paoli, *Gesammelte Aufsätze*, S. LV.

34 Betty Paoli: *Deutsche Briefe. I.* In: *Die Presse.* 25. August 1848, S. 1f., hier S. 2.

35 Paoli, *Gesammelte Aufsätze*, S. LIV.

36 Vgl. Paoli, *Deutsche Briefe. I*, S. 1.

37 Vgl. Paoli, *Deutsche Briefe. I*, S. 1.

38 Heinrich Laube: *Das erste deutsche Parlament.* 3 Bde. Leipzig: Weidmann 1849.

39 Vgl. Wittner (Hg.), S. 247f.

40 Vgl. Betty Paoli an Moritz Hartmann, 15. Jänner 1847. In: Wittner (Hg.), S. 421.

41 Paoli, *Deutsche Briefe. I*, S. 1.

42 Vgl. Paoli, *Deutsche Briefe. I*, S. 1.

43 Paoli, *Gesammelte Aufsätze*, S. LX.

44 Vgl. Paoli, *Gesammelte Aufsätze*, S. LX.

45 Stifter, *Sämmtliche Werke*, Bd. 22, Briefwechsel 6, S. 200.

46 [Arnold] Luschin v. Ebengreuth: *Dr. Theodor Elze*. In: *Carniola* 1908, Bd. 2, S. 87–97, hier S. 88f.

47 Vgl. Körner, *Nikolaus II. Esterházy und die Kunst*, S. 174.

48 Betty Paoli: *Deutsche Briefe. II*. In: *Die Presse*, 29. August 1848, S. 1f., hier S. 1.

49 Vgl. Paoli, *Deutsche Briefe. II*, S. 1.

50 Paoli, *Deutsche Briefe. II*, S. 1.

51 Paoli, *Deutsche Briefe. II*, S. 2.

52 Feldzeichen der Truppen Radetzkys waren kleine Zweige, z. B. Eichenlaub an der Mütze.

53 Vgl. Betty Paoli: *Deutsche Briefe. III*. In: *Die Presse*, 27. September 1848, S. 1f.

54 Paoli, *Deutsche Briefe. III*, S. 1.

55 Vgl. Wurzbach: *Landesmann, Heinrich*. In: *Biographisches Lexikon des Kaiserthums Oesterreich*. 14. Teil, 1865, S. 72–77, hier S. 74.

56 Paoli, *Deutsche Briefe. III*, S. 2.

57 Für ihren in Brescia, Oberitalien, geborenen Verehrer Cajetan Cerri desavouierte Paoli mit diesem Feuilleton die Grundlage ihres *Romancero*. Vgl. Cajetan Cerri: *Lichtbilder aus der Frauenwelt*. 2. Betty Paoli. In: *Iris*. II. Jg., 1. Mai 1850, S. 70f., hier S. 71.

58 Betty Paoli: *Deutsche Briefe IV*. In: *Die Presse*, 4. Oktober 1848, S. 1f.

59 Vgl. Adalbert Stifter: *Johann Fischbach: »Erzherzog Johann und sein Sohn«*. In: Adalbert Stifter: *Werke und Briefe*. Historisch-kritische Gesamtausgabe. Hg. v. Alfred Doppler, Wolfgang Frühwald, Hartmut Laufhütte. Bd. 8, 4: Schriften zur Bildenden Kunst. Stuttgart: Kohlhammer, 2018, S. 17f.

60 Die Zeitung verwendete sie beim Umzug als Einwickelpapier, Paoli hatte nach eigenem Bekunden die auch vielen Literaturwissenschaftlerinnen bekannte Marotte, alles Gedruckte, das ihr vor Augen kam, lesen zu müssen.

61 Vgl. Paoli, *Deutsche Briefe. IV*, S. 2.

62 Paoli, *Ein einsamer Abend*, S. 441 [AW S. 230].

63 Vgl. Paoli, *Gesammelte Aufsätze*, S. XLIX.

64 Vgl. Betty Paoli an Karl Elze, 12. Dezember 1848. WB, Hss., IN 28071.

65 Vgl. Paoli, *Gesammelte Aufsätze*, S. LVIIf.

66 Stifter, *Sämmtliche Werke*, Bd. 23, Briefwechsel 7, S. 58.

67 Betty Paoli an Friedrich Hebbel, 22. Dezember 1848. In: Ulrich Henry Gerlach: *Briefe von und an Friedrich Hebbel*. Bisher unbekannte Schriftstücke, gesammelt und erläutert. Heidelberg: Winter 1978, S. 101.

68 Anonym: *Neueste Literatur*. In: *Wiener Zeitschrift*. 34. Jg., Nr. 16, 23. Jänner 1849, S. 63.

69 Vgl. Anonym, *Neueste Literatur*, S. 63.

70 Betty Paoli: *Ein Brief*. In: *Vergißmeinnicht*. Taschenbuch für 1849, 3. Jg., S. XIII–XVI [AW S. 90–92].

71 Betty Paoli: *Kritisches Portefeuille*. In: *Der Lloyd*, 2. Februar 1848, Abendblatt, S. 3f.

72 Vgl. Paoli, *Kritisches Portefeuille*, S. 3f.
73 Paoli, *Kritisches Portefeuille*, S. 4.
74 Vgl. Paoli, *Kritisches Portefeuille*, S. 4.
75 Vgl. Paoli, *Gesammelte Aufsätze*, S. L.
76 Vgl. Betty Paoli an Karl Elze, 12. Dezember 1848. WB, Hss., IN 28071.
77 Stifter, *Sämmtliche Werke*, Bd. 23, Briefwechsel 7, S. 66.
78 Vgl. Paoli, *Gesammelte Aufsätze*, S. LXIV.
79 Vgl. Louis-Gaston de Sonis (Hg.): *Lettres du comte et de la comtesse de Ficquelmont a la comtesse Tiesenhausen*. Paris: Plon-Nourrit et Cie 1911, S. 204–206, S. 225.
80 Vgl. Paoli, *Gesammelte Aufsätze*, S. LXII.
81 Vgl. Hartmut Finger: *Dahlen – Kleine Stadt mit Geschichte(n)*. Leipzig: Engelsdorfer Verlag 2017.
82 Vgl. Carl Eduard Vehse: *Geschichte der deutschen Höfe seit der Reformation*. Bd. 34. Hamburg: Hoffmann und Campe 1854, S. 437.
83 Vgl. Paoli, *Gesammelte Aufsätze*, S. LXIII und LXIV.
84 Vgl. Paoli, *Gesammelte Aufsätze*, S. LXVIIf.
85 Er widmete ihnen ein Buch: Ludwig Olivier: *Ueber die Urstoffe der menschlichen Sprache und die allgemeinen Gesetze ihrer Verbindung*. Wien: Carl Schaumburg 1821.
86 Paoli, *Gesammelte Aufsätze*, S. LXVI.
87 Vgl. Monika Straňáková: *»Es ist hier vieles ganz anders, als man bei uns glaubt …«*. Fanny Tarnows Reise nach St. Petersburg. In: Christina Ujma (Hg.): *Wege in die Moderne*. Reiseberichte von Schriftstellerinnen und Schriftstellern des Vormärz. Bielefeld: Aisthesis 2009, S. 229–242, hier S. 233.
88 Vgl. Nikolaus Gatter: *Solmar, Jette*. In: *Neue Deutsche Biographie* 24 (2010), S. 554f. Digitalisat.
89 Vgl. Heinrich Landesmann an Fanny Lewald, 17. 10. 1847. UB Leipzig. Sammlung Kestner. Slg. Kestner/II/A/IV/1211/Nr. 1, Mappe 1211, Blatt Nr. 1.
90 Betty Paoli: *Unsere Geselligkeit*. In: *Neue Freie Presse*, 13. Juni 1867, S. 1f., hier S. 1f. [AW S. 203–210].
91 Vgl. Paoli, *Unsere Geselligkeit*, S. 2 [AW S. 207].
92 Vgl. Paoli, *Gesammelte Aufsätze*, S. LXVIII.
93 Ludmilla Assing: *Gräfin Elisa von Ahlefeldt, die Gattin Adolphs von Lützow, die Freundin Karl Immermann's*. Eine Biographie. Nebst Briefen von Immermann, Möller und Henriette Paalzow. Berlin: Duncker 1857, S. 184.
94 Betty Paoli: Albumeintrag für Wilhelm Hemsen, Berlin, 2. April 1850. Universitäts- und Landesbibliothek Bonn. Nachlass Hemsen. Digitalisat.
95 Vgl. Paoli, *Gesammelte Aufsätze*, S. LXVI.
96 Betty Paoli an Unbekannt. 16. November 1851. WB, Hss., IN 27800. [Herv. i. O.]
97 [Karl August] Varnhagen von Ense: *Briefe an eine Freundin*. Aus den Jahren 1844 bis 1853. Hamburg: Hoffmann und Campe 1860, S. 179.
98 Varnhagen, *Briefe an eine Freundin*, S. 188.
99 Vgl. La Mara [Marie Lipsius]: *Wilhelm Rust*. In: *Musikalisches Wochenblatt*, 1890, Bd. 21, Nr. 32, S. 398–400.
100 Schenkel, *Betty Paoli*, Sp. 157f.

101 Vgl. Schenkel, *Betty Paoli*, Sp. 157f.

102 Vgl. Schenkel, *Betty Paoli*, Sp. 158f.

103 Anonym: *Korrespondenzen*. In: *Die Presse*, 4. Dezember 1849, S. 1.

104 E. Falkbeer: *Die Poesie der Neuzeit*. Kritische Streiflichter. In: *Blätter für literarische Unterhaltung*, Nr. 142, 14. Juni 1850, S. 567.

105 Vgl. Falkbeer, *Die Poesie der Neuzeit*, S. 567.

106 Falkbeer, *Die Poesie der Neuzeit*, S. 567.

107 Falkbeer, *Die Poesie der Neuzeit*, S. 567.

108 Vgl. Anonym: *Die kleine Literatur*. In: *Wiener Zeitung*, 10. Februar 1851, S. 2.

109 Betty Paoli an Leopold Kompert, 14. Dezember 1850. In: Hock (Hg.), *Briefe Betty Paolis an Leopold Kompert*, S. 192.

110 Vgl. Betty Paoli an Leopold Kompert, 5. Jänner 1851. In: Hock (Hg.), *Briefe Betty Paolis an Leopold Kompert*, S. 195f.

111 Vgl. Hock (Hg.), *Briefe Betty Paolis an Leopold Kompert*, S. 195.

112 Vgl. Hock (Hg.), *Briefe Betty Paolis an Leopold Kompert*, S. 196.

113 Vgl. Hock (Hg.), *Briefe Betty Paolis an Leopold Kompert*, S. 197.

114 Hock (Hg.), *Briefe Betty Paolis an Leopold Kompert*, S. 198.

115 Hock (Hg.), *Briefe Betty Paolis an Leopold Kompert*, S. 196.

116 Schenkel, *Betty Paoli*, Sp. 151–164.

117 Vgl. Nikolaus Gatter: *»Gift, geradezu Gift für das unwissende Publicum«*. Der diaristische Nachlaß von Karl August Varnhagen von Ense und die Polemik gegen Ludmilla Assings Editionen (1860–1880). 2. Aufl. Köln: Varnhagen Gesellschaft e. V. 2020, S. 148.

118 Amely Bölte an August Varnhagen von Ense, 7. April 1850. In: Antje Behrens, Walther Fischer (Hg.): *Amely Böltes Briefe aus England an Varnhagen von Ense, 1844–1858*. Düsseldorf: Triltsch 1955, S. 79. Zur Editionslage vgl. Ursula Wiedenmann: *Karl August Varnhagen von Ense*. Ein Unbequemer in der Biedermeierzeit. Stuttgart, Weimar: Metzler 1994, S. 44f.

119 Varnhagen, *Briefe an eine Freundin*, S. 208.

120 Vgl. Schenkel, *Betty Paoli*, Sp. 162f.

121 Vgl. Schenkel, *Betty Paoli*, Sp. 159f.

122 Vgl. Castle, [Brief an die Red.], Sp. 458.

123 Vgl. Bettelheim-Gabillon, [Brief an die Red.], Sp. 653.

124 Zitiert in Jana Kittelmann: *Nordische Natur(en)?* Fanny Lewald und Theodor Fontane in Schottland. Mit Briefauszügen von Fanny Lewald und Amelie Bölte. In: *Fontane Blätter* 89 (2010), S. 69–86, hier S. 73f.

125 Adolf Thimme zitiert in Monika Stranáková: *»Es ist hier vieles ganz anders, als man bei uns glaubt ...«*. In: Ujma (Hg.), *Wege in die Moderne*, S. 231.

126 Betty Paoli an Wilhelm Hemsen, 18. Dezember 1851. WB, Hss., IN 3754.

127 Vgl. Behrens und Fischer (Hg.), *Amely Böltes Briefe*, S. 91.

128 Vgl. Varnhagen, *Briefe an eine Freundin*, S. 273.

129 Vgl. Betty Paoli an [Karl Elze], 30. September 1850. WB, Hss., IN 28073.

130 Betty Paoli an [Karl Elze], 25. Juli 1850. WB, Hss., IN 28072.

131 Betty Paoli an [Karl Elze], 30. September 1850. WB, Hss., IN 28073.

132 Vgl. Hock (Hg.), *Briefe Betty Paolis an Leopold Kompert*, S. 184.

133 Betty Paoli an Unbekannt, 18. August 1849. ÖNB, Hss., 48/68–3.

134 Betty Paoli an Carl Lewinsky, 1. November 1850. WB, Hss., IN 7995.

135 Betty Paoli an Carl Lewinsky, 1. November 1850. WB, Hss., IN 7995.

136 Hock (Hg.), *Briefe Betty Paolis an Leopold Kompert*, S. 193.

137 Vgl. Paoli, *Gesammelte Aufsätze*, S. LXXIV.

138 Friedrich Pecht: *Aus meiner Zeit*. Lebenserinnerungen. Bd. 2. München: Verlagsanstalt für Kunst und Wissenschaft 1894, S. 3.

139 Vgl. Paoli, *Gesammelte Aufsätze*, S. LXXIII; vgl. Carl Lewinsky an Betty Paoli, 13. September 1851. WB, Hss., IN 52828.

140 Vgl. Betty Paoli an August Varnhagen, 25. Februar 1850. In: Schenkel, *Betty Paoli*, Sp. 157f.

141 Vgl. Betty Paoli an Unbekannt, 18. August 1849. ÖNB, Hss., 48/68–3. [Herv. i. O.]

142 Vgl. Paoli, *Gesammelte Aufsätze*, S. LXIX.

143 Vgl. Hubert Lengauer: *Nachgetragene Ironie*. Moritz Hartmann und Heinrich Heine. In: T. J. Reed und Alexander Stillmark (Hg.): *Heine und die Weltliteratur*. Cambridge: Legenda 2000, S. 77–103, hier S. 77.

144 Heinrich Heine: *Säkularausgabe*. Bd. 23: Briefe 1850–1856. Bearbeitet Fritz H. Eisner. Hg. v. Klassikstiftung Weimar und Centre National de la Recherche Scientifique. Berlin: De Gruyter 1972, S. 53.

145 Was sich daraus entspann, wirft ein interessantes Licht auf die österreichischen Vormärzautoren und das Weiterwirken ihrer Texte und Positionen im Nachmärz. Vgl. Lengauer, *Nachgetragene Ironie*, S. 77–103.

146 Varnhagen an Heinrich Heine, 26. März 1850. In: Heinrich Heine: *Säkularausgabe*. Bd. 26. Briefe an Heine 1842–1851. Bearbeitet von Christa Stöcker. Hg. v. Klassikstiftung Weimar und Centre National de la Recherche Scientifique. Berlin: De Gruyter 1975, S. 251.

147 Vgl. Elise von Hohenhausen an Heinrich Heine, 13. März 1850. In: Heine, *Säkularausgabe*. Bd. 26, S. 250.

148 Vgl. Ludwig Gabillon an Betty Paoli, 17. August [1855]. WB, Hss., IN 236852.

149 Betty Paoli an Ida Fleischl, 24. August 1884. WB, Hss., IN 48446.

150 Der Feuilletonchef empfiehlt den Lesern einleitend die »Aufzeichnungen aus der Feder einer gefeierten Dichterin«. Vgl. Anm. d. Red. zu Betty Paoli: *Pariser Eindrücke I*. Rachel Felix. In: *Der Lloyd*, 19. September 1850, S. 1f., hier S. 1.

151 Paoli, *Pariser Eindrücke I*, S. 1.

152 Vgl. *Sculpture française: Renaissance et temps modernes*. Catalogue, Musée du Louvre, Département des sculptures. Paris: Réunion des musées nationaux 1998, S. 33; vgl. *Mademoiselle Rachel [Felix]* von Jean-Auguste Barre. Sammlung Louvre, (digital).

153 Vgl. Kernmayer, *Judentum*, S. 175.

154 Vgl. Paoli, *Pariser Eindrücke I*, S. 2.

155 Vgl. B. P. [Betty Paoli]: *Kritische Gastrollen*. In: *Lloyd*, 4. November 1853, S. 2.

156 Vgl. Anonym: *Literaturbriefe*. In: *Der Salon* 1 (1853), Bd. 2, S. 63.

157 Vgl. Paoli an Friedrich Schwarzenberg, 15. April 1850; SOA Třeboň.

158 Betty Paoli: *Jules Janin*. In: *Oesterreichisch-kaiserliche Wiener Zeitung*, 17. April 1852, Abendblatt, S. 349f. und 19. April 1852, S. 353–355.

159 Paoli, *Jules Janin*, S. 350.

160 Vgl. Paoli, *Jules Janin*, S. 355.
161 Vgl. Paoli, *Jules Janin*, S. 355.
162 Adalbert Stifter: *Sämmtliche Werke*. Bd. 18: Briefwechsel 2. Hg. v. Gustav Wilhelm. Prag: Calve 1918, S. 122.
163 B. P. [Betty Paoli]: *Bücherschau*. Geschichte der schönen Literatur der Deutschen für Frauen. Von Tinette Homberg. In: *Wiener Lloyd*, 14. Mai 1853, S. 1f. hier S. 2.
164 B. P. [Betty Paoli]: *K. k. Hofburgtheater*. In: *Wiener Lloyd*, 18. Mai 1853, S. 2.
165 B. P. [Betty Paoli], *K. k. Hofburgtheater*, 18. Mai 1853, S. 2.
166 Vgl. B. P. [Betty Paoli], *K. k. Hofburgtheater*, 12. Oktober 1853, S. 1.
167 Vgl. Paoli, *Gesammelte Aufsätze*, S. 295.
168 Paoli, *Pariser Eindrücke II*, S. 1f.
169 Paoli, *Pariser Eindrücke I*, S. 1.
170 Vgl. Friderike Kitschen: »*Chiaroscur-Gemählde*«. Berichte deutscher Reisender aus dem Pariser Kunstleben 1830–1854. In: Ujma (Hg.), *Wege in die Moderne*, S. 105–117.
171 Vgl. Paoli, *Pariser Eindrücke II*, S. 1.
172 Vgl. Paoli, *Pariser Eindrücke II*, S. 1.
173 Vgl. Paoli, *Pariser Eindrücke II*, S. 1f.
174 Vgl. B. P. [Betty Paoli]: *Kunstausstellung*. In: *Wiener Lloyd*, 26. Jänner 1853, S. 1f.
175 Vgl. Anonym: *Nachtrag zum Kunstausstellungsbriefe*. In: *Der Salon* 1 (1853), Bd. 2, S. 406–408, hier S. 408.
176 Anonym, *Nachtrag zum Kunstausstellungsbriefe*, S. 408.
177 Vgl. Anonym, *Nachtrag zum Kunstausstellungsbriefe*, S. 408.
178 Vgl. [Notiz]. In: *Lloyd*, 27. Februar 1852, S. 2.
179 Vgl. B. P. [Betty Paoli]: *Kunstausstellung im Juni*. In: *Wiener Lloyd*, 21. Juni 1853, S. 1f. und 25. Juni 1853, S. 1.
180 Vgl. Anonym, *Nachtrag zum Kunstausstellungsbriefe*, S. 408.
181 [Notiz]. In: *Der Humorist*, 21. August 1850, S. 850.
182 *Čest rodinná*. Novella Betty Paoli. Z něm. volně přeložil Leopold Hausmann. V Brne 1852. (Domácí pokladnice zábavného čteni. Čislo I); Carl Barthel: *Die deutsche Nationalliteratur der Neuzeit in einer Reihe von Vorlesungen*. 2., stark vermehrte Aufl. Braunschweig: Eduard Leibrock 1851; Heinrich Friedrich Wilhelmi (Hg.): *Die Lyrik der Deutschen in ihren vollendetsten Schöpfungen während der letzten hundert Jahre, vornehmlich von Göthe bis auf die Gegenwart*. Frankfurt/M.: Brönner 1852.
183 Hock (Hg.), *Briefe Betty Paolis an Leopold Kompert*, S. 199.
184 Vgl. Paoli an Friedrich Schwarzenberg, 1. Jänner 1851, SOA Třeboň.
185 Vgl. Paoli an Friedrich Schwarzenberg, 1. Jänner 1851, SOA Třeboň.
186 Paoli, *Gesammelte Aufsätze*, S. LXXIV.
187 Lermontoff [Michail Lermontow]: *Ein Fatalist*. Novelle. Aus dem Russischen von Betty Paoli. In: *Wiener Zeitung*, 13. Dezember 1851, S. 2f. und 20. Dezember 1851, S. 3f.
188 [*Anmerkung der Redaktion*]. In: *Wiener Zeitung*, 13. Dezember 1851, S. 2.
189 Vgl. Michaïl Lérmontoff [Michail Lermontow]: *Der Held unserer Zeit*. Übersetzt von August Boltz. Berlin: Carl Schultze 1852.
190 B. P. [Betty Paoli]: *Ein russischer Novellist*. Literarische Skizze. In: *Wiener Lloyd*, 28. Juni 1853, S. 1f.
191 B. P. [Betty Paoli], *Ein russischer Novellist*, S. 2.

192 Marie von Ebner-Eschenbach, Josephine von Knorr: *Briefwechsel 1851–1908*. Kritische und kommentierte Ausgabe. Hg. v. Ulrike Tanzer, Irene Fußl, Lina Maria Zangerl, Gabriele Radecke. Bd. 1: Texte. München: De Gruyter 2016, S. 56.

193 *Ein Abenteuer auf der Eisenbahn*. (Fragmente aus Sergei's Tagebuch.) Aus dem Russischen des Grafen W. Sollohub [Wladimir Sollogub] von B. P. [Betty Paoli]. In: *Wiener Lloyd*, 8.–14. Juli 1853.

194 Marie von Ebner-Eschenbach, Josephine von Knorr, *Briefwechsel 1851–1908*, Bd. 1, S. 56.

195 *Ein Löwe*. Frei nach dem Russischen des Grafen W. Solohub [Wladimir Sollogub] von Betty Paoli. In: *Oesterreichische Zeitung*, 28. Februar–3. März 1856.

196 *Kosakisches Wiegenlied*. Von Lermontoff. Aus dem Russischen von Betty Paoli. In: *Illustrirtes Familienbuch zur Unterhaltung & Belehrung häuslicher Kreise* 2 (1852), S. 315f.

197 Vgl. Paoli, *Gesammelte Aufsätze*, S. LXXV.

198 Vgl. Paoli an Friedrich Schwarzenberg, 16. Dezember 1851, SOA Třeboň.

199 Varnhagen, *Briefe an eine Freundin*, S. 271.

200 Paoli, *Reise-Memoiretten*, 6. November 1852, S. 1. Weitere Teile am 7., 9. und 10. November 1852.

201 Paoli, *Reise-Memoiretten*, 6. November 1852, S. 1.

202 Paoli, *Reise-Memoiretten*, 6. November 1852, S. 1.

203 Vgl. Paoli, *Reise-Memoiretten*, 7. November 1852, S. 1.

204 Paoli, *Reise-Memoiretten*, 7. November 1852, S. 1.

205 Vgl. Paoli, *Reise-Memoiretten*, 7. November 1852, S. 1.

206 Vgl. Betti Paoli, *Reise-Memoiretten*, 9. November 1852, S. 1.

207 B. P. [Betty Paoli]: *Bücherschau*, 5. April 1854, S. 2f., hier S. 2.

208 Vgl. B. P. [Betty Paoli], *Bücherschau*, 5. April 1854, S. 2.

209 Betti Paoli: *Vor einem Bilde Giotto's*. In: *Italia*. Deutsche Dichter als Führer jenseits der Alpen. Hg. v. Levin Schücking. Frankfurt a. M.: Carl Jügel's Verlag 1851, S. 235f.; vgl. Nikolas Immer: *Dolmetscher, Erklärer, Gefährte*. Levin Schückings Anthologie Italia. Deutsche Dichter als Führer jenseits der Alpen (1851). In: Johannes Görbert und Nikolas Immer (Hg.): *Ambulante Poesie*. Explorationen deutschsprachiger Reiselyrik seit dem 18. Jahrhundert. Stuttgart: Metzler, 2020, S. 81–98.

210 Anonym: *Italia*. [Rezension]. In: *Allgemeine Zeitung*. Beilage zu Nr. 176, 25. Juni 1851, S. 2809–2811, hier S. 2809.

211 Paoli, *Gesammelte Aufsätze*, S. LV.

212 Vgl. Paoli, *Gesammelte Aufsätze*, S. LXXVIIf.

213 Vgl. Paoli an Fritz Schwarzenberg, 28. Dezember 1851 und 31. August 1852, SOA Třeboň.

214 Vgl. Max. Josef Schüler: *Der steiermärkisch-ständische Curort Tobelbad*. Gratz: Leykam's Erben 1856, S. 48f.

215 Vgl. Paoli, *Gesammelte Aufsätze*, S. LXXVII.

216 Vgl. Betty Paoli an Unbekannt, 18. August 1849. ÖNB, Hss., 48/68–3.

217 Paoli an Friedrich Schwarzenberg, 31. August 1852, SOA Třeboň.

218 B. P. [Betty Paoli]: *Die Makkabäer*. Tragödie in fünf Acten. Von Otto Ludwig aus Eisfeld. In: *Wiener Lloyd*, 11. November 1852, S. 1–3.

219 Vgl. Bettelheim-Gabillon, *Charakteristik*, S. 228.

220 B. P. [Betty Paoli], *Die Makkabäer*, S. 3. [Herv. i. O.]

221 Betty Paoli: *Bücherschau.* »Christian Lammfell«, Roman in fünf Bänden von Carl von Holtei. In: *Wiener Lloyd*, 23. Dezember 1852, S. 1.

222 2. Buch, 3. Teil, Nr. 5. Vgl.: Figurenlexikon zu Lew *Tolstois Krieg und Frieden* (1867–69) von Anke-Marie Lohmeier (digital).

223 Vgl. Wurzbach: *Froloff-Bagréeff-Speransky, Elisabeth Gräfin von.* In: *Biographisches Lexikon des Kaiserthums* Oesterreich. 4. Teil, 1858, S. 282f.

224 Vgl. Betty Paoli an Ludwig Gabillon, 12. September 1854. WB, Hss. IN 236605; vgl. Hock (Hg.), *Briefe Betty Paolis an Leopold Kompert*, S. 200.

225 Vgl. Franz Grillparzer an Katharina Fröhlich, 28. Juli 1853. In: Franz Grillparzer: *Sämtliche Werke.* Historisch-kritische Gesamtausgabe. Hg. v. August Sauer, fortgeführt von Reinhold Backmann. 42 Bde. Wien: Schroll 1909–1948. III. Abt., Bd. 3, S. 122.

226 Grillparzer, *Sämtliche Werke*, III. Abt., Bd. 3, S. 122.

227 Vgl. Franz Grillparzer: *Sämtliche Werke.* II. Abt., Bd. 12: Tagebücher und literarische Skizzenhefte VI von Ende 1856 bis 1870, Nr. 4149–4398 mit den Nachträgen Nr. 4399–4422 und dem Verzeichnis der Bibliothek Grillparzers, S. 201.

228 Betty Paoli: *Ein Probejahr.* Novelle. In: *Wiener Lloyd*, 11. Dezember–21. Dezember 1852. Vgl. Ebner-Eschenbach, *Betty Paoli*, S. XIV.

229 Vgl. Paoli, *Gesammelte Aufsätze*, S. LXXIX.

230 B. P. [Betty Paoli], *Bücherschau*, 25. März 1853, S. 1.

231 Vgl. Wurzbach, *Froloff-Bagréeff-Speransky, Elisabeth Gräfin von*, S. 282f.

232 Paoli, *Gesammelte Aufsätze*, S. LXXXIII.

233 Anonym: *Tous les quinze jours.* Wiener Feuilletons. In: *Bohemia*, 4. November 1856. Beilage, S. 657.

234 Vgl. Wurzbach: *Warrens, Eduard.* In: *Biographisches Lexikon des Kaiserthums Oesterreich.* 53. Teil, 1886, S. 92–98; vgl. Th. Venus: *Warrens, Eduard.* In: *Österreichisches Biographisches Lexikon.* Hg. v. Österreichische Akademie der Wissenschaften (digital).

235 Vgl. Ute Daniel: *Der Krimkrieg 1853–1856 und die Entstehungskontexte medialer Kriegsberichterstattung.* In: Ute Daniel (Hg.): *Augenzeugen.* Kriegsberichterstattung vom 18. zum 21. Jahrhundert. Göttingen: Vandenhoeck & Ruprecht 2006, S. 40–67; vgl. auch Ulrich Keller: *Das Bild des Krieges*: Der Krimkrieg (1853–1856). In: *Europäische Geschichte Online.*

236 Vgl. Anonym: *Correspondenzen.* In: *Die Grenzboten* 14 (1855), I. Semester, II. Bd., S. 66–80, hier S. 76.

237 Vgl. Paoli, *Gesammelte Aufsätze*, S. LXXIX.

238 Vgl. Betty Paoli an Ludwig Gabillon, 13. Juli 1855. WB, Hss., IN 236631; vgl. auch Bettelheim-Gabillon, *Charakteristik*, S. 214.

239 Vgl. Betty Paoli an Ludwig Gabillon, 14. September 1855. WB, Hss., IN 236637.

240 Vgl. B. P. [Betty Paoli]: *Phädra*, Trauerspiel in fünf Aufzügen von Racine, verdeutscht von Friedrich v. Schiller. In: *Wiener Lloyd*, 17. November 1852, S. 1f. und Fußnote im Feuilleton des *Lloyd*, 18. November 1852, S. 1.

241 Zitiert in Oser, *Ada Christen – Betty Paoli*, S. 136.

242 Betty Paoli: *Gedichte von Annette v. Droste-Hülshoff.* In: Paoli, *Gesammelte Aufsätze*, S. 1–11, hier S. 1f. (Erstdruck: Betty Paoli: *Literarisches.* In: *Wiener Lloyd*, 27. November 1852) [AW S. 163–169].

243 B.P. [Betty Paoli]: *Bücherschau*. In: *Wiener Lloyd*, 13. November 1853, S. 1f., hier S. 2.
244 B.P. [Betty Paoli], *Bücherschau*, 13. November 1853, S. 1.
245 B.P. [Betty Paoli]: *Bücherschau*. In: *Wiener Lloyd*, 6. Oktober 1853, S. 1f., hier S. 1 [AW 179–187, hier S. 179].
246 B.P. [Betty Paoli], *Bücherschau*, 6. Oktober 1853, S. 1 [AW S. 179].
247 B.P. [Betty Paoli], *Bücherschau*, 6. Oktober 1853, S. 1 [AW S. 181].
248 Vgl. B.P. [Betty Paoli]: *Kunstausstellung*. In: *Wiener Lloyd*, 18. Februar 1853, S. 1f. hier S. 1.
249 B.P. [Betty Paoli], *Kunstausstellung*, 18. Februar 1853, S. 1.
250 B.P. [Betty Paoli]: *Bücherschau*. In: *Wiener Lloyd*, 15. Juni 1854, S. 1–3, hier S. 1.
251 B.P. [Betty Paoli]: *Bücherschau*. In: *Wiener Lloyd*, 7. Juli 1853, S. 1f., hier S. 2. Tragantfiguren = Figuren aus Dekormasse.
252 Vgl. B.P. [Betty Paoli]: *Bücherschau*. In: *Wiener Lloyd*, 7. September 1853, S. 2.
253 Gedruckte Widmung: »Betty Paoli mit herzlichem Gruße zugeeignet.« Paul Heyse: *Neunte Sammlung der Novellen*. Ein neues Novellenbuch. Berlin: Wilhelm Hertz 1871.
254 B.P. [Betty Paoli]: *Bücherschau*. In: *Wiener Lloyd*, 1. April 1853, S. 1.
255 Vgl. B.P. [Betty Paoli], *Bücherschau*, 1. April 1853, S. 1.
256 Eduard Bauernfeld: *Tagebücher II* (1849–1897). Hg. v. Carl Glossy. In: *Jahrbuch der Grillparzer-Gesellschaft* 6 (1896), S. 85–223, hier S. 111. (2. April 1853)
257 Paoli an Friedrich Schwarzenberg, 29. September 1857, SOA Třeboň.
258 B.P. [Betty Paoli]: *K. k. Hofburgtheater*. »Die Löwen von ehedem,« Sittengemälde in vier Acten von Bauernfeld. In: *Wiener Lloyd*, 9. November 1853, S. 1f., hier S. 2.
259 Vgl. Paoli an Friedrich Schwarzenberg, 29. September 1857, SOA Třeboň.
260 B.P. [Betty Paoli]: *K. K. Hofburgtheater*. Zum ersten Male: »Magellona,« Tragödie in fünf Acten und einem Nachspiele von Friedrich Hebbel. In: *Wiener Lloyd*, 22. Jänner 1854, S. 1f., hier S. 1.
261 Friedrich Hebbel: *Sämtliche Werke*. Historisch-kritische Ausgabe, besorgt von Richard Maria Werner. 2. Aufl. Bd. 6: Demetrius; Gedichte (Gesamtausgabe von 1857, Aus dem Nachlass 1857–1863). Berlin: Behr 1904, S. 454; vgl. auch Theodor Trummer: *Hebbel und österreichische Autoren seiner Zeit*. In: Ida Koller-Andorf und Hilmar Grundmann (Hg.): *Hebbel*. Mensch und Dichter im Werk. Klassiker und Realist. Wien: Verband der wissenschaftlichen Gesellschaften Österreichs 1992, S. 165–179.
262 B.P. [Betty Paoli], *K. K. Hofburgtheater*, 22. Jänner 1854, S. 2.
263 Vgl. Friedrich Hebbel: *Sämtliche Werke*. Historisch-kritische Ausgabe, besorgt von Richard Maria Werner. Bd. 5. Berlin: Behr 1906, S. 288.
264 Hebbel, *Sämtliche Werke*, Bd. 5, S. 288f.
265 Vgl. Constantin Wurzbach: *Bibliographisch-statistische Übersicht der Literatur des Österreichischen Kaiserstaates*. Erster Bericht vom 1. Jänner 1853 bis 31. December 1853. 2. Aufl. Wien: Manz 1856, S. 18.
266 Anonym: *Tous les quinze jours*. Wiener Feuilletons 5. In: *Bohemia*, 2. Dezember 1856, S. 815.
267 *Briefe von Zedlitz an eine Freundin*. In: *Morgenblatt für gebildete Leser* 59 (1865), Nr. 23. 394–399, hier S. 397.
268 *Journal-Devisen*. In: *Figaro*, 18. Jänner 1857, S. 11.
269 Vgl. Leopold Kordesch: *Neujahrs-Epistel an die Leser*. In: *Faust* II (1855), Nr. 1, S. 2.
270 Vgl. Paoli an Friedrich Schwarzenberg, 3. April 1855, SOA Třeboň.

271 [Notiz]. In: *Wiener Conversationsblatt.* (Theaterzeitung), 12. April 1855, S. 348. [Herv. i. O.]
272 Betty Paoli an Ludwig Gabillon, 16. April 1855. WB, Hss., IN 236615.
273 Betty Paoli an Ludwig Gabillon, 16. April 1855. WB, Hss., IN 236615.
274 B. P. [Betty Paoli]: *Ein Referat statt einer Rezension.* In: *Wiener Lloyd*, 23. August 1853, S. 1f., hier S. 1.
275 B. P. [Betty Paoli], *Ein Referat statt einer Rezension*, S. 1.
276 B. P. [Betty Paoli], *Ein Referat statt einer Rezension*, S. 2.
277 Vgl. Alexander von Weilen: *Gabillon, Ludwig.* In: *Allgemeine Deutsche Biographie* 55 (1910), S. 477–479, hier S. 477.
278 Bettelheim-Gabillon, *Charakteristik*, S. 209.
279 Vgl. Betty Paoli an Ludwig Gabillon, 12. September 1854. WB, Hss., IN 236605; vgl. auch Helene Bettelheim-Gabillon (Hg.): *Ludwig Gabillon.* Tagebuchblätter-Briefe-Erinnerungen. Wien u. a.: Hartleben 1900, S. 77.
280 Vgl. Betty Paoli an Ludwig Gabillon, 23. August [1854]. WB, Hss., IN 236604.
281 Vgl. Ludwig Gabillon an Betty Paoli, o. D. [1854]. WB, Hss,. IN 236846; vgl. auch Bettelheim-Gabillon, *Ludwig Gabillon*, S. 93.
282 Ludwig Hevesi: *Zerline Gabillon*: Ein Künstlerleben. Mit 18 Zeichnungen von Helene Bettelheim-Gabillon. Stuttgart: Bonz 1894, S. 207.
283 Vgl. Betty Paoli an Ludwig Gabillon, 13. Juli 1855. WB, Hss., IN 236631.
284 Vgl. Betty Paoli an Ludwig Gabillon, 25. Juni 1854. WB, Hss., IN 236602.
285 Vgl. Ludwig Gabillon an Betty Paoli, 4. Juli 1854. WB, Hss., IN 236848.
286 Ludwig Gabillon an Betty Paoli, 4. Juli 1854. WB, Hss., IN 236848.
287 Ludwig Gabillon an Betty Paoli, 4. Juli 1854. WB, Hss., IN 236848.
288 Betty Paoli an Ludwig Gabillon, 13. Juni 1855. WB, Hss., IN 236631.
289 Betty Paoli: *Widmung. Dem Freunde.* In: Betty Paoli: *Lyrisches und Episches.* Pesth: Heckenast 1855, S. III–VI, hier S. IIIf.
290 Betty Paoli: *Widmung. Dem Freunde*, S. IV.
291 Vgl. Betty Paoli an Ludwig Gabillon, 19. August 1855. WB, Hss., IN 236633.
292 Betty Paoli an Ludwig Gabillon, 4. Juli 1855. WB, Hss., IN 236629.
293 Betty Paoli an Ludwig Gabillon, 10. Dezember 1855. WB, Hss., IN 236650.
294 Betty Paoli an Ludwig Gabillon, 19. August 1855. WB, Hss., IN 236633.
295 Betty Paoli an Ludwig Gabillon, o. D. WB, Hss., IN 236656.
296 Betty Paoli an Ludwig Gabillon, 4. Juli 1855. WB, Hss., IN 236629.
297 Ludwig Gabillon an Betty Paoli, o. D. [1854]. WB, Hss., IN 236803.
298 Ludwig Gabillon an Betty Paoli, o. D. [Juli? 1855]. WB, Hss., IN 236844.
299 Vgl. Bettelheim-Gabillon, *Ludwig Gabillon*, S. 85.
300 Betty Paoli an Ludwig Gabillon, 12. August 1855. WB, Hss., IN 236632.
301 Vgl. Ludwig Gabillon an Betty Paoli, o. D. [August? 1855]. WB, Hss., IN 236781.
302 Ludwig Gabillon an Betty Paoli, 17. August [1855]. WB, Hss., IN 236852.
303 Betty Paoli an Ludwig Gabillon, 28. Jänner 1856. WB, Hss., IN 236657. [Herv. i. O.]
304 Betty Paoli an Ludwig Gabillon, o. D. [1855]. WB, Hss., IN 236701.
305 Betty Paoli an Ludwig Gabillon, 12. August 1855. WB, Hss., IN 236632.
306 Hevesi, *Zerline Gabillon*, S. 121f.
307 Vgl. Bettelheim-Gabillon, *Ludwig Gabillon*, S. 96f.
308 Vgl. Bauernfeld, *Tagebücher II*, S. 119.

309 Vgl. Herbert Schrittesser: Anton Bettelheim und Helene Bettelheim-Gabillon und das literarische Leben ihrer Zeit. Diss. Wien, 2013, S. 66.

310 Helene Bettelheim-Gabillon (Hg.): *Aus Ludwig Gabillons Briefwechsel*. In: *Österreichische Rundschau* 26 (1911), S. 359–373, hier S. 361.

311 Betty Paoli an Ludwig Gabillon, 13. Juli 1855. WB, Hss., IN 236631.

312 Ludwig Gabillon an Betty Paoli, 17. August [1855]. WB, Hss., IN 236852. Gemeint sind Heinrich und Iduna Laube und die Schauspielerpaare Carl und Auguste La Roche und Julie und Karl Rettich.

313 Betty Paoli an Ludwig Gabillon, 12. August 1855. WB, Hss., IN 236632.

314 Vgl. Betty Paoli an Ludwig Gabillon, 2. September 1855. WB, Hss., IN 236634.

315 Zitiert in Schrittesser, *Anton Bettelheim und Helene Bettelheim-Gabillon*, S. 71.

316 Hevesi, *Zerline Gabillon*, S. 207.

4
1856–1869
Familie und Feuilleton

Das Haus Fleischl

Für Betty Paoli änderte sich im Jahr 1855 alles. Sie verlor eine große Liebe, gab ihre Stelle als Gesellschafterin auf, bekam einen Vertrag bei einer neuen Zeitung und vor allem: Sie fand Familienanschluss. Marie von Ebner-Eschenbach schreibt in ihrem Nachruf:

> Im Jahre 1855 ließ der gute Stern der Dichterin sie finden, was wohl die Erfüllung des Traumes eines jeden Schaffenden ist: alle Annehmlichkeiten, alles Behagen des Familienlebens ohne eine seiner Verpflichtungen. Durch fast vierzig Jahre hat sie im Frieden des Hauses v. Fleischl-Marxow, unter hochbegabten, edlen Menschen gelebt: frei und geschützt.[1]

Durch die Aufnahme in die großbürgerliche jüdische Familie Fleischl (ab 1875 Edle von Marxow) wurde vieles einfacher. Betty Paoli konnte nun ungestört schreiben und gleichzeitig hatte sie mit Ida Fleischl (1824–1899) eine kluge Gesprächspartnerin und kritische Probeleserin. Paoli konnte Gäste empfangen und wurde wie ein Familienmitglied behandelt. Es war eine anregende Atmosphäre, die durch die Dame des Hauses, später auch deren Söhne und die Salongäste geprägt war. Das Haus Fleischl war »der Sammelpunkt zahlreicher, hervorragender Männer und Frauen. Schriftsteller, Gelehrte, ausgezeichnete Hofschauspieler fühlten sich da heimisch.«[2]

Dass der Sommer 1855 zu einer Art Probewohnen für beide Seiten wurde, war nicht geplant gewesen. Ende Juli schreibt Paoli an Friedrich Schwarzenberg, sie sei »mit einer Freundin, die den Sommer über meine Gesellschaft wünschte«, nach Baden bei Wien gezogen, nach den unangenehmen Erfahrungen an der Seite von Bagréeff-Speranski sei ihr das willkommen.[3] Schon im Mai war Ida Fleischl in den Kurort gefahren und hatte sich in einem zweistöckigen Haus in der Bergstraße (heute Marchetstraße) einquartiert. Die Badener Kurliste verzeichnet in diesem Haushalt acht Personen, kurz darauf folgte an die gleiche Adresse »Frau Betti Glück-Paoli, Private«.[4] In Baden konnte Paoli ein wenig auf Distanz zum Wiener Kreis gehen und einen Sommer ohne Gesellschafterinnenpflichten verleben, aber noch dachte sie dabei nicht an ein dauerhaftes Arrangement. Sie unterrichtete im Kurbad die Töchter des Bankiers Moriz Wodianer von Kapriora.[5]

Da sie nicht mehr in Bagréeff-Speranskis Diensten stand, musste Paoli ihre Stadtwohnung bei der ›Exzellenza‹ aufgeben. Während sie in Baden war, machte sich Ludwig Gabillon in ihrem Auftrag auf Wohnungssuche. Er hatte schon eine passende Unterkunft in der Inneren Stadt in Aussicht, als Paoli ihn wissen ließ, dass sie auch nach ihrer Rückkehr bei der Familie Fleischl wohnen würde.[6]

Im September holte Paoli ihre Sachen aus der Wohnung bei Bagréeff-Speranski und im Oktober zog sie in das Haus Nr. 763 in der inneren Stadt.[7] Dabei handelte es sich um das Palais Nimptsch in der eher unspektakulären Oberen Bäckerstraße, heute Nr. 10. Bei einem Umbau 1838 war das Haus mit einer repräsentativen Fassade versehen worden, es verfügte über einen großen Innenhof und mehrere Pawlatschen. Carl Fleischl, Großhandelsgesellschafter, und seine Frau Ida, geborene Marx, lebten dort mit ihren vier Söhnen, der jüngste zwei, der älteste neun Jahre alt. In den nächsten neununddreißig Jahren würde Paoli mit der Familie mehrmals innerhalb von Wien umziehen, dabei aber immer ihren abgetrennten Wohnbereich und ein eigenes Dienstmädchen behalten. Und sie kümmerte sich selbst um die Einrichtung ihrer Zimmer: »Um jetzt von mir einen Blick, ein Wort, ein Lächeln zu erhaschen, muß man Tischler, Tapezierer, Besenbinder oder dergleichen sein«, schreibt sie am Tag vor ihrem Einzug in die Obere Bäckerstraße.[8]

In den Jahrzehnten nach ihrer Aufnahme im Haus Fleischl veröffentlichte Paoli weiterhin Gedichte und Novellen und etablierte sich als Feuilletonistin der bedeutendsten liberalen Zeitung in Österreich, der *Neuen Freien Presse*. Sie übte ihr kritisches Amt auch für die in Augsburg und München erscheinende *Allgemeine Zeitung* aus und übersetzte französische Stücke für das Burgtheater. Und weiterhin beeindruckte Paoli die Gäste der Wiener Salons, die sie nun oft gemeinsam mit Ida Fleischl besuchte, mit ihrer scharfen Intelligenz. Sie pflegte ihre Autoren-, Verlags- und Adelsnetzwerke und ging ins Theater, auch das oft in Begleitung von Ida Fleischl.

Das Haus Fleischl bot Paoli rundum gute Arbeits- und Lebensbedingungen, vor allem deshalb, weil ihr Ida Fleischl, obwohl zehn Jahre jünger als Paoli und für vier Kinder verantwortlich, eine unerschütterliche Stütze war. Einen Einblick in ihr Leben als Hausgenossin der Fleischls geben neben den Berichten Marie von Ebner-Eschenbachs auch einige Tagebücher Paolis, die allerdings eine nachlässige Diaristin war. Eine ergiebige Quelle sind hingegen die Memoiren von Helene Gasser, die 1864 ihre Stelle als Dienstmädchen im Hause Fleischl antrat, dann zur Köchin avancierte und bis zu Ida Fleischls Tod im Haus arbeitete.

Ida Fleischl

Helene Gasser denkt mit großer Bewunderung an die ›gnädige Frau‹ zurück, von der sie mit Respekt behandelt wurde und die ihr im Scherz die eine oder andere »lederne Medaille« verlieh.[9] Marie von Ebner-Eschenbach, die Menschenkennerin, schätzte die Herzensbildung und die Intelligenz Ida Fleischls, die auch für sie ein »Lebensmensch« werden sollte.[10] In einem Nachruf ist zu lesen: »Es lag ein eigenthümlicher Liebreiz der Einfachheit über dieser bedeutenden Frau. Eine Erscheinung von so reicher Eigenart mußte ungesucht zu einem Krystallisations-Punkte schöner Geselligkeit werden, und das Haus Fleischl hat eine markante Rolle im geistigen Gesellschaftsleben Wiens gespielt.«[11] Auch Franz Grillparzer hielt Fleischl für ein »sehr gebildetes, gescheidtes Frauenzimmer«.[12] Es ist nicht überraschend, dass sich Betty Paoli in Gesellschaft der vielseitig interessierten und intelligenten Frau wohlfühlte.

Ida war das einzige Kind des Münchner Kaufmannes Lippmann Marx und seiner Frau Louise von Lämel, einer Tochter des aus Prag stammenden Wiener Großhändlers und Privatbankiers Simon Edler von Lämel. Zu den illustren Kunden von Ida Fleischls Großvater mütterlicherseits zählten z. B. Rahel Varnhagen und Johann Wolfgang von Goethe.[13] Die Familien Marx und Lämel engagierten sich in den jüdischen Gemeinden ihrer

Ida Fleischl-Marxow, um 1865

Städte über Generationen hinweg als Wohltäter.[14] Ida Fleischl führte diese Tradition in ihrem Wirkungskreis fort und Helene Gasser berichtet von unzähligen Bettelbriefen, die ihre Arbeitgeberin erhielt und, mitunter zu naiv, mit milden Gaben beantwortete.[15]

Die materielle Großzügigkeit der Dame des Hauses erstreckte sich wohl auch auf die geliebte Hausgenossin, besonders wichtig war für Paoli aber Ida Fleischls Zuneigung und der intellektuelle Austausch. Paoli schreibt aus ihrem Badener Sommer 1855, sie habe hier an der Seite der Freundin gefunden, was sie »lange und schmerzlich genug« entbehrt habe, nämlich »Theilnahme und wahre Herzlichkeit«.[16] Und an anderer Stelle: »Ida thut Alles, was sie mir an den Augen absehen kann, und besitzt, was noch wesentlicher, jenen feinen Takt des Herzens, der die Bedürfnisse einer fremden Natur zu errathen versteht.« Sie nimmt Rücksicht und »setzt nie den Fuß« in Paolis Zimmer, sondern wartet, bis Paoli zu ihr kommt.[17] Auch nach Wochen im Badener Kurdomizil nützte sich diese Aufmerksamkeit nicht ab und Paoli kann berichten: »Ida liebt mich nach wie vor mit einer Zärtlichkeit, die ich selbst am wenigsten begreife. Dieß abgerechnet, ist sie wirklich eine Frau von den seltensten Eigenschaften, namentlich von einer Zartheit und Originalität der Anschauung, die mich oft staunen machen.«[18] Die beiden Frauen hatten zweifellos eine innige Beziehung, ob platonisch oder nicht, ist aus den Quellen nicht zu erschließen.[19]

Paoli war bis zu ihrem Tod der Freundin »in Treue und dankbarer Gesinnung zugethan«.[20] So drückt es Anton Bettelheim aus, der als Ehemann von Gabillons Tochter Helene Einblick in das Privatleben hatte. Die Journalistin Flora Galliny, die wie Bettelheim regelmäßig Gastgeberin von und Gast bei Fleischl und Paoli war, erwähnt in ihrem Nachruf auf Ida Fleischl die »glühende Dankbarkeit in den Versen Betty Paoli's«.[21] Dabei machte Galliny in dieser Sache offensichtlich einen Gesinnungswandel durch, denn zu Lebzeiten der Dichterin fand sie die Gedichte an Ida Fleischl schrecklich. »Es werden sich die Leute darüber lustig machen, meint sie«, notierte Ebner-Eschenbach in ihrem Tagebuch, und ergänzt: »Das glaube ich doch nicht.«[22]

In dem Geburtstagsgedicht mit dem Titel *Am 5. September. An Ida* stellt die Dichterin fest: »Du aber bist so reich, so überreich«, um dann zu fragen: »Und ich, – was hab' ich Arme dir zu geben?« Die Antwort lautet:

> Nichts als mich selbst! doch diese Gabe schafft
> Dir Sorgen nur und immer neue Mühen!
> Denn stützen mußt du mich mit deiner Kraft,
> Dein böses altes Kind zum Guten ziehen.
> Du mußt, bald ernst und streng, und bald gelind,
> Hier raten, trösten, strafen dort und wehren,
> Und die Gedanken, die das Leben sind,
> Den erdgebund'nen Geist erst denken lehren.[23]

In allen Lebensbereichen war Ida Fleischl für Paoli eine Unterstützung und auch ihre »stille Mitarbeiterin«, wie später die von Marie von Ebner-Eschenbach.[24] Daniela Strigl hat in ihrer Biographie diese produktive Zusammenarbeit von Ebner-Eschenbach und Fleischl anschaulich dargestellt:

> [Ebner-Eschenbach] konsultierte die Freundin bald nicht nur zu Fragen der Stoffwahl und der formalen Gliederung, sie zeigte ihr bereits die ersten Fassungen ihrer Arbeiten – und ging mit ihr die letzten Korrekturen durch. Ein Aphorismus Ebner-Eschenbachs sagt es unmissverständlich: ›Gemeinsame geistige Tätigkeit verbindet enger als das Band der Ehe.‹[25]

Die Zusammenarbeit von Paoli und Fleischl dürfte ähnlich umfassend gewesen sein. Der große Unterschied bestand darin, dass zwischen Paoli und Fleischl der Kontakt auch räumlich eng war und der Austausch ganz spontan stattfinden konnte. Fleischl musste bei Paoli, anders als bei Ebner-Eschenbach, die erst als Erwachsene korrektes Deutsch lernte, auch nicht in Stil und Grammatik eingreifen, dennoch wirkte sie von Anfang an im Hintergrund an Paolis Arbeiten mit. Als Paoli *Lyrisches und Episches* vorbereitete, war noch Ludwig Gabillon der Probeleser, und als der Band fertig ist, schreibt sie: »Du hast die bei weitem größere Zahl dieser Gedichte unter deinen Augen entstehen gesehen, bei vielen bist du mir mit deinem Rath und deiner Einsicht beigestanden;«[26] Aber bald darauf schreibt sie ihm über eine Korrektur an einem ihrer Gedichte: »Ida machte mir eine Bemerkung, die mir richtig scheint;«[27]

Auch das kritische Amt übten Paoli und Fleischl gemeinschaftlich aus und dabei herrschte Arbeitsteilung. Die berühmte Lyrikerin und einflussreiche Kritikerin Paoli wurde immer wieder um Beurteilungen gebeten, wie schon seinerzeit von der jungen Marie Dubsky. Einen Brief an eine Schriftstellerin, in dem sie ausführlich auf einen literarischen Stoff eingeht und Verbesserungen in der Figurenzeichnung vorschlägt, schließt Paoli mit den Worten: »Einige kleinere, rein formelle Bedenken wird Ida Ihnen mittheilen.«[28] Fleischl war als Kritikerin nicht nur berufen, sondern sie kritisierte auch aufrichtig. »Veritas et caritas« schrieb ihr Marie von Ebner-Eschenbach zu, Wahrheit und Liebe.[29]

Carl Fleischl

Die Wohltätigkeit Ida Fleischls wird von ihrem Mann Carl unterstützt, dessen Vater Samson, ein erfolgreicher Wollhändler aus Böhmen, sich in Leipzig niedergelassen und große Summen unter anderem für den Bau der neuen Leipziger Synagoge gespendet hatte. Nach Samson Fleischls Tod führte seine Frau Sara die Geschäfte weiter.[30] Als Carl Fleischl im Jahr 1875 »in Anerkennung seines verdienstlichen gemeinnützigen Wirkens« geadelt wurde, wählte er seiner Frau zu Ehren das Prädikat »von Marxow«, das gewählte Wappen zeigt zwei Lämmer.[31] Nach dem Tod Carls äußert sich Ida Fleischl gegenüber ihrer Vertrauten Ebner-Eschenbach: »Weißt du was Karl war? er war Abrahams Schoß. Alle Sorgen die mir weggeräumt werden konnten, jede Mühe, jede Unannehmlichkeit nahm er auf sich. Unabhängiger als ich ist nie eine Frau gewesen. Wenn ich einen Wunsch aussprach, war er im selben Augenblick – sein Wunsch.«[32]

Als Paoli die Hausgenossin seiner Frau wurde, war Carl Fleischl Gesellschafter der Lederfabrik seines Vaters.[33] In den 1860er Jahren wurde er Produktenhändler unter eigener Firma und fungierte als beeideter Schätzmeister beim Handelsgericht. Fleischl war Verwaltungsratsmitglied und bis 1885 Präsident der ›Wiener Tramway-Gesellschaft‹, einer privaten Beteiligungsgesellschaft für Aufbau und Betrieb der Wiener Pferdetramway. Als Betty Paoli Geld in Eisenbahn-Aktien anlegte, übergab sie die Papiere gleich Carl Fleischl zur Aufbewahrung.[34] Fleischl starb im Juni 1893 in St. Gilgen, dem Sommerfrischeort der Familie.

Mindestens ebenso lange wie Carl kannte Betty Paoli auch dessen Bruder Adolf, denn der war »Hausfreund« bei Josef Wertheimer und an der Stiftung der israelitischen Kinderbewahranstalt beteiligt.[35] Ein anderer Bruder Carls, Philipp, Repräsentant der Berliner ›Versicherungs-Actien-Gesellschaft Fortuna‹ und der ›Lebensversicherung Nordstern‹, Träger preußischer, bairischer und sächsischer Orden, war gelegentlicher Tarockpartner von Paoli und Ebner-Eschenbach bei Ida Fleischl.

Ernst von Fleischl-Marxow und seine Brüder

Der wohl originellste und hellste Kopf im Hause Fleischl war Idas ältester Sohn Ernst, geboren 1846. Sein Schulfreund und späterer Kollege Sigmund Exner schildert ihn als Gymnasiasten: »Sein Urtheil war scharf, und weit reifer als man es bei jungen Leuten seines Alters zu finden pflegt, seine Ausdrucksweise von unglaublicher Gewandtheit und Präcision; er war immer mit ganzer Seele bei der Sache, eine Eigenschaft, die ihm bis an sein Lebensende blieb.«[36] Nach der Matura im Jahr 1863 begann Ernst Fleischl Mathematik und Physik zu studieren und wechselte dann zur Medizin. 1870 promovierte er, drei Jahre später habilitierte er sich an der Universität Wien als Dozent der Physiologie, mit vierunddreißig Jahren wurde er zum außerordentlichen Professor ernannt.

Ernst Fleischl war Assistent des Physiologen Ernst von Brücke, befasste sich mit dem Kreislauf, der Nerven- und Muskelphysiologie und der physikalischen und physiologischen Optik. Er erfand mehrere Messgeräte und war ein Pionier auf dem Gebiet der Hirnstrommessung, womit er den Weg für das moderne Elektroenzephalogramm bereitete. 1876 und 1878 nahm er als Berichterstatter und Juror an den Weltausstellungen in Philadelphia und Paris teil.[37] Im Jahr 1879 erschien seine Übersetzung des Buchs *Matter and Motion* des schottischen Physikers James Clerk Maxwell, ein Grundlagenwerk der Physik. Ernst Fleischl war Mitglied der Deutschen Akademie der Naturforscher Leopoldina und der Akademie der Wissenschaften in Wien.

Durch Ernst gehörten berühmte Ärzte der zweiten Wiener Medizinischen Schule zu den Gästen im Haus von Ida und Carl Fleischl. Sigmund Exner, selbst ein bedeutender Physiologe und der Nachfolger von Brücke, schreibt:

> Dieses älterliche Haus gab zugleich den Schlüssel zum Verständnisse meines jungen, nicht nur mir, sondern den meisten Altersgenossen an Interessen, Anschauungen und Kenntnissen so weit überlegenen Freundes. Es war der Sammelpunkt zahlreicher hervorragender Männer und Frauen; ausgezeichnete Hofschauspieler, Schriftsteller und Gelehrte jedweder Richtung fühlten sich da heimisch; Betty Paoli war damals schon lange Hausgenossin. Die Mutter, selbst eine gründliche Kennerin besonders der philosophischen und kulturhistorischen Litteratur, hatte dafür gesorgt, dass der junge Ernst den Werth dieser Kreise, dieser Gespräche, dieses Schwimmens im Strome des Geisteslebens frühzeitig zu würdigen wusste, und sich so in ihm jene Fähigkeit, die mannigfaltigsten geistigen Genüsse aufzunehmen, entwickelte, die einen Charakterzug seines Wesens bildet.[38]

Nach Ernst Fleischls Tod wurde im Arkadenhof, der ›Ruhmeshalle‹ der Universität Wien, eine Ehrentafel aus Bronze angebracht.

Auch auf Sigmund Freud machte der zehn Jahre ältere Fleischl großen Eindruck:

> Er ist ein ganz ausgezeichneter Mensch, an dem Natur und Erziehung ihr Bestes getan haben. Reich, in allen Leibesübungen ausgebildet, mit

> dem Stempel des Genies in seinen energischen Zügen, schön, feinsinnig, mit allen Talenten begabt und fähig, in den allermeisten Dingen ein originelles Urteil zu schöpfen, war er immer mein Ideal, und ich war erst ruhig, als wir Freunde wurden und ich an seinem Können und Gelten eine reine Freude haben durfte.[39]

Stets habe er Fleischl »in allen Stücken« beneidet, schreibt Freud in einem Brief an seine Verlobte, jetzt aber habe er, Freud, dem Beneideten etwas voraus, denn Fleischls Verlobung war nach Jahren gelöst worden.[40] Ursprünglich galt er als Ehekandidat der zwei Jahre älteren Franziska von Wertheimstein, Tochter der berühmten Josephine von Wertheimstein, in deren Salon er regelmäßig zu Gast war, verlobte sich jedoch mit Sophie von Sichrovsky, Tochter des Eisenbahnexperten und ersten Generalsekretärs der ›Kaiser Ferdinands-Nordbahn‹ Heinrich von Sichrovsky.

Ernst und Sophie hätten wahrscheinlich gut zusammengepasst; der forschende junge Mann, der zum Schrecken der Hausangestellten einen mit Zigarre und Zylinder ausstaffierten Totenkopf in seinem Zimmer hatte[41], und die junge Frau, die dichtete: »Es steht auf meinem Pult ein Todtenkopf / Und schreckt mit seinem Grinsen das Gesinde; / Warum? er ist ja todt, der arme Tropf / Und gleicht in Unschuld jetzt dem kleinsten Kinde!«[42] Aber die Familie der Braut lehnte die Verbindung aus Standesdünkel ab.[43]

Bereits vor seiner Promotion arbeitete Ernst Fleischl als Prosektor am Anatomischen Institut der Universität Wien. Bei einer Obduktion verletzte er sich am Daumen, die Wunde infizierte sich und es entwickelte sich eine lebensgefährliche Sepsis. Durch eine Notoperation retteten ihm seine Kollegen im Jahr 1872 das Leben, viele weitere Operationen folgten. Wegen der andauernden starken Schmerzen bekam Ernst Fleischl hohe Dosen Morphium. Sigmund Freud empfahl seinem Lehrer und Kollegen, von dem Schmerzmittel mit Hilfe von Kokain loszukommen.[44]

Fleischl unternahm tatsächlich einen ›kalten‹ Morphinentzug mit Kokain, kurz nach dem Entzug bekam er bei einer weiteren Operation an der Hand wieder Morphium und war schließlich von beiden Drogen abhängig.[45] Fleischl erhielt das teure Kokain zu Sonderkonditionen von der Firma Merck, die sich von der Zusammenarbeit mit einem Wissenschaftler aus dem Institut des berühmten Brücke vermarktbare Studienergebnisse erhoffte, denn Kokain wurde nicht als Rauschdroge, sondern als Arzneimittel gehandelt.[46] Später betäubte sich Ernst Fleischl auch mit Chloralhydrat, einem starken Schlafmittel.[47]

Ernst wohnte im Jahr 1872 bei seinen Eltern, und die Notoperation fand unter tatkräftiger Mithilfe seiner Mutter statt.[48] An der Operationswunde bildeten sich schmerzhafte Neurome und ab Ende der 1870er Jahre wurde Fleischl regelmäßig, nicht nur erfolglos, sondern zu seinem Schaden, operiert. Später wurde er dafür aus seiner Wohnung in das Haus seiner Eltern gebracht und nie ließ er sich ohne die Assistenz seiner Mutter operieren.[49]

Alle Versuche, die Ursache für seine Schmerzen zu beseitigen, scheiterten, und Fleischl, der schon vor seinem Leiden ein distanzierter, arrogant wirkender Mensch war (Paoli bemerkte einen »vollständige[n] Mangel an Gemüth«, also an Mitgefühl und Wärme), zog sich immer mehr von seinen Freunden zurück.[50] Exner schreibt: »Wir sahen eine der glänzenden Eigenschaften nach der anderen verderben, erstickt werden in dem elenden Schlamm körperlicher Schmerzen.«[51] Josef Breuer, der Arzt Betty Paolis und Marie von Ebner-Eschenbachs, Mitarbeiter Sigmund Freuds und ein Freund Fleischls, beklagt das »jammervolle Abbröckeln einer so glänzenden Persönlichkeit«.[52] Wer Ernst Fleischl kannte, bedauerte die Verschwendung an Intellekt und Originalität, die sein Leiden und sein früher Tod bedeuteten.

Ein guter Teil der Bildung, die seine Freunde an Ernst Fleischl bewunderten, war auf den Einfluss seiner klugen Mutter Ida und den ständigen Umgang mit Betty Paoli zurückzuführen, so zum Beispiel seine Fremdsprachenkenntnisse. Fleischl beherrschte wie die Freundin seiner Mutter Englisch, Französisch und Italienisch, in seinem Nachlass fand sich seine Übersetzung von Dantes *vita nova*.[53] Auch zu den Sanskritstudien, von denen Freud 1882 berichtet, hat ihn wohl Paoli gebracht.[54]

Fleischl war ein übereifriger Student und litt bereits am Anfang seines Studiums an Überarbeitung.[55] Sein besorgter Lehrer Josef von Škoda, Professor der Pathologie, riet zu einer einjährigen Pause. Ernst Fleischl tat, wie ihm geheißen, wandte sich aber gleich mit Eifer einem anderen Betätigungsfeld zu: »Er nahm Unterricht in der Oelmalerei und brachte den grössten Theil des Tages in dem Atelier des Malers [Friedrich] Schilcher zu. […] [N]och in späteren Jahren griff er in freien Zeiten […] bisweilen gerne zum Pinsel. Hatte er doch ein lebhaftes Interesse und tiefes Verständniss für alle bildenden Künste.«[56] Im Februar 1866 schreibt Fleischl aus München, dass er Paolis Freund, den Maler Friedrich Pecht, besucht habe und wie er die studienfreie Zeit zu nützen gedachte: »Liebe Betty! [...] Von meiner Absicht, in Wien etwas über die Geschichte der Malerei zu lernen hat Dir Otto, dem ich sie mitgetheilt habe, wohl schon erzählt. Wird es Dir Deine Zeit erlauben, mir dabei behülflich zu sein? [...] In größter Hochachtung und Liebe Ernst.«[57] Der älteste Sohn Ida Fleischls profitierte wahrscheinlich von Anfang an davon, dass er Tür an Tür mit Paoli wohnte. Im Sommer 1855 beklagt sie sich in einem Brief über ihre nicht sehr ambitionierten Schülerinnen, die Wodianer-Töchter, und ergänzt: »Mit meinen kleinen Jungens geht es viel besser.«[58] Das gilt wahrscheinlich dem neunjährigen Ernst und seinem sechsjährigen Bruder Otto.

Auch Otto, genannt Buberl, studierte Medizin, ab 1873 arbeitete er als Arzt an der österreichischen Botschaft in Rom, 1880 heiratete er Henriette Oppenheim aus Frankfurt, eine Nichte des Malers Max Liebermann.[59] Über sie berichtete die *Neue Freie Presse*: »Frau Dr. Fleischl hat Züge von rührender Kindlichkeit und Sanftmuth. Sie zählt zu jenen Frauen, die sich die Herzen durch Zartheit der Erscheinung, die mit Bestimmtheit und Energie des Wesens verknüpft ist, zu gewinnen wissen.«[60] Die Ehe wurde 1882 geschieden und im Jahr darauf beging Henriette Fleischl Selbstmord. Als Grund für diese Tat galt ihre unerwiderte Liebe zu dem Maler Franz von Lenbach, mehrere Zeitungen druckten ihren Abschiedsbrief an ihn.[61]

In zweiter Ehe war Otto mit der Schweizerin Mina Schwarzenbach verheiratet. Otto Fleischl ähnelte in vielem seiner Mutter, war großzügig und freundlich. Außerdem war er ein hervorragender Pianist. In Rom hielten Otto und Mina Fleischl ein offenes Haus. Franz Liszt, Richard Wagner und Johannes Brahms zählten zu ihren Gästen, aber auch Friedrich Nietzsche und – Franz von Lenbach.[62] Otto Fleischl war »im wahrsten Sinne des Wortes ein vornehmer Mann, uneigennützig, hilfreich u. edel, behandelte Unbemittelte umsonst, ihnen noch die Medizinen zahlend, vielleicht zu weich für seinen schweren Beruf [...].«[63] Ida Fleischls Hausangestellte Helene Gasser erinnert sich, dass Otto in der Sommerfrische in St. Gilgen die Blinddarmentzündung einer Klosterschwester nicht nur gratis behandelte, sondern für die Rekonvaleszente auch kochte.[64] Bei seinen Besuchen war Otto den Eltern in ihrer Sorge um seinen Bruder Ernst eine wichtige Stütze, er kümmerte sich aber auch um Paolis Wohlergehen und war einer ihrer letzten Besucher vor ihrem Tod.[65] Im Ersten Weltkrieg verließen Otto und Mina Italien und zogen in die Schweiz, wo Otto 1935 starb.

Der dritte Sohn Paul, genannt Papus, geboren 1851, trat in die Fußstapfen seines Vaters und wurde Kaufmann. Er arbeitete in Paris und London, später wohnte er mit seiner Familie in Reigate in Surrey. Paul Fleischl heiratete im Jahr 1889 Cecile Levi, er ist der einzige der vier Fleischl-Söhne, der Kinder hatte, die Söhne Charles und Walther und eine Tochter, Nora. Im Jahr 1893 verbrachten Cecile, Paul und die beiden Söhne mehrere Wochen in Wien, um Ida Fleischl über den Tod ihres Mannes hinwegzuhelfen. Dass Paoli Englisch sprach, kam dabei sehr gelegen.[66]

Paul Fleischl wurde im Jahr 1887 in England eingebürgert[67], seine drei Kinder wurden in England geboren und die Söhne dienten in der britischen Armee. Walter ähnelte offenbar seinem Onkel Ernst, hatte »an unusually brilliant mind and an equally stimulating personality« und war ein schwieriger Charakter, wie sich sein Privatsekretär erinnert.[68] Er war ein guter Maler, dessen Bilder in der Royal Academy ausgestellt wurden.[69] Die Kinder von Paul Fleischl änderten ihren Nachnamen in Fletcher und verzichteten auf das Adelsprädikat.[70]

Idas und Carls vierter Sohn, Richard Fleischl, der ›Kleine‹, wurde 1853 geboren und war ein kränkliches und schwieriges Kind. Als junger Mann arbeitete er im Bankhaus von Eduard Wiener von Welten, einem Cousin seiner Mutter, später dann auch in London, Spanien und Paris, von wo er, wie sein Bruder aus Rom, Gäste in das elterliche Haus empfahl.[71] Schließlich ließ Richard sich in Berlin nieder. Im Jahr 1884 heiratete er Alice Politzer, die Tochter des berühmten Wiener Ohrenarztes Adam Politzer. Die Ehe wurde 1887 geschieden. Richard Fleischl war ein kunstsinniger Schöngeist oder ein Dandy – »schön u. elegant!«.[72] Er hing sehr an seinen Eltern, der Tod seiner Mutter im Jahr 1899 traf ihn hart. Er löste die Wohnung auf, viel wurde verschenkt, unter anderem spendeten die Söhne »anläßlich des Ablebens ihrer Mutter und zum Andenken an deren Freundin Betty Paoli« 3 000 fl (ca. 40 000 Euro), dem ›Haus der Barmherzigkeit zur Pflege Unheilbarer‹ in Wien-Währing. Dem ›Wiener Frauen-Erwerb-Verein‹, dessen Vorstand Ida Fleischl in den 60er Jahren angehörte und an den Betty Paoli jährlich drei Gulden Mitgliedsbeitrag zahlte, überließen sie aus dem Nachlass zwei Obligationen der Pilsener-Priesener Eisenbahn, die, seit Paoli sie gekauft hatte, deutlich im Wert gestiegen waren.[73] Richard Fleischl kehrte nach der Abwicklung der Formalitäten nach Berlin zurück, wo er nur kurze Zeit später an Herzversagen starb. Er wurde in der Familiengruft auf dem Wiener Zentralfriedhof beigesetzt.

Die Tiere

Als die Brüder Otto und Paul Fleischl die ehemalige Hausangestellte ihrer Mutter, Helene Gasser, aufforderten, ihre Erinnerungen an das Haus Fleischl niederzuschreiben, fielen dieser als erstes Geschichten über Betty Paoli und ihren Hund ein. Lidy, von Paoli Prinzessin genannt, »hatte einen grossen Werth, der gar nicht zu bemessen war«, aber: »Trotz seiner hochgebildeten Herrin war er ein ganz ungezogener Hund.« Der Besucher Ludwig Gabillon kommandierte: »›Hund hinaus, es ist nicht zum Aushalten‹«, und Henriette Wertheimer wagte sich wegen Lidy erst gar nicht in Paolis Wohnung.[74]

Als Paoli und Ida Fleischl ein paar Sommerwochen gemeinsam in Gmunden verbrachten, kam der Hund abhanden. Unbekannte nahmen das Tier mit nach Wien und nach einiger Zeit fand Lidy von allein ihren Weg zum Wohnhaus der Familie Fleischl, wo ein Bediensteter sie erkannte und Paul Fleischl sie entgegennahm. Er bezahlte den Finderlohn von stolzen 10 fl und telegrafierte nach Gmunden, dass der Hund wieder da sei. »Da hätte man das Fräulein [Paoli] sehen sollen: Bald wär sie in Ohnmacht gefallen [...] dann hat sie geschrien: ›Wo ist er? wo ist er?‹ und wollte das Telegramm sehen.« Kathie, die böhmische Köchin der Familie Fleischl, konstatierte das Offensichtliche: »›Aber, Fräulein, mit Depesche ist Hund nicht kummen!‹«[75]

Tiere spielten im Haus Fleischl immer eine wichtige Rolle. Ida ließ sich von einem Papagei namens Jacko unterhalten, der eigentlich Ernst gehörte, auch auf Reisen mitgenommen wurde und den Gassenhauer »Du bist verrückt, mein Kind, Du musst nach Berlin« pfeifen konnte.[76] Während die Hausangestellten für Pflege, Versorgung und Transport von Jacko zuständig waren, versorgte Ida Fleischl ihr Chamäleon, ein Geschenk von Sohn Paul aus London, selbst. Das Tier hielt allerdings das Klima in der Fleischl'schen Wohnung nicht lange aus.[77] Auch einer Angorakatze, einem

Geschenk an Ernst Fleischl, war kein langes Leben beschieden. Man verdächtigte den Hausmeister, sie vergiftet zu haben.[78]

Die Söhne Fleischl hielten in ihren Zimmern Vögel, Schildkröten und Salamander, sie hatten ein Aquarium, außerdem weiße Mäuse.[79] Originell waren auch die beiden Kapuzineräffchen, Geschenke an Ida Fleischl von Carl, der sich damit selbst eine größere Freude machte als seiner Frau. Auch bei Ludwig und Zerline Gabillon, bei denen Paoli nach einer Phase der Konsolidierung regelmäßig zu Gast war, lebte ein Kapuzineräffchen. Es hieß Schnauzi und wie seine Artgenossen im Hause Fleischl durfte es im Speisezimmer frei herumlaufen und konnte Schlösser knacken. Als das Tier zu lästig wurde, wurde es eingeschläfert.[80] Paoli prophezeite, dass Idas Affen ob ihrer kriminellen Energie auf dem Galgen enden würden, sie wurden aber nur verschenkt.[81]

Literatur und Netzwerke

Trotz zahlreicher wichtiger, zum Teil lebenslanger Freundschaften, trotz Wahlverwandtschaften und Netzwerken ist eines der wichtigsten Motive in der Lyrik Betty Paolis die elementare Einsamkeit des Menschen, die Seeleneinsamkeit. Es ist eine Lebenserfahrung, die sich hier widerspiegelt, und man kann dabei an ihre gescheiterten Beziehungen und den Verlust geliebter Menschen denken, aber auch daran, dass die Dichterin mit vierzig Jahren offenbar keine lebenden Verwandten mehr hatte. Wir wissen, dass ihre Eltern und ihr Sohn gestorben sind, aber es gibt keine Informationen über Geschwister, Tanten, Onkel, Neffen, Nichten. Paoli scheint auch keinen Kontakt zu Sigismund Groschan, dem zwielichtigen zweiten Mann ihrer Mutter gehabt zu haben. Aufgrund der dünnen Faktenlage können wir nur darüber spekulieren, ob Paoli in der Familie Esterházy Halbgeschwister und andere Verwandte hatte.

In der Zeit der Reaktion veränderte sich das literarische Feld, das realistische Erzählen gewann an Bedeutung, Almanache und literarische Taschenbücher, die häufigsten Publikationsorgane für Lyrik, verschwanden hingegen fast ganz vom Markt. Die politische und sozial-regulative Funktion, die die Vormärz- und Biedermeierlyrik hatte, ging verloren. Das bedeutete für Paoli, dass auch ihre Zeit als Verfasserin emotional brisanter Dichtung zu Ende ging. Die Gedichte, die sie jetzt veröffentlichte, waren oftmals Widmungsgedichte, mit denen sie sich in ein Netzwerk einschrieb. 1857 erschien eine Erzählung, die einen Blick in die Zukunft des psychologisch grundierten Naturalismus gewährt, ein Feld, das Paoli dann aber anderen überlässt. Sie nahm allerdings sowohl als Rezensentin als auch als persönliche Ansprechpartnerin Einfluss auf die literarische Entwicklung.

Neben zahlreichen Autorinnen und Autoren gehörte beinahe das ganze Ensemble des Burgtheaters, dem sie nun als Übersetzerin verbunden war, zu Paolis engstem Umfeld. Der am Anfang seiner Karriere von Paoli arg gezauste Autor Paul Heyse erinnert sich an seinen Besuch in Wien und liefert dabei eine kommentierte Personalliste des Burgtheaters zur Laube-Zeit:

> Der alte königliche Heldenspieler Anschütz stand noch in voller Kraft, neben ihm der geniale, unvergleichlich feine Fichtner und der reichbegabte Laroche, Sonnenthal im vollen Glanz seines jugendlichen Talents, Joseph Wagner, der wenigstens in Wien in hohem Ansehen stand, daneben die noch jüngeren großen Talente Baumeister und Lewinsky, die Komiker Beckmann und Meixner, das Gabillonsche Ehepaar und von Künstlerinnen, außer meiner hochverehrten und sehr geliebten Julie Rettich, Frau Hebbel, Frau Haizinger mit ihrer reizenden Tochter Luise Neumann und die damals vor allen gefeierte Friederike Goßmann, geringerer Kräfte zu geschweigen, die an anderen Bühnen ebenfalls an erster Stelle geglänzt haben würden.[82]

Heyse gedenkt nicht nur der Darsteller, sondern auch der Dichter.

> Zwar hatte sich der Altmeister Grillparzer seit Jahren grollend zurückgezogen […]. Desto mehr im Sonnenschein der Gunst stand Halm, den Grillparzer nicht als Ebenbürtigen schätzte. Wie er von Hebbel dachte, der seit Jahren in Wien seinen Wohnsitz aufgeschlagen, ist mir nicht bekannt. Bauernfeld jedoch ließ er gelten, und Joseph Weilen hatte sich eine Art Schülerstellung bei ihm erobert. Laube selbst versah die Bühne mit Stücken, die trotz einer gewissen Trockenheit eine starke Lebenskraft bewiesen.[83]

Sein Panorama jener Größen, auf die er sich bei seinem Besuch in Wien freuen konnte und die fast alle zu Paolis Bekannten oder Freunden zählten, schließt Heyse mit dem Satz: »Daneben lebte noch von bedeutenderen Lyrikern Zedlitz, und die talentvolle Betti Paoli genoß in der Wiener Gesellschaft einer großen Beliebtheit.«[84]

Lyrisches und Episches für die Gabillons

Ida Fleischl, ihr Mann und ihre Söhne waren Betty Paolis Ersatzfamilie. Aber sie war keine mittellose Blutsverwandte, die in den Familienverband integriert und darin mit Pflichten belegt wurde, sondern eine geschätzte Dichterin, kluge Gesprächspartnerin und oft auch schwierige Hausgenossin, der die anderen Familienmitglieder mit Respekt begegneten. In dieser Umgebung konnte Paoli ungestört schreiben. 1855 erschien die Sammlung *Lyrisches und Episches*, 1856 brachte Heckenast eine erweiterte Auflage der *Neuen Gedichte* heraus, in den nächsten Jahrzehnten erschienen immer wieder Gedichte von Paoli in Anthologien. Für die *Österreichische Zeitung* schrieb sie Kritiken und Kunstreferate, aber auch zwei Novellen.[85]

Eine besondere Stellung in Paolis Prosawerk nimmt die Erzählung *Anna* ein, die in Fortsetzungen im April 1857 veröffentlicht wurde.[86] Dieser Text stellt Paolis »Sprung in den poetischen Realismus« dar.[87] Die Novelle »wirkt sogar modern in der Behandlung der Problematik: Die Stellung der Frau, das Problem einer Ehe, in der die Frau nicht gleichwertiger Partner und Kamerad ist. Ein feministischer Standpunkt ist in dieser Novelle nicht zu übersehen.«[88] Tatsächlich ist diese Erzählung weit weg von Paolis biedermeierlichen Almanach- und Feuilletonnovellen, und man könnte sich »fast an der Schwelle von Ibsens ›Puppenheim‹« wähnen.[89]

Die Erzählung spielt im Haus des Kleinbürgers Tietz und seiner Frau Anna. Deren Freundin Friederike, eine Hausangestellte, bestiehlt ihre reichen Arbeitgeber und deponiert einen Teil des Diebsguts bei der naiven Anna, die von der Situation überfordert ist und schließlich selbst des Diebstahls bezichtigt wird. Obwohl sie ihre Unschuld rasch beweisen kann, erträgt Anna die Schande nicht und entschließt sich zum erweiterten Selbstmord. Ihre dreijährige Tochter stirbt, Anna überlebt, ein Jahr lang siecht sie an der Seite ihres Mannes dahin, der das für ihn Wichtigste, nämlich seinen makellosen Ruf und das Ansehen bei seinen Nachbarn, verloren hat. Nach Annas Tod wandert Tietz nach Amerika aus. Mehr als zwei Jahrzehnte nach der Veröffentlichung von *Anna* erscheint Ibsens Stück *Nora oder Ein Puppenheim* und Paoli notiert nach der Lektüre in ihrem Tagebuch: »[...] eine Dichtung von großer sittlicher Wahrheit, die sich in die Worte zusammenfassen läßt: die größte Gefahr für das Familienglück liegt in der Gepflogenheit die Frau als Puppe zu betrachten und zu behandeln.«[90]

Paoli wusste um die besondere Qualität ihrer Erzählung und wählte *Anna* (gemeinsam mit der Novelle *Die Brüder* aus dem Jahr 1847) für eine postume Buchausgabe aus. Im Jahr 1898 erschienen die beiden Texte in der Reihe *Allgemeine National-Bibliothek*. Anton Bettelheim hatte von Ida von Fleischl-Marxow die Novelle und andere Texte aus Paolis Nachlass erhalten.[91] Andere Nachlassteile gingen an Anton Bettelheims Frau Helene, geborene Gabillon, und an deren Tochter Friederike. Denn Betty Paoli sollte der Familie ihres früheren Geliebten Ludwig Gabillon lebenslang verbunden bleiben. Trotz mehrfacher Anläufe, den Kontakt ganz abzubrechen, hielt die Freundschaft mit Gabillon vierzig Jahre lang. Schließlich hatte sich Paoli sogar mit Gabillons Frau Zerline arrangiert und deren Töchter, besonders aber die erstgeborene Helene, in ihr Herz geschlossen.

Die Sammlung *Lyrisches und Episches* von 1855 besteht aus drei Teilen, wovon der zweite fünfundzwanzig Gedichte ohne Titel enthält, die eine Liebesbeziehung nachzeichnen, vom ersten bedeutungsvollen Gespräch auf der Türschwelle, über die sich entwickelnden Gefühle bis zur bitteren Enttäuschung und Trennung.[92] Der Literaturkritiker Robert Prutz schreibt, diese Sammlung liefere uns

> die Geschichte einer Liebe, welche trotz ihrer Innigkeit, ja trotz der flammenden Leidenschaft, zu der sie sich stellenweise erhebt, ihren Abschluß endlich doch nur in stillschmerzlicher Entsagung findet. [...] Es braust in diesem Buche ein Strom starker, heftiger Leidenschaft, fast zu heftig für das Herz einer Frau, wenn nicht weibliche Anmuth und ein lebendiger Sinn für das Schöne ihn in Schranken hielte.[93]

Auch der anonyme Kritiker der Zeitschrift *Unterhaltungen am häuslichen Herd*, wahrscheinlich der Herausgeber Karl Gutzkow, lobt vieles an *Lyrisches und Episches*.[94] Aber während Prutz die »starke, fast männliche Kraft ihres Geistes« durch die »Innigkeit der Empfindung« und die »Grazie des Ausdrucks, welche die Dichterin sich neben jener Männlichkeit bewahrt hat«[95], entschärft sieht, betrachtet Gutzkow den scharfen Verstand als Manko. Und er weiß auch, was schuld daran ist: das Feuilleton. Denn »in der That, es rächt sich, wenn man einst eine sanfte, wie nur unter goldglühenden Orangen, purpurnen Granaten und mauresken Erinnerungen lebende andalusische Träumerin in der Poesie war und plötzlich sich entschließt, über das Burgtheater Recensionen zu schreiben«. Dieses Amt sei der »anomale Stand«, der Paoli mehr »kritischen Verstand aufgedrängt« habe, »als dem Herzen und der Phantasie einer lyrischen Dichterin gutthut.« Sie sei dadurch »wählerisch, abgeneigt, aufgeklärt, kalt, nüchtern« geworden.[96]

Einerseits fällt dem Rezensenten die Abwendung Paolis von der biedermeierlichen Lyrik und der Weltschmerzdichtung auf, andererseits moniert er aber auch, dass in dem Buch manche »Conception« zu leicht und »nur für die Declamation zum Besten irgendeiner jener wiener ›Wohlthätigkeitsakademieen‹ berechnet« sei, die häufig veranstaltet werden.[97] Auch in dieser Hinsicht waren Paolis Gedichte für Ludwig Gabillon bestimmt, denn der Schauspieler war im Vorstand des Künstlervereins ›Aurora‹, der ein Album herausbrachte, Musik- und Literaturabende und Kunstausstellungen veranstaltete. »Die Elite der wiener Künstlerwelt, namentlich die jüngere, nimmt an der ›Aurora‹ theil und auch was von künstlerischen Notabilitäten des übrigen Deutschland nach Wien kommt, versäumt es nicht leicht, sich in diesen liebenswürdigen und geistvollen Kreis einführen zu lassen«, schreibt Prutz.[98]

Der erste Damenabend des Vereins in der Saison 1855/56 wurde mit einem Prolog, gedichtet von Paoli, gesprochen von Gabillon, eröffnet. Aber auch ihre siegreiche Konkurrentin um die Gunst des Schauspielers engagierte sich: Programmpunkt 5 des Abends lautet: »Gedichte von F. Hebbel, vorgetragen von Fräulein Zerline Würzburg«.[99] Bei der letzten Veranstaltung der Saison las Gabillon Paolis Gedicht *Morituri te salutant*, einen Lobgesang auf die Ideale des Krieges, des Wissens, der Dichtung und der Liebe, für die es sich zu sterben lohne. Gabillon hatte ein Mitspracherecht bei den Gedichten, Paoli schrieb sie nach seinem Wunsch auch um.[100]

So zum Beispiel die Ballade *Kleopatra*, die im November 1855 zum Vortrag kam und wie *Morituri te salutant* im Album der ›Aurora‹ 1856 gedruckt wurde.[101]

Der erste Vortrag von *Kleopatra* durch Gabillon fand ohne Nennung des Verfasserinnennamens statt und der Schauspieler schreibt an die Dichterin: »[Z]um Schluß wurde ich viermal gerufen, man wollte um jeden Preis den Verfaßer wissen – ich war aber tückisch und sagte es nicht! – weil ich weiß, daß die dummen Menschen, (alle Menschen in Wien außer mir u. Witch sind dumm) jetzt doppelt neugierig um so länger davon sprechen werden! [...] Nächstens wird es abgedruckt!«[102]

Bei diesem Gedicht, »das uns die berühmte Königin Aegyptens schildert, wie sie ihre Liebhaber unmittelbar nach durchschwelgter Nacht hinrichten läßt«, konnte auch Robert Prutz nicht mehr über das Unweibliche in Paolis Lyrik hinwegsehen, und stellt fest: »[Es] scheint uns trotz der prachtvoll farbenreichen Darstellung doch kein geeigneter Gegenstand für die Poesie und am wenigsten (so altväterisch sind wir noch) mögen wir ihn von Frauenhand ausgeführt lesen«.[103]

Aber nicht nur Ludwig Gabillon, sondern auch seine Frau trug Gedichte Paolis vor. Bei einer Wohltätigkeitsveranstaltung für den ›Centralverein der Krippen‹ im ›Theater an der Wien‹ lauschte man einem »von Frau Gabillon sehr ausdrucksvoll gesprochenen Gedicht von Betty Paoli«.[104] Zehn Jahre später kann Ludwig Gabillon in einem Brief schreiben: »meine liebe, gute Betty, wie freut mich Ihre herzliche Freundschaft für Zerline«.[105]

Dass es zwischen Zerline und Paoli eine gewisse Annäherung gab, lag hauptsächlich an Gabillons Tochter Helene, geboren im November 1857. Viele Briefe von Ludwig und Zerline an Paoli, in denen es um Helenes Entwicklung geht, um ihr zeichnerisches Talent, ihre Lernfortschritte und um ihre Gesundheit, zeigen, dass die Eltern Paoli am Leben ihres Kindes teilnehmen ließen.

Umfangreich ist auch die Korrespondenz zwischen Paoli und Helene: 265 Stücke aus einem Zeitraum von über dreißig Jahren, beginnend mit einem Brief Paolis an Helenes sechstem Geburtstag und endend kurz vor Paolis Tod.[106] Die Dichterin ergreift die erste Gelegenheit, die Korrespondenz zu beginnen: »Meine liebe Helene! Durch deinen Papa habe ich erfahren, daß du bereits schreiben lernst. Da kann man es ja wol auch wagen, dir zu deinem Geburtstag zu schreiben [...]«. Paoli befindet sich gerade in Saros-Patak und vermisst das Kind: »Ich denke sehr oft an dich und gäbe viel darum, dich nur auf einen Tag herzuzaubern.« Und sie motiviert Helene zum Lernen: »[I]ch hoffe bei meiner Rückkehr zu finden, daß du in allerlei nützlichen Dingen rechte Fortschritte gemacht hast. Das wird eine große Freude für deine Ältern und für dich selbst der größte Gewinn sein.« Paoli wünscht sich, dass Helene im nächsten Brief, den ihr Vater an sie schreiben wird, ihren Namen schreibt. »[W]enn er dir die Hand führt, wirst du's schon zu Stande bringen.«[107] Das ist der Auftakt zu einem Briefwechsel, in dem es sehr oft um Literatur und Lektüreempfehlungen geht, Paolis eigene Dichtung kommt dabei aber kaum zur Sprache. Helene Bettelheim-Gabillon erinnert sich:

> So weit ich zurückdenken kann, habe ich Betty Paoli gekannt und lieb gehabt; wie wusste die ernste, fast feierlich aussehende Frau sich fröhlich und harmlos der kleinen Gedankenwelt des Kindes anzupassen, bis die Zeit gekommen war, in der ihr geistiger Einfluss die Führung übernahm. Dabei war es charakteristisch, dass sie von ihren eigenen Arbeiten niemals sprach. Von ihr selbst hätte ich gewiß nicht erfahren, dass sie einen großen Namen als Dichterin und Schriftstellerin hatte – dagegen machte sie mich schon frühzeitig mit all ihren Lieblingsautoren bekannt, und ich konnte mit ihrer Wahl zufrieden sein! [...] Wie anregend es war, mit ihr über alte und neue Literatur zu sprechen, lässt sich denken, nicht minder über alle Theaterfragen, für die sie bis an ihr Lebensende das leidenschaftlichste Interesse bewahrte.[108]

Fünf Gedichte unter dem Titel *An Helene* widmete Paoli der Tochter ihres früheren Geliebten. Das zweite Gedicht thematisiert die Herzensneigung, die von der Blutsverwandtschaft unabhängig ist:

> Du bist, – mit Zaubermacht bespricht
> Dieß Wort mir alle Schmerzen, –
> Zwar Blut von meinem Blute nicht,
> Doch Herz von meinem Herzen.[109]

In den Gedichten an Helene wird das Kind als »mir im Herbst erblühter Mai« (*An Helene I*) bezeichnet und die Sorge um seine Zukunft thematisiert (*An Helene III*). Dem Vorwurf des Vaters, das Kind zu verziehen, begegnet die Dichterin mit den Versen:

> Still lächelnd blickt ich vor mich hin.
> Dich zu verzieh'n, mein liebes Leben!
> Hätt' ich so Schlimmes auch im Sinn,
> Nicht Zeit wär' mir dazu gegeben.
> Dein Morgen- ist mein Abendroth, –
> Eh' du verzogen, bin ich todt.[110]

Helene war für Paoli eine Ersatztochter, das Kind, das sie mit ihrem Geliebten hätte haben können. Wir wissen nicht, ob die Dichterin ihre Ehe- und Kinderlosigkeit als schmerzliche Lücke in ihrem Leben empfand oder ob die Gründung einer eigenen Familie für sie mit Einschränkungen einhergegangen wäre, die sie nicht akzeptiert hätte. Jedenfalls nützte Paoli die Freiheit, die aus ihrer Ungebundenheit erwuchs.

Noch ein Theatermann

»Lewinsky trat auf den Plan und Laubes Gnadensonne leuchtete nur mehr dem neuen Stern [...]«, schreibt Helene Bettelheim-Gabillon über die Zeit, als sich am Burgtheater das Blatt für ihren Vater wendete.[111] Nicht nur der Theaterdirektor zog seine Gunst von Gabillon ab und unterstützte den Nachwuchsmimen Josef Lewinsky, sondern auch Paoli. Sie bahnte, wie zuvor für Gabillon, für Lewinsky, Sohn eines Wiener Kürschners, durch Zuwendung, Rat und Tat den Weg zum Erfolg und in die Gesellschaft. Auch ihn nahm sie als Kritikerin bei seinem Burgtheaterdebut wahr, auch mit ihm besprach und studierte sie Rollen, auch mit ihm verband sie eine Liebesbeziehung.

Als Lewinsky im Jahr 1858 am Burgtheater debütierte, »erklang [ihm] der wohltönendste Willkomm [...] aus der Feder der Dichterin Betty Paoli, Burgtheaterkritikerin der ›Österreichischen Zeitung‹«. Paoli lobte Lewinskys Verstand und Phantasie, die seine »nicht eben glänzende[n] äußeren Mittel« wettmachten.[112]

Der neue Star war nicht so attraktiv wie Ludwig Gabillon, aber ein

Josef Lewinsky, um 1860

»magnetisches Fluidum schien von ihm auszugehen«, das nicht nur Paoli ins Schwärmen brachte.[113] Lewinsky war ein Shootingstar und fand schnell Zugang zu den wichtigsten gesellschaftlichen Kreisen. Viele Türen öffneten sich für ihn durch Paolis Vermittlung, am wichtigsten war wohl der Kontakt zu Otto Ludwig. Paoli besuchte den Schriftsteller zum ersten Mal im Jahr 1858 in Dresden.[114] Sie erkannte, dass Lewinsky von Theorie und Praxis des von Ludwig formulierten ›poetischen Realismus‹ und von seinen Shakespearestudien profitieren würde und empfahl dem Schriftsteller den jungen Mann. Wie Paoli reiste Lewinsky bis zu Ludwigs Tod 1865 jedes Jahr nach Dresden, um Gespräche über Literatur und Theater zu führen.[115]

Auch Hermann Lingg, populärer Balladendichter, erinnert sich an einen Besuch Paolis im Jahr 1861 in Begleitung des Hofschauspielers, »vorzüglich als Franz Moor, Mephisto, Shylock.« Man unterhält sich gut und »die Gäste erzählten so viel von Wien, luden mich auch dahin ein. Es war ein gemütlicher Nachmittag, den ich nicht vergesse.«[116] Lewinskys Biographin Helene Richter schreibt nach Durchsicht der umfangreichen Briefwechsel und der Merkbücher Lewinskys, dass Paoli, »ihrerseits eine machtvolle Individualität«, sich von dem jungen Lewinsky »wunderbar ergriffen« fühlte und er bald der »erklärte Phaon dieser Sappho« gewesen sei.[117]

Paoli war vierundvierzig Jahre alt, als sich die beiden kennenlernten und sie sich ihm in der ihr eigenen Intensität zuwandte. Eine Kollegin, um das Wohl des zwanzig Jahre jüngeren Schauspielers besorgt, warnte Lewinsky vor Paolis schwärmerischer Begeisterung: »Bleiben Sie möglichst kalt in diesem Umgang, ich bitte!«[118] Die Beziehung war zumindest ambivalent. Paoli adressierte ihn unter anderem als »mein liebes geliebtes Kind«, Lewinsky nannte sie »theuerste Freundin« und war unter anderem ihr »kleiner Vorleser«.[119]

Die beiden waren komplizierte Persönlichkeiten und so gab es immer wieder Streit. Nach dem Besuch bei Lingg in München wollte Paoli den Kontakt zu ihm ganz abbrechen.[120] Schließlich wurde auch aus dieser konfliktreichen Beziehung eine Freundschaft fürs Leben. Lewinsky schreibt ihr später: »Ich habe in Deiner Nähe immer das Gefühl: Ich habe gelebt! Dich hab' ich lieb, so lange ich lebe.«[121]

Nach Otto Ludwigs Tod organisierte Josef Lewinsky Lesungen zu Gunsten der Familie des Autors, Paoli lieferte den Prolog für die Benefizveranstaltung in Wien, die im Februar 1866 im Musikvereinssaal stattfand.[122] Lewinsky war ein gefeierter Bühnendarsteller und nun wurde er auch als Rezitator berühmt. Im Laufe seines Lebens veranstaltete er unzählige Leseabende, zu denen er selbst die Einleitungen schrieb und bei denen Werke von insgesamt 112 Autoren auf dem Programm standen, von Shakespeare-Sonetten über Goethes *Hermann und Dorothea* bis hin zu Gedichten von Paoli.[123] Und so wurde Lewinsky auch zum wichtigsten Promotor für Paolis späte Lyrik. Im Jahr 1869 widmete er ihr einen ganzen Abend, *Die Debatte* kündigte an:

> Nächsten Donnerstag findet im Musikvereinssaale eine interessante Production statt. Lewinsky wird Betty Paoli's neueste Gedichte vortragen. Die geistreiche Dichterin veröffentlicht auf diese Weise ihre jüngsten, zum größten Theil noch ungedruckten poetischen Schöpfungen. Es ist kein Zweifel, daß diese poetische Soiree einen glänzenden Erfolg haben wird. Die gute Gesellschaft Wiens, die Betty Paoli seit Jahren zu ihren schönsten Zierden zählt, wird sich gewiß vollzählig einfinden. Die Kapazität der Dichterin und die oft bewährte Virtuosität Lewinsky's als Vorleser bürgen übrigens für einen ungewöhnlichen Kunstgenuß.[124]

Der Veranstaltungsort, der alte Musikvereinssaal in den Tuchlauben, fasste 700 Besucher und die Erwartungen wurden nicht enttäuscht.

> Zur Vorlesung der neuesten Gedichte Betty Paoli's durch den Hofschauspieler J. Lewinsky hatte sich gestern Abends im Musikvereinssaale ein sehr zahlreiches und sehr distinguirtes Auditorium eingefunden. Für die Wahl sowohl als den Vortrag der fast durchgehends noch ungedruckten 24 Gedichte erntete Lewinsky häufigen Beifall.[125]

Die Zeitung weiß zu berichten, dass das *Hochländische Kriegslied*, eine Nachdichtung von Walter Scotts *Pibroch of Donuil Dhu* (1816) einen solchen Beifallssturm erntete, dass es wiederholt werden musste.[126] Der Abend ist ein gemeinsamer Erfolg von Paoli und Lewinsky: Paoli »ist eine Dichterin von ungewöhnlicher Begabung, die eine starke und reiche Gedanken- und Gefühlswelt in vollendet künstlerischer Form zur Darstellung zu bringen weiß«, befindet ein Kritiker, und nie »haben wir noch Lewinsky's Kunst sowohl als Kraft und Ausdauer so bewundert, wie an diesem Abende«. Lewinsky sitzt an einem kleinen Tisch und versteht es, die Zuhörer »nur durch die Macht des Ausdrucks und der sehr discret gebrauchten Geberde« in den Bann zu schlagen.[127] Im Publikum saß auch Marie von Ebner-Eschenbach, die fand, dass die Lesung vortrefflich ausgefallen sei, und dies auch die Dichterin wissen ließ: »Früh zu Fr. v. Fleischl um zum gestrigen Erfolge zu gratulieren. B. Paoli nahm meine Glückwünsche sehr freundlich auf«, notiert sie in ihr Tagebuch.[128]

Wie Ludwig Gabillon hatte auch Lewinsky kein leichtes Leben unter dem Direktor Laube, der nach einiger Zeit seine ganze Aufmerksamkeit der nächsten Neuentdeckung widmete: Charlotte Wolter. »Auf den ›Lewinskyputsch‹ von 1859 folgte der ›Wolterrummel‹ von 1862.«[129] Anders als Gabillon, der mehrmals erwog, Wien zu verlassen, war Lewinsky aber fest entschlossen, dem Burgtheater treu zu bleiben und sich mit der nicht immer glücklichen Stück- und Rollenauswahl Laubes und seiner Nachfolger zu arrangieren. 1868 reüssierte Lewinsky als Didier im gleichnamigen Stück von Pierre Berton, schon im Jahr davor feierte er im humorvollen Fach einen glänzenden Erfolg, und zwar mit der Darstellung des Gringoire von Théodore de Banville. Beide Stücke sind ›Neuigkeiten‹ aus Paris und wurden von Betty Paoli übersetzt.

Während Paolis Übertragung von Walter Scotts Kriegslied wegen seiner kraftvollen Schilderung Beifallsstürme auslöste, waren ihre Übersetzungen für das Burgtheater der leichten Muse gewidmet. Am 13. Jänner 1867 notiert Marie von Ebner-Eschenbach in ihr Tagebuch: »Abds im Burgtheater. Gringoire v. Th: Banville. Ein allerliebstes einaktiges Stück, von B. Paoli vortrefflich übersetzt.«[130] Ebner-Eschenbach sieht das Stück in den nächsten Wochen mehrmals und auch nach der dritten Wiederholung hält sie noch fest: »Die Übersetzung v. Betty Paoli glänzend!«[131] Dieses historische Schauspiel, bei der Premiere mit Lewinsky in der Titelrolle und Ludwig Gabillon als französischem König, hielt sich zwanzig Jahre lang im Burgtheaterrepertoire und wurde insgesamt siebenundfünfzig Mal gegeben.[132]

Die erste Übersetzung, die Paoli für das Burgtheater lieferte, kam in der Saison 1856/57 auf den Spielplan. Es war das Lustspiel *Ich speise bei meiner Mutter* von Adrien Decourcelle und Lambert-Thiboust, das im Dezember 1855 in Paris uraufgeführt worden war, eine der vielen Novitäten, für die der Direktor Laube verantwortlich war. Auf dem Theaterzettel finden wir den Hinweis »übertragen von Branitz«.[133] Paoli wählte für ihre Übersetzungen dieses Pseudonym wohl als Verbeugung vor dem frankophilen Fürsten Hermann von Pückler-Muskau, den sie aus Dresden kannte, der ein Freund Friedrich Schwarzenbergs und Heinrich Laubes und gelegentlich in Wien zu Besuch war. Pückler hatte in den 1840er Jahren dem politisch unliebsamen Laube, der seinerseits die Beiträge des Fürsten zur Gartenliteratur schätzte[134], die Festungshaft erspart. Seit 1845 bewohnte Pückler das Familienschloss Branitz in der preußischen Provinz Brandenburg und setzte dort seine hochfliegenden Pläne für einen Landschaftspark um.

Die Hauptrolle in *Ich speise bei meiner Mutter* spielte Louise Neumann, die Tochter von Helene Gabillons Taufpatin Amalie Haizinger. Ein Kritiker schreibt nach der Premiere über das »reizende Stückchen, in welchem der Zauber und Segen des Familienlebens, dem glänzenden und haltlosen Dasein einer Mode-Sängerin« entgegengestellt wird: »Die ernste Tendenz ist mit wenigen, aber deutlichen und gutgeführten Strichen angedeutet, der Dialog leicht, frisch und dabei nicht ohne jenen gemüthlichen Anstrich, den man gewöhnlich den Franzosen nicht zutraut. Die Uebersetzung hat diese Vorzüge glücklicherweise nicht ganz verwischt.«[135] Ludwig Gabillon empfahl Paoli das Stück für die Übersetzung, nachdem Heinrich Laube ihr mehrere Texte zur Auswahl vorgelegt hatte, und er spielte auch selbst mit.[136]

Jenes Stück in Paolis Übersetzung, dem das längste Bühnenleben am Burgtheater beschert war, war *Hagestolze. Pariser Sittengemälde in fünf Akten*, Original *Les vieux garcons* (1865) von Victorien Sardou, dem Textdichter der Puccini-Oper *Tosca*. Ab Jänner 1866 wurde *Hagestolze* mehrfach aufgeführt, zwanzig Jahre später unter dem Titel *Alte Junggesellen* wieder mit Erfolg ins Repertoire aufgenommen und in einer Neuinszenierung bis in das zwanzigste Jahrhundert hinein gespielt.[137] Diese Übersetzung Paolis war auch literaturgeschichtlich einflussreich: Arthur Schnitzler ließ sich davon für die *Episode* in *Anatol* inspirieren. Er kannte das Stück wahrscheinlich von der Wiederaufnahme im Jahr 1886, in der Adolf von Sonnenthal, ein Freund des Hauses Schnitzler, die Hauptrolle spielte.[138]

Bei der Premiere im Jahr 1866 gehörte Ludwig Gabillon diese Rolle, Zerline Gabillon spielte die Rebecca, die Frau des Anatole von Dorel. Auch zwanzig Jahre später, bei der Aufführung mit Sonnenthal, wirkte das Ehepaar Gabillon in dem Stück mit, Ludwig in einer Nebenrolle, Zerline wieder als Rebecca. Bei der Neuinszenierung 1891 ist Ludwig Gabillon noch dabei, an die Stelle von Zerline Gabillon trat Katharina Schratt, die Geliebte des Kaisers und eine Bekannte Betty Paolis.

Ein anderes Stück von Victorien Sardou in Paolis Übersetzung, *Eine Familie nach der Mode*, im Original *La famille Benoiton*, 1865, hatte am Burgtheater 1866 mit Charlotte Wolter Premiere, allerdings mit mäßigem Erfolg. Ein Kritiker schreibt: »Das französische Ausstattungslustspiel [...] ging nach mancherlei unverschuldeter Verschleppung in einer deutschen Uebertragung von Fr. Betty Paoli [...] verwichenen Freitag in Scene, ohne nur einen bescheidenen Erfolg zu erringen.« Er entdeckt nur »einige frappante Schilderungen des modernen gesellschaftlichen Treibens, viele geistreiche Stellen des pikant geführten Dialogs« in dieser »matten Arbeit«.[139] Das Stück wurde bis 1881 über fünfzig Mal aufgeführt.[140]

Es war nie ein Geheimnis, dass Paoli für die Übersetzungen der französischen Novitäten zuständig war, bereits bei der Premiere von *Die Biedermänner* von Theodore Barrière und Ernest Capendu im Jahr 1857 war das Pseudonym aufgedeckt.[141] Dieses Lustspiel war ein Erfolg und das lag nicht zuletzt daran, dass Paoli es nicht nur übersetzt, sondern bearbeitet hatte: »Das gestrige Stück, den bekannten ›Le faux bonshommes‹ nachgebildet, ist übrigens nichts weniger als bloß eine werkgetreue Uebersetzung, vielmehr eine directe, sehr wesentlich in den einzelnen Charakteren abweichende Umarbeitung, und zwar eine sehr gelungene [...].« Der Kritiker hebt die »sehr charakterisirenden Züge von Egoismus, Feigheit, Lüge, Malice, Betrug und Prahlsucht« hervor, die so wahr und »›ächt französisch‹« wirkten, dass es dem Publikum nicht auffalle, »daß all diese Charakterisirungen gar vortrefflich auf manche Herren Wiener so gut als auf Pariser passen.«[142] Ein anderer Kritiker bemerkt, der Übersetzer habe seine Aufgabe »mit Verständnis und Geschicklichkeit gelöst«.[143]

Paoli hatte keine Bedenken, ein Stück für die Wiener Bühne anzupassen, sondern sah im Gegenteil gerade darin ihre Aufgabe. Als ihr der Intendant des Burgtheaters, Friedrich Halm, vorschlug, *Marion de Lorme* von Victor Hugo zu übersetzen, schreibt sie:

> Meines Erachtens wäre das Stück, in sorgfältiger, metrischer Bearbeitung für das Burgtheater sehr wohl zu brauchen. Man müßte aber das Bornirte, Phrasenhafte, von dem Victor Hugo sich nun einmal nicht losmachen kann, beseitigen und gewisse Stellen [...], die nur für Franzosen Interesse haben können, womöglich kürzen.[144]

So manches französische Stück in Paolis Übersetzung verschwand schnell wieder vom Spielplan des Burgtheaters, denn die Stoffe waren anspruchslos, das Publikum von dem Immergleichen übersättigt. Paoli übersetzte *Der verstorbene Lionel* von Eugène Scribe und Charles Potron, *Ein Vers Vergils* von Melesville, *Die Fee* von Octave Feuillet und *Der Sohn* von Auguste Vacquerie.[145] Neben den *Hagestolzen*, den *Biedermännern* und dem von Ebner-Eschenbach geschätzten *Gringoire* brachte aber nur noch das Stück *Didier* einen Achtungserfolg für die Übersetzerin.[146] In der *Neuen Freien Presse* schreibt Moritz Hartmann: »Die Uebersetzung verdient das Lob, daß man es ihr nicht ansieht, daß sie eine Uebersetzung ist. Der Dialog ist überaus lebendig, und keinem Satze merkt man die Gezwungenheit an, die Uebersetzungen anzuhaften pflegt.«[147] Bei der Premiere konnte aber nur die Darstellungskunst von Josef Lewinsky in der Titelrolle den Misserfolg verhindern. Ein Kritiker stellt fest, Lewinsky habe »ein Recht, Rollen wie

 Gringoire und Didier in sein Repertoire aufzunehmen; denn er versteht es, den französischen Rührbrei, von Betty Paoli für uns Deutsche zubereitet, genießbar zu machen«.[148]

Zu Besuch bei …

Die Stückauswahl, Theatererfolge und -misserfolge besprach Betty Paoli in Iduna Laubes Salon, der auch Lewinskys »eigentlicher Stützpunkt in der Wiener Gesellschaft« war.[149] Ein Besucher erinnert sich:

> An dem großen Kaffeetische präsidierte täglich von fünf bis sieben Uhr (Theaterstunde) Frau Iduna, […] die es vortrefflich verstand, das Gespräch anzuregen und in Gang zu erhalten, so bunt auch oft die Gesellschaft war; denn kein Fremder von Bedeutung versäumte so leicht in dem Hause am ›Stoß im Himmel‹ vorzusprechen. Die meisten rauchten wie der Hausherr schwere Cigarren, auch manche Damen, wie die Dichterin Betti Paoli (Glück) […].[150]

Bis kurz vor sieben Uhr waren Heinrich Laube und die Schauspieler anwesend, die Gespräche drehten sich zumeist um Theaterangelegenheiten. Um sieben begannen die Aufführungen, es blieben nur jene Gäste im Salon zurück, die an dem Abend nicht ins Theater mussten, und die Gesprächsthemen änderte sich: »Waren Laube's Gedanken fast immer auf Bühnen-Angelegenheiten gerichtet, so befasste sich Iduna Laube zumeist mit jenen geistigen Fragen, welche den Menschen in seinem Innersten berühren.«[151] In ihren Briefen an Paoli betont Iduna Laube immer wieder, wie sehr sie das Gespräch mit ihr vermisst, schreibt über persönliche Dinge, aber auch über Literatur, Politik und Frauenbildung. Mancher Brief wirkt wie eine schriftliche Fortsetzung der Salongespräche.[152]

Nicht allen Gästen sagte diese Atmosphäre zu. Clara Schumann, 1855 bei Laube eingeladen, fühlte sich unwohl: »Namentlich Betty Paoli jagte ihr einen wahren Schauder ein durch den Vortrag eines ›wahrhaft widerlichen‹ Gedichtes: ›Ich fühle mich schrecklich in solcher Gesellschaft, wo man jedem die Absicht, geistreich zu sein, anmerkt, ich atme dann ordentlich auf, wenn ich herauskomme.‹«[153] Der Journalist Friedrich Uhl erinnert sich anders: »Betty Paoli, voll Gluth und Leben, die Freundin ihrer Freunde, die glühende Feindin der Feinde Oesterreichs und alles Unedlen in der Literatur, war anregend wie frischer Ost.«[154] Auch Julie Rettich, beinahe dreißig Jahre lang Mitglied des Burgtheaterensembles, besuchte den Salon und »hielt hie und da eine Thronrede wie eine Königin, von einem vornehmen Sonnenlächeln des Wohlwollens verklärt«.[155] Uhl fasst zusammen: »Iduna Laube, Betty Paoli und Julie Rettich waren die drei geistvollsten Frauen der Wiener Gesellschaft jener Jahre.«[156]

Im Salon von Julie Rettich in der Kärntnerstraße, in dem auch Grillparzer, Hebbel und Fanny Elßler zu Gast waren, fühlte Clara Schumann sich wohler, denn ihr war die dort herrschende »Harmlosigkeit« lieber als das »geistreichelnde Wesen, wie es sich wohl im Künstler- und Literatenzirkel breitmachte, den Laube um sich versammelte«.[157] Paoli war selbstverständlich auch bei Rettich eingeladen und glänzte auch dort durch »die reiche Bildung und die geistvolle, abgeklärte Weise, mit der sie in die Unterhaltung eingriff«.[158]

Visiten verlangten Gegenvisiten und so wurde auch Paoli in ihren jeweiligen Domizilen an der Seite der Familie Fleischl häufig besucht. Ein Auszug aus Paolis Merkbuch von 1866 gibt Einblick in den Besuchsreigen:[159]

> 1. März: [...] Bei Gabillons gespeist. [...] Abends bei Uhls. Spät nach Hause gekommen.
> 2. März: [...] Nach Tisch zu Gabillons um nach dem Lenchen zu sehen, darauf in der Stadt mit Ida zusammengetroffen. Abend zu Hause.
> 3. März: [...] Abends mit Ida und Dr. Kürnberger bei Kompert.
> 4. März: Vormittags Besuch von Lewinsky und Dr. Preyß Nachmittags und Abends zu Hause geblieben und Ida aus Turgenieff's Novellen vorgelesen
> [...]
> 6. März: [...] Besuch von Gabillon und Faust Pachler. [...] Zu Laube's wo ich die Laroche traf. [...] Rudolph Valdek getroffen, der den Abend bei uns zubrachte.
> 7. März: [...] Besuche von Zerline und Grfin. Barkóczy. [...]
> 8. März: [...] Nach Tisch Helene besucht und zu Fanny Elßler gegangen, die nicht zu Hause war. Abends zu Hause.

9. März: […] Vormittags Fstin. Brezenheim besucht und einige Commissionen gemacht. Abends bei den Laroche mit Ida.
[…]
11. März: […] Besuch von J. Lewinsky.
12. März: […] Besuch von Fanny Elßler.
13. März: […] Besuch von Fürst Fr. Schwarzenberg. Nach Tisch mit Ida Frau Wertheimer besucht.
[…]
15. März: […] Abends bei Fanny Elßler mit Gabillons, Baronin Ebner, Stolzenberg &al. Um Mitternacht nach Hause gekommen.
[…]
23. März: […] Den Nachmittag bei Ottilie Bondy zugebracht […]
24. März: […] Gratulationsbesuch bei Julie Schlesinger.

Und so geht es Tag für Tag weiter. Paolis Besuchernetzwerk spannte sich über Generationen und Stände, sie verkehrte mit einer jüdischen Philanthropin wie Julie Schlesinger ebenso selbstverständlich wie mit einem Fürsten Schwarzenberg oder der Palastdame (Hofdame der österreichischen Kaiserin) Gräfin Antonia Barkóczy; mit einer jungen Frauenrechtlerin wie Ottilie Bondy genauso wie mit Schauspielerinnen oder der Tänzerin Fanny Elßler.[160]

Aber nicht nur in den Wiener Kreisen war Paoli regelmäßig zu Gast. Aus den Korrespondenzstücken im Nachlass lässt sich die rege Reisetätigkeit ablesen, die die Dichterin in den 1850er und 1860er Jahren zu Freunden und Bekannten und in Bäder führte. Sie reiste nach München, wo sie Friedrich Pecht traf, und nach Dresden zu Otto Ludwig, sie pflegte auch ihre Kontakte in Prag auf dem Weg zu Gräfin Bünau, verehelichte Sahr, in Dahlen. Im Winter 1860 besuchte sie Louise Gräfin Schönfeld-Neumann, ehemalige Burgschauspielerin, die die Hauptrolle in Paolis erster Übersetzung gehabt hatte, in Graz, schätzte sich glücklich, sie »in ihrer Häuslichkeit« gesehen zu haben, und kündigte für den nächsten Sommer wieder ihren Besuch an.[161]

Fast jeden Sommer besuchte Paoli Kurorte in Niederösterreich oder Böhmen, und derlei Aufenthalte brachten oft auch die Gäste der städtischen Salons zusammen. Bernhard von Wüllerstorf-Urbair, Bruder der Freiin von Bonar, Paolis Gastgeberin in Dobl in der Steiermark, dachte auch bei seiner Weltumsegelung als Kommandant der Fregatte ›Novara‹ an die »liebe Freundin«, der er, »wenn auch wenige, doch so angenehme Stunden im Leben« verdankte.[162] Er schickte ausführliche Berichte an sie und sein Brief aus Sidney endet mit dem guten Wunsch und Rat: »Gott mit Ihnen liebe Betty, erhalten Sie sich und schonen Sie Ihre Gesundheit. Das Zeitungsschreiben hätten Sie längst aufgeben sollen.«[163]

Paoli fuhr nach Ischl, wo die Familie Fleischl mit Idas Eltern aus München zusammentraf.[164] Im Jahr 1865 verzeichnet die Ischler Cur-Liste ihre Ankunft am 14. September.[165] Im nächsten Jahr traf Paoli schon im August ein und ließ sich als »Gesellschafterin der Familie Fleischl, aus Wien« in die Liste eintragen.[166] Man verbrachte auch einige Zeit in Gmunden in einer Wohnung, die das Schauspielerehepaar Laroche empfohlen hatte.[167]

Ein Fixpunkt in Paolis Reiseprogramm war der herbstliche Besuch in Saros-Patak, Ungarn. Dort leistete sie der früheren Palastdame Fürstin Maria Karolina Bretzenheim, einer hochgebildeten Frau[168], für mehrere Wochen Gesellschaft. So kam es auch, dass das Hausmädchen Helene Gasser, als es seinen Dienst bei der Familie Fleischl antrat, die noch in Ungarn weilende Mitbewohnerin Paoli erst einmal nur vom Hörensagen kannte und sich wochenlang ein falsches Bild machte: »Was das Frl. Betty Paoli war das habe ich lange nicht verstanden, – eine Schriftstellerin – das habe ich mir vorgestellt, es wird halt jemand die Bücher und Schriften so aufeinander stellen, dass sie nicht so herumliegen, so eine Art einräumen.«[169]

Bei ihren Gastgebern in Wien schloss Paoli dank der Tradition der gegenseitigen Empfehlung auch neue Bekanntschaft mit Gästen aus dem Ausland. Ein Besucher erinnert sich:

> Bei Gabillons gab ich einen Brief von [Friedrich] Bodenstedt ab. Ich wurde zu Tische geladen mit Betty Paoli zusammen. Ueber Tisch kam ich kaum zu Wort. Am Kaminfeuer, während der Kaffee getrunken wurde, kam die Paoli auf Schopenhauer zu sprechen und bedauerte seinen Judenhaß, während sie sonst mit Verehrung von ihm sprach.[170]

Betty Paoli und Ida Fleischl machten oft gemeinsame Visiten und luden auch gemeinsam Gäste ein. Bevor die Familie Fleischl und Paoli in die Taubstummengasse auf der Wieden zogen, bewohnten sie in der Ungargasse im dritten Bezirk das heutige Sternbergpalais, später zogen sie dann wieder in die Innere Stadt, und sowohl in der Bräunerstraße als auch in der Habsburgergasse empfingen sie gemeinsam Gäste.

Einer, der immer wieder zu Besuch kam, war der Dichter und Burgtheaterintendant Friedrich Halm, Intimus von Julie Rettich. Der brachte als Gast von Ida Fleischl aber auch Verdruss ins Haus, denn er schlug mit dem Vortrag eines eigenen Gedichts Franz Grillparzer, Gast auf Einladung von Paoli, in die Flucht. Halm hatte eine tragische Geschichte in Balladenform gegossen, nach dem Vortrag waren alle begeistert, nur einer nicht:

> Grillparzer saß finster und schweigend da, nahm nicht mehr teil am Gespräch und war einer der ersten, die sich empfahlen. Als Fräulein Paoli ihn bald darauf besuchte, klagte er bitter über Halm. [...] Er [Grillparzer] hat Ida von Fleischl hochgeschätzt, ihren hellen, klaren Verstand bewundert, sich immer gefreut, wenn sie ihn besuchte, aber die Erinnerung an den peinlichen Eindruck, den er in ihrem Hause empfangen, hielt ihn davon ab, es je wieder zu betreten.[171]

Eine besondere Freundschaft verband Paoli und die fünf Jahre ältere Tänzerin Fanny Elßler, die der Dichterin sicher schon seit ihren ersten Erfolgen in den 1830ern bekannt war, mit der sie aber erst in den 1860er Jahren regelmäßigen Kontakt hatte. Nach Fanny Elßlers Tod veröffentlichte Paoli einige Briefe von Friedrich von Gentz an die Tänzerin, die 1829 eine Beziehung mit dem 46 Jahre älteren Sekretär Metternichs eingegangen war. Paoli hatte die Korrespondenzstücke von Katharina Prinster bekommen, der Cousine und lebenslangen Begleiterin Elßlers, und verfasste dazu eine Einleitung, in der sie das Verhältnis der Tänzerin mit Gentz als eines der innigen Sympathie der jungen Frau für ihren Mentor darstellte.[172] Es war der Versuch einer späten Ehrenrettung, ein Freundschaftsdienst Paolis, die Elßler bewunderte.

Durch ihre Reisen kam Paoli regelmäßig mit Prominenz aus Kunst und Kultur in Berührung, so mit dem Schriftsteller Iwan Turgenjew, dessen Novellen sie schätzte. Paoli war 1868 in Baden-Baden mit ihrer früheren Arbeitgeberin Gräfin Sahr verabredet und dazu mit einem Empfehlungsschreiben an die Sängerin und Komponistin Pauline Viardot-Garcia ausgestattet.[173] Die Bekanntschaft mit Turgenjew machte sie bei der privaten

Aufführung von Viardots Operette *L'Ogre*, in der der Librettist Turgenjew die Titelrolle spielte. Paoli nahm in ihre *Neuesten Gedichte* ein Sonett an Turgenjew auf[174], und als sie ihm den Gedichtband schickte, bedankte er sich mit den Worten: »[...] ich kann aber nicht umhin, mich der Sympathie einer Dichterseele wie die Ihrige zu freuen und darüber stolz zu sein.«[175] Später wandte Paoli sich mit der Frage nach einem Bühnenstück an ihn – vielleicht auf der Suche nach neuem Übersetzungsstoff –, und er schickte ihr seine *Scènes de la Vie Russe* zu, »wo Sie zwei Stücke finden werden – eine zweiactige Comödie und eine Comödie in einem Act; letztere ist gar nicht für die Bühne berechnet.«[176] Nach seinem Tod 1883 schreibt Paoli an Marie von Ebner-Eschenbach: »Ihn, wenn auch nur flüchtig gekannt zu haben, zähle ich zu dem Besten, das mir im Leben zu Theil wurde.«[177]

Im Sommer des Jahres 1868 reiste Paoli aber nicht nur nach Baden-Baden, sondern auch nach Mondsee im Salzkammergut, wo sie auf die Familie Fleischl traf. Mit von der Partie war ihre und Idas Freundin Mina von Stein, die auch in Wien einige Zeit bei den Fleischls wohnte. Bei ihren Besuchen in Krzyszkowice, dem Gut von Stein in Galizien, verfasste Paoli Gedichte wie *Selbsterlebtes*. Darin wird das lyrische Ich durch die zufällige Begegnung mit einem mitfühlenden Kind aus seiner tiefen Verzweiflung gerettet.[178] Stein, über die Paoli schreibt, sie sei eine »höchst ausgezeichnete Frau: gut, geistvoll und vollkommen originell«[179], malte ein Portrait von Paoli, das 1868 in einer Ausstellung gezeigt wurde.[180] Als Helene Gabillon mit dem Zeichenunterricht beginnt, schreibt ihre Mutter Zerline an Paoli: »[...] am Ende wird sie noch eine bedeutende Malerin, wie die Baronin Stein; dann werden wir ein bisschen stolz sein, Betty, nicht wahr?«[181] Helene sollte später Buchillustratorin werden.

Marie von Ebner-Eschenbach fand Mina von Stein anfangs offenbar eher unheimlich: »Besuch bei Frau von Fleischl, Brn Stein – sehr merkwürdig. Man denkt unwillkürlich an Voltaire's Conculix.«[182] Conculix ist eine Figur aus Voltaires Satire *La Pucelle d'Orléans*, die in einem Zauberschloss wohnt und am Tag ein Mann, in der Nacht eine Frau ist. Der aus Galizien stammende Carl Lewinsky erinnert sich in einem Brief, den er Paoli nach Krzyszkowice schreibt, nicht nur an den Galizischen Aufstand, sondern auch an die junge Mina von Stein zu Pferde.[183] Im selben Brief schreibt Lewinsky aber auch über den Streit Heinrich Laubes mit Halm, der zum Abgang Laubes vom Burgtheater führte, denn als Sektionschef

Carl Lewinsky, um 1868

im Staatsministerium, der obersten Polizeibehörde, stand Lewinsky »in regstem Verkehre mit der Oeffentlichkeit, mit der Presse, den Theatern u. s. w.«[184] Er war für Paoli ein wichtiger Gesprächs- und Briefpartner, der sich seinerseits auf »baldiges briefliches u. körperliches Wiedersehen« freute.[185]

Lewinskys Tod am 25. April 1869 (noch wenige Tage zuvor konnte man ihn dabei beobachten, wie er »wohlgemuth und lebenslustig die Neubauten Wiens« betrachtete[186]), war eine Zäsur in Paolis Leben, verlor sie mit ihm doch eine Jugendliebe und einen treuen Begleiter. Iduna Laube drückte Paoli ihr Mitgefühl für den Verlust aus und befand über Lewinsky: »Jedes Falles ist ein feiner Geist dahin geschieden, wie weit sein Charakter gefestet, habe ich nie recht ergründet, ich weiß nur, dass er sich treu interessierte für die Menschen, die ihm zusagten, ob er sie auch liebte, weiß ich nicht.«[187] Er soll eine langjährige Liebesbeziehung mit einer Sängerin der Hofoper gehabt haben, blieb aber wie Paoli unverheiratet.[188]

Außer Laubes Kaffeetisch und Gesellschaften von Josephine von Wertheimstein frequentierte Lewinsky wahrscheinlich so wie Paoli auch deren ›Konkurrenz‹, den Salon von Auguste von Littrow, der Ehefrau des Astronomen Carl von Littrow, die »ihren Ehrgeiz darein setzte, den intellektuell bedeutendsten Salon Wiens zu führen«.[189] Dort traf Marie von Ebner-Eschenbach erstmals die »mer[k]würdig gescheidte Freundin Betty Paoli's«

Ida Fleischl.[190] Bereits eine Woche später schickt Ebner-Eschenbach eines ihrer Manuskripte an Fleischl, es entwickelte sich eine enge und fördernde Beziehung, mit der sich schließlich auch Paoli arrangierte.

Salons waren Nachrichtenbörsen und wichtige Orte für neue Beziehungen, sie waren aber auch für die Wiederbelebung alter Verbindungen hilfreich. Während Paoli in Saros-Patak bei Fürstin Bretzenheim weilte, bekam Iduna Laube Besuch von einem alten Freund: Moritz Hartmann. Laube wusste zu erzählen, dass Hartmann vorhabe, nach Wien zurückzukommen, ein Projekt, das für den politischen Flüchtling der 48er-Revolution erst durch eine Amnestie im Jahr 1867 möglich wurde. Ihre in Wien lebende Freundin Ida Fleischl habe »den sehr klugen Einfall« gehabt, ihr ein Feuilleton von Hartmann zu schicken, schreibt Paoli, und stellte ein Treffen nach ihrer Rückkehr nach Wien in Aussicht.[191] Im Dezember 1868 war es dann so weit: Paoli lud Hartmann zu sich in die Bräunerstraße Nummer 11 ein, »zweite Stiege, zwei Treppen hoch«, anzutreffen wäre sie sonntags am Vormittag und an den anderen Tagen nachmittags von zwei bis halb vier Uhr.[192]

Die Sommerreisen und die Aufenthalte in Saros-Patak und Krzyszkowice hielten Paoli jedes Jahr wochenlang von Wien fern. Iduna Laube beschwert sich:

> Warum sind Sie doch so lange fortgegangen? Ich sehne mich recht herzlich nach Ihnen, mir fehlt Ihr treues, lichtes Auge in den traulichen Abendstunden, die über die Öde draußen täuschen sollen. [...] Statt dieses unzulänglichen Schreibens könnten wir jetzt so ein schönes Plauderstündchen haben wenn Sie hier wären![193]

Andere dürften Paoli im Salon Laube allerdings weniger vermisst haben:

> Um fünf Uhr – zur täglichen Empfangsstunde. – Frau Iduna Laube auf ihrem Sofaplatz an der linken Seite der Wand. [...] Laube fragte die Dichterin Betti Paoli, ob es wahr sei, daß – na, irgend etwas, das er über sie gelesen habe. ›Ach,‹ sagte die Paoli, schlug die schönen dunklen Augen gen Himmel und machte einen Zug an ihrer langen Zigarre, ›ach nein, das hat ja nur dieser Esel von Cerri geschrieben!‹ Laube: ›Hier sitzt er!‹[194]

Paoli und Cerri kannten sich seit Jahrzehnten, ein 1862 veröffentlichtes Bild mit dem Titel *Der österreichische Parnaß* zeichnet, oder vielmehr: karikiert ihre Beziehung. Das Bild stammt von Franz Gaul, einem »Maler mit witzigem Griffel«[195]. Darauf sind sechzig österreichische Autoren zu sehen – und eine Autorin.

Der österreichische Parnass ist auffallend flach und auf seinem Gipfel sitzt Franz Grillparzer als Apoll. Er ist mit einer Toga bekleidet, hält eine Lyra im Arm und in der Hand eine Schriftrolle mit der Aufschrift »Sappho«, dem Titel eines seiner Dramen. Um ihn herum gruppiert Gaul die literarischen und publizistischen Akteure der Zeit, alle physiognomisch und durch Attribute kenntlich, viele von ihnen sehr gut getroffen, wie der zeitgenössische Kritiker Michael Klapp, Feuilleton-Redakteur von Kurandas *Ostdeutscher Post*, meint.[196]

Paoli sitzt prominent im Bildvordergrund, während sich ihr Freund Leopold Kompert am linken Bildrand mit einem Pflug abmüht, eine Anspielung auf seine Erzählung *Am Pflug*, und ein anderer, Hieronymus Lorm, in der hintersten Reihe zwischen anderen Dichtern verschwindet. Gleich neben Paoli und wie sie gut sichtbar im Vordergrund platziert, sehen wir den von ihr als Lyriker wenig geschätzten Eduard Bauernfeld im Schlafrock und Ida Fleischls unglückseligen Salongast Friedrich Halm. Dieser war der Autor eines vielgespielten Stücks mit dem Titel *Der Sohn der Wildnis* und ist auf Gauls Karikatur in eine Art Bärenfell gehüllt. In Grillparzers Nähe sehen wir Heinrich Laube mit Fasces, einem Rutenbündel mit einem Beil. Dieses römische Machtsymbol ist in Laubes Fall ein Attribut »dramaturgischer Gewalt«.[197] Außerdem trägt er aber auch noch ein Gewehr und das *Jagdbrevier* unter dem Arm, das er dem Revierförster des Fürsten Pückler-Muskau widmete, nicht gerade sein bedeutendstes Werk, und dass Gaul ihn ausgerechnet damit abbildete, war ein »boshafter Hieb«.[198]

An Grillparzers rechter Seite sind mehrere Dramatiker des Burgtheaters zu sehen, unter anderem Joseph Christian von Zedlitz, jener Autor, der Paoli in den 1850er Jahren gern als Feuilletonchefin gesehen hätte. Friedrich Hebbel, »in seiner ganzen Leibhaftigkeit vom Zeichner erfaßt«, steht auf dem Bild so da, als wollte er sich bei Laube darüber beschweren, dass seine

Franz Gaul: Der österreichische Parnaß, 1862

Stücke nicht gespielt werden.[199] Hebbel ist mit dieser Karikatur in mehrfachem Wortsinn getroffen und schreibt in einem anonymen Artikel, Gauls Bild sei »ohne Spur von Geist«.[200]

Auch auf der anderen Seite des Ensembles sind mehrere Personen aus Paolis Freundes- und Bekanntenkreis zu entdecken, zum Beispiel, lässig hingestreckt eine Zigarre rauchend und mit einer in die Bildmitte ragenden Lanze bewehrt, der ›Lanzknecht‹ Friedrich Schwarzenberg. Dahinter steht Ludwig August Frankl, der unermüdliche Biograph und Nachrufautor seiner wirklichen oder vermeintlichen Freunde, dargestellt als Leichenbitter, der ein Blatt mit der Aufschrift »Nekrolog« in der Hand hält. Paolis frühes Vorbild Anastasius Grün ist in der Gruppe der Lyriker zur Linken Grillparzers zu sehen und hier finden sich auch ihre frühen Verehrer Levitschnigg und Braun von Braunthal. Diese beiden gehören allerdings zu jenen, deren Namen den Kritiker von 1862 nicht mehr interessieren, von denen er vielmehr annimmt, dass sie »außer sich vor Freude sein werden, zu den Wiener ›Dichtern‹ doch einmal gezählt zu werden.«[201]

Paoli hat auf der Karikatur die Gestalt einer leicht gebeugten ›Memnonsäule‹, auf einem steinernen Thron sitzend, die Hände auf den Knien. Der eine der beiden Memnonkolosse im Westen Thebens gab bei Sonnenaufgang und Sonnenuntergang einen klagenden Laut von sich, Ergebnis der bei Temperaturschwankungen abspringenden Steinstücke. Die Darstellung Paolis sei »sehr gut gedacht«, befindet der Kritiker, der Zeichner könne damit nur auf »das ewig erklingende weibliche Herz« der Dichterin anspielen.[202] Der Ausdruck der poetischen Klage ist darin ebenso enthalten wie die Idee, dass Paoli als Lyrikerin bereits zu Lebzeiten zu einem Denkmal erstarrt ist, dass sie als Kritikerin aber auch eine gewisse Machtposition inne hat. Allerdings hat Paoli einen Tschibuk vor sich, eine türkische Tabakpfeife, was für Klapp, der die Dichterin sicher das eine oder andere Mal selbst rauchend erlebt hat, »ein etwas indiskret ausgeplauderter Kontrast zu der zarten weiblichen Charakteristik« ist.[203]

Besonders gefällt dem Kritiker die Nachbarschaft der Dichterin: »Ein sehr ergötzliches Schauspiel bietet der zu den Füßen Betti Paoli's kniende Troubadour zweier Zungen, Kajetan Cerri, als Heinrich Frauenlob, im Rittercostume und die Mandoline an der Seite.«[204] Außerdem ist der gebürtige Italiener Cerri mit einem Weihrauchfass ausgestattet und nimmt gerade eine Prise Schnupftabak. Die Karikatur Gauls ist für Paoli aus zeitgenössischer Perspektive insofern schmeichelhaft, da sie als einzige Frau einen Platz auf dem Parnass bekommt.

Die gesellschaftliche Stellung von Frauen, ihre Sichtbarkeit und Teilhabe wurden im Laufe der Zeit zu wichtigen Themen in Paolis publizistischer Arbeit. Abgesehen von ihren persönlichen Erfahrungen bot auch ihr soziales Netzwerk gute Bedingungen dafür, in dieser Sache das Wort zu ergreifen, denn der Salon Laube war auch das »Organisationszentrum« des 1866 gegründeten ›Wiener Frauen-Erwerb-Vereins‹.[205] Der Verein machte es sich zur Aufgabe, Frauen zu helfen, die in wirtschaftliche Not geraten waren, und zwar hauptsächlich, indem er Grundlagen für eine bezahlte Berufstätigkeit schuf; ein Anliegen, das wegen der herrschenden Rollenbilder den Spott der Männer auf sich zog.

Als im Oktober 1865 in Leipzig der erste Frauenkongress stattfand, imaginierte der humoristische Journalist Isidor Gaiger in einem Feuilleton eine *Frauen-Konferenz in Wien*.[206] Der Text schreibt unoriginell die Tradition der misogynen Satire fort und ist nur deshalb von Interesse, weil darin Betty Paoli als Präsidentin der Versammlung und Cajetan Cerri als ihr effeminierter Unterstützer auftreten. Cerri ist neben Otto Prechtler (Dramatiker und Freund von Franz Grillparzer) und dem Journalisten Eduard Mautner eine von drei »zarten Individualitäten [...] in Herrenkleidern«, die die Frauen unterstützen.[207] Im Laufe der Sitzung erteilt die Präsidentin dem »belorbeerte[n] Dichter« Cerri das Wort:

Cerri: [...] Der Frauen Ehre ist uns Männern heilig, drum hab' ich über dieses Thema eilig vierzehn Sonette allhier aufgeschrieben, die les' ich vor, wofern es Ihr Belieben –
Die Präsidentin: Lassen Sie sie gefälligst in Sammt binden, Herr v. Cerri, und legen Sie sie zu dem Statutenentwurfe. Ich glaube nicht, daß die hohe Versammlung in diesem Augenblicke (Stürmisches Nein! nein! Eine Stimme: Das ging' uns noch ab!)[208]

Wie zu erwarten, endet der hier imaginierte Versuch der Frauen, sich zu organisieren, ergebnislos. Diese Satire ist zwar schwach, zeigt aber, dass Paoli in Sachen weiblicher Emanzipation als tonangebend galt.

Meinungsbildung

Das regelmäßige Geschäft der Kritiken von Ausstellungen und Theateraufführungen und ihre ›Bücherschauen‹ beendete Paoli in den 1860er Jahren, als die *(Constitutionelle) Österreichische Zeitung* (auch deren »gediegenes«[209] Feuilleton leitete Leopold Kompert) eingestellt wurde. Paoli verfasste aber weiterhin Texte für das Feuilleton der *Allgemeinen Zeitung* und für die 1864 gegründete *Neue Freie Presse*. Diese Zeitung war das Ergebnis des offenen Konflikts zwischen dem Zeitungspionier August Zang und seinen Redakteuren Michael Etienne und Max Friedländer, die viele Journalisten von der ›alten‹ *Presse* abzogen. Beide Medien bedienten die gleichen Leserschichten, nämlich die aufstrebende Bourgeoisie und das kulturbeflissene, liberale Bildungsbürgertum. Die Redaktion der *Neuen Freien Presse* hatte ihren Sitz »auf der Ringstraße, der Pulsader des zukünftigen Wiens«.[210] Das Feuilleton der neuen Zeitung sollte zu einem Publikationsort der bedeutendsten Autoren der Ringstraßenzeit und der Jahrhundertwende werden.

Der erste Feuilletonredakteur war Ludwig Speidel, ehemals Kollege Paolis beim *Lloyd* und bei der *Österreichischen Zeitung*. Im Jahr der Gründung finden wir unter den Beiträgern Julius Rodenberg (später Förderer von Marie von Ebner-Eschenbach), Berthold Auerbach (wie Rodenberg ein Bekannter Paolis aus ihrer Zeit in Dresden und außerdem der Schwager von Hieronymus Lorm), und Moritz Hartmann. »Die NFP leistete sich in ihrem Feuilleton die Beiträge der bekanntesten Dichter und Schriftsteller des 19. und 20. Jahrhunderts. Die Honorare waren überdurchschnittlich, und der Anreiz für einen Schriftsteller, in diesem Organ zu publizieren, lag […] in dem Bewußtsein, sich in eine Reihe mit den geistigen Größen der Zeit gestellt zu sehen.«[211]

Im Jahr 1865 erschien Paolis erstes Feuilleton in der *Neuen Freien Presse*, gesellschaftskritische Reflexionen in der kleinen, hybriden Form abseits der schnell produzierten Tageskritik entsprachen ihrer Arbeitsweise. Abschweifungen, anekdotenhaftes Erzählen, aber auch Aperçus, Zitate, vor allem aber der subjektive und nicht immer widerspruchsfreie Standpunkt, das alles gehörte zum aufblühenden Feuilletonstil. (»Das Herauskehren der individuellen, persönlichen Disposition ist die ästhetische Seite des politischen Liberalismus.«[212]) Dennoch fehlte es Paoli an der rhetorischen Leichtfüßigkeit von Speidel oder an dem boshaften Witz von Daniel Spitzer. Das Feuilleton der *Neuen Freien Presse* nützte sie für zeitkritische Betrachtungen.

Sittengeschichten

Als Paoli 1869 für die *Neue Freie Presse* ein Feuilleton unter dem Titel *Unsere Manieren* verfasste, erfuhren ihre Leser, an welchem Vorbild sie sich orientierte: Delphine de Girardin, die 1855 verstorbene Ehefrau des Gründers der Zeitung *La Presse*, verfasste unter Pseudonym Beiträge mit dem Titel *Lettres parisiennes*, darunter eine Reihe »geistsprühender Feuilletons«, die ein »wichtiger Beitrag zur Sittengeschichte« des neunzehnten Jahrhunderts waren.[213] Wie sie interessierte sich Paoli für die Sitten – im Sinne von Normen und Verhaltensweisen – ihrer Zeitgenossen.

In *Unsere Manieren* denkt Paoli über rüpelhaftes Benehmen nach und kommt zum Schluss, dass die Ursache nicht, wie das der englische Reisende William Hepworth Dixon in seinem Buch *New America* (1867) behauptete, die fortschreitende Demokratisierung der Gesellschaft sei. Unter den Lesern der *Neuen Freien Presse* gab es viele, die Dixons Meinung teilten, der in den schlechten Manieren »eine unvermeidliche Consequenz politischer Freiheit« sah, Paoli aber widersprach: »Nicht die Freiheit ist der Pflege anmuthiger Lebensformen hinderlich, wol aber ist es das Schwanken, die Unsicherheit der Verhältnisse, die in Folge jeder politischen und socialen Neugestaltung eintreten.«[214] Dieser Gestaltungsprozess sei in der jungen nordamerikanischen Gesellschaft zu beobachten, aber auch in Europa, wo in den letzten Jahrzehnten öffentliche Institutionen deutliche Veränderungen erfahren hätten. Nach einer Phase der Konsolidierung, so meint Paoli vorsichtig optimistisch, wird »auf dem Boden der Freiheit« wieder »die holde Blume der geselligen Anmuth« gedeihen.[215]

Traditionelle Einrichtungen, die sich unter den Augen Paolis veränderten, waren der Salon und die Sommerfrische, aber auch die Stadt Wien erlebte einen Wandel, baulich und gesellschaftlich, in nie dagewesenem Maße – alles Themen, die vorzüglich in das Feuilleton passten. Gerade die Schleifung der Stadtmauer und der Basteien, die Platz für die prächtige Bebauung der Ringstraße im Stil des Historismus schuf, schlug sich vielfach in Feuilletons nieder. Ganz besonders natürlich bei Autoren, die der Feuilletonist Ferdinand Kürnberger der Gattung »Straßenfeuilletonist, F. forensis, im Hochdeutschen Flaneur, im Niederdeutschen etwas unzarter auch Bummler«[216] zuordnen würde. Paoli hatte das feuilletonistische Flanieren schon im Jahr 1850 an seinem Ursprungsort Paris geübt, das ziellose Schlendern entsprach ihr aber nicht. In Kürnbergers humoristischer Gattungsschau der Feuilletonisten zählte sie wohl eher zu den »Salon-Feuilletonisten«, den »F. nobilis«.[217]

Ganz unkommentiert ließ Paoli die massiven Veränderungen Wiens nicht. In ihrem Feuilleton *Unsere Stadt* blickt sie in der für sie typischen Mischung aus Mieselsucht und Versöhnlichkeit auf ihre Heimatstadt und fragt, warum nicht nur die Wiener, sondern auch die Wienbesucher die Stadt lieben. »Ja, selbst den Berliner, den Mann der überwundenen Standpunkte, überkommt ein menschliches Fühlen, wenn er der hier verlebten Tage gedenkt.«[218] Die Stadt sei in ihren Flegeljahren, befindet Paoli, und sie singt ihr ein Loblied, dem Ungemach zum Trotz, das aus der unruhigen Phase resultiere.[219]

Die Neubauten der Ringstraße »mögen in vielen anderen Stücken höchst preiswürdig sein, aber einen poetischen Eindruck machen sie im Ganzen nicht«, die »armen Krüppel auf der Ringstraße« kann Paoli nicht als Bäume gelten lassen und die öffentlichen Gärten, die ein wenig Erholung bieten könnten, werden bei Sonnenuntergang geschlossen.[220] Vom Stadtbild geht Paoli zu Gesellschaft und Politik über und kommentiert: »Bis jetzt hat die politische Umgestaltung Oesterreichs keine nennenswerthen socialen Reformen bewirkt; nach wie vor lebt man in seiner Coterie, seiner Kaste.« Und dabei sei es doch bekannt, dass exklusive Salons »unvermeidlich dem Fluch der Langweiligkeit« verfallen müssten.[221]

Nach den Klagen über die Nachteile Wiens folgen Ausführungen über den Reiz und die Lieblichkeit der Stadt, die alle Mängel wettmachten. Das ganze Feuilleton läuft auf eine eigenwillige politische Botschaft hinaus: Wien besäße auch dann große Bedeutung, wenn es nicht mehr Zentrum einer großen Monarchie wäre. Zwei Jahre nach dem österreichisch-ungarischen Ausgleich, der die Frage nach der Selbstständigkeit aller Nationalitäten der Monarchie ganz neu stellte, und mit der Gründung des Deutschen Reichs vor Augen, imaginiert Paoli ein Ende des Vielvölkerstaates, das ihre Heimatstadt politisch beschädigen, die Lebensqualität aber nicht maßgeblich beeinträchtigen würde.

Die Beobachtung, dass die Salons und Gesellschaften der Stadt unter quasi-ständischen Berührungsängsten litten und starke Vorbehalte gegenüber sozialer Durchmischung hatten, hielt Paoli auch in dem Feuilleton *Unsere Geselligkeit* fest.[222] Früher seien in den Salons Menschen aus unterschiedlichen Kreisen zusammengekommen, »sich wechselseitig fördernd und ergänzend«, nun aber, so Paolis Zeitdiagnose, hätten sich gesellige Zusammenkünfte auf die Repräsentation von Wohlstand vor der eigenen Klasse reduziert. Paoli möchte als objektive Beobachterin gelten: »Es fällt mir auch gar nicht ein, eine Strafpredigt über den materialistischen Charakter unserer Zeit zu halten. Ich will ihn nur als Thatsache constatiren, aus der sich die Veränderungen in unserem geselligen Leben erklären lassen.«[223] Dem Feuilleton als höchst persönlichem Ausdrucksmittel entsprechend wird *Unsere Geselligkeit* dann aber eben doch Paolis Abrechnung mit übertriebenem Luxus, Ostentation, »Pracht und Prunk«, der »Sucht zu glänzen«, die nichts hervorbrächten als Langeweile, Paolis größtes Schreckgespenst. Dabei sei intellektuelle Anregung im vielfältigen Kreis notwendig, denn sie erweitere den Horizont, bekämpfe Vorurteile und besonders der »durch keinen Nebengedanken getrübte Verkehr beider Geschlechter« verhelfe den Menschen zu »harmonischer Ganzheit«.[224]

Paoli argumentiert aus der Position eines zweckgebundenen Differenzfeminismus, der bei künstlerischen und intellektuellen Leistungen die Geschlechtergrenze aufhebt. Einem ihrer Feuilletons über Droste-Hülshoff stellt sie einen Spruch von Ernst von Feuchtersleben voran: »Es gilt bei uns kein ›Er‹ und ›Sie‹/Ein sächlich Ding ist das Genie«.[225]

Paoli hielt begreiflicherweise nichts von der Idee eines natürlichen »physiologischen Schwachsinns des Weibes« (so der Titel eines Pamphlets des Neurologen Paul Möbius), vielmehr sah sie in der mangelhaften Bildung von Mädchen und Frauen die Ursache für deren intellektuelle Defizite. Fast dreißig Jahre nach ihrem *Offenen Brief an Aurora Dudevant*, in dem sie die oft selbstverschuldete Beschränktheit der bürgerlichen Frauen beklagt hatte, war in dieser Hinsicht kein großer Fortschritt zu bemerken. Die Gruppe wohlhabender Bürger, die sich eine Ausbildung für alle ihre Kinder hätte leisten können, war zwar größer geworden, der Heiratsdruck in dieser aufstiegsbewussten Klasse aber ebenso. Die Töchter sollten durch ihre Erziehung nicht »auf außerhäusliche Erwerbstätigkeit und öffentliche Aufgaben durch eine am klassischen Bildungskanon orientierte sogenannte Allgemeinbildung« vorbereitet werden, sondern auf den »Beruf der Hausfrau, Gattin und Mutter«.[226] Die sogenannte Frauenfrage ergab sich aus dieser einseitigen Strategie, die dazu führte, dass ledige Frauen bürgerlicher Herkunft sich nicht selbst versorgen konnten.

Wenn Paoli sich zur ›Frauenfrage‹ zu Wort meldete, so tat sie das im Rahmen einer immer stärker werdenden und auch publizistisch präsenten bürgerlichen Frauenbewegung, die sich auf ökonomische Zwänge berief. In der *Neue Freie Presse* reagierte sie auf den Spott, den der Leipziger Frauenkongress ausgelöst hatte:

> Die Nachricht von dem Frauencongreß, der vor Kurzem in Leipzig stattfand, mag bei Manchem ein spöttisches Lächeln hervorgerufen haben […]. Nur die Oberflächlichkeit kann sich über die Bedeutung der Fragen täuschen, die dort zur Berathung kamen. Es handelt sich um nichts Geringeres, als der von Jahr zu Jahr wachsenden Zahl alleinstehender, auf sich selbst angewiesener Frauen den Weg zur Gründung einer unabhängigen Existenz zu bahnen.[227]

Paoli stellt aber auch gleich klar, dass nicht von »thörichten und unsauberen Emancipations-Gelüsten« die Rede sein soll. In ihren Texten zur Frauenfrage rüttelt sie nie an den Grundfesten, an der Institution Ehe, sondern argumentiert immer innerhalb des bürgerlichen Rahmens. Das tut sie allerdings so konsequent, dass ihr Gedankengang unter der Hand in die Umkehrung der Verhältnisse mündet. Bei den Lesern des Feuilletons *Eine Zeitfrage* sollte der Eindruck entstehen, dass die Organisatorinnen des Frauenkongresses und sie selbst nur für jene benachteiligten Frauen in die Bresche sprangen, die das Unglück hatten, sich mangels eines Ehemanns selbst erhalten zu müssen.

Unverheiratete Frauen hätten das Recht »jeder menschlichen Creatur, die ihr verliehenen Fähigkeiten zu ihrem eigenen wie zum Nutzen der Gesammtheit zu verwerthen«, schreibt Paoli und befindet sich damit in der aufklärerisch-differenzfeministischen Zwickmühle, die zwischen natürlicher Gleichheit aller Menschen und natürlicher Ungleichheit zwischen den Geschlechtern vermitteln muss.[228] Ihr ging es allerdings um die praktische Seite und da vor allem um die »verkehrte« Erziehung der Mädchen: »Von Kindheit an wird ihnen durch Alles, was sie sehen und hören, der Glaube eingeprägt, es gebe für ein weibliches Wesen kein anderes Lebensziel, als nur unter die Haube zu kommen.«[229] Womit Paoli andeutet, aber ungesagt lässt, dass es auch noch andere Lebensziele für Frauen geben könnte.

Der einzige Beruf, der für bürgerliche Mädchen in Frage käme, wäre der einer Erzieherin, wozu sie aber aufgrund ihrer mangelnden Bildung keineswegs befähigt seien, führt sie aus. Vom »Mittelstand« kommt Paoli auf die Lage der »niederen Classen« zu sprechen und da besonders auf die schlecht bezahlte Handarbeit. Der beschränkte Kreis an möglicher weiblicher Berufstätigkeit verursache hier wie dort Probleme, darauf aufmerksam gemacht zu haben, sei schon ein beachtliches Verdienst des Leipziger Frauenkongresses.

In ihren Feuilletons zur Frauenfrage belässt Paoli es nie bei der Kritik am Status quo, sie stellt immer auch Forderungen für die Zukunft, teilweise radikale.

> Verräth ein Mädchen hervorragende geistige oder künstlerische Anlagen, so verwende man auf die Ausbildung derselben den ganzen Ernst, die ganze Consequenz, die bei der Erziehung eines Knaben für unerläßlich gelten. Mädchen von der Durchschnittssorte bringe man practische Kenntnisse bei und gebe ihnen durch die Entwicklung specieller Fertigkeiten einen sichern Geleitsbrief fürs Leben mit. Die Einen wie

> die Anderen gewöhne man daran, der eigenen Kraft zu vertrauen und die Stütze, deren sie bedürfen, in sich selbst zu finden.[230]

Paoli antizipiert den Einwand und versichert, dass die daraus resultierende Selbstständigkeit der Frauen keine »Verödung des häuslichen Herdes« zur Folge haben würde, sondern im Gegenteil Ehen ohne Versorgungsdruck begünstige.[231] Aber die jungen Frauen seien »von dem ernüchternden Einflusse der Zeit nicht verschont geblieben«, schreibt Paoli in einem anderen Feuilleton: »Aus freier Wahl, oft gegen den Rath und die Vorstellung der Eltern reichen sie ihre Hand irgend einem Scheusal, wenn eine solche Heirat ihnen eine glänzende Stellung sichert.«[232]

Im Feuilleton *Unsere Moden* befasst sich Paoli mit aufwendigen Frisuren, die nur mit künstlichem Haar herzustellen seien, und Kleidern, die die natürliche Silhouette verhüllten und bis zum Boden reichten, allerdings ist das für sie nicht nur eine Geschmacksfrage. Vielmehr sei die Mode, die damals noch Korsette vorschrieb, »im höchsten Grade unpraktisch und erschwert jede Beschäftigung«.[233] Und deshalb wird sie nach Ansicht Paolis mit der Notwendigkeit der weiblichen Erwerbstätigkeit, die sich immer deutlicher abzeichnet, verschwinden.

> So lange aber die Frauen ihre verrückten Moden beibehalten, wird jeder Versuch, ihre bürgerliche Stellung zu verbessern, auf unbesiegliche Hindernisse stoßen. Es ist eine lächerliche Inconsequenz, für das Recht auf Arbeit zu schwärmen und sich dabei in einer Weise herauszuputzen, die bei jeder Arbeit stört. Ferner frage ich: Wer wird einem à la Struwwelpeter frisirten oder mit einem abenteuerlichen Lampenteller bedeckten Kopf die Fähigkeit zutrauen, einen ernsten Gedanken in sich zu beherbergen? [...] Antwort: Niemand! mit vollem Rechte, Niemand![234]

Paolis Forderung an die Frauenmode der Zukunft lautet unter anderem: »[S]ie lasse dem Körper die Freiheit der Bewegung, die Unbehindertheit, deren man zu jeder Arbeit des Geistes wie der Hände bedarf«.[235] Nicht alle Leserinnen dürften Paolis Spott über die *fashion victims* gut gefunden haben, aber als Vorbild für weibliches Wohlverhalten war sie noch nie geeignet gewesen. Als ihr Verleger Heckenast ihr den Vorschlag macht, ein »Bildungsbuch für junge Damen« zu schreiben, quasi eine Anleitung zur »Kunst ein gutes Mädchen zu werden«, berichtet sie ihrem früheren Geliebten Lewinsky davon mit den Worten: »Nun will ich Ihnen aber auch etwas zum Lachen geben [...] Das müßte ein hübsches opus werden!«[236] Paolis Ideal war wohl die gebildete und völlig unabhängige Frau, ein Ideal, das sie in der bürgerlichen Presse nicht unverstellt propagieren konnte.

Dass immer mehr bürgerliche Frauen Geld verdienen mussten, hatte auch mit den politischen Ereignissen zu tun, denn der Krieg gegen Preußen 1866 hatte tausende Tote gefordert, die Wirtschaft war erschüttert, die Zahl unversorgter Frauen stieg. Nun gelte es, so Paoli, diese Frauen von der ohnedies reduzierten staatlichen und privaten Wohlfahrt unabhängig zu machen:

> Die sicherste, ehrenvollste und vortheilhafteste Weise, in der dies geschehen kann, besteht darin, daß man ihnen Erwerbsquellen erschließe die in anderen Ländern schon längst den Frauen zugänglich sind. Hier ist das Gebiet, auf welchem der Staat und Private sich zu gemeinschaftlichem Wirken vereinigen könnten; jener, indem er dem Beispiel Frankreichs, der Schweiz u.s.w. seine Post-, Stempel- und Telegraphen-Bureaux zum Theil von Frauen verwalten ließe; diese, indem sie sich endlich von dem albernen Vorurtheil lossagten, der beschränkteste Mann sei zu einer Anstellung in einem Geschäft, einem Comptoir, einer Schule besser befähigt, als die intelligenteste Frau.[237]

Um zu ermessen, wie weit Paoli hier vorausdachte, sei zitiert, was einer ihrer Feuilletonkollegen bei der *Neuen Freien Presse*, sich spöttisch an eine »Gnädigste« wendend, noch sechs Jahre später zu diesem Thema schreiben wird: »Kämpfen Sie unbeirrt für die Erwerbsfreiheit der Frauen, [...]. Eröffnen Sie Telegraphencurse und bilden Sie weibliche Telegraphisten, wenn Sie anders nicht befürchten, daß das nervenpickende Tiktak des elektrischen Apparats Ihrem zu Veitstanz und Hysterie geneigten Geschlechte verhängnisvoll werde!«[238]

Iduna Laube gründete 1866 den ›Wiener Frauen-Erwerb-Verein‹ und initiierte innerhalb kurzer Zeit eine Weißnähschule, einen Bazar für weibliche Handarbeiten und eine Handelsschule für Mädchen. Die Gründung fand im Rahmen des ›Vereins für volkswirthschaftlichen Fortschritt‹ statt.

Anfangs gehörten dem Verein 52 Frauen an, in den provisorischen Ausschuss wurden neben Iduna Laube auch Ida Fleischl und Betty Paoli gewählt.[239] Der ›Wiener Spaziergänger‹ Daniel Spitzer macht sich darüber lustig: »Wenn sich eine Deputation von Volkswirthinnen zu Sr. Excellenz dem Herrn Handelsminister begibt, um ihn um seine Verwendung [...] zu bitten, so kann der Herr Handelsminister dieses Begehren nicht rundweg abschlagen, sonst läuft er Gefahr, daß die Sprecherin in Ohnmacht fällt, und daß die ganze Deputation den Weinkrampf bekommt.«[240]

Doch für Paoli war der wirtschaftliche Aspekt nur eine Seite der Frauenfrage. Der andere und für sie wichtigere war die Bildung, und auch da war sie ihrer Zeit weit voraus. Im Feuilleton *Ueber weibliche Erziehung* hält Paoli ihre Kritik am Unterricht bürgerlicher Mädchen fest:

> Der ganze Unterricht, den die Mädchen, mit seltenen Ausnahmen, erhalten, ist ein leeres Scheinwesen und ungleich mehr geeignet, ihre guten Anlagen zu ersticken, als sie zu entwickeln. Unwesentliches wird in den Vordergrund gestellt, das Wichtigste hingegen achtlos beiseite liegen gelassen. Unwesentlich nenne ich die Kenntnisse, die den inneren Menschen unberührt lassen, wichtig jene, deren Erwerbung das Denk- und Urteilsvermögen stärkt und steigert. Diese letzteren werden bei der Erziehung von Mädchen so gut wie gar nicht berücksichtigt. Und dann klagt man über die Oberflächlichkeit der Frauen, über ihren Mangel an Logik und Consequenz![241]

Derzeit beschränke die Bildung sich darauf, den Mädchen zu ermöglichen, »an dem Theetische eine nicht gar zu mißliche Rolle zu spielen«, Naturwissenschaften und Geschichte würden gar nicht gelehrt, Fremdsprachenkenntnisse blieben ebenso an der Oberfläche wie Kenntnisse der Literatur, die die Mädchen aus »zusammengestoppelten Literatur-Geschichten« bezögen. »Statt die guten Kinder mit den Dichterwerken selbst [...] bekannt zu machen, drängt man ihnen fertige Urtheile darüber auf und erzieht sie förmlich zur leidigen Nachbeterei und Unselbstständigkeit.«[242]

Die Unfähigkeit der Frauen, selbständig zu denken, war für Paoli das Grundübel, das es zu bekämpfen galt. Ihre Hauptforderung in *Ueber weibliche Erziehung* lautet, dass »die Wissenschaften, welche den Gedanken- und Anschauungskreis eines jugendlichen Geistes zu erweitern vermögen, vor allen anderen [...] betrieben werden sollen.« Dazu zählt sie auch die Naturwissenschaften. Paoli kennt die Einwände und fügt hinzu: »Beruhige dich, lieber Leser! Ich habe es nicht auf eine gelehrte, sondern nur auf eine vernünftige Erziehung abgesehen.«[243] Hier setzt ihre Argumentation der Sinnhaftigkeit von Mädchenbildung für die Haushaltsführung ein: Um die gröbsten Irrtümer zu vermeiden, »brauchen die Frauen nicht etwa Medicin zu studiren, sondern nur etwas Chemie und Physik zu lernen, nicht mehr, als die Gymnasialschüler, von denen sehr viele ja auch keine gelehrte Laufbahn einschlagen«. Außerdem würden Frauen, die naturwissenschaftlich ungebildet und deshalb naiv-gläubig seien, von ihren Männern und Söhnen nicht respektiert, ein Trumpf, den Paoli in ihrem Feuilleton groß ausspielt: »Die Familie beruht vor Allem auf dem Ansehen, dessen das Weib als Gattin und Mutter genießt; sie löst sich auf, wenn jenes zerfällt. Jetzt fragt noch, warum den Frauen gründliches Wissen, echte Bildung noth thut!«[244]

Sozusagen der Vollständigkeit halber erwähnt Paoli auch, dass die Liebenswürdigkeit einer Frau durch Wissen nicht abnehme und die vorgeschlagene Bildung keine Zeitverschwendung sei. Hausfrauen könnten, statt sich »in unnützen Besuchen herumzutreiben« oder sich »stundenlang in die Angelegenheiten des lieben Nächsten zu vertiefen«, Zeit in geistige Betätigung investieren.[245] Paoli reklamiert fundierte Bildung in ein Hausfrauenideal, gegen das auch der konservative Leser nichts einzuwenden haben dürfte: vernünftig, liebenswürdig und ihre Zeit nicht vergeudend.

Ganz am Ende dieses Feuilletons schlägt Paoli dann die Gründung eines Mädchengymnasiums vor, hat auch schon eine Vorstellung vom Lehrplan, der an jenen der Knabengymnasien angelehnt sein sollte, »nur müßte auf den Unterricht in den Naturwissenschaften und der Welt-, vor allem der Culturgeschichte das Hauptgewicht gelegt und die Mathematik vornehmlich als geistiges Kräftigungsmittel betrieben werden«. Latein und Griechisch sollten Freifächer für besonders begabte Mädchen sein, »wie denn überhaupt jeder Zwang, jede Pedanterie sorgfältig zu vermeiden wäre.«[246]

In allen persönlichen und vielen politischen Angelegenheiten war Paoli zutiefst pessimistisch – Daniel Spitzer witzelte: »Es ist schmerzlich, wenn man eine Kassandra ist, und für die Betti Paoli gehalten wird!«[247] –, aber in

Bezug auf den Fortschritt der Mädchenbildung versprühte sie Optimismus. Ein Mädchengymnasium sei eine Notwendigkeit, einerseits als sinnvolle Beschäftigung für Mädchen, die »nach wissenschaftlicher Bildung verlangen«, und andererseits für arme junge Frauen, denen so die Möglichkeit geboten werde, »sich zu tüchtigen Lehrerinnen auszubilden«.[248]

Einen Bericht aus Nordamerika, wo »keine Ansiedlung entsteht, in der nicht gleich mit dem Baue eines Schulhauses begonnen würde«, nahm Paoli zum Anlass, um über Volks- und Mädchenbildung und Koedukation nachzudenken.[249]

> Der Unterricht in diesen Schulen begreift der Reihenfolge nach sämmtliche Gegenstände, die in unseren Normal- und Realschulen, sowie an unseren Gymnasien gelehrt werden. [...] An allen diesen Studien nehmen [...] auch die Mädchen Theil, und zwar – ich sehe im Geiste die europäischen Mütter schon vor dem bloßen Gedanken sich bekreuzen – sehr häufig im Verein mit den Knaben und Jünglingen.[250]

Paoli plädiert in diesem Feuilleton nicht für das Modell des gemischten Unterrichts, denn die Geschlechterhierarchie sei in den europäischen Gesellschaften so stark verankert, dass das noch nicht funktionieren würde, aber sie stellt die rhetorische Frage: »Ist die Intelligenz des Weibes wirklich der Art, daß es höhere Studien mit Erfolg zu betreiben vermag?«[251] Dass es in Europa einen »tausendstimmigen Chorus« gebe, der das verneint, sagt ihrer Meinung nach gar nichts, da man sich hier nicht auf Erfahrungen stütze, denn »bei Acht und Aberacht verbietet man den Leuten, sich ins Wasser zu wagen, und spricht ihnen dann die Fähigkeit ab, schwimmen zu lernen«.[252] Erfahrungen aus nordamerikanischen Highschools und Colleges zeigten, dass Mädchen und junge Frauen die gleichen Leistungen erbrächten wie ihre männlichen Kollegen. Dass man wissbegierige Mädchen von der Schul- und Universitätsbildung ausschließe, lasse sich durch nichts rechtfertigen.

In Wien existierten zur Zeit der Publikation dieses Feuilletons zwei Anstalten, die der bürgerlichen Mädchenbildung dienten: Das ›k. u. k. Officierstöchter-Erziehungs-Institut‹ und das ›k. k. Civil-Mädchen-Pensionat‹, beide mit dem Zweck, Erzieherinnen auszubilden. In ihnen wurden in erster Linie Bücher für den Elementarunterricht, vereinzelt auch Lehrbücher für Knabengymnasien verwendet.[253] Im März 1870 stellte Marianne Hainisch bei der dritten Generalversammlung des ›Wiener Frauen-Erwerb-Vereins‹ den Antrag auf Errichtung eines Unterrealgymnasiums für Mädchen. 1873 gründete der Verein die ›Höhere Bildungsschule für Mädchen‹. Der Lehrplan unterschied sich von dem der Gymnasien für Buben und sollte »die Wesensart und die Aufgaben der Frau« berücksichtigen. Der ›Verein für erweiterte Frauenbildung‹, 1888 gegründet und auch von Marie von Ebner-Eschenbach unterstützt, bemühte sich um die Errichtung eines gleichwertigen Mädchengymnasiums (realisiert 1892) und um die Zulassung von Frauen zum Studium. Die erwähnte Polemik von Möbius zum »Schwachsinn des Weibes« erschien 1900 anlässlich der Debatte über die Zulassung von Frauen zum Medizinstudium in Deutschland.

Im Jahr 1900 ernannte das österreichische Unterrichtsministerium eine Kommission für die Einrichtung von staatlichen Mädchengymnasien. Hätte Paoli das noch erlebt, wäre sie vom Leiter des beratenden Gremiums, Wilhelm von Hartel, den sie aus dem Salon von Auguste Littrow kannte, sicher enttäuscht gewesen. Denn diese ersten staatlichen Mädchengymnasien wiesen noch immer einen »grundlegenden Mangel an Zielgerichtetheit und an Gleichwertigkeit mit den Knabenmittelschulen« auf.[254] Der uneingeschränkte Hochschulzugang für Frauen wurde in Österreich 1919 umgesetzt, fünfzig Jahre nach Erscheinen von Paolis Feuilleton *Wissen ist Macht*.

Julie Rettich

Neben Iduna Laube und Betty Paoli galt Julie Rettich als eine jener Frauen, die in Wort und Tat für die weibliche Selbstständigkeit eintraten. Als Schauspielerin genoss sie (wie die alleinstehende Dichterin Paoli) einige Freiheiten, die anderen bürgerlichen Frauen verwehrt waren. Sie durfte reisen und sie lebte in einer Dreiecksbeziehung mit ihrem Mann Karl Rettich, Schauspieler, und dem Bühnenautor Friedrich Halm, »Familienpoet« seit dem Erfolg von *Griseldis* mit Rettich in der Titelrolle im Jahr 1835.[255]

Eduard Hanslick beschreibt Rettich als »auch im bürgerlichen Leben ein idealer Charakter von angeborener Hoheit«, Marie von Ebner-Eschenbach befand, sie sei »eine Herrschernatur«, die »ihre Kunst wie eine Priester-

Julie Rettich, 1855

schaft ausübte«.[256] Die Schauspielerin war bekannt für ihr Pflichtbewusstsein und für ihren Arbeitseifer. Constantin Wurzbach kolportiert einen Scherz ihrer Kollegen: »Würde der Frau Rettich der ›König Lear‹ zur Darstellung überwiesen werden, sie würde wohl bedenklich den Kopf schütteln, aber ihn schließlich doch spielen.«[257]

Im Jahr 1851 war Rettich wie auch Iduna Laube unter den Mitbegründerinnen des ›Frauenvereins für Arbeitsschulen‹, dessen Ziel die Versorgung von Mädchen aus den unteren Schichten war.[258] Die Schülerinnen konnten in einer der Schulen des Vereins das Nähen erlernen und sich damit selbst erhalten. Rettich, die auch als Vorleserin der Erzherzogin Sophie fungierte, war für das Fundraising in vornehmen Häusern zuständig.

Paoli kannte Rettich sehr gut und bewunderte ihre literarische Bildung, außerdem war sie von dem fröhlichen, großzügigen Naturell der Schauspielerin beeindruckt. 1863 verfasste sie das Gedicht *An Julie Rettich*, in dem es heißt:

Dein Geist ist's, dessen kühnes Streben
Der Dinge tiefsten Kern durchdringt,
Die Seele ist's, die alles Leben
Mit warmer Liebeshuld umschlingt![259]

Paoli bewunderte die Tragödin, schätzte aber auch Rettichs Position zur Frauenfrage. In einer biographischen Darstellung, die Paoli nach dem Tod Rettichs verfasste, heißt es:

> Ein Thema, auf das sie oft und eifrig zurückkam, war die Stellung der Frauen in der bürgerlichen Gesellschaft. Ihr Gerechtigkeitsgefühl empörte sich gegen die Beschränkungen, die ein gedankenloses Herkommen dem Weibe auferlegt, gegen das Vorurtheil, das ihm die Fähigkeiten abspricht, zu deren Bethätigung es ihm die Mittel entzieht. [...] Es war ihre unerschütterliche Ueberzeugung, daß die Fehler und Schwächen, deren man die Frauen zu beschuldigen pflegt, nicht in der Natur des Weibes begründet, sondern ihm in den meisten Fällen nur anerzogen seien. [...] Selbst das Muster einer Gattin, Mutter und Hausfrau, war sie weiter als irgend Jemand entfernt, das Weib seinem natürlichen Beruf entfremden zu wollen; [...] Zudem sagte ihr ihre richtige Einsicht, daß in künstlichen socialen Verhältnissen wie die unseren von jenem natürlichen Beruf sehr oft nicht die Rede sein kann und daß es zur drängenden Nothwendigkeit geworden ist, für das Leben so vieler Frauen, denen das häusliche Glück versagt bleibt, einen sichern Schwerpunkt zu finden.[260]

Man kann mit Fug und Recht behaupten, dass hier nicht nur die Auffassung Rettichs zur Frauenfrage und Mädchenbildung wiedergegeben wird, sondern auch Paolis eigene.[261] Und es ist ein Text der Freundschaft, sozusagen »mit dem Herzen geschrieben«.[262] Eine Rezensionsnotiz in der *Neuen Freien Presse* stellt fest, dass das äußere Leben Rettichs in der Broschüre nur schwach angedeutet wird, aber »ein Bild tritt vor uns, einer bedeutenden, eigenthümlichen und liebenswürdigen künstlerischen Persönlichkeit, wie es in dieser Weise nur wieder eine künstlerisch angeregte, geistvolle Frau zu entwerfen vermochte!«[263]

Das Ehepaar Rettich war regelmäßig bei Paoli im Haus Fleischl zu Gast. Karl Rettich machte sich bei der Köchin Gasser beliebt, indem er ihrer Suppe ausgiebig zusprach und nach dem Tod von Julie Rettich trauerte Carl Fleischl mit dem Witwer.[264] Julie Rettich starb im April 1866, im August lesen wir in der *Neuen Freien Presse*: »Es ist viel Trübes, Unerwartetes, ja Unglaubliches über uns gekommen, seit wir, Thränen im Auge, am Grabe

Julie Rettich's standen. [...] Die letzten Ereignisse in Oesterreich hätten ihr das Herz gebrochen.«[265]

Krieg und Frieden

Die 1850er und 1860er Jahre waren in Österreich politisch vom Konflikt mit Preußen geprägt, der durch die Niederlage in der Schlacht bei Königgrätz (Juli 1866) ein für Österreich unrühmliches Ende nahm. Preußen wurde zur Führungsmacht in Deutschland und Bismarck setzte schließlich die kleindeutsche Lösung durch. Die Schlacht war ein wichtiger Schritt auf dem Weg zur Reichsgründung 1871. Der völlige Bedeutungsverlust im Deutschen Bund war eine schwere Enttäuschung für die Deutsch-Österreicher. Viele von ihnen, auch Paoli, hatten sich nach den deutschen Landen orientiert. Sie war grundsätzlich der Überzeugung, dass alle deutschsprachigen Länder zu einer Kulturnation gehörten. Die großdeutsche Lösung, mit der viele Österreicher liebäugelten, wäre allerdings nur ohne die nicht-deutschsprachigen Gebiete der Habsburgermonarchie möglich gewesen. Für die Slawen, Italiener und Ungarn hätte der Zusammenschluss der deutschen Länder unter der Führung Österreichs die nationale Freiheit bedeutet. Anders als ihre großdeutsch gesinnten Freunde Hartmann, Meißner und Lorm machte Paoli in dieser Hinsicht schon 1848 eine Kehrtwende. Als der 1766 geborene Josef Wenzel Radetzky die nationalen Bewegungen im Königreich Sardinien-Piemont niederschlug, schrieb Paoli nicht nur ein begeistertes Feuilleton (*Deutsche Briefe II*), sondern huldigte dem Feldherren auch in einem Gedicht, in dem es heißt:

> Du kämpftest in den Schranken
> Für Oest'reichs Recht und Preis!
> Wie soll dein Volk dir danken,
> Du ritterlicher Greis?[266]

Das Gedicht wurde in der Sammlung *Wiener Parnaß im Jahre 1848* abgedruckt und der Herausgeber kommentierte: »Unter den Dichtern feinerer Gattung die den Losungsworten der Aula und des Odeon nicht nachgingen ist Betty Paoli mit ihren schönen Strophen ›an Radecký‹ rühmend zu erwähnen.«[267]

Mit der Aula meint er die radikal-demokratischen Forderungen der Akademischen Legion, und im Versammlungssaal Odeon wurde die Einrichtung eines konstituierenden Reichstages gefordert. 1857 steuerte Paoli ein Gedicht für ein Album bei, mit dem ein Radetzky-Denkmal finanziert werden sollte. Dieses in der *Militär-Zeitung* vollständig abgedruckte Gedicht endet mit dem Wunsch, dem greisen Radetzky möge es noch »lange, lange« beschieden sein, sein »edles Friedenswerk zu schau'n«.[268]

Paolis Begeisterung für den Einsatz der Armee gegen das Risorgimento wirkt aus heutiger Sicht befremdlich und war bereits den Zeitgenossen als Gesinnungswandel aufgefallen. Dass sie den Truppen einen Erfolg in Norditalien wünschte, lag an der weitverbreiteten Angst vor dem Zerfall der Monarchie und an Paolis enger Verbindung zu der Familie Schwarzenberg. Die Niederschlagung der nationalen Bewegungen, an der die Fürsten Schwarzenberg beteiligt waren, schuf keinen Frieden, vielmehr wurde in den nicht-deutschsprachigen Teilen der Monarchie nur mit Despotismus Ruhe hergestellt. Als die preußischen national-liberalen Kräfte die Oberhand gewannen, standen legitimistische deutsch-nationale Österreicher vor dem Dilemma, dass sie sich als Deutsche und als Untertanen der Habsburgermonarchie definieren mussten.

Nicht nur rückte die kleindeutsche Lösung näher, 1859 verlor Österreich im Sardinischen Krieg auch die Lombardei und in anderen Landesteilen stieg das nationale Selbstbewusstsein. Das »politisch tonangebende deutschösterreichische Bürgertum« stand unter dem Druck, eine eigene nationale Identität aufbauen zu müssen.[269] Und wie hätte man sich besser in der deutschen Kultur verankern können als bei einer Schillerfeier anlässlich des 100. Geburtstags des Dichters im November 1859.

> Schiller wurde zur Leitfigur einer deutschen ›Kulturnation‹ funktionalisiert, an der die Deutschösterreicher/innen des habsburgischen Vielvölkerstaates unverändert teilhaben wollten, und die im weiterhin existierenden Deutschen Bund auch ihre politische Legitimation besaß. Im Zentrum der Feierlichkeiten stand ein propagierter Einheitsgedanke, der sowohl die Zusammengehörigkeit des deutschen Bürgertums innerhalb und außerhalb des Vielvölkerstaates als auch die Verbundenheit zu Monarchie und Kaiser bestärken sollte.[270]

Schon 1858 wandte sich die Dresdner Schillerstiftung, ein Verein, der sich die Unterstützung echter deutscher Poesie auf die Fahnen schrieb, an den »gesinnungstüchtige[n] Dichter Kompert zu Wien«.[271] Der suchte Mitstreiter für die Gründung des Wiener Zweigvereins der Schillerstiftung und fand unter anderen Friedrich Halm. An den Veranstaltungen der ›Schillerwoche‹ im Jahr 1859 nahmen an prominenter Stelle Paolis Freunde Heinrich Laube, Josef Lewinsky, Ludwig Gabillon und Julie Rettich teil.[272]

Nach der Schlacht bei Königgrätz 1866 stand das nach Deutschland orientierte österreichische Bürgertum unter Schock. Preußen gründete den Norddeutschen Bund (die »kleindeutsche Lösung«), die »großdeutsche Lösung« war gescheitert. Wieder versuchte man sich mit Schiller zu trösten. Der schon 1859 in diese Richtung tätige Ludwig August Frankl trieb mit Vehemenz die Errichtung eines Schiller-Denkmals voran und ließ dabei keinen Zweifel, dass es sich um einen symbolischen Akt der Verbindung der Deutschösterreicher mit den deutschen Staaten handeln sollte. Gemeinsam mit Anastasius Grün formulierte Frankl den Spendenaufruf für ein Schiller-Denkmal in Wien.[273] Man bezog sich dabei auf die Schillerfeier von 1859, die Schlacht von Königgrätz wurde (ohne Nennung des Ortes) in diesem Aufruf als »eine folgenschwere Katastrophe« bezeichnet. Die »vermorschende[n] Grenzpfähle« könnten und sollten »jenem geistigen Zusammenhange, welchem [das österreichische Volk] sein Bestes, Edelstes und Heiligstes dankt, keinen Abbruch thun«. Unterschrieben wurde der Aufruf unter anderem von Franz Grillparzer, Heinrich Laube, Friedrich Halm und Josef Lewinsky.

Frankl legte sich bei der Beschaffung des Geldes für das Denkmal besonders ins Zeug. Marie von Ebner-Eschenbach notierte: »Boshafte Menschen behaupten, daß Dr. L.[udwig] A.[ugust] Frankl, der schon ein Schillerdenkmal-Herrenkomitee gebildet hat und nun ein Schillerdenkmal-Frauenkomitee bildet, suchen werde, auch ein Schillerdenkmal-Kinderkomitee zusammenzubringen.«[274] Sie trat dem Frauenkomitee bei und das brachte ihr einen »überraschenden Erfolg [...] mit einer Petitesse – einem rasch improvisierten Gelegenheitsstück«, nämlich die bejubelte Aufführung ihres Einakters *Doctor Ritter* unter Mitwirkung von Zerline Gabillon bei einer Benefizveranstaltung. Das Stück wurde in das Burgtheaterrepertoire aufgenommen.[275]

Trotz derlei Bemühungen dauerte es noch acht Jahre bis zur Errichtung des Denkmals. Der offizielle Bericht des Komitees anlässlich der Denkmalenthüllung im Jahr 1876, zeigt, dass der ideologische Spagat halbwegs gelungen ist: Das Wiener Schiller-Denkmal wurde als eine »Angelegenheit des ganzen Reiches, ja selbst aller Nationen aufgefaßt, die das weite Oesterreich bewohnen«, der »deutsche Genius« ziehe »seine magischen Kreise bis an die fernen Grenzen« und banne die »widerstrebendsten Elemente mit Zaubergewalt«.[276] Die nationalen Zentrifugalkräfte konnten sich aber nur bestätigt fühlen, wenn der Autor im nächsten Satz schreibt: »Das Schiller-Denkmal in Wien wird auf diese Weise zum Symbol des deutschen Elementes, der mächtigsten Grundlage des Kaiserstaates.«[277]

Betty Paoli drückte bei der Enthüllung eines anderen Denkmals im Jahr 1867 ganz unverhohlen aus, dass sie durchaus verstanden hatte, wie es gemeint war: als symbolische Kompensation für den Bedeutungsverlust, den die Habsburgermonarchie erfahren hatte.

> Sei mir gegrüßt, du edles Heldenbild!
> Du Denkmal, einem Sieger aufgerichtet!
> Gegrüßt wie ein Erinnern, welches mild
> Die gramerfüllte Gegenwart durchlichtet!
> Denn schwer ist und bekümmert unser Herz,
> Ein dunkler Schatten liegt auf unserm Leben;
> Es thut uns noth, an dir, du Bild von Erz,
> Den Mut, die Hoffnung wieder zu erheben. –[278]

Dieses Denkmal wurde dem Feldmarschall Karl Philipp Fürst zu Schwarzenberg errichtet, dem Sieger über Napoleon in der Völkerschlacht bei Leipzig im Jahr 1813. Paoli besingt in dem Gedicht die Heldentat und die menschliche Größe Schwarzenbergs und wünscht sich abschließend:

> Und du, mein Oest'reich, mein geliebtes Land!
> Theil meines Herzens! Heimatliche Erde!
> Gott schütze dich mit seiner starken Hand,
> Durchfache dich mit schöpferischem Werde,
> Damit, wenn, leuchtend durch der Tage Flucht,
> Sich Heldenseelen wieder in dir regen,

Sie wie am Siege selbst, an seiner Frucht
Sich ohne Bitterkeit erfreuen mögen![279]

1868 verfasst Paoli ein Feuilleton, das sie nicht als »Apotheose des Krieges« missverstanden wissen wollte, in dem sie aber die Hoffnung auf einen »ewigen Frieden« zu einer naiven Illusion erklärt, denn ein »kriegerisches Genie« wüsste immer die Leidenschaften zu wecken und Mitläufer zu mobilisieren.[280]

Paoli hielt nicht viel davon, sich bei Niederlagen in eine glorreiche Vergangenheit zu flüchten. Nach der verlorenen Schlacht bei Königgrätz schreibt sie ein Feuilleton mit dem Titel *Ein Wort Pombal's* und bezieht sich damit auf Sebastião José de Carvalho e Melo, Marquês de Pombal, der nach der Zerstörung Lissabons durch das Erdbeben im Jahr 1755 den Wiederaufbau organisierte und dabei die Gesellschaft nach aufklärerischen Prinzipien reformierte.[281] Sein Ausspruch »Wir wollen die Todten begraben und für die Lebenden sorgen!« dient Paoli als Grundlage für ihre Argumentation: Es hätten viele für die »Idee eines von Deutschland nun und nimmermehr abzutrennenden Oesterreichs« ihr Leben gelassen, die Gesellschaft sollte sich nun auch um jene kümmern, denen der Krieg »ihre Stütze geraubt, deren fernere Existenz er gefährdet hat.«[282] Sie plädiert auch hier dafür, Frauen durch Erwerbsmöglichkeiten im öffentlichen und privaten Bereich neue Einkommensquellen zu erschließen. Viele Frauen könnten sich »auf Niemanden und auf nichts als nur die eigene Arbeitskraft« stützen und seien »durch ein grausames Vorurtheil von den meisten Erwerbsgebieten ausgeschlossen«.[283] Das Feuilleton mündet in einen eindringlichen Appell an die Leser: »Nehmt dem Leid [...] den eklen Beigeschmack der Sorge um das tägliche Brot, bringt der Menschlichkeit das wahrlich geringe Opfer eines verrotteten Wahns, und seid freisinnig, um gerecht sein zu können!«[284]

Noch an ihrem Grab wurde Paolis Einsatz in Sachen weiblicher Erwerbstätigkeit in Nachkriegszeiten gewürdigt. Ottilie Bondy, die sozial engagierte Pionierin der österreichischen Frauenbewegung, pries »im Namen der Frauenwelt« »den männlichen Muth und Geist der Paoli, die nach den Prüfungen des Jahres Sechsundsechzig die Verjüngung des Vaterlands durch Thatkraft und Selbsterkenntniß gepredigt: in prosaischen Reden, die über ihren Versen nicht vergessen werden sollten.«[285]

Doch Paoli verfolgte nicht nur soziale Fragen, sondern auch die bildende Kunst mit regem Interesse, was sich im Jahr 1865 in dem Buch *Wien's Gemälde-Gallerien in ihrer kunsthistorischen Bedeutung* niederschlug. Es ist ein Werk, das mit »bescheidenen Ansprüchen« an die Öffentlichkeit tritt, wie es in der Vorrede heißt, und in dem Paoli doch versucht »an den in unseren bedeutendsten Gallerien enthaltenen Werken den Entwicklungsgang der Kunst in fünf Jahrhunderten nachzuweisen«.[286]

Durch die Beschreibung von Meisterwerken aus der Galerie im Belvedere, der Esterházy'schen Galerie und der Sammlung des Fürsten Liechtenstein möchte Paoli beim Publikum das Interesse für die Kunstgeschichte wecken. Ihr Buch reiht sich damit in die didaktische Vermittlungsliteratur von fachfremden Autoren ein, die ab Mitte des 19. Jahrhunderts parallel zu den offiziellen Museums- und Galerienführern entstand.[287] Im Fall der Esterházy'schen Sammlung korrigierte und ergänzte Paoli den Katalog, für die Sammlung des Fürsten Liechtenstein gab es kein öffentliches Verzeichnis.

Es sei nur ein »Abriss«, den sie bieten könne, schreibt Paoli in der Vorrede, den größeren Teil widmet sie der Beschreibung der Gemäldegalerie im Belvedere, anhand derer sie die italienische, die deutsche und die niederländische Malerschule vorstellt. Paoli sah ihre Aufgabe darin, den Lesern anhand der Beispiele großer Meister die Geschichte der Malerei in groben Zügen zu vermitteln.[288] Sie folgt dem Geniekonzept und liefert eine »Meistererzählung«.[289]

Diese großen Meister seien allerdings »keineswegs vollzählig« im Belvedere vertreten, die Lücken versucht Paoli mit dem Gang durch die beiden Privatgalerien zu schließen.[290] Und auch die modernen Meister fehlten im Belvedere – kein Cornelius, Kaulbach oder Schwind, von großen Künstlern aus anderen Ländern ganz zu schweigen. »Was gäbe es demnach hier hervorzuheben und an welchen Werken könnte man die verschiedenen Kunstrichtungen unserer Zeit, die Resultate, die sie erstrebte, die Hemmnisse, die sie noch zu beseitigen hat, nachweisen?«[291]

Die Galerie des Fürsten Esterházy war eine Gründung von Fürst Nikolaus II., der vielleicht Paolis leiblicher Vater war. 1848 umfasste die Galerie 625 Gemälde in 14 Zimmern, außerdem befanden sich dort eine Grafiksammlung, eine Mineraliensammlung und eine Bibliothek.[292] Zum Zeitpunkt der Veröffentlichung von Paolis Buch waren die Objekte allerdings bereits auf dem Weg nach Ungarn, ein Resultat der finanziellen Schwierigkeiten des Hauses Esterházy.

Im Sommerpalais des Fürsten Liechtenstein gab es eine beachtliche Menge Gemälde, »an sechzehnhundert«, das Majoratsgesetz erlaubt es nämlich nicht, ein der Sammlung einverleibtes Bild wieder daraus zu entfernen.[293] Da die Bilder ungeordnet und nicht katalogisiert waren, beziehungsweise die vorhandene Inventarliste nicht für Besucher einsehbar, leitet Paoli ihre Leser durch das ganze Gebäude und hebt in jedem Saal die wichtigsten Kunstwerke hervor, wobei sie die Ordnung der Malerschulen verlässt. Paoli beschreibe die Sammlung mit »großem Fleiße und hingebender Liebe«, von wissenschaftlichem Wert sei ihre Darstellung allerdings nicht, befindet ein späterer Kommentator.[294]

Paolis Galerienführer wurde von der Kritik und in der Fachliteratur wohlwollend aufgenommen, dass das Buch von einer Frau stammte, führte aber auch zu Irritation. Ein Rezensent stellt fest, dass die kritische Beschreibung einer Sammlung eine schwierige kunsthistorische Aufgabe sei, »die eine nicht geringe Summe von Kenntnissen, erworben durch jahrelanges Studium der großen Meister in den verschiedenen Galerien Europa's und eine vollständige Beherrschung der einschlägigen Kunstlitteratur voraussetzt«. An manchen Stellen wäre es »weit verdienstlicher« gewesen, »wenn die Verfasserin sich darauf beschränkt hätte [...], objectiv die Anschauungen der hervorragendsten Autoritäten neben einander zu stellen und auf die Wiedergabe der Resultate eigener Beobachtung zu verzichten«.[295] Selbstverständlich meint der Rezensent männliche Autoritäten, kommt dann aber doch zu einem positiven Urteil:

> Die großen historischen Richtungen der Malerei sind im Ganzen richtig aufgefaßt, und wer daher, durch eine Reihe glänzender Beispiele erläutert, sich eine Uebersicht der wichtigsten Malerschulen verschaffen will, wird in dem Werke einen brauchbaren Führer antreffen. Auch die Charakteristiken der einzelnen Meister sind mit Wärme und Gewandtheit behandelt und die biographischen Daten mit Umsicht zusammengestellt.[296]

Ein Rezensent erwähnt, dass das Buch von der »als Dichterin wohlbekannten« Paoli stammt und empfiehlt es als eine »bildende und höchst anziehende« Lektüre.[297] Ein anderer Kritiker sieht das Werk als eine »unterrichtende und unterhaltende Lectüre für Leser, denen es zum Studium größerer kunstgeschichtlicher Werke an Zeit gebricht.«[298] Die auf Kompilationen spezialisierte Autorin Esther Singleton verwendete noch 1911 Zitate aus Paolis Buch für einen Kunstführer.[299]

Ein anonymer Kollege Paolis bei der *Neuen Freien Presse* wünscht sich, dass die Verfasserin »auch die übrigen Privat-Galerien Wiens [...] in derselben Weise behandle«.[300] Dass es nicht dazu kam, hat wahrscheinlich damit zu tun, dass Paoli nur selten Zeit fand, in Wien in eine Galerie zu gehen. Schon bei ihrem Aufsatz zur Kunstsammlung des Grafen Kolowrat im Jahr 1844 thematisierte sie ihr Dilemma:

> Den ganzen Sommer über, den ich fern von der Stadt zuzubringen pflege, sehne ich mich nach Genüssen der Kunst, vor Allem nach Gemälden, vergegenwärtige mir jene, die ich am meisten liebe, verlange nach ihnen, wie man in tiefer Winternacht nach Morgenlicht verlangt, und wenn ich dann im Spätherbst nach der Stadt zurückkehre und nur ein Paar Straßen weit zu gehen brauchte, um meine Sehnsuchtsträume zu verwirklichen – thue ich es dann? Nein. Ehe ich mich dessen versehe, sind alle meine Stunden eingeschachtelt, ich kann keine mehr zum besonderen Gebrauch herauskriegen. Die Galerien sind nur Vormittags geöffnet; da bilde ich mir nun aus alter Gewohnheit ein, ich müsse schreiben. Lächerlich.[301]

Auch mehr als zwanzig Jahre später verbrachte Paoli die Sommer eigentlich nie in der Stadt, für *Wien's Gemäldegallerien* musste sie eine Ausnahme machen und beschwert sich:

> Ich sitze noch immer in Wien, arbeite wie ein Lastthier und werde nur von dem Gedanken, daß endlich Alles ein Ende nehmen muß, aufrecht gehalten; so wird auch dieses Buch, mit dem ich mich abquäle, zuletzt doch fertig werden. Anfangs August hoffe ich soweit zu sein, daß mir der fortgesetzte Besuch der Gallerien nicht mehr nöthig ...[302]

Betty Paoli, um 1870

Nach Abschluss der Arbeit an dem Buch konnte sie Wien hinter sich lassen, von dessen sommerlichem Klima sie behauptete, es gehöre »ein gewisser Grad von Leichtsinn oder Lebensverachtung dazu, sich seiner Tücke nicht durch rasche Flucht zu entziehen.«[303]

Anmerkungen

1 Ebner-Eschenbach, *Betty Paoli*, S. XIVf.

2 Sigmund Exner zitiert in: Anton Bettelheim: *Marxow, Ida v.* In: Anton Bettelheim (Hg.): *Biographisches Jahrbuch und Deutscher Nekrolog*. Bd. 4. Berlin: Reimer 1900, S. 320f.

3 Vgl. Paoli, *Gesammelte Aufsätze*, S. LXXXIII.

4 Vgl. Cur- und Fremden-Liste des Curortes Baden bei Wien 1855, Heft 7, S. 2 und Heft 30, S. 1. Digitalisat.

5 Vgl. Betty Paoli an Ludwig Gabillon, 13. Juli 1855. WB, Hss., IN 236631.

6 Vgl. Ludwig Gabillon an Betty Paoli, o. D. [1855]. WB, Hss., IN 236813.

7 Vgl. Betty Paoli an Unbekannt, 18. September 1855. WB, Hss., IN 7997; vgl. Bettelheim-Gabillon, *Charakteristik*, S. 216.

8 Zitiert in Bettelheim-Gabillon, *Charakteristik*, S. 215.

9 Vgl. Helene Gasser: *Memoiren einer Köchin*. Manuskript fr. H. WB, Hss., IN 217098, S. 169. [in der Folge zitiert Gasser]

10 Vgl. Strigl, *Berühmt sein ist nichts*, S. 150.

11 Anonym [Flora Galliny]: *Ida Fleischl*. In: *Wiener Abendpost*. Beilage zur Wiener Zeitung, 9. Juni 1899, S. 17.

12 Vgl. *Grillparzers Gespräche und die Charakteristiken seiner Persönlichkeit durch die Zeitgenossen*. II. Abteilung. Gespräche und Charakteristiken 1848–1863. Hg. v. August Sauer. Wien: Verlag des Literarischen Vereins 1910, S. 168.

13 Vgl. Martina Niedhammer: *Nur eine ›Geld-Emancipation‹?* Loyalitäten und Lebenswelten des Prager jüdischen Großbürgertums 1800–1867. Göttingen: Vandenhoeck & Ruprecht 2013, S. 51–53.

14 Vgl. Elisabeth Kraus: *Die Wohlfahrtspflege der Jüdischen Gemeinde München im 19. und 20. Jahrhundert*. In: *Zeitschrift für bayerische Landesgeschichte* 80 (2017), Heft 3, S. 699–718, hier S. 707–711.

15 Vgl. Gasser, S. 59f.

16 Vgl. Paoli, *Gesammelte Aufsätze*, S. LXXXIV.

17 Vgl. Betty Paoli an Ludwig Gabillon, 6. Juni 1855. In: Bettelheim-Gabillon, *Charakteristik*, S. 214.

18 Betty Paoli an Ludwig Gabillon, 13. Juli 1855. WB, Hss., H. I. N.-236631.

19 Vgl. Rosa Zechner: *»In unwandelbarer Zuneigung ergeben«*. Betty Paoli (1814–1894) und ihr Freundinnenkreis. In: *L'Homme* 1, 1993, S. 18–39; vgl. auch Hanna Hacker: *Erinnerungen an die Möglichkeit einer Historiografie lesbischer Frauen und die queere Notwendigkeit ihres Verlusts*. In: *L'Homme* 1, 2017, S. 71–88.

20 Vgl. Bettelheim, *Marxow, Ida v.*, S. 320.

21 Vgl. Anonym [Flora Galliny], *Ida Fleischl*, S. 17.

22 Vgl. Marie von Ebner-Eschenbach: *Tagebücher II*. 1871–1878. Hg. v. Karl Konrad Polheim. Tübingen: Niemeyer 1991, S. 600.

23 Betty Paoli: *Am 5. September*. An Ida. In: Paoli, *Neueste Gedichte*, S. 82f. [AW S. 120f.].

24 Vgl. Anonym [Flora Galliny], *Ida Fleischl*, S. 17.

25 Strigl, *Berühmt sein ist nichts*, S. 153.

26 Betty Paoli an Ludwig Gabillon, 19. August 1855. WB, Hss., IN 236633.

27 Vgl. Betty Paoli an Ludwig Gabillon, 17. Oktober 1855. In: Bettelheim-Gabillon, *Charakteristik*, S. 215.

28 Betty Paoli an Unbekannt, 22. November 1864. WB, Hss., IN 28076.

29 Vgl. Strigl, *Berühmt sein ist nichts*, S. 152.

30 Vgl. Susanne Schötz: *Handelsfrauen in Leipzig*. Zur Geschichte von Arbeit und Geschlecht in der Neuzeit. Köln: Böhlau 2004, S. 184f.

31 Vgl. Adelsakt im Haus-, Hof- und Staatsarchiv, Sig. AT-OeStA/AVA Adel HAA AR 242.19, *Wappen* (digital).

32 Ebner-Eschenbach, *Tagebücher IV*, S. 224f. (23. Juni 1893).

33 Er verfügte bereits über beachtliche Mittel. Als 1854 im Kaiserreich eine Staatsanleihe aufgelegt wurde, um Österreichs militärische Drohgebärde gegen Russland zu finanzieren, zeichnete Carl Fleischl Anteile im Wert von 10 000 Gulden (ca. 140 000 Euro). Vgl. *Reichs-Gesetz-Blatt für das Kaiserthum Österreich* vom 6. 7. 1854. Digitalisat; vgl. auch [Notiz]. In: *Wiener Zeitung*, 5. August 1854, S. 15.

34 Vgl. Betty Paoli: Tagebuch 13. und 14. Jänner 1886. WB, Hss., IN 126449.

35 Vgl. [Notiz]. In: *Die Neuzeit*, 24. Jg., 31. Oktober 1884, S. 416.

36 Sigmund Exner: *Biographische Skizze*. In: Ernst von Fleischl-Marxow: *Gesammelte Abhandlungen*. Hg. v. Otto Fleischl von Marxow. Leipzig: Barth 1893, S. V–XII, hier S. V.

37 Vgl. *Bericht über die Weltausstellung in Philadelphia 1876*. Hg. v. der Oesterreichischen Commission für die Weltausstellung in Philadelphia. Heft 3. Geodätische Instrumente von P. F. Kupka. Mikroskope von Ernst von Fleischl. Medicin von Ernst von Fleischl. Wien: Faesy & Frick 1877; vgl. *Mittheilungen des k. k. Österreichischen Museums für Kunst und Industrie*. Monatsschrift für Kunst und Gewerbe XIII (1878), Nr. 153, S. 112.

38 Exner, *Biographische Skizze*, S. Vf.

39 Sigmund Freud an Martha Bernays. In: Martha Bernays und Sigmund Freud: *Sei mein, wie ich mir's denke*. Die Brautbriefe. Bd. 1: Juni 1882–Juli 1883. Frankfurt/M.: Fischer 2011, S. 120.

40 Vgl. Bernays und Freud, S. 120.

41 Vgl. Gasser, S. 19.

42 Sophie von Sichrovsky: *An einen Todtenkopf*. In: *Die Dioskuren* 8 (1879), S. 328.

43 Vgl. Karlheinz Rossbacher: *Literatur und Bürgertum*: Fünf Wiener jüdische Familien von der liberalen Ära zum Fin de Siècle. Wien u. a.: Böhlau 2003, S. 217–220.

44 Vgl. Anna Lindemann: *Sigmund Freud, das ›Cocain‹ und die Morphinisten*. Ein Beitrag zur Geschichte der wissenschaftlichen und klinischen Praxis im Umgang mit Suchtmitteln (1850–1890). Husum: Matthiesen 2018, S. 62.

45 Vgl. Lindemann, *Sigmund Freud*, Kap. II.1.

46 Vgl. Albrecht Hirschmüller: *E. Merck und das Kokain*. Zu Sigmund Freuds Kokainstudien und ihren Beziehungen zu der Darmstädter Firma. In: *Gesnerus* 52 (1995), S. 116–132 (digital).

47 Vgl. Gasser, S. 171f.

48 Vgl. Gasser, S. 64f.; vgl. Ebner-Eschenbach, *Tagebücher II*, S. 101–108. (April und Mai 1872)

49 Vgl. Gasser, S. 78f.

50 Vgl. Betty Paoli an Marie von Ebner-Eschenbach, 28. August 1872. WB, Hss., IN 236257. Vgl. Strigl, *Berühmt sein ist nichts*, S. 179f.

51 Exner, *Biographische Skizze*, S. XII.

52 Zitiert in Rossbacher, *Literatur und Bürgertum*, S. 218.

53 Vgl. Otto Fleischl von Marxow: *Vorwort*. In: Fleischl-Marxow, *Gesammelte Abhandlungen*, S. IIIf.

54 Vgl. Freud und Bernays, S. 120; vgl. Elise Polko: *Oesterreichs schreibende Frauen*. In: *Wiener Leben*, 6. Jg., Nr. 41, 10. Oktober 1875, S. 7f., hier S. 7.

55 Vgl. Exner, *Biographische Skizze*, S. VII.

56 Exner, *Biographische Skizze*, S. VII.

57 Ernst Fleischl an Betty Paoli, 9. Februar 1866. WB, Hss., IN 49107.

58 Betty Paoli an Ludwig Gabillon, 13. Juli 1855. WB, Hss., IN 236631.

59 Vgl. Marina Sandig: *Die Liebermanns*. Ein biographisches Zeit- und Kulturbild der preussisch-jüdischen Familie und Verwandtschaft von Max Liebermann. Neustadt/Aisch: Degener 2005, S. 215.

60 Anonym: *Kleine Chronik*. In: *Neue Freie Presse*, 13. Dezember 1883, S. 2.

61 Vgl. Anonym: *Tagesneuigkeiten* (Zum Selbstmord einer Wienerin in Rom). In: *Morgen-Post*, 14. Dezember 1883, S. 3.

62 Vgl. Ludwig Pollak: *Römische Memoiren.* Künstler, Kunstliebhaber und Gelehrte 1893–1943. Hg. v. Margarete Merkel Guldan. Rom: L'Erma di Bretschneider 1994, S. 123f.

63 Pollak, *Römische Memoiren*, S. 123.

64 Vgl. Gasser, S. 180f.

65 Vgl. Gasser, S. 149f.

66 Vgl. Gasser, S. 218f.

67 Vgl. The National Archives online: https://discovery.nationalarchives.gov.uk/details/r/C4137205.

68 Peter Berliner: *Sir W. Fletcher.* In: *The Times*, 24. April 1956, S. 13. Zitiert in: Jonathan Cole: *Tales from the Special Operations Executive: Operation Remorse* (digital) (Blog der National Archives).

69 Vgl. Anonym: [Nachruf auf Sir Walter Fletcher]. In: *The Times*, 7. April 1956, S. 11.

70 Vgl. *The London Gazette*, 12. Februar 1918, 10. Oktober 1919 und 21. Oktober 1919. Digitalisat.

71 Vgl. Gasser, S. 246.

72 Vgl. Gasser, *Memoiren einer Köchin*, S. 244.

73 Vgl. [Notiz]. In: *Neue Freie Presse*, 4. Juli 1899, S. 6; vgl. *Rechenschafts-Bericht des Wiener Frauen-Erwerb-Vereines.* Wien: Verlag des Vereins 1900, S. 50.

74 Vgl. Gasser, S. 15.

75 Gasser, S. 18.

76 Vgl. Gasser, S. 286.

77 Vgl. Gasser, S. 418.

78 Vgl. Gasser, S. 419.

79 Vgl. Gasser, S. 416.

80 Vgl. Hevesi, *Zerline Gabillon*, S. 222–228.

81 Vgl. Gasser, S. 281–284.

82 Paul Heyse: *Jugenderinnerungen und Bekenntnisse.* 5. Aufl. Stuttgart: Cotta 1912, S. 277.

83 Heyse, *Jugenderinnerungen*, S. 277.

84 Heyse, *Jugenderinnerungen*, S. 277.

85 Betty Paoli: *Aus den Erinnerungsblättern einer Künstlerin.* In: *Österreichische Zeitung*, 29. Jänner–1. Februar 1856 und *Der Ring.* In: *Österreichische Zeitung*, 17. Dezember und 18. Dezember 1856.

86 Vgl. Betty Paoli: *Anna.* Erzählung. In: *Österreichische Zeitung*, 9.–11. April 1857 [AW S. 140–159].

87 Vgl. Jolan Gluck: *Betty Paoli. Die Dichterin im Spiegel ihres Jahrhunderts.* Diss. New York, 1989, S. 206.

88 Gluck, *Betty Paoli*, S. 209.

89 Himmel, *Probleme der österreichischen Biedermeiernovellistik*, S. 52.

90 Paoli, *Tagebücher 1866, 1880–87, 1889–93*, 9. Jänner 1880.

91 Vgl. [Vorwort]. In: Paoli, *Die Brüder. Anna*, S. 5.

92 Betty Paoli: *Zweites Buch.* In: Paoli, *Lyrisches und Episches*, S. 82–141 [Auswahl in: AW S. 95–100].

93 Vgl. R.[obert] P.[rutz]: *Neue Lyriker.* In: *Deutsches Museum*, Nr. 7, 14. Februar 1856, S. 244–249, hier S. 245f.

94 Anonym [Karl Gutzkow?]: *Anregungen.* In: *Unterhaltungen am häuslichen Herd.* Neue

Folge, Bd. 1 (1856), Nr. 37, S. 591f.; vgl. Leopold Kompert: *Betty Paoli*. In: *Album österreichischer Dichter*, S. 81–87, hier S. 87.

95 Vgl. P.[rutz], *Neue Lyriker*, S. 245.

96 Vgl. Anonym, *Anregungen*, S. 591.

97 Vgl. Anonym, *Anregungen*, S. 591.

98 Vgl. R.[obert] P.[rutz]: *Literatur und Kunst*. Oestreichische Belletristik. In: *Deutsches Museum*. Nr. 32, 7. August 1856, S. 230f., hier S. 230.

99 Vgl. die Veranstaltungsprogramme in: *Aurora-Album*. Wien: Tendler 1856, [o. S.].

100 Vgl. Betty Paoli an Ludwig Gabillon, 30. Dezember 1855. WB, Hss., IN 236654.

101 Betty Paoli: *Kleopatra und Morituri te salutant*. In: *Aurora-Album*, S. 10–12 und S. 39, auch in: Paoli, *Neueste Gedichte*, S. 87–89 und S. 121–132. Manuskript mit deutlichen Bearbeitungsspuren: Kleopatra. Gedicht. WB, Hss., IN 237007.

102 Ludwig Gabillon an Betty Paoli, [o. D.]. WB, Hss., IN 236733.

103 P.[rutz], *Literatur und Kunst*, S. 231.

104 Eduard Hanslik: *Feuilleton. Musik*. In: *Presse*, 5. Februar 1858, S. 2.

105 Vgl. Ludwig Gabillon an Betty Paoli, August 1868. In: Bettelheim-Gabillon, *Ludwig Gabillon*, S. 149.

106 Vgl. Schrittesser, *Anton Bettelheim und Helene Bettelheim-Gabillon*, S. 214.

107 Betty Paoli an Helene Gabillon, 4. November 1863. WB, Hss., IN 236322.

108 Bettelheim-Gabillon, *Charakteristik*, S. 248.

109 Betty Paoli: *An Helene II*. In: Paoli, *Neueste Gedichte*, S. 57.

110 Betty Paoli: *An Helene IV*. In: Paoli, *Neueste Gedichte*, S. 60f., hier S. 61.

111 Bettelheim-Gabillon (Hg.), *Aus Ludwig Gabillons Briefwechsel*, S. 361.

112 Vgl. Richter, S. 47.

113 Vgl. Richter, S. 117.

114 Vgl. Betty Paoli: *Otto Ludwig*. In: Paoli, *Gesammelte Aufsätze*, S. 117–201. (Erstdruck *Neue Freie Presse*, 10. und 11. Jänner 1866)

115 Vgl. Richter, S. 81–86.

116 Vgl. Hermann Lingg: *Meine Lebensreise*. Autobiographie. Berlin: Schuster & Loeffler 1899, S. 113.

117 Vgl. Richter, S. 63.

118 Clara Julius an Josef Lewinsky 1858. Zitiert in: Richter, *Josef Lewinsky*, S. 64.

119 Vgl. den umfangreichen Briefwechsel in der Wienbibliothek, hier: Joseph Lewinsky an Betty Paoli, 3. Juli 1859. WB, Hss., IN 37871; Betty Paoli an Josef Lewinsky, 6. April 1859. WB, Hss., IN 37171.

120 Vgl. Betty Paoli an Unbekannt [Josef Lewinsky], 1. September 1861. WB, Hss., IN 37241.

121 Josef Lewinsky an Betty Paoli, 13. Mai 1874. Zitiert in: Richter, *Josef Lewinsky*, S. 272.

122 Vgl. Betty Paoli: *Prolog zur Gedächtnißfeier für Otto Ludwig 1866*. In: Paoli, *Neueste Gedichte*, S. 71–73.

123 Vgl. Edith Marktl: *Lewinsky, Josef*. In: *Neue Deutsche Biographie* 14 (1985), S. 416f.

124 [Notiz]. In: *Die Debatte*, 5. März 1869, Abendblatt, S. 2.

125 Anonym: *Theater- und Kunstnachrichten*. In: *Presse*, 13. März 1869, S. 2.

126 Vgl. Anonym, *Theater- und Kunstnachrichten*, 13. März 1869, S. 2.

127 Vgl. Anonym: *Vorlesung des Hofschauspielers Joseph Lewinsky*. In: *Neuen Freien Presse*, 13. März 1869, S. 11.

128 Vgl. Ebner-Eschenbach, *Tagebücher I*, S. 250.

129 Richter, S. 91.

130 Ebner-Eschenbach, *Tagebücher I*, S. 152.

131 Ebner-Eschenbach, *Tagebücher I*, S. 157.

132 Vgl. *Burgtheater 1776–1976*. Aufführungen und Besetzungen von zweihundert Jahren. Hg. v. Österr. Bundestheaterverband. Bearb. v. Minna von Alth. Bd. 1. Wien: Salzer-Ueberreuter [1979], S. 292.

133 Vgl. *Theaterzettel* der beiden k. k. Hoftheater und des k. k. priv. Theaters an der Wien und ihrer Nachfolgerinstitutionen. Digitalisate.

134 Vgl. Marie-Ange Maillet: *Histoire d'une traduction retrouvée*. In: Hermann von Pückler-Muskau: *Aperçus sur l'art du jardin paysager*. Edition établie, annotée et présentée par Stéphanie de Courtois, Marie-Ange Maillet et Eryck de Rubercy. Paris: Klincksieck 2014, S. XXVII–XLVIII.

135 Anonym: *Theaterbericht* (September) Burgtheater. In: *Monatschrift für Theater und Musik*. 2. Jg. (1856), S. 547.

136 Vgl. Betty Paoli an Ludwig Gabillon, 22. März 1856. WB, Hss., IN 236668; vgl. Ludwig Gabillon an Betty Paoli, [o. D.]. WB, Hss., IN 236776.

137 Vgl. Burgtheater 1776–1976, S. 344, vgl. Jeanne Benay: *Victorien Sardou à l'affiche à Vienne avant* 1900. Transferts, représentations, critiques. In: Guy Ducrey (Hg.): *Victorien Sardou, un siècle plus tard*. Strasbourg: Presses universitaires de Strasbourg 2007, S. 176–188.

138 Vgl. *Vorbemerkung*. In: Arthur Schnitzler: *Anatol*. Historisch-kritische Ausgabe. Hg. v. Evelyne Polt-Heinzl und Isabella Schwentner unter Mitarbeit von Gerhard Hubmann. Berlin, Boston: De Gruyter 2012, S. 1–13, hier S. 1f.; vgl. Reinhard Urbach: *Schnitzlers Anfänge*. Was Anatol wollen soll. In: *IASL* 33 (2008), Heft 1, S. 113–154.

139 Vgl. Anonym: *K. k. Hofburgtheater*, In: *Blätter für Musik, Theater und Kunst*, 24. April 1866, S. 2.

140 Vgl. *Burgtheater 1776–1976*, S. 290.

141 [Notiz]. In: *Augsburger Allgemeine Zeitung*, 26. März 1857, S. 1356.

142 Vgl. [Notiz]. In: *Augsburger Allgemeine Zeitung*, 26. März 1857, S. 1356.

143 Vgl. Anonym: *Theaterbericht* (März) Burgtheater. In: *Monatschrift für Theater und Musik* 3 (1857), 215f.

144 Betty Paoli an Friedrich Halm, 23. März 1869. ÖNB, Hss., Teilnachlass Halm, Autogr. 179/47-8.

145 Vgl. *Burgtheater 1776–1976*, S. 267–293.

146 Pierre Berton: *Didier*. Schauspiel. Übersetzt von Betty Paoli. Wien: Wallishausser 1879. (Wiener Theater-Repertoire Nr. 347.)

147 M.[oritz] H.[artmann]: *Burgtheater* [Kritik]. In: *Neue Freie Presse*, 15. November 1868, S. 1f., hier S. 2.

148 [Notiz]. In: *Neues Fremden-Blatt*, 10. Juni 1869, S. 6.

149 Vgl. Richter, S. 113.

150 Anonym: *Senectus loquax*. Plaudereien eines alten Deutschen. In: *Die Grenzboten* 58 (1899), Zweites Vierteljahr, S. 151–161, hier S. 154.

151 Friedrich Uhl: *Gesellschaft*. In: *Wien 1848–1888*. Denkschrift zum 2. December 1888. Hg. v. Gemeinderathe der Stadt Wien. II. Band. Wien: Konegen 1888, S. 468–552, hier S. 548.

152 Vgl. Kathmann, *Frauenrechtlerin & Salondame*, Anhang.

153 Berthold Litzmann (Hg.): *Clara Schumann*. Ein Künstlerleben. Nach Tagebüchern und Briefen. Bd. 2: 1840–1856. Leipzig: Breitkopf und Härtel 1905, S. 400.

154 Uhl, *Gesellschaft*, S. 548.

155 Vgl. Uhl, *Gesellschaft*, S. 548.

156 Uhl, *Gesellschaft*, S. 548.

157 Vgl. Litzmann (Hg.), *Clara Schumann*, S. 400.

158 Vgl. Gustav zu Putlitz: *Ein Lebensbild aus Briefen zusammengestellt und ergänzt von Elisabeth zu Putlitz*. Erster Teil. Berlin: A. Duncker 1894, S. 234.

159 Vgl. Betty Paoli: Tagebuch aus den Jahren 1866, 1880–1887 und 1889–1893. WB, Hss., IN 106342. Tagebuch 1, 1866.

160 Weitere Personen im zitierten Tagebucheintrag: Friedrich Uhl, Journalist, und seine Frau Marie; Ferdinand Kürnberger, Schriftsteller; Faust Pachler, Schriftsteller; Rudolph Valdek (Pseudonym von Rudolf Wagner), Journalist; Fürstin Caroline Bretzenheim, geborene Schwarzenberg; Carl und Auguste Laroche, Schauspielerehepaar; Vermutlich Freifrau Caroline von Stolzenberg, geborene Klausnitzer, in morganatischer Ehe mit Prinz Wilhelm von Anhalt-Dessau alias Baron Stolzenberg verheiratet.

161 Vgl. Betty Paoli an Luise Schönfeld-Neumann, 26. Jänner 1861. WB, Hss., IN 236938.

162 Vgl. Bernhard von Wüllerstorf-Urbair an Betty Paoli, 29. November 1858. WB, Hss., IN 49109.

163 Bernhard von Wüllerstorf-Urbair an Betty Paoli, 29. November 1858. WB, Hss., IN 49109.

164 Vgl. Gasser, S. 28.

165 Vgl. Ischler Cur-Liste vom 21. September. Digitalisat.

166 Vgl. Ischler Cur-Liste vom 23. August 1866. Digitalisat.

167 Vgl. Gasser, S. 29f.

168 Vgl. Jacob Rannicher: *Das Fürstenhaus Schwarzenberg*. Ein Denkmal der Erinnerung an Carl Fürsten zu Schwarzenberg. 2. Aufl. Hermannstadt: Steinhaussen 1859, S. 36.

169 Gasser, S. 8.

170 Ferdinand von Hornstein (Hg.): *Memoiren von Robert von Hornstein*. München: Süddeutsche Monatshefte 1908, S. 253.

171 Marie von Ebner-Eschenbach: *Erinnerungen an Grillparzer*. In: Marie von Ebner-Eschenbach: *Gesammelte Werke in drei Bänden*. Bd. 3: Erzählungen. Autobiographische Schriften. Hg. v. Johannes Klein. München: Winkler 1958, S. 886–917, hier S. 894.

172 Vgl. Betty Paoli: *Ungedruckte Briefe von Gentz an Fanny Elßler*. In: *Wiener Allgemeine Zeitung*, 6. Jänner 1886, S. 1–3, auch in: Paoli, *Gesammelte Aufsätze*, S. 268–296.

173 Vgl. Betty Paoli an Zerline Gabillon, 6. Juni 1868. WB, Hss., IN 236959. Teilweise abgedruckt in: Bettelheim-Gabillon, *Charakteristik*, S. 225–227.

174 Betty Paoli: *An Ivan Turgenieff*. In: Paoli, *Neueste Gedichte*, S. 108.

175 Zitiert in: Helene Bettelheim-Gabillon: *Betty Paoli*. In: *Neues Wiener Tagblatt*, 5. Juli 1925, S. 2–4, hier S. 4; vgl. *Turgenev library* des Vassar College (Poughkeepsie NY). Katalog (digital).

176 Iwan Turgenjew an Betty Paoli, Paris, 2. Februar 1878, Manuskript verkauft bei Sotheby's im Juli 2020.

177 Betty Paoli an Marie von Ebner-Eschenbach, 24. September 1883. WB, Hss., IN 236297.

178 Vgl. Betty Paoli: *Eine Begegnung*. [Gedichtmanuskript]. Krzyszkowice, 18. September 1864. WB, Hss., IN 237061. Gedruckt: Betty Paoli: *Selbsterlebtes*. In: Paoli, *Neueste Gedichte*, S. 235–341.

179 Betty Paoli an Helene Feuchtersleben, 2. September 1867. WB, Hss., IN 1265.

180 Vgl. Wurzbach: *Stein, Wilhelmine Freiin von*. In: *Biographisches Lexikon des Kaiserthums Oesterreich*. 38. Teil, 1879, S. 43. Der Verbleib des Bildes konnte bislang nicht eruiert werden.

181 Zitiert in: Schrittesser, *Anton Bettelheim und Helene Bettelheim-Gabillon*, S. 75.

182 Ebner-Eschenbach, *Tagebücher I*, S. 96 (15. Mai 1866).

183 Vgl. Carl Lewinsky an Betty Paoli, Calsbad, 26. August 1867. WB, Hss., IN 52827.

184 Vgl. Anonym, *Nachruf auf Carl Lewinsky*, 16. Mai 1869, S. 4.

185 Vgl. Carl Lewinsky an Betty Paoli, 17. Oktober 1867. WB, Hss., IN 52826.

186 Vgl. Anonym, *Nachruf auf Carl Lewinsky*, 16. Mai 1869, S. 4.

187 Iduna Laube an Betty Paoli, 28. April 1869. Zitiert in: Kathmann, *Frauenrechtlerin & Salondame*, S. 123f.

188 Vgl. G-n: Freiherr v. Lewinsky [Nachruf]. In: *Neues Wiener Tagblatt*, 27. April 1869, S. 1f.

189 Vgl. Karlheinz Rossbacher: *Salons und Salonièren der Ringstraßenzeit*. (Dt. u. Engl.). In: Agnes Husslein-Arco, Alexander Klee (Hg.): *Klimt und die Ringstraße*. Ausstellungskatalog. Wien: Belvedere 2015, S. 61–76, hier S. 67.

190 Vgl. Ebner-Eschenbach, *Tagebücher I*, S. 84 (8. März 1866).

191 Vgl. Betty Paoli an Moritz Hartmann, 30. Oktober 1868. WB, Hss. IN 47177.

192 Vgl. Betty Paoli an Moritz Hartmann, 6. Dezember 1868. WB, Hss. IN 47179; vgl. auch Moritz Hartmann: *Gesammelte Werke*. Bd. II: Biographie 2. Teil. Hg. v. Otto Wittner. Prag: Calve 1907, S. 603.

193 Iduna Laube an Betty Paoli, 4. November 1863. Zitiert in: Kathmann, *Frauenrechtlerin & Salondame*, S. 102.

194 Auguste Wilbrandt-Baudius: *Aus Kunst und Leben*. Erinnerungsskizzen einer alten Burgschauspielerin. Wien: Amalthea 1919, S. 31.

195 Vgl. Richard Maria Werner: *Einleitung zu Der Österreichische Parnaß verspottet in Wort und Bild*. Wien: Wiener Bibliophilen-Gesellschaft 1912, S. 16.

196 Vgl. Kl[app], *Karikaturen Wiener Poeten*, S. 1.

197 Vgl. Kl[app], *Karikaturen Wiener Poeten*, S. 1.

198 Vgl. Werner, *Einleitung*, S. 16.

199 Vgl. Kl[app], *Karikaturen Wiener Poeten*, S. 2.

200 Vgl. Werner, *Einleitung*, S. 21.

201 Vgl. Kl[app], *Karikaturen Wiener Poeten*, S. 2.

202 Vgl. Kl[app], *Karikaturen Wiener Poeten*, S. 2.

203 Vgl. Kl[app], *Karikaturen Wiener Poeten*, S. 2.

204 Kl[app], *Karikaturen Wiener Poeten*, S. 2.

205 Vgl. Rossbacher, *Salons und Salonièren*, S. 67; vgl. *Frauen in Bewegung*: Wiener Frauen-Erwerb-Verein (digital).

206 I. Gaiger: *Eine Frauen-Konferenz in Wien*. In: *Die Debatte und Wiener Lloyd*, 29. Oktober 1865, S. 1f.

207 Vgl. Gaiger, *Eine Frauen-Konferenz*, S. 1.

208 Gaiger, *Eine Frauen-Konferenz*, S. 1f.

209 Anonym: *Oesterreichische Briefe*. XIV. In: *Deutsches Museum*. Nr. 6, 6. Februar 1862, S. 203–212, hier S. 211.

210 Vgl. B.: *Wiener Briefe*. In: *Neue Freie Presse*, 4. September 1864, S. 1f., hier S. 2.

211 Hubert Lengauer: *Das Wiener Feuilleton im letzten Viertel des 19. Jahrhunderts*. In: *Lenau Forum* 9/10 (1977/78), S. 60–77, hier S. 67.

212 Lengauer, *Das Wiener Feuilleton*, S. 69.

213 Vgl. Betty Paoli: *Unsere Manieren*. In: *Neue Freie Presse*, 17. April 1869, S. 1–3, hier S. 1.

214 Paoli, *Unsere Manieren*, S. 2f.

215 Vgl. Paoli, *Unsere Manieren*, S. 3.

216 Vgl. Ferdinand Kürnberger: *Die Feuilletonisten*. In: Hildegard Kernmayer, Erhard Schütz (Hg.): *Die Eleganz des Feuilletons*. Literarische Kleinode. Berlin: Transit Buchverlag 2017, S. 108.

217 Vgl. Kürnberger, *Die Feuilletonisten*, S. 109.

218 Vgl. Betty Paoli: *Unsere Stadt*. In: *Neue Freie Presse*, 1. Mai 1869, S. 1f., hier S. 1 [AW S. 196–203].

219 Vgl. Paoli, *Unsere Stadt*, S. 1 [AW S. 197].

220 Vgl. Paoli, *Unsere Stadt*, S. 1 [AW S. 199].

221 Vgl. Paoli, *Unsere Stadt*, S. 1 [AW S. 199].

222 Paoli, *Unsere Geselligkeit*, S. 1f. [AW 203–210].

223 Paoli, *Unsere Geselligkeit*, S. 1 [AW S. 205].

224 Vgl. Paoli, *Unsere Geselligkeit*, S. 2 [AW S. 209].

225 Betty Paoli: *Eine deutsche Dichterin*. In: *Neue Freie Presse*, 16. April 1873, S. 1–3, hier S. 1.

226 Vgl. Juliane Jacobi: *Zwischen Erwerbsfleiß und Bildungsreligion – Mädchenbildung in Deutschland*. In: Georges Duby, Michelle Perrot (Hg.): *Geschichte der Frauen*. Bd. 4: 19. Jahrhundert. Hg. v. Geneviève Fraisse und Michelle Perrot. Frankfurt/M., New York: Campus 1994, S. 267–281, hier S. 268.

227 Paoli, *Eine Zeitfrage*, 4. November 1865, S. 1 [AW S. 210].

228 Vgl. Ursula Pasero: *Geschlechterforschung revisited*: konstruktivistische und systemtheoretische Perspektiven. In: Theresa Wobbe, Gesa Lindemann (Hg.): *Denkachsen* Zur theoretischen und institutionellen Rede vom Geschlecht. Frankfurt/M.: Suhrkamp 1994, S. 264–296, hier S. 275.

229 Paoli, *Eine Zeitfrage*, 4. November 1865, S. 1 [AW S. 213].

230 Paoli, *Eine Zeitfrage*, 4. November 1865, S. 2 [AW S. 217].

231 Vgl. Paoli, *Eine Zeitfrage*, 4. November 1865, S. 2 [AW S. 217].

232 Vgl. Betty Paoli: *Moderne Ehen*. In: *Neue Freie Presse*, 19. März 1867, S. 1f., hier S. 2.

233 Betty Paoli: *Unsere Moden*. In: *Neue Freie Presse*, 25. April 1867, S. 1f., hier S. 2 [AW S. 194].

234 Paoli, *Unsere Moden*, S. 2 [AW S. 195].

235 Vgl. Paoli, *Unsere Moden*, S. 2 [AW S. 196].

236 Betty Paoli an Unbekannt [Carl Lewinsky], Dahlen, 1. November 1850. WB, Hss., IN 7995.

237 Betty Paoli: *Ein Wort Pombal's*. In: *Neue Freie Presse*, 12. August 1866, S. 1f., hier S. 1, auch in: Paoli, *»Was hat der Geist denn wohl gemein mit dem Geschlecht?«*, S. 88–94.

238 V.: *Frauen-Literatur auf der Weltausstellung*. In: *Neue Freie Presse*, 27. Oktober 1872, S. 1–3, hier S. 1.

239 Vgl. Anonym: *Ein volkswirthschaftlicher Frauenverein*. In: *Neue Freie Presse*, 1. Mai 1866, S. 5.

240 [Daniel] Sp[itze]r: *Wiener Spaziergänge*. In: *Die Presse*, 6. Mai 1866, S. 5.

241 Betty Paoli: *Ueber weibliche Erziehung*. In: *Neue Freie Presse*, 4. Juni 1869, S. 1–3, hier S. 1, auch in: Paoli, *»Was hat der Geist denn wohl gemein mit dem Geschlecht?«*, S. 95–103.

242 Paoli, *Ueber weibliche Erziehung*, S. 1.

243 Paoli, *Ueber weibliche Erziehung*, S. 2.

244 Paoli, *Ueber weibliche Erziehung*, S. 3.

245 Vgl. Paoli, *Ueber weibliche Erziehung*, S. 3.

246 Vgl. Paoli, *Ueber weibliche Erziehung*, S. 3.

247 Sp[itze]r, [Daniel]: *Wiener Spaziergänge*. In: *Die Presse*, 13. Mai 1866, S. 1, auch in: Daniel Spitzer: *Wiener Spaziergänge*. Hg. v. Walter Obermaier. Bd. 1. Wien: Edition Wien 1986, S. 138.

248 Vgl. Paoli, *Ueber weibliche Erziehung*, S. 3.

249 Vgl. Betty Paoli: *Wissen ist Macht*. In: *Neue Freie Presse*, 16. Dezember 1869, S. 1–3, hier S. 1, auch in: Paoli, *»Was hat der Geist denn wohl gemein mit dem Geschlecht?«*, S. 104–112.

250 Paoli, *Wissen ist Macht*, S. 1.

251 Paoli, *Wissen ist Macht*, S. 2.

252 Vgl. Paoli, *Wissen ist Macht*, S. 2f.

253 Vgl. Renate Flich: *»Die Erziehung des Weibes muß eine andere werden.«* (Louise Otto-Peters). Mädchenschulalltag im Rahmen bürgerlicher Bildungsansprüche. In: Brigitte Mazohl-Wallnig (Hg.): *Bürgerliche Frauenkultur im 19. Jahrhundert*. Wien u. a.: Böhlau 1995, S. 269–299.

254 Vgl. Margret Friedrich: *Hatte Vater Staat nur Stieftöchter?* Maßnahmen des österreichischen Unterrichtsministeriums zur Mädchenbildung 1848–1919. In: Brigitte Mazohl-Wallnig (Hg.), *Bürgerliche Frauenkultur*, S. 301–342, hier S. 321.

255 Vgl. Alexander von Weilen: *Julie Rettich*. Erinnerungsblätter zum Gedächtnisse ihres hundertsten Geburtstages (17. April 1809). Wien: Manz 1909, S. 56.

256 Vgl. Eduard Hanslick: *Aus meinem Leben*. Bd. 1. 2. Aufl. Berlin: Allgemeiner Verein für Deutsche Litteratur 1894, S. 223; vgl. Marie von Ebner-Eschenbach: *Meine Kinderjahre*. In: Marie von Ebner-Eschenbach: *Gesammelte Werke in drei Bänden*. Hg. v. Johannes Klein. Bd. 3: Erzählungen. Autobiographische Schriften. München: Winkler 1958, S. 747–884, hier S. 834.

257 Wurzbach: *Rettich, Julie*. In: *Biographisches Lexikon des Kaiserthums Oesterreich*. 25. Teil, 1873, S. 324–337, hier S. 327.

258 Vgl. *Bericht über die Wirksamkeit des unter dem Schutze Ihrer k. u. k. Hoheit der Frau Erzherzogin Marie stehenden Frauenvereines für Arbeitsschulen* 1851–1891. Wien: Verlag des Vereins 1891, S. 7.

259 Betty Paoli: *An Julie Rettich*. In: Paoli, *Neueste Gedichte*, S. 40.

260 Paoli, *Julie Rettich*, S. 22f.

261 Vgl. Anonym: *Neueste Gedichte von Betty Paoli* [Rezension]. In: *Allgemeinen Zeitung*, 22. Dezember 1869, S. 5498f.

262 Vgl. Elisabeth von Putlitz zitiert in: Weilen, *Julie Rettich*, S. 64.

263 Anonym: *Kritische Anzeigen*. [Rezension zu Betty Paoli: *Julie Rettich*. Ein Lebens- und Charakterbild]. In: *Neue Freie Presse*, 4. August 1866, Abendblatt, S. 12.

264 Vgl. Gasser, S. 6f.

265 Anonym, *Kritische Anzeigen*, 4. August 1866, S. 12.

266 Betty Paoli: *An Radetzky*. In: *Oesterreichischer Courier*, 30. August 1848, S. 1.

267 Helfert, *Wiener Parnaß*, S. LXI.

268 Anonym: *Militärnachrichten*. In: *Militär-Zeitung* 10 (1857), Nr. 59, 25. Juli 1857, S. 468.

269 Vgl. Matthias Mansky: *Literaturkanon und Identitätspolitik*. Notizen zu den Wiener Schillerfeiern im 19. Jahrhundert. In: Aussiger Beiträge 14 (2020), S. 13–38, hier S. 19.

270 Mansky, *Literaturkanon und Identitätspolitik*, S. 19.

271 Vgl. Friedrich Steinebach: *Die Schillerfeier in Wien*. Zur Erinnerung an Schiller's hundertsten Geburtstag am 10. November 1859. Wien: Dienböck 1859, S. 57.

272 Vgl. Steinebach, *Die Schillerfeier in Wien*, S. 66–75.

273 Vgl. *Aufruf für ein Schillerdenkmal in Wien*. In: *Neue Freien Presse*, 30. April 1868, vgl. auch Hubert Lengauer: *Konkurrenz und Kompensation*. Ludwig August Frankl und Ferdinand Kürnberger. In: Hecht (Hg.), *Ludwig August Frankl*, S. 137–156.

274 Zitiert in: Strigl, *Berühmt sein ist nichts*, S. 164.

275 Vgl. Strigl, *Berühmt sein ist nichts*, S. 164.

276 Vgl. Anonym: *Das Schillerdenkmal in Wien*. Bericht des Comites zum 10. November 1876. Wien: Hölder 1876, S. 10f.

277 Anonym, *Das Schillerdenkmal in Wien*, S. 11.

278 Paoli, *Zur Enthüllung des Schwarzenberg-Denkmals*, S. 3; auch in: Paoli, *Neueste Gedichte*, S. 68–70.

279 Paoli, *Zur Enthüllung des Schwarzenberg-Denkmals*, S. 3.

280 Vgl. Betty Paoli: *Die Friedensmänner*. In: *Die Debatte und Wiener Lloyd*, 22. März 1868, S. 1.

281 Paoli, *Ein Wort Pombal's*, S. 1f.

282 Vgl. Paoli, *Ein Wort Pombal's*, S. 1.

283 Vgl. Paoli, *Ein Wort Pombal's*, S. 2.

284 Paoli, *Ein Wort Pombal's*, S. 2.

285 Vgl. Anonym: *Betty Paoli's Leichenbegängniß*. In: *Neue Freie Presse*, 8. Juli 1894, S. 5.

286 Vgl. Betty Paoli: *Wien's Gemälde-Gallerien in ihrer kunsthistorischen Bedeutung*. Wien: Gerold, 1865, Vorrede [o. S.].

287 Vgl. Joachim Penzel: *Der Betrachter ist im Text*. Konversations- und Lesekultur in deutschen Gemäldegalerien zwischen 1700 und 1914. Münster: LIT 2007, S. 252.

288 Vgl. Paoli, *Wien's Gemälde-Gallerien in ihrer kunsthistorischen Bedeutung*, S. 164.

289 Vgl. Penzel, *Der Betrachter ist im Text*, S. 323f.

290 Vgl. Paoli, *Wien's Gemälde-Gallerien in ihrer kunsthistorischen Bedeutung*, S. 164.

291 Paoli, *Wien's Gemälde-Gallerien in ihrer kunsthistorischen Bedeutung*, S. 165.

292 Vgl. Esterházypalais: Wien Geschichte Wiki.

293 Vgl. Paoli, *Wien's Gemälde-Gallerien in ihrer kunsthistorischen Bedeutung*, S. 215.

294 Vgl. Karl Höß: *Fürst Johann II. von Liechtenstein und die Bildende Kunst*. Wien: Schroll 1908, S. 69.

295 Vgl. K. W.: [Rezension zu Wien's Gemäldegallerien]. In: *Oesterreichische Wochenschrift für Wissenschaft, Kunst und öffentliches Leben*, Jg. 1865. Bd. 6, Heft 26–52, S. 470f., hier S. 470.

296 K. W., [Rezension zu Wien's Gemäldegallerien], S. 470.

297 Vgl. –d: [Notizen]. In: *Morgenblatt zur Bayerischen Zeitung*, Nr. 215 u. 216, 6. August 1866, S. 731.

298 Anonym: [Rezension zu Wien's Gemäldegallerien]. In: *Magazin für die Literatur des Auslandes*, 34. Jg., Nr. 37, 9. September 1865, S. 516f., hier S. 516.

299 Vgl. Esther Singleton: *How to Visit the Great Picture Galleries*. New York: Dodd, Mead and Company 1911.

300 Vgl. Anonym: *Kritischer Anzeiger*. In: *Neue Freie Presse*, 9. Juni 1865, S. 16.

301 Paoli, *Eine Gemäldesammlung in Wien*, S. 395–417, hier S. 398.

302 Paoli, *Gesammelte Aufsätze*, S. XCI.

303 Vgl. Paoli, *Unsere Stadt*, S. 1 [AW S. 198].

5
1870–1884
Altes und Neues

Wieder auf Reisen

Betty Paolis Leben war durch das Zusammenwohnen mit der Familie Fleischl ruhiger geworden, in ihre gesellschaftlichen Verpflichtungen in Wien war eine gewisse Routine eingetreten, der sie sich im Sommer allerdings durch Reisen entzog. Neben den Sommerfrischen und Besuchen in Landhäusern von Freunden gehörten dazu bis zu ihrem Lebensende ärztlich verordnete Kuraufenthalte. So verbrachte Paoli den Sommer 1871 in Bad Kreuzen in Oberösterreich, 1872 in Heringsdorf an der Ostsee und in der Wasserheilanstalt Königsbrunn in Sachsen, sie besuchte Bad Kissingen, Bad Vöslau und Bad Gastein. Ab den späten 1870er Jahren war es der Arzt Josef Breuer, der ihr die Bäder empfahl. Paoli und Marie von Ebner-Eschenbach hielten große Stücke auf ihn.

Regelmäßig wie die sommerlichen Kuraufenthalte fanden auch Paolis Herbstfahrten nach Ungarn zu Fürstin Bretzenheim statt. Paolis Gesellschaft wurde geschätzt, im Sommer zog sie aber die Ruhe vor.

> Wenige Ausnahmen abgesehen ist die Badegesellschaft der Art, daß man ihr gern aus dem Wege ginge; sie besteht größtentheils aus Provinzlern; Linzer, Kremser, Langenloiser und andere wilde Stämme haben sich in nicht geringer Anzahl eingefunden, und da die Mahlzeiten gemeinschaftlich sind, hält es schwer sich vor ihnen abzuschließen. Ich bringe es aber doch zu Stande.[1]

Als mitreisende Gesellschafterin verdingte Paoli sich nicht mehr. Im Jänner 1880 notiert sie in ihr Tagebuch: »Nach Tisch Besuch von Gfin Helene Hadik, die mich bestürmte mit ihr nach Nizza zu reisen. Das fehlte mir noch!«[2]

War Paoli während der Theatersaison nicht in Wien, wurde sie brieflich von Josef Lewinsky und vom Ehepaar Gabillon über die Aufführungen am Burgtheater und über personelle Veränderungen informiert. Besonders bei den Direktions- und Intendanzwechseln gab es immer wieder Turbulenzen. Die Ära Laube war 1867 mit einem heftigen Streit zwischen dem Direktor und seinem Vorgesetzten Friedrich Halm zu Ende gegangen. Halm leitete das Haus bis 1870, ihm folgte Franz von Dingelstedt.

Es waren sehr unterschiedliche Charaktere, die am Burgtheater das Sagen hatten: der für karge Ausstattungen berüchtigte Laube, Halm, der als Autor reüssieren wollte, und Dingelstedt, der mit seiner Vorliebe für üppige Bühnenbilder perfekt die Schaulust der Ringstraßenzeit bediente. Das führte dazu, dass sich auch zwischen Schauspielern und Leitung laufend neue Allianzen bildeten. Paoli war stets mit allen Seiten in Kontakt, wenn auch nicht gleichermaßen befreundet, und nahm Anteil daran, was gespielt wurde und wer spielte. Ludwig Gabillon schreibt: »Wären Sie auf Kamtschatka, Sie würden sich auf irgend eine Art das Repertoire des Burgtheaters zu verschaffen wissen.«[3]

In der Saison 1870/71 verfolgte Paoli das Geschehen in Wien nur aus der Ferne, sie unternahm eine längere Reise, die sich auch in Reisefeuilletons niederschlug. Der Abschied von Wien fiel ihr in diesem Jahr besonders leicht, denn Ida Fleischl erholte sich in der Schweiz von einer Lungenentzündung. Das Haus war »traurig u. leer«, was das »Frl. Betty« nicht lange ertrug.[4] Paoli fuhr im Sommer nach Dresden, im Spätherbst nach Venedig und verbrachte den Winter in Rom. Ihre Reisebegleiterinnen waren die Malerin Mina von Stein und Baronin Auguste von Eichthal, eine Verwandte von Ida Fleischl.

Das alte Dresden

Paolis Reisefeuilletons erschienen in der *Neue Freien Presse*. 1870 betrug die Auflage der Zeitung bereits 25 000 Exemplare und ihre Bedeutung nahm ständig zu:

> In Wien gab es eigentlich nur ein einziges publizistisches Organ hohen Ranges, die ›Neue Freie Presse‹ […] Dieser Tempel des ›Fortschritts‹

barg nun noch ein besonderes Heiligtum, das sogenannte ›Feuilleton‹ [...]. Hier durften nur Autoritäten, die schon lange Bewährten zu Wort kommen. [...] Wer auf der ersten Seite schrieb, hatte seinen Namen für Wien in Marmor gegraben.[5]

Die *Neue Freie Presse* war eine Zeitung, die der betriebsamen Millionenstadt entsprach, zu der Wien in der Ringstraßenzeit wurde. Das Bevölkerungswachstum führte zu neuen kulturellen und materiellen Angeboten, hatte aber auch Nachteile: »In athemloser Hast mühen sich die Einen ab, um sich angesichts einer hydra-ähnlichen Concurrenz zu behaupten, während die Anderen, durch das Uebermaß der Genüsse blasirt, das Vergnügen schließlich wie ein schweres Handwerk betreiben.«[6] Das konstatiert Paoli am Anfang ihres Feuilletons mit dem Titel *Ein Ausflug nach Dresden* und liefert damit den Grund für ihre Reise. Sie wollte sich vom Großstadtgetriebe erholen, indem sie in eine jener deutschen Residenzstädte fuhr, die für Wiener »ganz idyllisch anmuthen«.[7] Paoli nützt die Gelegenheit, wieder einmal gegen den ostentativen Luxus anzuschreiben, der der Geselligkeit schade. Wenn »die Besucher eines Salons alle Ansprüche eines Heuschreckenschwarms mitbringen«, entsteht kein geistreiches Gespräch, befindet sie mit Blick auf die üppige Bewirtung in den Wiener Häusern.[8]

Dresden liege in einer malerischen Gegend und besitze eine Fülle von Kunstwerken, hier könne man sich »von bestandenen Kämpfen ausruhen und sich für neue kräftigen«. Paolis Text widmete sich der Gemäldegalerie im Zwinger und den städtebaulichen Veränderungen Dresdens. Über die vielen, zumeist reichen Ausländer schreibt Paoli, dass sie unter sich blieben, und zwar, indem sie nicht nur zur Dresdner Gesellschaft auf Distanz gingen, sondern auch untereinander, die Engländer meiden die Amerikaner und die Polen die Russen, »oder, richtiger gesagt, das Meer von Blut, das beide Nationen scheidet, läßt sich nicht überbrücken.«[9]

Dann stellt sie einen Vergleich zwischen dem österreichischen und dem sächsischen Intellekt an:

Alles gegen einander abgewogen, wird man in Wien viel häufiger Menschen von origineller Geistesrichtung und starkem Naturell begegnen; wir Süddeutschen haben vor unseren nordischen Brüdern die Phantasie, die frische Elasticität voraus. Hingegen ist unstreitig in Sachsen das allgemeine geistige Niveau höher und ein, freilich ziemlich abstractes Interesse an Kunst und Literatur in viel weiteren Kreisen verbreitet.[10]

Es war aber nicht dieser ambivalente Befund, der den Autor eines anderen einflussreichen Periodikums verärgerte. In der Beilage der *Gartenlaube*, der ersten und wichtigsten deutschen Publikumszeitschrift, die seit ihrer Gründung für den deutschen Einigungsgedanken auftrat, stößt sich ein Kommentator daran, dass die Dresden-Besucherin aus dem Süden am Vorabend des Deutsch-Französischen Kriegs den Sachsen (1866 Verbündete Österreichs) den Rat gibt, die deutsche Einheit unter Preußens Führung (ohne Österreich) zu überdenken. Paoli gerate in ihrem Feuilleton »auf das Gebiet der Strickstrumpf-Politik und höheren Kannegießerei« und äußere Ansichten, die »von ernstem Gesichtspunkte aus vollständig als Maculatur« bezeichnet werden müssten. Sie jammere »mit den sächsischen Kammerherren und Hoflakaien über Sachsens Mitgliedschaft beim norddeutschen Bunde«, was die »Erwartungen und Gesinnungen« kennzeichne, »mit denen in gewissen literarischen Kreisen Wiens [...] den kommenden Kriegsschicksalen Deutschlands entgegengesehen wird.«[11] Zwischen dem Abdruck von Paolis Feuilleton und dieser Reaktion lag Frankreichs Kriegserklärung an den Norddeutschen Bund, mit der die Macht Preußens gebrochen und ein deutscher Einheitsstaat verhindert werden sollte. Ironisch schreibt der *Gartenlaube*-Autor über Paolis Bemerkung, es gebe für Sachsen noch andere Möglichkeiten, als mit dem Norddeutschen Bund zu ziehen: »Nun, eine der Möglichkeiten zu einer neuen Wiederzerreißung Deutschlands ist da, und vielleicht kann dann Herr v. Beust sammt den verkappten Römlingen und Concordatsfreunden, die ihn am Ruder erhalten, seine neuesten rettenden Thaten auch an uns versuchen.«[12] Friedrich Ferdinand von Beust, vormals sächsischer Außenminister, war nach der Niederlage von Königgrätz Ministerpräsident in Österreich geworden und verantwortete 1867 den Ausgleich mit Ungarn.

Und noch etwas in Paolis Text erregte Anstoß. Sie war von Dresden nach Leipzig weitergereist und schrieb: »Mir war zu Muthe, als wäre ich aus einer von Blüthen umrankten Säulenhalle voll edlen Schmuckes plötzlich in das Gedränge eines Marktplatzes versetzt worden.«[13] Empört schreibt der Autor der *Gartenlaube*, Redaktionssitz Leipzig:

> Wir haben schon hie und da einen recht verständigen und wohlgeschriebenen Aufsatz von Betty Paoli gelesen. Um so mehr hat uns die anstandswidrige Dreistigkeit überrascht, mit der sie hier ganz in der unmotivirten Manier einer scharfzüngigen Theeschwester über eine deutsche Stadt abspricht, die schon durch die frische und geschmackvolle Lieblichkeit ihrer kranzartigen Stadtpromenade die Augen der Fremden erfreut [...]. Wenn Fr. Paoli von Leipzig nichts anderes zu sagen weiß, als daß sie daselbst ihre Geschäfte abgemacht, so läßt sich dagegen nichts einwenden, denn die einfache und gesunde, aber gründlich gebildete Bürgerstadt hat in der That nichts von dem zweifelhaften belletristischen Parfüm, dessen gewisse überreizte Salonnasen zu ihrem persönlichen Wohlsein bedürfen mögen.[14]

Paoli hatte mit dem Vorwurf, Leipzig sei eine kulturlose Handelsstadt, offenbar einen wunden Punkt getroffen, denn als drei Wochen später wiederum in der Beilage der *Gartenlaube* die Kriegsbegeisterung der Leipziger Bevölkerung gelobt wird, lesen wir, dass sich jetzt der »schöne und edle Sinn der altberühmten Stadt« zeige, von der »die schöngeistige Wienerin Betty Paoli zu schreiben wagte, es ließe sich nichts weiter von ihr sagen, als daß man daselbst ›seine Geschäfte abmache‹.«[15]

Das neue Italien

So wie für Dresden schwärmt Paoli auch für Venedig. Von dort schreibt sie im November 1870 an Helene Gabillon: »Man ist hier wie in einer andern Welt.«[16] Venedig ist für Paoli diesmal aber nur eine Zwischenstation, den ganzen Winter wird sie in Rom zubringen. Marie von Ebner-Eschenbach schreibt ihr: »Ich kann Ihnen gar nicht sagen, wie schmerzlich mir Ihr Fernsein ist u. wie bitter der Gedanke, daß bis zu Ihrer Rückkehr noch lange Zeit verfließen muß.«[17] Als Ludwig Gabillon ihr brieflich die familiäre Weihnachtsfeier schildert, ergänzt seine Frau Zerline: »Sie fehlten uns sehr.«[18]

Paolis Reisebegleiterin Auguste von Eichthal würde nach dieser ersten gemeinsamen Reise jeden Winter in Rom verbringen und in ihrem Palazzo am Hafen von Ripetta einen ›kirchenpolitischen‹ Salon führen. In dem verkehrten der Kurienkardinal Gustav Adolf Prinz zu Hohenlohe-

Schillingsfürst und Franz Liszt, die Gastgeberin trat als beredte Gegnerin des päpstlichen Unfehlbarkeitsdogmas auf.[19] »Die unverheirathet gebliebene von Statur kleine bewegliche, sehr geistreiche Dame, der man die frühere Schönheit noch ansah, war wegen ihrer scharfen satirischen Zunge in ganz Rom berüchtigt und gefürchtet.«[20] Eichthal verfasste wie Paoli (unter Pseudonym) Reisefeuilletons.[21]

Von Dezember 1870 bis März 1871 erschienen unter dem Titel *Reisestationen* acht Texte Paolis in der *Neuen Freien Presse*, im Juli 1871 ein weiterer Beitrag mit dem Titel *Die neue Hauptstadt Italiens*. Die Leser begleiten die Feuilletonistin von ihrer Abreise aus Wien bis nach Rom. Paoli schreibt über ihre Befindlichkeit, über Kunst, Gesellschaft und Politik; ihrem Bild als Kassandra entspricht es, dass sie dabei untergehende Paläste und scheiternde Reiche prophezeit. Es war eine turbulente Zeit, der Deutsch-Französische Krieg veränderte die Machtverhältnisse in Europa grundlegend und Paoli als habsburgtreue Österreicherin, die sich der deutschen Kultur verbunden fühlte, stand den Entwicklungen skeptisch gegenüber. Ihren Feuilletons fehlt es aber auch nicht an Humor.

Die Reise deklariert Paoli als Erholungs- und Gesundheitsfahrt, wobei sie keinen Zweifel daran lässt, dass sie das Reisen prinzipiell verabscheut, da es bedeute, »die letzte, einzige Stütze des Unglücklichen, die Krücke der Gewohnheit, von sich zu werfen, auf die Gefahr hin, beim nächsten Schritte niederzustürzen«.[22] Paoli will ihre Reiseberichte als Briefe an ihre Leser verstanden wissen, an die unbekannten Freunde, die sie sich durch ihre Gedichte erworben hat. So subjektiv wie ihre Gedichte werden auch ihre Feuilletonbeiträge ausfallen, kündigt sie an und rät ihrem Leser: »Denke, wir säßen plaudernd beisammen, und sei für meine schriftlichen Abschweifungen so nachsichtig, wie du es hoffentlich für meine mündlichen wärest.«[23]

Das erste Feuilleton befasst sich mit den Stationen Innsbruck und Bozen, aber Paoli hat schon in Rosenheim Ursache zur Beschwerde, denn die »patriotische Begeisterung« habe, so vermutet sie, das Restaurant »in mißlicher Weise zu spartanischen Grundsätzen bekehrt«. Bei der Beschreibung des Grabmals von Kaiser Maximilian I. bedient sie die nationalen Stereotype und schreibt: »[W]ie zierlich, elegant und windig nehmen sich die Franzosen aus neben den etwas schwerfälligen, aber mannhaften deutschen Herren [...].«[24] Und sie beklagt, »daß Tirol, daß all die österreichischen Lande, in denen früher und herrlicher als irgendwo die deutsche Dichtkunst ihr Panier erhob, daß diese Völker, die so oft für deutsches Recht einstanden, nicht mehr zu Deutschland gehören.«[25] Bozen wiederum gibt ihr die Gelegenheit zum Vergleich der »Deutsch- und Wälschtiroler«, der zugunsten von Paolis »Stammesgenossen« ausfällt.[26] Diese Haltung dürfte jenen deutschliberalen Lesern der *Neuen Freien Presse*, die auch im Jahr des dritten deutschen Einigungskriegs noch von der großdeutschen Lösung träumten, zugesagt haben.

Paolis Reisefeuilletons sind auch wegen ihres humorigen Missmuts lesenswert. Über den Kurort Gries bei Bozen schreibt sie:

> Man behauptet, daß Gries wärmer und weit mehr vor dem Winde geschützt sei als die Nachbarstadt. Möglich, daß es deshalb besser zum Aufenthalt für Kranke paßt; jedenfalls aber dürfte seine trübselige Oede und Verwahrlosung ihnen den Abschied vom Leben erleichtern. Nicht in effigie möchte ich einen Winter in Gries zubringen.[27]

Dazu passt, was Paoli über den eigentlichen Anlass für die Reise schreibt:

> Mein Arzt hatte erklärt, das Reisen sei eine absolute Nothwendigkeit für mich; alle meine Freunde hatten sich dieser Meinung angeschlossen und noch den Rath hinzugefügt: ›Je weiter, desto besser.‹ Nach dieser schönen Einstimmigkeit zu schließen, muß ich nicht nur krank, sondern auch unausstehlich sein.[28]

In ihrer zweiten *Reisestation* widmet sich Paoli ausführlich Venedig, von dessen Anlage und Kunstschätzen sie schwärmt und dessen Verlust für Österreich sie beklagt.[29] Paoli beteuert, es sei nicht »patriotische Parteilichkeit«, die sie dazu bringt, zu konstatieren, dass die Stadt »ihre ›Befreiung vom fremden Joche‹ theuer genug bezahlen« müsse.[30] Aber genau dieser Habsburgpatriotismus ist es, der für sie den Umstand, dass Venetien 1866 an das Königreich Italien ging, zu einer Demütigung macht. Den Venezianern fehle es an Energie und Unternehmergeist, Paoli macht dafür die langjährige despotische Fremdherrschaft verantwortlich, und sie prophezeit Venedig: »Seine Canäle versanden, seine Paläste zerfallen, seine Kunstschätze werden nach England und Rußland entführt, seine Kinder selbst geben es verloren. Wie lange noch, und die Welt wird um ein herrliches Kleinod ärmer sein!«[31]

Von Venedig fährt Paoli mit dem Schiff nach Ancona und besichtigt den Wallfahrtsort Loreto. Dann geht es per Eisenbahn weiter, mit einem Umsteigestopp in Foligno:

> Schlechte Waggons [...], schlechte Wartesäle, schlechte Verbindungen zwischen den verschiedenen Linien. In dem Tempo unserer Badener Bettelzüge bewegten wir uns weiter [...], kurz, es war, um mich des von Wilhelm Jordan wieder zu Ehren gebrachten Stabreims zu bedienen, eine fürchterliche Folterfahrt. [...] Der Zug fuhr in eine Halle, der Niemand eine frappante Aehnlichkeit mit einem alten Wagenschoppen bestreiten wird; hier hielt er – wir waren in Rom.[32]

Paoli und Eichthal wohnen bei Mina von Stein in einer gemieteten Künstlerwohnung in der Villa Malta auf dem Pincio.[33] Paoli ist von der ewigen Stadt erst enttäuscht, denn das Alte und das Neue steht für ihren Geschmack hier zu unharmonisch nebeneinander, Ergebnis einer »wahrhaft erschreckende[n] Modernisirungswuth«.[34] Auch mit der Topographie ist sie nicht zufrieden: »Es ist eine Schmeichelei, Rom die Siebenhügelstadt zu nennen; auf wenigstens sechsunddreißig Hügeln oder, wenn man lieber will, Erdbuckeln, liegt es verstreut; welchen Weg man einschlagen mag, er führt bergauf oder bergab, und zwar auf dem scheußlichsten Pflaster, das man sich vorstellen kann.«[35] Außerdem sei der Verkehr lebensgefährlich.

Nachdem Paoli ein paar Tage in Rom verbracht und der Regen nachgelassen hat, ändert sie ihre Meinung und findet jetzt, dass in der Stadt, in der man sich eins mit der Weltgeschichte fühlen kann, schmutzige Straßen unbedeutend sind: »Wer die Ewige Stadt einmal kennen gelernt hat, den wird ein unvergängliches Heimweh immer wieder nach ihr zurückziehen, trotz der zahllosen Plagen und Entbehrungen, mit denen das Glück, in ihr zu leben, verbunden ist; bald sieht man in ihnen nur Staub unter den Füßen der Göttin.«[36]

Paoli wurde Zeugin einer großen Veränderung. Die französischen Truppen, seit 1849 Garant für das Bestehen des Kirchenstaates, wurden aus Rom abgezogen. Italienische Truppen marschierten ein, der Papst wurde entmachtet, der Kirchenstaat dem Königreich Italien eingegliedert. Paoli, die im Dezember 1870 nach Rom kam, kannte die Stadt als Zentrum des päpstlichen Prunks nur mehr aus Erzählungen, aber sie fühlte sich an den Frühling 1848 erinnert: Plakate an den Hauswänden, Versammlungen und Demonstrationen, Flaggen und Zeitungsgründungen. Dass Rom nun zur Hauptstadt des Königreichs Italien werden sollte, kann Paoli aber kaum glauben. Es sei unmöglich, »in einer so kurzen Frist die Herkules-Arbeiten zu beenden, welche erforderlich sind, um das alte Rom der Päpste in eine moderne Residenzstadt zu verwandeln.«[37] Und wenn es schließlich doch gelingen würde, dann würde »der eigenthümliche Charakter der Stadt« dafür geopfert, es würde »der Geist schwermüthiger Poesie, der jetzt die stummen Zeugen gesunkener Größe wie Abendgold verklärt«, verloren gehen – aber immerhin würde das Pflaster besser werden.[38]

Im Sommer 1871 übersiedelte die italienische Regierung nach Rom, Paoli hatte weiterhin Vorbehalte.[39] Sie prophezeite, dass die Wiederbelebung der großen Vergangenheit, als deren Symbol sie die politische Entscheidung für Rom betrachtete, scheitern müsse und bemerkt: »Vorläufig ist nur so viel gewiß, daß die geistigen wie die materiellen Zustände des heutigen Rom im schreiendsten Widerspruche mit der Vorstellung stehen, die man sich im übrigen Europa von einer Residenz macht.«[40] Das veranlasste die Redaktion der *Neuen Freien Presse* zu einer Anmerkung: »Diese Betrachtungen haben vom Standpunkt des literarischen Touristen gewiß die vollste Berechtigung. Aber das politische Schwergewicht liegt nicht darin [...] und unsere Verfasserin unterschätzt auch die Folgen, welche die Thatsache, daß Rom die Hauptstadt wurde, für Rom selbst haben wird.«[41]

Im Dezember 1870 kam es in der Stadt nach langen Regenfällen zu einer verheerenden Überschwemmung und Paoli konnte nicht wie geplant an der Audienz bei Papst Pius IX. teilnehmen. Die Straßen standen so tief unter Wasser, dass sie den Vatikan nicht erreichte.[42] Wenige Wochen später war es dann aber so weit und Paoli liefert eine farbenfrohe Schilderung der Audienz, die sie mit Mina von Stein, Auguste von Eichthal und mehr als zwanzig anderen besuchte. Sie beschreibt alles, von den freskengeschmückten Gängen, über die manierenlosen ›Yankees‹ in der Gruppe, bis hin zu den Schuhen des Papstes.[43] Paoli gesteht, dass die ganze Zeremonie, vor allem der Schlusssegen, der die fernen Lieben einschloss, bewegend für sie war. Die kirchenkritischen Leser der *Neuen Freien Presse* mussten sich aber keine Sorgen machen:

Meine Freunde mögen sich beruhigen; trotz der tiefen Seelenbewegung, die sich meiner bemächtigt hatte, blieb es mir in jedem Momente vollkommen klar, daß wer einmal gelernt hat, Gott in der Natur und dem Leben, der Kunst und der Geschichte zu suchen, ebensowenig zum blinden Glauben zurückkehren kann, wie in den Schoß der Mutter.[44]

Nach einer Begegnung bei Mina Stein bedauert ein katholischer Gast Paolis »Mangel an einer festen, religiösen Überzeugung, ohne die Alles wankt [...]. Dieses Übel verwandelt die wohltuende Wirkung, welche die Dichtungen Betty Paoli's ausüben könnten, in ein Unheil für die Schwachen, in eine schmerzliche Enttäuschung für die Gläubigen.«[45]

Paoli war 1846, dem Jahr, in dem Pius IX. zum Papst gewählt wurde, in Italien gewesen. 1871 erinnert sie sich nun, wie begeistert das Volk darauf reagiert hatte, als der Papst gegen den Willen Metternichs politische Flüchtlinge begnadigte. Pius IX. war allerdings nie ein Unterstützer des Risorgimento und nach 1848 versuchte er, seine Macht durch reaktionäre Maßnahmen zu erhalten. Unter dem Einfluss der Jesuiten habe er, so Paoli, Beschlüsse gefasst, »die den Bruch zwischen dem Papstthum und der modernen Welt besiegelten«, mit der Unfehlbarkeitserklärung hätten die Jesuiten nun endgültig verspielt.[46]

Während ihres Rom-Aufenthalts besuchte Paoli auch ein von in Rom lebenden deutschen Künstlern gestaltetes Benefiz für verwundete Soldaten und Kriegswaisen des Deutsch-Französischen Kriegs.[47] Im Lokal des deutschen Künstlervereins in Rom wurde eine Kunstauktion veranstaltet, auch Mina von Stein stiftete ein Bild. Bei einer musikalischen Akademie mit lebenden Bildern kümmerte sich Heinrich von Ferstel, Architekt der Votivkirche in Wien, um das Bühnenbild (die Dekoration wurde zu Paolis Erstaunen trotz der Unzuverlässigkeit der römischen Handwerker rechtzeitig fertig).[48] Das Eröffnungsstück am Klavier spielte die russische Prinzessin Nadejda Schakowskoy, die mit dem deutschen Archäologen Wolfgang Helbig verheiratet war. Die Ehe der beiden kommentiert Paoli mit dem Satz: »Man mag mich eine alte Schwärmerin schelten, aber ich finde, daß Liebesheiraten die einzig vernünftigen sind, während mir die Heiraten aus Vernunft geradezu aus Wahnwitz geschlossen scheinen.«[49] Es gab eine Gesangseinlage des Grafen Rossi, eines Sohns der gefeierten Sängerin Henriette Sonntag, und es spielte der neunzehnjährige Pianist

Johann Georg Leitert, der seinem Lehrer Franz Liszt nach Rom gefolgt war. Und auch Betty Paoli leistete einen Beitrag, der Anklang fand: »Die verbindenden Worte, von der bekannten Dichterin Betty Paoli verfaßt und selbst vorgetragen, trefflich zur Situation passend, setzten das ganze Publikum in begeisterte Stimmung.«[50]

Gedichte und Geschichten

1870 wurde der Band *Neueste Gedichte* veröffentlicht, es war die letzte Gedichtsammlung zu Paolis Lebzeiten. Einige der Gedichte waren bei ihren Aufenthalten in Ungarn und Galizien entstanden, manche lagen bereits gedruckt vor, so zum Beispiel *Ein Abendgang* im *Concordia-Kalender* oder *Den Poesieverächtern* im *Marienbader Fest-Album*, beide 1868.[51]

Die im Biedermeier häufig anlässlich eines Jubiläums oder als Benefiz zusammengestellten Alben waren in der zweiten Jahrhunderthälfte rar. Auch die jährlichen Reihen, die Almanache und literarischen Taschenbücher, die zuvor die erfolgreichsten Verlagsprodukte gewesen waren, verschwanden in den 1860er Jahren vom Markt. Sie wurden durch Zeitschriften, Zeitungsbeilagen und Anthologien ersetzt. Eine interessante Neugründung waren die *Dioskuren*, herausgegeben vom ›Allgemeinen Beamtenverein der österreichisch-ungarischen Monarchie‹. Als etablierte Autorin trug Paoli zu beinahe jedem Jahrgang dieses großformatigen Jahrbuchs bei. Viele Gedichte aus dieser Zeit waren Menschen gewidmet, die ihr nahestanden. Es waren Huldigungen oder Gelegenheitsgedichte, so manches davon nur für den privaten Gebrauch geschrieben und ungedruckt. Dabei gab es nicht nur Geburtstage und Berufsjubiläen zu feiern, Paoli hatte in den kommenden Jahren auch verstorbener Freunde und Kollegen zu gedenken.

Das Burgtheater erlebte im zweiten Drittel des neunzehnten Jahrhunderts Umbrüche, die Paoli schon aufgrund ihrer persönlichen Verbindungen aufmerksam beobachtete. Mit dem von Heinrich Laube nach seinem Abgang vom Burgtheater gegründeten Stadttheater kam eine neue Bühne hinzu, eine Theatergründung, die durch Börsenkrach und Cholera im Jahr 1873 einen schwierigen Start hatte. Im gleichen Jahr fand die Wiener Weltausstellung statt.

Im Jahr 1860 hatte die sogenannte Schillerlotterie stattgefunden, mit der das beträchtliche Grundkapital der Schillerstiftung aufgebracht worden war. Auch Paoli hatte zu den hunderten Autorinnen und Autoren gehört, die Manuskripte für die Lotterie einsandten, ihr Gedicht *An einen Künstler* wurde (mit sinnstörenden Druckfehlern) im *Schiller-Album der Allgemeinen deutschen National-Lotterie zum Besten der Schiller- und Tiedge-Stiftungen* veröffentlicht.[52] Es ist eine Beschwörung der einsamen Höhe des wahren Künstlers, an die kein Normalsterblicher heranreicht, eine Entschuldigung der Gefühlskälte und Rücksichtslosigkeit, die der Künstler wegen seiner göttlichen Gabe und wegen seines Strebens nach dem künstlerischen Ideal an den Tag legt. Wir können annehmen, dass Paoli es dem Schauspieler Josef Lewinsky widmete, mit dem sie zur Entstehungszeit des Gedichts eine schwierige Beziehung führte.[53]

An einen Künstler wurde in die Sammlung *Neueste Gedichte* aufgenommen, wie auch *Abendgang*, über das bei seinem Erstdruck ein Rezensent meinte, es handle sich um eine »Betrachtung«, die sich auf »wohlklingenden Strophen wiegt«.[54] Hier stößt das lyrische Ich bei einem Spaziergang auf Betende bei der Abendandacht in einer Waldkapelle, ein Anblick, der die Sprecherin zum Nachdenken über die Natur des Glaubens zwischen Erkenntnis Gottes und Täuschung des Verstandes bringt. Ein anderes vorab bereits gedrucktes Gedicht der Sammlung von 1870 gilt den *Poesieverächtern*. Darin heißt es von der Poesie, sie sei das »Salz der Erde« und der »Kern von allem Leben«. Im *Marienbader Fest-Album*, als Benefiz anlässlich des fünfzigjährigen Bestehens des Kurbads aufgelegt, steht dieses Gedicht neben Texten von Bekannten und Freunden Paolis aus der Almanachzeit, wie Cajetan Cerri, Uffo Horn und Anastasius Grün. Der bedeutende österreichische Vormärzautor Grün dichtet: »Aus der dumpfen Siechenstube nach den frischen grünen Hainen / Läßt der Kranke gern sich leiten von den liebevollen Seinen, / Daß er dort ins Gras sich lag're, Kraft und neuen Glanz sein Auge, / Seine Seele Muth und Hoffnung aus dem Grün der Wiesen sauge.«[55] Das ist die erste Strophe des Auftaktgedichts zu den *Spaziergängen eines Wiener Poeten* – Revolutionslyrik, durch Weglassung in Badepoesie transponiert. Fünf Gedichte trug Ludwig August Frankl bei, die Hälfte des Erlöses des Marienbader Albums wurde für das Schiller-Denkmal in Wien gespendet.[56]

Der Band *Neueste Gedichte* erschien im Dezember 1869 mit Druckdatum 1870, im Feuilleton der *Neuen Freien Presse* ist zu lesen: »Betty Paoli hat soeben Neueste Gedichte erscheinen lassen, welche in der That das Neueste und besonders für die Frauenwelt das Pikanteste auf dem literarischen Weihnachtstische bilden werden.«[57] Vielleicht meint der Rezensent die für den Verein ›Aurora‹ 1856 verfasste Ballade *Kleopatra*. Diese hebt auch der Rezensent der *Wiener Zeitung* Emil Kuh hervor, der ansonsten die Sachlichkeit der Gedichte in diesem Band bemängelt und über *Selbsterlebtes*, das letzte Gedicht im Buch, bemerkt: »Hier sieht uns auch endlich einmal das Weib ins Auge, die Dichterin, an welche die geschlechtslose Poesie der Sammlung im Ganzen nur leise mahnt.«[58] Das Buch wirkt auf ihn kühl und belehrend, er findet, Paolis Temperament und ihre Begabung seien »von der ›Bildung‹ unterjocht« worden.[59]

Das Buch wird an Paolis früheren Lyrikbänden gemessen, zwischen der zweiten Auflage der *Neuen Gedichte* und den *Neuesten Gedichten* liegen allerdings dreizehn Jahre, in die auch Paolis Abschied von der Liebeslyrik und ihre Hinwendung zur Gedankenlyrik fällt. Ein besonders wohlwollender Rezensent bemerkt, dass die früheren Gedichte »mehr subjectiv waren und sich fast ausschließlich in dem engen und doch unendlich weiten Kreis der theils beglückten, theils verrathenen Liebe bewegten«.[60] Die »Geheimnisse des weiblichen Herzens« legte sie in ihren poetischen Anfängen offen; und war die erste, die das tat:

> Ich wenigstens erinnere mich nicht, das ganze Leben der Liebe, von ihrem ersten, keuschen Erwachen, ihrem Glücke und ihrer Blüthe bis zu ihrem grausamen Verrathe, tiefsten Schmerze und endlicher Klärung so ergreifend und seelenvoll von einer Dame geschildert gefunden zu haben.[61]

Jetzt sei Paoli »ruhiger, leidenschaftsloser, betrachtender und würdevoller« geworden, aber: »ihre Seele blieb dieselbe«. Ihre Rückblicke seien »gleich Abendsonnenschein«.[62]

Der Rezensent der *Allgemeinen Zeitung* kann dem nichts abgewinnen. Es wird, wer »die frühern gluthvollen Gedichte Betty Paoli's gelesen und geliebt hat, sich seltsam überrascht und getäuscht finden, wenn er jetzt das Bändchen zur Hand nimmt das sie jenen leidenschaftlichen Ergüssen nach einer Pause von zwei Jahrzehnten hat folgen lassen.«[63] Aber auch er findet, dass Paolis Talent nicht nachgelassen hat und deshalb sei das Buch »ein ebenso anregendes als werthvolles Geschenk für alle die, welche mit der Dichterin alt, aber nicht kalt geworden sind.«

Einer, der sich für die Verbreitung der Gedichte aus der neuen Sammlung ganz besonders einsetzte, war der 34-jährige Josef Lewinsky. Er gestaltete im März 1869 ein ganzes Abendprogramm und überforderte damit das Publikum: »Ob es gerathen war, nur Stücke und zwar so viele desselben Autors zu wählen, darüber allerdings ließe sich reden; gegen Ende der beinahe drei Stunden währenden Vorlesung war eine gewisse Abspannung der Zuhörer nicht zu verkennen.«[64] Trotzdem war die Lesung ein großer Erfolg und Lewinsky nahm einige der Gedichte dauerhaft in sein Deklamationsrepertoire auf. Die Karten für den Rezitationsabend waren in der Verlagsbuchhandlung Gerold zu beziehen, die auf diese Weise ihre neue Autorin und das gedruckte Buch vermarktete.[65]

Zum fixen Repertoire von Lewinsky gehörte in den nächsten Jahren das an dem Rezitationsabend besonders erfolgreiche *Hochländische Kriegslied* nach Walter Scott. Im Jahr 1871 erweiterte er sein Programm um den Prolog, den Paoli für die deutsche Künstler-Akademie in Rom verfasst hatte. Ein Kritiker bemerkte, das Gedicht sei »viel markiger und gedankenreicher, als es sonst Gelegenheitspoemen zu sein gestattet wird«.[66] Als es darum ging, Lewinskys Vertrag am Burgtheater zu erneuern, beschwerte sich der Direktor Dingelstedt über die häufigen Urlaubsgesuche für Vorlesungen und Benefizveranstaltungen des Schauspielers; Lewinsky bekam den neuen Vertrag trotzdem.[67]

Ein neues Theater

Mit diesem neuen Vertrag geht auch eine endgültige Absage Lewinskys an Heinrich Laube einher. Dieser hatte versucht, als Direktor an das Burgtheater zurückzukehren, als das nicht funktionierte, gründete er in zentraler Lage an der Seilerstätte das Wiener Stadttheater.[68] Dafür musste er Personal gewinnen und fragte auch bei Lewinsky an, der aber beschloss, am Burgtheater zu bleiben.[69]

Die Idee für das neue Theater kam nicht von Laube selbst, sondern von

Max Friedländer, einem der Gründer der *Neuen Freien Presse*. Laube hatte Wien 1867 verlassen und als er 1870 wiederkam, erkannte er es kaum wieder, denn es war »gewachsen in Ausdehnung, Fülle und Pracht. Es strotzte von Wohlhabenheit.«[70] Friedländer war zuversichtlich, dass der Bau eines neuen Theaters privat finanziert werden könnte, und er hatte recht:

> Der neue Musentempel […] nennt sich ›Stadttheater‹, aber nicht in dem sonst üblichen Sinne eines aus Communalmitteln erbauten und unterhaltenen Schauspielhauses. Dasselbe ist vielmehr seiner geschäftlichen Natur nach ein Actienunternehmen, dessen Antheilscheine jedoch in festen Händen und zwar fast ausschließlich in den Händen der wiener kunstsinnigen Geldaristokratie sich befinden.[71]

Zu den Gründern gehörten Adolf Fleischl, ein Bruder von Carl, und Ludwig von Ladenburg, der »Onkel Ladenburg«, Mann einer Cousine von Ida Fleischl, bei dem Paul Fleischl seine Kaufmannslehre machte.[72] Aber auch Moriz Ebner von Eschenbach und Leopold Kompert finden sich auf der Liste der Gründer.[73]

Die Eröffnung des Theaters war für den 15. September 1872 angesetzt, als Eröffnungsstück wählte Laube das Dramenfragment *Demetrius* von Friedrich Schiller, mit eigenen Bearbeitungen. Vor dieser Aufführung stand ein Prolog von Betty Paoli auf dem Programm, für dessen Vortrag Laube die zwanzigjährige Rosa Frauenthal vorgesehen hatte, die auch die Marina im *Demetrius* spielte. Laube hatte Frauenthal, eine Wiener Schauspielschülerin, zwei Jahre zuvor an das Stuttgarter Hoftheater vermittelt und sie nun an sein neues Theater geholt.

Nach dem Eröffnungsabend notiert Marie von Ebner-Eschenbach in ihr Tagebuch: »Frln Frauenthal sprach den schönen Prolog B. Paoli's ganz ohne alle Wirkung. Die Vorstellung des Demetrius war viel zu turbulent, zu unruhig. Die 3 Laube'schen Aufz[üge] fielen eigentlich durch u. eigentlich H: Robert (Titelrolle) u. Frln: Frauenthal mit.«[74] Laube erinnert sich: »Die Vorstellung ging in aller Ordnung einher, soweit sie die Bühne betraf. Unter den Zuschauern aber blieb den ganzen Abend Alles in Bewegung, und eine gesammelte Aufmerksamkeit war nicht zu erreichen.«[75] Die Zuschauer machten sich während der Vorstellung gegenseitig auf die Einrichtung und die Beleuchtung des Theaters aufmerksam, bewunderten den vom Starausstatter der Ringstraßenzeit, Hans Makart, entworfenen Vorhang, erprobten die bequemen Sitze, wechselten für Gespräche die Plätze und kommentierten wohl auch, wen und was sie auf der Bühne sahen.

Isidor Gaiger, der Paoli in satirischer Absicht bereits einmal zur Vorsitzenden einer Frauenkonferenz gemacht hatte, schreibt in der *Morgen-Post* nach einer begeisterten Schilderung des Interieurs des neuen Theaters:

> Leider folgte dieser vollkommenen Befriedigung des ersten Anblicks am Abende der Eröffnung ein Prolog. Die liebliche Muse mit der Lyra, die den Vorhang schmückt, fuhr jäh empor und an ihre Stelle trat ein bleiches Fräulein mit einer großen Nase und Befangenheit an die Rampe und sprach mit zitternder Anstrengung ein Dutzend Gelegenheits-Stanzen aus dem poetischen Herbarium der Frau Betty Paoli. Wir haben lange keine so trockene Zigarre geraucht.[76]

Ebner-Eschenbach war empört und notiert in ihr Tagebuch: »Bubenhafte Kritik ihres [Paolis] Prologs.«[77] Ihr Ärger saß tief und als Josephine von Knorr Jahrzehnte später einem neuen Gedichtband den Titel *Herbarium* geben will, schreibt Ebner-Eschenbach an sie: »Ganz recht ist mir das Herbarium nicht. Vielleicht deshalb, weil es mich an eine höhnische Kritik über Betty Paolis Prolog zur Eröffnung des Stadttheaters erinnert.«[78]

Paoli traf der Spott weniger, sie selbst las Ebner-Eschenbach die Kritik »mit heiterstem Gleichmut« vor.[79] Den konnte sie haben, denn sie hatte geahnt, dass Frauenthal der Aufgabe nicht gewachsen sein würde. Wie immer bestens informiert, schrieb Paoli zwei Wochen vor der Eröffnung aus ihrem Badeort an der Ostsee an Ebner-Eschenbach, sie sei mit der geplanten Besetzung des Abends und überhaupt mit Laubes Personalauswahl nicht zufrieden: »Sie wissen, daß in Laube's Augen Jugend und Schönheit alle künstlerischen Rücksichten überwiegen.«[80] Rosa Frauenthal kehrte nach kurzem Gastspiel nach Stuttgart zurück. Bei anderen Personalentscheidungen hatte Laube mehr Glück. Er engagierte für sein Theater die aufstrebenden Talente Rudolf Tyrolt und Katharina Schratt.

Das gute Ensemble konnte allerdings nicht verhindern, dass das Wiener Stadttheater in finanzielle Schwierigkeiten geriet. 1875 veröffentlichte die *Morgen-Post* einen Artikel, in dem die Eröffnung und Paolis Prolog in einem ganz anderen Licht erscheinen:

Eine vielverheißende Zeit war es, als die Pforten des Stadttheaters sich zum ersten Male aufthaten. Alles, Publikum und Darsteller, war getragen von freudigster Stimmung. Ein Goldregen war niedergegangen über Wien und man opferte gerne den Musen – auch sie sollten ihr Theil haben an dem allgemeinen Reichthume. Rosa Frauenthal durfte damals im Prolog das Beste und Höchste hoffen. Unter jubelnden Zurufen schloß sie mit den Worten, welche Betti Paoli ihr in den Mund gelegt:

> So möge dieses Haus zu Ruhm gelangen
> Durch treue Förd'rung, die ihr ihm gelieh'n,
> Und, wenn wir nicht mehr sind, in späten Tagen,
> Ein Denkmal noch vereinten Wirkens ragen.[81]

Die Konkurrenz um Personal und Aufführungsrechte, die das Burgtheater darstellte, brachten das Stadttheater in Schwierigkeiten, der Börsenkrach von 1873 erschütterte die Finanzen vieler seiner Gründer und des Stammpublikums, 1874 trat Laube als Direktor zurück, denn das »›Denkmal vereinten Wirkens‹ ragte wol noch, aber die Geschäfte waren schlecht gegangen«.[82]

Laube glaubte an das Projekt und versuchte es 1875 noch einmal, mit einem anspruchsvollen Programm war das Stadttheater allerdings nicht mehr wirtschaftlich zu führen. In den letzten Jahren seines Bestehens wurde es zu einer Bühne für die leichte Muse. 1884 brannte das Gebäude völlig aus, die Ruine wurde an den Kärntner Unternehmer Anton Ronacher verkauft, die Fassade bildet heute einen Teil des ›Ronacher‹, einer Musicalbühne.

1873. Zu viel! zu viel!

In Paolis Leben gab es auch Anfang der 1870er Jahre gelegentlich Turbulenzen und Ungemach. Bemerkungen von Marie von Ebner-Eschenbach, mittlerweile Ida Fleischls engste Freundin, lassen 1872 einen Streit zwischen Paoli und einem Familienmitglied vermuten, ein Streit, bei dem Paoli schließlich einlenkte.[83]

Ebner-Eschenbach schreibt über Paoli in ihr Tagebuch: »Welch eine Hausgenossin. Sie kann nur bei Heiligen wohnen bleiben.«[84] Zwei Mitglieder des Fleischl-Haushalts zogen in dieser Zeit aus: Ernst zum Studium nach Leipzig und danach in eine Wohnung neben dem Wiener Anatomischen Institut, und Otto studierte in der Schweiz und trat danach eine Stelle als Botschaftsarzt in Rom an. Ruhiger wurde es fürs Erste trotzdem nicht, denn 1873 war das Jahr der Weltausstellung.[85]

Die Eröffnung fand am 1. Mai statt, doch da Paoli Zahnschmerzen hatte, besuchte sie die Ausstellung erst im Juni.[86] Im Vorfeld hatte sie Grund gehabt, sich über die Ausstellungsmacher zu ärgern: Seit 1871 bereitete eine Kommission die Weltausstellung vor, im Juni 1872 veröffentlichte man in der *Wiener Weltausstellungs-Zeitung* das detaillierte Reglement für die Gruppe 26, die Ausstellung von »Frauenarbeiten«.[87] In Untergruppen wurden »weibliche Hausindustrie« und »Frauenarbeiten auf industriellem Gebiete« ausgestellt, aber auch »künstlerische weibliche Arbeiten« und – »literarische Productionen der Frauen«. Der Feuilletonist der *Neuen Freien Presse* spottet: »Neben den Wundern der Flecht-, Häkel-, Strick- und Stickkunst eine Sammlung weiblicher Romane, Feuilletons und Sinngedichte bewundern zu müssen [...] das fehlte uns noch!«[88] Eine solche Ausstellung von Frauenliteratur müsse verhindert werden, denn sie könne nur negative Folgen zeitigen. Es entstehe nämlich der Eindruck, dass die gesellschaftliche Teilhabe der Frauen diese auch zu besonderen Leistungen befähige.

> [W]eil es in allen Jahrhunderten nach alter Sprechweise ›Weiber von stupender Erudition‹ und ›nicht unebene Poetinnen‹ gegeben, und weil in unseren Tagen Baronin v. Eschenbach Lustspiele dichtet: so soll der Frau, dem aufknospenden Mädchen eingeredet werden, auch sie sei zu Großem geboren und könne, ein Stern mit bescheidenem Schimmer, noch zur Sonne werden, wenn nur erst die Frauenfrage gelöst sei.[89]

Die auf diesem Wege zu zweifelhaften Feuilletonehren gelangte Ebner-Eschenbach hatte 1863 mit dem Lustspiel *Die Veilchen* als Burgtheaterautorin debütiert und sah gerade der Produktion ihres Lustspiels *Das Waldfräulein* in Laubes Stadttheater entgegen. Einige Jahre später wird sie schreiben: »Wenn dem allerschlimmsten Willen nichts mehr übrig bleibt, als einer Frau Talent oder gar Genie zuzugestehen, dann schleppt er (es kann vor Altersschwäche nicht mehr gehen), sein Axiom von den Ausnahmen herbei.«[90]

Ebner-Eschenbach schickte das Feuilleton an die in Ungarn weilende Paoli und diese ärgerte sich über die »nichtsnutzige Bosheit«, mit der Ebner-Eschenbach in dem Artikel erwähnt werde. Ebenso ärgerlich wie diesen Spott findet Paoli allerdings »den hirnverbrannten Einfall, die von Frauen herrührenden literarischen Werke a parte zusammenzustellen, d.h. daraus eine Art von Ghetto zu machen.«[91] Ihrer Auffassung vom geschlechtslosen Talent entsprechend ist Paoli der Überzeugung: »Ein Buch muß gut sein. Ist es dieß, so ist es vollkommen gleichgültig ob es einen Mann oder eine Frau oder eine Maus zum Verfasser hat. Und ist es schlecht, so wird es um kein Haar besser, wenn der Autor mit einem Bart wie Gf. Edmund Zichy gesegnet ist.«[92] Zichy, Mitglied der ›Kaiserlichen Ausstellungskommission‹, trug einen prächtigen Vollbart.

Im Juni 1873 schrieb Paoli an Wilhelm Hemsen: »Die Wiener Weltausstellung ist aber etwas Kolossales. Zu viel! zu viel! möchte ich sagen [...].«[93] Außerdem teilte sie ihrem Freund aus Berliner Tagen in diesem Brief mit, dass sie ihn erst später besuchen werde, denn zuerst musste sie zur Kur nach Kissingen. Sie habe ein Nervenleiden, »die Krankheitsursache ist Wien«: »Zahllose Verbindungen und dabei gar keine Widerstandskraft fremden Anforderungen gegenüber.«[94]

Als Paoli sich bei Hemsen über das Getriebe in Wien und über die gesellschaftlichen Zumutungen beschwerte, hatte sie bereits einen Reisepass für die deutschen Staaten, Frankreich, Belgien und Italien beantragt, der auch ein paar Äußerlichkeiten beschreibt, wie ihre Statur (groß), Haarfarbe (trotz ihrer 59 Jahre noch immer schwarz) und Mund und Nase (beides »proportioniert«).[95] Was hier nicht steht: Paoli war kurzsichtig und verwendete eine Brille.[96]

Es war nicht nur wegen der Weltausstellung eine turbulente Zeit in Wien. Am 9. Mai kam es zum Börsenkrach, einem massiven Kurssturz von Gründeraktien aus der Baubranche, der dem wirtschaftlichen Höhenflug ein Ende setzte und eine Wirtschaftskrise nach sich zog. Außerdem brach ausgerechnet in einem Hotel, das für Gäste der Weltausstellung gebaut worden war, die Cholera aus. Die Organisatoren der Weltausstellung hatten mit 10 bis 20 Millionen Besuchern gerechnet, am Ende wurde die Ausstellung von ›nur‹ 7 Millionen besucht.

Drei Jahre später, als die Auswirkungen der geplatzten Spekulationsblase noch lange nicht abgeklungen waren, bemerkt Paoli: »[D]aß die Gier nach raschem Erwerb und flüchtigem Genuß allzu lange jedes höhere Streben weit überwog, ist einer der Hauptfactoren, welche die verhängnisvolle Krise herbeigeführt haben. Sie überdauern, geläutert aus ihr hervorgehen, können wir nur, wenn wir den Geist wieder in seine alten Herrscherrechte einsetzen.«[97]

Im Juli 1873 reiste Paoli nach Kissingen, einem traditionsreichen bayrischen Kurort, der ihr recht gut gefiel, nur »das Essen konnte ich nicht anders als scheußlich finden«.[98] Sie gedachte nach der Kur ihren Freund Hemsen in Stuttgart zu besuchen, kehrte jedoch vorzeitig nach Wien zurück, als sie von einer schweren Krankheit Helene Gabillons erfuhr. Ida Fleischl verbrachte den Sommer in der Schweiz bei Otto. Wenige Tage, nachdem Ida zurückgekehrt war, trat Paoli die obligate Herbstreise nach Saros-Patak an. Von dort schreibt sie an Auguste Littrow: »Wenn sie [Ida Fleischl] noch nicht bei Ihnen war, ist daran gewiß nur der Umstand schuld, daß sie fortwährend Ausstellungsgäste bei sich hat. Gott sei Dank, daß der Trouble nun bald zu Ende geht!«[99]

Die Dioskuren

Von dem gründerzeitlichen Baufieber ergriffen war auch der ›Erste allgemeine Beamten-Verein der österreichisch-ungarischen Monarchie‹, der 1871 mehr als zwanzigtausend Mitglieder hatte, die in eine Kranken- und eine Lebensversicherung, sowie in einen Kreditfonds einzahlten. Mit dem Kapital errichtete der Verein in Wien ein lukratives Zinshaus. Auch einen Unterrichtsfonds hatte man eingerichtet, aus dem Freiplätze an der Handels- und Gewerbeschule des ›Wiener Frauen-Erwerb-Vereins‹ bezahlt wurden.[100] Der langfristige Plan war die Gründung einer eigenen Mädchenschule, wozu die Erlöse aus einem literarischen Jahrbuch verwendet werden sollten. Diese Publikation unter dem Titel *Die Dioskuren*, Untertitel *Literarisches Jahrbuch*, war ein praktischer Beitrag zur Lösung der sogenannten Frauenfrage.

Im ersten Jahrgang veröffentlichte Hermann von Orges, ehemals Kabinettsmitglied des Ministerpräsidenten von Beust, davor Redakteur der

Allgemeinen Zeitung in Augsburg, einen Artikel über die geplante Präsentation von ›Frauenarbeiten‹ bei der Wiener Weltausstellung.[101] Die von Paoli als hirnverbrannten Einfall betrachtete Absonderung von ›Frauenliteratur‹ findet darin keine Erwähnung, aber Orges, der als Korrespondent die Weltausstellungen in London und Paris besucht hatte, sieht in der Wiener Ausstellung »eine überaus werthvolle Gelegenheit zur Förderung jener großen socialen Frage [...], die am specifischsten unsere Culturperiode charakterisirt: Die wirthschaftliche Gleichberechtigung und Unabhängigkeit der Frau.«[102] Orges beklagt den Missstand, dass Frauen der Zugang zum Verkauf von Stoffen, Mode und Lebensmitteln in Geschäften verwehrt werde, wozu sie doch eigentlich prädestiniert seien. Und er plädiert für öffentlich finanzierte Frauen-Gewerbeschulen.[103]

Der erste Jahrgang der *Dioskuren*, für deren Herausgabe eine Kommission unter der Leitung von Baron Johann Falke von Lilienstein gegründet wurde, brachte zwar Geld, aber nicht genug für die projektierte höhere Töchterschule (höhere Töchter, nicht höhere Schule). Die Stipendien aus dem Unterrichtsfonds zeigten aber bereits Wirkung: »Mehrere auf Kosten des Vereines an diesen Schulen [des Frauen-Erwerb-Vereins] gebildete Schülerinen haben bereits als Comptoiristinen, Buchhalterinen u. s. w. bleibende Versorgung erhalten.«[104] Es hatte wohl kaum ein angefragter Autor seine Mitwirkung an dem wohltätigen Unternehmen verweigert. Und schon nach wenigen Jahren war das Beamtenjahrbuch zur festen Größe auf dem literarischen Markt geworden, ein »dem großen Publicum allmälig liebgewordenes Sammelwerk«.[105]

Auch Betty Paoli, als Dichterin nach wie vor gesucht, trug zu den *Dioskuren* bei, und zwar Gedichte, Vierzeiler, Lebensweisheiten, Epigramme und Sprüche, den biedermeierlichen Albumsprüchen ähnlich. Der kurze Sinnspruch ist allerdings nicht Paolis Stärke, was besonders deutlich wird, wenn man ihre Beiträge mit den brillanten Aphorismen Marie von Ebner-Eschenbachs vergleicht, die vor der Buchausgabe in den *Dioskuren* erschienen.

Wir finden in den *Dioskuren* gereimte toskanische Volkssprüche in Paolis Übersetzung, wie: »Harke und Gartenscheer' ändern den Stamm nicht, / Den, der von Wolfesart, machst du zum Lamm nicht.«[106] Manchmal gelingt ihr ein prägnanter Aphorismus, der nicht zu viel erklärt und nicht zu wenig voraussetzt, wie etwa: »Nichts vergeben einem die Menschen weniger als die Fähigkeit, sie entrathen zu können.«, »Es giebt eine Nachsicht für fremde Fehler, die der Menschenliebe, und eine Nachsicht, die der Menschenverachtung entspricht.« oder »Es giebt Menschen, deren Fehler liebenswürdiger sind, als die Tugenden Anderer.«[107] Aber Paoli hält sich nur selten an den von der Meisterin dieser Form formulierten Bauplan: »Ein Aphorismus ist der letzte Ring einer langen Gedankenkette«, schreibt Marie von Ebner-Eschenbach, die sich, auch durch die *Dioskuren*, in der männlichen Domäne der Aphoristik etablierte.[108]

Ihr Aphorismus »Als eine Frau lesen lernte, trat die Frauenfrage in die Welt«, veröffentlicht im elften Jahrgang des Jahrbuchs, bildet die ganze Komplexität der Thematik ab.[109] »Es gibt überall verschämte Arme, nur nicht in der Literatur« – so drückt Ebner-Eschenbach ihre Erfahrungen mit »sendungsbewussten Minderbegabten« aus.[110] Im dritten Jahrgang der *Dioskuren* widmete sie ihnen das Gedicht *Der Halbpoet*, das mit den Versen beginnt: »Es ist die allergrößte Pein, / Ein Halbpoet geboren sein, / Zu tragen in sich unerhellt / Das Chaos einer ganzen Welt«.[111] Ebner-Eschenbach erlebte die ›Halbpoeten‹ aus nächster Nähe, sie hat »mit ihnen gelitten, sie ermuntert, getröstet und wider besseres Wissen an deren Erzeugnissen herumgedoktert«.[112] Dass dieses Gedicht in den *Dioskuren* erschien, hat durchaus Brisanz, denn die sind eine Ansammlung von literarischen Produkten von Halbpoeten (die Chiffre »M. E.«, unter der Ebner-Eschenbach das Gedicht veröffentlichte, wurde im Repertorium des zehnten Jahrgangs nicht aufgelöst).

Bei ihrem Aufruf zur Einsendung von Texten für den ersten Jahrgang war die Kommission des Vereins offenbar erfolgreicher gewesen als gedacht, denn der Beitragsteil des zweiten Jahrgangs, in den auch die Überschüsse aus dem Vorjahr aufgenommen wurden, umfasst 544 Seiten.

Das hatte auch damit zu tun, dass das Jahrbuch eine politische Mission zu erfüllen versuchte, nämlich österreichisch mit deutlichem Bekenntnis zum Deutschtum und gleichzeitig habsburgisch-integrativ zu sein:

> Die Nationalitäts-Bestrebungen in Oesterreich, so verkehrte Richtungen sie zuweilen einschlagen mögen, erscheinen in edlerem Lichte, wenn man an die Bedürfnisse, wenn man an die Thatsachen selbstständiger Culturentwicklung denkt, die auch ihnen zu Grunde liegen. […] [D]as Verständniß dieses Mosaiks von Völker-Individualitäten

erschließt sich nicht auf der Oberfläche der politischen Erscheinungen […].[113]

Acht Jahre später kann resümiert werden, dass Übersetzungen aller »speciell im Völkerkreise unserer Monarchie vertretenen Sprachen« in den *Dioskuren* veröffentlicht wurden.[114] Auch Übersetzungen aus anderen Sprachen waren vertreten, einige davon lieferte Betty Paoli, so zum Beispiel das in den Nachlassband aufgenommene Gedicht *Bei Marsala* nach Gustave Nadaud.[115]

Neben der völkerverbindenden Aufgabe stellten sich die Herausgeber auch diejenige, unter den Beiträgern »keine wirkliche und anerkannte Kraft zu übersehen, keine zukunftsreiche und zu Hoffnungen berechtigende auszuschließen«.[116] Es wurde also gesammelt und nicht ausgewählt, man wollte keine »bevormundende Thätigkeit« ausüben.[117] Es sind alle Genres vertreten, auch Aufsätze wie jene von Paolis Freund Theodor Elze aus Anhalt. Er schreibt über das Thema Rosenzucht und *Bilder aus Venedig*, liebevolle Stadt- und Kunstbeschreibungen.[118] Zu allem Überfluss waren die *Dioskuren* das Organ schreibender Beamter. Bei einem Blick in das Jahrbuch fällt dem Spötter Daniel Spitzer ein: »Es ist interessant, daß die meisten österreichischen Dichter früher Beamte waren – ja, Müßiggang ist aller Laster Anfang!«[119]

Betty Paoli schrieb für die *Dioskuren* seit dem zweiten Jahrgang, in dem die Herausgeber stolz berichteten, dass »hervorragende Namen Österreich-Ungarns und Deutschlands dem Verzeichnisse der Mitarbeiter eingereiht werden« konnten.[120] Viele Beiträgerinnen und Beiträger sind mit Paoli bekannt oder befreundet, zum Beispiel Wilhelmine Gräfin von Wickenburg-Almasy und ihr Mann Albrecht, Marie Najmájer, Peter Rosegger, Ferdinand von Saar, Bruno Walden (Flora Galliny). Die Herausgeber ordnen die Beiträge so, dass große Namen der literarischen Szene, Adelige und hohe Beamte am Anfang stehen. Im zweiten Jahrgang erscheinen Paolis Gedichte ab S. 74. Davor finden wir – ganz völkerverbindend – Karl Egon Ebert, der mit seiner gesamtböhmischen Idee eine ganze Generation beeinflusst hatte, die Vormärz-Legende Anastasius Grün, außerdem ein holpriges Abschiedsgedicht des ehemaligen Ministerpräsidenten von Beust, der als Botschafter nach London geschickt wurde, und: »Ebner-Eschenbach, Marie, Baronin« mit ihrer Erzählung *Ein Edelmann*, eine »doch sehr idealistische

Geschichte des Entsagens und einer quasi privatisierten Sozialutopie«.[121] Ebner-Eschenbach fürchtete mit den »darin ausgesprochenen Ansichten über die Institution des Adels, u. seiner Stellung in der Gegenwart« bei der adeligen Leserschaft Anstoß zu erregen[122], aber die »erzieherisch gemeinte Geschichte vom Edelmann als Bürger«[123] passte ins *Dioskuren*-Programm.

Im dritten Jahrgang rückte Paoli auf S. 34 vor. Auch diesmal eröffneten Ebert und Grün den Band, außerdem ein anonym gedruckter Bericht aus Paris von Friedrich Uhl, dem Chefredakteur der *Wiener Zeitung*. Paoli veröffentlichte in diesem Jahrgang neben einer Übersetzung aus dem Englischen nach Elisabeth Browning ihr Programmgedicht *An die Realisten*, eine Abrechnung mit dem aufkommenden Naturalismus.[124] Im nächsten Jahrgang finden wir von ihr (auf S. 19) das Gedicht *Unter'm Beile. An Ida.*[125] Es ist eine Reaktion auf Ida Fleischls lebensbedrohliche Lungenentzündung.[126]

Neben den schreibenden Beamten traten immer mehr Beiträgerinnen in Erscheinung, was der Qualität der *Dioskuren* guttat, wie ein Rezensent bemerkt:

> Ferd[inand]. v. Saar's ›Gebet‹ ist ein reiner Klang, aber gewiß kein stärkerer als die anderen lyrischen Klänge des Buches, die aus dem Munde unserer österreichischen Sapphos in diesem Jahrgang besonders reich strömen. Da ist es die ungeschwächte Liedersängerin Betty Paoli, die den Reigen eröffnet, ihr folgt Freiin von Culoz mit gar nicht üblen kleinen Sächelchen [...], Josefine Freiin von Knorr [...], Marie von Najmajer mit ihren elegisch angehauchten, sanftschwellenden Seeliedern [...].[127]

In diesem Jahrgang war auch Marie von Ebner-Eschenbach wieder vertreten, allerdings erneut unter der Chiffre »M. E.«, und zwar mit der beeindruckenden Erzählung *Die Großmutter*. Die Geschichte basiert auf einer Begebenheit im anatomischen Institut, die Ernst Fleischl ihr erzählt hatte.[128]

Bei der Besprechung des fünften Jahrganges gebraucht ein deutscher Rezensent das Bild von einer »literarischen Landesausstellung«, womit er die Absicht der *Dioskuren*-Herausgeber wohl ganz gut trifft. An Paolis Beiträgen erkennt er die typische »geistvoll pessimistische Eigenart dieser reich begabten Schriftstellerin.«[129] Davor finden sich auch in diesem

Jahrgang Beiträge von Anastasius Grün und Friedrich Uhl. Als allererstes aber steht die Übersetzung eines Gedichts von Oskar II., König von Schweden und Norwegen. Den siebenten Jahrgang der *Dioskuren* (1878) eröffnete dann Paolis Gedicht *In späten Jahren*.[130] Ebner-Eschenbach war wieder mit Aphorismen vertreten und bewies ihre Meisterschaft auf diesem Gebiet: »Für das Können giebt es nur Einen Beweis: das Thun.«[131]

Im elften Jahrgang musste Paoli nur einem gekrönten Haupt Platz machen, nämlich Marie Antoinette, Erzherzogin von Österreich-Toskana, die reimt: »Ich wollte gern Dir senden / Von hier ein Sträußchen klein, Gepflückt von meinen Händen, / Ganz von Vergißnichtmein.« Im dreizehnten Jahrgang (1884) haben die Herausgeber eine schwierige Entscheidung zwischen Pietät und Aristokratie zu treffen: Ein Text von Kronprinz Rudolf wird nach einem Nachruf auf Erzherzogin Marie Antoinette an die zweite Stelle gereiht, steht aber im Inhaltsverzeichnis an erster.

Betty Paoli belieferte die *Dioskuren* freilich widerwillig: Im Herbst 1878 berichtete sie über ihre Arbeit an Gedichten und Übersetzungen und ergänzt: »Alles für die Dioskuren oder vielmehr für den lieben, guten Baron Falke. Wäre es nicht um seinetwillen, so würde ich mich gewiß nicht an diesem Sammelsurium betheiligen, das einen mit wenigen Ausnahmen in die schlechte Gesellschaft gerathen läßt.«[132] In Ebner-Eschenbachs Karriere spielen die *Dioskuren* allerdings eine rühmliche Rolle. Im zwölften Jahrgang finden wir *Krambambuli*, ihre bekannteste, oft aufgelegte und verfilmte Erzählung,[133] und einer ihrer besten Prosatexte, *Die Freiherren von Gemperlein*, Untertitel *Eine Porträtstudie*, fand hier seine publizistische Heimat.[134] Für die »humoristische Charakterstudie zweier einander in herzlicher Gegnerschaft verbundener Brüder, zugleich Travestie der Ebner'schen Familiengeschichte und Liebeserklärung an Zdislawitz«, bekam Ebner-Eschenbach zwar Lob, aber auch fünf Absagen von Verlagen.[135] Die Erzählung war der Autorin sehr wichtig und die *Dioskuren* waren eigentlich nicht der Ort, an dem sie sie gedruckt sehen wollte. An Paoli schreibt sie: »Hofrath Falke flehte in so rührenden Accenten um einen Beitrag für die ›Dioskuren‹ daß ich ihm die Gemperleins sandte.« Und mit Bezug auf den Schauplatz der Erzählung: »Die werden im oesterreichischen Jahrbuche so sanft ruhen wie in der Gruft von Wlastowitz.«[136] Aber die Freiherren von Gemperlein wurden entdeckt, und zwar von Paul Heyse, der sie im ersten Band des *Neuen deutschen Novellenschatzes* (1884) abdruckte.[137]

Nach Erscheinen der Erzählung fragt Ebner-Eschenbach mehrmals bei ihrer Freundin Josephine von Knorr, deren Gedichte sie gewissenhaft las und kommentierte, nach, wie ihr die Geschichte gefallen habe. Knorr reagierte nicht und fand wochenlang keine Zeit, die »Kleinigkeit« zu lesen. Ebner-Eschenbach schreibt: »Wär' ich Saar ich würde gegen Dich wüten, weil Du mir gar nichts über die Gemperlein sagst. ›Ich finde [deine Arbeit] hundemäßig schlecht‹ hört von einem Freunde, jeder Dichter lieber als – gar nichts [...].«[138]

Huldigungen und Abschiede

Im engen und weiteren Kreis der Kreativen um Betty Paoli war die gegenseitige Bewertung der Arbeit ein fixer Bestandteil des Austauschs. Ob Vorabkritik und Lob bei Lesungen im Salon oder öffentliche Anerkennung: Feedback wurde erwartet und gegeben. Paoli war insofern ein spezieller Fall, als sie keine Gefälligkeitskritiken schrieb und im persönlichen Gespräch keine Rücksicht auf die Gefühle ihres Gegenübers nahm. Ihre Stelle bei Bagréeff-Speranski hatte sie einst aufgegeben, da von ihr Lob erwartet wurde, wo sie keines spenden wollte. Die Gedichte von Ebner-Eschenbach fand sie schlecht und hielt damit nicht hinterm Berg. »Abds bei Ida. [...] Leider habe ich die Thorheit gehabt B. Paoli einige Gedichte vorzulesen. Wie recht hatte Ida mir davon abzuraten – es war peinigend – unfreundlicher als sie sich zeigte ist's unmöglich zu sein.«[139] Mit ihrem Aphorismus »Nichts besseres kann der Künstler sich wünschen als grobe Freunde und höfliche Feinde.«[140] schrieb sich Ebner-Eschenbach wahrscheinlich auch so manche Demütigung durch Paoli schön. Aber die Ehrlichkeit hatte einen Vorteil: Die Kritisierten konnten sich auch auf ein positives Urteil verlassen. Ebner-Eschenbach notiert: »Heut also das 20t Kap: beendet. Bei Ida gespeist u. nachmittag gelesen den Schluß. Betty Paoli war zufrieden u. so komme ich mir vor wie unverwundbar weil in Drachenblut gebadet.«[141]

Dass Anerkennung von Paoli nicht leicht zu bekommen war und dass ihr Urteil Gewicht hatte, das wusste auch Josephine von Knorr. Deren Gedichte hatte Paoli in einem Feuilleton lobend erwähnt und im zweiten Jahrgang der *Dioskuren* bedankte sich Knorr poetisch bei der kritischen Kollegin, von der sie sich verstanden fühlte.[142] Die erste Strophe von Knorrs

Gedicht lautet: »Wenn ich es Schonung wollte preisen, / Daß Du beschützt mein scheues Lied / So würdest Du es von Dir weisen, / Dein hoher Sinn die Rücksicht mied!« Es ist ein vom Bescheidenheitstopos geleiteter Dank: »Ich fühl' es tief, daß Dir zum Lohne / Mein armes Wort nichts sagen kann. [...] Doch Deine Gaben sind es eben, / Die Dich erhöh'n – *Ich danke Dir!*« Unter den Beiträgern zum zweiten Jahrgang der *Dioskuren* finde sich, so meint ein Rezensent, »eine vielversprechende Schülerin der Paoli, Namens Baronin Josefine Knorr«.[143] Das dürfte der 45-jährigen Knorr wohl nicht recht gewesen sein. Derselbe Rezensent schreibt über den dritten Jahrgang des Beamten-Jahrbuchs: »Betty Paoli bringt Mannigfaches, sie liest den Realisten poetische Leviten im Dienste der heiligen Kunst: ›Die Poesie sei – der Weg, das Licht, das Leben;‹ nebenbei feiert sie einen 60jährigen Dichtergeburtstag, wie es nicht anders erwartet werden kann, in sinnigster Weise – [...].«[144]

Paoli stellte sich in die lange Tradition der Casuallyrik, der poetischen Begleitung feierlicher Anlässe. Ihr gelang es allerdings in ihren Gedichten zu Geburtstagen und Jubiläen, aber auch in poetischen Nachrufen, die Menschen so zu charakterisieren, dass die Gedichte über den Anlass hinaus lesenswert blieben. So wurde in einer Publikation anlässlich des vierzigjährigen Bühnenjubiläums des Burgschauspielers Carl La Roche 1873 Paolis Gedicht *Zur silbernen Hochzeit meiner lieben Freunde Carl und Auguste La Roche* abgedruckt, das bei der Feier 1858 vorgetragen worden war.[145] Hier befand sich Paoli in guter Gesellschaft, eine Rezensionsnotiz vermerkt, die Festschrift enthalte »höchst interessante poetische Auszüge [...] von Göthe, Hebbel, Holtei, Betti Paoli und von Andern [...]«.[146]

1858 verfasste Paoli noch ein weiteres Jubiläumsgedicht: *Zu Carl und Julie Rettichs silberner Hochzeit*.[147] Einige Jahre später entstand *Erinnerung an den 4ten Mai 1858*, ein Gedicht, in dem Paoli »mit dem Zartgefühl einer liebenden Frau« den Jahrestag von Josef Lewinskys erstem Auftritt im Burgtheater »verherrlichte«.[148] Der Besungene fühlte sich verstanden.

Zum 80. Geburtstag von Heinrich Anschütz, der am Burgtheater jahrzehntelang erfolgreich Heldenrollen spielte, verfasste Paoli zwei Sonette, die im Feuilleton der *Wiener Zeitung* abgedruckt wurden.[149] Dort erfahren wir auch, dass Julie Rettich die Gedichte bei der kleinen Geburtstagsfeier im Haus des Jubilars vortrug. Das erste Sonett nahm Paoli in ihre Sammlung *Neueste Gedichte* auf. Es beginnt mit der Strophe:

Des innern Frühlings zaubervolle Blüthe,
Der Frost des Alters macht sie nicht erbleichen!
Deß bist Du selbst ein hochbegnadigt Zeichen,
Du Greis an Jahren, Jüngling im Gemüthe![150]

Ludwig Gabillon und Zerline Würzburg hatten beide im Jahr 1853 ihr Engagement am Burgtheater bekommen, und so dichtete Paoli 1878 *An Ludwig und Zerline Gabillon, zu ihrem fünfundzwanzigjährigen Jubiläum.*[151]

Paoli dichtete nicht nur zur Feier von Schauspielern, sondern auch für Dichter. Verse an Lenau und Rückert fanden sich schon in ihrem ersten Gedichtband. Die Huldigung an ihren Kollegen Stifter in der *Iris* 1848 hinterließ bleibenden Eindruck bei Luise von Eichendorff, der Schwester des Romantikers Joseph von Eichendorff.[152]

Zum siebzigsten Geburtstag von Anastasius Grün erschienen in der Zeitschrift *Die Heimat*, einem österreichischen Familienblatt nach dem Vorbild der *Gartenlaube*, mehrere Festgedichte. Daniel Spitzer spottet, dass diese »den Sänger der Freiheit in allen Gangarten des Pegasus besingen.«[153] Paoli steuert ein Sonett bei, in dem sie Grüns beständigen Idealismus betont und pro domo spricht:

Der Freiheit Banner sah man Dich erfassen,
Zum Spiel nicht in verweg'nen Jugendtagen,
Nein! um bereit zum Kampfe und Entsagen,
In keinem Drangsal je von ihm zu lassen! [...][154]

Gelegenheitsgedichte waren für Paoli eine Möglichkeit, enge persönliche Verbindungen zum Ausdruck zu bringen, so zum Beispiel mit dem Geburtstagsgedicht für Ida Fleischl, *Am 5. September*, in dem es heißt:

Tief schmerzlich überkommt mich's manchesmal:
O daß ich früher, früher dich gefunden,
Als ungetrübt noch meines Auges Stral,
Und meine Brust noch rein von Schuld und Wunden![155]

Zwei Sonette in dem Band *Neueste Gedichte* sind Julie Rettich gewidmet, ein Rezensent hält sie für »ein wenig zu überschwenglich.«[156] Bei Lewinskys

Lesungen fallen diese »elegischen Dichtungen« an die »einstens intimste Freundin der Dichterin« jedenfalls auf.[157] Das zweite Gedicht ist ein später poetischer Nachruf und endet mit den Versen:

Das Herz, das einen Himmel in sich barg,
Des Menschenthumes wunderbarste Blüthe,
Das reinste Bild der Größe und der Güte
Zu Staub zerfallen sie in deinem Sarg![158]

In den Jahren 1869 und 1870 verlor Paoli zwei langjährige Freunde. Zuerst starb Carl Lewinsky und Paoli schreibt: »Mich hat C. Lewinsky's Tod sehr schmerzlich bewegt; ich kannte ihn seit meinem achtzehnten Jahre und habe in der langen Frist, die zwischen dem Damals und dem Heute liegt, bei ihm stets dieselbe unwandelbare treue Freundschaft gefunden.«[159] Im Jahr darauf starb Fürst Friedrich Schwarzenberg, mit dem sie seit den 1840er Jahren eine enge Freundschaft verband. Ein anderer langjähriger Freund, Hans (Hanuš) Graf Kolowrat, starb 1872. Er war ein Gutsnachbar in Worlik und ein Unterstützer der böhmischen Literatur.[160] Wenige Wochen vor seinem Tod schickte er noch ein (diktiertes) »Bulletin« an Paoli.[161]

Im Sommer 1879 brachte Otto Fleischl die todkranke Mina von Stein, die Gutsherrin von Wieliczka, aus Rom zurück nach Wien. Sie starb kurz darauf im Haus ihres Freundes Friedrich von Amerling. Carl Fleischl und Betty Paoli gehörten zur kleinen Trauergemeinde, die ihrem Sarg folgte. Paoli war so entsetzt über das einsame Begräbnis, dass Carl Fleischl ihr versprechen musste, dass sie nicht auf dem öden Zentralfriedhof (er war gerade erst eingerichtet worden) begraben werden und er ihrem Sarg folgen würde.[162]

Für ein Grillparzer-Album verfasste Paoli eine »Paraphrase« auf Franz Grillparzers Verse »Ein Menschenleben ach, es ist so wenig!/Ein Menschenschicksal, ach, es ist so viel!« Darin vergleicht sie das Leben mit einer spurlos im Ozean verschwindenden Welle und schließt:

Ist auch das Leben kurz, das Herz ist weit
Und stark genug, die Ewigkeit zu fassen
Im Loos, das ihm für flücht'ge Tage fiel.
Ein Menschenschicksal, ach, es ist so viel![163]

Der Porträt- und Historienmaler Friedrich Pecht war einige Monate älter als Paoli, war wie sie mit einigen Revolutionären von 1848 in Leipzig befreundet und kannte sie seit ihrer Zeit in Dresden. Der Maler befasste sich lange und ernsthaft mit der Literatur, so wie die Dichterin fundierte Kenntnisse der Malerei und Kunstgeschichte besaß. Die beiden verband außerdem ihre Venedig- und Italienbegeisterung.

Ab Mitte der 1850er Jahre arbeitete Pecht als Redakteur für das Kunstressort der *Augsburger Allgemeinen Zeitung*. Für sie berichtete er von den Weltausstellungen in Paris (1867) und Wien. Schon vor dem Ausstellungsjahr besuchte er Wien und seinen Aufenthalt 1872 nützte er dazu, in Feuilletons für die *Neuen Freien Presse* die Veränderungen der letzten fünf Jahre im Stadtbild zu kommentieren. Pecht war konservativ-großdeutsch und nationalistisch, seine Feuilletons sind nicht nur Gänge durch die jüngste Baugeschichte, sondern auch politische Kommentare.

Das »neue« Österreich, also der Staat, der sich nach dem Ausgleich mit Ungarn und der deutschen Reichsgründung gerade erst konsolidierte, sei in der Ringstraße verkörpert: Dort errichte sich die herrschende Klasse, das deutsche Bürgertum, Zinshäuser, und dass zuerst ein Opernhaus und zwei Kasernen gebaut wurden, zeige, »daß dieses junge mit den Traditionen des alten Oesterreich ganz und gar nicht plötzlich brach«.[164] Die Macht der katholischen Kirche sei geschwunden, die »Idee des deutschen Vaterlandes« lebe in Wien weiter, die Museums- und Universitätsbauten an der Ringstraße vermehrten die »Macht und Superiorität« der Deutschen in der Monarchie. Pecht ist von der Notwendigkeit einer deutschen Kulturnation überzeugt, davon, »daß wir, wenn auch politisch getrennt, in Kunst und Wissenschaft, in der ganzen Cultur stets nur Ein Volk bleiben werden.«[165]

Pecht gehörte zur journalistischen Phalanx, die aus Hans Makart einen Maler-Superstar machte, einen »Künstlerfürsten«.[166] Für ihn ist Makarts Farbigkeit ein Gegengewicht zu den »süßen, modernen Farben« der Franzosen, und nicht nur das: Makart sei eines der Genies, deren Auftauchen ein »sicheres Zeichen für das Erwachen des deutschen Volkes« sei. Der einzige Rivale Makarts beim Einsatz der Farben sei Eugene Delacroix, den Makart »an edler Schönheit der Formen« aber überrage.[167] Pecht, der nicht nur in

München, sondern auch in Paris studiert hat, konstruierte immer wieder eine künstlerische Erbfeindschaft zwischen den beiden Nationen. Nach einer ausführlichen Beschreibung seines Ateliers und seiner Bilder kommt Pecht dann allerdings zum Schluss, Makart sei »weniger ein specifisch deutscher, als speciell ein Wiener Maler«, und zwar der »naiven Genußlust halber«, die sich in seinem Werk zeige.[168] Im nächsten Jahr kam Pecht als Berichterstatter wieder und verfasste das Buch *Kunst und Kunstindustrie auf der Wiener Weltausstellung 1873*.[169] Auch hier färbte sein nationaler Blick auf die Kunst seinen Bericht: »Die Oestreicher mit ihrem glücklichen Naturell haben mitten unter den furchtbarsten Erschütterungen und Verhältnissen ihres Staates doch an der großen gemeinsamen Kulturaufgabe fast ein größeres Stück abgearbeitet als wir [...].«[170]

Im Mai 1873 informierte Paoli ihren Freund Wilhelm Hemsen in Stuttgart über Pechts Anwesenheit in Wien, sie selbst würde die Stadt hingegen Mitte Juni verlassen.[171] Da Hemsen erst im Juli nach Wien kam (in der Entourage des Königs von Württemberg), verpassten sich die beiden in diesem Sommer. Paoli berichtete, dass ihr die Weltausstellung ob der schieren Menge an Dingen, die es zu sehen gab, Beklemmungen verursachte; ganz anders hingegen ginge es ihrem gemeinsamen Freund Pecht: Der weiß nichts von »derlei Anfechtungen« und »will noch den Juli und den größeren Theil des August in der Nähe Wien's zubringen und wöchentlich ein- bis zweimal nach der Stadt fahren.«[172] Sie selbst müsse ihre Kur machen, denn: »Ich werde älter und älter und meine Kräfte reichen nicht mehr aus für die Ansprüche die das hiesige Leben an mich macht.«[173]

Friedrich Pecht war jahrzehntelang als Autor tätig und verfasste im Laufe seines Lebens rund 1660 Beiträge für Zeitungen und Zeitschriften. Sein vierbändiges Werk *Deutsche Künstler des neunzehnten Jahrhunderts: Studien und Erinnerungen* enthält persönliche Porträts und Würdigungen seiner Zeitgenossen.[174] In ihrer Kritik des ersten Bandes, der 1877 erschien, lobt Paoli die Sachkenntnis Pechts, der unter anderem ein Porträt von Peter von Cornelius liefert, einem gemeinsamen Freund. Allerdings hat sie einen grundsätzlichen Einwand gegen Pechts Zugang zur Kunst: Er nehme die »Bedingungen der Zeit« zu wichtig und mache »die künstlerischen Zustände von den politischen und sozialen allzu sehr abhängig«.[175] Genies seien »nicht die Söhne, sondern die Beherrscher ihrer Zeit; statt das Gepräge derselben zu tragen, drücken sie ihr das eigene auf.«[176]

In ihrer Besprechung des zweiten Bandes, der zwei Jahre später veröffentlicht wurde, wiederholt Paoli ihr positives Urteil über den ersten Band, lobt jetzt aber ausdrücklich die Kontextualisierung, die Pecht leiste. »Jede gute Biographie muß ja auch ein Zeitbild sein, da es unmöglich ist, den Menschen von seiner Umgebung zu trennen.«[177] Die politische Sendung Pechts schlägt nach ihrem Dafürhalten dann aber doch zu heftig durch. Adolph Menzel, den wichtigsten Vertreter des Realismus, behandle Pecht »mit einer Vorliebe«, die nicht mit dem Talent des Künstlers zu begründen sei, sondern »in einem Zusammenhang mit der politischen Gesinnung« des Verfassers stehe. »›Deutschland über alles!‹ ist sein Wahlspruch, dessen Widerhall das ganze Buch durchrauscht.«[178]

Bei der Würdigung Makarts widerspricht Paoli ihrem Freund Pecht dann entschieden. Erstens lasse er sich von dem Glanz »einer in manchem Sinn unleugbar genialen Erscheinung« blenden und zweitens sei seine Behauptung, Makart sei Eugene Delacroix ebenbürtig oder gar überlegen, unhaltbar. »Die Muse Delacroix' trägt einen Denkerzug auf der Stirn und ein leidenschaftlich bewegtes Herz in der Brust; Makarts Muse gleicht der Undine – sie ist ein Elementarwesen voll Reiz und Zauber, aber ohne Seele.«[179]

Am Ende ihrer Rezension resümiert Paoli, dass Pechts Buch neben gut gestalteten Charakteristiken auch eine Entwicklung zeige. Sie sieht hier den gründerzeittypischen Aufstieg der Kunst für das Auge, wie er sich am Burgtheater bei der Ablösung des frugal inszenierenden und auf das Wort vertrauenden Laube durch Dingelstedt, den Verfechter des Ausstattungstheaters, gezeigt hatte. Die bildende Kunst bringe »nach langem Stillstand wieder eine Fülle von edlen und glänzenden Leistungen« hervor, sie sei in der Gesellschaft verankert, »während die Dichtkunst in dem selben Maße versiegt und verkümmert«.[180]

Poesie und Tendenz

Der Zustand der Literatur, insbesondere der Lyrik, war ein wichtiges Thema für Paoli, mit dem sie sich seit jeher regelmäßig in Essays und Rezensionen befasste und sie nützte das Feuilleton auch dazu, über die Situation von Autorinnen und Autoren nachzudenken und Literatur zu bewerben, die sie für wertvoll hielt. Neben der *Neuen Freien Presse* war die

(Augsburger) Allgemeine Zeitung der Ort für Paolis ausführliche Rezensionen, die oft auch grundsätzliche Überlegungen zur Literatur und zu der veränderten gesellschaftlichen Bedeutung von Poesie enthielten. Paoli wandte sich an ein aufgeschlossenes Bildungsbürgertum, dem gegenüber sie sich als Bewahrerin der gemeinsamen Werte, aber auch als Propagandistin neuer Talente präsentierte.

Die Literatur von Annette von Droste-Hülshoff und von Franz Grillparzer begleitete Paoli ihr ganzes Leben lang und sie wurde nicht müde, diese beiden Ausnahmetalente zu loben. Daneben sind es Marie von Ebner-Eschenbach und Ferdinand von Saar, die stets auf ihre positiven Kritiken zählen konnten. Und als Dichterin, die jahrelang unter dem Druck stand, sich selbst eine literarische Persona schaffen zu müssen – ein Druck, von dem sie sich erst in ihrer Lebensmitte und durch geänderte literarische Bedingungen befreien konnte –, interessierte sie sich besonders für das Selbst- und Fremdbild anderer Dichterinnen.

Die Zeit nach 1870 war von politischen Umwälzungen und technischen Fortschritten geprägt, von einem rasanten Aufstieg des Bürgertums, das selbstbewusst in Konkurrenz zum Adel trat, aber auch von Verunsicherung auf vielen Gebieten, so zum Beispiel einer kritischen Auseinandersetzung mit der katholischen Kirche. Darüber hinaus veränderten naturwissenschaftliche Erkenntnisse das Weltbild. An all dem nahm Paoli Anteil, einerseits durch ihre beachtliche Belesenheit, wobei ihr (ästhetischer) Konservatismus sie keineswegs daran hinderte, sich auch mit neuen Positionen und Gestaltungsmitteln auseinanderzusetzen. Ihre umfassende Bildung und ihre Sprachkenntnisse erschlossen ihr neue Wissensgebiete. Andererseits hatte sie in ihrem näheren Umfeld die Möglichkeit zum Austausch mit Männern und Frauen, die bei gesellschaftlichen oder wissenschaftlichen Innovationen in der ersten Reihe standen.

1872 verkündete Paoli in einem Feuilleton:

> Die Natur pflegt consequent zu verfahren und, sehr geringe Schwankungen abgerechnet, in den verschiedenen Gattungen ihrer Geschöpfe ein sich gleichbleibendes Zahlenverhältniß aufrechtzuerhalten. Es ist nicht wahrscheinlich, daß sie die Race der poetisch Empfänglichen zum Aussterben verurtheilt haben sollte, um die Welt ausschließlich mit Dickhäutern zu bevölkern.[181]

Die Befürchtung, dass das Interesse an der Poesie in der materialistisch orientierten Ringstraßenzeit ganz verloren gehen könnte, hatte Paoli also nicht. Manchmal werde allerdings das Große verkannt, sie führt als Beispiel Annette von Droste-Hülshoff an. In Zukunft werde aber auch diese Dichterin zu ihrem Recht kommen. Andere Beispiele – und hier führt Paoli Anastasius Grün, Viktor Scheffel und Emanuel Geibel an – zeigten, dass sich das Gute durchsetze. Wer der heutigen Zeit vorwerfe, sie sei unpoetisch, meine damit nur, »daß das poetische Mittelgut jetzt weit weniger Beachtung findet als früher. Gottlob!« Es seien eben die »mittelmäßigen Poeten«, die sich über das Publikum beschwerten.[182]

Paoli erzählt in diesem Feuilleton in aller Kürze eine jüngere Lyrikgeschichte, in der »Miniatur-Talente« und Tendenzdichtung eine Rolle spielen. Über Epigonen, die als Auswuchs der goldenen Zeit von Goethe und Schiller aus dem Boden schossen, schreibt sie: »Bei einigem Fleiß und einiger Anlage, einem für den Rhythmus empfänglichen Ohr war es nicht allzu schwer, den Meistern die poetische Form abzulernen.«[183] Im Jahr 1830 (dem Jahr der Julirevolution in Frankreich) sei dann das poetische Klima für diese »Treibhausdichter« vorbei gewesen, »Frühling und Minne sanken im Preise, und die politische Poesie kam an die Reihe«. Freilich habe es auf diesem Gebiet einige große Talente gegeben, aber auch hier waren die Minderbegabten gleich zur Stelle und diesen rechnete die Leserschaft ihre »Gesinnungstüchtigkeit, wie es damals hieß, hoch genug an, um hinsichtlich ihrer dichterischen Begabung willig ein Auge oder auch beide Augen zuzudrücken«.[184]

Das Jahr 1848 habe eine poetische Läuterung gebracht, aber das Publikum sei zu Recht misstrauisch gegenüber der Vereinnahmung von Poesie. Gehaltvolle, wahre Lyrik errege Teilnahme, und Paoli nennt als Beispiel die vor kurzem erschienenen Gedichte von Josephine von Knorr. »Diese Lieder wurden nicht gemacht; in sehnsüchtigem Werdedrang haben sie sich von der Seele der Dichterin losgelöst.«[185] Hier definiert Paoli das poetische Ideal jenseits des Handwerklichen, in dem die Individualität der Dichterin die zentrale Rolle spielt. Das Publikum habe diesen Lyrikband bereits gut angenommen, ein Beweis, dass gute Gedichte immer eine Leserschaft finden.[186]

Der grundsätzliche Befund von *In Sachen der Poesie* ist aber dennoch, dass die Lyrik es derzeit schwer hat, und zwar schwerer als die Epik und die

Dramatik. Die Menschen wollten nicht über die innere Welt eines Dichters oder einer Dichterin nachdenken, sondern in der Literatur, und zwar konkret in der Epik »die Kämpfe abgespiegelt sehen, in denen die Gegenwart ringt«. Das stößt bei Paoli nicht nur aus poetologischem, sondern auch aus psychohygienischem Grund auf Unverständnis: »Man möchte denken, die Leute sollten froh sein, wenigstens auf Stunden dieser gewitterschwülen Atmosphäre zu entrinnen und reinere Lüfte einzuathmen; doch seltsamerweise ist dem nicht so.« Dabei sei es nicht die Aufgabe der Kunst, »eine neue Ordnung der Dinge zu gründen, noch uns bei der Hebung all der verrotteten Uebel in Kirche, Staat und Gesellschaft an die Hand zu gehen«, sie solle vielmehr das Ideal in seiner Vollendung darstellen.[187] Dass Paoli hier eine klassische Kunstauffassung vertritt, zeigt, dass sie den »kruden Realismus«, der sich bald in der Schule der Naturalisten Bahn brechen wird, als Instrumentalisierung der Literatur ablehnt.

Im katholisch-konservativen *Vaterland* wird Paolis Befund *In Sachen der Poesie* widersprochen, »so geistreiche Apercus es auch enthält«.[188] Denn gute Dichtung entstehe keineswegs zu jeder Zeit, man müsse zugeben, dass es »historische Zeitabschnitte gibt – und ein solcher ist der unsrige – in denen ästhetische Production und ästhetischer Genuß im Hintergrunde der Tagesinteressen stehen«.[189] Paoli selbst sei ein Beispiel dafür, denn sie »schweigt auch schon seit längerer Zeit, wenigstens für die Oeffentlichkeit, und ist unter die Touristen und reflexionirenden Feuilletonisten gegangen«.[190]

In ihrer Funktion als Feuilletonistin befasste sich Paoli nicht nur mit Aufstieg und Fall der Tendenzlyrik, sondern auch mit der Frage nach dem Tendenzroman, und zwar anhand des Buchs *Harte Gesetze* von Anny Albert (Anna Kistner).[191] Paoli stellt fest, dass auf ein Unrecht oder einen sozialen Missstand von den Autoren »bei poetischer Anlage« hingewiesen werden könne, indem sie eine ihre »Thesis umkleidende Fiction« verfassten.[192] Der literarische Erfolg sei dann nur insofern wichtig, als er »die Verbreitung der Ideen, deren Dienst sie sich gewidmet haben, fördert und begünstigt«. Die poetische Form sei lediglich ein Mittel zum Zweck. Anders als die »Lehrbücher der Aesthetik« kennt Paoli auch gute Vertreter des Tendenzromans und nennt Charles Dickens.[193] Das Buch im Zentrum dieser Rezension ist eines, das, »wenn es auch literarisch nicht das Höchste leistet, den Vorzug hat, wichtige, inhaltschwere Fragen mit edlem, gewissenhaften Ernst zu behandeln«.[194]

Wenngleich sie in dem Roman von Anny Alberts »Compositionsfehler, Längen und Ungleichheiten« entdeckt, begrüßt Paoli doch das Bemühen, anhand der Geschichte einer jungen Witwe die Ungleichbehandlung von Männern und Frauen vor dem Gesetz zu thematisieren. Nach der Inhaltsangabe kommt Paoli zur Kritik der Botschaft des Romans: »Kein wunder Fleck in der bürgerlichen Stellung der Frauen ist dem Blick der Verfasserin entgangen; hingegen widerfährt es ihr auch nicht selten, über das Ziel hinaus zu schießen und den Codex auch für solches Unrecht und Unglück verantwortlich zu machen, die kein Gesetz der Welt zu verhindern je im Stande sein wird.«[195] Damit schlägt Paoli den Bogen zu einem ihrer Herzensthemen und befindet, es hätte in dem Roman »hervorgehoben werden müssen, daß die Schwierigkeiten und Hindernisse, mit denen die auf sich selbst angewiesenen Frauen zu kämpfen haben, großentheils in der mangelhaften Erziehung liegen, die man ihnen angedeihen läßt«.[196]

Paoli behandelt den Roman von Kistner, die Mitglied des ›Allgemeinen deutschen Frauenvereins‹ in Leipzig war, wie eine Streitschrift zur Frauenfrage. Sie empfiehlt das »ernst gemeinte, vielfach anregende Buch« dem Lesepublikum.[197] Dass Paoli den Roman als literarisches Werk ernst genommen hat, ist zu bezweifeln. Zweiundzwanzig Jahre später gilt *Harte Gesetze* als ein Buch, »auf welches jetzt vielfach hingewiesen wird, als einen Vorläufer der jetzigen grossen Bewegung zur Besserstellung der Frau im bürgerlichen Gesetzbuche«.[198]

Die Lage der Schriftsteller

Zwar schrieb Paoli in ihrem Feuilleton *In Sachen der Poesie* gegen die These an, die Lyrik gehe unter. Der im Vergleich zur ersten Jahrhunderthälfte geringe Marktanteil der Gedichtbände bei gleichzeitigem Aufstieg des realistischen Romans war aber nicht zu übersehen. In ihrem Gedicht *Verblendung*, aufgenommen in die Sammlung *Neueste Gedichte*, thematisiert Paoli diesen Funktionsverlust als einen Verlust für die Menschen ihrer Zeit, die die Dichtung vernachlässigen, »um sich nicht'gem Tande zuzuwenden«.[199]

Zur Konkurrenz der Lyrik, also der poetischen Gestaltung des Idealen, gehören auch die Künste für den Augensinn. Im neunten Jahrgang der

Dioskuren erscheint das Gedicht *Im Walde*, in dem die Dichterin sich über Wert und Lohn ihrer Dichtergabe befragt:

Jüngst hab' ich drüber nachgedacht,
Verstimmt und unzufrieden,
Was mir die Gabe eingebracht,
Die mir ein Gott beschieden?

Das Dichterinnen-Ich kommt zum Schluss, dass Sängerinnen oder Tänzerinnen mehr Erfolg und Anerkennung bekommen, gibt aber der Dichtung den Vorzug, da diese Gabe in sich selbst bestehen kann.

Nehmt den Erfolg als Lohn dahin,
Sirenen und Sylphiden!
Mir ward der Dichtkunst Strahl, – ich bin
Mit meinem Theil zufrieden![200]

Der wahre Dichter und die wahre Dichterin können sich der Welt verweigern, was dem Prinzip von Kunstautonomie und Kunstreligion entspricht, das schon am Anfang von Paolis Lyrik stand.

In der Bearbeitung dieses Gedichts für den Nachlassband, die wahrscheinlich von Paoli selbst stammt, ändert sich nicht nur die Gabe, die »mir ein Gott beschieden«, zur Gabe, die »mir Natur beschieden«, sondern auch der Erfolg wird konkretisiert. Der erste Vers der letzten Strophe lautet nun: »Nehmt Gold und Ruhm als Lohn dahin«.[201] Tatsächlich bekam Paoli für ihren Band *Neueste Gedichte* bei einer Auflage von 600 Exemplaren nur 200 fl (ca. 2700 Euro) Honorar.[202] Der wirtschaftliche Druck auf freie Schriftstellerinnen und Schriftsteller war im letzten Drittel des neunzehnten Jahrhunderts groß. Eine Entwicklung, die Paoli aus nächster Nähe und mit Aufmerksamkeit beobachtete, war die Gründung von Vereinen und Zusammenschlüssen, die die gemeinsamen Interessen der Autoren vertraten, wie die ›Deutsche Schillerstiftung‹.

In einem Feuilleton befasst Paoli sich nun mit Sinn und Zweck dieser Stiftung und mit der Situation der Dichter und Schriftsteller im Allgemeinen.[203] Paolis Vergleich der Gegenwart mit der Zeit der Patronage fällt positiv aus: »Verschiedene Ursachen, die alle mit den Fortschritten der

Civilisation zusammenhängen, haben eine Wendung zum Besseren herbeigeführt, womit übrigens keineswegs gesagt sein soll, daß nicht noch sehr Vieles anzustreben sei.«[204] Es gebe jetzt immerhin Gesetze zum Schutz des geistigen Eigentums. Auch die Leserschaft sei größer geworden: »Das Lesebedürfniß hat sich zugleich mit der Bildung verbreitet, die, wenn sie auch seit Goethe's und Schiller's Tagen schwerlich an Tiefe gewonnen hat, jedenfalls viel allgemeiner geworden ist.«[205] Paoli begrüßt es auch, dass es Nachwuchsförderung und staatliche Pensionen gibt. Das zeige, dass »ein entscheidendes Princip« zur Geltung komme, nämlich »das Princip, daß der Schriftsteller als ein nützliches Mitglied der bürgerlichen Gesellschaft zu betrachten ist«.[206]

Aber Paoli hat auch Einwände gegen das Unterstützungssystem: Nur wenige würden davon profitieren und die Schillerstiftung diene mehr der Caritas als der Muse. Paoli argumentiert im Falle der schreibenden Zunft wie in der Frauenfrage pragmatisch-marktnah: »Wie jedem anderen sollte es auch dem literarischen Arbeiter möglich sein, sich eine gesicherte Existenz zu gründen.«[207] In die Pflicht genommen wird von ihr nicht der Verleger als Vermittler, sondern das Publikum.[208]

> Im Allgemeinen bedarf es ganz besonderer Motive, um einen Deutschen zum Ankaufe eines Buches zu bewegen; entweder muß er eben genöthigt sein, ein Geschenk zu machen (Bücher, Blumen und Zuckerwerk sind die einzigen Dinge, womit man anständige Frauen beschenken darf), oder er muß mit dem Verfasser persönlich bekannt sein, oder das Werk muß augenblicklich so großes Aufsehen machen, daß es zu kennen mit zum guten Ton gehört.[209]

Dann folgt in diesem Feuilleton für die liberale *Neuen Freien Presse*, das in Teilen auch in der *Gartenlaube* nachgedruckt wurde[210], eine Schelte der Wiener, die bekannt für ihren Hang zum Luxus seien, der beim Bücherkauf ende. »Dieselben Leute, die es als eine Injurie betrachten würden, wenn man ihnen einen Sperrsitz schenken oder ein Diner zahlen wollte, schämen sich nicht im geringsten, rechts und links Bücher zu entlehnen.«[211] Paoli sieht aber mit Zuversicht der Zeit entgegen, in der Schriftsteller ein »Beruf so gut wie der des Arztes, des Juristen u. s. w.« sein wird.[212] Die von ihr propagierte Kommerzialisierung und Professionalisierung von Kunst und Kultur weist jedenfalls auf die Entwicklung der nächsten Jahrzehnte voraus.

1872 erhielt Paoli eine staatliche Zuwendung, wogegen der Burgtheaterdirektor Dingelstedt, Mitglied einer beratenden Kommission, zu intervenieren versuchte, und zwar mit der Begründung, Paoli schreibe gar nichts.[213] Die *Neue Freie Presse* druckte darauf eine Art Entgegnung:

> Was aber die Anklage gegen Betty Paoli betrifft: »sie schreibe ja nichts mehr«, so ist sie einfach unwahr. Erst vor zwei Jahren ist ein Band »Neueste Gedichte« von ihr erschienen, der an Bedeutung des Inhalts und Reinheit der Form seine Vorgänger übertrifft. Herr v. Dingelstedt muß sehr wunderliche Begriffe von der Poesie haben, wenn er in kaninchenhafter Fruchtbarkeit das Kennzeichen ihrer Auserwählten erblickt. Und in noch näher liegender Zeit hat die Dichterin uns ja durch ihre trefflichen Schilderungen aus Italien und namentlich aus Rom, Feuilletons dieses Blattes, erfreut. Man braucht also nicht einmal darauf hinzuweisen, daß eine Pension der Lohn für erworbene Dienste ist und gar nicht die Nöthigung in sich schließt, sich alle Tage neue zu erwerben.[214]

Nicht nur die *Neue Freie Presse*, ihr Verlag Cotta und die Herausgeber der *Dioskuren* zahlten Honorare an Paoli, ihre Leistung wurde auch von dem k.k. Ministerium für Kultus und Unterricht anerkannt, aus dessen Budget ihr die Pension bezahlt wurde.[215]

Und dabei befand sich Paoli ohnedies in einer komfortablen Situation, denn Ida Fleischl hatte ein großes Herz. Sie war nicht nur eine unentbehrliche ideelle Unterstützerin der Arbeit von Paoli und Marie von Ebner-Eschenbach, eine kritische, gebildete und unermüdliche Probeleserin, sondern sie schenkte auch und zahlte. Hieronymus Lorm war einer von vielen, der in den Genuss von Fleischls Großzügigkeit kam. Die Hausangestellte Gasser erinnert sich:

> Er [Lorm] hat die Gnädige so hoch verehrt, hat auch Grund genug dazu gehabt, wenn die Gnädige nur etwas hat für ihn thun können so hat sie es gethan; waren seine Söhne in Wien, so wurden sie gleich geladen, war sonst etwas los hat die Gnädige nie darauf vergessen, wie oft sind Cigarren geschickt worden [...].[216]

Dass es bei Ida Fleischl ein offenes Ohr, Unterstützung und einen anregenden Austausch mit der einflussreichen Kritikerin Paoli gab, war bekannt. »Dann kamen noch viele, die dichten wollten, um Rath! So Anfangsschüler, ist aber von die meisten nur so ein Flickschustern u. Blaustrumpferzeugerei herausgekommen [...].«[217]

Droste-Hülshoff, die edelste Dichternatur

Schon in ihrem Band *Nach dem Gewitter* (in der vermehrten Auflage von 1850) hatte Paoli in einem Huldigungsgedicht anlässlich des Todes der Dichterin das überragende Talent Annette von Droste-Hülshoffs gewürdigt und zwei Jahre später in einer Besprechung festgestellt, dass die Gedichte Annette von Droste-Hülshoffs zu wenig gelesen würden.[218] Als 1860 *Letzte Gaben*, eine Zusammenstellung aus Droste-Hülshoffs Werken, bei Cotta herauskam, klagte sie über die Ignoranz des Publikums, das die außergewöhnliche Begabung dieser Dichterin nicht erkenne.[219] Paoli bewundert in dieser »Studie« den inneren Reichtum und die Gedankentiefe in den Gedichten Droste-Hülshoffs, erwähnt aber auch eine gewisse Nachlässigkeit beim Versbau und dass so manche Textaussage ›dunkel‹ bleibe. In *Die Judenbuche* bekunde sich »ein novellistisches Talent ersten Ranges«, und die einfachen Mittel, mit denen die Autorin ihre Wirkung erzielt, erinnern Paoli an Kleists *Michael Kohlhaas*, es sei dieselbe »stramme, knappe Art des Erzählens, dieselbe starke und feine innere Motivirung, dieselbe eiserne Consequenz in der Entwickelung des menschlichen Schicksals aus dem Willen des Menschen.«[220] Paoli ist überzeugt davon, dass Droste-Hülshoffs Literatur in Zukunft noch weitere Verbreitung finden werde. Zwei Jahre später konnte sie berichten, dass der Ruhm der Dichterin deutlich zugenommen und die erste Gedichtsammlung eine zweite Auflage erfahren hatte.[221]

Wenn Paoli dem Publikum bescheinigte, wahre Lyrik nicht zu schätzen und sich nicht in die innere Welt von Dichterinnen und Dichtern vertiefen zu wollen (»Die meisten Menschen finden es ja nicht einmal der Mühe werth, über sich selbst nachzudenken, geschweige erst über einen Anderen.«[222]), dann ist ihr Beispiel dafür auch noch in den 1870er Jahren die geringe Bekanntheit der Gedichte von Annette von Droste-Hülshoff.

Paoli empört sich: »Gewöhnlicher Singsang, namentlich solcher, der sich zu Christ- und Geburtstags-Geschenken für liebenswürdige junge Damen eignet, erscheint in zahlreichen Auflagen, während von den vor siebenundzwanzig Jahren erschienenen Gedichten der Droste noch nicht die zweite Auflage vergriffen ist.«[223] Die äußeren Bedingungen würden verhindern, dass dieses »Dichtertalent allerersten Ranges« bislang in gebührendem Maße anerkannt werde, da sie,

> eine streng conservative Natur, dem reformirenden Geiste ihres Jahrhunderts schroff gegenüberstand, weil sie trotz ihres Tief- und Scharfblickes für den innersten Kern der Dinge dennoch nicht begriff, daß die fortschreitende Entwicklung der Menschheit eine Erneuerung der religiösen, politischen und socialen Formen bedingt.[224]

Aber eine spätere Generation, die nicht mehr Teil dieser Umbrüche sein würde, werde »mit freiem historischen Bewußtsein« die Größe dieser Dichterin anerkennen.[225]

Wann immer Paoli über Droste-Hülshoff schrieb, stellte sie dem Publikum mahnend vor Augen, welchen literarischen Schatz es hier zu heben gelte. »Die Sprache der Droste ist kein buntes Edelsteinchen mit tausend künstlich geschliffenen Facetten, sie ist ein im eigenen Lichte glänzender Solitair«, schreibt sie 1852.[226] Als Levin Schücking *Annette von Droste. Ein Lebensbild* herausbrachte, nützte Paoli die Gelegenheit, um festzustellen, was »vielleicht den hervorstechendsten und eigentümlichsten Zug der Dichterin ausmacht, ihr zaubervoller Humor, der ganz nach Jean Pauls Definition, in der Tat ein Lächeln voll Schmerz und Größe ist«.[227]

Im Jahr 1877 schreibt Paoli, Droste-Hülshoff fand »solange sie lebte, nicht entfernt die Beachtung, die ihr gebührte, und als sie die Augen schloß, war es nur wenigen ganz klar, was Deutschland an ihr verloren hatte. Das hat sich seitdem geändert.«[228] Die breite Masse, »die Redeprunk und Bilderpracht für Poesie hält«, würde Droste-Hülshoffs Gedichte zwar immer noch nicht in ihrer Bedeutung erkennen, aber immerhin sei seit mehr als zwanzig Jahren »nicht eine nennenswerte Literaturgeschichte des gegenwärtigen Jahrhunderts« ohne Anerkennung der Leistungen von Droste-Hülshoff erschienen.[229] »Man darf wohl mit Sicherheit einer Gesamtausgabe der Drosteschen Dichtungen entgegensehen«, prophezeit

 Paoli, und als Abschluss einer solchen Werkausgabe wäre auch eine Ausgabe der Briefe wünschenswert.[230]

Paoli tat, was sie konnte, um den Ruhm Droste-Hülshoffs zu mehren. Sie schrieb Rezensionen und ausführliche Aufsätze, in deren Mittelpunkt die Dichterin stand, sie erwähnte Droste-Hülshoff immer wieder auch in anderen Zusammenhängen und rief zu Spenden für ein Dichterinnen-Denkmal auf. Der Aufsatz für die Zeitschrift *Die Heimat*, an dessen Ende dieser Aufruf steht, ist eine ganz besondere Würdigung und Paoli denkt darüber nach, warum Droste-Hülshoff so lange die Anerkennung versagt blieb, die sie, eine »der edelsten Dichternaturen« Deutschlands, verdiente.[231] Die Tageskritik habe bei Erscheinen ihrer Gedichte darin keine liberale Gesinnung gefunden, was in dieser Zeit das wichtigste Kriterium für die Lyrik gewesen sei. Und wenn die Dichterin auch nicht angegriffen worden sei, so habe ihr das Unpolitische ihrer Dichtung doch geschadet. Denn für ein literarisches Werk kommt es »so ziemlich auf Eines hinaus, ob es todtgeschlagen oder todtgeschwiegen wird.«[232]

Paoli vermerkt wohl auch eingedenk ihres *Romancero*, der Gedichtsammlung, von deren politischer Aussage sie sich später distanzierte: »Wie Mancher, dessen natürliche Anlagen ihn auf ein ganz anderes Gebiet hinwiesen, wurde durch den Druck der öffentlichen Meinung zum politischen Dichter gepreßt!«[233] Über Droste-Hülshoffs religiöse Dichtung schreibt Paoli, in ihr liege »etwas Suchendes, Unruh- und Spannungsvolles, das der in sich gefestete Glaube nicht kennt«. Das sei auch der Grund dafür, dass sie von katholischer Seite bislang nicht vereinnahmt worden sei.[234]

Das überragende Talent der westfälischen Dichterin würde nun langsam erkannt, schreibt Paoli im Jahr 1876: »Ihr Stern wird noch höher steigen, doch schon jetzt ist ihr Name dem Gedächtniß des deutschen Volkes unauslöschlich eingeprägt.«[235] In ihrer Geburtsstadt Münster sollte nun der Dichterin ein Denkmal gesetzt werden. Wer sich beteiligen wolle, könne einen Spendenbetrag gegen Quittung bei der k.k. Hofbuchhandlung Faesy & Frick deponieren.[236] Die Idee für das Denkmal hatte Levin Schücking. Er war ein Bekannter Paolis aus der Vormärzzeit, Mitarbeiter der *Augsburger Allgemeinen Zeitung* und einer jener populären Vielschreiber von Novellen und Romanen, die in Paolis Augen für die mangelhafte literarische Bildung der breiten Masse verantwortlich waren. Paolis Aufsatz kam gut an. »Betty P. hatte sehr anerkennende u. verehrungsvolle Briefe von Anast[asius]: Grün, Wüllersdorf u. Levin Schücking erhalten, wegen ihres schönen Aufsatzes über An: v. Droste in der *Heimat*.«[237]

Im nächsten Jahr verbrachte Levin Schücking den Winter in Wien, wo er jeden Sonntag bei Ida Fleischl speiste[238] und ihm »der Umgang mit Betty Paoli zu besonderer Freude gereichte«[239]. Begleitet wurde Schücking von seiner Tochter Theophanie, genannt Theo, die rechte Hand des Vaters, seine Gesellschafterin und Sekretärin.[240] Paoli kannte wahrscheinlich auch Theos Mutter, die 1855 verstorbene Schriftstellerin Louise von Gall, denn diese lebte um 1840 in Wien und wurde, wie Paoli, von Friedrich Witthauer gefördert. Die nächsten Winter bis zum Tod Levin Schückings 1883 verbrachte er mit Theo in Rom, wo sie auch Mina von Stein begegneten.[241]

Auch Marie von Ebner-Eschenbach machte im Haus Fleischl die Bekanntschaft von Theo Schücking und deren Vater.[242] Die beiden Frauen blieben einander zeitlebens verbunden, in ihrer Korrespondenz gedenken sie auch immer wieder der gemeinsamen Freundin Paoli. Aus dieser Quelle wissen wir etwa, dass Paoli ihren Sommer 1878 ganz zufrieden in Ischl verbrachte und im Jahr 1882 an starkem Rheumatismus litt.[243]

Ebner-Eschenbach nahm Annette von Droste-Hülshoff »als literarische Vorfahrin« wahr, eine Verwandtschaft, die auch anderen auffiel: Im Jahr 1909 bekam sie eine Ansichtskarte vom Meersburger Droste-Denkmal geschickt, dem »›Bild der Collegin‹«.[244] Es ist nicht das von Levin Schücking geplante Denkmal, denn das wurde mangels Publikumsbeteiligung nicht verwirklicht. Erst zum hundertsten Geburtstag von Droste-Hülshoff, drei Jahre nach Paolis Tod, wurde in Münster eine Marmorbüste der Dichterin aufgestellt. Aber für Droste-Hülshoff gilt ohnehin Marie von Ebner-Eschenbachs Aphorismus: »So manches papierne Denkmal hat mehr Bestand als ein Denkmal aus Erz.«[245]

Marie von Ebner-Eschenbach

Im Feuilleton des *Vaterlands* Anfang März 1872 wird bemerkt, dass der »allgemein geschätzten Collegin« Betty Paolis, der »Fr. Baronin Ebner«, zurzeit »Lust und Schaffensfreude« zu fehlen scheinen, seit *Doctor Ritter* (Uraufführung 1869) habe man nichts mehr von ihr gehört.[246] Kaum vier

Wochen später ist an gleicher Stelle zu lesen: »Die Dichterin hat mich rasch gezwungen, ein letzthin voreilig gesprochenes Wort: daß sie schon lange nichts geschrieben, zurückzunehmen.«[247] Es folgt die erste, positive Rezension des neuesten Werks Ebner-Eschenbachs, des Märchens *Die Prinzessin von Banalien*. In diesem habe die Autorin »so Manches von ihrem eigenen, individuellen Leben und Fühlen« mitgeteilt.[248]

Mehrere Verlage hatten das Märchen abgelehnt, als es dann gedruckt war, erschienen innerhalb kurzer Zeit acht positive Kritiken.[249] Gleich nach Erscheinen des Buches äußerte sich auch Paoli in einem Brief an die Verfasserin »freundlich«, Ida Fleischl, gerade aus München zurückgekehrt, berichtete allerdings davon, dass Friedrich Pecht in der Liebe der Protagonistin nur Sinnlichkeit sehe, ein Eindruck, den Paoli im Gespräch bestätigte. Ebner-Eschenbach war entsetzt über dieses Urteil und konnte es gar nicht fassen. Sie war offenbar peinlich berührt, dass der verklausulierte erotische Gehalt des Märchens zur Sprache gebracht wurde.[250] So war es sicher auch in ihrem Interesse, dass sich Paoli mit diesem ersten, namentlich gezeichneten Prosastück nicht öffentlich befasste. Auch mit Ebner-Eschenbachs kurzer Erzählung *Die Großmutter* konnte Paoli zuerst nichts anfangen. Dass sie darüber entrüstet war, wie Ebner-Eschenbach vermutete (»[Ida] verschweigt mir Betty Paolis Entrüstung über die Großmutter aber ich bemerke es gut.«), ist allerdings zu bezweifeln.[251] Sicher ist, dass Ebner-Eschenbach sich mit diesem Text an einen Ort begibt, an den sich sonst »nur die Naturalisten wagen: in die Morgue, die Leichenhalle des anatomischen Instituts«.[252] Mit diesem Gedanken musste Paoli sich erst anfreunden. Und das tat sie.

Wenn Paoli sich mit einem Werk beschäftigte, dann tat sie das gründlich, ganz besonders bei ihrer Meinung nach unterschätzten literarischen Leistungen wie Ebner-Eschenbachs Prosa. Paoli hatte maßgeblichen Anteil daran, dass Ebner-Eschenbach nach ihrem Scheitern als Theaterautorin mit ihren Erzählungen und Romanen erfolgreich wurde. Dem ersten Erzählband der jüngeren Kollegin zollte sie bereits öffentlich Anerkennung, und zwar in der einflussreichen *Allgemeinen Zeitung* von Cotta. Auch wenn Paolis persönliche Beziehung zu der Autorin Mitte der 1870er Jahre noch distanziert und ihre Ablehnung der aufkommenden realistischen bzw. naturalistischen Tendenzen noch keineswegs überwunden war, so erkannte sie doch das erzählerische Talent. Mit ihrer positiven Kritik der *Großmutter* sprang Paoli sozusagen über ihren ästhetischen und poetologischen Schatten. Anerkennend stellt sie in ihrer Rezension fest, dass der Verfasserin nur eine einzige Szene genügte, um die Vergangenheit und das Elend der Protagonistin darzustellen.[253] Dass die Figur nicht literaturfähig war, trat für Paoli hinter die gelungene Komposition zurück.[254] Über den ersten Prosaband Ebner-Eschenbachs befindet Paoli: »Das dramatische Talent, von dem Freiin v. Ebner schon früher Proben abgelegt hat, kommt ihr als Erzählerin gar sehr zu statten.«[255] Und ihr Fazit lautet: »Ich habe dem Buch die eingehende Würdigung gezollt, die es, vermöge seines geistigen Gehalts und seines poetischen Reizes, beanspruchen darf. Meiner Empfindung, meinem Urteil nach gehört es zu jenen Büchern die ihrem Verfasser in jedem Leser einen Freund erwerben.«[256]

Marie von Ebner-Eschenbach kannte eine Vorabversion der Besprechung und notierte in ihr Tagebuch: »Abends brachte meine allergetreueste Ida [Fleischl], die für die allg[emeine]. Z[ei]t[un]g bestimmte Beurtheilung m[einer]. Erzähl[ungen]: von Betty Paoli. Nun freilich prächtig! Ich vergaß beim Lesen daß sichs um meine eigene Arbeit handelt u. hätte bald gedacht daß ich wünschte das Buch kennen zu lernen das B. P. da bespricht […].«[257] Paolis positives Urteil an prominenter Stelle hatte einerseits einen bedeutenden Werbeeffekt, andererseits konnte Ebner-Eschenbach sicher sein, dass diese Kritikerin wirklich von ihrem Talent überzeugt war, denn von Paoli waren »bekanntermaßen keine Gefälligkeitsurteile zu erwarten«.[258]

Paolis Vorbehalte gegenüber Ebner-Eschenbachs Stoffwahl wurden im Laufe der Zeit geringer. An der Entstehung von *Božena*, der Geschichte einer Dienstmagd, nahm Paoli bereits regen Anteil, im November 1876 erschien in der *Allgemeinen Zeitung* ihre Besprechung.[259] Paoli selbst war nicht zufrieden damit, aber Marie von Ebner-Eschenbach meinte, es sei eine »herrliche Kritik«.[260] Auch Friedrich Pecht fand nicht nur Ebner-Eschenbachs Buch, sondern »wunderbarer Weise« auch den nach Paolis eigener Einschätzung schlechten Aufsatz gut.[261] Paoli beginnt die Rezension mit einem Rückblick auf die bisherigen literarischen Leistungen der Autorin:

> Es mögen jetzt anderthalb Jahre her sein daß […] ein Band Erzählungen von derselben Verfasserin erschien und alsbald die Aufmerksamkeit des gebildeten Publikums auf sich lenkte. […] Wer da Augen hatte um

> zu sehen, der erkannte in diesen Erzählungen das Walten eines eben so gebildeten wie begabten Geistes, eines Gemütes, dem nichts menschliches fremd geblieben ist, eines Talents, dem die Fähigkeit ward, die der Wirklichkeit, wie das Gold dem Erz, eingesprengte Poesie ans Licht zu fördern. Das erklärt den Beifall den sie fanden, das berechtigte jeden, der sich an ihnen erfreute, den ferneren Leistungen der Verfasserin mit hochgespannten Erwartungen entgegen zu sehen. Diese Erwartungen wurden nicht getäuscht, sondern weit eher übertroffen.[262]

Eine bessere Besprechung eines zweiten Buchs kann sich eine Autorin wohl kaum wünschen. Paoli lobt die

> künstlerische Gewissenhaftigkeit, die alles nur leidlich Gute als ungenügend verwirft, die, statt sich mit einem à peu près zu begnügen, an einem Werk unverdrossen schafft und feilt, bis sie es von der unscheinbarsten Makel befreit und nach bestem Erkennen und Vermögen alle seine Teile harmonisch zusammengestimmt hat.[263]

Das ist ein Befund, der nicht am fertigen Werk zustande kommen konnte, sondern nur durch Anteilnahme am *work in progress*. Und nicht nur das: Im konkreten Fall wurden auch die Verbesserungsvorschläge der späteren Rezensentin bei der Werkentstehung berücksichtigt.

Im März 1876 hielt Ebner-Eschenbach in ihrem Tagebuch fest, dass sie Ida Fleischl (und damit selbstverständlich auch Paoli) einen Teil von *Božena* vorgelesen und Paoli eine Stelle getadelt hatte. Ebner-Eschenbach notiert: »Sie [Paoli] hat in allem was sie sagt so vollkommen recht daß ich gar nichts fühle als den dringenden Wunsch u. die innigste Lust es besser zu machen.«[264] Als Beraterin der hochtalentierten Erzählerin Ebner-Eschenbach war Paoli gut geeignet. Ihre eigene Prosa war nicht immer zu ihrer Zufriedenheit und zu der ihres Publikums ausgefallen, aber sie hatte sich mancher heiklen Themen und schwieriger Charakterzeichnungen angenommen, was ihren Blick auf Ebner-Eschenbachs Stoffe und Konstruktionen schärfte.

Der Rezension von Ebner-Eschenbachs *Božena* ging für Paoli eine monatelange Beschäftigung mit dem Stoff und der Technik voran. Die dargestellte Welt sei klein, und doch »hat sie […] Raum genug für die Entwicklung der verschiedenartigsten Charaktere, für das Gewoge edler und niedriger Leidenschaft, Raum genug für Lust und Weh, Schuld und Sühnung«.[265] Durch die Macht der Poesie zeige Ebner-Eschenbach eine »dem Spiel des Zufalls entrückte Welt«.[266] Ganz wie es Paoli in ihrem Gedicht *An die Realisten* forderte: Die Wirklichkeit, »des blinden Zufalls flüchtig Spiel«, wird vom »schöpferischen Strahl« durchdrungen. Poesie ist Ordnung durch Ästhetik.

Die zweite Frage, neben der nach der Poetik der realistischen Prosa, ist die nach der politischen oder sozialen Botschaft, eine Frage ihrer liberalen, großbürgerlichen Leserschaft, die Paoli in der Rezension gleich vorwegnimmt. »›Und hat dieses Buch eine Tendenz?‹«

> Eine religiöse oder politische oder soziale Tendenz hat es nicht, hingegen hat es eine Idee, die vermöge ihrer Wahrheit bestehen wird, wenn alle die jetzt so eifrig verfolgten Tendenzen längst anderen Platz gemacht haben werden. Sie ist die tiefste Seele des Werkes, der Lebensodem, der es durchweht. Ein edler, zu früh dahingeschiedener Dichter hat die Idee mit den Worten ausgesprochen: »Unüberwindlich ist allein der Gute!«[267]

Paoli zitiert hier den Goethe-Verehrer Ernst von Feuchtersleben.[268] Die gebildete Lesewelt, so Paolis Empfehlung, möge *Božena* mit Dank und Freude willkommen heißen.[269]

Wir können heute nicht mehr feststellen, wie wichtig Paolis positive Kritiken für Ebner-Eschenbachs Erfolg waren und wie weit die Autorin sich die Hinweise der Rezensentin zu Herzen genommen hat, oder ob vielmehr Ebner-Eschenbach im Laufe der Zeit die kritischen Maßstäbe Paolis veränderte. Dem Philologen Victor Klemperer fiel jedenfalls auf, dass es »einige Wesensverwandtschaft zwischen der Baronin Ebner und ihrer um sechzehn Jahre älteren Freundin Betty Paoli« gebe; es sei eine »eigenartige Verschmelzung konservativen und liberalen Empfindens«, die die beiden teilten.[270]

Dass Paoli an prominenter Stelle für Ebner-Eschenbach eintrat, passte nicht allen. Der Lyriker und Romancier Alfred Friedmann (über dessen Werk sich Paoli nie geäußert hat), schreibt 1881 beleidigt:

> Die Dichterin Betty Paoli hat jüngst in der »Presse« der Dichterin Ebner von Eschenbach zwei Feuilletons gewidmet und gesagt: »dem Genie gehöre solch epische Recension, dem Mittelgut kaum eine kurze Notiz; ein gutes Buch mache sich übrigens ganz von selbst bekannt.« Gewiß! Getrennt sind die beiden Behauptungen sehr richtig; geeint stoßen sie sich gegenseitig u. wenn ein gutes Werk sich selbst bekannt macht, warum dann zwei Feuilletons darüber? Auch hat nicht jede Freifrau Marie von Eschenbach ihre Betty Paoli, und nicht jedem mittelmäßigen Buch wird eine Notiz.[271]

Hier spricht der Vernachlässigte, dem ein persönlicher Rezensent fehlt, aber in der Sache hat Friedmann recht: Paoli war es ein Anliegen, das erzählerische Werk Ebner-Eschenbachs ihrer Leserschaft zu empfehlen, weshalb sie auch einen Essay über die Erzählungen verfasste, der den Feuilletonrahmen eines Tages sprengte. Es war die dritte ausführliche Besprechung eines Buchs von Ebner-Eschenbach und sie fiel Paoli nicht leicht. Am 22. März 1881 notierte sie in ihrem Tagebuch die Lektüre der Erzählungen, am nächsten Tag begann sie zu schreiben:

> 23.3.1881: »Den Essay für die Presse begonnen; nicht zu meinem Genügen ausgefallen.«
> 25.3.1881: »Den Essay wieder vorgenommen; es will nichts Rechtes daraus werden. Das verstimmt mich.«
> 26.3.1881: »Vormittags den unglückseligen Essay neu begonnen; wenn ich ihn nur jetzt beim rechten Zipfel gefaßt habe!«
> 11.5.1881: »Meine bisherige Arbeit vergeblich; sie taugt nichts und muß neu begonnen werden. Eine harte Nuß!«[272]

Am 20. Juni konnte Paoli endlich notieren: »Mein Manuscript durchgelesen. Nach Tisch holte Bettelheim in Helenes Begleitung es ab [...]«.[273] Anton Bettelheim, Ebner-Eschenbachs Biograph und zu der Zeit bereits mit Helene Gabillon verlobt, trat als Vermittler des Manuskripts auf.

Das Resultat des mühsamen Schreibprozesses war eine ausführliche Besprechung, mit der Ebner-Eschenbach zufrieden sein konnte. Sie stattete Paoli ihren »überströmenden« Dank ab.[274] Aber ihr war die Problemlage der persönlichen Verbindung zwischen Autorin und Rezensentin bewusst und so konnte sie sich nicht uneingeschränkt freuen: »Betty schickt ihre sehr günstige Besprechung meiner *Erzählungen*, in zwei Nummern der *alten Presse*. (vom 24. u. 25. d. M[onats]) [...]. Diesmal bleibt mir nichts zu wünschen übrig, außer daß mich die Mißgunst nicht das Lob entgelten lasse das mir von befreundeter Seite gespendet ward.«[275]

Paolis Lob für Ebner-Eschenbachs Prosa war aber keineswegs eine ausgemachte Sache. Im selben Jahr erschien in der *Deutschen Rundschau*, Hort des Bürgerlichen Realismus, Ebner-Eschenbachs formales Experiment *Die Poesie des Unbewußten. Novellchen in Korrespondenzkarten*. Der Text ist ein »kompositorisches Kabinettstück«[276] und stieß bei Paoli auf Ablehnung. Ebner-Eschenbach notierte: »Betty, ist, wie ich im voraus wußte, nicht im geringsten mit den Cor[respondenz] Karten Nov[elle]. einverstanden.«[277] Aber sie kannte Paoli, die von ihr seit Jahrzehnten verehrte Dichterin, inzwischen gut genug, um zu wissen, dass sich ihre Meinung auch ändern konnte. Mittlerweile war Ebner-Eschenbach mit ihr, dem »größten Lyriker Österreichs«, befreundet – wenngleich dieses Diktum Grillparzers darauf zurückzuführen sein könnte, dass er auf Friedrich Halm nicht gut zu sprechen war.[278]

Von Grillparzer bis Saar

Die Freundschaft zwischen Paoli und Grillparzer reicht bis in die 1830er Jahre zurück. Sie waren beide mit der *Wiener Zeitschrift* verbunden und trugen zu Witthauers Wohltätigkeitsalbum bei, sie trafen sich im Salon von Henriette Wertheimer und bei Ottilie von Goethe, sie hatten in Dr. Preyß einen gemeinsamen Arzt und Freund, und sie litten gemeinsam unter Bagréeff-Speranskis nervtötenden Lesungen aus eigenen Werken. Auch in der Lyrik trafen sich Grillparzer und Paoli, und zwar in den »verschiedensten, vor Dezennien erschienen Taschenbüchern und Journalen«.[279] Paolis frühe Lyrik war nicht nur von Lenau, Grün und Byron beeinflusst, sondern auch von den Gedichten Grillparzers.[280]

In einem Feuilleton, das Paoli nach Grillparzers Tod für die *Neue Freie Presse* verfasste, bezeichnete sie die Erzählung *Der arme Spielmann*, erschienen 1848 in der *Iris*, als Meisterwerk, als »eine Perle vom reinsten Wasser«.[281] Vor allem aber würdigte sie Grillparzers Lyrik und hob dabei sein Gedicht

Franz Grillparzer, 1827

Jugenderinnerungen im Grünen hervor. Paolis eigenes Werk mit dem sprechenden Titel *Kein Gedicht* tritt in Dialog mit diesem 1835 im Taschenbuch *Vesta* abgedruckten Gedicht Grillparzers. Darin legt der Dichter Rechenschaft ab über die »erreichte Lebensstufe, die erfolgreich und doch quälend ist«; die Lyrik wurde für ihn »eine Zuflucht vor den Leiden des Lebens«.[282] Paolis Gedicht im gleichen Versmaß (fünfhebiger Jambus) ist ein Rückblick und eine Bestandsaufnahme im 25. Lebensjahr der Dichterin.[283]

In Grillparzers Gedicht scheitert eine Liebesbeziehung an den Rollenerwartungen: »Doch all umsonst, trotz Ringen, Stürmen, Weinen, / Sie blieb ein Weib, und ich war immer ich.«[284] Dem lyrischen Ich Paolis ist die »schirmende Beschränkung« verwehrt, die das »still beglückende« Los anderer Frauen ist.[285] Stattdessen ist das Dichterinnen-Ich früh im Leben auf sich selbst gestellt: »Mein Unglück läßt sich in zwei Worte fassen: / Ich war ein Weib und kämpfte wie ein Mann!«[286]

Der Dichter erfährt bei Grillparzer Missgunst, Neid und Hass und ist ihnen ungeschützt ausgeliefert: »Denn, ach, wer singt, kann nicht im Harnisch gehn«.[287] Würde er sich aber wappnen, so wäre seine Dichtung gefährdet: »Der schwere Panzer drücket harte Schwielen, / Drob des Empfindens weicher Sinn entgeht.«[288] In *Kein Gedicht* rüstet sich die Dichterin intellektuell mit »Schärfe, Kraft und Licht« gegen die feindliche Welt und erlebt so den Verlust der Empfindungsfähigkeit: »Doch blüthenlos blieb meine ernste Seele –/Im Waffenkleid pflegt man der Blumen nicht.«[289] Wenn Paoli über den Dichterkollegen schreibt, dass er die Dichtung als den Ausdruck der »schmerzlichen Erkenntnis der Unzulänglichkeit alles Irdischen« betrachte und sich in seiner Poesie die »Sehnsucht nach einer idealen Welt« Bahn breche, dann spricht sie auch von ihrer Poetik.[290]

Paoli und Grillparzer waren sich auch in manch anderer Hinsicht ähnlich. So tadelt Paoli in ihrem Feuilleton jene, die Grillparzer mangelnde soziale Kompetenz vorgeworfen hatten, und zeigt Verständnis:

> Viele hielten ihn für einen Egoisten, weil er sich nicht von jeder Lappalie, wegen der man sich an ihn wendete, aus seiner stillen Gedankenwelt reißen ließ und überhaupt den Verkehr mit Anderen eher mied als suchte. Daran, meine ich, hat er sehr wohl getan; ein Mensch wie er hat einen anderen Beruf, als ein angenehmer Gesellschafter zu sein oder eine Kleindichterbewahranstalt zu gründen.[291]

Vielleicht ist es einer der von Grillparzer verschmähten Kleindichter, der in der Satirezeitschrift *Die Bombe* über Paoli schreibt, sie stricke »im Feuilleton der ›Neuen Presse‹ an einem neuen Strumpf, betitelt: Studie über Grillparzer! [...] Also abermals Eine, die ein k.k. ausschließlich privilegirtes Patent auf Grillparzer-Entdeckung und eine behördliche Konzession auf Grillparzer-Verständniß genommen hat!?«[292] Aber Paoli wusste ganz genau, was sie schrieb, und mit Recht bot sie dem Verleger Cotta das Feuilleton mit den Worten an, sie sei mit Grillparzers »Charaktereigenthümlichkeiten« vertraut.[293]

Paoli verband nicht nur eine langjährige Freundschaft, sondern echte Seelenverwandtschaft mit dem Dichter, sie besuchte ihn regelmäßig und sprach mit ihm über seine Arbeit. Als Grillparzer starb, gehörte sie zu den vielen, die einen Kranz im Trauerhaus in der Wiener Spiegelgasse niederlegten.[294] Den Kranz ihrer Freundin Ida Fleischl brachte Helene Gasser.[295] Katharina Fröhlich, die kluge, geduldige Lebensgefährtin Grillparzers, der Marie von Ebner-Eschenbach in ihren Erinnerungen an den Dichter ein Denkmal setzte, wies Gasser den Platz für den Kranz an: Sie sollte ihn direkt auf die Bahre legen.[296]

Katharina Fröhlich erbte Grillparzers literarischen Nachlass, der für eine Werkausgabe in zehn Bänden gesichtet wurde: Joseph Weilen kümmerte sich um die Lyrik, Heinrich Laube stellte die gedruckten und nachgelassenen Dramen zusammen und verfasste die Einleitung, Georg Preyß sammelte die Aphorismen und unterstützte die beiden bei der Ordnung der Manuskripte.[297] Die drei konnten sich bei der Arbeit auf Paolis Sachkenntnis stützen. Laube schreibt nach Grillparzers Tod in einem Feuilleton: »Von den dramatischen Fragmenten, welche jetzt nach seinem Tode zum Vorschein kommen werden, mag die ›Jüdin von Toledo‹ das wichtigste sein. Er hat mir nie von ihr gesprochen, wol aber der Dichterin Betty Paoli, und diese ist der Meinung, das Fragment werde umfangreich sein.«[298]

Ebenfalls im Nachlass fand sich das historische Drama *Ein Bruderzwist in Habsburg*. Bei der Vorbereitung dieses Manuskripts für den Druck half Paoli mit (es gab offenbar »bedenkliche Stellen« zu überprüfen).[299] Das Stück wurde im September 1872 innerhalb von wenigen Tagen an Laubes Stadttheater und am Burgtheater uraufgeführt. An der Burg spielte Josef Lewinsky die Hauptrolle des Rudolf II. und Ludwig Gabillon gab den Gegenreformator Melchior Klesel. Im Vorfeld tauschten sich Paoli, die sich in einem niederösterreichischen Kurbad befand, und Gabillon – er war mit seiner Familie an der Ostsee – ausführlich über das Stück und die Rolle aus.[300]

Paoli und Grillparzer verband auch eine ausgeprägte Ehescheu. Bei Grillparzer war daran der unerträgliche Gedanke schuld, dass »›es einen Menschen gibt, der das Recht hat, wann immer es ihm beliebt, in mein Zimmer zu kommen‹«[301], bei Paoli, die es besonders schätzte, dass Ida Fleischl ihr Zimmer nie unaufgefordert betrat, kam dazu die Befürchtung, sie fände keinen ebenbürtigen Partner. Bei Grillparzer war Katharina Fröhlich für alle sichtbar die »ewige Braut«, in Paolis Fall war der erste und wahrscheinlich einzige ernstzunehmende Heiratskandidat Carl Lewinsky, der wie sie ledig und ihr in treuer Freundschaft zugeneigt blieb. Seine Karriere hätte allerdings sicher einen anderen Verlauf genommen, wäre er der Ehemann einer freimütigen Liebeslyrikerin geworden. Paolis Vorbehalte gegenüber einer ungleichen Beziehung und ihren poetischen Einsamkeitskult können wir auch auf ihren Lebensentwurf umlegen.

Ob sich Paoli das Dichten hätte verbieten lassen, ob sie sich in einer Ehe und von ihrer Familie hätte einschränken lassen, das können wir selbstverständlich nicht wissen. Wir können aber vermuten, dass das nicht der Fall gewesen wäre, denn besondere Rücksichtnahme hatten auch ihre engsten

Vertrauten nicht von ihr zu erwarten, ein weiterer Charakterzug, den sie mit Grillparzer teilte. Die große Menschenkennerin Ebner-Eschenbach berichtet, dass Grillparzer geradezu grausam gegenüber seiner treuesten Freundin Katharina Fröhlich war, und schon eine kleine Unbill konnten ihn »widerwärtig [...] machen gegen seine Umgebung«.[302] Von Paoli schreibt sie: »Sie ist wol die schönst ausgebildete Verkörperung des Egoismus die je auf Erden wandelte.«[303] Helene Gasser berichtet, dass Paoli auch bei geringstem Anlass über ihr Befinden klagte und damit Ida Fleischl belastete: »Wir haben sogar das Fr[äu]l[ein]. gebeten sie soll der gnäd[igen]. Frau weniger vorjammern, ihr hilft es doch nichts u. der gn[ädigen]. Frau schadet's – da war sie ganz böse u. meinte ›ja wem soll ich es denn klagen?‹«[304]

Miteinander gingen der empfindliche Grübler Grillparzer und die für ihren scharfen Verstand berühmte Paoli anders um als mit anderen. Die Ähnlichkeit verband.

> Ich traf an diesem Tage [Grillparzers Geburtstag] Betty Paoli als Gratulantin und eben im Begriffe fortzugehen. Der Dichter entließ sie mit lebhafter Freundlichkeit, die rücksichtsvolle Aufmerksamkeit ihres Begegnens dankbar anerkennend, und da ich von dem tiefen Ernst ihres Wesens und Denkens sprach, erwiederte er: – »In ihrem eigenen Interesse sollte man sogar wünschen, daß dies weniger der Fall wäre. Mit einem heiterern Charakter, einer weniger ernsten Lebensanschauung würde sie weit glücklicher sein.« »Sprechen Sie von Betty Paoli oder von Franz Grillparzer?« frug ich. Einen Augenblick sah er mich befremdet an. – »Sie mögen recht haben«, lachte er, »nur Schade, daß man ist, wie man ist und sich's nicht geben kann.«[305]

Paoli besuchte Grillparzer jedes Jahr an seinem Geburtstag, im Jänner 1871 hielt sie sich allerdings in Rom auf, und so schickte sie per Feuilleton der *Neue Freie Presse* ein Geburtstagsgedicht an ihn.[306] Darin heißt es:

> Aus dem hesperischen Zauberland sende
> Grüße und Wünsche zum Fest ich dir zu.
> Weiß doch das Herz keine andere Spende
> Für also königlich Reiche wie du!

Zwanzig Jahre später wurde dieses Gedicht bei einer Grillparzer-Feier des ›Vereins für Schriftstellerinnen und Künstlerinnen in Wien‹ von Olga Precheisen, der Ehefrau von Josef Lewinsky, vorgetragen.[307]

Im Jahr 1874 schrieb Paoli drei Aufsätze über Franz Grillparzer für die *Allgemeine Zeitung*, die der Verlag Cotta im Jahr darauf als schlankes Buch von 103 Seiten herausbrachte.[308] Den Anlass dafür gaben einerseits die steigende Anerkennung des Autors auch in Deutschland und andererseits der Umstand, dass bereits die dritte Auflage von Grillparzers erstmals 1872 erschienener Werkausgabe vorbereitet wurde. Paoli bespricht in den Aufsätzen Band um Band der Ausgabe. Über Rudolf II. aus dem *Bruderzwist in Habsburg* urteilt sie:

> Wer Grillparzer genauer kannte, wird mir schwerlich Unrecht geben, wenn ich diese Figur, ihres historisch vollkommen wahren Charakters unbeschadet, bis zu einem gewissen Grad ein Selbstporträt des Dichters nenne. Seine Natur hatte eben viele Analogien mit der seines Helden: den unwiderstehlichen Hang zu träumerischer Contemplation, den idealen Zug, dem alles Vergängliche unwichtig scheint, die Schwierigkeit, einen Entschluß zu fassen, die in großer Zartheit des Gewissens wie in einem alle möglichen Folgen überschauenden Tief- und Fernblick ihren Grund hat, den oft auftauchenden, schmerzlichen Zweifel an der eigenen Kraft, den Widerwillen gegen alles Gewaltsame, und zugleich, in seltsamem Widerspruch damit gepaart, eine Heftigkeit, die bis zur Wildheit, eine Strenge, die bis zur unerbittlichen Härte gehen konnte.[309]

Für Paoli war es eine Genugtuung, dass Grillparzer nun allgemein als österreichischer Klassiker anerkannt wurde und auch die seinerzeit verkannten Werke zu Ehren kamen. Als im Jahr 1879 *Weh dem, der lügt!* aufgeführt wurde, das Lustspiel, das 1838 ein so niederschmetternder Misserfolg gewesen war, dass Grillparzer sich danach von der Bühne zurückzog, notierte Josef Lewinsky in seinem Tagebuch: »Die Paoli heulte dabei schon in der Generalprobe [...].«[310]

Paoli und Grillparzer sprachen nicht nur über ihre eigenen Werke. So schickte Paoli ihm zum Beispiel Ada Christens *Lieder einer Verlorenen*, ein Buch, das einiges Skandalpotential barg. Sie schreibt dazu, die Gedichte hätten einen »starken Eindruck« auf sie gemacht, »obgleich ich für die Mängel und Geschmacklosigkeiten, an denen manche derselben laboriren, keineswegs blind bin«.[311] Das Buch von Christen war durch die Vermittlung Ferdinand von Saars verlegt worden, als Lyriker ein *Dioskuren*-Kollege Paolis. Dass er ein bedeutender realistischer Erzähler war, wurde dem großen Publikum erst durch Paoli bekannt.

Paoli tat für Saars Ruhm, was sie konnte, und war der »erste Wortführer seiner Werke in der Presse«.[312] In einem Feuilleton beklagt sie die Ignoranz der Leserschaft:

> Romane, bei denen man sich nur wundern muß, daß irgend Jemand, der nicht durch eine traurige Pflicht dazu verurtheilt ist, sie zu Ende lesen mag, werden von dem Publicum der Leihbibliotheken verschlungen, während so manche edle Blüthe deutschen Geistes- und Gemüthslebens, wie z. B. Ferdinand v. Saar's vor mehreren Jahren erschienener ›Innocenz‹, kaum die mäßigste Verbreitung findet.[313]

1874 erschien *Die Steinklopfer*, ein Prosatext mit dem Untertitel *Eine Geschichte*, der vom Elend der Arbeiter beim Bau der Semmeringbahn erzählte, aber auch eine Liebesgeschichte beinhaltete. Das war Tendenzliteratur in Paolis Sinn und sie »rühmte […] die Dichtung mit Liebe und Wärme«.[314]

> Er [Saar] besitzt die Gabe, den Erscheinungen der Welt den von Tausenden ungeahnten Kern ihres Wesens abzufragen, und die Kraft, ihn künstlerisch zu gestalten. […] In seltenem Maße ward ihm die Fähigkeit zuteil, für jede Stimmung im Menschengemüte wie im Leben der Natur den bezeichnenden und erschöpfenden Ausdruck zu finden. Er kennt die schmerzlichen Probleme, mit denen das Leben uns bedrängt, und sucht sie, wenigstens auf dem idealen Gebiet der Kunst, versöhnend zu lösen.[315]

Nach einem weniger gelungenen Werk (*Marianne*) habe sich der Autor nun wieder

> auf sein wahres, innerstes Selbst besonnen und das ästhetische Grundgesetz befolgt, kraft dessen alle Geschehnisse aus den Charakteren

> und Seelenzuständen der handelnden Personen mit Naturnotwendigkeit hervorgehen müssen und alles bloß Zufällige aus dem Reiche der Dichtung verbannt ist.[316]

Für Paoli sind die *Steinklopfer* ein Werk »von wahrhafter Bedeutung«.[317] Saar blieb Paoli bis zu ihrem Tod treu verbunden, seine Jugendfreundin Ada Christen hatte aber einen Vorbehalt gegenüber seiner Mentorin: »Die arme Paoli! die war ein Dichter wenn sie ein bisserl weniger gescheidt gewesen wär ein noch größerer.«[318]

C. F. Meyer

Paoli bewarb im Feuilleton nicht nur die Werke von Droste-Hülshoff, Grillparzer, Ebner-Eschenbach und Saar, sondern auch Prosa von Conrad Ferdinand Meyer. In Paolis Nachruf in der *Wiener Zeitung* würde dann auch zu lesen sein: »Sie war die Erste, die, in unserem Blatte, auf den jetzt berühmten Schweizer Romandichter Mayer [!] aufmerksam machte.«[319] Drei Feuilletons über Meyer, zwei aus der *Wiener Zeitung* und eines aus der *Presse*, wählte Paoli für den postumen Wiederabdruck aus, der schließlich durch Helene Bettelheim-Gabillon in den *Gesammelten Aufsätzen* erfolgte.[320]

Paolis Würdigung von Meyers Werk ist typisch für ihre kritische Arbeit. Seine erste Novelle *Das Amulet* (1873, Paoli bezeichnet sie als »historisches Genrebild«[321]) besprach sie bald nach Erscheinen und mit Hinweis auf die bisher veröffentlichten Gedichte des Autors. Auch den historischen Roman *Jürg Jenatsch* (1876) rezensierte sie ausführlich und empfahl ihn ihrer Leserschaft.[322] Im dritten Feuilleton widmete Paoli sich dem Gedichtzyklus *Huttens letzte Tage*, mit dem Meyer 1872 der literarische Durchbruch gelungen war. »Merkwürdigerweise haben die Werke dieses so hervorragenden Dichters in Österreich nicht die Würdigung und Verbreitung gefunden, die sie verdienen.«[323] Sie nimmt die dritte Auflage des *Hutten* (1881) zum Anlass, das Werk, »das bei uns nie in weitere Kreise gedrungen ist, so eingehend zu besprechen, als handelte es sich um ein neues Buch«.[324]

Paoli schätzte Meyers Gedichtzyklus über den Humanisten Ulrich von

Hutten wegen der klaren, kantigen Sprache, aber auch Meyers Behandlung des historischen Stoffs fand ihre Zustimmung. Meyers Hutten denkt am Ende seines Lebens über seinen Kampf für die Reformation und gegen den Papst nach, wird dabei auch von Zweifeln geplagt, bleibt aber unbeugsam bis zum Schluss. Diese Konstellation musste das Lesepublikum auf den Hauptkonflikt der Entstehungszeit des Werks beziehen. Der Meyer-Biograph Adolf Frey hält *Huttens letzte Tage* für die »schönste Dichtung, die der deutsch-französische Krieg hervorrief«.[325] Meyer selbst schreibt über den zeitgeschichtlichen Hintergrund:

> Mich rührte sein [Huttens] einsames Erlöschen, während ohne ihn die Reformation weiterkämpfte. Wieder erfüllten sich große Geschicke in Deutschland und der ohne Grab und Denkmal unter diesem Rasen Ruhende hätte seine Lust daran gehabt, denn auch er hatte von der Einheit und Macht des Reiches geträumt.[326]

Paoli meint, dem Gedichtzyklus gelinge es, »den Zwiespalt der Gegenwart bis zu seinem Ursprung zu verfolgen und das Andenken an längst gefallene Streiter für dieselben Ideen zu verherrlichen«.[327]

Meyers Verleger Hermann Haessel schickte die dritte Auflage des *Hutten* im November 1881 an die Rezensentin. Kurz zuvor hatte sie ihm einen freundlichen Brief geschrieben, den er, wie alle Reaktionen auf die Bücher seines Autors, an Meyer weiterleitete.[328] Der Brief von Paoli ist nicht erhalten, wir wissen nur aus den Zeilen Haessels, dass sie »ihr Licht als Kritiker« unter den Scheffel stellte.[329] Mit Paolis Rezension des *Hutten* ist der Verleger dann ganz zufrieden.[330] Louise von François, befreundet mit Meyer, schreibt: »Wenn eine Oesterreicherin und Katholikin den Hutten, sei es auch nur als Dichtergebild, ihren österreichischen, katholischen Landsleuten zur gerechten Würdigung empfiehlt, das ist ein Zeichen seltener Geistesfreiheit und daß die Poetennatur bei ihr ›zu unterst‹ liegt.«[331]

Bei der Novelle *Der Heilige* wurde Haessels Erwartung, Paoli würde darüber schreiben, enttäuscht. Paoli las den Vorabdruck in Rodenbergs *Rundschau* und notierte in ihrem Tagebuch lapidar: »In C. F. Meyer's ›Der Heilige‹ gelesen, so viel ich davon erhalten hatte.«[332] Als sie sich ein Urteil gebildet hatte, wandte sie sich mit einem Brief an Haessel, den dieser wie

C. F. Meyer

gewohnt an Meyer als »das erste Zeichen der Anerkennung« für die Novelle weitergab.[333] Die Rezensionen, die in den nächsten Wochen in den deutschen Blättern erscheinen, sind für den Autor enttäuschend, und so schreibt er, aus dem Brief Paolis zitierend: »Ich hoffe, die ›andächtigen Schauer‹ der guten Betty Paoli werden sich in einem Wienerblatt zu einer Recension verdichten.«[334] Meyers Schwester Betsy stellt nach der Lektüre von Paolis Brief fest: »Gut, wenn Frau Paoli nie mit der Persönlichkeit meines liebsten Bruders bekannt wird! – Ihr düster tragisches Ideal ginge beim Zusammentreffen mit seiner behaglichen, ruhigen Erscheinung schmählich in die Brüche!«[335]

Paoli mag ein idealisiertes Bild des Autors gehabt haben, seinem Werk stand sie aber nicht unkritisch gegenüber. Gegen die Novelle *Der Heilige* hatte sie einige Einwände. Sie fand den erzählerischen Rahmen nicht gelungen und die Figur des Thomas Becket nicht plausibel. Das teilte sie Meyer auch recht unverblümt mit.[336] Sie brachte ihn mit ihren Kritikpunkten in Erklärungsnot, er antwortete ihr in »liebenswürdiger aber leider nicht in befriedigender Weise«, und Paoli zog eine bereits fertige Rezension für die *Wiener Allgemeine Zeitung* zurück.[337] Offenbar wollte sie dieses Werk des Autors, von dessen Talent sie überzeugt war, nicht tadeln, ihr kritisches Gewissen ließ es aber auch nicht zu, die Fehler des Buchs zu verschweigen. Meyer schrieb Jahre später: »Ich habe neulich meinen, von

Ihnen beanstandeten ›Heiligen‹ wieder gelesen. Verbrennen Sie, bitte, was ich Ihnen in einer schlimmen Stunde Exegetisches darüber geschrieben habe. Es war lauter dummes, nachträglich ersonnenes Zeug. Die Wahrheit ist, daß ich den Tomas *so sah*. Damit gut.«[338]

Dass sich eine Rezensentin bei einem Autor dafür rechtfertigt, dass und warum sie keine Kritik schreibt, und dass der Autor die Bedenken der Rezensentin zu zerstreuen versucht, ist ungewöhnlich und liegt an der gut geölten Marketingmaschinerie des Leipziger Verlegers. Schon bei Übersendung ihrer Rezension des *Jürg Jenatsch* an Meyer gab Paoli zu, sie hätte diese nur deshalb verfasst, weil sie es Haessel versprochen habe.[339] Der konnte sich bei der Bewerbung auch auf die tätige Mitwirkung seines Autors verlassen.[340] Im April 1880 hatte Meyer an Haessel geschrieben: »Mir ist – aufrichtig – etwas bange um den Erfolg des Heiligen[.] Haben Sie Recensirex[emplare]. an die N. Zürcher Zeit[un]g gesendet? U: Betty Paoli vergeßen Sie nicht!«[341] Haessel beruhigt: »Die mir neulich aufgegebenen Freiexemplare des Heiligen sind längst verschickt [...].«[342] Das mulmige Gefühl kann ihm der Verleger aber nicht nehmen. »Hier nennt man das Buch grausam«, schreibt er an Meyer, und fügt hinzu: »Ich gebe auf solche Redereien nicht viel. Es ist trüb und hart, wie es die Paoli wohl richtig nennt.«[343]

1882 schickte Meyer seinen Band *Gedichte* an Paoli, das Verfassen eines Dankesschreibens übernahm Marie von Ebner-Eschenbach, seit Erscheinen von *Lotti, die Uhrmacherin* (1880) Meyers Kollegin in Rodenbergs *Deutscher Rundschau*.[344] Denn im Herbst und Winter 1882 litt Paoli an starkem Rheuma und vermied das Briefeschreiben. Als Paoli nach ein paar Monaten Meyer selbst für die Gedichte dankte, lieferte sie gleich eine Privatrezension mit. Darin schreibt sie von der »Großartigkeit« der Gedanken und zeigt sich beindruckt von dem Ton, der manchmal »rauh und herb« sei.[345] Diesem Brief legt Paoli auf Meyers Wunsch auch ihre eigenen Gedichte bei und fügt eine Erklärung an, in der sie sich von ihrer frühen Lyrik distanziert. Die 69-jährige hatte kein Verständnis mehr für die Dichterin, die sie gewesen war; für den literarischen Jungstar, der mit Bekenntnislyrik Erfolge feierte:

> Nehmen Sie es buchstäblich, wenn ich Ihnen sage, daß ich an meinen Gedichten, vielleicht mit Ausnahme des letzten Bandes jetzt keine

> Freude mehr habe. Mein Wesen und meine Anschauungen haben sich im Laufe der vielen Jahre dermaßen verändert, daß ich mich in meinen früheren Gedichten nicht wiedererkenne; ich lese sie, als wären sie von einer anderen Person [...], und staune über die ungeheure Anmaßung, die darin liegt, sich so als den Mittelpunkt der Welt zu betrachten, zu glauben, daß man ein ganz eigenes, von dem aller andern verschiedenes Schicksal habe.[346]

Hier geht es nicht nur um eine veränderte Poetik, die sich von einem spätromantischen Poesie-Ideal und der Biedermeierlyrik verabschiedet, sondern um eine Distanzierung von der eigenen Lebensgeschichte, die Paoli sich im wahrsten Wortsinn erdichtet hatte.

C. F. Meyer, zehn Jahre jünger als Paoli, kannte den literarischen Kontext, teilte ihre Abneigung gegen die leidenschaftliche Ich-Lyrik zunächst einmal nicht, und bedankte sich bei Erhalt der Bücher: »Beim ersten Hineinblicken etwas Schönes gefunden (ein Brautpaar). Auch in die Jugendgedichte habe ich geblickt – ich bitte Sie, diese sind in ihrer leidenschaftlichen Befangenheit ja gerade die schönsten.«[347] Er versteht aber auch den Bruch zwischen dem Dichterinnen-Ich von einst und der Person, die ihm nur widerwillig ihre Gedichte schickt, und findet ein passendes Bild dafür: »Jetzt nach Sonnenuntergang unter den Bäumen lesen sich lyrische Gedichte sehr gut. Das Anziehendste, den *individuellen Zug vorbehalten*, führen mich die Ihrigen in die Tage Herwegh's, Lenau's, Beck's zurück, welche ich ja auch erlebt habe. Mir ist überhaupt, ich hätte schon mehrmals gelebt.«[348]

Altern mit George Sand

Der Anspruch, dass wahre Dichtung das Biographische ausklammern und im Individuellen das Allgemeinmenschliche zum Ausdruck bringen sollte, beschäftigte Paoli bei der Vorbereitung ihrer *Neuesten Gedichte*. Auch den Rezensenten dieser Sammlung war ihre weitgehende Abkehr von der subjektivistischen Lyrik aufgefallen; den einen als Verlust der poetischen Wirkung, den anderen als konsequente Weiterentwicklung vom Emotionsausdruck zur Reflexion.

Welche Gluth, welche Leidenschaft, welche packende thränenreiche Wahrheit spricht aus ihren [Paolis] alten Gedichten und wie wird sie immer ruhiger, klarer, tiefer bis zu ihren *neuesten Gedichten* [...]. Diese Vornehmheit der Sprache und Empfindung, diese Weisheit, die aus dem Buche spricht, wird wohl kaum mehr von einer Frau erreicht werden.[349]

Ihr Programm formuliert Paoli so:

Was Pecht von der Kunst im Allgemeinen behauptet, nämlich daß uns in ihr stets nur das Individuelle reizt und interessirt, gilt ganz besonders von der Lyrik. Um Mißverständnissen vorzubeugen, bitte ich, das Individuelle nicht mit dem Persönlichen zu verwechseln. Dieses, als das Zufällige, Vergängliche, läßt uns gleichgiltig, wenn es nicht etwa derart ist, einen vorübergehenden Succès de scandale hervorzurufen, während jenes, als die Form, in welcher der durch's All ergossene Geist sichtbar erscheint, uns zu sinnender und theilnahmsvoller Beachtung auffordert. Für allgemein menschliche Empfindungen einen ganz individuellen Ausdruck zu finden, das ist die Aufgabe der Lyrik.[350]

Die Reaktionen auf Paolis Gedichte waren nie auf einen ›Succès de scandale‹ beschränkt, sie waren nie einfach nur Stein des Anstoßes. Die der nächste Generation angehörende, skandalöse Ada Christen musste sich mit Paoli vergleichen lassen:

Ada Christen, das echte Kind des Volkes, hat mit Betty Paoli die Leidenschaft, aber nicht das Wissen gemein, was dort überwunden ist und uns in schöner Form wie Goldschmiedarbeit gereicht wird, bekommen wir hier noch übersprudelnd mit Schlacken behaftet, was dort ein Seufzer ist, wird hier ein Schrei; was dort Produkt der Erkenntnis, ist hier genialer Instinkt.[351]

Statt mit Moralvorstellungen brach Paoli zu ihrer Zeit mit einer poetischen Konvention. Der eigentliche Skandal von Paolis frühen Gedichten bestand darin, dass in der Liebeslyrik eine weibliche Stimme zu hören war und dass es eine Frau war, die sie zum Sprechen gebracht hatte. Es ist literaturhistorisch sensationell, dass dieses aktive weibliche Ich des Gedichts nicht nur liebt, sondern auch die Erfahrungen des Verlassenwerdens, der Enttäuschung und der Einsamkeit ausdrückt. In den Augen der männlichen Kritik wurde der Bekenntnischarakter der Lyrik nicht in Frage gestellt, und öfter, als Paoli es recht sein konnte, trat das biologische Geschlecht vor die Kunst.

Paoli sei »nicht nur durch und durch Dichterinn, sondern auch Weib«, befindet zum Beispiel Sigmund Kolisch, ein Freund Moritz Hartmanns, und es sei alles, was sie »dichtet, denkt und spricht, von dem zauberhaften Hauche der Weiblichkeit angeweht«.[352] Paoli erlebte und beobachtete am Anfang ihrer Dichterinnenkarriere, wie sich ihr Leben und ihr Werk in der Wahrnehmung ihres Publikums vermischten und dass ihre Weiblichkeit zum wichtigsten Beurteilungskriterium ihrer Literatur wurde. Den scharfen Blick auf den Mechanismus der Konstruktion einer literarischen Persona und auf die Rollenzuschreibungen bewahrte sie sich auch als Kritikerin.

Kolisch stellte Paolis ›weibliche‹ Dichtung (»bey aller Schöpfungskraft findet man bey ihr weibliches Gemüth, weiblichen Sinn, weibliches Maß, weibliche Schönheit«) der »männlichen« George Sand gegenüber, die »eine neue Weltordnung gründen« wolle.[353] Während die französische Autorin die Emanzipation des Fleisches (erotische Autonomie der Frau und freie Liebe) propagierte, blieb Paoli diesbezüglich zurückhaltend und distanzierte sich auch beizeiten von der Kollegin, mit der sie verglichen wurde.

Schon in ihrem *Offenen Brief an Aurora Dudevant* von 1840 machte Paoli klar, dass sie die emanzipierten Frauenfiguren George Sands für unzeitgemäß hielt, da die Autorin den zeitgenössischen Rollenvorstellungen gegenüber keine Konzessionen macht: »Nicht um Deiner Ansichten willen tadle ich Dich, sondern darum, daß Du sie jetzt aussprichst, wo sie nur endlose Mißverständnisse und Erbitterungen veranlassen können [...].«[354] Als im Jahr 1882 der erste Band der Briefe von George Sand veröffentlicht wurde, war das für Paoli die Gelegenheit, die Bedeutung dieser Schriftstellerin zusammenfassend darzustellen. Der Essay wird zu einem Rückblick auf die Anfänge, bei dem die Parallelen zu Paolis eigener Entwicklung deutlich werden, aber auch die Unterschiede zwischen den beiden Autorinnen zu Tage treten.[355] Die Reaktionen auf Sands Prosa waren wegen ihrer radikalen Forderungen viel stärker als das Echo auf Paolis Lyrik. Mit dem

Abstand eines halben Jahrhunderts ist die Kontroverse um das Werk Sands, »von deren Heftigkeit man sich heute kaum eine Vorstellung machen kann«, nicht mehr nachvollziehbar: »In den Hymnus, den ihre Anhänger zu ihrem Preise anstimmten, mischte sich der nicht minder vollstimmige Chor ihrer Gegner. [...] Die dauernde Wirkung der Schriften G. Sand's steht mit dem ungeheuren Aufsehen, das sie bei ihrem Erscheinen erregten, in keinem Verhältniß.«[356] Es war kein literarischer Streit, sondern das »Geschlecht der Verfasserin war Schuld, daß die Kämpfe auch noch auf ein anderes Gebiet verpflanzt wurden.«[357] Klatsch und Tratsch wurde über Sand verbreitet, ihre »Lebensführung« wurde verurteilt, wenn auch vieles von dem, was man ihr vorwarf, nur auf Gerüchten basierte.[358] Sand und Paoli erlebten die Vermischung von Leben und Werk: »In jedem Roman, der von ihr erschien, wollte man, mittelst gewaltsamer Deutungen, eine neue Phase ihres Herzenslebens erblicken.«[359] Anders als George Sand musste Paoli ihr Werk nie gegen den Vorwurf der »unsittlichen Tendenz« verteidigen, aber auch für sie stimmt, dass sie es aus Stolz ablehnte, »Verdächtigungen ihres Privatlebens zu widerlegen«.[360]

Sand, die zehn Jahre älter war als Paoli, begann fast zur gleichen Zeit wie diese (1831) zu veröffentlichen. »Die poetische Kraft, ihr eigentliches Lebenselement, war damals noch gleich einer Raupe in ihr eingesponnen«, kommentiert Paoli die belang- und poesielosen Briefe der jungen Aurora Dudevant an ihre Mutter.[361] Viel Verständnis aus eigener Erfahrung zeigt Paoli für die literarische Verarbeitung leidenschaftlicher Beziehungen und die Produktivität Sands nach einer schmerzhaften Trennung: »Es ist keine Frage, daß die schriftstellerische Thätigkeit, der sie sich jetzt eifriger als je hingab, wesentlich dazu beitrug, sie ihre persönlichen Schicksale minder lebhaft empfinden zu lassen.«[362]

Dass Sand die Affäre ihrer Freundin Marie d'Agoult mit Franz Liszt glorifizierte, kommentiert Paoli mit einer rhetorischen Frage: »Hatte die Theorie von der femme libre, die, eben weil sie eine Theorie war, sie auch als Dichterin vielfach schädigte, ihren Blick dermaßen umnebelt, daß sie die wirkliche Welt von der nur in ihrer Phantasie existirenden nicht mehr zu unterscheiden vermochte?«[363] Jeder »Unbefangene« hätte vorhersehen können, dass die Beziehung scheitern musste. Für Paoli galt es, am bürgerlichen Ehe-Ideal mit dem utopischen Surplus der Gleichberechtigung der Geschlechter festzuhalten.

Bei der Lektüre von George Sands Lebenserinnerungen fragt Paoli: »Wer ist im Stande sich nach einem so langen Zeitraum in die Stimmung zurückzuversetzen, unter deren Einfluß er dies oder jenes ihm jetzt unbegreiflich Scheinende that?«[364] Die einstmals bejubelten Werke der großen Kollegin hatten nicht nur für Paoli ihren Reiz verloren. Ein Wort, das von übelwollender Seite auf ihre eigenen Gedichte gemünzt worden war, gebraucht Paoli, um die verblasste Wirkung der sensationellen Literatur aus Sands Jugendzeit zu bezeichnen: »Der Blumenflor, der uns in unserer Jugend mit seiner Farbenglut entzückte, mit seinem Duft berauschte, ist im Laufe der Zeiten zu einem Herbarium geworden.«[365]

Die Figur der Dichterin des Seelenschmerzes, der Einsamkeit und der Leidenschaft war eine Schöpfung der Liebeslyrik: Sie konnte keine Erfüllung finden, zumindest nicht über den ekstatischen Moment hinaus, sie musste verzichten, und vor allem: Sie konnte nicht altern. Das bedeutet aber nicht, dass die Lyrikerin Betty Paoli im Alter von der ›wahren‹ Betty Paoli abgelöst wurde, dass die Kritikerin, Essayistin, Übersetzerin, die geistreiche Gesprächspartnerin und Unterstützerin kluger Frauen und Männer ›echter‹ war als die leidenschaftliche Dichterin der ersten Gedichte.

In Paolis zweiter Lebenshälfte blieben ihre Selbstauskünfte weiterhin wohldosiert und sparten vieles aus. Eine Fortführung der Liebeslyrik war ihr aus poetischen und biographischen Gründen nicht möglich, ein Sprechen über ihr reales Liebesleben schon gar nicht. Es gebe wenig »so Widerwärtiges«, wie eine »alternde Frau von den Leidenschaften ihrer Jugend erzählen zu hören«, schreibt Paoli und lobt die Zurückhaltung, die George Sand in ihrer Autobiographie diesbezüglich übt.[366] Von ihrer eigenen Autobiographie spricht Paoli nur einmal, und zwar in einem Feuilleton über Grillparzer. Sie werde in ihren Memoiren über die feindlichen literarischen Lager ihrer Jugendzeit berichten, kündigt sie darin an[367], was nur als Schreckschuss für jene gemeint sein kann, denen sie vorwirft, Grillparzer seinerzeit verhindert und dann kurz vor seinem Tod als Klassiker gefeiert zu haben.

Sollte Paoli tatsächlich Memoiren geschrieben haben, so sind sie verschollen. In ihrem Nachlass befindet sich jedoch eine Seite aus einem sogenannten *confession album*, einer Form von Poesie- oder Freundschaftsalbum[368] mit einem vorgedruckten Fragenkatalog, ausgefüllt wahrscheinlich im Jahr 1879 und trotz der Kürze durchaus aufschlussreich.[369]

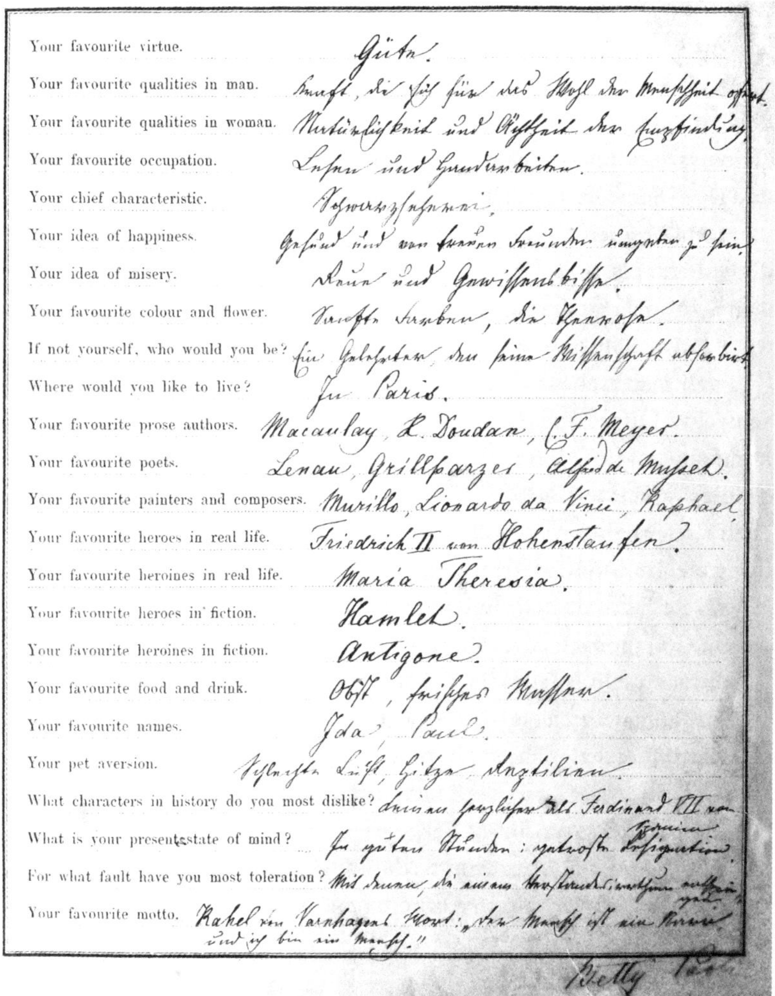

Your favourite virtue.	Güte.
Your favourite qualities in man.	Kraft, die sich für das Wohl der Menschheit opfert.
Your favourite qualities in woman.	Natürlichkeit und Echtheit der Empfindung.
Your favourite occupation.	Lesen und Handarbeiten.
Your chief characteristic.	Schwarzseherei.
Your idea of happiness.	Gesund und von treuen Freunden umgeben zu sein.
Your idea of misery.	Reue und Gewissensbisse.
Your favourite colour and flower.	Sanfte Farben, die Theerose.
If not yourself, who would you be?	Ein Gelehrter, der seine Wissenschaft [illegible]
Where would you like to live?	In Paris.
Your favourite prose authors.	Macaulay, X. Doudan, C. F. Meyer.
Your favourite poets.	Lenau, Grillparzer, Alfred de Musset.
Your favourite painters and composers.	Murillo, Lionardo da Vinci, Raphael.
Your favourite heroes in real life.	Friedrich II von Hohenstaufen.
Your favourite heroines in real life.	Maria Theresia.
Your favourite heroes in fiction.	Hamlet.
Your favourite heroines in fiction.	Antigone.
Your favourite food and drink.	Obst, frisches Wasser.
Your favourite names.	Ida, Paul.
Your pet aversion.	Schlechte Luft, Hitze, [illegible]
What characters in history do you most dislike?	Keinen so herzlich als Ferdinand VII von Spanien
What is your present state of mind?	In guten Stunden: gelassene Resignation.
For what fault have you most toleration?	Mit denen, die einem Unrecht [illegible]
Your favourite motto.	Rahel von Varnhagens Wort: „Der Mensch ist ein [illegible] und ich bin ein Mensch."

Betty Paoli

Fragebogen, ausgefüllt von Betty Paoli, ca. 1879

Paoli galt als Schwarzseherin, das wissen wir aus Äußerungen von Freunden und Bekannten, hier können wir nun feststellen, dass auch die Autorin selbst das als ihren wichtigsten Charakterzug sieht. Wir erfahren auch, dass Handarbeiten gleich neben dem Lesen Paolis Lieblingsbeschäftigung ist. Lyrische Lebensthemen sind Treue und ein reines Gewissen, bei der

Frage danach, was für sie Unglück bedeutet, schreibt sie: »Reue und Gewissensbisse«.

Bei ihren bevorzugten Prosaautoren schlägt Paoli einen weiten Bogen über drei Sprachen und Genres: Sie führt einen englischen Historiker (Thomas Macaulay), einen französischen Journalisten (Ximénès Doudan) und einen Schweizer Erzähler (C. F. Meyer) an. Dass Lenau und Grillparzer ihre Lieblingsdichter sind, überrascht nicht, Alfred de Musset als Dritter in dieser Reihe lässt vermuten, dass er 1879 zu ihrer aktuellen Lektüre zählte, vielleicht angeregt durch ihre Beschäftigung mit George Sand (gleichwohl war Paoli mit Mussets Werk seit den 1840er Jahren vertraut[370]).

Paoli verabscheut den despotischen Ferdinand VII. von Spanien, schlechte Luft, Hitze und Reptilien. Zur Frage nach ihrem Lieblingskomponisten fiel Paoli nichts ein, unter allen Künsten war die Musik für sie die am ehesten entbehrliche. Fehler, die »einem Verstandesirrthum entspringen«, konnte Paoli tolerieren und sie zeigte sich in der Wahl ihres Lieblingsmottos großzügig gegenüber menschlichen Schwächen: »Der Mensch ist ein Narr und ich bin ein Mensch«, zitiert sie Rahel Varnhagen. Gefragt nach einer alternativen Existenz, stellt sich Paoli vor, ein Gelehrter zu sein, »den seine Wissenschaft absorbiert«.[371]

Glaubt man ihren Antworten auf diesem Albumblatt, so blickte Paoli mit fünfundsechzig Jahren »in guten Stunden« mit »getroste[r] Resignation« auf die Welt. Zu dieser Zeit veröffentlichte sie nur noch selten neue Gedichte und Essays, im kollektiven Gedächtnis lebte sie aber als die selbstbewusste weibliche Stimme der Lyrik weiter. Nach wie vor wurden Gedichte von ihr vertont, in Anthologien aufgenommen und in Literaturgeschichten gewürdigt.

Anmerkungen

1 Betty Paoli an Rudolf Valdek/Wagner, 11. August 1871. ÖNB, Hss., 280/21–28.

2 Paoli, *Tagebücher 1866, 1880–87, 1889–93*, 10. Jänner 1880.

3 Bettelheim-Gabillon, *Ludwig Gabillon*, S. 161.

4 Vgl. Gasser, S. 53.

5 Stefan Zweig: *Die Welt von Gestern*. Erinnerungen eines Europäers. Frankfurt/M.: Fischer 1994, S. 122f. [Erstausgabe 1944]

6 Betty Paoli: *Ein Ausflug nach Dresden.* In: *Neue Freie Presse*, 13. Juli 1870, S. 1–4, hier S. 1.

7 Vgl. Paoli, *Ein Ausflug nach Dresden*, S. 1.

8 Vgl. Paoli, *Ein Ausflug nach Dresden*, S. 1.

9 Vgl. Paoli, *Ein Ausflug nach Dresden*, S. 2.

10 Paoli, *Ein Ausflug nach Dresden*, S. 2.

11 Vgl. Anonym: *Ein Feuilleton-Artikel über Leipzig und Dresden.* In: *Deutsche Blätter.* Beilage zur Gartenlaube 30, 21. Juli 1870, S. 118.

12 Anonym, *Ein Feuilleton-Artikel über Leipzig und Dresden*, S. 118.

13 Paoli, *Ein Ausflug nach Dresden*, S. 4.

14 Anonym, *Ein Feuilleton-Artikel über Leipzig und Dresden*, S. 118.

15 Anonym: *Die Stadt Leipzig.* In: *Deutsche Blätter.* Beilage zur Gartenlaube 33, 11. August 1870, S. 132.

16 Vgl. Betty Paoli an Helene Gabillon, 5. November 1870. WB, Hss., IN 236335.

17 Marie von Ebner-Eschenbach an Betty Paoli, 6. November [1870]. WB, Hss., IN 48407.

18 Vgl. Bettelheim-Gabillon, *Ludwig Gabillon*, S. 146.

19 Vgl. Claus Arnold: *Eichthal, Augusta Henriette Baronesse v.* In: *Kirchenlexikon.* Bd. XX (2002), Sp. 453–457.

20 Pollak, *Römische Memoiren*, S. 125.

21 Vgl. Arnold, *Eichthal, Augusta Henriette Baronesse v.*, Spalte 453.

22 Vgl. Betty Paoli: *Reisestationen I.* In: *Neue Freie Presse*, 17. Dezember 1870, S. 1–3, hier S. 1.

23 Betty Paoli: *Reisestationen VI.* Ein Künstlerabend in Rom. In: *Neue Freie Presse*, 26. Februar 1871, S. 2–4, hier S. 3.

24 Vgl. Paoli, *Reisestationen I.*, S. 2.

25 Vgl. Paoli, *Reisestationen I.*, S. 2.

26 Vgl. Paoli, *Reisestationen I.*, S. 3.

27 Paoli, *Reisestationen I.*, S. 3.

28 Paoli, *Reisestationen I.*, S. 3.

29 Betty Paoli: *Reisestationen II.* In: *Neue Freie Presse*, 3. Jänner 1871, S. 1–3.

30 Vgl. Paoli, *Reisestationen II.*, S. 1.

31 Paoli, *Reisestationen II.*, S. 3.

32 Betty Paoli: *Reisestationen III.* In: *Neue Freie Presse*, 14. Jänner 1871, S. 1–4, hier S. 4.

33 Vgl. Hermann Stainlein von Saalenstein: *Aus dem Tagebuche des Grafen Hermann Stainlein von Saalenstein.* Hg. v. Em. Witmeur. Leipzig: Meisenbach, Riffarth & Co 1909, S. 250.

34 Vgl. Betty Paoli: *Reisestationen IV.* In: *Neue Freie Presse*, 27. Jänner 1871, S. 1–3, hier S. 1.

35 Paoli, *Reisestationen IV.*, S. 2.

36 Betty Paoli: *Reisestationen VIII.* In: *Neue Freie Presse*, 29. März 1871, 1–4, hier S. 1.

37 Vgl. Paoli, *Reisestationen VIII.*, S. 4.

38 Vgl. Paoli, *Reisestationen VIII.*, S. 4.

39 Vgl. Betty Paoli: *Die neue Hauptstadt Italiens.* In: *Neue Freie Presse*, 15. Juli 1871, S. 1–3.

40 Vgl. Paoli, *Die neue Hauptstadt Italiens*, S. 1.

41 Anmerkung der Redaktion zu Paoli, *Die neue Hauptstadt Italiens*, S. 3.

42 Vgl. Betty Paoli: *Reisestationen V*. In: *Neue Freie Presse*, 7. Februar 1871, S. 1–4, hier S. 1.

43 Paoli: *Reisestationen V.*, S. 1–4.

44 Paoli: *Reisestationen V.*, S. 3.

45 Stainlein von Saalenstein, *Aus dem Tagebuche*, S. 250f.

46 Vgl. Paoli: *Reisestationen V.*, S. 3.

47 Betty Paoli: *Reisestationen VI*. In: *Neue Freie Presse*, 26. Februar 1871, S. 2–4.

48 Vgl. Paoli, *Reisestationen VI.*, S. 2.

49 Paoli, *Reisestationen VI.*, S. 3. Vgl. auch den Aphorismus »Eine Vernunftehe schließen, heißt in den meisten Fällen, alle seine Vernunft zusammennehmen, um die wahnsinnigste That zu begehen, die ein Mensch begehen kann.« Marie von Ebner-Eschenbach: *Aphorismen*. In: *Die Dioskuren* 9 (1880), S. 46–48, hier S. 48.

50 Anonym: *Correspondenzen*. In: *Didaskalia*, 24. Februar 1871, S. 3.

51 Vgl. Betty Paoli: *Ein Abendgang*. In: *Concordia-Kalender* für das Jahr 1868. Hg. v. Journalisten- und Schriftsteller-Verein Concordia. Wien 1868, S. 177–179; vgl. Betty Paoli: *Den Poesieverächtern*. In: *Marienbader Fest-Album* zum fünfzigjährigen Jubiläum im August 1868. Marienbad 1868, S. 47 [AW S. 115].

52 Betty Paoli: *An einen Künstler*. In: *Schiller-Album* der Allgemeinen deutschen National-Lotterie zum Besten der Schiller- und Tiedge-Stiftungen. Dresden: E. Blochmann u. Sohn u. J. Ernst 1861, S. 168f.

53 Vgl. Richter, *Josef Lewinsky*, S. 70; vgl. Manuskript. WB, Hss., IN 37177.

54 Vgl. Em[il]. K[uh].: *Concordia-Kalender für das Jahr 1868* [Rezension]. In: *Wiener Zeitung*, 8. November 1867, S. 493.

55 Anastasius Grün. [o. T.]. In: *Marienbader Fest-Album*, S. 11.

56 Vgl. Vorwort und Bericht über den Reinertrag. In: *Marienbader Fest-Album* [o. S.].

57 L. Hirse: *Der Stille Winkel*. In: *Neue Freie Presse*, 19. Dezember 1869, S. 2–3, hier S. 3.

58 Em[il]. K[uh].: *Gedichte* [Sammelrezension]. In: *Wiener Zeitung*, 11. Mai 1870, S. 615f., hier S. 616.

59 Vgl. Em[il]. K[uh]., *Gedichte* [Sammelrezension], S. 616.

60 Vgl. G. Warmuth: *Poesie* [Rezension zu Betty Paoli: *Neueste Gedichte*]. In: *Neue Freie Presse*, 1. April 1870, S. 4.

61 Warmuth, *Poesie*, S. 4.

62 Vgl. Warmuth, *Poesie*, S. 4.

63 Anonym, *Neueste Gedichte von Betty Paoli* [Rezension], S. 5498.

64 [Notiz]. In: *Wiener Zeitung*, 14. März 1869, S. 846.

65 Vgl. [Verlagsanzeige]. In: *Wiener Zeitung*, 7. Dezember 1869, S. 834.

66 Vgl. Anonym: *Kleine Chronik*. In: *Wiener Zeitung*, 5. April 1871, S. 67; vgl. auch Anonym: *Theater- und Kunstnachrichten*. In: *Presse*, 8. April 1871, S. 14.

67 Vgl. Richter, *Josef Lewinsky*, S. 154.

68 Vgl. Heinrich Laube: *Das Wiener Stadt-Theater*. Leipzig: J. J. Weber 1875.

69 Vgl. Richter, *Josef Lewinsky*, S. 149.

70 Vgl. Laube, *Das Wiener Stadt-Theater*, S. 9.

71 L. K.: *Das wiener Stadttheater*. In: *Illustrirte Zeitung*, 19. Oktober 1872, S. 287.

72 Vgl. Gasser, S. 17.

73 Vgl. Louis Schöne, Heinrich Köhler (Hg.): *Jahr-Buch und Repertorium des Wiener Stadt-Theaters vom Tage der Eröffnung bis Ende November 1872*. Wien: Selbstverlag 1873, S. 5f.

74 Ebner-Eschenbach, *Tagebücher II*, S. 132 (15. September 1872).

75 Laube, *Das Wiener Stadt-Theater*, S. 29.

76 Isidor Gaiger: *Die Eröffnung des »N. Fr. Burgtheaters«*. In: *Morgen-Post*, 17. September 1872, S. 1f., hier S. 1.

77 Ebner-Eschenbach, *Tagebücher II*, S. 132. (17. September 1872)

78 Marie von Ebner-Eschenbach an Josephine von Knorr, 15. Februar 1906. In: Ebner-Eschenbach/Knorr, *Briefwechsel 1851–1908*, Bd. 1, S. 599.

79 Vgl. Anton Bettelheim: *Marie von Ebner-Eschenbach's Wirken und Vermächtnis*. Leipzig: Quelle & Meyer, 1920, S. 143.

80 Betty Paoli an Marie von Ebner-Eschenbach, 28. August 1872. WB, Hss., IN 236257.

81 F[erdinand]. Groß: *Die Eröffnung des Stadttheaters*. In: *Morgen-Post*, 1. September 1875, S. 1f., hier S. 1.

82 Vgl. Ferdinand Groß: *Die wiener Theater*. In: *Unsere Zeit* 1 (1884), S. 165–173, hier S. 171.

83 Vgl. Ebner-Eschenbach, *Tagebücher II*, S. 99f. (März/April 1872)

84 Ebner-Eschenbach, *Tagebücher II*, S. 100. (2. April 1872)

85 Vgl. *ÖBL-Projekt Wiener Weltausstellung 1873 revisited!* (digital).

86 Vgl. Betty Paoli an Wilhelm Hemsen, 25. Mai 1873. WB, Hss. IN 3755.

87 Vgl. *Wiener Weltausstellungs-Zeitung*. Beilage zur Nr. 52, 22. Juni 1872, S. 1f.

88 V., *Frauen-Literatur auf der Weltausstellung*, S. 1.

89 V., *Frauen-Literatur auf der Weltausstellung*, S. 1. Erudition = Gelehrsamkeit; nicht uneben = nicht ganz schlecht.

90 Marie von Ebner-Eschenbach an Emerich Du Mont, 20. Dezember 1879. Zitiert in: Bettelheim, *Marie von Ebner-Eschenbach's Wirken und Vermächtnis*, S. 276–278, hier S. 278. Der Brief ist als Konzept erhalten. Emerich du Mont verfasste das Buch *Das Weib. Philosophische Briefe über dessen Wesen und Verhältniß zum Manne* (Leipzig 1879), in dem er die intellektuelle Unterlegenheit der Frau zu beweisen versucht.

91 Vgl. Betty Paoli an Marie von Ebner-Eschenbach, 10. November 1872. WB, Hss., IN 236259.

92 Betty Paoli an Marie von Ebner-Eschenbach, 10. November 1872. WB, Hss., IN 236259.

93 Betty Paoli an Wilhelm Hemsen, 25. Juni 1873. WB, Hss., IN 3756.

94 Betty Paoli an Wilhelm Hemsen, 25. Juni 1873. WB, Hss., IN 3756.

95 Vgl. Reisepass mit eigenhändiger Unterschrift, ausgestellt am 22. Juni 1873. WB, Hss., IN 106374.

96 Vgl. Betty Paoli an Unbekannt, 11. August 1871. ÖNB, Hss., 280/21–28.

97 Betty Paoli: *Ein Dichter-Denkmal*. In: *Die Heimat*. Illustrirtes Familienblatt 1 (1876), Nr. 5, S. 76–78, hier S. 78.

98 Vgl. Betty Paoli an Unbekannt [Auguste Littrow], 14. Oktober 1873. ÖNB, Hss., 48/68–6.

99 Betty Paoli an Unbekannt [Auguste Littrow], 14. Oktober 1873. ÖNB, Hss., 48/68–6.

100 Vgl. Franz von Schmidt-Zabiérow: *Der allgemeine Beamten-Verein, seine Entstehung und Entwicklung, seine Ziele und Erfolge*. In: *Die Dioscuren* 1 (1872), S. 445–480, hier S. 475.

101 Vgl. Hermann von Orges: *Die Weltausstellung und die Frauenarbeit*. In: *Die Dioscuren* 1 (1872), S. 425–441.

102 Vgl. Orges, *Die Weltausstellung und die Frauenarbeit*, S. 426.

103 Vgl. Orges, *Die Weltausstellung und die Frauenarbeit*, S. 438–440.

104 [Franz von] Schmidt-Zabierow: *Der erste allgemeine Beamten-Verein der österreichisch-ungarischen Monarchie und seine Entwickelung im Jahre 1872.* In: *Die Dioskuren* 2 (1873), S. 543–554, hier S. 549.

105 Vgl. –g: *Die Dioscuren.* [Rezension des 4. Jg.]. In: *Wiener Abendpost*, 22. Dezember 1874, S. 2340.

106 Betty Paoli: *Nach italienischen Volkssprüchen.* Aus der »Raccolta di proverbi toscani.« pubblicata da Gino Capponi. In: *Die Dioskuren* 10 (1881), S. 8f.

107 Betty Paoli: *Aphorismen.* In: *Die Dioskuren* 6 (1877), S. 4–6.

108 Vgl. Strigl, *Berühmt sein ist nichts*, S. 241.

109 Vgl. Marie von Ebner-Eschenbach: *Aphorismen.* In: *Die Dioskuren* 11 (1882), S. 86–88, hier S. 87.

110 Vgl. Strigl, *Berühmt sein ist nichts*, S. 367; vgl. *Die Dioskuren* 20 (1891), S. 142.

111 M. E.: *Der Halbpoet.* In: *Die Dioskuren* 2 (1874), S. 507.

112 Vgl. Strigl, *Berühmt sein ist nichts*, S. 367.

113 Anonym: [Vorrede]. In: *Die Dioscuren* 1 (1873). [o. S.]

114 Vgl. Rudolph Schwingenschlögl: [Vorrede]. In: *Die Dioskuren* 10 (1881), S. VII–XIV, hier S. VIII.

115 Betty Paoli: *Bei Marsala.* (Nach Gustave Nadaud). In: *Die Dioskuren* 14 (1885), S. 23f.

116 Vgl. Anonym: [Vorrede]. In: *Die Dioscuren* 1 (1872). [o. S.]

117 Vgl. Anonym: [Vorrede]. In: *Die Dioskuren* 2 (1873), S. IIIf., hier S. III.

118 Theodor Elze: *Gartenrosen und Rosengärten.* In: *Die Dioskuren* 4 (1875), S. 257–272; *Bilder aus Venedig.* In: *Die Dioskuren* 10 (1881), S. 220–233; 11 (1882), S. 148–162.

119 Daniel Spitzer: *Wiener Spaziergänge.* In: *Neue Freie Presse*, 1. Jänner 1881, S. 6f., hier S. 6.

120 Vgl. Anonym: [Vorrede]. In: *Die Dioskuren* 2 (1873), S. IIIf., hier S. IV.

121 Vgl. Strigl, *Berühmt sein ist nichts*, S. 203.

122 Vgl. Marie von Ebner-Eschenbach an Josephine von Knorr, 8. September [1872]. In: Ebner-Eschenbach/Knorr, *Briefwechsel 1851–1908*, Teil 1, S. 352.

123 Strigl, *Berühmt sein ist nichts*, S. 202.

124 Betty Paoli: *An die Realisten.* In: *Die Dioskuren* 3 (1874), S. 34f. Unter dem Titel *Die naturalistische Schule* aufgenommen in: Paoli, Gedichte, 1895, 200f. [AW S. 128f.].

125 Betty Paoli: *Unter'm Beile.* An Ida. In: *Die Dioskuren* 4 (1875), S. 19.

126 Vgl. Gasser, S. 46f.

127 Karl Viktor Ritter von Hansgirg: *Vom Büchertisch.* In: *Mittheilungen des Vereins für Geschichte der Deutschen in Böhmen.* XIII (1875), S. 61f., hier S. 62.

128 M. E.: *Die Großmutter.* In: *Die Dioskuren* 4 (1875), S. 423–426; vgl. Strigl, *Berühmt sein ist nichts*, S. 203.

129 Vgl. Theodor von der Ammer: *Der fünfte Jahrgang der »Dioskuren«* [Rezension]. In: *Blätter für literarische Unterhaltung*, Nr. 47 (1876), S. 749–751, hier S. 749f.

130 Betty Paoli: *In späten Jahren.* In: *Die Dioskuren* 7 (1878), S. 1.

131 Marie von Ebner-Eschenbach: *Aphorismen.* In: *Die Dioskuren* 7 (1878), S. 52f.

132 Betty Paoli an Marie von Ebner-Eschenbach, 9. September 1878. WB, Hss., IN 236287.

133 Marie von Ebner-Eschenbach: *Krambambuli.* In: *Die Dioskuren* 12 (1883), S. 67–76.

134 Marie von Ebner-Eschenbach: *Die Freiherren von Gemperlein.* Eine Porträtstudie. In: *Die Dioskuren* 8 (1879), S. 33–66.

135 Vgl. Strigl, *Berühmt sein ist nichts*, S. 236f.

136 Marie von Ebner-Eschenbach an Betty Paoli, 17. August 1878. WB, Hss., IN 48383.

137 Vgl. Strigl, *Berühmt sein ist nichts*, S. 237.

138 Marie von Ebner-Eschenbach an Josephine von Knorr, 22. April 1879. In: *Ebner-Eschenbach/Knorr, Briefwechsel 1851–1908*, Bd. 1, S. 437. [Herv. i. O.]

139 Ebner-Eschenbach, *Tagebücher II*, S. 94. (2. März 1872)

140 Marie von Ebner-Eschenbach: *Erzählungen und Aphorismen*. Bd. 4. Hg. v. Evelyne Polt-Heinzl, Daniela Strigl, Ulrike Tanzer. Salzburg: Residenz 2015, S. 112.

141 Ebner-Eschenbach, *Tagebücher II*, S. 405. (26. März 1876)

142 Vgl. Betty Paoli: *In Sachen der Poesie*. In: *Neue Freie Presse*, 7. Februar 1872, S. 1–3; vgl. Josephine von Knorr: *An Betti Paoli*. In: *Die Dioskuren* 2 (1873), S. 93f.

143 Vgl. K. v. H.: *Vom Büchertische der schönen Literatur* [Rezensionen]. In: *Mittheilungen des Vereins für Geschichte der Deutschen in Böhmen* 11 (1873), Heft III & IV, S. 33–37, hier S. 36.

144 K. V. v. H.: *Vom Büchertische der schönen Litteratur* [Rezensionen]. In: *Mittheilungen des Vereins für Geschichte der Deutschen in Böhmen* 12 (1874), Heft V, S. 51–54, hier S. 52.

145 Betty Paoli: *Zur silbernen Hochzeit meiner lieben Freunde Carl und Auguste La Roche*. In: Eduard Mautner: *Carl La Roche*. Gedenkblätter zur Feier seiner vierzigjährigen ruhmreichen Wirksamkeit am K. K. Hof-Burgtheater zu Wien. Wien: Rosner 1873, S. 31–33.

146 Anonym: *Festschrift zu La Roche's Jubiläum* [Rezensionsnotiz]. In: *Illustrirtes Wiener Extrablatt*, 11. März 1873, S. 3.

147 Betty Paoli: *Zu Carl und Julie Rettichs silberner Hochzeit*. Manuskript. WB, Hss., IN 237104.

148 Vgl. Richter, *Josef Lewinsky*, S. 70f.; Betty Paoli: *Erinnerung an den 4ten Mai 1858*. Manuskript. WB, Hss., IN 37174.

149 Vgl. Betty Paoli: *An Heinrich Anschütz zu seinem achtzigsten Geburtstag*. In: *Wiener Abendpost*. Beilage zur *Wiener Zeitung*, 10. Februar 1865, S. 12.

150 Betty Paoli: *An Heinrich Anschütz zu seinem achtzigsten Geburtstage, 1865*. In: Paoli, *Neueste Gedichte*, S. 95.

151 Betty Paoli: *An Ludwig und Zerline Gabillon, zu ihrem fünfundzwanzigjährigen Jubiläum*. Manuskript. WB, Hss., IN 37452; auch als Broschüre gedruckt, Wien 1878.

152 Vgl. Gustav Wilhelm: *Briefe der Freiin Luise von Eichendorff an ihren Neffen Hermann*. In: *Aurora*. Ein romantischer Almanach 4 (1934), S. 3–19, hier S. 5.

153 Daniel Spitzer: *Wiener Spaziergänge*. Bd. 3. Wien: Klinkhardt 1881, S. 318.

154 Betty Paoli: [An Anastasius Grün zum 11. April 1876]. In: *Die Heimat*. Illustrirtes Familienblatt. Bd. 1, Nr. 2, 1876, S. 24 [AW S. 112].

155 Betty Paoli: *Am 5. September*. An Ida. In: Paoli, *Neueste Gedichte*, S. 82f., hier S. 83 [AW S. 120f.].

156 Vgl. Anonym: *Vorlesung des Hofschauspielers Joseph Lewinsky*, 13. März 1869, S. 11.

157 Vgl. Anonym: *Theater- und Kunstnachrichten*, 13. März 1869, S. 2.

158 Betty Paoli. *An Julie Rettich*. 1869. In: Paoli, *Neueste Gedichte*, S. 42–44, hier S. 44.

159 Betty Paoli an Luise Schönfeld-Neumann. 9. Mai 1869. WB, Hss., IN 236939.

160 Vgl. *Kolowrat-Krakowsky* (digital).

161 Hans Kolowrat an Betty Paoli, 16. April 1872. WB, Hss., IN 42909.

162 Vgl. Gasser, S. 35.

163 Betty Paoli: *An Grillparzer »Paraphrase«*. Manuskript. WB, Hss., IN 225789. Mit Ände-

rungen gedruckt in: Betty Paoli: *Paraphrase*. In: Paoli, *Gedichte*, 1895, S. 199 [AW S. 130]; Vgl. auch Ebner-Eschenbach, *Tagebücher II*, S. 91.

164 Vgl. Fr[iedrich]. Pecht: *Eine Herbstwoche in Wien. II*. In: *Neue Freie Presse*, 26. Oktober 1872, S. 1–3, hier S. 1.

165 Vgl. Pecht, *Eine Herbstwoche in Wien. II*, S. 1.

166 Vgl. Birgit Jooss: *»Bauernsohn, der zum Fürsten der Kunst gedieh«*. Die Inszenierungsstrategien der Künstlerfürsten im Historismus. In: *Plurale* 5 (2005), S. 196–228 (digital).

167 Vgl. Fr[iedrich]. Pecht: *Eine Herbstwoche in Wien. III*. In: *Neue Freie Presse*, 9. November 1872, S. 1–3, hier S. 1.

168 Vgl. Pecht, *Eine Herbstwoche in Wien. III*, S. 3.

169 Friedrich Pecht: *Kunst und Kunstindustrie auf der Wiener Weltausstellung 1873*. Stuttgart: Cotta 1873.

170 Pecht, *Kunst und Kunstindustrie*, S. 337; vgl. auch Michael Bringmann: *Pecht, Friedrich*. In: *Neue Deutsche Biographie* 20 (2001), S. 156f.

171 Vgl. Betty Paoli an Wilhelm Hemsen, 25. Mai 1873. WB, Hss., IN 3755.

172 Vgl. Betty Paoli an Wilhelm Hemsen, 25. Juni 1873. WB, Hss., IN 3756.

173 Betty Paoli an Wilhelm Hemsen, 25. Juni 1873. WB, Hss., IN 3756.

174 Friedrich Pecht: *Deutsche Künstler des neunzehnten Jahrhunderts*. Studien und Erinnerungen. 3 Bde. Nördlingen: Beck 1877–1885.

175 Vgl. Betty Paoli: *Friedrich Pecht: Deutsche Künstler des neunzehnten Jahrhunderts. Studien und Erinnerungen. I* [Rezension]. In: Paoli, *Gesammelte Aufsätze*, S. 239–251, hier S. 240. (Erstdruck: Beilage zur *Augsburger Allgemeinen Zeitung*, 15. Dezember 1877)

176 Vgl. Paoli, *Friedrich Pecht*, S. 242.

177 Vgl. Paoli, *Friedrich Pecht*, S. 252.

178 Paoli, *Friedrich Pecht*, S. 261.

179 Paoli, *Friedrich Pecht*, S. 262; vgl. Rossbacher, *Literatur und Liberalismus*, S. 151–153.

180 Vgl. Paoli, *Friedrich Pecht*, S. 267.

181 Paoli, *In Sachen der Poesie*, 7. Februar 1872, S. 1.

182 Vgl. Paoli, *In Sachen der Poesie*, 7. Februar 1872, S. 1.

183 Paoli, *In Sachen der Poesie*, 7. Februar 1872, S. 2.

184 Vgl. Paoli, *In Sachen der Poesie*, 7. Februar 1872, S. 2.

185 Paoli, *In Sachen der Poesie*, 7. Februar 1872, S. 2.

186 Marie von Ebner-Eschenbach notierte nach Lektüre dieses Texts: »Heute brachte die n[eue]. fr[eie]. Presse ein herrliches Feuilleton von B. Paoli: *In Sachen der Poesie*. Darin geschieht die ehrenvollste Erwähnung der *Gedichte* Sephinen's. Ich lief gleich mich bedanken.« Ebner-Eschenbach, *Tagebücher II*, S. 90. (7. Februar 1872)

187 Vgl. Paoli, *In Sachen der Poesie*, 7. Februar 1872, S. 3.

188 Vgl. Gy., *Literarische Revue*, S. 1.

189 Vgl. Gy., *Literarische Revue*, S. 1.

190 Vgl. Gy., *Literarische Revue*, S. 1.

191 Betty Paoli: *Ein Tendenzroman*. In: *Heimat*. Illustrirtes Familienblatt 1 (1876), Nr. 21, S. 354f.

192 Vgl. Paoli, *Ein Tendenzroman*, S. 354.

193 Vgl. Paoli, *Ein Tendenzroman*, S. 354.

194 Vgl. Paoli, *Ein Tendenzroman*, S. 354.

195 Paoli, *Ein Tendenzroman*, S. 355.
196 Vgl. Paoli, *Ein Tendenzroman*, S. 355.
197 Vgl. Paoli, *Ein Tendenzroman*, S. 355.
198 Vgl. Sophie Pataky: *Lexikon deutscher Frauen der Feder*. Bd. 1. Berlin: C. Pataky 1898, S. 428.
199 Vgl. Betty Paoli: *Verblendung*. In: Paoli, *Neueste Gedichte*, S. 100.
200 Betty Paoli: *Im Walde*. In: *Die Dioskuren* 9 (1880), S. 3–5.
201 Vgl. Betty Paoli: *Im Walde*. In: Paoli, *Gedichte*, 1895, S. 181–184 [AW S. 123–126].
202 Vgl. Norbert Bachleitner, Franz M. Eybl, Ernst Fischer: *Geschichte des Buchhandels in Österreich*. Wiesbaden: Harrassowitz 2000, S. 237.
203 Paoli, *In Sachen der Literatur*, S. 1–3.
204 Paoli, *In Sachen der Literatur*, S. 1.
205 Paoli, *In Sachen der Literatur*, S. 1.
206 Vgl. Paoli, *In Sachen der Literatur*, S. 1.
207 Paoli, *In Sachen der Literatur*, S. 2.
208 Vgl. Paoli, *In Sachen der Literatur*, S. 2.
209 Paoli, *In Sachen der Literatur*, S. 3.
210 Nr. 18 der Beilage *Deutsche Blätter* (1870).
211 Paoli, *In Sachen der Literatur*, S. 3.
212 Vgl. Paoli, *In Sachen der Literatur*, S. 3.
213 Vgl. [Notiz]. In: *Die Deutsche Zeitung*, 22. Dezember 1872, S. 5f.
214 Anonym: *Eine Denunciation*. In: *Neue Freie Presse*, 28. Dezember 1872, S. 8.
215 Vgl. k. k. Ministerium für Kultus und Unterricht: *Dekret an Betty Paoli*, Z. 4206, betreffend Zuwendung eines Pensionsbetrages von 600 fl, 7. Juni 1872. WB, Hss., IN 37504.
216 Gasser, S. 102.
217 Gasser, S. 114.
218 Vgl. Betty Paoli: *Annette von Droste-Hülshof[f], gestorben 1848*. In: Betty Paoli: *Nach dem Gewitter*. 2., vermehrte Aufl. 1850, S. 215–219 [AW 86–89]; vgl. Betty Paoli: *Gedichte von Annette v. Droste-Hülshoff*. In: Paoli, *Gesammelte Aufsätze*, S. 1–11. (Erstdruck *Literarisches*. In: *Wiener Lloyd*, 27. November 1852) [AW 163–170].
219 Vgl. Betty Paoli: *Annette von Droste-Hülshoff's poetischer Nachlaß*. Studie. In: *Österreichische Zeitung*, 16. März 1860, S. 1.
220 Vgl. Paoli, *Annette von Droste-Hülshoff's poetischer Nachlaß*, 17. März 1860, S. 1.
221 Vgl. Betty Paoli: *Annette v. Droste-Hülshoff*. Ein Lebensbild von Schücking. In: Paoli, *Gesammelte Aufsätze*, S. 11–26, hier S. 12. (Erstdruck: *Constitutionelle Oesterreichische Zeitung*. Jänner 1862)
222 Paoli, *In Sachen der Poesie*, S. 3.
223 Paoli, *In Sachen der Literatur*, S. 2.
224 Paoli, *In Sachen der Poesie*, S. 1.
225 Vgl. Paoli, *In Sachen der Poesie*, S. 1.
226 Paoli, *Gedichte von Annette v. Droste-Hülshoff*, S. 1–11, hier S. 10 [AW S. 170].
227 Vgl. Paoli, *Gesammelte Aufsätze*, S. 24.
228 Vgl. Betty Paoli: *Briefe der Freiin Annette v. Droste-Hülshoff an Professor Dr. Schlüter*. In: Paoli, *Gesammelte Aufsätze*, S. 26–36, hier S. 27. (Erstdruck: *Zur neuesten Literatur*. In: *Augsburger Allgemeinen Zeitung*. Nr. 75. 16. März 1877, S. 1134f.)

229 Vgl. Paoli, *Gesammelte Aufsätze*, S. 28.

230 Vgl. Paoli, *Gesammelte Aufsätze*, S. 36.

231 Vgl. Paoli, *Ein Dichter-Denkmal*, S. 77.

232 Vgl. Paoli, *Ein Dichter-Denkmal*, S. 77.

233 Paoli, *Ein Dichter-Denkmal*, S. 77.

234 Vgl. Paoli, *Ein Dichter-Denkmal*, S. 78.

235 Paoli, *Ein Dichter-Denkmal*, S. 78.

236 Vgl. Paoli, *Ein Dichter-Denkmal*, S. 78.

237 Ebner-Eschenbach, *Tagebücher II*, S. 414. (6. Mai 1876)

238 Vgl. Gasser, S. 103f.

239 Hermann Hüffer: *Schücking, Levin*. In: *Allgemeine Deutsche Biographie* 32 (1891), S. 643–647, hier S. 647.

240 Vgl. Meta von Salis-Marschlins: *Theo Schücking*. In: Meta von Salis-Marschlins: *Auserwählte Frauen unserer Zeit*. Bd. 2. Graubünden: Selbstverlag 1919, S. 64–143.

241 Vgl. Marie von Ebner-Eschenbach: *Briefwechsel mit Theo Schücking*. Frauenleben im 19. Jahrhundert. Hg. v. Edda Polheim. Berlin: De Gruyter 2001, S. 327–334.

242 Vgl. Strigl, *Berühmt sein ist nichts*, S. 306.

243 Vgl. Ebner-Eschenbach, *Briefwechsel mit Theo Schücking*, S. 9 und S. 13.

244 Vgl. Strigl, *Berühmt sein ist nichts*, S. 307.

245 Marie von Ebner-Eschenbach: *Meine Erinnerungen an Grillparzer*. Aus einem zeitlosen Tagebuch. Berlin: Paetel 1916, S. 156.

246 Vgl. Gy., *Literarische Revue*, S. 1.

247 Gy.: *Die Prinzessin von Banalien*. Ein Märchen von Baronin M. Ebner [Rezension]. In: *Das Vaterland*, 31. März 1872, S. 1f., hier S. 1.

248 Vgl. Gy, *Die Prinzessin von Banalien*, S. 2.

249 Vgl. Strigl, *Berühmt sein ist nichts*, S. 171.

250 Vgl. Ebner-Eschenbach, *Tagebücher II*, S. 97–99. (März 1872); vgl. Strigl, *Berühmt sein ist nichts*, S. 94.

251 Vgl. Ebner-Eschenbach, *Tagebücher II*, S. 307. (29. Dezember 1874)

252 Vgl. Strigl, *Berühmt sein ist nichts*, S. 203; vgl. Roland Innerhofer, Daniela Strigl (Hg.): *Sonderweg in Schwarzgelb?* Auf der Suche nach einem österreichischen Naturalismus in der Literatur. Innsbruck: Studienverlag 2016.

253 Vgl. Betty Paoli: *Erzählungen. Leopold Kompert und Marie v. Ebner-Eschenbach*. In: *Gesammelte Aufsätze*, S. 65–78, hier S. 77f. (Erstdruck: *Zur Erzählungsliteratur*. In: *Allgemeinen Zeitung*, 27. Mai 1875, S. 2302–2304.)

254 Vgl. Strigl, *Berühmt sein ist nichts*, S. 203.

255 Paoli, *Gesammelte Aufsätze*, S. 73.

256 Paoli, *Gesammelte Aufsätze*, S. 78.

257 Ebner-Eschenbach, *Tagebücher II*, S. 344. (21. Mai 1875)

258 Vgl. Strigl, *Berühmt sein ist nichts*, S. 210.

259 Betty Paoli: *Božena*: In: Paoli, *Gesammelte Aufsätze*, S. 78–91. (Erstdruck: *Zur neueren Novellen-Literatur*. In: *Augsburger Allgemeinen Zeitung*, 26. November 1876, S. 5043f.)

260 Vgl. Ebner-Eschenbach, *Tagebücher II*, S. 457. (29. November 1876)

261 Vgl. Betty Paoli an Marie von Ebner-Eschenbach, 17. Dezember 1876. WB, Hss., IN 236269.

262 Paoli, *Gesammelte Aufsätze*, S. 78–80.

263 Paoli, *Gesammelte Aufsätze*, S. 80.

264 Ebner-Eschenbach, *Tagebücher II*, S. 404. (19. März 1876)

265 Vgl. Paoli, *Gesammelte Aufsätze*, S. 82.

266 Vgl. Paoli, *Gesammelte Aufsätze*, S. 82.

267 Paoli, *Gesammelte Aufsätze*, S. 91.

268 Vgl. Ernst von Feuchtersleben: *Ethik*. In: *Ernst Frhrn. von Feuchtersleben's sämmtliche Werke*. Hg. v. Friedrich Hebbel. Bd. 1: Gedichte. Wien: Gerold 1851, S. 286.

269 Vgl. Paoli, *Gesammelte Aufsätze*, S. 91.

270 Victor Klemperer: *Österreichische Dichterinnen*. In: *Die Grenzboten* 71 (1912), Drittes Vierteljahr, S. 551–563, hier S. 558f.

271 Alfred Friedmann: *Etwas vom Recensieren*. In: *Blätter für literarische Unterhaltung*, Nr. 43, 27. Oktober 1881, S. 673–675, hier S. 674.

272 Vgl. Betty Paoli: Tagebuch aus den Jahren 1866, 1880–1887 und 1889–1893. WB, Hss., IN 106342. Tagebuch 1881.

273 Vgl. Betty Paoli: Tagebuch aus den Jahren 1866, 1880–1887 und 1889–1893. WB, Hss., IN 106342. 20. Juni 1881.

274 Marie von Ebner-Eschenbach an Betty Paoli, 26. Juni 1881. WB, Hss., IN 48400.

275 Marie von Ebner-Eschenbach: *Tagebücher III 1879–1889*. Kritisch hg. und kommentiert v. Karl Konrad Polheim und Norbert Gabriel unter Mitwirkung von Markus Jagsch und Claus Pias. Tübingen Niemeyer 1993, S. 129. (26. Juni 1881)

276 Strigl, *Berühmt sein ist nichts*, S. 261.

277 Ebner-Eschenbach, *Tagebücher III*, S. 161. (5. November 1881)

278 Vgl. Gy., *Literarische Revue*, S. 1f.

279 Vgl. Betty Paoli: *Studie über Grillparzer*. In: *Grillparzers Gespräche und die Charakteristiken seiner Persönlichkeit durch die Zeitgenossen*. I. Abteilung. Biographieen und allgemeine Charakteristiken. 1841–1894. Hg. v. August Sauer. Wien: Verlag des Literarischen Vereins 1904, S. 243–271, hier S. 254 [AW S. 178]. (Erstdruck: *Neue Freie Presse*, 7. und 9. April 1872)

280 Vgl. auch Beck, *Betty Paoli*, S. 264.

281 Vgl. Paoli, *Studie über Grillparzer*, S. 257.

282 Vgl. Friedrich Sengle: *Biedermeierzeit*. Bd. 3: *Die Dichter*, S. 119f.

283 Betty Paoli: *Kein Gedicht*. In: Paoli, *Gedichte*, 1841, S. 63–67 [AW S. 33–36].

284 Franz Grillparzer: *Jugenderinnerungen im Grünen*. In: Grillparzer, *Sämtliche Werke*, I. Abt., Bd. 10: Gedichte, 1. Teil, S. 145–151, hier S. 148.

285 Vgl. Paoli, *Gedichte*, S. 63.

286 Paoli, *Gedichte*, S. 64.

287 Grillparzer, *Jugenderinnerungen im Grünen*, S. 150.

288 Grillparzer, *Jugenderinnerungen im Grünen*, S. 151.

289 Paoli, *Gedichte*, S. 64.

290 Vgl. Paoli, *Studie über Grillparzer*, S. 263.

291 Vgl. Paoli, *Studie über Grillparzer*, S. 244f. [AW S. 171].

292 Anonym: *Betti Paoli* [Notiz]. In: *Die Bombe*, 14. April 1872, S. 2.

293 Vgl. Betty Paoli an den Verlag Cotta, 10. Februar 1875. Deutsches Literaturarchiv (DLA) Marbach. Cotta: Briefe.

294 Vgl. Anonym: †*Franz Grillparzer*. In: *Neue Freie Presse*, 24. Jänner 1872, S. 7.

295 Vgl. Gasser, S. 98f.

296 Vgl. Gasser, S. 99.

297 Vgl. Heinrich Laube: *Einleitung*. In: Franz Grillparzer: *Sämmtliche Werke*. Bd. 1. Stuttgart: Cotta 1872, III–XL, hier S. VI.

298 Heinrich Laube: *Franz Grillparzer*. In: *Neue Freie Presse*, 28. Jänner 1872, S. 1–3, hier S. 2.

299 Vgl. Betty Paoli an Unbekannt [Georg Preyß], o. D. WB, Hss., IN 7988.

300 Vgl. Ludwig Gabillon an Betty Paoli. WB, Hss., IN 236886, 236887, 236888, 236890 (Sommer 1872); vgl. Bettelheim-Gabillon, *Ludwig Gabillon*, S. 170–173.

301 Vgl. Ebner-Eschenbach, *Meine Erinnerungen an Grillparzer*, S. 897.

302 Vgl. Ebner-Eschenbach, *Meine Erinnerungen an Grillparzer*, S. 892.

303 Ebner-Eschenbach, *Tagebücher III*, S. 195. (27. Jänner 1882)

304 Gasser, S. 145.

305 Auguste von Littrow-Bischoff: *Aus dem persönlichen Verkehre mit Franz Grillparzer*. Wien: Rosner 1873, S. 141f.

306 Betty Paoli: *An Franz Grillparzer. Zu seinem achtzigsten Geburtstag*. In: *Neue Freie Presse*, 14. Jänner 1871, S. 1.

307 Vgl. Marianne Baumgartner: *Der Verein der Schriftstellerinnen und Künstlerinnen in Wien* (1885–1938). Wien u. a.: Böhlau 2015, S. 103.

308 Paoli, *Grillparzer und seine Werke*. Die Aufsätze erschienen zwischen 17. Dezember 1874 und 28. Februar 1875 in der Beilage zur *Allgemeinen Zeitung*.

309 Paoli, *Grillparzer und seine Werke*, S. 59f.

310 Zitiert in Richter, *Josef Lewinsky*, S. 166.

311 Vgl. Betty Paoli an Franz Grillparzer, 28. Jänner 1869. In: Grillparzer, *Sämtliche Werke*, III. Abt., 5. Teil, S. 68.

312 Vgl. Friedrich Adamec: *Betty Paoli und ihr Freundeskreis*. Diss. Wien, 1951, S. 49.

313 Paoli, *In Sachen der Literatur*, S. 2.

314 Vgl. Anton Bettelheim: *Ferdinand von Saars Leben und Schaffen*. Leipzig: Hesse 1908, S. 91.

315 Betty Paoli: *Ferdinand von Saar*. Die Steinklopfer. In: *Gesammelte Aufsätze*, S. 202–208, hier S. 204f. (Erstdruck: *Ferdinand von Saar*. Die Steinklopfer. Eine Geschichte [Rezension]. In: *Neue Freie Presse*, 8. Mai 1874.)

316 Vgl. Paoli, *Gesammelte Aufsätze*, S. 205.

317 Vgl.Paoli, *Gesammelte Aufsätze*, S. 208.

318 Ada Christen an Ferdinand von Saar, 7. Juli 1894. WB, Hss., IN 17920; vgl. auch Helen Chambers: *Ada Christen, »Sturmvogel vor der großen Hochflut des Naturalismus«*. In: *Austrian Studies* 16 (2008), S. 188–204.

319 Anonym: †*Betty Paoli*. In: *Wiener Abendpost*. Beilage zur Wiener Zeitung, 5. Juli 1894, S. 2.

320 Betty Paoli: *Conrad Ferdinand Meyer*. In: Paoli, *Gesammelte Aufsätze*, S. 207–238.

321 Paoli, *Gesammelte Aufsätze*, S. 207–214, hier S. 210. (Erstdruck: *Das Amulet* [Rezension]. In: *Wiener Abendpost*, 31. März 1874, S. 580.)

322 Paoli, *Gesammelte Aufsätze*, S. 213–228. (Erstdruck: *Ein schweizerischer Dichter*. In: *Wiener Abendpost*, 13. Juni 1877, S. 532.)

323 Paoli, *Gesammelte Aufsätze*, S. 228–238, hier S. 230. (Erstdruck: *Huttens letzte Tage*. Eine Dichtung [Rezension]. In: *Die Presse*, 16. Dezember 1881, S. 1f.)

324 Vgl. Paoli, *Gesammelte Aufsätze*, S. 231.

325 Zitiert in: Albert Geßler: *Meyer, Konrad Ferdinand*. In: *Allgemeine Deutsche Biographie* 52 (1906), S. 340–370, hier S. 350f.

326 Conrad Ferdinand Meyer: *Mein Erstling »Huttens letzte Tage.«* In: Karl Emil Franzos (Hg.): *Die Geschichte des Erstlingswerks*. Berlin: Concordia Deutsche Verlags-Anstalt 1894, S. 23–30, hier S. 28.

327 Vgl. Betty Paoli: *Huttens letzte Tage*. Eine Dichtung [Rezension]. In: Paoli, *Gesammelte Aufsätze*, S. 228–238, hier S. 229.

328 Vgl. Hermann Haessel an C. F. Meyer, 17. Dezember 1881. In: *C. F. Meyers Briefwechsel*. Bd. 4.3: Verlagskorrespondenz Conrad Ferdinand Meyer, Betsy Meyer – Hermann Haessel. Briefe 1880 bis 1882. Hg. v. Stephan Landshuter u. a. Göttingen: Wallstein 2015, S. 137.

329 Vgl. Hermann Haessel an C. F. Meyer, 5. November 1881. In: *C. F. Meyers Briefwechsel*, S. 128.

330 Vgl. Hermann Haessel an C. F. Meyer, 17. Dezember 1881. In: *C. F. Meyers Briefwechsel*, S. 137.

331 Louise von François an C. F. Meyer, 2. Jänner 1882. In: Anton Bettelheim (Hg.): *Louise von François und Conrad Ferdinand Meyer*. Ein Briefwechsel. Berlin: G. Reimer 1905, S. 38.

332 Betty Paoli: Tagebuch 4. März 1880. WB, Hss., IN 126449.

333 Vgl. Hermann Haessel an C. F. Meyer, 15. April 1880. In: *C. F. Meyers Briefwechsel*, S. 51.

334 Vgl. C. F. Meyer an Hermann Haessel, 2. Mai 1880. In: *C. F. Meyers Briefwechsel*, S. 56.

335 Vgl. Betsy Meyer an Hermann Haessel, 21. April 1880. In: *C. F. Meyers Briefwechsel*, S. 52.

336 Vgl. Betty Paoli an Conrad Ferdinand Meyer, 14. Jänner 1881. In: *Betty Paoli und Conrad Ferdinand Meyer*, S. 504f. (Zuerst in: Helene Bettelheim-Gabillon: *Betty Paoli und Konrad Ferdinand Meyer*. In: *Neue Freie Presse*, 28. Mai 1908, S. 11f.)

337 Vgl. Betty Paoli an Hermann Haessel, 3. November 1881. In: *Betty Paoli und Conrad Ferdinand Meyer*, S. 505.

338 Vgl. Conrad Ferdinand Meyer an Betty Paoli, 3. April 1884. In: *Betty Paoli und Conrad Ferdinand Meyer*, S. 509. [Herv. i. O.]

339 Vgl. Betty Paoli an Conrad Ferdinand Meyer, 15. Juni 1877. In: *Betty Paoli und Conrad Ferdinand Meyer*, S. 503.

340 Vgl. *Editionsprojekt Verlagsbriefwechsel Haessel-Meyer* (digital) (das Korpus besteht aus ca. 2400 handschriftlichen Stücken).

341 C. F. Meyer an Hermann Haessel, 15. April 1880. In: *C. F. Meyers Briefwechsel*, S. 50.

342 Hermann Haessel an C. F. Meyer, 15. April 1880. In: *C. F. Meyers Briefwechsel*, S. 51.

343 Hermann Haessel an C. F. Meyer, 15. April 1880. In: *C. F. Meyers Briefwechsel*, S. 51.

344 Vgl. Marie von Ebner-Eschenbach an Conrad Ferdinand Meyer, 9. Dezember 1882. In: *Betty Paoli und Conrad Ferdinand Meyer*, S. 506.

345 Vgl. Betty Paoli an Conrad Ferdinand Meyer, 9. Mai 1883. In: *Betty Paoli und Conrad Ferdinand Meyer*, S. 506f.

346 Betty Paoli an Conrad Ferdinand Meyer, 9. Mai 1883. In: *Betty Paoli und Conrad Ferdinand Meyer*, S. 507.

347 Conrad Ferdinand Meyer an Betty Paoli, Pfingsten 1883. In: *Betty Paoli und Conrad Ferdinand Meyer*, S. 507.

348 Conrad Ferdinand Meyer an Betty Paoli, 25. Mai 1883. In: *Betty Paoli und Conrad Ferdinand Meyer*, S. 508. [Herv. i. O.]

349 y. y. y.: *Aristokratische Poetinnen.* In: *Neues Wiener Abendblatt*, 25. Februar 1875, S. 2f., hier S. 2.

350 Paoli, *In Sachen der Poesie*, S. 2.

351 y. y. y., *Aristokratische Poetinnen*, S. 2.

352 Vgl. Sigmund Kolisch: *Die Welt und mein Auge.* Novellen von Betty Paoli [Rezension]. In: *Wiener Zeitschrift*, Nr. 130, 1844, S. 1037f., hier S. 1037.

353 Vgl. Kolisch, *Die Welt und mein Auge*, S. 1037f.

354 Paoli, *Offener Brief an Aurora Dudevant*, S. 341.

355 Vgl. Betty Paoli: *Briefe aus George Sand's Jugendzeit.* In: *Gesammelte Aufsätze*, S. 112–130. (Erstdruck: *Die Presse*, 1. und 4. Juli 1882, S. 1f., auch in: Paoli, *»Was hat der Geist denn wohl gemein mit dem Geschlecht?«*, S. 141–153.)

356 Paoli, *Gesammelte Aufsätze*, S. 112.

357 Vgl. Paoli, *Gesammelte Aufsätze*, S. 114.

358 Vgl. Paoli, *Gesammelte Aufsätze*, S. 115.

359 Paoli, *Gesammelte Aufsätze*, S. 115.

360 Vgl. Paoli, *Gesammelte Aufsätze*, S. 116.

361 Vgl. Paoli, *Gesammelte Aufsätze*, S. 120.

362 Paoli, *Gesammelte Aufsätze*, S. 128.

363 Paoli, *Gesammelte Aufsätze*, S. 130.

364 Paoli, *Gesammelte Aufsätze*, S. 117.

365 Paoli, *Gesammelte Aufsätze*, S. 113.

366 Vgl. Paoli, *Gesammelte Aufsätze*, S. 116.

367 Vgl. Paoli, *Studie über Grillparzer*, S. 255 [AW S. 179].

368 Vgl. Guido Kohlbecher: *Das Fragebogenalbum des 19. Jahrhunderts.* In: *Mitteilungen der Gesellschaft für Buchforschung in Österreich* 2007–1, S. 25–35; vgl. Samantha Matthews: *Psychological Crystal Palace?* Late Victorian Confession Albums. In: *Book History* 3.1 (2000), S. 125–154.

369 Betty Paoli: Ausgefüllter Vordruck in englischer Sprache, persönliche Vorhaben [recte Vorlieben] betreffend. WB, Hss., IN 205780. Die Datierung basiert auf den Angaben auf der Rückseite, ausgefüllt von Pepina von Rötter [?] »Salzburg 16. 4. 1879«.

370 Vgl. Wittner (Hg.), S. 207.

371 Auch an anderer Stelle zeigte sie Verständnis für die »Getreuen der Wissenschaft, die ein ihr geweihtes Leben in ihrem Dienste willig opfern«. Vgl. Betty Paoli: *Ein Halbverschollener.* Johann Wilhelm Helfer's Reisen in Vorder-Asien und Indien. Von Gräfin Pauline Nostitz. Brockhaus 1873 [Rezension]. In: *Neue Freie Presse*, 22. Mai 1873, S. 1–4, hier S. 1.

6
1885–1894
Feiern und Ende

Lesen und schreiben bis zum Schluss

In den 1880er Jahren ist die Legendenbildung um die Person Paoli und um die Entstehung ihrer Lyrik abgeschlossen. Als Zeichen dafür können wir ein Kurzporträt betrachten, das in einem Werk mit dem Titel *Die Wiener Gesellschaft* zu finden ist, und das in groben Zügen die Fama der Dichterin wiedergibt. Einleitend heißt es:

> Weibliche Autoren giebt es relativ wenig in Wien. Betty Paoli, Ada Christen und die Baronin von Ebner-Eschenbach halten indessen die Fahne der Frauenliteratur zur Ehre ihres Geschlechtes ziemlich hoch. Betty Paoli, ein Talent erster Ordnung, ein edler Geist und edles Herz, ist durch ihre lyrischen Gedichte eine europäische Berühmtheit geworden.[1]

Bei einer Promenade auf der Ringstraße kann man Paoli sehen,

> sie ist vom Alter gebeugt und geht in Gesellschaft eines jungen Mädchens. Betty ist eine vortreffliche Schriftstellerin und geschätzte Dichterin. Ehemals hatte sie leidenschaftlich einen jungen schönen Menschen geliebt, der sie verrieth und ihr vulgäre Frauen vorzog. Erst weinte sie über ihn, dann fluchte sie ihm. Ihre markigen, zornglühenden Verse trafen mit unbarmherzigen, fürchterlichen Schlägen den, der sie grausam verletzt hatte [...]. Betty besang ihren Schmerz und so erschöpfte sie ihn; bald folgte die wehmüthige Klage der Vergebung den Schmerzensrufen. Betty verzieh, oder vielmehr sie vergaß. Leider hatte eine zweite

> Liebe denselben verhängnißvollen Ausgang: die Dichterin begann darauf von Neuem, ihr Leiden zu klagen, ihre kräftige Leier erklang in den alten Accorden, bis sie dann in klagenden schrillen Tönen erlosch; ihr Saitenspiel war zerbrochen.[2]

Die Verfasserin dieses pseudonymen Berichts könnte Catherine Radziwill sein, polnisch-russische Adelige und entfernt verwandt mit Elisabeth-Alexandra de Ficquelmont, Förderin Paolis in den 1850er Jahren. Das erwähnte junge Mädchen an Paolis Seite ist wahrscheinlich eine Waise, die mit dreizehn Jahren als Dienstmädchen zu ihr kam.[3]

In den letzten Jahren ihres Lebens zog sich Paoli aus der Öffentlichkeit und dem gesellschaftlichen Leben immer mehr zurück. Sie besuchte Theaterproben, ging aber nur mehr selten in Abendvorstellungen, und auch wenn in ihren Tagebüchern zahlreiche Besuche bei Freundinnen und Bekannten verzeichnet sind, so sind es doch nicht mehr die belebten Salons und großen Gesellschaften, sondern Treffen im kleinen Kreis, an denen Paoli teilnahm. Auch die Besuche, die zu ihr vorgelassen wurden, versuchte sie zu reduzieren.

Paolis Arbeitseifer ließ indes in den letzten zehn Jahren ihres Lebens kaum nach. Helene Bettelheim gibt uns eine Schilderung ihres Zimmers, »das ein vormärzlich altwienerisches Gepräge trug, dessen Möbel sich, gottlob, mehr durch Bequemlichkeit als durch Eleganz nach modernen Begriffen auszeichneten«.[4] Hier saß Paoli an einem Schreibtisch, »der nicht mehr einfacher sein konnte, mit tiefen, festen Laden, eine Platte ohne jeden Zierrat, doch bedeckt mit unzähligen Schreib- und Rauchrequisiten, deren krauses Vielerlei von ihrer fast pedantischen Genauigkeit stets in derselben Ordnung gehalten wurde«.[5] Die Rauchrequisiten sind charakteristisch für Paoli:

> Ob das Schreiben oder das Rauchen ihr unentbehrlicher war (wie der Georges Sand), wer wußte das zu sagen! Sicher ist nur, daß, wann immer man bei ihr eintrat, zitternde blaue Rauchwölkchen die Luft erfüllten. Es gab einen merkwürdigen Contrast, sie mitten in einem Qualm, der jedem Corpsstudenten Ehre gemacht hätte, sitzen zu sehen, mit einer kunstreichen Stickerei in den feinen, fleißigen Händen, die selbst nicht ruhten, während sie las, denn dann arbeiteten sie rastlos

am Strickstrumpf – einer Reminiscenz vergangener Tage, von der sie sich nicht trennen konnte.[6]

Paoli hatte aber auch ihren Platz an Ida Fleischls Schreibtisch, »an dem in zwei tiefen, bequemen Sesseln die beiden Frauen, zumeist beide rauchend«, saßen.[7]

Paoli war durch ein langes Nervenleiden körperlich beeinträchtigt, geistig hingegen bis zum Schluss rege. In den letzten Jahren fiel ihr das Schreiben aber schwer und kurz vor ihrem Tod diktierte sie ihre Briefe ihrem Dienstmädchen Marie. Paolis Tagebücher zeigen ihre Beschäftigung mit neuer Literatur und aktuellen Fragen, sie verfasste auch im letzten Jahrzehnt ihres Lebens noch Gedichte für Zeitschriften und Jahrbücher. Im Mai 1894 erreichte sie die Aufforderung, ein Gedicht für ein Album zu verfassen und sie lehnte mit den Worten ab: »Ich habe nie etwas mir innerlich Fremdes besungen, und will es noch ferner so halten.«[8] Ihre Kunst war und blieb immer die Lyrik, für die sie eine knappe Definition findet: »Was ist die Poesie? Gib mir Bescheid! / Die Wahrheit ist sie, doch im Feierkleid.«[9]

Paoli vertrat in ihren Gedichten den Idealismus, propagierte in ihren Kritiken einen poetischen Realismus und lehnte naturalistische Tendenzen ab, das bedeutete aber keineswegs, dass sich ihr literarisches Interesse darauf beschränkt hätte. Am Ende ihres Lebens las sie so eifrig wie immer und so unterschiedliche Bücher (im Original) wie Walter Scotts *Redgauntlet* von 1824, Turgenjews *Klara Militsch*, einen Roman von 1882, Edmond und Jules de Goncourts *Les hommes de lettres* von 1860, Therese Pulszkys Memoiren von 1850, *Mensonges* (1887) von Paul Bourget und *Le Secret du précepteur* von Victor Cherbuliez – letzteres eine Roman-Neuerscheinung von 1893, dem Jahr, aus dem diese (unvollständige) Aufzählung stammt – und zwar zwischen 8. Jänner und 10. März.[10] Mit den Neuerscheinungen ist sie aber nicht zufrieden, aus der Kur schreibt sie: »Ich lese hier ziemlich viel, doch ist es meistenteils Schund, namentlich was die neueren englischen Romane betrifft. Man hält es kaum für möglich, daß in einem Land, das so große Romanschriftsteller hervor brachte, solches Zeug gedruckt und gelesen wird.«[11]

Wenige Monate vor ihrem Tod verfasste Paoli eine letzte Rezension für Cottas *Allgemeine Zeitung*.[12] Darin besprach sie den vierten Jahrgang des Jahrbuchs der Grillparzer-Gesellschaft, insbesondere einen Beitrag ihres

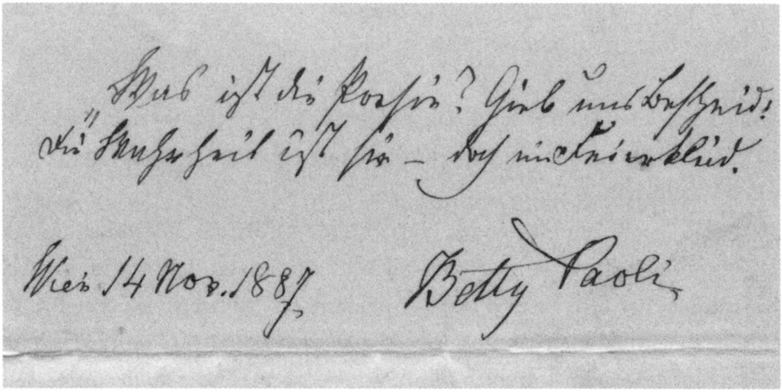

Betty Paoli, Manuskript, 1887

Freundes aus Vormärzzeiten, Hieronymus Lorm, zu Grillparzers Erzählung *Der arme Spielmann*, schloss eine kurze Charakteristik des Autors und einige Bemerkungen zur Veröffentlichung von Briefen Katharina Fröhlichs an. Die Grillparzer-Gesellschaft war nach einem öffentlichen Aufruf im Dezember 1889 gegründet worden, zu den Initiatoren gehörten neben Paoli selbst unter anderem Marie von Ebner-Eschenbach, Josef Lewinsky und Charlotte Wolter.[13] Über die Publikation schreibt Paoli, ihr Zweck sei in erster Linie, das Verständnis für Grillparzers Werk und Persönlichkeit zu vertiefen, und: »In zweiter Reihe will sie auch andere hervorragende Erscheinungen der deutsch-österreichischen Literatur in Betracht ziehen und manchen halbverschollenen Namen der Vergessenheit entreißen.«[14] Auch Paoli sollte im Laufe der Jahre immer wieder Gegenstand von Beiträgen in dem Jahrbuch werden.

Angeblich 70. Geburtstag (1885)

In der *Geschichte der neuern Litteratur* aus dem Jahr 1884 ist kurz und knapp zu lesen, was an biographischen Eckdaten zu Paoli bekannt war:

> Unter den österreichischen Talenten, welche mit allen Kräften danach rangen, sich der behaglichen Mittelmäßigkeit der vormärzlichen

> Wiener Poesie zu entwinden, fand sich auch eine Dichterin, die sich jedenfalls über die Stufe des poetischen Dilettantismus erhob. Elisabeth Glück (pseudonym Betty Paoli) ward am 30. Dezember 1815 zu Wien geboren, weilte längere Zeit in Rußland, lebte seit 1843 als Gesellschafterin im Haus der Fürstin Schwarzenberg in Wien, widmete sich dann selbständig ihren litterarischen Arbeiten und versuchte selbst im Journalismus und der Kunstkritik eine maßgebende Stellung zu gewinnen.[15]

Der einflussreiche Autor und Herausgeber Rudolf Gottschall vergleicht in seinem Buch mit dem Titel *Deutsche Nationalliteratur der ersten Hälfte des neunzehnten Jahrhunderts*, das 1881 bereits in der fünften Auflage erschien, Betty Paoli – »Elisabeth Glueck, geb. zu Wien 1815« – mit ihrer westfälischen Kollegin Annette von Droste-Hülshoff. Er meint, ihre Gedichte gehörten zu den »anmutigsten Blüten deutscher Liebespoesie, indem Klarheit, Adel und Melodie der Form sie über den üblichen erotischen Trödel erheben«.[16] In der *Neuen Illustrirten Zeitung* kann man 1885 lesen: »Seit langen Jahren zählt Deutschland Betty Paoli mit Recht zu seinen besten Dichterinnen; keine Anthologie erscheint, die sich nicht mit einigen ihrer Gedichte geschmückt hätte, kein Gebildeter lebt, dem ihr Name nicht vertraut und geläufig wäre.«[17]

Dass Paoli zu Lebzeiten zu derlei literarhistorischen Ehren kam, hatte einen Nebeneffekt: »Wir feiern am 30. Dezember Betty Paoli's Geburtstag – eigentlich den 71t; offiziell (Dank der Ungenauigkeit der Literaturgeschichte) den 70t«, schreibt Marie von Ebner-Eschenbach an Paul Heyse im Dezember 1885.[18] Im Jahr davor hatten sich Freundinnen und Freunde eingestellt, um den richtigen Siebziger zu feiern: »Gratulationsbesuche von Stasi, Bertha Preyß, Julie Schlesinger, Richard und Ernst [Fleischl], Auguste und Gusti Littrow, Pachler und Frau, Baronin Ebner und G[rä]finnen Pongracz und Kuefstein. Nach Tisch ausgegangen, weil mir der Kopf schwirrte.«[19] Zum falschen Jubiläum im Jahr 1885 kamen zum großen Freundes- und Bekanntenkreis die offiziellen Stellen hinzu und das *Magazin für die Litteratur des In- und Auslandes* berichtete:

> Am 25. [sic] Dezember beging die Doyenne der Wiener weiblichen Poetengilde, Betty Paoli, ihren siebzigsten Geburtstag, zu welchem

> sie aus allen Kreisen der Gesellschaft beglückwünscht wurde. Für den Schriftsteller- und Journalisten-Verein »Concordia« gratulirte eine Deputation des Präsidiums, bestehend aus den Regierungsräten Weilen und Winternitz, in Vertretung der Allgemeinen deutschen Schiller-Stiftung in München wie des Wiener Zweig-Vereins Dr. L. Kompert und eine Deputation des Vereines der Wiener Schriftstellerinnen und Künstlerinnen überreichte eine Adresse. Die Glückwünsche der Stadt Wien überbrachte Bürgermeister Uhl; für die städtischen Sammlungen wird ein hervorragender Künstler das Bild der Dichterin malen.[20]

Marie von Ebner-Eschenbach vermerkt am 29. Dezember 1885 in ihrem Tagebuch:

> Um zehn Uhr kam der Bürgermeister zu Betty um ihr seinen Glückwunsch darzubringen, hat eine prächtige Adresse überreicht in welcher Betty ersucht wird sich von ›hervorragenden Künstlerhänden‹ für das Rathaus malen zu lassen.* Österreicher bleiben wir for ever, auch wenn wir einmal etwas gar nicht östreichisches thun. […] *die linke Hand muß auch mitmalen. O meine geliebten Österreicher![21]

Den Auftrag für das Bild bekam Marie Müller, die auch Marie von Ebner-Eschenbach porträtierte. Die sah sich das Bild gemeinsam mit Ida Fleischl im Atelier der Malerin an und war zufrieden: »Stirn Augen und Nase vortrefflich. Die geistige Ähnlichkeit gut getroffen«.[22] Paoli war der gleichen Ansicht, ließ sich einen Probeabdruck eines Fotos von dem Porträt in die Sommerfrische nachschicken und bat um die Adresse des Fotografen, »damit ich, falls mir seine Arbeit gelungen scheint, weitere Bestellungen bei ihm machen könne«.[23]

Nach dem Bürgermeister kamen die anderen Vertreter öffentlicher Stellen, um der Dichterin zu gratulieren: »Am Morgen kam Weilen (Concordia), kam Kompert (Schillerverein), kam eine Deput[ation] d. Schriftstel[lerinnen] V[ereins] Betty zu beglückwünschen. Den ganzen Tag über Besuche Telegramme, Geschenke.«[24]

Ebner-Eschenbach dokumentierte die Feierlichkeiten nicht nur, sie hatte sie auch initiiert, und zwar in ihrer Funktion als Mitglied des ›Vereins der Schriftstellerinnen und Künstlerinnen in Wien‹. Ein Festtagskomitee

Betty Paoli, 1886

unter ihrer Führung beschloss, Paoli im Namen des Vereins ein künstlerisch gestaltetes Album mit Unterschriften prominenter Persönlichkeiten und ein Festgedicht aus der Feder des Vereinsmitglieds Marie von Najmájer zu überreichen.[25] Die Vorbereitungen dazu begannen im November, schon zwei Tage nach dem Auftrag schickte Najmájer ein »vortreffliches Gedicht« für das Album, »das wir Betty verehren wollen«.[26] Das Album, gestaltet von der Blumenmalerin Irma Komlosy, enthielt die Unterschriften von rund tausend Gratulanten, darunter das Kronprinzenpaar.[27]

Paoli nahm dieses prächtige Geschenk mit Freude entgegen, verwahrte sich aber gegen die Zumutung einer aufwendigen Dankestour, wie Helene Gasser zu berichten weiß:

> Wie man die Unterschriften von den allerhöchsten Herrschaften angefangen bei Kronprinz Rudolf u. Stefanie gelesen hat, ich glaube mehr als 1 000 waren in dem Album, da hat die Frau Gräfin [Ebner-Eschenbach] u. die gnäd. Frau [Ida Fleischl] gemeint, dass sie [Paoli] doch Besuche machen soll u. ihre Freude zeigen / doch zu einigen / – da hat sie sich geärgert u. hat gesagt »ich werde mir ein Seidenkleid machen lassen u. einen Fiaker mir nehmen; fällt mir nicht ein, hätten sie es stehn gelassen [= unterlassen]« aber gefreut hat sie sich doch.[28]

Die private Feier bestand aus einem Souper für zehn Personen, einem Gedichtvortrag von Zerline Gabillon und der gemeinsamen Bewunderung der Geschenke.[29] Damit aber nicht genug, spielte man auch noch Tarock mit Ebner-Eschenbach: »Abends ein friedliches Taröckchen bei dem die geliebte Jubilarin viel Unglück hatte. Sie ist vergnügt und nicht allzusehr ermüdet von all den gesprochenen, geschriebenen und telegraphirten Huldigungen die ihr dargebracht wurden.«[30]

Das Gedicht von Marie von Najmájer, in dem es heißt: »Hab Dank! es knüpft an Deinen Dichternamen/Erhebend sich für uns Erinnerung«, war nicht das einzige, das Paoli anlässlich ihres Geburtstags bekam. So schickte ihr der oberösterreichische Dichter Franz Keim einen Vierzeiler, weitere Gedichte kamen von Faust Pachler und von Josephine von Knorr. Sie finden sich in Paolis Nachlass, ebenso wie zahlreiche Glückwünsche, unter anderem von Friederike Goßmann (verehelichte Friederike Prokesch von Osten), Arthur Gundaccar von Suttner (Ehemann der späteren Friedensnobelpreisträgerin Bertha von Suttner), dem Tänzer der Hofoper Louis Frappart oder dem Buchhändler, Verleger und Schriftsteller Leopold Rosner.

Ein ganz besonderer Geburtstagsgruß war wohl die Karte von Ernst Fleischl, der erst wenige Wochen zuvor wieder an der Hand operiert worden war, wobei dem Chirurgen Theodor Billroth ein Kunstfehler unterlaufen war, was Fleischls Zustand weiter verschlechterte.[31] Fleischl bedankte sich für Bücher, die Paoli ihm zu Weihnachten geschenkt hatte, und gratulierte: »Liebe Betty! Nicht nur ist es mir unmöglich, mein Zimmer zu verlassen und Dir zu dem heutigen Festtage persönlich Glück und Freude zu wünschen, sondern ich kann Dir nicht einmal ordentlich schreiben, ich muß mit den Zeilen und mit den Worten geizen. [...] Dein alter, aufrichtiger, zermarterter Freund Ernst.«[32]

Gelehrte

Als Paoli im Fragebogen von 1879 auf die Frage, wer sie gerne wäre, antwortete »ein Gelehrter, den seine Wissenschaft absorbirt«, stand ihr vielleicht Ernst Fleischl vor Augen. In ihrem Freundeskreis gab es aber auch andere Gelehrte, Vertreter unterschiedlicher naturwissenschaftlicher und geisteswissenschaftlicher Disziplinen. Sie waren Paolis Gesprächspartner und regten sie zur Beschäftigung mit den Wissenschaften an. Ernst Fleischls engster Freund Sigmund Exner zum Beispiel galt als führender Physiologe, der als erster vermutete, dass das Gehirn eine neuronale Netzwerkstruktur besitzt. Auch Exners Brüder, Gäste der Familie Fleischl in Wien und im Salzkammergut, waren erfolgreiche Wissenschaftler, die Köchin erinnert sich an die »4 Herrn Brüder Professoren«.[33] Der bekannteste von ihnen war Franz, Doktorvater der Kernphysikerin Lise Meitner. Paolis Arzt Josef Breuer veröffentlichte 1895 gemeinsam mit Sigmund Freud die erste psychoanalytische Abhandlung, forschte aber zuvor, wie Ernst Fleischl, im Labor von Ernst Brücke. Der Chirurg Robert Gersuny, berühmt für innovative Operationsmethoden, war Gast im Hause Fleischl und nach Billroths Kunstfehler der Operateur von Ernst.

Der Ehemann von Helene Gabillon, Anton Bettelheim, ursprünglich Jurist, lieferte auch fundierte Beiträge zur Literaturgeschichte. Helenes Schwester Dora war mit dem Historiker August Fournier verheiratet, dem Verfasser einer richtungsweisenden Napoleon-Biographie. Er gehörte auch zu den Geburtstagsgratulanten von 1885, die Paoli mit einer ihrer spärlichen Tagebuchnotizen bedachte.[34] Sie begegnete Fournier im Haus von Helene und Anton Bettelheim in Wien, sommers auch in Grundlsee bei den Gabillons. Anton Bettelheims Schwester Karoline war mit dem Industriellen Julius Gomperz verheiratet und ihr Schloss Habrowan in Mähren war wie das Haus im Salzkammergut ein Treffpunkt für Familie und Freunde.[35] Das von Helene Bettelheim gestaltete Habrowaner Gästebuch wurde 1882 mit einem Eintrag von Paoli eröffnet.[36] Ein Schwager von Karoline, ebenfalls Gast in Grundlsee und Habrowan, war Theodor Gomperz, Professor für klassische Philologie an der Universität Wien.

Im Jahr 1881 finden wir in Betty Paolis Tagebuch den Eintrag: »Abends mit Miklosich und Baron Ebner. Gesprächsgegenstand: Wie viele Sprachen man wohl zu erlernen hätte, wenn die Civilisation sich einst über den ganzen Erdball erstrecken sollte. Ferner: über die modernen Schuleinrichtungen.«[37] Mit Franz Xaver Ritter von Miklosich (Miklošič), geboren 1813 in der Untersteiermark, verband Paoli eine jahrzehntelange Freundschaft. Miklosich war der Begründer der wissenschaftlichen Slawistik und der erste Professor für slawische Philologie an der Universität Wien. Wie Paolis Freund Carl Lewinsky wurde er im Revolutionsjahr 1848 von

Innen- und Bildungsminister Graf Stadion gefördert und bekleidete eine Stelle als Zensor. Er verkehrte im Salon von Auguste von Littrow und Paoli notierte zahlreiche Treffen mit ihm in ihren Tagebüchern. Nicht nur sie schätzte ihn, auch Ida Fleischl bezeichnete den Philologen als einen ihrer liebsten Menschen.[38] Vielleicht war er es, der mit seinen vergleichenden Sprachstudien Paoli und Ida Fleischl dazu anregte, sich mit Sanskrit zu befassen.

Paoli war neugierig und vielseitig interessiert und es traf auf sie sicher zu, was ihrem Abbild in der vormärzlichen Literatursatire in den Mund gelegt worden war: Was zu lernen sei, müsse man »aus guten Büchern und aus dem Umgange mit scharfsinnigen und tüchtigen Männern schöpfen«.[39] Aber auch Ida Fleischl zeichnete sich durch fundiertes Wissen und gründliches Nachdenken aus. Marie von Ebner-Eschenbach notierte über ein Gespräch zwischen Ida und ihrem Sohn Ernst: »Diese beiden Menschen leben das Leben tiefer aus als wir andern, sie dringen allüberall auf den Grund der Dinge, was sie wissen trägt so reiche Früchte, (...) daß ihnen mit jeder neuen Erkenntniss auch zugleich eine neue Welt aufgeht.«[40]

Paoli war an dem intellektuellen Austausch in der Familie Fleischl maßgeblich beteiligt und regte ihn an, zum Beispiel beim Thema Pessimismus. Sie las Schopenhauer und übersetzte Gedichte von Louise Ackermann, einer von Schopenhauer beeinflussten französischen Dichterin.[41] Marie von Ebner-Eschenbach schreibt: »Abends Betty Paoli die Gedichte von Mme Ackermann vorlas Schön-schrecklich. Die in prachtvolle Verse gebrachte Verzweiflung in die ihr unser Glauben u. hoffen sich verwandelt. Aber – grossartig.«[42]

In metaphysisch-spiritueller Hinsicht war Paoli ihr Leben lang eine Suchende, was sich in ihrer Beschäftigung mit philosophischen Systemen und in ihrer Gedankenlyrik niederschlug, wobei sie auch den Funktionswandel der Poesie kommentierte.[43] Paoli nahm die beschleunigten gesellschaftlichen und technischen Veränderungen, die das neunzehnte Jahrhundert bestimmten, aufmerksam wahr und schreibt 1872: »Ich will nicht den alten Gemeinplatz wiederholen, daß wir eben in einer Zeit des Ueberganges leben; das war noch eine jede Zeit, meines Wissens ist keine stecken geblieben.«[44] Aber die bisher geltenden Sicherheiten sind erschüttert:

> Wahr ist nur, daß die Umgestaltung aller Verhältnisse jetzt mit so reißender Schnelligkeit vor sich geht, wie früher nie, und daß die Poesie mit diesem Vorwärtsstürmen nicht gleichen Schritt gehalten hat, nicht halten konnte. So ist es gekommen, daß Poesie und Leben sich nicht mehr decken, daß jene nicht mehr ist, was sie sein sollte: die unsichtbare, aber sich in jedem Moment manifestirende Seele der sichtbaren Welt.[45]

In einer Zukunft, die sie selbst nicht mehr erleben werde, könne dieser Bruch geheilt werden, jetzt gelte jedoch der Wahlspruch: »Reale Mittel zur Erreichung idealer Zwecke.«[46]

In ihrer Besprechung von Ackermanns Gedichten betont Paoli, dass Philosophie und Poesie »in eben so untrennbarem Zusammenhang wie Geist und Gemüt« stehen.[47] Die naturwissenschaftlichen Erkenntnisse fordern die Poesie besonders heraus, denn der Erkenntniszuwachs verändere die »Empfindungsweise«, an naturwissenschaftliches Wissen »knüpfen sich Ideenreihen, die uns unser Dasein und unser Verhältnis zum Universum in einem vollkommen veränderten Licht erscheinen lassen«.[48] Als Beispiel führt Paoli die Evolutionstheorie an und stellt rhetorische Fragen:

> Oder ist Darwins Lehre etwa bloß Sache der Wissenschaft? Kann man sie für wahr halten und zugleich die trostvolle Zuversicht bewahren, welche der Gedanke an eine sittliche Weltordnung, an freie Selbstbestimmung, an eine gerecht waltende Vorsehung früheren Geschlechtern einflößte?[49]

Zwischen überkommenem Glauben einerseits und blindem Vertrauen in die Naturwissenschaften andererseits gelte es, dem Intellekt und den ethischen Idealen gerecht zu werden: »[W]ir wissen zu viel, um glauben, zu wenig, um des Glaubens entraten zu können.«[50] Die Poesie, »deren höchster Beruf darin besteht, im Denken und Fühlen der Einzelnen den jeweiligen Pulsschlag der Menschheit kundzugeben«, dürfe in diesem Augenblick nicht schweigen.[51]

Paoli betrachtete Wissen nie als Selbstzweck und Bildung immer in erster Linie als Persönlichkeitsbildung. In ihrem Aufsatz *Ueber weibliche Erziehung* schildert Paoli das Beispiel eines Mannes, der großen Wert auf

Wissen legte, »ohne jedoch im Stande zu sein, das wirklich Wissenswerte von dem bloßen Wissenskram zu unterscheiden«.[52] Er war selbst nicht in den Genuss von Bildung gekommen und wollte nun

> das Gehirn seiner Söhne zu einem wahren Speicher von Gelehrsamkeit machen. [...] Ermahnte ihn hie und da ein wohlmeinender Freund, den armen Jungen doch etwas mehr Muße zu gönnen, dann schüttelte er den Kopf, zog die Augenbrauen in die Höhe und erwiderte [...]: »Nein, sage ich Ihnen. Man muss seine Kinder etwas lernen lassen, wenn es auch nichts ist.«[53]

In Paolis Bildungsideal werden Persönlichkeit und Talent berücksichtigt, einer ihrer engsten Freunde konnte hingegen vermutlich mit derlei intellektuellem Idealismus wenig anfangen: der 1822 geborene Rudolf Valdek, eigentlich Rudolf Wagner. Ebner-Eschenbach schreibt über ihn in ihr Tagebuch: »Einen traurigeren unangenehmeren Eindruck hat mir selten ein Mensch gemacht. Ein alter, verbissener geistreicher Nihilist.«[54] Paoli war mit Valdek jahrzehntelang befreundet, schon im ersten Jahr des Zusammenlebens mit Ida Fleischl lud sie ihn zu sich und ihrer Freundin ein.[55] Valdek war Theaterkritiker der *Presse* und leitete später das Feuilleton der *Wiener Allgemeinen Zeitung*. Er war mit Heinrich Laube befreundet und mit dem Satiriker Moritz Saphir verfeindet. Der Karikaturist Ernst Juch stellte ihn mit einem überdimensionierten Einmachglas unter dem Arm dar, auf dem »Weisheit« zu lesen ist und in dem ein großer Löffel steckt.[56] Wenn Paoli in den 1880er Jahren Besucher empfing, was beinahe täglich der Fall war, notierte sie in ihren Tagebüchern üblicherweise nur die Namen, eine der wenigen Ausnahmen: »Abends Besuch von Valdek, der höchst interessant sprach.«[57]

Valdek wurde als der »selbständigste und vielseitigste« unter den Wiener Kritikern bezeichnet[58] und befasste sich auch mit gesellschaftspolitischen Fragen. Im Jahr 1867 kritisierte er das Konkordat, das der katholischen Kirche den Einfluss auf das Schulwesen sicherte: »Es genügt diesen Hirten unserer Seelen nicht, sie auf die Weide des Katechismus zu treiben; sie suchen auch unseren Geist in einen wohlummauerten Stall zu sperren, den sie Schule zu nennen belieben und zu dem sie allein den Schlüssel in der Tasche haben.«[59] Valdek war der Auffassung, dass die

Geistlichkeit schon lange kein Recht mehr habe, über die Bildung zu entscheiden, denn sie sei im Mittelalter stecken geblieben. Die Ausgabe der *Neuen Freien Presse* mit diesem Feuilleton Valdeks wurde konfisziert, die Redaktion gewann den folgenden Prozess.[60]

Die antiklerikale Haltung Valdeks gerade in Hinblick auf das katholisch geprägte Bildungswesen teilte Paoli, ihre christliche Prägung zeigt sich zwar in so manchem ihrer Gedichte, ihr Leben aber gestaltete sich überkonfessionell. So war es selbstverständlich, dass im jüdischen Haushalt Fleischl Weihnachten gefeiert wurde, dass die katholisch getaufte Paoli Patin der evangelisch getauften Friederike Bettelheim wurde und zur Hochzeit des jüngsten Sohns von Ida Fleischl in den Tempel ging.[61]

Die jüdische Religion, wie Paoli sie in ihrer nächsten Umgebung erlebte, entsprach wahrscheinlich am ehesten ihren spirituellen und intellektuellen Bedürfnissen. Über die Protagonistin in Grillparzers *Esther*-Fragment schreibt sie:

> Sie ist eine Jüdin, die Tochter eines geknechteten, unterdrückten Volkes, dessen Loos es Jahrtausende hindurch war, sich mit den Waffen des Geistes der brutalen Gewalt zu erwehren, von der es sich bedrängt sah. Man braucht sich nicht zur Lehre Darwins zu bekennen, um anzunehmen, daß unter solchen Verhältnissen eine starke Ausbildung des Verstandes zur Stammeseigenschaft werden muß.[62]

Als der jüdische Schriftsteller und niederösterreichische Landesschulrat Leopold Kompert starb, verfasste Paoli einen poetischen Nachruf, der mit den Versen beginnt:

> Als treuen Kämpfer sah'n wir Dich bemüht,
> Dein Volk, ein Ziel dem Haß, dem gift'gen Hohne,
> Zu lösen aus zweitausendjähr'ger Frohne –[63]

Kompert und Paoli verband die Überzeugung, dass jede Emanzipation nur durch Bildung möglich sei. Bei dem radikalen Antisemiten Georg Schönerer brachte die Würdigung von Komperts Leistungen der Dichterin den Ruf ein, eine »Judenfreundin« zu sein.[64] Religionen und Konfessionen waren in dem aufgeklärten, säkularisierten Umfeld Paolis keine Frage des

Dogmas, sondern eine Bildungsfrage. Die »gute Christin« Helene Gasser bescheinigt Ida Fleischl, sie habe »die katholische Religion viel besser gewusst« als sie selbst, und schließt daraus: »Es ist kein Wunder, dass die gn[ädige]. Frau überall ein gern gesehner Gast war, was immer für Themen angeschlagen wurde kam sie mit dem Diskuriren nie in Verlegenheit, weil sie von allem was gewusst hat.«[65]

Auch der Buddhismus war bei Ida Fleischl und Paoli Thema. Im Jahr 1888 erschien Paolis Gedicht *Der gute König in der Hölle*.[66] Im Mittelpunkt ihrer ›indischen Legende‹ steht König Ashoka, ein Herrscher des 3. vorchristlichen Jahrhunderts. Der historische Ashoka führte einige Expansionsfeldzüge an und reformierte dann das indische Großreich nach buddhistischen Vorstellungen: gewaltfrei, grundsätzlich gerecht und mit sozialen Einrichtungen wie Schulen und Krankenversorgung.

Açoka, der Protagonist von Paolis erzählendem Gedicht, kommt nach seinem Tod in eine Hölle nach christlicher Vorstellung, in der die Verdammten schrecklich gemartert werden. Da Açokas Vergehen nur gering war, soll er von einem Götterboten aus der Hölle in das Reich des höchsten vedischen Gottes, Indra, gebracht werden. Als der König bemerkt, dass seine Wohltaten zu Lebzeiten ihn mit der Macht ausgestattet haben, die Leiden der gequälten Sünder in der Hölle zu lindern, weigert er sich, die Hölle zu verlassen und dem Boten in das Paradies zu folgen. Es kommt zu einem Gespräch zwischen dem guten König und Indra, bei dem Açoka auf Indras Einwand, dass die Verdammten ihre Strafe verdient hätten, für die Güte plädiert.

> Wohl weiß ich, daß Gerechtigkeit der Grund,
> Auf dem der Bau der Welt gesichert ruht,
> Doch ist sie mehr nicht als ein starrer Felsen.
> Die Güte aber ist die stille Kraft,
> Die mild mit frischem Grün ihn überkleidet
> Und tausend Lebenskeime in ihm weckt,
> Die ohne sie nicht an das Licht gelangten.[67]

Daraufhin schenkt Indra den Verdammten die Wiedergeburt, das karmische Prinzip tritt in die Welt. Dieses Gedicht widmete Paoli ihrem Arzt Josef Breuer.[68]

Die Vorstellung von einem gütigen christlichen Gott war für Paoli keineswegs selbstverständlich und sie hegte zunehmend Zweifel. Ihre eigenen körperlichen Leiden und wahrscheinlich auch das qualvolle Hinsiechen von Ernst Fleischl führten zu ihrer völligen Abkehr von dieser Idee. 1891, in der Zeit einer schweren Krankheit und im letzten Lebensjahr von Ernst Fleischl, notiert Paoli:

> Ziellosen Zufalls Spiel und Spott
> Ertrage ich gelassen,
> Doch glaubte ich an einen Gott,
> Wie tief müsst' ich ihn hassen.[69]

Eher skurril ist Paolis postume Rolle in der Anthroposophie. Deren Begründer Rudolf Steiner hielt 1924 einen Vortrag über die Schule von Chartres, einen Zusammenschluss von Scholastikern im 12. Jahrhundert, die eine kritische Naturphilosophie vertraten, und erwähnte dabei eine Reinkarnation eines Mönchs, in der man »geradezu in wunderbarer Art den Abglanz des vorigen Lebens in diesem Leben bei der betreffenden Persönlichkeit« finden könne.[70] Bei dieser Persönlichkeit handle es sich um eine ihm »bekannte, sogar befreundete Schriftstellerin, die jetzt schon seit längerer Zeit gestorben ist, die eine in unserer Zeit ganz merkwürdige Seelenstimmung in sich trug [...].«[71] Es sei ein »Hereinleuchten eines früheren Lebens«, das sich in dieser Schriftstellerin manifestiert habe und außerdem der (seltene) Fall, »daß im physischen Gesichtsausdrucke einer nachfolgenden Inkarnation eine Ähnlichkeit zu finden ist [...] mit der vorigen Inkarnation. Die beiden Antlitze jenes Mönches und jener Schriftstellerin der Gegenwart waren wirklich ganz ausserordentlich ähnlich.«[72] Ein Steiner-Exeget vermutete 1961, dass es sich bei der Schriftstellerin beziehungsweise dem Mönch um Betty Paoli handelte, die Idee lebte noch einige Zeit fort, wurde dann aber angezweifelt.[73] Dass Steiner und Paoli sich gekannt haben, ist möglich (Steiner kannte Josef Breuer), aber nicht belegt.

»Ach wie sehne ich mich nach unsren Nachmittagen, nach dem Sküs und seinen Sippen!«, schreibt Betty Paoli im Jahr 1892 an Marie von Ebner-Eschenbach.[74] Der Sküs (auch Gstieß oder Narr) ist eine Karte im Tarock, die ihren Namen daher hat, dass sie mit der Entschuldigung »l'excuse« ausgespielt wird. In ihrem Nachruf auf Paoli, einer einfühlsamen Charakteristik der Dichterin, erinnert sich Ebner-Eschenbach an die »schöne, liebe, unvergeßliche und unersetzliche Tarokpartie«.[75] Anfangs wurde nur sonntags gespielt, später an jedem zweiten Tag, »im Hause unsrer gemeinsamen Freundin, Frau Ida«.[76]

1876 war die Familie Fleischl in die Habsburgergasse in der Wiener Innenstadt gezogen. Paoli bewohnte ein Zimmer, das durch einen Pawlatschengang von der Wohnung der Familie Fleischl getrennt war. Schmerzen erschwerten ihr das Gehen, und Ebner-Eschenbach schildert, wie Paolis Hausmädchen die Tür öffnete und Paoli, »schwer auf ihren Stock gestützt, gebeugt und stolz, hülflos und gebietend«, in den Salon trat.[77] Das Kartenspiel war für Paoli vor allem eine Gelegenheit für Gespräche über »einen Brief, ein Buch, ein Manuskript, aus dem sie vorlesen wollte, ehe die Partie begann«.[78] Aber nicht nur vor, sondern auch während der Partie pflegte Paoli zu reden. »Sie besprach den Erfolg oder Mißerfolg eines neuen Stückes, ein wichtiges Ereignis in der politischen Welt, ein Buch, das sie eben gelesen hatte, war immer weise, immer interessant.«[79] Und ein Alptraum für ernsthafte Kartenspieler, könnte man hinzufügen, denn die Konzentration auf das Spiel fehlte ihr völlig. Oder, wie Ebner-Eschenbach es ausdrückt: Paolis Reich war »nicht das der Berechnung und Kombination, sondern das der Inspiration«.[80]

Die Treffen, vordergründig dem Kartenspiel, tatsächlich aber dem Austausch gewidmet, waren Paoli sehr wichtig. »Wenn wir unterbrochen wurden – welch ein Schmerz! Die Hausfrau und ich bewahrten eine leidliche Haltung. Betty Paoli legte ihren Unwillen mit ›königlichem Freimut‹ an den Tag.«[81]

Bereits im Jahr 1873 finden wir einen Eintrag in Ebner-Eschenbachs Tagebuch: »Tarokpartie mit Ida u. Betty Paoli.«[82] Zu diesem Zeitpunkt fanden die Spiele noch bei Ebner-Eschenbach statt und ungefähr zur selben Zeit begann Paoli, die Karriere der Erzählerin zu unterstützen. Ihr Interesse an der Arbeit der Jüngeren erlahmte in den nächsten zwei Jahrzehnten nicht. Auch Ebner-Eschenbachs Meisterwerk, der Roman *Das Gemeindekind*, entstand unter Paolis Augen. »Früh zu Ida. Betty findet den Anfang des Gemeindekind herb, aber vortrefflich erzählt.«[83] Als der Roman fertig war, bekam ihn auch Friedrich Pecht zur Lektüre übermittelt, allerdings nicht von der Autorin selbst, die es nicht gewagt hatte, ihm das Buch zu schicken.[84] Paoli gegenüber äußerte sich Pecht sehr lobend, da Ebner-Eschenbach gerade nicht in Wien war, konnte Paoli seinen Brief aber nicht wie sonst üblich bei einer Partie Tarock vorlesen, sondern schrieb die Passage für Ebner-Eschenbach ab:

> Auszug aus Pecht's Brief. »Einstweilen habe ich hier (nämlich in Konstanz) einen großen literarischen Genuß gehabt durch den neuesten Roman der Baronin Ebner. Seit Gottfried Keller's ›Martin Salander‹ hat mich keine Dichtung so ergriffen, und ich bewundere das realistische Talent dieser seltenen Frau auf's höchste. Man sieht da auf jeder Seite, wie genau sie die mährische Bevölkerung kennt, wie sie alles Einzelne nach der Natur zeichnet, und das Ganze doch mit einem idealen Hauch zu beleben versteht.«[85]

Ebner-Eschenbach küsst Paoli für diese Mitteilung brieflich die Hand, bedankt sich bei der Gelegenheit auch für einen gehäkelten Kragen, den Paoli ihr zum Geburtstag geschenkt hat, und schließt: »Gegen Ende Oktober sitzen wir, so Gott will, wieder traulich beisammen in der Habsburgergasse, wo es doch angenehmer ist, als irgendwo sonst in der Welt. In Verehrung, Treue und Dankbarkeit, mein theures Fräulein. Ihre Marie«[86]

Paoli dürfte Pechts briefliches Urteil auch deshalb gern an Ebner-Eschenbach weitergegeben haben, weil er darin schreibt, sie, Paoli, habe »das Verdienst, die deutsche Lesewelt zuerst auf dieses große Talent aufmerksam gemacht zu haben. Damals hielt ich Ihr Lob für übertrieben, weil ich die Bücher noch nicht kannte, jetzt aber weiß ich, daß Sie nicht zu viel von dieser merkwürdigen Frau gesagt haben.«[87]

Ebner-Eschenbach legte immer großen Wert auf Paolis Anerkennung. Im Sommer 1889 berichtet sie an Paoli, dass sie ihre jüngste Arbeit zu Ende gebracht habe und ergänzt: »Ich empfehle sie jetzt schon Ihrer Nachsicht und ihrem Wohlwollen. Mögen Sie mit ihr zufrieden sein können.«[88] Es handelt sich um die Erzählung *Unsühnbar*, eine Ehebruchsgeschichte, die Ebner-Eschenbach »von allen ihren Werken wohl am meisten am Herzen lag«.[89]

Einerseits war Paoli sicher mit Recht stolz darauf, die Karriere Ebner-Eschenbachs angestoßen zu haben, andererseits erkannte sie aber den Willen und das Talent, die sich auch ohne ihr Zutun durchgesetzt hätten. Zu Ebner-Eschenbachs sechzigstem Geburtstag schreibt ihr Paoli:

> Was Sie von früher Jugend an heiß erstrebten, Sie haben es erreicht [...] Mit wehmüthigem Lächeln erinnere ich mich der Zeit (es war im Jahre 1847) da Sie, noch halb ein Kind, sich um Rath und Förderung in Ihren literarischen Bestrebungen an mich wandten. Es stand nicht in meiner Macht, sie Ihnen zu gewähren, denn wenn auch um fünfzehn Jahre älter als Sie, war ich zu unreif, um Andern ein Rathgeber sein zu können. Doch bedurften Sie eines solchen nicht, um das hohe Ziel zu erreichen, das Sie sich gesteckt hatten, und das Sie nie aus den Augen verloren.[90]

Manchmal musste die Tarockpartie auch wegen sozialer Verpflichtungen ausfallen: »Abends bei Ida, Betty hatte so viele Besuche daß wir nicht zum Spielen kamen und die Tarok Partie auf morgen verschieben mußten.«[91] Es steht zu vermuten, dass so manche Besucherin es darauf anlegte, just zur Tarockstunde aufzutauchen, um von der anregenden Atmosphäre zu profitieren. So könnte ein Brief von Louise Schönfeld-Neumann an die Schriftstellerin Hermine Villinger zu verstehen sein, die schreibt, dass sie nicht aufs Land ziehen könne, da ihr die künstlerischen Anregungen fehlen würden, und »der Umgang mit unsrer Marie Ebner, mit Ida von Fleischl und Betty Paoli! Eine Stunde Zusammensein mit diesem auserlesenen Kleeblatt und ich bin für eine Woche mit geistiger Nahrung versorgt.«[92]

Karten gespielt wurde nur im Winter, die Sommer verbrachten die drei Frauen selten länger am gleichen Ort. Die Tarockrunde wurde zum Indikator für das Befinden der Spielerinnen. Bei Einschränkungen wusste man sich zu helfen. So notierte Ebner-Eschenbach: »Betty hat einen Hexenschuß, liegt zu Bette«, und zwei Tage später: »Zu Ida, Tarokpartie an Bettys Bett.«[93] Als sie selbst krank wurde, machte sich Ebner-Eschenbach über den anstrengenden Aufstieg zur Wohnung der Fleischls Gedanken

Betty Paoli, Marie von Ebner-Eschenbach, Ida von Fleischl-Marxow beim Tarock, 1891

und schreibt an Paoli: »Ich nehme mir jetzt schon vor in Wien ein unlösbares Bündniß mit zwei Sesselträgern zu schließen die mich über die Treppe befördern, sonst müßte ich die geliebte Tarokpartie und jeden Besuch bei meinen besten Freunden aufgeben.«[94] Anfang November 1890 erkrankte Paoli schwer, sie litt an einem Fieber, das sie sehr schwächte.[95] Im Dezember schreibt Ebner-Eschenbach in ihr Tagebuch: »N[ach]m[ittag]. bei Ida. Zu meiner großen freudigen Überraschung, kam Betty zur Tarokpartie herüber.«[96] Paoli erholte sich, im Mai 1891 wurden die letzten Tarockpartien vor der Sommerfrische und Paolis Kuraufenthalt gespielt, Richard Fleischl hielt eine davon fotografisch fest.[97] In diesem Jahr dauerte die Pause aber besonders lang, denn im Oktober starb Ernst Fleischl, und seine Mutter Ida konnte sich lange nicht dazu überwinden, wieder zu spielen.[98]

Die Tarockpartie fand trotz der zunehmenden körperlichen Beschwerden Paolis bis kurz vor ihrem Tod statt, und Helene Gasser konnte die positive Wirkung beobachten:

> [E]s hat Einem Freude gemacht sie [Paoli] anzusehn u. ihr zuzuhören. Hauptsächlich bei der Spielparthie. Da habe ich Alle jung gefunden u. ich habe mich dann auch jung gefunden. Wie ich gesehn habe, wie vergnügt die 3 Damen, die doch älter sind wie ich, u. so mit einer Passion Tarok gespielt haben, da hat mich das Leben immer mehr gefreut.[99]

Ein Neujahrsgruß von Betty Paoli lautet:

> Stets mögen Engel dich beschützen,
> Nur nicht, wenn wir am Spieltisch sitzen,
> Das Beste wünsch' ich dir en bloc,
> Und Pech nur einzig im Tarok![100]

Die Wandlungen der Frauenfrage

Während des Sommeraufenthalts in St. Gilgen im Jahr 1893 starb Carl Fleischl. Zusätzlich zu dem schweren persönlichen Verlust sah sich Ida Fleischl vor praktische Herausforderungen gestellt. Helene Gasser erinnert sich:

> [I]ch habe gleich furchtbar geweint u. sage, was werden wir ohne den gn. Herrn anfangen, was werden wir allein thun? [...] Keinen Herrn mehr im Hause u. noch einen solchen, der Alles besorgte, alles gethan, um die gn. Frau zu verschonen; [...] wie wird es werden, so viel zu kaufen, zu bezahlen, zu rechnen – alles die Gnädige? Es geht nicht, ganz unmöglich, es geht einmal nicht.[101]

Aber es ging, denn Carl Fleischl war ein umsichtiger Mann. Er hatte alles in Ordnung gebracht, so dass »nach seinem Tode diese Arbeit der Gnädigen erspart wurde«.[102] Offenbar hatte Carl Fleischl in den Monaten vor seinem Tod Konten auf seine Frau umschreiben lassen, denn bereits zu seinen Lebzeiten traf in der Habsburgergasse Bank-Korrespondenz ein, die an seine Frau adressiert war.[103] Ida Fleischl musste sich nicht um Geldangelegenheiten kümmern und konnte trotzdem immer über das Familienvermögen mitbestimmen. Die Geschäftsfähigkeit war ihr von ihrem Mann zugestanden worden, während das Gesetz in dieser Hinsicht noch viele Lücken aufwies.

Paoli konnte in ihrem letzten Lebensjahrzehnt immerhin beobachten, wie die für sie zentralen Themen Mädchenerziehung und weibliche Erwerbstätigkeit immer breiter diskutiert wurden und Forderungen, die sie seit vielen Jahren stellte, realistische Chancen auf Umsetzung bekamen.

Sie hatte immer noch engen Kontakt zu vielen Akteurinnen der bürgerlichen Frauenbewegung ihrer Generation, zum Beispiel zu Iduna Laube, Auguste von Littrow oder Marie Kompert, sie interessierte sich aber auch für die Fortschritte, die die nächste Generation machte. Dass sie heute in der Geschichte der österreichischen Frauenbewegung höchsten als Randfigur auftaucht, liegt vermutlich daran, dass Paoli an einer patriarchalen Gesellschaftsordnung und der Institution Ehe festhielt und sich nicht zum Frauenwahlrecht äußerte.

Die Frage der weiblichen Emanzipation blieb für Paoli eine, die historisch betrachtet werden musste und die eine Evolution, keine Revolution erforderte. Dabei pochte Paoli auf die Mitwirkung aller Frauen. In einem Aufsatz über Annette von Droste-Hülshoff schreibt sie, diese Dichterin habe ihre »Eigenthümlichkeit« »innerlich wahr« zum Ausdruck gebracht, während andere Dichterinnen dies unterließen, »um die Schranken einer verlogenen Convenienz, an deren Heilighaltung man sie von Kindheit an gewöhnt hat, ja nicht zu überschreiten.«[104] Und dann wirft Paoli einen Blick in eine bessere Zukunft: »Vielleicht wird eine vernünftigere Erziehung die Frauen einst von dem moralischen Schnürleib befreien, in dem sie jetzt noch stecken und der ihnen nicht frei zu athmen erlaubt; manche Anzeichen lassen es hoffen.«[105]

Als 1885 der ›Verein der Schriftstellerinnen und Künstlerinnen in Wien‹ gegründet wurde, war das ein wichtiger Schritt, die ökonomischen Vorteile einer Interessens- und Solidargemeinschaft für Frauen zu nützen, wie es der Wiener Schriftsteller- und Journalistenverein ›Concordia‹ im Jahr 1859 vorgemacht hatte. Trotz großer Vorbehalte, deren Ursache auch für ihren engsten Kreis im Dunkeln blieb, trat Paoli dem Verein bei.[106] Später wurde sie zum Ehrenmitglied ernannt, was nicht ganz reibungslos ablief:

> Für heftigen Aufruhr im Plenum sorgte [...] Betty Paoli, indem sie die von Max Weissenthurn vorgeschlagene Ernennung zum Ehrenmitglied schroff ablehnte und die Versammlung *stante pede* verließ. Marie Ebner versuchte die Wogen zu glätten, eilte der sperrigen Freundin hinterher und brachte nach einer Weile dem fassungslosen Forum die Nachricht, es sei ›alles in Ordnung‹.[107]

Einstimmig angenommen wurde im Jahr 1885 allerdings der Vorschlag, Paoli ein Ehrengeschenk der Schwestern-Fröhlich-Stiftung zukommen zu lassen.[108] In diesem Jahr befasste sich Paoli in einem Essay mit den Ursprüngen der Frauenfrage und den Veränderungen der gesetzlichen und sozialen Stellung der Frau. In ihrem Tagebuch notierte sie die Lektüre eines fast hundert Jahre alten feministischen Basistexts, nämlich *A Vindication of the rights of woman* von Mary Wollstonecraft, erschienen 1792.[109] Zwei Tage später begann Paoli die Arbeit an einem Aufsatz mit dem Titel *Die Wandlungen der Frauenfrage*.

Ihr Text beginnt mit der Beobachtung: »Gewöhnlich gilt die Frauenfrage für ein Produkt unserer Zeit; höchstens dass man ihr ein Alter von fünfzig Jahren einräumt, indem man ihre Entstehung mit dem ersten Auftreten G. Sands in Verbindung bringt.«[110] Auch Paoli hatte damals die Darstellung der gesellschaftlichen und rechtlichen Einschränkungen der Frauen in George Sands Romanen zum Anlass genommen, ihre eigene Position zu klären und eine Verbesserung der Lage durch fundierte Mädchenbildung zu fordern. Aber auch 1885 lehnte sie George Sands Eintreten für die freie Liebe noch ab.

> Trotz ihrer blendenden Rhetorik kann G. Sand uns nicht darüber täuschen, dass unsere ganze Zivilisation in ihrer Grundfeste, der Familie, bedroht wäre, wenn die Lehre von der Alleingültigkeit einer Frauenherzenswahl und dem souveränen Recht der Leidenschaft als praktisch durchzuführende Wahrheit betrachtet würde.[111]

Mary Wollstonecrafts aufgeklärte Position, die auf Egalität in ethischer Hinsicht abzielt, entspricht hingegen Paolis Auffassung, wie auch die Ablehnung jeder Bevorzugung aufgrund angeblicher Schwächen des weiblichen Geschlechts.

Wollstonecraft gehe es nicht darum, Rechte für die Frauen zu erringen, vielmehr suche sie die »moralische Vervollkommnung« des Menschen, der »althergebrachte Verwöhnung, Trägheit und Gedankenlosigkeit hindernd im Wege stehen.«[112] Paoli beobachtete in ihrer Lebenszeit, dass die Verfestigung von moralischen Doppelstandards und die Konstruktion einer ›weiblichen Natur‹ Frauen aus den immer wichtiger werdenden öffentlichen Bereichen ausschloss. Die dadurch entstehende bürgerliche

Unmündigkeit empfand sie als Ungerechtigkeit, den biologischen Unterschied wollte sie, Differenzfeministin avant la lettre, jedoch nicht verleugnen.

> Gewiss geht Mary Wollstonecraft in ihrem Eifer zu weit, wenn sie die Abhängigkeit der Weiber vom Mann ganz aus der Welt geschafft sehen möchte. Diese Abhängigkeit wird immer bestehen, denn sie beruht auf einem Naturgesetz, nämlich auf der geringeren physischen Kraft des Weibes.[113]

Paoli setzt ihr Hauptargument für die Gleichstellung von Frauen vor dem Gesetz ein: Die demographische Lage führe dazu, dass es eine Lösung für den unerfreulichen, aber nicht unwahrscheinlichen Fall geben müsse, dass eine Frau unverheiratet bleibe. Es sei eine »Brotfrage«, die aus ökonomischen Gründen an Dringlichkeit zunehme.[114] Paoli würdigt in diesem Aufsatz die Schulgründungen durch Unterstützungsvereine und die verbesserte Lehrerinnenausbildung, und sie erwartet zukünftig weitere Verbesserungen.[115]

Am 25. Februar 1885 notierte Marie von Ebner-Eschenbach in ihr Tagebuch: »Abends bei Ida – zerfasert, der ganze Abend. Das beste war ein Aufsatz Betty's den sie selbst vorlas über die Wandlungen der Frauenfrage.«[116] Gedruckt wurde der Text allerdings nicht, denn für den Herausgeber, für den er gedacht war, war er eine Themenverfehlung.[117] 1884 hatte die Leipziger *Illustrirte Zeitung* ihre Rubrik *Frauenzeitung* erweitert, einen »speciell der Unterhaltung gewidmeten Theil« aus »anekdotenhaften Notizen über die Frauenwelt und was die Frauen zu interessieren vermag«, dem nun ein längerer Text vorangestellt werden sollte.[118] Geeignet dafür wäre zum Beispiel »eine Novellette, Causerie, Humoreske oder Dergleichen«, die Texte sollten in sich abgeschlossen sein, »vornehmlich die Frauenwelt zum Mittelpunkt nehmen und sich als Cabinetsstücke des erzählenden Genres kennzeichnen«.[119] Damit konnte Paoli nicht dienen. Und Marie von Ebner-Eschenbach wollte nicht: »*Leipziger Ztg* will *[Comtesse] Muschi* veröffentl[ichen] abgelehnt.«[120]

Paolis literarische Bedeutung und ihr nach Erscheinen ihres letzten Gedichtbandes erneut gefestigter Ruhm zeigte sich in einer Kanonisierung ihrer Werke. Zwar entsprach ihre einstmals aufsehenerregende Liebes-, Sehnsuchts- und Einsamkeitslyrik eines leidenschaftlichen weiblichen Ich nicht mehr der Poetik des Realismus und Naturalismus, ihre Gedichte wurden aber in Sammlung aufgenommen und als exemplarisch angesehen. Sie war nicht nur in den erfolgreichsten Anthologien vertreten, wie zum Beispiel in *Lust und Leid im Liede*, einer Sammlung, die 1879 von der Schriftstellerin und Frauenrechtlerin Hedwig Dohm mitherausgegeben wurde und in den nächsten Jahren zahlreiche Auflagen erfuhr.[121] Auch in einem Lehrbuch für amerikanische Deutsch-Lehrerinnen, das am berühmten Wellesley College, einer 1870 gegründeten Hochschule für Frauen, zusammengestellt wurde, finden sich zwei Gedichte von ihr.[122] Und auch das *Deutsche Lesebuch für die österreichischen Lehrer- und Lehrerinnen-Bildungsanstalten* enthält ein Gedicht von ihr. In einer Sammlung mit dem Titel *Unsere Frauen in einer Auswahl aus ihren Dichtungen* durfte Paoli natürlich auch nicht fehlen.[123]

Der Herausgeber dieser Sammlung, der Dichter Karl Weiß, Pseudonym Karl Schrattenthal, besuchte Paoli im Winter 1891 in ihrer Wohnung:

> Es ist was Eigenthümliches um einen großen Geist – er lebt selbst im schwachen Körper fort, verfällt nicht mit ihm, behauptet sein Herrscheramt bis der Körper in sein Nichts zerstiebt [...]. Betty Paoli war eine Greisin [...], aber das Auge, das große, dunkle, zeugte noch immer von der im Herzen wohnenden poetischen Kraft und Jugendlichkeit.[124]

In seinem Buch *Die deutsche Frauenlyrik unserer Tage* berichtete Schrattenthal, dass die Dichterin, deren »Glanzepoche« in die Zeit vor 1848 falle, auch 1892 noch tätig sei und »ab und zu bringen größere belletristischen oder litterarischen Interessen gewidmete Blätter eine poetische Kundgebung der Dichter-Greisin.«[125]

Nach dem letzten Lyrikband entstanden noch zahlreiche Gedichte und hin und wieder finden wir in Paolis Tagebüchern lapidare Einträge wie

»gearbeitet« oder »geschrieben«, einmal auch »einige Verse gemacht«[126]. Einige der Gedichte, die nach 1870 verstreut erschienen, wurden 1895 in den Nachlassband aufgenommen. Späte Gedichte und Sprüche von Paoli finden wir zum Beispiel in der 1886 von Karl Emil Franzos gegründeten Zeitschrift *Deutsche Dichtung*, unter anderem das Gedicht *Der gute König in der Hölle* im vierten Band 1888. Das Titelblatt der betreffenden Ausgabe ziert ein Porträt von Paoli, gezeichnet nach dem Gemälde von Marie Müller.[127] Auch eines jener Gedichte, in denen Paoli ihren wachsenden Skeptizismus ausdrückt, finden wir in dieser Zeitschrift, ein Sonett mit dem Titel *Der herbste Verlust*, in dem das lyrische Ich seinen Glaubensverlust beklagt.[128]

Für die *Dioskuren* lieferte Paoli unter anderem metrische Übersetzungen aus dem Französischen und Englischen sowie Aphoristisches. Im Jahrgang 1892 erschien das Gedicht *Aufgegeben*, in dem das lyrische Ich ein Zwiegespräch mit der Hoffnung führt:

Stets öder wird's auf meinem Pfade,
Am Herzen nagt mir dumpfe Pein.
O, Hoffnung, du Scheherazade!
Wieg mich mit deinen Märchen ein!

Die Hoffnung soll tröstende Bilder »weit über's dunkle Grab hinaus« ausbreiten, wünscht sich das lyrische Ich, doch sie hat keine Macht, wo der Glaube fehlt, und antwortet:

»Zu tief ist deiner Stirn das Zeichen
Ruhlosen Zweifels eingebrannt;
Nie wieder wird er von dir weichen,
Du bist und bleibst an ihn gebannt.«[129]

1890 schlug Anton Bettelheim dem Verlag Cotta vor, einen neuen Band mit Gedichten Paolis herauszubringen, ihre Krankheit hinderte die Dichterin aber daran, an einer Auswahl zu arbeiten und so wurde dieser Plan nicht umgesetzt.[130] Dennoch wusste die literarische Szene um Paolis Bedeutung, 1891 wurde sie (gleichzeitig mit Marie von Ebner-Eschenbach und Ferdinand von Saar) zum Ehrenmitglied der Grillparzer-Gesellschaft ernannt.[131]

Paolis Unterstützung von Autorinnen und Autoren endete nicht mit ihrer Kritikerinnenarbeit, vielmehr verlagerte sich ihre Anteilnahme in den privaten Kreis. So verfolgte sie auch die Entwicklung der badischen Schriftstellerin Hermine Villinger, geboren 1849. Diese verfasste ab 1880 erfolgreiche Dorfgeschichten und realistische Heimatromane. Paoli widmete ihr ein Gedicht, in dem sie das fröhliche Naturell der jüngeren Kollegin hervorhebt.

> Während wir auf steilen Pfaden
> Mühsam wandern und beladen,
> Trägt beschwingt dich der Humor
> In sein lichtes Reich empor.[132]

Für Annette von Droste-Hülshoff setzte sich Paoli noch in ihrem letzten Lebensjahr öffentlich ein. Sie selbst wird bei Erscheinen ihrer letzten Gedichtsammlung erneut mit ihrem Vorbild verglichen.[133]

Im Jänner 1894 erschien in der Münchner *Allgemeinen Zeitung* Paolis Besprechung des Briefwechsels von Droste-Hülshoff und Levin Schücking.[134] Einleitend bezeichnet Paoli das Buch als eine »werte Gabe für alle, denen Annette von Droste durch ihre herrlichen Schöpfungen teuer geworden, und deren Wunsch, ihr auch menschlich näher zu treten, mehr und mehr von ihrem Seelenleben zu erfahren, ein berechtigter ist«.[135] Dann stellt sie das »reine, edle Verhältnis« der Dichterin zu dem deutlich jüngeren Schücking dar, zitiert eine Briefstelle Droste-Hülshoffs, um zum Schluss zu kommen: »In Wahrheit konnte Schücking keinen wesentlichen Einfluß auf die in sich gefestete Natur der Droste haben.«[136]

Nach Erscheinen dieser Rezension schreibt die Herausgeberin der Briefe, Levin Schückings Tochter Theo, an Marie von Ebner-Eschenbach:

> Ach, Baronin, was sagten Sie nur dazu, dass Betty [Paoli] *selbst* diese wunderschöne, lange Besprechung schrieb? Ich bin so tief beschämt und tief gerührt, wie ich es gar nicht aussprechen kann – auch vor Betty's Freunden fühle ich mich beschämt, dass *ich* die indirekte Veranlassung zu dieser anstrengenden Arbeit war – und ich werde es nie auszudrücken vermögen, wie es mich bewegt, dass für mich die alte Löwin sich noch einmal rührte. Und wie herrlich geschrieben ist diese Besprechung![137]

Ebner-Eschenbach hat ebenfalls »eine große Freude« an dem Aufsatz und kann Theo Schücking mitteilen, dass das Buch auch »schön gekauft« wird.[138] Paoli war mit der Aufgabe hingegen gar nicht glücklich und schrieb die Besprechung nur Theo Schücking zuliebe, die sie seit Jahren kannte und die mit der Herausgabe der Briefe im Vorfeld mehrfach an verlegerischem Desinteresse gescheitert war.

Paoli deutet in der Rezension ihr Unbehagen an: »Nichts lag der Droste ferner als der Gedanke, daß ihre Briefe an ihn [Schücking] jemals gedruckt werden könnten. Hätte sie geahnt, daß das zarteste Geheimnis ihres Seelenlebens einst vor aller Welt enthüllt werden sollte, dann wären sie sicher nie geschrieben worden.«[139] Ebner-Eschenbach gegenüber ist sie deutlicher:

> Mit den Briefen der Droste ist mir's wunderlich ergangen: Erst konnte ich das Erscheinen des Buches kaum erwarten, und jetzt, da es in meinen Händen ist, wollte ich, es wäre nie erschienen. [...] Ich stelle mir nämlich vor, wie empört und entrüstet die Droste gewesen wäre, hätte sie ahnen können, daß ihre Briefe an Schücking jemals veröffentlicht würden.[140]

In ihrer Rezension zitiert Paoli kaum aus den Briefen, wohl aber ein Gedicht Droste-Hülshoffs, sie empfiehlt die Briefausgabe jenen, die »die Droste nach Verdienst« würdigen, und schließt: »Ihr volles Recht wird ihr aber erst dann widerfahren, wenn ganz Deutschland sie als eine seiner edelsten Dichtergrößen preist.«[141]

Krankheit

Im Jänner des Jahres 1886 schreibt Paoli in einem Brief:

> [F]ast drei Jahre hindurch – bis zum vorigen Sommer – war ich von einem Nervenleiden gequält gegen das kein Kraut gewachsen schien. Dennoch hat mich eine mit großer Vorsicht gebrauchte Wasserkur davon befreit und ich befinde mich (unberufen!) besser als seit Jahren, so daß ich den Trubel, den die Feier meines siebzigsten Geburtstags mit sich brachte, ganz gut bestehen konnte.[142]

Paoli litt viele Jahre lang an unterschiedlichen Krankheiten, besuchte regelmäßig Kurbäder und probierte auch in Wien zahlreiche Therapien aus. Ihre Umgebung ließ sie dabei an ihren Beschwerden ungehemmt teilnehmen, wobei sie anfangs zur Ausschmückung und Übertreibung neigte und »wenn es so gewesen wäre wie sie es geschildert hat hätte sie geschrien aus Leibeskräften.«[143] Helene Gasser, die gelegentlich Krankendienst bei Paoli versah, maß dem »Unwohlsein« Paolis anfangs sogar einen gewissen Unterhaltungswert bei.[144] Aber sie stellte fest, dass Paoli zu früh damit angefangen habe, sich ihren Krankheiten so ausführlich zu widmen; später sei sie dann tatsächlich sehr krank gewesen.[145]

Aus Gassers Erinnerungen erfahren wir auch etwas über das Verhältnis des verständnisvollen Josef Breuer zu seiner überempfindlichen Patientin. Nach einer Untersuchung ohne Befund riet der Arzt einmal vorsorglich zur Bettruhe. Drei Tage lang wartete Paoli vergeblich auf eine weitere Visite und beschwerte sich bei Ida Fleischl: »›Was sagst Du zu Breuer?‹ sagt sie dann zur gnäd. Frau. ›Eine Nase soll er bekommen wie eine Gurke‹ hat sie dann gesagt [...]. Es sind ein paar Tage vergangen, wo sie noch im Bett geblieben ist, Breuer kam noch nicht u. dann ist sie aufgestanden u. war gesund.«[146]

Bei anderer Gelegenheit führte die vermeintliche ärztliche Vernachlässigung zu einem Gedicht, das in die Verse mündet: »Dann verstumme ich u. finde/Auf den Namen Doktor Breuer/Nur noch den Reim ›das Ungeheuer.‹«[147] Neben diesem Scherzgedicht und der Widmung der Ballade *Der gute König in der Hölle* finden wir in Paolis Nachlass auch eine poetisch-kunstvolle Mahnung zum Hausbesuch.[148]

Philoktet II
schreibt an Dr. Joseph Breuer:
Längst gab ich's auf zu den Göttern zu flehen!
Taub ist ihr Ohr und von Marmor ihr Herz.
Thronend in ihren olympischen Höhen,
Wissen sie nichts von der Sterblichen Schmerz.
Nur auf die Menschen, die enge verbunden
Ähnliches Loos hält und ähnlich Geschick,
Denen die Kämpfe nicht fremd und die Wunden
Richtete sich noch beschwörend mein Blick.
Aber auch sie nicht erbarmen sich meiner

Niemand, ach! reicht mir die rettende Hand,
Selber der Besten und Edelsten einer
Läßt mich verschmachten am lemnischen Strand!
Lemnos 27 October 1893

Natürlich war auch Marie von Ebner-Eschenbach genau über Paolis Gesundheitszustand informiert, das erste Bulletin der späteren Freundin erreichte sie schon im Jahr 1846. Damals erzählte ihr Marie Kittel, ihre Vertraute mit Verbindungen zum Gut der Fürstin Schwarzenberg in Worlik, dass sich Paoli in Venedig »von den heillosen Nachwirkungen allzu starken Rauchens erhole«.[149] Der Journalist und Literaturredakteur Karl von Thaler beschreibt Paoli im Salon Laube:

> Sie sprach nicht viel, aber gewählt, mitunter auch gesucht geistreich, und liebte es, irgend eine paradoxe Bemerkung hinzuwerfen, ein den Widerspruch herausforderndes Urteil zu fällen und dann im Wortgefecht eine schneidige Dialektik zu entfalten. Dabei rauchte sie unablässig wie ein Schlot, – nicht etwa Cigarretten, die man zwischen Frauenlippen zu sehen schon gewohnt ist, sondern dicke Cigarren, so rasch und in so starken Zügen, daß sie meist in eine Wolke von Dampf gehüllt war und manchmal, wenn sie einen recht bizarren Einfall kundgab, an Pythia auf dem Dreifuß gemahnte.[150]

Als ihr bei einer Kur viel Frischluft verordnet wurde, war Paoli damit ganz zufrieden, bis auf den Umstand, dass sie nicht rauchen konnte:

> Ich bin fast den ganzen Tag im Freien. Das thut mir wohl, legt mir aber auch eine herbe Entbehrung auf, da ich vor dem versammelten Volke nicht zu rauchen pflege und doch meine Cigarren sehr ungern vermisse. Ich muß mich aber damit begnügen statt ihres Rauches Waldluft zu schlürfen.[151]

Später rauchte Paoli auch Zigaretten, die von ihrem Stubenmädchen gedreht wurden. Helene Gasser berichtet von mindestens zwanzig bis dreißig Stück pro Tag und einem ritualisierten Warnruf Paolis, wenn nur noch sechs Stück übrig waren.[152]

Paoli fand einen originellen Umgang mit ihrem Hauptleiden, den Nervenschmerzen. »Meine Neuralgie ist zwar noch nicht ganz verschwunden – an jedem zweiten Tag macht sie sich mehr oder weniger fühlbar«, erklärt sie 1885 in einem Brief.[153] Folglich halbierte sie ihre sozialen Kontakte und Verpflichtungen, indem sie jeden zweiten Tag zu einem schlechten und daher besuchsfreien erklärte. Ihre Freundinnen und Bekannten hatten sich darauf einzustellen, was nicht ganz einfach war.

> [W]ie sie dann mit dem guten u. schlechten Tag angefangen hat, war es in erster Zeit auch noch interessant, anfangs glaubte man es ist nur so eine Einbildung, aber es ist dann durch Jahre bis zum Tode 94 so geblieben. Bis man es sich hat merken können hat auch eine Weile gedauert; den einen Monat sind die schlechten Tage auf die gerade Zahl gefallen u. den andern Monat auf die ungerade. Wenn dann Besuche kamen, die es nicht gewusst haben, da war sie ganz böse u. liess ihnen sagen, heute ist ein schlechter Tag »Ja« hat es dann geheissen, »heute ist doch der gerade Tag.« Das Fräulein hat sich nicht geniert zu sagen »wenn sie es sich nicht merken, sollen sie es aufschreiben.«[154]

Paoli erklärte das Regime bei Bedarf auch schriftlich. Als Ferdinand von Saar seinen Besuch ankündigte, erklärte Paoli ihm, dass es nötig sei, den Tag vorab festzulegen, denn: »Man kann nicht, wie zu anderen Leuten, kurzweg zu mir kommen, wann es einem paßt, sondern muß dazu einen meiner schmerzfreien Tage wählen. Solche werden im Juni und Juli die geraden sein.«[155] Einiges Geschick im Umgang mit Paolis täglich wechselnder Befindlichkeit zeigte Ludwig Gabillon: »[W]enn er sagte ›ach, liebe Betty, verzeih, ich habe es nicht mehr gewusst.‹ ›aufschreiben‹ hat sie da gesagt. Dann hat er angefangen allerlei zu erzählen wo sie sehr interessiert hat u. von den Schmerzen hat man nichts mehr gehört.«[156]

Gegen ihre Schmerzen wandte Paoli Wasserkuren in verschiedenen Heilbädern an, aber sie war auch offen für andere Therapien und absolvierte zum Beispiel Hypnosesitzungen mit dem Arzt Ludwig Frey.[157] Nachdem Massagen nicht geholfen hatten, versuchte sie es 1884 mit Elektrotherapie, wozu sie sich eine Elektrisiermaschine ausborgte.[158] Später schenkte ihr Ida Fleischl eine eigene.[159] Auch von Sigmund Freud ließ Paoli sich elektrisieren. Da die Maschine zu groß für den Transport war, musste die Therapie in der Praxis stattfinden, und zwar täglich.[160] Jahre später schreibt ein Kollege Freuds in einem Aufsatz zum Thema Wissenschaft und Aberglaube: »Goethe war offenbar zur Erkenntnis gekommen, daß in seinem Leben Perioden eine große Rolle spielten, hatte aber den Schlüssel zu diesen Wellenbewegungen nicht gefunden und konnte also nicht, wie das von der Dichterin Betty Paoli berichtet wird, in seinem Kalender im vorhinein die guten und schlechten Tage bezeichnen.«[161]

Das wichtigste, wenn auch nicht immer wirksamste Mittel gegen ihre Leiden waren Kuraufenthalte, die Paoli von langer Hand vorzubereiten pflegte. »Wenn sie im Herbst von einer Cur od. einem Landaufenthalt heimkam dann hat sie schon wieder angefangen: ›Herr Dr., was glauben Sie, wo soll ich den kommenden Sommer hingehn?‹«[162] Über die Kaltwasserheilanstalt in Bad Kreuzen schreibt Paoli an Helene Bettelheim-Gabillon: »[D]aß meiner dort wenig oder richtiger kein Vergnügen erwartet weiß ich im vorhinein, allein die Hoffnung endlich meine Schmerzen los zu werden, würde mich zu einer Reise nach dem Nordpol bewegen [...].«[163] Neun Wochen verbrachte sie in Bad Kreuzen, sie fühlte eine »bedeutende Besserung« und war entschlossen, auch die vorgeschriebene Diät weiterhin einzuhalten.[164]

Gelegentlich besuchte Paoli in einem Sommer zwei Kurbäder, was auch damit zu tun hatte, dass sie dort mit Freundinnen und Bekannten verabredet war. Im Nobelkurort Blankenberge an der belgischen Ostküste, den Paoli in den 1870er Jahren frequentierte, war das soziale Leben mindestens so wichtig wie die Therapie. Das Gleiche gilt für das böhmische Franzensbad, eine Destination Paolis seit den 1850er Jahren. In ihren letzten Lebensjahren suchte Paoli nur noch niederösterreichische Kurorte in der Nähe von Wien auf, zuletzt Baden und Bad Vöslau.

Der Kurort Baden, den Paoli schon als junge Frau frequentiert hatte, war mittlerweile gut an Wien angebunden. Seit 1873 fuhr die Badner Bahn, anfangs noch als Pferdebahn, von der Wiener Oper bis zur Stadtmitte. Reiche Wiener suchten einen Ort mit guter Verbindung zu ihren Wohnungen und Comptoirs in der Hauptstadt und bauten sich in Baden ihre Sommervillen. Es gab touristische Infrastruktur, vom imposanten Park bis zum Kurhaus im Stil der Neorenaissance, und Hotels, wie das Grand-Hotel ›Grüner Baum‹, in dem Paoli in den 1880er Jahren wohnte.[165] Im Jahr 1892 bezog sie eine Privatwohnung in der Albrechtsgasse 23. An Helene

Bettelheim-Gabillon schreibt sie: »Ich lebe hier so recht nach meinem Sinne, d. h. ich erfreue mich ungestörter Ruhe; Manchmal kommt Besuch, kommt jedoch keiner, so ist mir's auch recht; gelangweilt habe ich mich noch keinen Augenblick.«[166] Die Wohnung ist hell und freundlich, Paoli hat Zugang zum Garten und »statt eines menschlichen vis-á-vis schöne, schattige Bäume«.[167] »Besagter Garten hat überdies ein ›Salettel‹, in dem ich mich aufhalten kann, wenn ich am Ausgehen verhindert bin.«[168]

Die Schriftstellerin Margarethe Kollisch beschreibt die damals noch ländliche Umgebung von Paolis Sommerwohnung, »gegenüber einem sanft ansteigenden Weinberg, mit dem Ausblick auf bewaldete Hügel und die scharf umrissene Silhouette der Ruine Rauheneck.«[169] Das Haus war im Besitz einer Lehrerin, »ein stattliches Bürgerhaus mit einem Giebeldach und einem versteckten wunderbaren Rosengarten.«[170] Auch in den nächsten zwei Sommern übersiedelte Paoli von Wien dorthin, es sollte ihr Sterbehaus werden und dem fehlt »nur eine Zierde: die schlichte Bronzetafel zum Andenken an die Dichterin und Erzieherin, die hier lebte und starb«.[171]

Als Paoli im Winter 1890/91 schwer erkrankte, nahm sie größere Mengen Chloralhydrat ein. Mit diesem auch bei Neuralgien verschriebenen, süchtigmachenden Schlafmittel hatte man im Haus Fleischl reichlich schlechte Erfahrungen. Ernst Fleischl nahm es gegen seine starken Schmerzen und riet Paoli schon früh zur Mäßigung bei der Anwendung, er selbst war in den Worten Josef Breuers zeitweilig »verduselt und halb schwachsinnig« davon.[172] Die Folgen der langen Einnahme waren gravierend und Paolis tagelange Schlafphasen und ihre Orientierungslosigkeit machten es schließlich nötig, eine Wärterin anzustellen.[173] Im Jänner 1891 beobachtet Marie von Ebner-Eschenbach bei der Tarockpartie noch: »Arme arme Betty. Sie weiß nicht wer spielt, was sie spielt und freut sich doch an der Partie.«[174] Schließlich besserte sich Paolis mentaler Zustand und Ebner-Eschenbach kann notieren: »Zu Ida. Betty heute geistig ganz frisch, ganz die Alte.«[175]

Paoli ließ sich in dieser Zeit Arsenik spritzen, eine ebenfalls süchtigmachende Substanz, die als Tonikum eingesetzt wurde. Es ging ihr wieder so gut, dass sie Besuche empfangen, einige Zeit auf dem Pawlatschengang zubringen und auch wieder Gedichte schreiben konnte. Das Haus verließ sie aber erst im Mai 1891 wieder, fünf Monate nach Beginn der Krankheit.[176] Aus der Not geboren war die Erfindung Helene Gassers, die kranke Paoli in einem Schaukelstuhl von ihrem Zimmer über den Gang zu den gemeinsamen Essen in der Wohnung der Familie Fleischl zu schieben.[177]

Paoli erholte sich von der Krankheit, im nächsten Jahr verbrachte sie mehrere Monate in Baden, wo sie nicht nur die Kur gebrauchte, sondern auch viel las.[178] In ihrem Tagebuch aus diesem Jahr finden wir eine Liste von Gedichten, wahrscheinlich ein Vorschlag für die von Anton Bettelheim angeregte Zusammenstellung für Cotta, die dann aber erst postum und um Stücke aus dem Nachlass erweitert erscheinen sollte.[179]

Im Jahr 1893 wiederholte Paoli den Sommeraufenthalt in Baden nach einem Winter und Frühling, in dem es ihr gut genug gegangen war, um zu schreiben, zu lesen, Besuch zu empfangen und auszugehen – natürlich nur an jedem zweiten Tag. Auch bei den Tarockpartien machte sie wieder einen guten Eindruck.[180] Im Juni begann Paoli in Baden mit ihrer Kur. Sie schreibt in ihr Tagebuch: »Voraussichtlich wird sie so erfolglos sein wie die vorjährige« und notiert dann Fußbäder, Elektrotherapie und die Einnahme nicht näher bezeichneter Tropfen. Auch Aphoristisches verfasste Paoli in diesem Jahr.

Getrosten Muthes trag dein Joch,
Und lache den Beschwerden,
So lang du einer Seele noch
Das Liebste bist auf Erden.[181]

Im Dezember 1893 erkrankte Paoli an der Grippe und sah »auch leider recht übel aus«.[182] Von ihrer Krankheit wurde in der Presse Notiz genommen, das *Grazer Tagblatt* kann dann auch von ihrer Genesung berichten: »Die Dichterin Betty Paoly [sic], die in der letzten Zeit sehr leidend war, erholt sich allmählich; die 78jährige Dame ist geistig von seltener Regsamkeit; ihr körperlicher Zustand läßt hoffen, daß sie den Anfall einer heftigen Influenza überwinden wird.«[183] Und am Ende des Jahres 1893 freut sich Marie von Ebner-Eschenbach: »Heute feiert Betty recht vergnügt und munter ihren 79t Geburtstag.«[184] Ebner-Eschenbachs Bruder Adolph, bekannt großzügiges Oberhaupt der Familie Dubsky, machte der an starken Fußschmerzen leidenden Dichterin ein sinnvolles Geschenk, sie bedankte sich mit einem Gedicht:

Die prächt'ge Stütze, mir gesandt
Von Ihrer immer offnen Hand
Als ein Symbol betracht ich sie
Der Güte, die sich nie und nie
Verleugnet, gilt's zu stützen,
Zu schirmen und zu schützen.[185]

Tod und Nachhall

Das Leben bürgerlicher und adeliger Frauen im Wien der zweiten Hälfte des neunzehnten Jahrhunderts war zweigeteilt: Den Winter verbrachten sie in der Stadt, gingen ins Theater, in die Oper, auf Bälle, veranstalteten Soireen, machten Besuche. Zu Sommerbeginn zogen sie aufs Land in ihre Sommerhäuser oder verbrachten ihre Zeit in Kurstädten. Zwar hatte Paolis Zusammenleben mit Ida Fleischl in einem Sommer in Baden seinen Anfang genommen, in den folgenden Jahrzehnten verbrachten die beiden Frauen die Monate Juni bis September aber meistens getrennt. Ida Fleischl besuchte ihre Eltern in München und ihren Sohn Otto in Rom oder mietete Wohnungen für die ganze Familie im Salzkammergut. Paoli kam den Einladungen auf die Sommersitze von Adeligen nach und absolvierte lange Kuraufenthalte. In ihren letzten Lebensjahren sah man der üblichen Trennung mit Unbehagen entgegen und viele von Paolis Sommerbriefen enthalten Klagen über ihre Leiden und die Anstrengungen der Kur.

In den letzten Jahren hatte Paoli zurückgezogen gelebt, aber sie war eine Institution im kulturellen Leben der Stadt. Die Zeitungen berichteten von ihrem Tod, die Gemeinde Wien widmete ihr ein Grab »zweiter Kategorie für historisch denkwürdige Persönlichkeiten« auf dem Zentralfriedhof.[186] 1930 wird die Stadt einen kleinen Weg nach der großen Dichterin benennen.[187] Louise Schönfeld-Neumann schreibt nach Paolis Tod: »Ich kannte sie seit 50 Jahren und kann mir Wien ohne Betty Paoli nicht denken.«[188]

Zum Zeitpunkt ihres Todes war es kaum vorstellbar, dass Paolis Name ganz verschwinden würde. Ein Nachruf nennt sie »eine Dichterin, [...] deren Werke unstreitig zu den köstlichsten Juwelen im Schatzschreine der deutschen Lyrik gehören«, und jedem Kenner dieser Werke scheine es »undenkbar, daß das Wirken einer Dichterkraft vom Range der Paoli unbeachtet an ihrem Volke vorüberziehen könnte, daß sie sich mit dem papierenen Ehrenplatze in Literaturgeschichten sollte begnügen und auf den lebendigen Altar in den Seelen verzichten müssen.«[189] Aber der Nachhall dieses großen Namens war kurz, die komplizierten Mechanismen der literarischen Kanonisierung griffen im Fall Betty Paolis nicht.

Baden bei Wien 1894

Damit, dass Paoli von ihrem Kuraufenthalt im Jahr 1894 nicht mehr zurückkehren würde, hatten ihre Freundinnen und Freunde nicht gerechnet. »Den letzten Winter hatte sie besonders gut zugebracht. Sie war wieder schriftstellerisch thätig, sie konnte wieder von Herzen heiter sein bei ihrer geliebten Tarokpartie«, schreibt Marie von Ebner-Eschenbach in ihrem Nachruf.[190] Helene Gasser erinnert sich allerding an die letzten Worte, die Paoli an sie richtete: »›Helene, wir sehn uns nicht mehr, denken Sie oft an mich, vergessen sie mich nicht u. geben Sie wohl Acht auf die Frau!!‹«[191] Auch der Abschied von Ida Fleischl dürfte ähnlich endgültig geklungen haben, denn Gasser berichtet, dass Fleischl auf der Reise nach St. Gilgen sehr traurig gewesen sei.[192] Es bestand aber kein Zweifel, dass Paoli wie in den letzten beiden Jahren nach Baden übersiedeln würde. Sie trat die kurze Reise in eine gewohnte Umgebung an, wurde dabei von ihrem Hausmädchen Marie begleitet und ihr Arzt Josef Breuer konnte dorthin quasi zum Hausbesuch kommen.

Im Jahr 1894 wurde Paoli auf dem Weg von der Habsburgergasse 5 zur Einstiegsstelle der Badner Bahn von Ernst Schwarzenbach begleitet, dem Schwager von Otto Fleischl. Der junge Mann studierte in Wien Medizin und war im Haus Fleischl als Dauergast aufgenommen worden.[193] Wie immer hatte Paoli sich für ihren Sommeraufenthalt mit Lektüre eingedeckt, zuletzt las sie eine Biographie: *George Eliot. Ein Lebensbild*, eine Neuerscheinung (1893) von Hedwig Bender.[194]

Paoli hatte auch in ihrem letzten Sommer in Baden Gäste, zum Beispiel Josef Lewinsky und die Journalistin Flora Galliny. Auch ihre Korrespondenz erledigte sie noch bis kurz vor ihrem Tod, der letzte im Nachlass erhaltene Brief Paolis ist mit 16. Juni 1894 datiert und an Helene

Bettelheim-Gabillon adressiert.[195] Das Schreiben fiel Paoli allerdings zunehmend schwer und so diktierte sie ihrem Hausmädchen Marie. Marie war es auch, die für Paoli an Ida Fleischl und Marie von Ebner-Eschenbach schrieb. Für die beiden Freundinnen war es nicht einfach, den Briefen Paolis zu entnehmen, wie es um ihre Gesundheit stand, »weil sie es schon gewohnt war zu jammern«.[196] Das Hausmädchen erstattete auch selbstständig Bericht, Ebner-Eschenbach bedankte sich und schreibt: »Seien Sie herzlich gegrüßt, meine liebe Marie, und geben Sie nur recht acht auf unser theures Fräulein!«[197]

Ebner-Eschenbach machte sich anfangs keine Sorgen um Paolis körperlichen Zustand, aber bereits Ende Mai hatte sie gegenüber Josef Breuer andere Bedenken geäußert: »Man wird den Vorwurf nicht los, daß es doch eigentlich nicht recht ist, die alte Betty einen ganzen Sommer über sich selbst und ihrer Melancholie zu überlassen.«[198] Drei Wochen später ging es dann nicht mehr nur um Paolis Psyche. Breuer hatte sie mittlerweile in Baden besucht und was er zu berichten hatte, klang schlecht. Ebner-Eschenbach schlug ihm vor, dass Paoli eine Pflegerin bekommen sollte, die sie »mit größter Leichtigkeit« bezahlen könnte, und »will sie das nicht tun, sind Ida und ich freudigst bereit, die Auslage zu decken.«[199]

Der rücksichtsvolle Breuer vermied es, Ida Fleischl über den ernsten Zustand Paolis zu informieren, stattdessen bat er Otto Fleischl aus der Schweiz nach Baden zu kommen. Ebner-Eschenbach ahnte, dass der Arzt Ida Fleischl, die ein Jahr zuvor ihren Mann verloren hatte, schonen wollte. Sie schreibt an ihn: »Denken sie nur, wie entsetzlich für Ida es wäre, nicht bei ihrer alten Freundin und Hausgenossin gewesen zu sein, in ihrer letzten Krankheit!«[200] Genau dieses Szenario trat zu Ebner-Eschenbachs Bestürzung ein. Denn Otto, der nach seinem Besuch bei Paoli nach St. Gilgen fuhr, gab Entwarnung, wurde aber wenige Tage später von Breuer noch einmal nach Baden beordert und konnte von dort nur mehr die Todesnachricht nach St. Gilgen telegrafieren.[201] An Theo Schücking schreibt Ebner-Eschenbach:

> Sie glauben gar nicht wie viel *Peinliches* zu all dem Leidvollen kam, das ich durchzumachen hatte. Vor Ida sollte der bedenkliche Zustand in dem Betty sich befand, verborgen werden. Breuer und Otto [Fleischl] hatten es mir zur Pflicht gemacht, und doch wieder schien es mir

schwer ja unmöglich sie zu verhindern einen letzten Abschied von der Freundin zu nehmen, mit der sie vierzig Jahre lang so innig verbunden gewesen ist. [...] Unsagbar traurig das alles![202]

Breuer und Otto Fleischl wollten Ida Fleischl die Reise an das Sterbebett der Freundin nur zumuten, wenn Paoli nach ihr verlangen würde. Die war aber in den letzten Tagen ihres Lebens dazu nicht mehr in der Lage, da ihr starke Schmerzmittel verabreicht wurden.[203] Bei der Präsidentin des ›Vereins der Schriftstellerinnen und Künstlerinnen in Wien‹ geht am 5. Juli die Nachricht ein: »Betty Paoli wurde heute 2½ Uhr früh nach schwerem Todeskampf, doch Gott sei Dank ohne zum Bewußtsein zu kommen, erlöst. Tieftraurig Ihre Fl. Galliny«[204] Paoli starb, während sich Ida Fleischl-Marxow und Marie von Ebner-Eschenbach im fast 300 Kilometer entfernten St. Gilgen im Salzkammergut befanden.

Helene Gasser erinnert sich an Ida Fleischls Erschütterung, als die Todesnachricht eintraf: »Lange, ja lange ist sie nur dagesessen mit beiden Händen das Gesicht verdeckt, weinen konnte sie nicht. Vergebens hat die Frau Gräfin ihr zugeredet [...].«[205] Und da sie nicht trösten konnte, bat Ebner-Eschenbach den Arzt um eine Gewissensberuhigung für Ida Fleischl, denn diese plagten »qualvolle Gedanken«. »Sie kennen Ida und wissen, daß sie auch jetzt nicht klagt, aber so verloren, so verwebt wie jetzt, habe ich sie noch nie gesehn.«[206]

Am 7. Juli 1894 fand in Baden unter Anteilnahme der Bevölkerung ein »Leichenbegängniß« und die Einsegnung durch den Ortspfarrer statt, dann wurde der mit Blumen bedeckte Metallsarg nach Wien gebracht.[207] Paolis Begräbnisfeier am Wiener Zentralfriedhof fand wegen der Abwesenheit ihrer Freundinnen und Bekannten im kleinen Rahmen statt. Bei dem Begräbnis war Helene Bettelheim-Gabillon anwesend, Ida Fleischl war außer Stande, daran teilzunehmen.

Theo Schücking, die jahrelang eine intime Beziehung mit Amalie Hager führte, schreibt an Marie von Ebner-Eschenbach: »An Frau Ida [Fleischl] selbst zu schreiben, wage ich nicht, ich drücke ihr stumm die Hand.«[208] Und Ebner-Eschenbach antwortet: »Dass Fräulein Hager und sie, den Verlust Bettys auf das tiefste empfinden würden, wussten wir wohl im voraus.«[209]

Ebner-Eschenbach wollte Ida Fleischl nicht in St. Gilgen allein lassen,

Schmerzerfüllt gebe ich allen Freunden und Bekannten Nachricht von dem Hinscheiden meiner inniggeliebten Freundin

Betty Paoli,

welche in der Nacht vom 4. auf den 5. Juli im 80. Lebensjahre, versehen mit den heiligen Sterbesacramenten, nach längerer Krankheit in Baden bei Wien gestorben ist.

Die Leiche wird nach Wien überführt, Samstag den 7. d. M. um 5 Uhr Abends auf dem Central-Friedhofe eingesegnet und in dem von der Commune Wien gewidmeten Ehrengrabe beigesetzt.

Ida v. Fleischl-Marxow.

Statt jeder besonderen Anzeige.

· *Parte Betty Paoli*

und so fuhr nur Helene Gasser zum Begräbnis nach Wien. Paolis Sarg war in der Friedhofskapelle von vielen Kränzen umgeben, »auch einer von immenser Grösse von der Stadt Wien, u. von der ganzen Familie v. Fleischl, Frau Baronin Ebner v. Eschenbach u. von ihren vielen Bekannten, nur schade war es dass die meisten in dieser Jahreszeit nicht in Wien waren.«[210] Am nächsten Tag berichtet die *Neue Freie Presse*, die Kränze seien »bis zur halben Höhe des Raumes [...] aufgehäuft« gewesen.[211] Kranzspenden kamen unter anderem vom Journalisten- und Schriftstellerverein ›Concordia‹, vom ›Verein für erweiterte Frauenbildung‹, von »den Dienerinnen, denen die Paoli stets eine hülfreiche Herrin gewesen«, und »obenauf die zarteste, sinnigste Widmung: ein Lorbeerkranz, den die Tochter der Heizinger [Amalie Haizinger], selbst eine bedeutende Künstlerin, Gräfin Schönfeld-Neumann, gesandt hatte, begleitet von den Worten der Melitta in Grillparzers Sappho: ›Der schöne Kranz! Von Tausenden gesucht und nicht errungen!‹«[212]

Der Vorstand des ›Vereins der Schriftstellerinnen und Künstlerinnen in Wien‹ versuchte durch einen Aufruf in der *Neuen Freien Presse* möglichst viele Mitglieder zur Teilnahme am Begräbnis von Paoli zu bewegen.[213] Die Präsidentin legte einen Kranz nieder, Ottilie Bondy sprach im Namen des Vereins die zweite Trauerrede. Die erste hielt Ferdinand von Saar. Er sagte:

Betty Paoli! Klein ist die Gemeinde, die Dein Grab umsteht, aber desto tiefer empfinden die Anwesenden, was wir an Dir verlieren; wie edel, wie groß das Herz war, das in Deiner Brust geschlagen, wie umfassend, wie mächtig der Geist, den Du geoffenbart. Für Dich gilt das alte Wort: Non multa, sed multum![214]

›Nicht vielerlei, sondern viel‹, rief Saar der Dichterin also am Grab nach und würdigte damit Paolis fundierte Bildung.

Auch mit den letzten Dingen befasste sie sich gründlich und die Vermutung liegt nahe, dass sie als Skeptikerin starb. In dem späten Gedicht *Warum verstummt das Lied?* erklärt sie ihr Verstummen als Dichterin mit dem Verlust ihres Jenseitsglaubens: »Und lähmend dringet mir auf allen Wegen / Der Moderhauch der Endlichkeit entgegen!«[215] In der letzten Strophe zieht sie eine bittere Bilanz:

Dem starren Weltgesetz muß ich mich neigen,
Das mich zum Staub erniedrigt, zum Atom!
So wall' ich denn, versenkt in düstres Schweigen,
Auf Erden hin, ein Schemen, ein Phantom,
Bis, fortgerissen von dem Todesreigen,
Erfaßt von der Vernichtung dunkelm Strome,
Die Qual, die Leben heißt auf diesem Sterne,
In meinem Grabe ich vergessen lerne![216]

Erst im folgenden Winter wurde eine große Gedenkfeier unter Beteiligung ihrer beiden langjährigen Freunde vom Burgtheater Ludwig Gabillon und Josef Lewinsky veranstaltet. Für die literarische Welt meldeten sich in Paolis Andenken Marie von Ebner-Eschenbach mit einem Nachruf und Ferdinand von Saar nach seiner Grabrede noch mit einem Requiem zu Wort.

Nachruf von Marie von Ebner-Eschenbach

Im Jahr 1893 entstand Ebner-Eschenbachs kurzer Roman *Glaubenslos?*, der der Autorin Kritik von katholischer Seite eintrug. Die Hauptfigur, ein Priester, der »von seinem Posten desertieren will«, besiegt den Zweifel an seiner Mission, indem er seinen Glauben an die Menschen wiederfindet.[217] Auch diesmal begleitete Betty Paoli die Entstehung des Werks, nach einer ersten Lesung notiert Ebner-Eschenbach, dass Paoli »sehr liebenswürdig und gütig« gewesen sei, über das fertige Buch fällte sie ein positives Urteil.[218] Paoli hatte kein Problem mit dem antiklerikalen Stoff, die Figurenzeichnung lobte sie besonders, ebenso die Motivation der Handlung.

Mit Paoli verlor Ebner-Eschenbach eine Gesprächspartnerin, die einen scharfen Verstand hatte und keine Scheu davor, Kritik zu üben, und außerdem eine, allerdings eher unorthodoxe, Tarockpartnerin. In ihrem Nachruf im Feuilleton der *Neuen Freie Presse* gedachte sie denn auch der großen Persönlichkeit, von der sie gefördert worden war, und der legendären Tarockpartien. Neben einer kurzen biographischen Darstellung und der Würdigung ihres lyrischen Werks berichtet Ebner-Eschenbach von Paolis liebevollem Umgang mit den Kindern ihrer Wahltochter Helene Bettelheim-Gabillon und über ihre Angewohnheit, in schlaflosen Nächten Gedichte aufzusagen. Als Ebner-Eschenbach die Dichterin in ihrem letzten Winter bei der Lektüre von Schillers Gedichten antraf, klärte die sie auf: »›Ich lese nicht, ich lerne,‹ sagte sie. ›Ich war heute nachts einiger Verse im *Siegesfest* nicht mehr ganz sicher.‹«[219] Über Paolis Altern schreibt Ebner-Eschenbach:

> Noch in den letzten Jahren, physisch gebrochen, von einem schweren Nervenleiden heimgesucht, verstand sie zu bezaubern und jedem nicht unrettbar Stumpfen durch die Macht ihrer Erscheinung zu imponieren und durch die unvergleichliche Meisterschaft ihrer Rede hinzureißen. Eine angeborene Meisterschaft, wenn man so sagen darf, die natürliche Kundgebung ihres im hohen Greisenalter noch frisch und unverwelklich blühenden Geistes und der Ausfluß einer tiefen Bildung, die nicht die Spur von Angelerntem hatte, sondern verschmolzen war mit ihrem ureigensten Wesen. Sie dozierte nie, ihre Worte flossen, und ihre Gedanken sprühten. Mit einem einzigen Ausdrucke charakterisierte sie einen Menschen, und nichts Köstlicheres für einen geistigen Feinschmecker als den selten zu Tage tretenden feinen, trockenen Humor, den schlagenden Witz dieser düster veranlagten Frau.[220]

Selbstverständlich klammerte Ebner-Eschenbach jene Ecken und Kanten der Persönlichkeit aus, die ihr zu Paolis Lebzeiten zu schaffen gemacht hatten (in einem Spruchgedicht Paolis heißt es: »Und scheidet einer aus dem Leben, / Hat's keinen Bessern je gegeben«).[221] Ebner-Eschenbachs Nachruf ist eine einfühlsame Charakteristik, die trotz der knappen Form ein lebendiges Bild vermittelt. Und trotzdem war Ebner-Eschenbach äußerst unzufrieden damit. Sie glaubte offenbar, Paolis Persönlichkeit nicht gerecht geworden zu sein. An Breuer schreibt sie: »Mein lieber, lieber Freund! Betty hatte kaum die Augen geschlossen, als auch schon die Zeitungen mich um einen Nachruf bitten kamen. Aber ich konnte ihn nicht schreiben, das wird Ihnen das elende Gezirpe beweisen, das sich nächstens in der n. fr. Presse erheben wird …«[222] Und an Theo Schücking: »Wenn Sie wüßten wie ich selbst über mein Feuilleton denke! Es hätte gut werden *können*, aber Zeit hätte ich haben müssen, und nicht so unmittelbar nach Tagen großen Schmerzes und großer Pein hätte ich an die Arbeit gehen sollen.«[223] Der Text wurde auch in der Nachlassausgabe von Paolis Gedichten abgedruckt, einer Zusammenstellung, an der Ebner-Eschenbach maßgeblich beteiligt war. Sie verstand vielleicht mehr als alle anderen (Ida Fleischl ausgenommen) von Paolis Lyrik, da sie den Zusammenhang zwischen dem Ich der Gedichte und der Person der Dichterin sehr genau erkennen konnte.

Auch Anton Bettelheim kannte Paoli gut und schätzte ihre Lyrik, die ihm durch Josef Lewinskys Vortrag sozusagen professionell vermittelt worden war.[224] Nun erfüllte er Paolis testamentarischen Wunsch einer Gedichtausgabe.[225] Paoli hatte verfügt, dass ihr gedruckter und ungedruckter Nachlass von Ida Fleischl an Anton Bettelheim übergeben werden sollte. Die eigentliche Erbin war Friederike Bettelheim, geboren 1884, die Tochter von Anton Bettelheim und Helene Bettelheim-Gabillon. Eine Auswahl von Gedichten hatte Paoli ein Jahr vor ihrem Tod Ferdinand von Saar zur Prüfung vorgelegt[226], sie entspricht wahrscheinlich jener Liste, die sich im Anhang zu ihrem Tagebuch von 1892 findet. Von den aufgelisteten vierzig Titeln wurden im Nachlassband knapp dreißig veröffentlicht, dazu Übersetzungen und Aphoristisches. Die Auswahl der Gedichte aus den zwischen 1841 und 1870 erschienenen fünf Lyrikbänden übernahmen Marie von Ebner-Eschenbach und Ida Fleischl.

Alle »zum Sichten Berufenen« trafen sich im Winter 1894/95 in der

Habsburgergasse und lasen einander die Gedichte vor, die für die Auswahl in Frage kamen. »Ungemeine Strenge der Kritik erschien uns Allen bei diesem heiklen Geschäft als heilsamste Pietät,« schreibt Anton Bettelheim.[227] Dass der Verlag Cotta bereit war, den Nachlassband herauszubringen, war nicht selbstverständlich, und es steht zu vermuten, dass man den Herausgebern einen recht engen Rahmen setzte, bei dem viele Gedichte wegfallen mussten.[228] Die »Paoli-Gemeinde« beschwerte sich schließlich auch wegen der allzu beschränkten Auswahl.[229] Die Gedichte, die Marie von Ebner-Eschenbach vorschlug, wurden jedoch alle berücksichtigt:

> Von den Versen, die *sie* vorlas, wurde keiner verworfen, konnte keiner verworfen werden: so mächtig griff sie mit ihrer leisen Stimme an das Gefühl – auch an das Kunstgefühl – aller Anwesenden. Es war als ob sie auf der Höhe ihres Könnens Fürbitte einlegen wollte für jedes Wort der Dichterin, die sie in ihren unsicheren Anfängen begeistert, zu bescheidener Nacheiferung angeregt hatte.[230]

Ebner-Eschenbach beendet ihren Nachruf auf Paoli mit den Worten: »Nun ruht die Kämpferin in ihrem Ehrengrabe, ihr reiches Leben ist erloschen und die Welt kälter und trüber geworden für alle, denen noch die letzten Strahlen ihres Feuergeistes das Herz erwärmten und die Seele erhellten.«[231]

Ferdinand von Saar: Requiem

Ein anderer, der Paoli seit seiner Jugend »aufs tiefste« verehrte, war Ferdinand von Saar.[232] Bei seiner Grabrede wies er auf die »tiefe und leidenschaftliche Empfindung hin, die sich in den Werken der Dichterin ausgeprägt, auf die Eigenart und Durchbildung ihrer Weltanschauung«.[233] Und wie viele aus der Paoli-Gemeinde konnte auch Saar sich nicht vorstellen, dass der Name der bewunderten Lyrikerin einst vergessen sein würde: »›Der Geist der Unsterblichkeit wird den Wanderer umhauchen, der in späten Tagen an der letzten Ruhestätte der Dichterin vorübergeht.‹«[234]

Paoli hatte nicht nur positive und aufmunternde Rezensionen über Saars Novellen geschrieben, sondern stand auch bis zu ihrem Tod mit ihm in persönlichem Kontakt. Ein Besucher, den Paoli im Jahr 1892 empfing, erinnert sich:

> Obwohl an den Krankensessel gebannt, bewies sie [Paoli], daß ihr Geist und ihr Herz jung geblieben waren [...]. Es machte ihr Freude, als ich ihr von einer Gemeinde jung aufstrebender Talente berichtete, die sich um den damals noch wenig gewürdigten Ferdinand von Saar geschart hatte [...]. Beim Namen Saars glänzte ihr Auge vor innerer Freude. ›Auf diesen Dichter soll Österreich stolz sein!‹, sprach sie.[235]

Über Saars erfolgreiche *Wiener Elegien* (1893) schreibt Paoli in einem Brief: »Ich finde sie sehr schön und freue mich herzlich, daß ihm ein so glücklicher Wurf gelungen ist [...].«[236] Auch an der Erzählung *Ginevra* nimmt Paoli regen Anteil und über seine Erzählung *Leutnant Burda* schreibt Paoli dem Autor: »Wie groß ist Ihre Menschenkenntniß und wie scharf Ihr Blick, wo es sich darum handelt in die verborgensten Tiefen des Gemüthes einzudringen! [...] Es ist ein psychologisches Gemälde ergreifendster Art.«[237]

Die Wertschätzung Saars für Paoli drückte sich nicht nur in seiner Grabrede, sondern auch in einem Requiem aus, das er für die Gedenkfeier des ›Vereins der Schriftstellerinnen und Künstlerinnen in Wien‹ verfasste.[238] Das elegische Gedicht beginnt mit einer Strophe, in der Paolis Geist, der »Ueber uns schwebt, / Wie er immer geschwebt hat«, aufgerufen wird, ein Bild, das nicht nur metaphysisch den Geist der Verstorbenen, sondern auch den überlegenen Intellekt meint. Saar bezieht sich in dem Gedicht auf Paolis Ruhm, ihren »Lorbeer gedüngt mit Herzblut«, und auf ihren frühen Durchbruch als Dichterin. In wenigen Zeilen charakterisiert er ihre Lyrik:

> In dunkler Schwermut,
> Von Schmerz durchzuckt,
> Banger Zweifelfragen voll –
> Himmelstürmend oft,
> Rang es sich los
> Aus den Tiefen der Leidenschaft,
> Um reiner immer,

immer schöner
Emporzustreben
Und auszutönen
Im hehren Vollklang der Selbstüberwindung.[239]

Saar rühmt die Stärke der Seele Paolis, die sich auch im Alter und in der Krankheit noch gezeigt habe.

Aber nicht die Nächsten und Nahen bloß:
Alle, die dich gekannt,
Ehrfurcht zollten sie dir
Und Bewunderung.[240]

In der vorletzten Strophe bekommt das *Requiem* einen hymnischen Ton.

Wer aber kam,
der ging von dir
Geläutert,
Erhoben –
Erquickt,
Getröstet.
Denn dein Wort war Wahrheit,
Dein Sinn Adel und Verständnis,
Dein Herz allumfassende Mitempfindung.[241]

Ludwig Gabillon trug Saars *Requiem* bei der Gedenkfeier am 24. Jänner 1895 »in weihevollster Weise« vor.[242]

Zwei Burgtheaterstars bei einer Gedenkfeier

Als man im ›Verein der Schriftstellerinnen und Künstlerinnen in Wien‹ den Beschluss fasste, eine offizielle Gedenkfeier für das Ehrenmitglied Paoli zu veranstalten, lag es nahe, ihren Freund und einstigen Geliebten, den großen Burgtheatermimen Ludwig Gabillon, zur Mitwirkung einzuladen. Allerdings war gerade dessen Konkurrent (nicht nur auf der Bühne, sondern auch in der Gunst Paolis) Josef Lewinsky jahrelang mit einem Deklamationsprogramm aufgetreten, in dem Paolis Gedichte Fixpunkte waren. Beide Herren taten sich mit ihrer Vortragskunst auch im Haus Fleischl hervor.[243] Wem Paoli abseits der Vortragskunst und aus persönlichen Gründen die Palme gereicht hätte, wäre nicht zu entscheiden gewesen, denn beide bewiesen bis zu ihrem Tod treue Anhänglichkeit.

Die Aufgabe, bei der Gedenkfeier Gedichte von Paoli zu rezitieren, wurde keinem der beiden Schauspieler übertragen, sondern dem Vereinsmitglied Stella von Hohenfels, die gerade als Recha in *Nathan der Weise* auf der Burgtheaterbühne stand. Gabillon übernahm das *Requiem* Saars, Lewinsky wurde gebeten, eine Gedenkrede zu verfassen und vorzutragen. Das lehnte er zuerst mit dem Argument ab, dass er dazu wohl als Freund berufen sei, über die Literatur aber jemand wie der anerkannte Literaturwissenschaftler Jakob Minor mehr sagen könnte. Schließlich willigte Lewinsky doch ein.[244] Nun waren aber »die vortragenden Herren« unterschiedlicher Meinung über die Reihenfolge der Auftritte und es traten »vorübergehend Irritationen« auf, wie die Vizepräsidentin des Vereins Saar gegenüber zugeben musste.[245] Die konnten rechtzeitig ausgeräumt werden, dann sprang Stella von Hohenfels ab und musste kurzfristig durch Adrienne Kolá ersetzt werden, ebenfalls Vereinsmitglied und bis 1893 am Burgtheater engagiert.

Lewinskys Biographin Helene Richter behauptet, seine Gedenkrede, für die Vereinsmitglieder gedruckt, sei »unter dem Besten, was psychologisch über Betty Paoli zu sagen ist.«[246] Dem Beobachter der *Neuen Freien Presse* fiel aber auch auf, dass Lewinsky »in seiner doppelten Eigenschaft als Meister der Rede und wohl eingeweihter Kenner der Literatur« eigentlich einen Vortrag »reich an originellen literarhistorischen Gedanken« hielt, in den viele Gedichte Paolis »eingeflochten« waren.[247]

Lewinsky nähert sich in seiner Rede der Dichterin Paoli, indem er »einen Blick auf den österreichischen Volksstamm« wirft, dem sie »entsprossen« sei.[248] Er holt weit aus und nennt sie schließlich die »letzte grosse Erscheinung jener Epoche, welche wir unter dem Namen Alt-Oesterreich begreifen«, einer Epoche, deren Anfang von Grillparzers Stück *Die Ahnfrau* (1817) und deren Ende von Paolis letztem Gedichtband von 1870 markiert werde.[249] Lewinsky erwähnt in seiner Rede nicht nur die lyrischen Vorbilder und Einflüsse Paolis, er zeichnet auch anhand ihrer Gedichtbände ihr Leben nach. Und er erwähnt ihre Feuilletonbeiträge, ihre »kritischen Gänge«.[250] Ganz besonders hebt Lewinsky hervor, dass Paolis Gedichte sich durch eine überragende Musikalität der Sprache auszeichnen. Am Ende seines Vortrags zitiert er eine Strophe aus dem Gedicht *Der gute König in der Hölle*, in dem »der Athem Goethe's« wehe. Das soll »die Versammelten voll empfinden lassen, was die Freunde in ihr verloren, was das deutsche Volk in ihr bleibend besitzt«.[251]

Lewinsky wurde »der hehren Gestalt der Poetin, dem von innerster Wahrhaftigkeit und unverbrüchlicher Idealität durchseelten Charakter der Frau gerecht«, befindet ein Kommentator; überhaupt sei »die größte Dichterin Oesterreichs« durch die Feier in »würdig schöner Weise« geehrt worden.[252]

Im Alter von fünfundzwanzig Jahren hat Betty Paoli in einem Gedicht ihr Lebensprogramm formuliert.[253] Dass sie es verwirklicht hat, bezeugen ihre Biographie wie ihr Werk:

Ich kann, was ich muß! o seltnes Geschick!
Ich will, was ich muß – – o doppeltes Glück.

Mein Herz ist an Stärke dem Felsen gleich,
Mein Herz ist, wie Blumen, sanft und weich.

Mein Wesen gleicht Glocken von strengem Metall:
Schlag kräftig d'ran, gibt es auch kräftigen Schall.

Mein Geist stürmt auf eiligem Wolkenroß hin;
Mein Geist spielt mit Kindern mit kindlichem Sinn.

Ich weiß, was ich will! und weil ich es weiß,
Drum bann' ich's zu mir in den magischen Kreis.

Ich weiß, was ich will! das ist ja die Kraft,
Die sich aus dem Chaos ein Weltall entrafft.

Ich weiß, was ich will! und wenn ich's erreich',
Dann gelten der Tod und das Leben mir gleich.

1 Paul Vasili: *Die Wiener Gesellschaft*. 2. Aufl. Leipzig: H. le Soudier 1885, S. 304f.
2 Vasili, *Die Wiener Gesellschaft*, S. 432f.
3 Vgl. Gasser, S. 366.
4 Vgl. Bettelheim-Gabillon, *Charakteristik*, S. 248.
5 Vgl. Bettelheim-Gabillon, *Charakteristik*, S. 248.
6 Bettelheim-Gabillon, *Charakteristik*, S. 248.
7 Vgl. Bettelheim-Gabillon, *Charakteristik*, S. 249f.
8 Betty Paoli an Unbekannt, 9. Mai 1894. WB, Hss., IN 39455.
9 Betty Paoli: Beilage zu einem Brief an Unbekannt, 14. November 1887. WB, Hss., IN 28078.
10 Vgl. Betty Paoli: Tagebuch 8. Jänner–10. März 1893. WB, Hss., IN 126449.
11 Betty Paoli an Helene Bettelheim, 3. September 1893. WB, Hss., IN 236573.
12 Betty Paoli: *Viertes Jahrbuch der Grillparzer-Gesellschaft* [Rezension]. In: *Allgemeinen Zeitung (München)*, 13. April 1894, S. 1–3.
13 Vgl. *Jahrbuch der Grillparzer-Gesellschaft* 1 (1890), S. IXf.
14 Paoli, *Viertes Jahrbuch der Grillparzer-Gesellschaft*, S. 1.
15 Adolf Stern: *Geschichte der neuern Litteratur*. Bd. 6: Liberalismus und Demokratie. Stuttgart: Bibliographisches Institut 1884, S. 380.
16 Vgl. Rudolf Gottschall: *Deutsche Nationalliteratur der ersten Hälfte des neunzehnten Jahrhunderts*. 5. vermehrte und verbesserte Aufl. Bd. 3. Breslau: Trewendt 1881, S. 222f.
17 -v-: *Betty Paoli*. In: *Neue Illustrirte Zeitung* XIV (1885), 1. Bd., Nr. 14, S. 239.
18 Zitiert in Mechtild Alkemade: *Die Lebens- und Weltanschauung der Freifrau Marie von Ebner-Eschenbach*. Graz, Würzburg: Wächter 1935, S. 285.
19 Betty Paoli: Tagebuch 30. Dezember 1884. WB, Hss., IN 126449.
20 [Notiz]. In: *Das Magazin für die Litteratur des In- und Auslandes* 55 (1886), Nr. 7, S. 110.
21 Ebner-Eschenbach, *Tagebücher III*, S. 532. (29. Dezember 1885)
22 Vgl. Ebner-Eschenbach, *Tagebücher III*, S. 570. (3. April 1886)
23 Betty Paoli an Marie Müller, 21. Juni 1886. WB, Hss., IN 54460.
24 Ebner-Eschenbach, *Tagebücher III*, S. 532. (30. Dezember 1885)
25 Vgl. Baumgartner, *Der Verein der Schriftstellerinnen und Künstlerinnen*, S. 66f.
26 Vgl. Ebner-Eschenbach, *Tagebücher III*, S. 526. (29. November 1885). Druck: Marie v. Najmajer: *An Betty Paoli* (Zum 30. December 1885). In: *Die Dioskuren* 16 (1887), S. 11.
27 Vgl. Baumgartner, *Der Verein der Schriftstellerinnen und Künstlerinnen*, S. 67.
28 Gasser, S. 98.
29 Vgl. Gasser, S. 97.
30 Ebner-Eschenbach, *Tagebücher III*, S. 532f. (30. Dezember 1885)
31 Vgl. Gasser, S. 79; Ebner-Eschenbach, *Tagebücher III*, S. 526. (30. November 1885)
32 Ernst Fleischl an Betty Paoli, 28. Dezember 1885. WB, Hss., IN 106478.
33 Vgl. Gasser, S. 126.
34 Vgl. Betty Paoli: Tagebuch 30. Dezember 1885. WB, Hss., IN 126449.
35 Vgl. Schrittesser, *Anton Bettelheim und Helene Bettelheim-Gabillon*, S. 225–238.
36 Vgl. Herbert Zeman: *August Sauer (1855–1926) – ein altösterreichischer Gelehrter in seinem*

persönlichen Umfeld. In: Christoph Fackelmann, Wynfrid Kriegleder (Hg.): *Literatur-Geschichte-Österreich*. Probleme. Festschrift zur Feier des 70. Geburtstags von Herbert Zeman. Wien: LIT 2012, S. 129–189, hier S. 163.

37 Betty Paoli: Tagebuch 7. Februar 1881. WB, Hss., IN 126449.

38 Vgl. Ebner-Eschenbach, *Tagebücher IV*, S. 177. (1891 Anhang)

39 Vgl. *Actenmäßiger Bericht*, S. 56.

40 Zitiert in Strigl, *Berühmt sein ist nichts*, S. 179f.

41 Vgl. Betty Paoli: *Nach dem Französischen*. Aus Louise Ackermanns »Poésies philosophiques.« I. Die Wolke; II. Der Positivismus. In: *Die Dioskuren* 8 (1879), S. 14–16, auch in: Paoli, *Gedichte*, 1895, S. 237–239.

42 Ebner-Eschenbach, *Tagebücher II*, S. 328. (24. Februar 1875)

43 Vgl. Betty Paoli: *Louise Ackermann*. In: Paoli, *Gesammelte Aufsätze*, S. 131–147. (Erstdruck: Beilage zur *Augsburger Allgemeinen Zeitung*, März 1876)

44 Paoli, *In Sachen der Poesie*, 7. Februar 1872, S. 3. Ein Anonymus hatte 1842 festgestellt, »eine Wortbildung wie ›Übergangszeit‹ habe keinen höheren Informationswert als der Ausdruck ›nasser Regen‹«. Vgl. Peter Sprengel: *Geschichte der deutschsprachigen Literatur 1830–1870*. Vormärz – Nachmärz. München: C. H. Beck 2020, S. 48f.

45 Paoli, *In Sachen der Poesie*, 7. Februar 1872, S. 3.

46 Paoli, *In Sachen der Poesie*, 7. Februar 1872, S. 3.

47 Vgl. Paoli, *Gesammelte Aufsätze*, S. 136.

48 Vgl. Paoli, *Gesammelte Aufsätze*, S. 137.

49 Paoli, *Gesammelte Aufsätze*, S. 137.

50 Paoli, *Gesammelte Aufsätze*, S. 137.

51 Vgl. Paoli, *Gesammelte Aufsätze*, S. 138.

52 Vgl. Paoli, *Ueber weibliche Erziehung*, S. 1.

53 Paoli, *Ueber weibliche Erziehung*, S. 1.

54 Ebner-Eschenbach, *Tagebücher II*, S. 94. (2. März 1872)

55 Vgl. Betty Paoli an Rudolf Valdek, 28. März 1856. ÖNB, Hss., 280/21-3.

56 Ernst Juch: *Rudolf Valdek* [Karrikatur]. In: *Westermanns Monatshefte* 108 (1910), 2. Teil, S. 770.

57 Betty Paoli: Tagebuch 18. März 1884. WB, Hss., IN 126449.

58 Vgl. Richard M. Meyer: *Die deutsche Literatur des Neunzehnten Jahrhunderts*. 2. Teil. 4. Aufl. Berlin: Bondi 1910, S. 70.

59 Rudolf Valdek: *Ueber die Bildung unserer katholischen Geistlichkeit*. In: *Neue Freie Presse*, 13. November 1867, S. 1–3, hier S. 1.

60 Vgl. Rudolf Valdek: *Ein Preßprozeß*. In: *Neuen Freien Presse*, 15. Mai 1868, S. 4–6.

61 Vgl. Betty Paoli: Tagebuch April und Mai 1884. WB, Hss., IN 126449.

62 Paoli, *Grillparzer und seine Werke*, S. 54f.

63 Betty Paoli: *Bei Leopold Kompert's Tod*. In: Hock (Hg.), *Briefe Betty Paolis an Leopold Kompert*, S. 209.

64 Vgl. Ebner-Eschenbach, *Tagebücher III*, S. 664. (2. Juni 1887)

65 Vgl. Gasser, S. 377.

66 Betty Paoli: *Der gute König in der Hölle*. In: *Deutsche Dichtung* IV (1888) Heft 6, S. 158–160; auch in: Paoli, *Gedichte*, 1895, S. 219–226.

67 Paoli, *Gedichte*, 1895, S. 224.

68 Vgl. Karl Hugo Zinck: *Betty Paoli (1814–1894) und Dr. Josef Breuer (1842–1925) in ihrer Zeit*. In: *VASILO* 25 (1976), S. 143–159.
69 Betty Paoli: Manuskript [o. T.], Jänner 1891. WB, Hss., IN 106477.
70 Vgl. Rudolf Steiner: *Esoterische Betrachtungen karmischer Zusammenhänge*. Bd. IV: Das geistige Leben der Gegenwart im Zusammenhang mit der anthroposophischen Bewegung. Zehn Vorträge und eine Ansprache, gehalten in Dornach zwischen dem 5. und 28. September 1924. 5. Vortrag. Dornach: Rudolf Steiner Verlag 1991, S. 77 (digital).
71 Vgl. Steiner, *Esoterische Betrachtungen*, S. 77.
72 Vgl. Steiner, *Esoterische Betrachtungen*, S. 79.
73 Vgl. Karl Hugo Zinck: *Betty Paoli und der Mönch aus Chartres*. In: *Das Goetheanum* 50/51 (1974) 397–400.
74 Vgl. Betty Paoli an Marie von Ebner-Eschenbach, 7. August 1892. WB, Hss., IN 236312.
75 Vgl. Ebner-Eschenbach, *Betty Paoli*, S. XX.
76 Vgl. Ebner-Eschenbach, *Betty Paoli*, S. XIX.
77 Vgl. Ebner-Eschenbach, *Betty Paoli*, S. XIX.
78 Vgl. Ebner-Eschenbach, *Betty Paoli*, S. XIX.
79 Ebner-Eschenbach, *Betty Paoli*, S. XX.
80 Ebner-Eschenbach, *Betty Paoli*, S. XIX.
81 Ebner-Eschenbach, *Betty Paoli*, S. XX.
82 Ebner-Eschenbach, *Tagebücher II*, S. 181. (30. April 1873)
83 Ebner-Eschenbach, *Tagebücher III*, S. 647. (8. März 1887)
84 Vgl. Marie von Ebner-Eschenbach an Betty Paoli, 14. September 1888. WB, Hss., IN 48412.
85 Betty Paoli an Marie von Ebner-Eschenbach, 11. September 1888. WB, Hss., IN 236305.
86 Marie von Ebner-Eschenbach an Betty Paoli, 14. September 1888. WB, Hss., IN 48412.
87 Betty Paoli an Marie von Ebner-Eschenbach, 11. September 1888. WB, Hss., IN 236305.
88 Marie von Ebner-Eschenbach an Betty Paoli, 20. Juli 1889. WB, Hss., IN 48404.
89 Vgl. Strigl, *Berühmt sein ist nichts*, S. 316.
90 Betty Paoli an Marie von Ebner-Eschenbach, 11. September 1890. WB, Hss., IN 60971.
91 Ebner-Eschenbach, *Tagebücher III*, S. 572. (14. April 1886)
92 Vgl. Louise Schönfeld-Neumann an Hermine Villinger, 10. November 1890. In: *Zwei Landsmänninnen*. Briefwechsel zwischen Louise Gräfin von Schönfeld-Neumann und Hermine Villinger. In: *Österreichische Rundschau* (7) 1906, S. 172–190, hier S. 172f.
93 Vgl. Ebner-Eschenbach, *Tagebücher III*, S. 103. (8. und 10. März 1881)
94 Marie von Ebner-Eschenbach an Betty Paoli [fr. H.], 16. September 1889. WB, Hss., IN 48411.
95 Vgl. Betty Paoli an Ferdinand von Saar, 23. Mai 1891. WB, Hss., IN 18170.
96 Ebner-Eschenbach, *Tagebücher IV*, S. 74. (11. Dezember 1890)
97 Vgl. Ebner-Eschenbach, *Tagebücher IV*, S. 127.
98 Vgl. Ebner-Eschenbach, *Tagebücher IV*, S. 169. (1. Dezember 1891)
99 Gasser, S. 396.
100 Bettelheim-Gabillon, *Betty Paoli*, S. 674.
101 Gasser, S. 208–210.
102 Vgl. Gasser, S. 212.
103 Vgl. Gasser, S. 212.

104 Vgl. Paoli, *Ein Dichter-Denkmal*, S. 77.

105 Paoli, *Ein Dichter-Denkmal*, S. 77.

106 Baumgartner, *Der Verein der Schriftstellerinnen und Künstlerinnen*, S. 45.

107 Vgl. Baumgartner, *Der Verein der Schriftstellerinnen und Künstlerinnen*, S. 72.

108 Vgl. Ebner-Eschenbach, *Tagebücher III*, S. 525. (23. November 1885)

109 Vgl. Betty Paoli: Tagebuch 12. Februar 1885. WB, Hss., IN 126449.

110 Betty Paoli: *Die Wandlungen der Frauenfrage*. In: Paoli, *»Was hat der Geist denn wohl gemein mit dem Geschlecht?«*, S. 113–120, hier S. 113.

111 Paoli, *Die Wandlungen der Frauenfrage*, S. 117.

112 Vgl. Paoli, *Die Wandlungen der Frauenfrage*, S. 114.

113 Paoli, *Die Wandlungen der Frauenfrage*, S. 116.

114 Vgl. Paoli, *Die Wandlungen der Frauenfrage*, S. 117.

115 Vgl. Paoli, *Die Wandlungen der Frauenfrage*, S. 120.

116 Ebner-Eschenbach, *Tagebücher III*, S. 471. (25. Februar 1885)

117 Vgl. J. Weber (Redaktion der Illustrirten Zeitung) an Betty Paoli, 5. März 1885. WB, Hss., IN 106487.

118 Vgl. J. Weber (Redaktion der Illustrirten Zeitung) an Marie von Ebner-Eschenbach, 15. April 1884. WB, Hss., IN 59018; vgl. auch Anonym [Redaktion]: *An unsere Leserinnen*. In: *Illustrirte Zeitung*, 5. Juli 1884, S. 21.

119 Vgl. J. Weber (Redaktion der Illustrirten Zeitung) an Marie von Ebner-Eschenbach, 15. April 1884. WB, Hss., IN 59018.

120 Ebner-Eschenbach, *Tagebücher III*, S. 403. (25. April 1884)

121 Betty Paoli: *Bitte an den Geliebten*. In: *Lust und Leid im Liede*. Neuere deutsche Lyrik ausgewählt von Hedwig Dohm und F. Brunold. Leipzig und Berlin: R. F. Albrecht 1879, S. 195.

122 Betty Paoli: *Erkenntniß*; *Bekenntnis*. In: Carla und Helene Wenckebach (Hg.): *Die schönsten deutschen Lieder*. Eine Sammlung von 300 der hervorragendsten und bekanntesten Lieder und Balladen, und 45 Volks- und Kirchenlieder, letztere mit Singstimme und Klavierbegleitung, nebst 444 Anführungen aus den Dramen Goethes, Schillers, Lessings und den Prosawerken Jean Pauls. New York: Henry Holt 1886, S. 50 und S. 133.

123 Betti Paoli: *Naturstimmen*. In: Josef Lehmann, Franz Branky, Johann Sommert: *Deutsches Lesebuch für die österreichischen Lehrer- und Lehrerinnen-Bildungsanstalten*. 2. Teil. Wien: K. K. Schulbücher-Verlag 1892, S. 330; Karl Schrattenthal (Hg.): *Unsere Frauen in einer Auswahl aus ihren Dichtungen*. Mitgabe für Frauen und Töchter gebildeter Stände. Stuttgart: Greiner & Pfeiffer 1888.

124 Karl Schrattenthal: *Betty Paoli*. Gedenkblatt. In: *Schrattenthal's Frauen-Zeitung*. Beiblatt zur Preßburger Zeitung, 15. Juli 1894, S. 158f., hier S. 158.

125 Vgl. Karl Schrattenthal: *Die deutsche Frauenlyrik unserer Tage*. Mitgabe für Frauen und Töchter gebildeter Stände. Leipzig: Karl Naumburg 1892, S. 17.

126 Vgl. Betty Paoli: Tagebuch 16. Mai 1885. WB, Hss., IN 126449.

127 *Deutsche Dichtung* IV (1888), Heft 6.

128 Betty Paoli: *Der herbste Verlust*. In: *Deutsche Dichtung* I (1886), Heft 2, S. 43 [AW S. 134].

129 Betti Paoli: *Aufgegeben*. In: *Die Dioskuren* 21 (1892), S. 1f., auch in: Paoli, *Gedichte*, 1895, S. 204 [AW S. 131f.].

130 Vgl. Betty Paoli an Helene Bettelheim-Gabillon, 23. Juli 1890. WB, Hss., IN 236510;

vgl. Betty Paoli an Cotta, 23. Juli 1890. Zitiert nach Oser, *Ada Christen – Betty Paoli*, S. 138.

131 Vgl. Sitzungsprotokoll. In: *Jahrbuch der Grillparzer-Gesellschaft* 2 (1892), S. 324.

132 Betty Paoli: *An Hermine Villinger*. In: Paoli, *Gedichte*, 1895, S. 211.

133 Vgl. Anonym, *Neueste Gedichte von Betty Paoli* [Rezension], S. 5499.

134 Betty Paoli: *Briefe von Annette v. Droste-Hülshoff und Levin Schücking*. In: Paoli, *Gesammelte Aufsätze*, S. 36–45. (Erstdruck: *Münchner Allgemeine Zeitung*. Beilage, 31. Jänner 1894, S. 4–6.)

135 Paoli, *Briefe von Annette v. Droste-Hülshoff und Levin Schücking*, S. 36.

136 Paoli, *Briefe von Annette v. Droste-Hülshoff und Levin Schücking*, S. 39.

137 Theo Schücking an Marie von Ebner-Eschenbach, 7. Februar 1894. In: Ebner-Eschenbach, *Briefwechsel mit Theo Schücking*, S. 50. [Herv. i. O.]

138 Vgl. Marie von Ebner-Eschenbach an Theo Schücking, 14. Februar 1894. In: Ebner-Eschenbach, *Briefwechsel mit Theo Schücking*, S. 52.

139 Paoli, *Briefe von Annette v. Droste-Hülshoff und Levin Schücking*, S. 42.

140 Betty Paoli an Marie von Ebner-Eschenbach, 6. November 1893. WB, Hss., IN 236318.

141 Paoli, *Briefe von Annette v. Droste-Hülshoff und Levin Schücking*, S. 45.

142 Betty Paoli an Unbekannt, 18. Jänner 1886. ÖNB, Hss., 48/68–4.

143 Vgl. Gasser, S. 145.

144 Vgl. Gasser, S. 132.

145 Vgl. Gasser, S. 142.

146 Gasser, S. 133.

147 Vgl. Gasser, S. 134.

148 Betty Paoli: *Philoktet II*. 27. Oktober 1893. WB, Hss., IN 61258, auch in: Zinck, *Betty Paoli (1814–1894) und Dr. Josef Breuer (1842–1925)*, S. 152.

149 Vgl. Bettelheim, *Marie von Ebner-Eschenbach*, S. 24.

150 Karl von Thaler: *Betty Paoli*. In: *Deutsche Dichtung* IV (1888), Heft 6, S. 183–185, hier S. 183.

151 Betty Paoli an Ludwig Gabillon, 6. September 1876. WB, Hss., IN 236690.

152 Vgl. Gasser, S. 141.

153 Betty Paoli an Helene Bettelheim, 10. August 1885. WB, Hss., IN 236439.

154 Gasser, S. 142f.

155 Betty Paoli an Ferdinand von Saar, 23. Mai 1891. WB, Hss., IN 18170.

156 Gasser, S. 143.

157 Vgl. Betty Paoli: Tagebuch 1892. WB, Hss., IN 126449.

158 Vgl. Betty Paoli: Tagebuch Jänner–April 1884. WB, Hss., IN 126449.

159 Vgl. Gasser, S. 141.

160 Vgl. Betty Paoli an Helene Bettelheim, 5. Mai 1888. WB, Hss., IN 236468.

161 Wilhelm Stekel: *Wissenschaft und Aberglaube*. Neue Mitteilungen über Perioden des menschlichen Lebens. In: *Kosmos*. Naturwissenschaftliches Literaturblatt 1 (1904), S. 136–145, hier S. 136.

162 Gasser, S. 135.

163 Betty Paoli an Helene Bettelheim-Gabillon, 27. Mai 1885. WB, Hss., IN 236438.

164 Vgl. Betty Paoli an Helene Bettelheim, 30. August 1885. WB, Hss., IN 236440.

165 Vgl. Betty Paoli an Helene Bettelheim-Gabillon, 17. Juni 1884. WB, Hss., IN 236426.

166 Betty Paoli an Helene Bettelheim-Gabillon, 4. Juli 1892. WB, Hss., IN 236546.

167 Vgl. Betty Paoli an Helene Bettelheim-Gabillon, 6. Juni 1892. WB, Hss., IN 236544.

168 Betty Paoli an Helene Bettelheim-Gabillon, 22. Juni 1892. WB, Hss., IN 236545.

169 Vgl. Margarethe Kollisch: *Verschollene Lyrik*. Zum Todestag Betty Paolis. In: *Badener Zeitung*, 7. Juli 1937, S. 1.

170 Vgl. Kollisch, *Verschollene Lyrik*, S. 1.

171 Vgl. Kollisch, *Verschollene Lyrik*, S. 1.

172 Vgl. Ernst Fleischl an Betty Paoli, 13. Juli 1880. WB, Hss., IN 48879; Josef Breuer an Franziska von Wertheimstein. Zitiert in: Rossbacher, *Literatur und Bürgertum*, S. 218.

173 Vgl. Gasser, S. 135–137.

174 Ebner-Eschenbach, *Tagebücher IV*, S. 95. (11. Jänner 1891)

175 Ebner-Eschenbach, *Tagebücher IV*, S. 104. (12. Februar 1891)

176 Vgl. Betty Paoli: Tagebuch Februar–Mai 1891. WB, Hss., IN 126449.

177 Vgl. Gasser, S. 138.

178 Vgl. Betty Paoli an Marie von Ebner-Eschenbach, 24. September 1892. WB, Hss., IN 236313.

179 Vgl. Betty Paoli: Tagebuch 1892, Anhang. WB, Hss., IN 126449.

180 Vgl. Ebner-Eschenbach, *Tagebücher IV*, S. 201–206. (Februar und März 1893)

181 Betty Paoli: [o. T.], 14. November 1893. WB, Hss., IN 225790.

182 Vgl. Ebner-Eschenbach, *Tagebücher IV*, S. 262. (5. Dezember 1892)

183 Vgl. [Notiz]. In: *Grazer Tagblatt*, 15. Dezember 1893, S. 6.

184 Ebner-Eschenbach, *Tagebücher IV*, S. 267. (30. Dezember 1892)

185 Betty Paoli: An Graf Adolph Dubsky. 24. Februar 1894. WB, Hss., IN 56738.

186 Vgl. Amtsblatt der k. k. Reichshaupt- und Residenzstadt Wien, Nr. 57, 17. Juli 1894. Digitalisat. Der Antrag erfolgte durch den 2. Vizebürgermeister Josef Matzenauer am 5. Juli 1894.

187 Vgl. Amtsblatt der Stadt Wien, 31. Mai 1930, Nr. 44, S. 574. Digitalisat. Der Paoli-Weg befindet sich im 13. Bezirk, zwischen 1938 und 1947 war er umbenannt.

188 Luise Schönfeld-Neumann an Hermine Villinger, 20. Juli 1894. In: *Zwei Landsmänninnen*, S. 175.

189 Vgl. Heinrich: *Betty Paoli* [Nachruf]. In: *Ueber Land und Meer*, 36. Jg, Bd. 72, Nr. 43, S. 874.

190 Vgl. Ebner-Eschenbach, *Betty Paoli*, S. XVIII.

191 Gasser, S. 149.

192 Vgl. Gasser, S. 149.

193 Vgl. Gasser, S. 149.

194 Vgl. Betty Paoli an Helene Bettelheim-Gabillon, 9. Mai 1894. WB, Hss., IN 236584. [Notiz]. In: *Wiener Allgemeine Zeitung*. Beilage, 6. Juli 1894, S. 1; Hedwig Bender: *George Eliot*. Ein Lebensbild. Hamburg: Verlagsanstalt u. Druckerei A.-G. 1893.

195 Betty Paoli an Helene Bettelheim-Gabillon, 16. Juni 1894. WB, Hss., IN 236586.

196 Vgl. Gasser, S. 149.

197 Marie von Ebner-Eschenbach an Unbekannt [Marie, Hausmädchen von Betty Paoli], 20. Mai 1894. WB, Hss., IN 48414.

198 Marie von Ebner-Eschenbach an Josef Breuer, 31. Mai 1894. In: Marie von Ebner-Eschenbach – Dr. Josef Breuer. *Ein Briefwechsel*, 1889–1916. Hg. v. Robert A. Kann. Wien: Bergland Verlag 1969, S. 25.

199 Vgl. Marie von Ebner-Eschenbach an Josef Breuer, 19. Juni 1894. In: Ebner-Eschenbach/Breuer, *Ein Briefwechsel*, S. 26.

200 Marie von Ebner-Eschenbach an Josef Breuer, 19. Juni 1894. In: Ebner-Eschenbach/Breuer, *Ein Briefwechsel*, S. 27.

201 Vgl. Gasser, S. 150f.

202 Marie von Ebner-Eschenbach an Theo Schücking 26. Juli 1894. In: Ebner-Eschenbach, *Briefwechsel mit Theo Schücking*, S. 59. [Herv. i. O.]

203 Vgl. Anonym: *†Betty Paoli*. In: *Neue Freie Presse*, 5. Juli 1894, S. 2.

204 Flora Galliny an Minna Hoegel, 5. Juli 1894. WB, Hss., HIN 65919.

205 Gasser, S. 151.

206 Marie von Ebner-Eschenbach an Josef Breuer, 13. Juli 1894. In: Ebner-Eschenbach/Breuer, *Ein Briefwechsel*, S. 27f.

207 Vgl. [Notiz]. In: *Die Presse*, Local-Anzeiger, 7. Juli 1894, S. 1.

208 Vgl. Theo Schücking an Marie von Ebner-Eschenbach, 17. Juli 1894. In: Ebner-Eschenbach, *Briefwechsel mit Theo Schücking*, S. 57.

209 Marie von Ebner-Eschenbach an Theo Schücking, 26. Juli 1894. In: Ebner-Eschenbach, *Briefwechsel mit Theo Schücking*, S. 59.

210 Gasser, S. 153.

211 Vgl. Anonym, Betty Paoli's Leichenbegängniß.

212 Vgl. Anonym. [Notiz]. In: *Wiener Allgemeinen Zeitung*. Beilage, 8. Juli 1894, S. 1. (1. Aufzug, 5. Auftritt: Mellita: »Der schöne Kranz! Wie lohnt so hohe Zier, Von Tausenden gesucht und nicht errungen!«)

213 Vgl. Baumgartner, *Der Verein der Schriftstellerinnen und Künstlerinnen*, S. 121.

214 Vgl. Anonym, *Betty Paoli's Leichenbegängniß*.

215 Betty Paoli: *Warum verstummt das Lied?* In: Paoli, *Gedichte*, 1895, S. 206f., hier S. 206 [AW 135].

216 Betty Paoli, *Gedichte*, 1895, S. 207.

217 Vgl. Strigl, *Berühmt sein ist nichts*, S. 326.

218 Vgl. Ebner-Eschenbach, *Tagebücher IV*, S. 201. (11. Februar 1893); vgl. Ebner-Eschenbach, *Tagebücher IV*, S. 256. (7. November 1893)

219 Ebner-Eschenbach, S. XVI. [*Das Siegesfest*, Ballade von Friedrich Schiller]

220 Ebner-Eschenbach, *Betty Paoli*, S. XV.

221 Vgl. Betti Paoli: *Aphoristisches*. In: *Die Dioskuren* 21 (1892), S. 2.

222 Marie von Ebner-Eschenbach an Josef Breuer, 13. Juli 1894. In: Ebner-Eschenbach/Breuer, *Ein Briefwechsel*, S. 27.

223 Marie von Ebner-Eschenbach an Theo Schücking, 26. Juli 1894. In: Ebner-Eschenbach, *Briefwechsel mit Theo Schücking*, S. 58. [Herv. i. O.]

224 Vgl. Anton Bettelheim: *Marie Ebner als Vorleserin*. In: *Die Nation* 13 (1895–96), Nr. 51, 19. September 1896, S. 767f., hier S. 767.

225 Vgl. Anton Bettelheim: *Vorwort*. In: Paoli, *Gedichte*, 1895, S. III–VI, hier S. IV.

226 Vgl. Bettelheim, *Vorwort*, S. IV.

227 Vgl. Bettelheim, *Marie Ebner als Vorleserin*, S. 767.

228 Eine weiter reduzierte Auswahl im gleichen Verlag ist Betty Paoli: *Ausgewählte Gedichte*. Stuttgart, Berlin: Cotta, Nfg. o. D. [1914].

229 Vgl. Bettelheim, *Marie Ebner als Vorleserin*, S. 767.

230 Bettelheim, *Marie Ebner als Vorleserin*, S. 767. [Herv. i. O.]

231 Ebner-Eschenbach, *Betty Paoli*, S. XXI.

232 Vgl. Ferdinand von Saar an Marie von Ebner-Eschenbach, 19. Dezember 1885. In: *Briefwechsel zwischen Ferdinand von Saar und Marie von Ebner-Eschenbach*. Hg. v. Heinz Kindermann. Wien: Wiener Bibliophilen-Gesellschaft 1957, S. 78.

233 Vgl. Anonym, *Betty Paoli's Leichenbegängniß*.

234 Heinrich, *Betty Paoli* [Nachruf], S. 874.

235 W. A. Hammer: *Betty Paoli* (Zum 100. Geburtstage). In: *Wiener Abendpost*, 30. Dezember 1914, S. 1–3, hier S. 1.

236 Betty Paoli an Helene Bettelheim-Gabillon, 7. Februar 1893. WB, Hss., IN 236557.

237 Vgl. Ferdinand von Saar: *Kritische Texte und Deutungen*. Hg. v. Karl Konrad Polheim und Jens Stüben. Bd. 6: Ginevra. Hg. v. Stefan Schröder. Berlin: De Gruyter 1996; Betty Paoli an Ferdinand von Saar, 6. Februar 1889. WB, Hss., IN 18163.

238 Ferdinand von Saar: *Requiem für Betty Paoli*. In: Paoli, *Gedichte*, 1895, S. XXII–XXIV.

239 Saar, *Requiem für Betty Paoli*, S. XXIIf.

240 Saar, *Requiem für Betty Paoli*, S. XXIII.

241 Saar, *Requiem für Betty Paoli*, S. XXIV.

242 [Notiz]. In: *Neue Freie Presse*, 26. Jänner 1895, S. 4.

243 Vgl. Gasser, S. 129.

244 Vgl. Josef Lewinsky an Unbekannt [Goswina von Berlepsch, Vizepräsidentin des ›Vereins der Schriftstellerinnen und Künstlerinnen in Wien‹], 2. Dezember 1894 [2023 im Antiquariatshandel].

245 Vgl. Baumgartner, *Der Verein der Schriftstellerinnen und Künstlerinnen*, S. 122.

246 Vgl. Richter, *Josef Lewinsky*, S. 272.

247 Vgl. Anonym: *Gedenkfeier für Betty Paoli*. In: *Neue Freie Presse*, 26. Jänner 1895, S. 4.

248 Vgl. *Gedenkrede auf Betty Paoli*, verfaßt und gesprochen von Josef Lewinsky, k. u. k. Hofschauspieler, bei der vom Verein der Schriftstellerinnen und Künstlerinnen in Wien am 24. Jänner 1895 veranstalteten Gedenkfeier. Wien: Verlag des Vereins 1895, S. 4.

249 Vgl. *Gedenkrede auf Betty Paoli*, S. 6.

250 Vgl. *Gedenkrede auf Betty Paoli*, S. 18.

251 Vgl. *Gedenkrede auf Betty Paoli*, S. 23.

252 Anonym: *Betty Paoli*. In: *Wiener Zeitung*, 26. Jänner 1895, S. 8.

253 Betty Paoli: *Ich*. In: Paoli, *Gedichte*, S. 136 [AW S. 32].

Zum Schluss

Das Leben Betty Paolis war reich, oft turbulent, schwierig, bis zum Ende produktiv – und immer ungewöhnlich. Sie war eine Ausnahmeerscheinung und bahnte mit ihrem lyrischen, kritischen und essayistischen Werk neue Wege für die, die nach ihr kamen. Sie war eine Pionierin der Liebeslyrik mit einem weiblichen Ich, sie unterstützte in ihren Kritiken die unterschätzte Droste-Hülshoff und brachte die Talente Saar und Ebner-Eschenbach zu allgemeiner Bekanntheit, sie trat in ihren Zeitungsartikeln für die Mädchenbildung und die Frauenerwerbsarbeit ein. Um das alles tun zu können, musste sie sich selbst erfinden, denn es gab kein Vorbild, das ihr die nötige Freiheit bot, ohne anzuecken. Nur so konnte sie als Schriftstellerin Gehör finden, und gehört werden wollte sie, denn mit dem vorbestimmten stillen Wirken im familiären Kreis gab sie sich nicht zufrieden.

Aus Barbara Glück wurde über den Weg des Dichterinnen-Ichs ihrer Lyrik eine Kunst-Figur mit dem Namen Betty Paoli, eine Person, die sich über die Dichtkunst erfand und dabei die größtmögliche Authentizität in den poetischen Charakter einbauen musste. Die *posture* (Jérôme Meizoz), die soziale Selbstverortung im literarischen Feld, erweitert die Dichterin zum *Self-fashioning*. Was die Liebes- und Weltschmerzlyrik ihrer Zeit generell ausmachte, nämlich die Illusion des unverstellten emotionalen Ausdrucks in besonders kunstvoller Form, musste Paoli noch überbieten, da durch ihr lyrisches Ich nun die andere, bisher stumm gebliebene oder von männlichen Dichtern imaginierte weibliche Seite sprach.

Paoli war die erste österreichische Dichterin, die Begehren, Sehnsucht, Enttäuschung, Schmerz aus der weiblichen Perspektive in die Lyrik ihrer Zeit einbrachte und für die Leserschaft als dichtende Frau die ›Wahrheit‹ der Gefühle verbürgte, quasi mit ihrem Leben. Bis zur Gedenkrede ihres Freundes Josef Lewinsky, mehr als sechzig Jahre nach ihrem ersten Auftritt als Lyrikerin, wurden die Gefühle und die Erlebnisse ihres lyrischen Ich zu Gefühlen und Erlebnissen der Dichterin erklärt, wurde so ihre Biographie von Publikum und Schriftstellerin selbst konstruiert.

Mit der Dichterin alterte auch ihr lyrisches Ich, es wurde reifer, intellektueller, die leidenschaftliche Rede von der Liebe und der Todessehnsucht wurde abgelöst von ›objektiven‹ Themen. Der letzte Gedichtband Paolis galt den wohlwollenden Leserinnen und Lesern als Zeugnis der Abgeklärtheit einer reifen Frau, schon Jahrzehnte zuvor hatte ein Prozess der Neukonstruktion eingesetzt: Mittlerweile war Paoli die Kritikerin, die Rezensentin, Journalistin, Essayistin, deren »Beil sausend und vernichtend« auf ihre Objekte niederfallen konnte (Lewinsky in seiner Gedenkrede) und die auf jene, deren Talent sie erkannte, »mächtig fördernd einwirkte« (Ebner-Eschenbach in ihrem Nachruf). Und das gilt für den öffentlichen wie für den privaten Bereich, für die Verfasserin von Kritiken, politischen und sozialen Kommentaren, die immer mit ihrem Namen für ihre oft kontroversen Urteile geradestand, wie für die ›grobe‹ Freundin und Gesprächspartnerin. Nach anfänglicher Irritation über die rezensierende oder politisierende Dichterin oder die dichtende Kritikerin etablierte sich Paoli als streitbarer, meinungsstarker Geist.

Dieses Buch soll die vielen Leerstellen in den bisherigen verkürzten und schablonenhaften Lebensdarstellungen durch eine genaue und gewissenhafte Sichtung des Materials füllen, die schriftstellerischen Strategien der Selbstkonstruktion Paolis aufzeigen, hinter die Kulissen dieser Inszenierung schauen, mit neuen Quellen und historischer Kontextualisierung die künstlerischen und journalistischen Pionierleistungen Betty Paolis würdigen, die in den Jahrzehnten seit ihrem Tod zu wenig erkannt wurden.

Das Zusammenspiel von diskursiver Selbstermächtigung und gelebtem Leben ist in einem Fall wie dem von Betty Paoli komplex, gleichwohl sollte die Biographie geeignet sein, ein Bild der Persönlichkeit zu geben – würde die Dichterin selbst auch daran gezweifelt haben. Nicht zuletzt will ich mit diesem Buch zum Weiterdenken und Weiterforschen am dokumentarischen und literarischen Textkorpus und vor allem zum Lesen des Werks anregen.

Betty Paoli, um 1890

Literaturverzeichnis

Ungedruckte Quellen

Sammlung Betty Paoli (Werke, Briefe, Lebensdokumente, Tagebücher). Wienbibliothek im Rathaus. Handschriftensammlung. [zitiert als WB, Hss.]

Korrespondenz Betty Paoli. Österreichische Nationalbibliothek. Handschriftensammlung. [zitiert als ÖNB, Hss.]

Korrespondenz mit dem Verlag Cotta. Deutsches Literaturarchiv (DLA) Marbach. COTTA: Briefe.

Briefe von und an Friedrich Schwarzenberg. Státní oblastní archiv v Třeboni. fond Rodinný archiv Schwarzenberků. Orlík nad Vltavou, II-56/125–126, kart. 153. [zitiert als SOA Třeboň]

Paoli, Betty an Friedrich Wilhelm Pfautsch, 28. Februar 1848. In: UB Leipzig. Sammlung Liebeskind. IV/27.

Paoli, Betty an Moritz Hartmann, Pfingstsonntag [= 23. Mai] 1847. Privatbesitz.

Paoli, Betty an Unbekannt [Friedrich Wilhelm Pfautsch?], 26. November 1847. UB Leipzig. Kurt-Taut-Sammlung 2/K–Z/P/85.

Gasser, Helene: Memoiren einer Köchin. Manuskript fr. H. WB, Hss., IN 217098. (Transkript zur Verfügung gestellt von Andrea Althaus) [zitiert als Gasser]

Primärliteratur

Werke von Betty Paoli

Erfasst ist der Erstdruck und gegebenenfalls der Wiederabdruck in Betty Paoli: »Ich bin nicht von der Zeitlichkeit!«. Ausgewählte Werke. Hg. v. Karin S. Wozonig. Salzburg, Wien: Residenz 2024 [Sigle AW].

B. P.: *Die Makkabäer*. Tragödie in fünf Acten. Von Otto Ludwig aus Eisfeld. In: *Wiener Lloyd*, 11. November 1852, S. 1–3.

B. P.: *Phädra*. Trauerspiel in fünf Aufzügen von Racine. Verdeutscht von Friedrich v. Schiller. In: *Wiener Lloyd*, 17. November 1852, S. 1f.

B. P.: *K. k. Hofburgtheater*. In: *Wiener Lloyd*, 11. Jänner 1853, S. 1.

B. P.: *Kunstausstellung*. In: *Wiener Lloyd*, 26. Jänner 1853, S. 1f.

B. P.: *Kunstausstellung*. In: *Wiener Lloyd*, 18. Februar 1853, S. 1f.

B. P.: *Bücherschau*. In: *Wiener Lloyd*, 25. März 1853, S. 1.

B. P.: *Bücherschau*. In: *Wiener Lloyd*, 1. April 1853, S. 1.

B. P.: *Bücherschau*. Geschichte der schönen Literatur der Deutschen für Frauen. Von Tinette Homberg. In: *Wiener Lloyd*, 14. Mai 1853, S. 1f.

B. P.: *K. k. Hofburgtheater*. In: *Wiener Lloyd*, 18. Mai 1853, S. 2.

B. P.: *Kunstausstellung im Juni*. In: *Wiener Lloyd*, 21. Juni 1853, S. 1f. und 25. Juni 1853, S. 1.

B. P.: *Ein russischer Novellist*. Literarische Skizze. In: *Wiener Lloyd*, 28. Juni 1853, S. 1f.

B. P.: *Bücherschau*. In: *Wiener Lloyd*, 7. Juli 1853, S. 1f.

B. P.: [Übers.]: W. Sollohub [Wladimir Sollogub]: *Ein Abenteuer auf der Eisenbahn*. (Fragmente aus Sergei's Tagebuch). In: *Wiener Lloyd*, 8.–14. Juli 1853.

B. P.: *Ein Referat statt einer Rezension*. In: *Wiener Lloyd*, 23. August 1853, S. 1f.

B. P.: *Bücherschau*. In: *Wiener Lloyd*, 7. September 1853, S. 2.

B. P.: *Die Kunstausstellung im September. I*. In: *Wiener Lloyd*, 11. September 1853, S. 1.

B. P.: *Bücherschau*. In: *Wiener Lloyd*, 6. Oktober 1853, S. 1f. [AW S. 179–188].

B. P.: *Bücherschau*. In: *Wiener Lloyd*, 7. Oktober 1853, S. 2.

B. P.: *K. k. Hofburgtheater*. In: *Wiener Lloyd*, 12. Oktober 1853, S. 1.

B. P.: *Kritische Gastrollen*. In: *Lloyd*, 4. November 1853, S. 2.

B. P.: *K. k. Hofburgtheater*. »Die Löwen von ehedem«. Sittengemälde in vier Acten von Bauernfeld. In: *Wiener Lloyd*, 9. November 1853, S. 1f.

B. P.: *Bücherschau*. In: *Wiener Lloyd*, 13. November 1853, S. 1f.

B. P.: *K. K. Hofburgtheater*. Zum ersten Male: »Magellona«. Tragödie in fünf Acten und einem Nachspiele von Friedrich Hebbel. In: *Wiener Lloyd*, 22. Jänner 1854, S. 1f.

B. P.: *Die Kunstausstellung im März. I*. In: *Wiener Lloyd*, 22. März 1854, S. 1f.

B. P.: *Bücherschau*. In: *Wiener Lloyd*, 5. April 1854, S. 2f.

B. P.: *Bücherschau*. In: *Wiener Lloyd*, 15. Juni 1854, S. 1–3.

Glück, Betty: *Alfred*. Novelle. In: *Spiegel für Kunst, Eleganz und Mode*, 3.–14. März 1832.

Glück, Betty: *Abschiedswort an Ungarn*. In: *Der Spiegel für Kunst, Eleganz und Mode*, 16. Juni 1832, S. 38f.

Glück, Betty: *An die Männer unserer Zeit*. In: *Wiener Zeitschrift für Kunst, Literatur, Theater und Mode*, Nr. 102, 25. August 1832, S. 821f. [AW S. 13f.].

Glück, Betty: *An Dlle. Sophie Löwe, als Giulietta in Bellini's Oper: ›I Montecchi ed i Capuletti.‹* In: *Wiener Zeitschrift für Kunst, Literatur, Theater und Mode*, Nr. 25, 28. Februar 1833, S. 205 [AW S. 15].

Glück, Betty: *Dichterherz*. In: *Wiener Zeitschrift für Kunst, Literatur, Theater und Mode*, Nr. 101, 22. August 1833, S. 825.

Glück, Betty: *Empfindungen am Ende eines Maskenballs*. In: *Allgemeine Theaterzeitung und Originalblatt für Kunst, Literatur, Musik, Mode und geselliges Leben*, Nr. 52, 12. März 1833, S. 1 [AW S. 16].

Glück, Betty: *Meine Jugend*. In: *Taschenbuch des k. k. privilegirten Theaters in der Leopoldstadt für das Jahr 1834*, S. 82 [AW S. 17].

Paoli, Betty: *Clary*. Erzählung. In: *Wiener Zeitschrift für Kunst, Literatur, Theater und Mode*, Nr. 60–71 (9. Mai–16. Juni 1835 in dreizehn Teilen).

—: *Mein Dichten, Verhängniß der Kunst* [AW S. 18f.], *Holden Todes Ahnung, Dort wie hier!* In: *Oesterreichischer Musenalmanach* 1837, S. 233, S. 235, S. 238, S. 240f.

Paoli, Betti: *Die Dichterin.* In: *Der Humorist*, Nr. 124, 30. August 1837, S. 494 [AW S. 20f.].

—: *Reiseprojekte.* In: *Der Humorist*, Nr. 153, 20. Oktober 1837, S. 610.

—: *Die Naturalistin.* In: *Der Humorist*, Nr. 155, 23. Oktober 1837, S. 618.

—: *Gruß.* In: *Der Telegraph, österreichisches Conversationsblatt für Kunst, Literatur, geselliges Leben, Theater, Tagsbegebenheiten, Industrie und Fabrikwesen*, II. Jg., Nr. 134, 8. November 1837, S. 553.

—: *Das todte Kind.* In: *Der Telegraph*, II. Jg., Nr. 142, 27. November 1837, S. 584 [AW S. 23f.].

—: *Morgens.* In: *Der Telegraph*, II. Jg., Nr. 146, 6. Dezember 1837, S. 601.

Paoli, Betty: *Konversation.* In: *Der Humorist*, Nr. 184, 13. Dezember 1837, S. 734.

—: *Ersehnte Gleichheit.* In: *Der Humorist*, Nr. 186, 16. Dezember 1837, S. 742.

—: *Forderung.* In: *Der Humorist*, Nr. 186, 16. Dezember 1837, S. 742 [AW S. 22].

—: *Wandlung.* In: *Album.* Unter Mitwirkung vaterländischer Schriftsteller. Wien 1838, S. 289.

—: *Zusammenklang.* In: *Album.* Unter Mitwirkung vaterländischer Schriftsteller. Wien 1838, S. 289.

—: *Herbstgefühl.* In: *Album.* Unter Mitwirkung vaterländischer Schriftsteller. Wien 1838, S. 289f.

—: *Versagtes.* In: *Album.* Unter Mitwirkung vaterländischer Schriftsteller. Wien 1838, S. 290.

Paoli, Betti: *Dem Verlornen.* In: *Der Wiener Telegraph.* Conversationsblatt für Kunst, Literatur, geselliges Leben, Theater, Tagesbegebenheiten und Industrie, III. Jg., Nr. 39, 30. März 1838, S. 159.

Paoli, Betti: *Meine Wohnung.* In: *Der Wiener Telegraph*, III. Jg., Nr. 52, 30. April 1838, S. 213.

Paoli, Betty: *Dem Freunde.* In: *Wiener Zeitschrift für Kunst, Literatur, Theater und Mode*, Nr. 111, 15. September 1838, S. 884f.

—: *Wo?* In: *Ost und West.* Blätter für Kunst, Literatur und geselliges Leben, Nr. 45, 5. Juni 1839, S. 183.

Paoli, Betti: *Der Orient.* In: *Immergrün.* Taschenbuch für das Jahr 1840, 4. Jg., S. 310f. [AW S. 56f.].

Paoli, Betty: *Ein Dutzend.* In: *Iris.* Taschenbuch für das Jahr 1840, S. 142–144.

—: *Erkenntniß.* In: *Oesterreichischer Musen-Almanach* 1840, S. 69 [AW S. 47].

—: *Offener Brief an Aurora Dudevant.* In: *Europa* 4 (1840), S. 337–346.

—: *Sühnung.* In: *Oesterreichischer Musen-Almanach* 1840, S. 70.

—: *Wahrheit in der Dichtung.* In: *Oesterreichischer Musen-Almanach* 1840, S. 67f. [AW S. 42f.].

—: *Warnung.* In: *Oesterreichischer Musen-Almanach* 1840, S. 65f. [AW S. 54f.].

—: *Die Pythia.* In: *Wiener Zeitschrift für Kunst, Literatur, Theater und Mode*, Nr. 22, 8. Februar 1840, S. 172f. [AW S. 37f.].

—: *Wüstenspiegelung.* An Friedrich Rückert. In: *Wiener Zeitschrift für Kunst, Literatur, Theater und Mode*, Nr. 24., 11. Februar 1840, S. 188f.

—: *Der Blumenstrauß.* In: *Wiener Zeitschrift für Kunst, Literatur, Theater und Mode*, Nr. 28, 18. Februar 1840, S. 219f. [AW S. 28f.].

—: *Einem Skeptiker.* In: *Wiener Zeitschrift für Kunst, Literatur, Theater und Mode*, Nr. 39, 9. März 1840, S. 308.

—: *Verschweigen.* In: *Wiener Zeitschrift für Kunst, Literatur, Theater und Mode*, Nr. 46, 21. März 1840, S. 363f.

—: *Umgekehrte Elegie*. In: *Wiener Zeitschrift für Kunst, Literatur, Theater und Mode*, Nr. 61, 16. April 1840, S. 484f.

—: *Schöner Irrthum*. An E. von F. In: *Mnemosyne*, Nr. 35, 2. Mai 1840, [S. 145].

—: *Bekenntniß*. In: *Wiener Zeitschrift für Kunst, Literatur, Theater und Mode*, Nr. 71, 4. Mai 1840, S. 563f. [AW S. 30f.].

—: *Mein Dichten*. In: *Mnemosyne*, Nr. 39, 16. Mai 1840, [S. 163].

—: *Der Blumenstrauß*. In: *Mnemosyne*, Nr. 41, 23. Mai 1840, [S. 173] [AW S. 28f.].

—: *Einem Dichter*. In: *Wiener Zeitschrift für Kunst, Literatur, Theater und Mode*, Nr. 95, 15. Juni 1840, S. 756.

—: *Rath*. In: *Wiener Zeitschrift für Kunst, Literatur, Theater und Mode*, Nr. 99, 22. Juni 1840, S. 787f.

—: *Stille Liebe*. In: *Wiener Zeitschrift für Kunst, Literatur, Theater und Mode*, Nr. 131, 17. August 1840, S. 1044f.

—: *Eines Abends*. In: *Wiener Zeitschrift für Kunst, Literatur, Theater und Mode*, Nr. 140, 1. September 1840, S. 1116 [AW S. 40f.].

—: *Jugendwiederkehr*. In: *Wiener Zeitschrift für Kunst, Literatur, Theater und Mode*, Nr. 155, 28. September 1840, S. 1235.

—: *Stolze Güte*. In: *Iris*. Taschenbuch für das Jahr 1841, S. 411, auch in: *Mnemosyne*, Nr. 97, 12. Dezember 1840.

—: *Aufgegeben!* In: *Iris*. Taschenbuch für das Jahr 1841, S. 418, auch in: *Mnemosyne*, Nr. 99, 19. Dezember 1840.

—: *Dichterloos*. In: *Iris*. Taschenbuch für das Jahr 1841, S. 413–416.

—: *Faust und Manfred*. Studie. In: *Wiener Zeitschrift für Kunst, Literatur, Theater und Mode*, Nr. 20–22, 4.–6. Februar 1841, S. 156f., 163f. und 172f.

—: *Gedichte*. Pesth: Heckenast 1841.

Paoli, Betti: *Psyche* (Fantasie). In: *Album der Wohlthätigkeit durch Beiträge der vorzüglichsten Dichter und Künstler*. Wien 1841, S. 316f. [AW S. 50f.].

Paoli, Betty: *Vergütung*. In: *Iris*. Taschenbuch für das Jahr 1841, S. 412.

—: *Vermuthung*. In: *Iris*. Taschenbuch für das Jahr 1841, S. 417.

—: *Dort wie hier!* In: *Leseblätter für Stadt und Land zur Beförderung der Kultur in Kunst, Wissenschaft und Leben*, Nr. 64, 5. Juni 1841, S. 505f.

—: *An Frederike Bremer*. In: *Wiener Zeitschrift für Kunst, Literatur, Theater und Mode*, Nr. 204, 23. Dezember 1841, S. 1627.

Paoli, Betti: *Forderung*. In: *Immergrün*. Taschenbuch für das Jahr 1842, 6. Jg., S. 281.

Paoli, Betty: *Inneres Echo*. In: *Thalia*. Taschenbuch für das Jahr 1842, S. 247.

—: *Ein einsamer Abend*. In: *Iris*. Taschenbuch für das Jahr 1842, S. 423–442 [AW S. 218–231].

—: *Gedichte*. 1–8. In: *Oesterreichisches Odeon*. Jahrbuch für Poesie. Bd. 3, 1842, S. 89–91.

—: *Lieder. VII*. In: *Wiener Zeitschrift für Kunst, Literatur, Theater und Mode*, Nr. 13, 18. Jänner 1842, S. 99.

—: *Felicia Hemans*. In: *Wiener Zeitschrift für Kunst, Literatur, Theater und Mode*, Nr. 133, 5. Juli 1842, S. 1059f.

—: *An meine Heimath*. In: *Album aus Oesterreich ob der Enns*, S. 242f.

—: *Nach dem Gewitter*. Gedichte. Pesth: Gustav Heckenast 1843.

—: *Zwey Ateliers in Venedig*. Fragment eines Briefes. In: *Wiener Zeitschrift für Kunst, Literatur, Theater und Mode*, Nr. 54, 17. März 1843, S. 428–430 und Nr. 55, 18. März 1843, S. 436f.

—: *Auf- und Untergang*. Lebensbild. In: *Iris*. Taschenbuch für das Jahr 1844, S. 215–271.
—: *Die Welt und mein Auge*. 3 Bde. Pesth: Heckenast 1844.
—: *Die Ehre des Hauses*. In: Betty Paoli: *Die Welt und mein Auge*. Bd. 1.
—: *Eine Gemäldesammlung in Wien*. In: *Die Grenzboten*. Zeitschrift für Politik, Literatur und Kunst 3 (1844), I. Semester, S. 395–417.
—: *Gedichte*. 2. vermehrte Aufl. Pesth: Wigand 1845.
—: *Merced*. In: *Iris*. Taschenbuch für das Jahr 1845, S. 147–179.
—: *Romancero*. Leipzig: Wigand 1845.
—: *Die Brüder*. Novelle. In: *Rheinisches Taschenbuch* 1847, S. 101–200.
—: *Gedichte*. In: *Austria*. Oesterreichischer Universal-Kalender für das Schaltjahr 1848. (Wien: Ignaz Klang [1847].)
—: *Unbewegt* und *Einigung*. In: *Donaublumen*. Eine Sammlung von Novellen, Erzählungen und Gedichten aus der Mappe der beliebtesten Wiener Schriftsteller zur Unterhaltung für die elegante Lesewelt. Wien 1847, S. 239f.
—: *An Adalbert Stifter*. In: *Iris*. Deutscher Almanach für 1848. Neue Folge, 2. Jg., S. Vf. [AW S. 113f.].
—: *Kritisches Portefeuille*. In: *Der Lloyd*, 2. Februar 1848, Abendblatt, S. 3f.
—: *Deutsche Briefe. I*. In: *Die Presse*, 25. August 1848, S. 1f.
—: *Deutsche Briefe. II*. In: *Die Presse*, 29. August 1848, S. 1f.
—: *An Radetzky*. In: *Oesterreichischer Courier mit einem Anhange*. Wiener allgemeine Theaterzeitung, Feuilleton für Kunst, Literatur, Musik, Mode und geselliges Leben, 30. August 1848, S. 1.
—: *Deutsche Briefe III*. In: *Die Presse*, 27. September 1848, S. 1f.
—: *Deutsche Briefe IV*. In: *Die Presse*, 4. Oktober 1848, S. 1f.
—: *Ein Brief*. In: *Vergißmeinnicht*. Taschenbuch für 1849, 3. Jg., S. XIII–XVI [AW S. 90–92].
—: *Neue Gedichte*. Pest: Heckenast 1850.
—: *Pariser Eindrücke I*. Rachel Felix. In: *Der Lloyd*, 19. September 1850, S. 1f.
—: *Pariser Eindrücke II*. Ary Scheffer. In: *Der Lloyd*, 5. Dezember 1850, S. 1f. und 6. Dezember 1850, S. 1f.
Paoli, Betti: *Vor einem Bilde Giotto's*. In: *Italia*. Deutsche Dichter als Führer jenseits der Alpen. Hg. v. Levin Schücking. Frankfurt a. M.: Carl Jügel's Verlag, 1851, S. 235f.
Paoli, Betty [Übers.]: Lermontoff [Michail Lermontow]: *Ein Fatalist*. Novelle. In: *Wiener Zeitung*. Beilage des Morgenblatts, 13. Dezember 1851, S. 2f. und 20. Dezember 1851, S. 3f.
—: *Kosakisches Wiegenlied*. Von Lermontoff. Aus dem Russischen von Betty Paoli. In: *Illustrirtes Familienbuch zur Unterhaltung & Belehrung häuslicher Kreise*. Bd. 2 (1852), S. 315f.
Paoli, Betti: *Reise-Memoiretten*. In: *Wiener Lloyd*, 6., 7., 9. November 1852, jeweils S. 1., 10. November 1852, S. 1–3.
Paoli, Betty: *Česť rodinná*. Übersetzt von Leopold Josef Hansmann. Brno: Moravská národní jednota 1852. (Domácí pokladnice zábavného čteni. Čislo I.)
—: *Jules Janin*. In: *Oesterreichisch-kaiserliche Wiener Zeitung*, 17. April 1852, Abendblatt, S. 1f.
—: *Heinrich Stieglitz*. In: *Der Lloyd*, 17. Juni 1852, S. 1–3.
—: *Ein Probejahr*. Novelle. In: *Wiener Lloyd*, 11. Dezember–21. Dezember 1852.
—: *Bücherschau*. »Christian Lammfell«, Roman in fünf Bänden von Carl von Holtei. In: *Wiener Lloyd*, 23. Dezember 1852, S. 1.

—: *Bücherschau.* In: *Wiener Lloyd*, 1. April 1853.
—: *Lyrisches und Episches.* Pesth: Heckenast 1855.
—: *Neue Gedichte.* 2., vermehrte Aufl. Pest: Heckenast 1856.
—: *Aus den Erinnerungsblättern einer Künstlerin.* [Novelle] In: *Oesterreichische Zeitung*, 29. Jänner, 30. Jänner, 31. Jänner und 1. Februar 1856.
— [Übers.]: W. Solohub [Wladimir Sollogub]: *Ein Löwe.* In: *Oesterreichische Zeitung*, 28. Februar–3. März 1856.
—: *Der Ring.* In: *Oesterreichische Zeitung*, 17. Dezember und 18. Dezember 1856.
—: *Annette von Droste-Hülshoff's poetischer Nachlaß.* Studie. In: *Österreichische Zeitung*, 16. März und 17. März 1860, S. 1f.
—: *An einen Künstler.* In: *Schiller-Album der Allgemeinen deutschen National-Lotterie zum Besten der Schiller- und Tiedge-Stiftungen.* Dresden: E. Blochmann u. Sohn u. J. Ernst 1861, S. 168f.
—: *Wien's Gemälde-Gallerien in ihrer kunsthistorischen Bedeutung.* Wien: Gerold 1865.
—: *An Heinrich Anschütz zu seinem achtzigsten Geburtstag.* In: *Wiener Abendpost.* Beilage zur *Wiener Zeitung*, 10. Februar 1865, S. 12.
—: *Eine Zeitfrage.* In: *Neue Freie Presse*, 4. November 1865, S. 1f. [AW S. 210–217].
—: *Julie Rettich.* Ein Lebens- und Charakterbild. Wien: Leopold Sommer 1866.
—: *Ein Wort Pombal's.* In: *Neue Freie Presse*, 12. August 1866, S. 1f.
—: *Moderne Ehen.* In: *Neue Freie Presse*, 19. März 1867, S. 1f.
—: *Ernst v. Feuchtersleben.* In: *Neue Freie Presse*, 11. April 1867, S. 1f.
—: *Unsere Moden.* In: *Neue Freie Presse*, 25. April 1867, S. 1f. [AW S. 191–196].
—: *Unsere Geselligkeit.* In: *Neue Freie Presse*, 13. Juni 1867, S. 1f. [AW S. 203–210].
—: *Zur Enthüllung des Schwarzenberg-Denkmals.* In: *Neue Freie Presse*, 20. Oktober 1867, S. 3.
—: *Die Friedensmänner.* In: *Die Debatte und Wiener Lloyd*, 22. März 1868, S. 1.
—: *Unsere Manieren.* In: *Neue Freie Presse*, 17. April 1869, S. 1–3.
—: *Unsere Stadt.* In: *Neue Freie Presse*, 1. Mai 1869, S. 1f. [AW S. 196–203].
—: *Ueber weibliche Erziehung.* In: *Neue Freie Presse*, 4. Juni 1869, S. 1–3.
—: *Wandlungen.* Ischler Feuilleton. In: *Neue Freie Presse*, 12. September 1869, S. 1f.
—: *Wissen ist Macht.* In: *Neue Freie Presse*, 16. Dezember 1869, S. 1–3.
—: *Neueste Gedichte.* Wien: Gerold 1870.
—: *In Sachen der Literatur.* In: *Neue Freie Presse*, 21. April 1870, S. 1–3.
—: *Ein Ausflug nach Dresden.* In: *Neue Freie Presse*, 13. Juli 1870, S. 1–4.
—: *Reisestationen I.* Innsbruck und Bozen. In: *Neue Freie Presse*, 17. Dezember 1870, S. 1–3.
—: *Reisestationen II.* Venedig. In: *Neue Freie Presse*, 3. Jänner 1871, S. 1–3.
—: *An Franz Grillparzer.* Zu seinem achtzigsten Geburtstag. In: *Neue Freie Presse*, 14. Jänner 1871, S. 1.
—: *Reisestationen III.* Loretto. In: *Neue Freie Presse*, 14. Jänner 1871, S. 1–4.
—: *Reisestationen IV.* Rom. In: *Neue Freie Presse*, 27. Jänner 1871, S. 1–3.
—: *Reisestationen V.* Rom. In: *Neue Freie Presse*, 7. Februar 1871, S. 1–4.
—: *Reisestationen VI.* Ein Künstlerabend in Rom. In: *Neue Freie Presse*, 26. Februar 1871, S. 2–4.
—: *Reisestationen VII.* Der römische Carneval 1871. In: *Neue Freie Presse*, 3. März 1871, S. 1–4.
—: *Reisestationen VIII.* Abschied von Rom. In: *Neue Freie Presse*, 29. März 1871, 1–4.
—: *Die neue Hauptstadt Italiens.* In: *Neue Freie Presse*, 15. Juli 1871, S. 1–3.
—: *In Sachen der Poesie.* In: *Neue Freie Presse*, 7. Februar 1872, S. 1–3.
—: *Studie über Grillparzer.* In: *Neue Freie Presse*, 7. und 9. April 1872 [AW S. 170–179].

—: *Zur silbernen Hochzeit meiner lieben Freunde Carl und Auguste La Roche.* In: Eduard Mautner: *Carl La Roche.* Gedenkblätter zur Feier seiner vierzigjährigen ruhmreichen Wirksamkeit am K.K. Hof-Burgtheater zu Wien. Wien: Rosner 1873, S. 31–33.
—: *Eine deutsche Dichterin.* In: *Neue Freie Presse*, 16. April 1873, S. 1–3.
—: *Ein Halbverschollener.* Johann Wilhelm Helfer's Reisen in Vorder-Asien und Indien. Von Gräfin Pauline Nostitz. Brockhaus 1873 [Rezension]. In: *Neue Freie Presse*, 22. Mai 1873, S. 1–4.
—: *An die Realisten.* In: *Die Dioskuren* 3 (1874), S. 34f. [AW S. 128f.].
—: *Das Amulet* [Rezension]. In: *Wiener Abendpost.* Beilage zur *Wiener Zeitung*, 31. März 1874, S. 580.
—: *Ferdinand von Saar.* Die Steinklopfer. Eine Geschichte [Rezension]. In: *Neue Freie Presse*, 8. Mai 1874, Abendblatt.
—: *Grillparzer und seine Werke.* Stuttgart: Cotta 1875.
—: *Unter'm Beile.* An Ida. In: *Die Dioskuren* 4 (1875), S. 19.
—: *Ein Dichter-Denkmal.* In: *Die Heimat.* Illustrirtes Familienblatt 1 (1876), Nr. 5, S. 76–78.
—: *Ein Tendenzroman* [Rezension]. In: *Heimat.* Illustrirtes Familienblatt 1 (1876), Nr. 21, S. 354f.
—: *[An Anastasius Grün zum 11. April 1876].* In: *Die Heimat.* Illustrirtes Familienblatt 1 (1876), Nr. 2, S. 24 [AW S. 112].
—: *Aphorismen.* In: *Die Dioskuren* 6 (1877), S. 4–6.
—: *Zur neuesten Literatur* [Rezension]. In: *Augsburger Allgemeinen Zeitung.* Beilage, Nr. 75, 16. März 1877, S. 1134–1135.
—: *Ein schweizerischer Dichter.* In: *Wiener Abendpost.* Beilage, 13. Juni 1877, S. 532, auch in: Paoli, *Gesammelte Aufsätze*, S. 213–228.
—: *Friedrich Pecht*: Deutsche Künstler des neunzehnten Jahrhunderts. Studien und Erinnerungen. I [Rezension]. In: *Augsburger Allgemeine Zeitung*, 15. Dezember 1877, auch in: Paoli, *Gesammelte Aufsätze*, S. 239–251.
—: *In späten Jahren.* In: *Die Dioskuren* 7 (1878), S. 1.
—: *Bitte an den Geliebten.* In: *Lust und Leid im Liede.* Neuere deutsche Lyrik ausgewählt von Hedwig Dohm und F. Brunold. Leipzig und Berlin: R. F. Albrecht 1879, S. 195.
—: *Nach dem Französischen.* Aus Louise Ackermanns »Poésies philosophiques.« I. Die Wolke; II. Der Positivismus. In: *Die Dioskuren* 8 (1879), S. 14–16.
—: *Im Walde.* In: *Die Dioskuren* 9 (1880), S. 3–5 [AW S. 123–126].
—: *Morgenständchen an Adolf Sonnenthal zu seinem 25-jährigen Jubiläum.* Wien: Vernay 1881.
—: *Nach italienischen Volkssprüchen.* Aus der »Raccolta di proverbi toscani.« pubblicata da Gino Capponi. In: *Die Dioskuren* 10 (1881), S. 8f.
—: *Huttens letzte Tage.* Eine Dichtung [Rezension]. In: *Die Presse*, 16. Dezember 1881, S. 1f., auch in: Paoli, *Gesammelte Aufsätze*, S. 228–238.
—: *Briefe aus George Sand's Jugendzeit.* In: *Die Presse*, 1. und 4. Juli 1882, S. 1f.
—: *Die Wandlungen der Frauenfrage* [1885]. In: Paoli, *»Was hat der Geist denn wohl gemein mit dem Geschlecht?«*, S. 113–120.
—: *Bei Marsala.* (Nach Gustave Nadaud). In: *Die Dioskuren* 14 (1885), S. 23f.
—: *Der herbste Verlust.* In: *Deutsche Dichtung* I (1886), Heft 2, S. 43 [AW S. 134].
—: *Erkenntniß; Bekenntnis.* In: Carla und Helene Wenckebach (Hg.): *Die schönsten deutschen Lieder.* Eine Sammlung von 300 der hervorragendsten und bekanntesten Lieder und Balladen, und 45 Volks- und Kirchenlieder, letztere mit Singstimme und Klavier-

begleitung, nebst 444 Anführungen aus den Dramen Goethes, Schillers, Lessings und den Prosawerken Jean Pauls. New York: Henry Holt 1886, S. 50 und S. 133.

—: *Der gute König in der Hölle*. In: *Deutsche Dichtung* IV (1888), Heft 6, S. 158–160.

Paoli, Betti: *Aufgegeben*. In: *Die Dioskuren* 21 (1892), S. 1 f. [AW S. 131 f.].

—: *Aphoristisches*. In: *Die Dioskuren* 21 (1892), S. 2.

—: *Naturstimmen*. In: Josef Lehmann, Franz Branky, Johann Sommert: *Deutsches Lesebuch für die österreichischen Lehrer- und Lehrerinnen-Bildungsanstalten*. 2. Teil. Wien: K. K. Schulbücher-Verlag 1892, S. 330.

Paoli, Betty: *Briefe von Annette von Droste-Hülshoff und Levin Schücking* [Rezension]. In: *Allgemeinen Zeitung*. Beilage, 31. Jänner 1894, S. 4–6.

—: *Viertes Jahrbuch der Grillparzer-Gesellschaft* [Rezension]. In: *Allgemeine Zeitung* (München). Beilage, 13. April 1894, S. 1–3.

—: *Gedichte*. Auswahl und Nachlaß. Stuttgart: Cotta 1895.

—: *Die Brüder. Anna*. Zwei Erzählungen. Wien: C. Daberkow 1898. (Allgemeine National-Bibliothek. Nr. 205–206)

—: *Studie über Grillparzer*. In: *Grillparzers Gespräche und die Charakteristiken seiner Persönlichkeit durch die Zeitgenossen*. I. Abteilung. Biographieen und allgemeine Charakteristiken. 1841–1894, 1904, S. 243–271 [AW S. 170–179].

—: *Bei Leopold Kompert's Tod*. In: Stefan Hock (Hg.): *Briefe Betty Paolis an Leopold Kompert*. In: *Jahrbuch der Grillparzer-Gesellschaft* XVIII (1908), S. 177–209.

—: *Gesammelte Aufsätze*. Hg. v. Helene Bettelheim-Gabillon. Wien: Schriften des Literarischen Vereins 1908.

—: *Briefe von Annette v. Droste-Hülshoff und Levin Schücking*. In: Paoli, *Gesammelte Aufsätze*, S. 36–45.

—: *Louise Ackermann*. In: Paoli, *Gesammelte Aufsätze*, S. 131–147.

—: *Ernst v. Feuchtersleben*. In: Paoli, *Gesammelte Aufsätze*, S. 147–160.

—: *Ferdinand von Saar*. Die Steinklopfer. Eine Geschichte [Rezension]. In: Paoli, *Gesammelte Aufsätze*, S. 202–208.

—: *Ausgewählte Gedichte*. Stuttgart, Berlin: Cotta Nfg. o. D. [1914].

—: *an Franz Grillparzer, 28. Jänner 1869*. In: Franz Grillparzer: *Sämtliche Werke*. III. Abt., Briefe und Dokumente, 5. Teil (1935), S. 68.

—: *»Was hat der Geist denn wohl gemein mit dem Geschlecht?«* Hg. v. Eva Geber. Wien: Mandelbaum 2001.

—: *»Ich bin nicht von der Zeitlichkeit!«*. Ausgewählte Werke. Hg. v. Karin S. Wozonig. Salzburg, Wien: Residenz 2024. [Sigle AW]

Weitere Primärliteratur

Album. Unter Mitwirkung vaterländischer Schriftsteller zum Besten der Verunglückten in Pesth und Ofen. Hg. v. Friedrich Witthauer. Wien 1838.

Album aus Oesterreich ob der Enns. Herausgegeben zum Besten der durch den Brand am 26. Oktober 1841 verunglückten Bewohner von Spital am Pyhrn in Ober-Oesterreich. Linz: Vincenz Fink 1843.

Album der Wohlthätigkeit durch Beiträge der vorzüglichsten Dichter und Künstler. Wien 1841.

Album deutscher Dichter. Hg. v. H[ermann] Kletke. 2. Aufl. Berlin: Schroeder 1846.

Ambros, August Wilhelm: *Musikaufsätze und -rezensionen 1872–1876*. Historisch-kritische Ausgabe. Hg. v. Markéta Štědronská. Bd. 1: 1872 und 1873. Wien: Hollitzer 2017.

Anonym: *Actenmäßiger Bericht über die erste Versammlung deutscher Schriftstellerinnen, gehalten zu Weimar am 5., 6. und 7. October 1846*. Leipzig: Wolfgang Gerhard 1846.

Anonym [Friedrich Schwarzenberg]: *Brief eines Reisenden aus und über Galizien*. In: *Die Grenzboten*. Zeitschrift für Politik, Literatur und Kunst 5 (1846), I. Semester, II. Bd., S. 97–111.

Anonym [Friedrich Schwarzenberg]: *Ante-diluvianische Fidibus-Schnitzel*. von 1842 bis 1847. 6tes Fascikel. Als Manuskript für Freunde 1850. Wien: Grund 1861.

Anonym [Joseph Tuvora]: *Briefe aus Wien*. Von einem Eingeborenen. 2. Bd. Hamburg: Hoffmann und Campe 1844.

Anonym [Uffo Horn?]: *Oesterreichischer Parnass, bestiegen von einem heruntergekommenen Antiquar*. Frey – Sing, bei Athanasius & Comp. [o. D.] [Hamburg, ca. 1840].

Aurora-Album. Wien: Tendler 1856.

Austria. Oesterreichischer Universal-Kalender für das Jahr 1847. Wien: Ignaz Klang.

Austria. Oesterreichischer Universal-Kalender für das Schaltjahr 1848. Wien: Ignaz Klang.

Bach, Friedrich: *Gedichte*. Hg. v. Julius Reinwarth. Prag: Calve 1900.

Barnes, Julian: Der Mann im roten Rock. Köln: Kiepenheuer & Witsch 2021.

Bauernfeld, Eduard: *Tagebücher I (1819–1848)*. Hg. v. Carl Glossy. In: *Jahrbuch der Grillparzer-Gesellschaft* 5 (1895), S. 1–217.

Bauernfeld, Eduard: *Tagebücher II (1849–1897)*. Hg. v. Carl Glossy. In: *Jahrbuch der Grillparzer-Gesellschaft* 6 (1896), S. 85–223.

Behrens-Senegalden, Georg August: Erkenntniss: ›Dass ich dich liebe tief und heiss‹. Op. 3 (Lotosblätter für 1 tiefe Stimme mit Pianofortebegleitung, Heft 2, Nr. 10). Berlin: Sulzer Nachf. 1891.

Bernays, Martha und Sigmund Freud: *Sei mein, wie ich mir's denke*. Die Brautbriefe, Bd. 1: Juni 1882–Juli 1883. Frankfurt/M.: Fischer 2011.

Berton, Pierre: *Didier*. Schauspiel. Übersetzt von Betty Paoli. Wien: Wallishausser 1879. (Wiener Theater-Repertoire Nr. 347.)

Binzer, Emilie von: *Drei Sommer in Löbichau: 1819–21*. Stuttgart: Spemann 1877.

Blumer, Theodor: Dass ich dich liebe tief und heiss, Op. 6. Mainz: Schott 1890.

Braun von Braunthal, Carl: *Bärbel Felix*. In drei Balladen. In: *Immergrün*. Taschenbuch für das Jahr 1838, S. 295–307.

Briefe von Zedlitz an eine Freundin. In: *Morgenblatt für gebildete Leser* 59 (1865), Nr. 23, 394–399.

Callot, Magdalena Freyin v.: *Lohn der Treue*. Novelle. In: *Taschenbuch des k. k. privilegirten Theaters in der Leopoldstadt für das Jahr 1834*, S. 145–162.

Cerri, Cajetan: *An Betty Paoli*. Als ihr lithographiertes Porträt erschien. In: *Der Wanderer* im Gebiethe der Kunst und Wissenschaft, Industrie und Gewerbe, 35. Jg., Nr. 20, 24. Jänner 1848, S. 1.

Charles, Jean [Karl Braun von Braunthal]: *Dichterleben aus unserer Zeit*. Leipzig: Bösenberg 1842.

Concordia-Kalender für das Jahr 1868. Hg. v. Journalisten- und Schriftsteller-Verein Concordia. Wien, 1868.

Deutscher Musenalmanach für das Jahr 1836. Hg. v. Adelbert von Chamisso und Gustav Schwab. Leipzig: Weidmann [1835].

Dichtergrüße. Neuere deutsche Lyrik ausgewählt von Elise Polko. Leipzig: C.F. Amelang's Verlag 1861.

Dichtung und Dichter. Eine Anthologie von Ferdinand Freiligrath. Bd. 2. Dessau: Gebrüder Katz 1854.

Donaublumen. Eine Sammlung von Novellen, Erzählungen und Gedichten aus der Mappe der beliebtesten Wiener Schriftsteller zur Unterhaltung für die elegante Lesewelt. Wien: Schmidt & Leo 1847.

Droste-Hülshoff, Annette von: *Historisch-kritische Ausgabe*. Werke, Briefwechsel. Hg. v. Winfried Woesler. Bd. I, 1. Tübingen: Niemeyer 1997.

Ebner-Eschenbach, Marie von: *Aphorismen*. In: *Die Dioskuren* 7 (1878), S. 52f.

—: *Die Freiherren von Gemperlein*. Eine Porträtstudie. In: *Die Dioskuren* 8 (1879), S. 33–66.

—: *Aphorismen*. In: *Die Dioskuren* 9 (1880), S. 46–48.

—: *Aphorismen*. In: *Die Dioskuren* 11 (1882), S. 86–88.

—: *Krambambuli*. In: *Die Dioskuren* 12 (1883), S. 67–76.

—: *Betty Paoli*. In: Betty Paoli: *Gedichte*. Auswahl und Nachlaß. Stuttgart: Cotta 1895, S. IX–XXI. (Erstdruck: *Neue Freie Presse*, 22. Juli 1894, S. 1–4.)

—: *Meine Erinnerungen an Grillparzer*. Aus einem zeitlosen Tagebuch. Berlin: Paetel 1916.

—: *Sämtliche Werke* [in 6 Bänden]. Bd. 1: Erzählungen. Božena. Neue Erzählungen. Aphorismen. Die Prinzessin von Banalien. Am Ende. Berlin: Paetel o. D. [1920].

—: *Gesammelte Werke in drei Bänden*. Hg. v. Johannes Klein. Bd. 3: Erzählungen. Autobiographische Schriften. München: Winkler 1958.

—: *Erinnerungen an Grillparzer*. In: Marie von Ebner-Eschenbach. *Gesammelte Werke in drei Bänden*. Bd. 3, S. 886–917.

—: *Meine Kinderjahre*. In: Marie von Ebner-Eschenbach: *Gesammelte Werke in drei Bänden*. Bd. 3, S. 747–884.

—: *Tagebücher I. 1862–1869*. Kritisch hg. und kommentiert v. Karl Konrad Polheim unter Mitwirkung von Rainer Baasner. Tübingen: Niemeyer 1989.

—: *Tagebücher II. 1871–1878*. Hg. v. Karl Konrad Polheim. Tübingen: Niemeyer 1991.

—: *Tagebücher III 1879–1889*. Kritisch hg. und kommentiert v. Karl Konrad Polheim und Norbert Gabriel unter Mitwirkung von Markus Jagsch und Claus Pias. Tübingen: Niemeyer 1993.

—: *Tagebücher IV*. 1890–1897. Kritisch hg. und kommentiert v. Karl Konrad Polheim und Norbert Gabriel unter Mitwirkung von Markus Jagsch. Tübingen: Niemeyer 1995.

—: – Dr. Josef Breuer. *Ein Briefwechsel, 1889–1916*. Hg. v. Robert A. Kann. Wien: Bergland Verlag 1969.

—: *Briefwechsel mit Theo Schücking*. Frauenleben im 19. Jahrhundert. Hg. v. Edda Polheim. Berlin: De Gruyter 2001.

—: *Erzählungen und Aphorismen*. Bd. 4. Hg. v. Evelyne Polt-Heinzl, Daniela Strigl, Ulrike Tanzer. Salzburg: Residenz 2015.

—: – Josephine von Knorr. *Briefwechsel 1851–1908*. Kritische und kommentierte Ausgabe. Hg. v. Ulrike Tanzer, Irene Fußl, Lina Maria Zangerl und Gabriele Radecke. Bd. 1: Texte. Bd. 2: Kommentar. München: De Gruyter 2016.

Ebner-Eschenbach, Moriz: *Erinnerungen des k. k. Feldmarschall-Lieutnants*. Hg. v. Edda Polheim. Berlin: Nicolai 1994.

Eichendorff, Joseph von: *Lanzknecht und Schreiber*. In: *Historisch-politische Blätter für das katholische Deutschland*. 1847, Bd. 20, S. 1–12.

Erinnerungen von Louise Gräfin Schönfeld-Neumann. Mitgeteilt von Helene Bettelheim-Gabillon. In: *Österreichische Rundschau* 5 (1905/06), S. 167–180.

Feuchtersleben, Ernst von: *Ethik*. In: *Ernst Frhrn. von Feuchtersleben's sämmtliche Werke*. Hg. v. Friedrich Hebbel. Bd. 1: Gedichte. Wien 1851.

Fortlage, Carl: *Acht psychologische Vorträge*. Jena: Maukes 1869.

Frauen\Lyrik. Gedichte in deutscher Sprache. Hg. v. Anna Bers. Stuttgart: Reclam 2020.

Frick, Ida: *Der Frauen Sclaventhum und Freiheit*. Ein Traum am Hans-Heilig-Felsen, allen deutschen Frauen und Jungfrauen gewidmet. Dresden: Arnold 1845.

Gedenkrede auf Betty Paoli, verfaßt und gesprochen von Josef Lewinsky, k. u. k. Hofschauspieler, bei der vom Verein der Schriftstellerinnen und Künstlerinnen in Wien am 24. Jänner 1895 veranstalteten Gedenkfeier. Wien: Verlag des Vereins 1895.

Glaser, K. A.: *Frauenspiegel*. In: *Der Spiegel, oder: Blätter für Kunst, Industrie und Mode*, 1. Juli 1829, S. 309f.

Goethe, Ottilie von: *Tagebücher 1839–1841*. Weimar/Wien/Weimar. Hg. v. Heinz Bluhm. Bd. 1, Wien: Bergland 1962.

Grillparzer, Franz: *Sämtliche Werke*. Historisch-kritische Gesamtausgabe. Hg. v. August Sauer, fortgeführt von Reinhold Backmann. 42 Bde. Wien: Schroll 1909–1948.

—: *Jugenderinnerungen im Grünen*. In: Franz Grillparzer: *Sämtliche Werke*. I. Abteilung, Bd. 10: Gedichte. 1. Teil, S. 145–151.

Grillparzers Gespräche und die Charakteristiken seiner Persönlichkeit durch die Zeitgenossen. I. Abteilung. Biographieen und allgemeine Charakteristiken. 1841–1894. Hg. v. August Sauer. Wien: Verlag des Literarischen Vereins 1904.

Grillparzers Gespräche und die Charakteristiken seiner Persönlichkeit durch die Zeitgenossen. III. Bd., II. Abt. Gespräche und Charakteristiken April 1831 bis März 1848. Hg. v. August Sauer. Wien: Verlag des Literarischen Vereins 1906.

Grillparzers Gespräche und die Charakteristiken seiner Persönlichkeit durch die Zeitgenossen. II. Abteilung. Gespräche und Charakteristiken 1848–1863. Hg. v. August Sauer. Wien: Verlag des Literarischen Vereins 1910.

Grün, Anastasius: *Unsere Zeit*. In: Anastasius Grün: *Gesammelte Werke*. Hg. v. Ludwig August Frankl. 2. Bd. Berlin: Grothe 1877, S. 388f.

Gurney, Archer: Brief an Franz Grillparzer, 27. August 1856 [recte 1855]. In: *Grillparzers Gespräche und die Charakteristiken seiner Persönlichkeit durch die Zeitgenossen*. III. Bd. 2. Abt, S. 174–184.

Gutzkow, Karl: *Rückblicke auf mein Leben*. Berlin: Hofmann 1875.

Hanslick, Eduard: *Aus meinem Leben*. Bd. 1. 2. Aufl. Berlin: Allgemeiner Verein für Deutsche Litteratur 1894.

Hartmann, Moritz: *Gesammelte Werke*. Bd. II: Biographie 2. Teil. Hg. v. Otto Wittner. Prag: Calve 1907.

Hebbel, Friedrich: *Sämtliche Werke*. Historisch-kritische Ausgabe, besorgt von Richard Maria Werner. 2. Aufl. Bd. 6: Demetrius; Gedichte (Gesamtausgabe von 1857, Aus dem Nachlass 1857–1863). Berlin: Behr 1904.

—: *Sämtliche Werke*. Historisch-kritische Ausgabe, besorgt von Richard Maria Werner. Bd. 5. Berlin: Behr 1906.

Heine, Heinrich: *Säkularausgabe*. Bd. 23: Briefe 1850–1856. Bearbeitet von Fritz H. Eisner. Hg. v. Klassikstiftung Weimar und Centre National de la Recherche Scientifique. Berlin: De Gruyter 1972.

—: *Säkularausgabe*. Bd. 26: Briefe an Heine 1842–1851. Bearbeitet von Christa Stöcker. Hg. v. Klassikstiftung Weimar und Centre National de la Recherche Scientifique. Berlin: De Gruyter 1975.

—: *Die Bäder von Lukka*. In: *Düsseldorfer Heine-Ausgabe*. Bd. 7/1. Hamburg: Hoffmann und Campe 1986.

Hevesi, Ludwig: *Zerline Gabillon*: Ein Künstlerleben. Mit 18 Zeichnungen von Helene Bettelheim-Gabillon. Stuttgart: Bonz 1894.

Heyse, Paul: *Neunte Sammlung der Novellen*. Ein neues Novellenbuch. Berlin: Wilhelm Hertz 1871.

—: *Jugenderinnerungen und Bekenntnisse*. 5. Aufl. Stuttgart: Cotta 1912.

Hölzl, Franz Seraf.: *Zum Tagesschluß*. Gedicht von Betty Paoli. [für Singstimme und Pianoforte]. In: *Wiener Zeitschrift für Kunst, Literatur, Theater und Mode*, Nr. 41, 26. Februar 1842. [Musikbeilage]

Hornstein, Ferdinand von (Hg.): *Memoiren von Robert von Hornstein*. München: Süddeutsche Monatshefte, 1908.

Iris. Taschenbuch für das Jahr 1840. (1. Jg. Hg. v. Johann Mailáth und Sigmund Saphir. Pesth: Heckenast.)

Iris. Taschenbuch für das Jahr 1841. (2. Jg. Hg. v. Johann Mailáth und Sigmund Saphir. Pesth: Heckenast.)

Iris. Taschenbuch für das Jahr 1842. (3. Jg. Hg. v. Johann Mailáth. Pesth: Heckenast.)

Iris. Taschenbuch für das Jahr 1844. (5. Jg. Hg. v. Johann Mailáth. Pesth: Heckenast.)

Iris. Taschenbuch für das Jahr 1845. (6. Jg. Hg. v. Johann Mailáth. Pesth: Heckenast.)

Iris. Taschenbuch für das Jahr 1846. (7. Jg. Hg. v. Johann Mailáth. Pesth: Heckenast.)

Iris. Deutscher Almanach für das Jahr 1848. (Neue Folge. 9. Jg. Hg. v. Johann Mailáth. Pesth: Heckenast.)

Keim, Franz: *Aus dem Sturmgesang des Lebens*. Gesammelte Dichtungen. Minden: Bruns 1887.

Knorr, Josephine von: *An Betti Paoli*. In: *Die Dioskuren* 2 (1873), S. 93f.

Landesmann, Heinrich: *Weiblicher Faust*. In: *Album aus Oesterreich ob der Enns*, S. 189f.

Laube, Heinrich: *Das erste deutsche Parlament*. 3 Bde. Leipzig: Weidmann 1849.

—: *Das Wiener Stadt-Theater*. Leipzig: J. J. Weber 1875.

Lenau, Nikolaus: *Werke und Briefe*. Bd. 6: Briefe 1838–1847. Hg. v. Norbert Oellers und Hartmut Steinecke in Zusammenarbeit mit Norbert Otto Eke und Karl Jürgen Skrodzki. Wien: ÖBV Klett-Cotta 1990.

—: *Werke und Briefe*. Bd. 1: Gedichte bis 1834. Hg. v. Herbert Zeman und Michael Ritter in Zusammenarbeit mit Wolfgang Neuber und Xavier Vicat. Wien: Deuticke, Klett Cotta 1995.

Lermontoff [Michail Lermontow]: *Ein Fatalist*. Novelle. Aus dem Russischen von Betty Paoli. In: *Wiener Zeitung*. Beilage, 13. Dezember 1851, S. 2f. und 20. Dezember 1851, S. 3f.

Lérmontoff, Michaïl [Michail Lermontow]: *Der Held unserer Zeit*. Übersetzt von August Boltz. Berlin: Carl Schultze 1852.

Lingg, Hermann: *Meine Lebensreise*. Autobiographie. Berlin: Schuster & Loeffler 1899, S. 113.

Littrow-Bischoff, Auguste von: *Aus dem persönlichen Verkehre mit Franz Grillparzer*. Wien: Rosner 1873.

Lorm, Hieronymus: Wien's poetische Schwingen und Federn. Leipzig: Wilhelm Friedrich Grunow 1847.

—: *Ausgewählte Briefe*. Eingeleitet u. hg. v. Ernst Friedegg. Berlin: Siegismund 1912.

M. E. [Marie von Ebner-Eschenbach]: *Der Halbpoet*. In: *Die Dioskuren* 3 (1874), S. 507.

M. E. [Marie von Ebner-Eschenbach]: *Die Großmutter*. In: *Die Dioskuren* 4 (1875), S. 423–426.

Marienbader Fest-Album zum fünfzigjährigen Jubiläum im August 1868. Marienbad 1868.

Meißner, Alfred: *Georges Sand*. In: *Gedichte*. Leipzig: Friedrich Ludwig Herbig 1845, S. 155–159.

—: *Geschichte meines Lebens*. Bd. 1. Wien, Teschen: Prochaska 1884.

Meyer, Conrad Ferdinand: *Mein Erstling »Huttens letzte Tage.«* In: Karl Emil Franzos (Hg.): *Die Geschichte des Erstlingswerks*. Berlin: Concordia Deutsche Verlags-Anstalt 1894, S. 23–30.

—: *C. F. Meyers Briefwechsel*. Bd. 4.3: Verlagskorrespondenz Conrad Ferdinand Meyer, Betsy Meyer – Hermann Haessel. Briefe 1880 bis 1882. Hg. v. Stephan Landshuter, Wolfgang Lukas, Elisabeth Rickenbacher, Rosmarie Zeller und Matthias Osthof, unter Mitarbeit von Sandra Fenten. Göttingen: Wallstein 2015.

Mercœur, Élisa: *Oeuvres complètes d'Elisa Mercoeur de Nantes*. Précédées de mémoires et notices sur la vie de l'auteur, écrits par sa mère. Bd. 1. Paris: Madame Veuve Mercoeur/ Pommeret et Guénot 1843.

Najmajer, Marie v.: *An Betty Paoli* (Zum 30. December 1885). In: *Die Dioskuren* 16 (1887), S. 11.

Niendorf, Emma: *Lenau in Schwaben*. Aus dem letzten Jahrzehnt seines Lebens. Leipzig: Herbig 1853.

Oesterreichischer Bürger-Kalender von Franz Gräffer. Bd. 1. Wien: A. Pichlers Witwe 1846.

Oesterreichischer Musenalmanach 1837. (Wien: Gerold 1837.)

Oesterreichisches Odeon. Jahrbuch für Poesie. Wien 1842.

Olivier, Ludwig: *Ueber die Urstoffe der menschlichen Sprache und die allgemeinen Gesetze ihrer Verbindung*. Wien: Carl Schaumburg 1821.

Orpheus. Musikalisches Taschenbuch für das Jahr 1841.

Pecht, Friedrich: *Südfrüchte*. Skizzenbuch eines Malers. 2 Bde. Leipzig: J. J. Weber 1853.

—: *Aus meiner Zeit*. Lebenserinnerungen. Bd. 2. München: Verlagsanstalt für Kunst und Wissenschaft 1894.

Preyer, Gottfried: Gesänge für eine Stimme mit Begleitung des Pianoforte. »Forderung«. Gedicht v. Betty Paoli. Op. 35. Wien: Diabelli u. Co. 1841.

Puschkin, Alexander: *Eugenius Onegin*. Ein Roman in Versen. Übersetzt von Carl Friedrich von der Borg. Erster Abschnitt, Vers 29. In: *Der Refraktor. Ein Centralblatt Deutschen Lebens in Russland*, Nr. 16, 15. August 1836, S. 122.

Putlitz, Gustav zu: *Ein Lebensbild aus Briefen zusammengestellt und ergänzt von Elisabeth zu Putlitz*. 1. Teil. Berlin: A. Duncker 1894.

Rosen, Walter von: »Erkenntniss«. Op. 17. In: *Die musikalische Welt*. Braunschweig: Litolff 1875.

Rosegger, Peter und Gustav Heckenast: *Briefwechsel 1869–1878*. Hg. v. Karl Wagner, Max Kaiser und Werner Michler. Wien: Böhlau 2003.

Saar, Ferdinand von: *Kritische Texte und Deutungen*. Hg. v. Karl Konrad Polheim und Jens Stüben. Bd. 6: Ginevra. Hg. v. Stefan Schröder. Berlin: De Gruyter 1996.

—: *Requiem für Betty Paoli*. In: Paoli, *Gedichte*. Auswahl und Nachlaß, S. XXII–XXIV.

Schnitzler, Arthur: *Anatol*. Historisch-kritische Ausgabe. Hg. v. Evelyne Polt-Heinzl und Isabella Schwentner unter Mitarbeit von Gerhard Hubmann. Berlin, Boston: De Gruyter 2012.

Schwarzenberg, Friedrich Fürst von: *Einladung zur Gemsjagd*. Ein Sendschreiben an Heinrich Laube. In: *Lebensbilder*. Ein Denkbuch vaterländischer Erinnerungen unter Mitwirkung sinnverwandter Schriftsteller und Künstler zum Besten der bei dem verheerenden Brande vom 3. Mai 1842 verunglückten Familien von Steyr. Hg. v. Andreas Schumacher. Wien: Tauer und Sohn 1843, S. 254–256.

Sollohub, W [Wladimir Sollogub]: *Ein Abenteuer auf der Eisenbahn*. (Fragmente aus Sergei's Tagebuch.) Aus dem Russischen des Grafen W. Sollohub von B. P. [Betty Paoli]. In: *Wiener Lloyd*, 8.–14. Juli, 1853.

Solohub, W [Wladimir Sollogub]: *Ein Löwe*. Frei nach dem Russischen des Grafen W. Solohub von Betty Paoli. In: *Oesterreichische Zeitung*, 28. Februar–3. März 1856.

Stifter, Adalbert: *Der arme Wohlthäter*. In: *Austria*. 1848, S. 331–350.

—: *Über Stand und Würde des Schriftstellers*. In: *Constitutionelle Donau-Zeitung*, 2. und 7. April 1848.

—: *Ausstellung des oberösterreichischen Vereines für bildende Kunst (1853)*. In: Adalbert Stifter: Sämmtliche Werke. Bd. 14: Vermischte Schriften 1. Hg. v. Adalbert Horčička. Prag: Calve 1901, S. 40–46.

—: *Sämmtliche Werke*. Bd. 17: Briefwechsel 1. Hg. v. Gustav Wilhelm. Prag: Calve 1916.

—: *Sämmtliche Werke*. Bd. 18: Briefwechsel 2. Hg. v. Gustav Wilhelm. Prag: Calve 1918.

—: *Sämmtliche Werke*. Bd. 19: Briefwechsel 3. Hg. v. Gustav Wilhelm. Prag: Sudetendeutscher Verlag Franz Kraus 1923.

—: *Sämmtliche Werke*. Bd. 17: Briefwechsel 1. 2. Aufl. Hg. v. Gustav Wilhelm. Reichenberg: Sudetendeutscher Verlag Franz Kraus 1929.

—: *Sämmtliche Werke*. Bd. 22: Briefwechsel 6. Hg. v. Gustav Wilhelm. Reichenberg: Sudetendeutscher Verlag Franz Kraus 1931.

—: *Sämmtliche Werke*. Bd. 23: Briefwechsel 7. Hg. v. Gustav Wilhelm. Reichenberg: Sudetendeutscher Verlag Franz Kraus 1939.

—: *Werke und Briefe*. Historisch-kritische Gesamtausgabe. Hg. v. Alfred Doppler, Wolfgang Frühwald (seit 2000 hg. v. Alfred Doppler, Hartmut Laufhütte). Stuttgart: Kohlhammer 1978ff.

—: *Wien und die Wiener* [1844]. In: Adalbert Stifter: *Werke und Briefe*. Historisch-kritische Ausgabe. Bd. 9, 1. Stuttgart: Kohlhammer 2005.

—: *Johann Fischbach: »Erzherzog Johann und sein Sohn«*. In: Adalbert Stifter: *Werke und Briefe*. Historisch-kritische Gesamtausgabe. Bd. 8, 4: Schriften zur Bildenden Kunst. Stuttgart: Kohlhammer 2018, S. 17f.

—: *Der Nachsommer*. In: Adalbert Stifter: *Werke und Briefe*. Historisch-kritische Gesamtausgabe. Bd. 4, 2. Stuttgart: Kohlhammer 1999.

Storm, Theodor: *Briefwechsel Theodor Storm–Paul Heyse III*. 1882–1888. Kritische Ausgabe. Hg. v. Clifford A. Bernd. Berlin: Erich Schmidt Verlag 1974.

Varnhagen von Ense, [Karl August]: *Briefe an eine Freundin*. Aus den Jahren 1844 bis 1853. Hamburg: Hoffmann und Campe 1860.

Vasili, Paul: *Die Wiener Gesellschaft*. 2. Aufl. Leipzig: H. le Soudier 1885.

Waldburg-Wurzach, Julie von: Drei Lieder für 1 Singstimme mit Pianoforte, Nr. 2. Op. 48. Stuttgart: Ebner, 1886.

Wienbarg, Ludolf: *Tagebuch von Helgoland*. Hamburg: Hoffmann & Campe 1838, S. VI–VIII.

Wilbrandt-Baudius, Auguste: *Aus Kunst und Leben*: Erinnerungsskizzen einer alten Burgschauspielerin. Wien: Amalthea 1919.

Wit, Ferdinand Johannes: *Die Almanachomanie*. In: *Politisches Taschenbuch*. 1831, S. 102–111.

Wittner, Otto (Hg.): *Briefe aus dem Vormärz*. Eine Sammlung aus dem Nachlaß Moritz Hartmanns. Prag: Calve 1911. [zitiert als Wittner (Hg.)]

Zweig, Stefan: *Die Welt von Gestern*. Erinnerungen eines Europäers. Frankfurt/M.: Fischer 1994, S. 122f. [Erstausgabe 1944]

Weitere Literatur

54: *Leistungen auf dem Gebiete der modernen Epik* [Teil 2]. In: *Blätter für Literarische Unterhaltung*, Nr. 71, 12. März 1846, S. 281–284.

-g: *Die Dioscuren*. [Rezension des 4. Jg.]. In: *Wiener Abendpost*. Beilage zur *Wiener Zeitung*, 22. Dezember 1874, S. 2340.

-v-: *Betty Paoli*. In: *Neue Illustrirte Zeitung* XIV (1885), Bd. 1, Nr. 14, S. 239.

A. B…s: [Rezension]. In: *Die Grenzboten*. Zeitschrift für Politik, Literatur und Kunst 4 (1845), II. Semester, IV. Bd., S. 541.

A. Grf. W-g. [Albrecht Graf von Wickenburg]: *Die Prinzessin von Banalien*. Ein Märchen von Marie von Ebner-Eschenbach [Rezension]. In: *Deutsche Zeitung*, 18. April 1872, S. 4.

A. M.: *Deutsche Literatur*. [Rezension über *Iris*, 1841]. In: *Ost und West*, Nr. 51, 19. Februar 1841, S. 59.

A. Sch.: *Aus der literarischen Welt*. In: *Allgemeine Theaterzeitung*, Originalblatt für Kunst, Literatur, Musik, Mode und geselliges Leben, Nr. 148, 22. Juni 1841, S. 660.

Adamec, Friedrich: *Betty Paoli und ihr Freundeskreis*. Diss. Wien, 1951.

Alkemade, Mechtild: *Die Lebens- und Weltanschauung der Freifrau Marie von Ebner-Eschenbach*. Mit sechs Tafelbeilagen und dem Briefwechsel Heyse und Ebner-Eschenbach. Graz, Würzburg: Wächter 1935.

Althaus, Andrea (Hg.): *Mit Kochlöffel und Staubwedel*. Erzählungen aus dem Dienstmädchenalltag. Wien: Böhlau 2010.

Andrassy, Eugen von (Hg.): *Briefe an Stifter*. In: *Oesterreichische Rundschau*. Monatsschrift für das gesammte geistige Leben der Gegenwart 1 (1883), S. 610–624.

Anm. der Redaction. In: *Mnemosyne*, Nr. 4, 14. Jänner 1840, [S. 13].

Anm. d. Red. In: *Mnemosyne*, Nr. 35, 2. Mai 1840, [S. 145].

[Notiz]. In: *Wiener Zeitung*, 19. März 1822, S. 4.

Anonym: *Literarische Notizen*. In: *Der Spiegel, oder: Blätter für Kunst, Industrie und Mode*, Nr. 102, 23. Dezember 1829, S. 816.

—: *Le suicide d'un poète*. In: *Journal Des Dames et des Modes*, Nr. 43, 31. Juli 1834, S. 329–333.

—: *Taschenbücherschau für 1838*. In: *Blätter für literarische Unterhaltung*, Nr. 16, 16. Jänner 1838, S. 61f.

—: *Aus Wien (Witthauer's Album)*. In: *Zeitung für die elegante Welt*, Nr. 139, 19. Juli 1838, S. 555f.; Nr. 140, 20. Juli 1838, S. 560; Nr. 141, 21. Juli 1838, S. 563f.; Nr. 142, 23. Juli 1838, S. 567f.

—: *Briefe aus Wien*. In: *Ost und West*, Nr. 43, 30. Mai 1838, S. 177–178.

[Verlagsanzeige]. In: *Allgemeinen Zeitung* [Augsburg]. Beilage, 26. Oktober 1839, S. 2340.
[Verlagsanzeige]. In: *Allgemeinen Zeitung* [Augsburg]. Beilage, 10. Dezember 1839, S. 2698.
Anonym: *Literary Intelligence*. In: *The Foreign monthly review and Continental Literary Journal* 3 (1839), S. 319–327.
—: *Dort wie hier! Gedicht von B. Paoli, für eine Singstimme mit Begleitung des Pianoforte und Violoncello's (ad libit.) komponirt von Eugen Petzoldt* [Rezensionsnotiz]. In: *Allgemeine Musikalische Zeitung* Nr. 51 (1839), Sp. 1020.
—: *Aus Wien*. Rosen und Dornen. In: *Frankfurter Konversationsblatt*, Nr. 221, 11. August 1840, S. 884.
—: *Betty Paoli*. In: *Mnemosyne*, Nr. 91, 21. November 1840, S. 374.
—: [Anmerkung]. In: *Mnemosyne*, Nr. 97, 12. Dezember 1840, [S. 395].
—: [Notiz zum *Oesterreichischen Odeon*]. In: *Allgemeine Wiener Musik-Zeitung*, Nr. 83, 13. Juli 1841, S. 347.
[Notiz]. In: *Zeitung für den Deutschen Adel*, Nr. 96, 1. Dezember 1841, S. 384.
[Notiz]. In: *Sonntags-Blätter für heimathliche Interessen*, 30. Jänner 1842, S. 82.
Anonym: [Rezension von Paoli: *Gedichte*]. In: *Blätter für literarische Unterhaltung*, Nr. 304, 31. Oktober 1842, S. 1226f.
[Notiz]. In: *Zeitung für die elegante Welt*, 31. Mai 1843, Nr. 22, S. 537.
Anonym: *Korrespondenznachrichten aus Wien*. In: *Morgenblatt für gebildete Leser*, 28. Juli 1843, S. 716.
—: *Dichterleben aus unserer Zeit* [Rezension]. In: *Blätter für literarische Unterhaltung*, 18. August 1843, S. 923f.
Anonym: *Die Frauen-Literatur*. In: *Die Grenzboten*. Zeitschrift für Politik, Literatur und Kunst 3 (1844), I. Semester, S. 543–552.
— [Ferdinand Freiligrath:] *Deutsche Poesie*. Frauenlyrik. Vom Rhein. In: *Allgemeine Zeitung*, 13. Februar 1844, S. 347f.
—: *Korrespondenz-Nachrichten*. In: *Morgenblatt für gebildete Leser*, 18. Juni 1844, S. 584.
[Notiz]. In: *Allgemeine Zeitung*, 12. August 1844, S. 1799.
[Notiz]. In: *Zeitung für die elegante Welt*, Nr. 46, 13. November 1844, S. 736.
Anonym: *Salon für Theater, Kunst und Literatur*. In: *Der Ungar*. Zeitschriftliches Organ für magyarische Interessen, 3. Dezember 1844, S. 1122f.
—: *Preß-Zeitung*. In: *Der Spiegel, für Kunst, Eleganz und Mode*, 18. Jg., Nr. 50, 21. Juni 1845, Sp. 792.
—: *Oesterreichische Lyrik*: Betty Paoli. In: *Oesterreichische Blätter für Literatur und Kunst*, Nr. 101, 23. August 1845, S. 785–790.
—: *Vorwort des Verlegers*. In: *Austria oder Oesterreichischer Universal-Kalender für 1847*. Wien: Ignaz Klang [1846], [o. S.].
—: *Die Welt und mein Auge, von B. Paoli*. Novellen [Rezension]. In: *Oesterreichische Blätter für Literatur und Kunst*, III. Jg., Nr. 32, 14. März 1846, S. 249–254 und Nr. 33, 17. März 1846, S. 258–260.
—: *Romancero* [Rezension]. In: *Magazin für die Literatur des Auslandes*, Nr. 29, 13. Jänner 1846, S. 26.
—: *Lesekabinet*. In: *Wiener Zeitschrift*, Nr. 51, 12. März 1847, S. 203f.
—: *Kritische Revue der schönen Literatur* [Rezension des *Actenmäßigen Berichts*]. In: *Jahreszeiten*. Hamburger Neue Mode-Zeitung VI (1847), Bd. 1, Sp. 417–420.

— [Ludwig August Frankl]: *Rachel Malpurgo*. Eine ebräische Dichterin der Gegenwart. In: *Sonntagsblätter*, Nr. 23, 6. Juni 1847, S. 1–3.

—: *Neueste Literatur*. In: *Wiener Zeitschrift*. Tagsblatt für die gebildete Lesewelt, 34. Jg, Nr. 16, 23. Jänner 1849, S. 63.

—: *Korrespondenzen*. In: *Die Presse*, 4. Dezember 1849, S. 1.

—: *Mrs. Browning and Miss Lowe*. In: *English Review* 19 (1850), S. 320–333.

[Notiz]. In: *Der Humorist*, 21. August 1850, S. 850.

Anonym: *Die kleine Literatur*. In: *Wiener Zeitung*, 10. Februar 1851, S. 2.

—: *Italia*. [Rezension]. In: *Allgemeine Zeitung*. Beilage, Nr. 176, 25. Juni 1851, S. 2809–2811.

—: *[Anmerkung der Redaktion]*. In: *Wiener Zeitung*. Beilage, 13. Dezember 1851, S. 2.

[Notiz]. In: *Lloyd*, 27. Februar 1852, S. 2.

Anonym: *Nachtrag zum Kunstausstellungsbriefe*. In: *Der Salon*. Belletristisch-literarische Revue 1 (1853), Bd. 2, S. 406–408.

—: *Literaturbriefe*. In: *Der Salon*. Belletristisch-literarische Revue 1 (1853), Bd. 2, S. 63.

—: *Correspondenzen*. In: *Die Grenzboten*. Zeitschrift für Politik, Literatur und Kunst 14 (1855), I. Semester, II. Bd., S. 66–80.

[Notiz]. In: *Wiener Conversationsblatt*. (Theaterzeitung), 12. April 1855, S. 348.

Anonym: *Theaterbericht* (September) Burgtheater. In: *Monatschrift für Theater und Musik* 2 (1856), S. 547.

— [Karl Gutzkow?]: *Anregungen*. In: *Unterhaltungen am häuslichen Herd*. Neue Folge, Bd. 1 (1856), Nr. 37, S. 591f.

—: *Tous les quinze jours*. Wiener Feuilletons. In: *Bohemia*, 4. November 1856, S. 657.

—: *Tous les quinze jours*. Wiener Feuilletons 5. In: *Bohemia*, 2. Dezember 1856, S. 815.

—: *Theaterbericht* (März) Burgtheater. In: *Monatschrift für Theater und Musik* 3 (1857), S. 215f.

[Notiz]. In: *Augsburger Allgemeine Zeitung*. Beilage, 26. März 1857, S. 1356.

Anonym: *Militärnachrichten*. In: *Militär-Zeitung* 10 (1857), Nr. 59, 25. Juli 1857, S. 468.

—: *Oesterreichische Briefe*. XIV. In: *Deutsches Museum*. Zeitschrift für Literatur, Kunst und öffentliches Leben, Nr. 6, 6. Februar 1862, S. 203–212.

—: *Kritischer Anzeiger*. In: *Neue Freie Presse*, 9. Juni 1865, S. 16.

—: [Rezension zu Wien's Gemäldegallerien]. In: *Magazin für die Literatur des Auslandes*, 34. Jg., Nr. 37, 9. September 1865, S. 516f.

—: *K. k. Hofburgtheater*. In: *Blätter für Musik, Theater und Kunst*, 24. April 1866, S. 2.

—: *Ein volkswirthschaftlicher Frauenverein*. In: *Neue Freie Presse*, 1. Mai 1866, S. 5.

—: *Kritische Anzeigen*. [Rezension zu Betty Paoli: *Julie Rettich*. Ein Lebens- und Charakterbild]. In: *Neue Freie Presse*, 4. August 1866, Abendblatt, S. 12.

—: *Julie Rettich* [Nekrolog]. In: *Deutscher Bühnen-Almanach* 31 (1867), S. 104–114.

—: *Ein Ballfest aus halbvergangenen Zeiten*. In: *Die Presse*, 24. Jänner 1869, S. 10.

[Notiz]. In: *Die Debatte*, 5. März 1869, Abendblatt, S. 2.

Anonym: *Vorlesung des Hofschauspielers Joseph Lewinsky*. In: *Neue Freie Presse*. Beilage, 13. März 1869, S. 11.

—: *Theater- und Kunstnachrichten*. In: *Die Presse*. Beilage, 13. März 1869, S. 2.

[Notiz]. In: *Wiener Zeitung*, 14. März 1869, S. 846.

Anonym: [*Nachruf auf Carl Lewinsky*]. In: *Wiener Sonntagsblatt*. Beilage zu *Der Osten*. Organ für Politik, Volkswirthschaft und Assecuranz, für Wissenschaft, Kunst und Literatur, Nr. 20, 16. Mai 1869, S. 4.

[Notiz]. In: *Neues Fremden-Blatt*, 10. Juni 1869, S. 6.

[Verlagsanzeige]. In: *Wiener Zeitung*, 7. Dezember 1869, S. 834.

Anonym: *Neueste Gedichte von Betty Paoli* [Rezension]. In: *Allgemeinen Zeitung*. Beilage, 22. Dezember 1869, S. 5498f.

—: *Ein Feuilleton-Artikel über Leipzig und Dresden*. In: *Deutsche Blätter*. Beilage zur *Gartenlaube* 30, 21. Juli 1870, S. 118.

—: *Die Stadt Leipzig*. In: *Deutsche Blätter*. Beilage zur *Gartenlaube* 33, 11. August 1870, S. 132.

—: *Correspondenzen*. In: *Didaskalia*. Belletristisches Beiblatt des Frankfurter Journals, 24. Februar 1871, S. 3.

—: *Kleine Chronik*. In: *Wiener Zeitung*, 5. April 1871, S. 67.

—: *Theater- und Kunstnachrichten*. In: *Presse*. Beilage, 8. April 1871, S. 14.

—: *Kunstnotizen*. In: *Blätter für Musik, Theater und Kunst*, XVII. Jg., Nr. 74, 15. September 1871, S. 296.

—: *†Franz Grillparzer*. In: *Neue Freie Presse*, 24. Jänner 1872, S. 7.

—: *Betti Paoli* [Notiz]. In: *Die Bombe*, 14. April 1872, S. 2.

[Notiz]. In: *Die Deutsche Zeitung*, 22. Dezember 1872, S. 5f.

Anonym: *Eine Denunciation*. In: *Neue Freie Presse*, 28. Dezember 1872, S. 8.

—: [Vorrede]. In: *Die Dioscuren* 1 (1872), [o. S.].

—: [Vorrede]. In: *Die Dioskuren* 2 (1873), S. IIIf.

—: *Festschrift zu La Roche's Jubiläum* [Rezensionsnotiz]. In: *Illustrirtes Wiener Extrablatt*, 11. März 1873, S. 3.

—: *Das Schillerdenkmal in Wien*. Bericht des Comites zum 10. November 1876. Wien: Hölder 1876.

—: *Die Wertheimer-Feier*. In: *Die Neuzeit*. Wochenschrift für politische, religiöse und Culturinteressen, 19. Jg., 13. Juni 1879, S. 185–190.

—: *Kleine Chronik*. (Selbstmord einer Dame). In: *Neue Freie Presse*, 13. Dezember 1883, Abendblatt, S. 2.

—: *Tagesneuigkeiten* (Zum Selbstmord einer Wienerin in Rom). In: *Morgen-Post*, 14. Dezember 1883, S. 3.

— [Redaktion]: *An unsere Leserinnen*. In: *Illustrirte Zeitung*, 5. Juli 1884, S. 21.

[Notiz]. In: *Die Neuzeit*. Wochenschrift für politische, religiöse und Cultur-Interessen, 24. Jg., 31. Oktober 1884, S. 416.

[Notiz]. in: *Magazin für die Litteratur des In- und Auslandes*. Wochenschrift der Weltlitteratur 55 (1886), Nr. 7, S. 110.

[Notiz]. In: *Grazer Tagblatt*, 15. Dezember 1893, S. 6.

Anonym: *†Betty Paoli*. In: *Neue Freie Presse*, 5. Juli 1894, Abendblatt, S. 2.

—: *†Betty Paoli*. In: *Wiener Abendpost*. Beilage zur *Wiener Zeitung*, 5. Juli 1894, S. 2.

[Notiz]. In: *Wiener Allgemeine Zeitung*. Beilage, 6. Juli 1894, S. 1.

[Notiz]. In: *Die Presse*. Local-Anzeiger, 7. Juli 1894, S. 1.

Anonym: *Betty Paoli's Leichenbegängniß*. In: *Neue Freie Presse*, 8. Juli 1894, S. 5.

[Notiz]. In: *Wiener Allgemeinen Zeitung*. Beilage, 8. Juli 1894, S. 1.

Anonym: [*Notiz zum Begräbnis von Betty Paoli*]. In: *Wiener Allgemeinen Zeitung*. Beilage, 8. Juli 1894.

—: *Betty Paoli*. In: *Wiener Zeitung*, 26. Jänner 1895, S. 8.

—: *Gedenkfeier für Betty Paoli*. In: *Neue Freie Presse*, 26. Jänner 1895, S. 4.

[Notiz]. In: *Neue Freie Presse*, 26. Jänner 1895, S. 4.

[Notiz]. In: *Neue Freie Presse*, 4. Juli 1899, S. 6.

Anonym [Flora Galliny]: *Ida Fleischl*. In: *Wiener Abendpost*. Beilage zur *Wiener Zeitung*, 9. Juni 1899, S. 17.

—: *Senectus loquax*. Plaudereien eines alten Deutschen. In: *Die Grenzboten*. Zeitschrift für Politik, Literatur und Kunst 58 (1899), Zweites Vierteljahr, S. 151–161.

—: [Nachruf auf Sir Walter Fletcher]. In: *The Times*, 7. April 1956, S. 11.

Arnold, Claus: *Eichthal, Augusta Henriette Baronesse v.* In: *Kirchenlexikon*. Bd. XX (2002), Sp. 453–457.

Arnold, R[obert] F[ranz]: *Betty Paoli Gedichte*. Auswahl und Nachlaß [Rezension]. In: *Euphorion* 3 (1896), S. 556.

Asmodeus [Heinrich Landesmann]: [Notiz]. In: *Zeitung für die elegante Welt*, 15. Mai 1844, Nr. 20, S. 316.

Assing, Ludmilla: *Gräfin Elisa von Ahlefeldt, die Gattin Adolphs von Lützow, die Freundin Karl Immermann's*. Eine Biographie. Nebst Briefen von Immermann, Möller und Henriette Paalzow. Berlin: Duncker 1857.

Aufruf für ein Schillerdenkmal in Wien. In: *Neue Freien Presse*. Beilage, 30. April 1868.

Aust, Hugo: *Novelle*. 5., aktualisierte und erweiterte Aufl. Stuttgart: Metzler 2012.

B: [Rezension des *Oesterreichischen Odeon*]. In: *Blätter für Literatur und bildende Kunst*, Nr. 82, 13. Oktober 1841, Sp. 665–669.

B.: *Wiener Briefe*. Das Handwerk des Journalisten. In: *Neue Freie Presse*, 4. September 1864, S. 1f.

B. T.: *Almanach-Literatur* [Rezension zu *Immergrün* 1838]. In: *Der Oesterreichische Zuschauer*. Beilage, 29. Dezember 1837, S. 1598f.

Bach, Friedrich: *Nach dem Gewitter*. Gedichte von Betty Paoli. In: *Ost und West*, Nr. 13–16, 1844.

Bachleitner, Norbert, Franz M. Eybl und Ernst Fischer: *Geschichte des Buchhandels in Österreich*. Wiesbaden: Harrassowitz 2000.

Bachleitner, Norbert: *Fiktive Nachrichten*. Die Anfänge des europäischen Feuilletonromans. Würzburg: Königshausen & Neumann 2012.

Bachmann, J. August: *Schlußwort an die Leser*. In: *Wiener Zeitschrift*. Politisch-belletristisches Tagsblatt für alle socialen und literarischen Interessen, Jg. 34, Nr. 64, 31. März 1849.

Baumgartner, Marianne: *Der Verein der Schriftstellerinnen und Künstlerinnen in Wien* (1885–1938). Wien u. a.: Böhlau 2015.

Barthel, Carl: *Die deutsche Nationalliteratur der Neuzeit in einer Reihe von Vorlesungen*. 2. stark vermehrte Aufl. Braunschweig: Eduard Leibrock 1851.

Bauer, Heinrich: *Systematisches Handbuch der deutschen Sprache*, namentlich zur Vermeidung der zahllosen Fehler, deren sich noch immer die meisten selbst der gebildeten Deutschen gegen die Grammatik der neuhochdeutschen Sprache schuldig machen. Berlin: Hahn 1846.

Handbuch der deutschen Literatur Prags und der Böhmischen Länder. Hg. v. Peter Becher, Steffen Höhne, Jörg Krappmann und Manfred Weinberg. Stuttgart: Metzler 2017.

Beck, Friedrich: *Betty Paoli*. In: *Österreichische Rundschau* 9 (1906), S. 260–272.

Behrens, Antje und Walther Fischer (Hg.): *Amely Böltes Briefe aus England an Varnhagen von Ense, 1844–1858*. Düsseldorf: Triltsch 1955.

Bender, Hedwig: *George Eliot*. Ein Lebensbild. Hamburg: Verlagsanstalt u. Druckerei A.-G., 1893.

Bericht über die Weltausstellung in Philadelphia 1876. Hg. v. der Oesterreichischen Commission für die Weltausstellung in Philadelphia. Heft 3. Geodätische Instrumente von P. F. Kupka. Mikroskope von Ernst von Fleischl. Medicin von Ernst von Fleischl. Wien: Faesy & Frick 1877.

Bericht über die Wirksamkeit des unter dem Schutze Ihrer k. u. k. Hoheit der Frau Erzherzogin Marie stehenden Frauenvereines für Arbeitsschulen 1851–1891. Wien: Verlag des Vereins 1891.

Benay, Jeanne: *Victorien Sardou à l'affiche à Vienne avant 1900*. Transferts, représentations, critiques. In: Guy Ducrey (Hg.): *Victorien Sardou, un siècle plus tard*. Strasbourg: Presses universitaires de Strasbourg 2007, S. 176–188.

Bettelheim, Anton: *Vorwort*. In: Paoli, *Gedichte*. Auswahl und Nachlaß, S. III–VI.

—: *Marie Ebner als Vorleserin*. In: *Die Nation*. Wochenschrift für Politik, Volkswirthschaft und Litteratur 13 (1895–96), Nr. 51, 19. September 1896, S. 767f.

—: *Marie von Ebner-Eschenbach*. Biographische Blätter. Berlin: Gebrüder Paetel 1900.

—: (Hg.): *Louise von François und Conrad Ferdinand Meyer*. Ein Briefwechsel. Berlin: G. Reimer 1905.

—: *Ferdinand von Saars Leben und Schaffen*. Leipzig: Hesse 1908.

—: *Marie von Ebner-Eschenbach's Wirken und Vermächtnis*. Leipzig: Quelle und Meyer 1920.

Bettelheim-Gabillon, Helene: *Zur Charakteristik Betty Paolis*. Nach alten und neuen Quellen. In: *Jahrbuch der Grillparzer-Gesellschaft* X (1900), S. 191–250.

—: (Hg.): *Ludwig Gabillon*. Tagebuchblätter-Briefe-Erinnerungen. Wien u. a.: Hartleben 1900.

—: *Betty Paoli und Konrad Ferdinand Meyer*. In: *Neue Freie Presse*, 28. Mai 1908.

—: (Hg.): *Aus Ludwig Gabillons Briefwechsel*. In: *Österreichische Rundschau* 26 (1911), S. 359–373.

—: *Betty Paoli*. Ein Gedenkblatt zu ihrem hundertsten Geburtstag. In: Westermanns Monatshefte 117 (1915), 2. Teil, S. 666–674.

—: [Brief an die Red.]. In: *Das literarische Echo* 18 (1915/1916), Heft 10, Sp. 653.

—: *Betty Paoli*. In: *Neues Wiener Tagblatt*, 5. Juli 1925, S. 2–4.

—: *Betty Paoli*. In: *Neue Österreichische Biographie*. 1815–1918. Wien: Amalthea 1928, S. 48–65.

Biographisches Jahrbuch und Deutscher Nekrolog. Hg. v. Anton Bettelheim. 18 Bde. Berlin: Reimer, 1897–1917.

Blaicher, Günther (Hg.): *Die Rezeption Byrons in der deutschen Kritik (1820–1914)*. Eine Dokumentation. Mit einer Byronbibliographie (1820–1914) von Brigitte Glaser. Würzburg: Königshausen und Neumann 2001.

Boetcher-Joeres, Ruth-Ellen: *Der Circulus vitiosus der Rollenerwartungen und Selbstbilder*. Deutsches Frauenschrifttum im 19. Jahrhundert. In: *Akten des VIII. Internationalen Germanisten-Kongresses*. Tokyo 1990. Bd. 10. Sektion 17. Hg. v. Eijirō Iwasaki. München: Iudicium 1991, S. 237–245.

Bolterauer, Alice: *Das Geld, die Liebe und die Kunst oder Kein Pariser Leben*. Drei Erzählungen von Ignaz Castelli, Betty Paoli und Adalbert Stifter. In: *Österreich in Geschichte und Literatur* 50/4 (2006), S. 226–237.

Braun, Wilhelm Alfred: *Types of Weltschmerz in German Poetry*. New York: Aris Press 1966. [1905]

Bringmann, Michael: *Pecht, Friedrich*. In: *Neue Deutsche Biographie* 20 (2001), S. 156f.

Bruck, Oliver: *Zwischen ›Geistesdruck‹ und ›Anarchie‹*. Österreichische Schriftsteller und die Zensur um 1848. In: Hubert Lengauer und Primus Heinz Kucher (Hg.): *Bewegung im Reich der Immobilität*. Revolutionen in der Habsburgermonarchie 1848–49. Literarisch-publizistische Auseinandersetzungen. Wien u. a.: Böhlau 2001, S. 311–332.
Budňák, Jan: *Das Bild der Tschechen*. In: *Handbuch der deutschen Literatur Prags und der Böhmischen Länder*. Hg. v. Peter Becher, Steffen Höhne, Jörg Krappmann und Manfred Weinberg. Stuttgart: Metzler 2017, S. 264–273.
Burgtheater 1776–1976. Aufführungen und Besetzungen von zweihundert Jahren. Hg. v. Österr. Bundestheaterverband. Bearb. v. Minna von Alth. Bd. 1. Wien: Salzer-Ueberreuter [1979].
Calabrese, Rita: [Betty Paoli]. *Julie Rettich*. Ein Lebens- und Charakterbild. In: *Lexikon deutschsprachiger Epik und Dramatik von Autorinnen (1730–1900)*. Hg. v. Gudrun Loster-Schneider und Gaby Pailer. Tübingen und Basel: Francke 2006, S. 331f.
Castle, Eduard (Hg.): *Lenau und die Familie Löwenthal*. Briefe und Gespräche, Gedichte und Entwürfe. Bd. 1. Leipzig: Hesse 1906.
—: [Brief an die Red.]. In: *Das literarische Echo* 18 (1915/1916), Heft 7, Sp. 458.
—: (Hg.): *Deutsch-Österreichische Literaturgeschichte*. Ein Handbuch zur Geschichte der deutschen Dichtung in Österreich-Ungarn. Bd. 3. Fromme: Wien 1930.
Cerri, Cajetan: *Lichtbilder aus der Frauenwelt*. 2. Betty Paoli. In: *Iris*. Original-Pariser-Moden-, Muster- und Kleider-Magazin für Damen, II. Jg., 1. Mai 1850, S. 70f.
Chambers, Helen: *Ada Christen, »Sturmvogel vor der großen Hochflut des Naturalismus«*. In: *Austrian Studies* 16 (2008), S. 188–204.
Cloeter, Hermine: *Häuser und Menschen von Wien*. 5. Aufl. Wien: Anton Schroll 1917.
Corbineau-Hoffmann, Angelika: *Paradoxie der Fiktion*. Literarische Venedig-Bilder 1797–1984. Berlin, New York: De Gruyter 1993.
-d: [Notizen]. In: *Morgenblatt zur Bayerischen Zeitung*, Nr. 215 u. 216, 6. August 1866, S. 731.
Damen Conversations Lexikon. Leipzig: Fr. Volckmar u. a. 1834–1838.
Daniel, Ute: *Der Krimkrieg 1853–1856 und die Entstehungskontexte medialer Kriegsberichterstattung*. In: Ute Daniel (Hg.): *Augenzeugen*. Kriegsberichterstattung vom 18. zum 21. Jahrhundert. Göttingen: Vandenhoeck & Ruprecht 2006, S. 40–67.
Das gesetzliche Verfahren in Auswanderungsfällen. Aus dem allerhöchsten Patente vom 24. März 1832 und den früher erlassenen Verordnungen, wie auch den Paßvorschriften, dargestellt von Franz Joseph Schopf. Wien 1834.
Dove, Richard: *The Rhetoric of Lament*: A Reassessment of Nikolaus Lenau. In: *Orbis Litterarum* 39 (1984), S. 230–265.
Drewitz, Ingeborg: *Bettine von Arnim*. Romantik – Revolution – Utopie. Eine Biographie. Düsseldorf: Claassen 1984.
E. C.: *Correspondenz aus Wien*. 1. Juni 1865. In: *Deutsches Museum*. Januar–Juni 1865, S. 911–915.
Einberufungs-Edict. In: *Oesterreichisch-Kaiserliche privilegirte Wiener Zeitung*, 1. April 1836, S. 8.
Elit, Stefan: *Versepik*. In: *Vormärz-Handbuch*, S. 611–619.
Elze, Theodor: *Gartenrosen und Rosengärten*. In: *Die Dioskuren* 4 (1875), S. 257–272.
—: *Bilder aus Venedig*. In: *Die Dioskuren* 10 (1881), S. 220–233; 11 (1882), S. 148–162.
Em[il]. K[uh].: *Concordia-Kalender für das Jahr 1868* [Rezension]. In: *Wiener Zeitung*, 8. November 1867, S. 493.
—: *Gedichte* [Sammelrezension]. In: *Wiener Zeitung*, 11. Mai 1870, S. 615f.

Exner, Sigmund: *Biographische Skizze.* In: Ernst von Fleischl-Marxow: *Gesammelte Abhandlungen.* Hg. v. Otto Fleischl von Marxow. Leipzig: Barth 1893, S. V–XII.

Falkbeer, E[rnst]: *Die Poesie der Neuzeit.* Kritische Streiflichter. In: *Blätter für literarische Unterhaltung*, Nr. 142, 14. Juni 1850, S. 567.

Finger, Hartmut: *Dahlen – Kleine Stadt mit Geschichte(n).* Leipzig: Engelsdorfer Verlag 2017.

Fiorioli, Elisabeth: *Die Salonkultur der Wiener Aristokratie in der ersten Hälfte des 19. Jahrhunderts am Beispiel der Fürstin Maria Anna Schwarzenberg.* DA Wien, 1991.

Flich, Renate: *»Die Erziehung des Weibes muß eine andere werden.«* (Louise Otto-Peters). Mädchenschulalltag im Rahmen bürgerlicher Bildungsansprüche. In: Brigitte Mazohl-Wallnig (Hg.): *Bürgerliche Frauenkultur im 19. Jahrhundert.* Wien u. a.: Böhlau 1995, S. 269–299.

Forsås-Scott, Helena: *Swedish Women's Writing*: 1850–1995. Women in Context, Atlantic Highlands: Athlone Press 1997, S. 34–51.

Frankl, Ludwig August: *Die schöngeistige Literatur und der Buchhandel in Oesterreich.* In: *Sonntagsblätter.* Beilage, Nr. 50, 13. Dezember 1846, S. 1204 f.

Franzos, Karl Emil: *Alfred Meißner – Franz Hedrich.* I.–V. In: *Deutsche Dichtung* VII (1889/90), S. 141–147, S. 196–203, S. 221–228, S. 271–276, S. 290–300.

Friedmann, Alfred: *Etwas vom Recensieren.* In: *Blätter für literarische Unterhaltung*, Nr. 43, 27. Oktober 1881, S. 673–675.

Friedrich, Margret: *Hatte Vater Staat nur Stieftöchter?* Maßnahmen des österreichischen Unterrichtsministeriums zur Mädchenbildung 1848–1919. In: Brigitte Mazohl-Wallnig (Hg.): *Bürgerliche Frauenkultur im 19. Jahrhundert.* Wien u. a.: Böhlau 1995, S. 301–342.

G [Moritz Hartmann]: *Romancero von Betty Paoly.* In: *Die Grenzboten.* Zeitschrift für Politik, Literatur und Kunst 4 (1845), II. Semester, III. Bd., S. 93 f.

G-n: Freiherr v. Lewinsky [Nachruf]. In: *Neues Wiener Tagblatt*, 27. April 1869, S. 1 f.

Gatter, Nikolaus: *»Gift, geradezu Gift für das unwissende Publicum«.* Der diaristische Nachlaß von Karl August Varnhagen von Ense und die Polemik gegen Ludmilla Assings Editionen (1860–1880). 2. Aufl. Köln: Varnhagen Gesellschaft e. V. 2020.

Gaiger, I.: *Eine Frauen-Konferenz in Wien.* In: *Die Debatte und Wiener Lloyd*, 29. Oktober 1865, S. 1 f.

Gaiger, Isidor: *Die Eröffnung des »N. Fr. Burgtheaters«.* In: *Morgen-Post*, 17. September 1872, S. 1 f.

Gerlach, Ulrich Henry: *Briefe von und an Friedrich Hebbel.* Bisher unbekannte Schriftstücke, gesammelt und erläutert. Heidelberg: Winter 1978.

Geßler, Albert: *Meyer, Konrad Ferdinand.* In: *Allgemeine Deutsche Biographie* 52 (1906), S. 340–370.

Gluck, Jolan: Betty Paoli. Die Dichterin im Spiegel ihres Jahrhunderts. Diss. New York, 1989.

Legis-Glückselig, [Gustav Thormud]: *Miniaturgemälde von Prag.* Neuester Prager Taschen-Wegweiser und alphabetischer Auskunfts-Sekretär. Prag 1853.

Gomperz, Heinrich: *Vorrede.* In: Kann (Hg.), *Briefe an, von und um Josephine von Wertheimstein*, S. 23–31.

Gottschall, Rudolf: *Deutsche Nationalliteratur der ersten Hälfte des neunzehnten Jahrhunderts.* 5. vermehrte und verbesserte Aufl. Bd. 3. Breslau: Trewendt 1881.

Greenblatt, Stephen: *Renaissance Self-Fashioning.* From More to Shakespeare. Chicago: Univ. of Chicago Press 1980.

Groß, F[erdinand].: *Die Eröffnung des Stadttheaters.* In: *Morgen-Post*, 1. September 1875, S. 1 f.

Groß, Ferdinand: *Die wiener Theater*. In: *Unsere Zeit*. Deutsche Revue der Gegenwart. 1884, Bd. 1, S. 165–173.

Grywatsch, Jochen und Cornelia Blasberg (Hg.): *Annette von Droste-Hülshoff*. Handbuch. Berlin, Boston: De Gruyter 2018.

Grywatsch, Jochen und Cornelia Blasberg: *Vorwort*. In: Jochen Grywatsch und Cornelia Blasberg (Hg.): *Annette von Droste-Hülshoff*. Handbuch, S. XI–XIII.

Gurney, Archer: *Reminiscences of Vienna*. In: *Macmillan's Magazine*. XIV. Mai–Oktober. London 1866, S. 417–424.

Gy.: *Literarische Revue*. (Gräfin Wickenburg. – Freiin von Knorr.). In: *Das Vaterland*, 2. März 1872, S. 1f.

Gy.: *Die Prinzessin von Banalien*. Ein Märchen von Baronin M. Ebner [Rezension]. In: *Das Vaterland*, 31. März 1872, S. 1f.

Habinger, Gabriele: *Eine Wiener Biedermeierdame erobert die Welt*. Die Lebensgeschichte der Ida Pfeiffer (1797–1858). Wien: Promedia 1997.

Hacker, Hanna: *Erinnerungen an die Möglichkeit einer Historiografie lesbischer Frauen und die queere Notwendigkeit ihres Verlusts*. In: *L'Homme*. Europäische Zeitschrift für Feministische Geschichtswissenschaft 1 (2017), S. 71–88.

Hadamovsky, Franz (Hg.): *Hugo Thimig erzählt*. Graz, Köln: Böhlau 1962.

Hammer, W. A.: *Betty Paoli* (Zum 100. Geburtstage). In: *Wiener Abendpost*. Beilage zur *Wiener Zeitung*, 30. Dezember 1914, S. 1–3.

—: *Betty Paoli*. In: Johann Willibald Nagl, Jakob Zeidler und Eduard Castle (Hg.): *Deutsch-österreichische Literaturgeschichte*. Ein Handbuch zur Geschichte der deutschen Dichtung in Österreich-Ungarn. Bd. 2. Wien: Carl Fromme 1914, S. 787–791.

Handlungs-Gremien und Fabriken Adressen Buch der Haupt- und Residenzstadt Wien; dann mehrerer Provincialstädte für das Jahr 1816, verf. und hg. v. Anton Redl. Wien: Eigenverlag 1816.

Hansgirg, Karl Viktor Ritter von: *Vom Büchertisch*. In: *Mittheilungen des Vereins für Geschichte der Deutschen in Böhmen*. Literarische Beilage XIII (1875), S. 61f.

Hanslick, Eduard: *Feuilleton. Musik*. In: *Presse*, 5. Februar 1858, S. 2.

Hausen, Karin: *Die Polarisierung der ›Geschlechtscharaktere‹*. Eine Spiegelung der Dissoziation von Erwerbs- und Familienleben. In: Werner Conze (Hg.): *Sozialgeschichte der Familie in der Neuzeit Europas*. Stuttgart: Klett 1976, S. 363–393.

Häusler, Wolfgang: *Alfred Meißner (1822–1885)*. Ein österreichischer Dichter zwischen Revolution und Reaktion. In: *Jahrbuch des Instituts für deutsche Geschichte* 9 (1980), S. 139–185.

Hecht, Dieter J.: *»Wie glücklich ist sicher die gute Paula, …«* (Voigt 1878). Frauen im Leben von Ludwig August Frankl. In: Hecht (Hg.), *Ludwig August Frankl*, S. 47–75.

Hecht, Louise (Hg.): *Ludwig August Frankl (1810–1894)*. Eine jüdische Biographie zwischen Okzident und Orient. Wien: Böhlau 2016.

—: *Das ›Phänomen‹ Rachel Luzatto/Morpurgo* (1790–1871). Die erste moderne Dichterin hebräischer Sprache oder Die Grenzen des Erfolgs. In: *Trumah*. Zeitschrift der Hochschule für Jüdische Studien Heidelberg 16 (2006), S. 105–130.

Hein, Dieter: *Die Revolution von 1848/49*. In: *Vormärz-Handbuch*, S. 118–127.

Heinrich: *Betty Paoli* [Nachruf]. In: *Ueber Land und Meer*. Deutsche illustrierte Zeitung, 36. Jg., Bd. 72, Nr. 43, S. 874.

Helfert, Joseph Alexander von: *Wiener Parnaß im Jahre 1848*. Wien: Manz 1882.

Himmel, Hellmuth: *Probleme der österreichischen Biedermeiernovellistik.* Ein Beitrag zur Erkenntnis der historischen Stellung Adalbert Stifters. In: *VASILO* 12 (1963), S. 36–59.

Hirse, L.: *Der Stille Winkel.* In: *Neue Freie Presse*, 19. Dezember 1869, S. 2–3.

Hock, Stefan (Hg.): *Briefe Betty Paolis an Leopold Kompert.* In: Jahrbuch der Grillparzer-Gesellschaft 18 (1908), S. 177–209.

Hof- und Staatshandbuch des österreichischen Kaiserthumes für 1848. Wien: k. k. Hof- und Staats-Ärarial-Druckerei.

Horn, Uffo: *Die Schriftstellerinnen in Oesterreich.* In: *Der Novellist.* Zeitschrift für unterhaltende, moderne Lektüre 1 (1838), S. 373–376.

Höß, Karl: *Fürst Johann II. von Liechtenstein und die Bildende Kunst.* Wien: Schroll 1908.

Hüffer, Hermann: *Schücking, Levin.* In: *Allgemeine Deutsche Biographie* 32 (1891), S. 643–647.

Igrek: *Betrachtungen*, veranlaßt durch den neuesten österreichischen Musenalmanach. In: *Mnemosyne*, Nr. 28, 7. April 1840, S. 113f.

Ilwof, Franz: *Betty Paoli und Ernst Freiherr von Feuchtersleben.* In: *Jahrbuch der Grillparzer-Gesellschaft* 12 (1902), S. 199–211.

Höhne, Steffen: *Vormärz und spätes Biedermeier.* In: *Handbuch der deutschen Literatur Prags und der Böhmischen Länder.* Hg. v. Peter Becher, Steffen Höhne, Jörg Krappmann und Manfred Weinberg. Stuttgart: Metzler 2017, S. 136–145.

Immer, Nikolas: *Dolmetscher, Erklärer, Gefährte.* Levin Schückings Anthologie Italia. Deutsche Dichter als Führer jenseits der Alpen (1851). In: Johannes Görbert und Nikolas Immer (Hg.): *Ambulante Poesie.* Explorationen deutschsprachiger Reiselyrik seit dem 18. Jahrhundert. Stuttgart: Metzler 2020, S. 81–98.

Innerhofer, Roland und Daniela Strigl (Hg.): *Sonderweg in Schwarzgelb?* Auf der Suche nach einem österreichischen Naturalismus in der Literatur. Innsbruck 2016.

I-s.: *Eine Szene am Kohlmarkt*; oder: *Nichts um Nichts.* In: *Wiener Zuschauer.* Zeitschrift für Gebildete, Nr. 19, 4. Februar 1848, S. 151f.

J. W. [Joseph Weilen?]: *Die Prinzessin von Banalien.* Ein Märchen von Marie von Ebner-Eschenbach [Rezension]. In: *Neue Freie Presse*, 5. April 1872, S. 4.

Jacobi, Juliane: *Zwischen Erwerbsfleiß und Bildungsreligion – Mädchenbildung in Deutschland.* In: Georges Duby, Michelle Perrot (Hg.): *Geschichte der Frauen.* Bd. 4: 19. Jahrhundert. Hg. v. Geneviève Fraisse und Michelle Perrot. Frankfurt/M., New York: Campus 1994, S. 267–281.

Journal-Devisen. In: *Figaro*, 18. Jänner 1857, S. 11.

Juch, Ernst: *Rudolf Valdek* [Karikatur]. In: *Westermanns Monatshefte* 108 (1910), 2. Teil, September 1910, S. 770.

K. v. H.: *Vom Büchertische der schönen Literatur* [Rezensionen]. In: *Mittheilungen des Vereins für Geschichte der Deutschen in Böhmen.* Literarische Beilage 11 (1873), Heft III & IV, S. 33–37.

K. V. v. H.: *Vom Büchertische der schönen Litteratur* [Rezensionen]. In: *Mittheilungen des Vereins für Geschichte der Deutschen in Böhmen.* Literarische Beilage 12 (1874), Heft V, S. 51–54.

K. W.: [Rezension zu Wien's Gemäldegallerien]. In: *Oesterreichische Wochenschrift für Wissenschaft, Kunst und öffentliches Leben.* Beilage zur *Wiener Zeitung*, Jg. 1865, Bd. 6, Heft 26–52, S. 470f.

Kann, Robert A. (Hg.): *Briefe an, von und um Josephine von Wertheimstein.* Ausgewählt und erläutert von Heinrich Gomperz. Wien: Verlag der Österreichischen Akademie der Wissenschaften 1981.

Kathmann, Alexia: *Frauenrechtlerin & Salondame*. Die Briefe von Iduna Laube (1808–1879) an Betty Paoli als Verhandlungen von Subjektivität und Gesellschaft. DA Wien, 2014.

Kemp, Friedhelm (Hg.): *Rahel Varnhagen*. Briefwechsel. Bd. III: Rahel und ihre Freunde. 2. Aufl. München: Winkler 1979.

Kernmayer, Hildegard: *Judentum im Wiener Feuilleton (1848–1903)*. Exemplarische Untersuchungen zum literarästhetischen und politischen Diskurs der Moderne. Tübingen: Niemeyer 1998.

Kernmayer, Hildegard und Erhard Schütz (Hg.): *Die Eleganz des Feuilletons*. Literarische Kleinode. Berlin: Transit Buchverlag 2017.

Kindermann, Heinz (Hg.): *Briefwechsel zwischen Ferdinand von Saar und Marie von Ebner-Eschenbach*. Wien: Wiener Bibliophilen-Gesellschaft 1957.

Kitschen, Friderike: *»Chiaroscur-Gemählde«*. Berichte deutscher Reisender aus dem Pariser Kunstleben 1830–1854. In: Christina Ujma (Hg.): *Wege in die Moderne*, S. 105–117.

Kittelmann, Jana: *Nordische Natur(en)?* Fanny Lewald und Theodor Fontane in Schottland. Mit Briefauszügen von Fanny Lewald und Amelie Bölte. In: *Fontane Blätter* 89 (2010).

Klein, Ida: *Erinnerungen*. (Betty Paoli, Auguste Kolar.) In: *Allgemeine Frauen-Zeitung* 1 (1887), Nr. 11 und 12, S. 134–136.

Klemperer, Victor: *Österreichische Dichterinnen*. In: *Die Grenzboten*. Zeitschrift für Politik, Literatur und Kunst 71 (1912), Drittes Vierteljahr, S. 551–563.

Kl[app], M[ichael]: *Karikaturen Wiener Poeten*. In: *Ost-Deutsche Post*, 16. März 1862, S. 1f.

Klussmann, Paul Gerhard: *Das literarische Taschenbuch der Biedermeierzeit als Vorschule der Literatur und der bürgerlichen Allgemeinbildung*. In: Paul Gerhard Klussmann, York-Gothart Mix (Hg.): *Literarische Leitmedien*. Almanach und Taschenbuch im Kulturwissenschaftlichen Kontext. Wiesbaden: Harrassowitz 1998, S. 89–111.

Kohlbecher, Guido: *Das Fragebogenalbum des 19. Jahrhunderts*. In: *Mitteilungen der Gesellschaft für Buchforschung in Österreich* 2007-1, S. 25–35.

Kolisch, Sigmund: *Die Welt und mein Auge*. Novellen von Betty Paoli [Rezension]. In: *Wiener Zeitschrift*, Nr. 130, 1844, S. 1037f.

Kollisch, Margarethe: *Verschollene Lyrik*. Zum Todestag Betty Paolis. In: *Badener Zeitung*, 7. Juli 1937, S. 1.

Kompert, Leopold: *Betty Paoli*. In: *Gedenke mein!* 1857, S. IX–XVIII.

—: *Betty Paoli*. In: *Album österreichischer Dichter*. Neue Folge. Bd. 1. Wien: Pfautsch & Voß 1858, S. 81–87.

Kordesch, Leopold: *Neujahrs-Epistel an die Leser*. In: *Faust*. Poligrafisch-illustrirte Zeitschrift für Kunst, Wissenschaft, Industrie und Unterhaltung II (1855), Nr. 1, S. 2.

Körner, Stefan: *Nikolaus II. Esterházy und die Kunst*. Biographie eines manischen Sammlers. Wien u. a.: Böhlau 2013.

Kraus, Elisabeth: *Die Wohlfahrtspflege der Jüdischen Gemeinde München im 19. und 20. Jahrhundert*. In: *Zeitschrift für bayerische Landesgeschichte* 80 (2017), Heft 3, S. 699–718.

Kriegleder, Wynfrid: *Weltschmerz und Romantik in Österreich*. In: Lenau-Jahrbuch 23 (1997), S. 45–57.

Kucher, Primus-Heinz: *Ungleichzeitige/verspätete Moderne*. Prosaformen in der österreichischen Literatur 1820–1880. Tübingen, Basel: Francke 2002.

Kuranda, Ignaz: [Rezension des *Oesterreichischen Musenalmanachs*]. In: *Der Telegraph*, 9. September 1837, S. 443–445.

L. G. R: [Rezension von *Hygea*. Bäderalmanach]. In: *Allgemeine Wiener Musik-Zeitung*, Nr. 92, 2. August 1842, S. 375f.

L. K.: *Das wiener Stadttheater*. In: *Illustrirte Zeitung*, 19. Oktober 1872, Nr. 1529, S. 287.

La Mara [Marie Lipsius]: *Wilhelm Rust*. In: *Musikalisches Wochenblatt*. Bd. 21, 1890, Nr. 32, S. 398–400.

Laube, Heinrich: *Einleitung*. In: Franz Grillparzer: *Sämmtliche Werke*. Bd. 1. Stuttgart: Cotta 1872, S. III–XL.

—: *Franz Grillparzer*. In: *Neue Freie Presse*, 28. Jänner 1872, S. 1–3.

Lautemann, Wolfgang und Manfred Schlenke (Hg).: *Geschichte in Quellen*. Das bürgerliche Zeitalter 1815–1914. München: bsv 1980.

Lengauer, Hubert: *Ästhetik und liberale Opposition*. Zur Rollenproblematik des Schriftstellers in der österreichischen Literatur um 1848. Wien, Köln: Böhlau 1989.

—: *Das Wiener Feuilleton im letzten Viertel des 19. Jahrhunderts*. In: *Lenau Forum* 9/10 (1977–78), S. 60–77.

—: *Konkurrenz und Kompensation*. Ludwig August Frankl und Ferdinand Kürnberger. In: Louise Hecht (Hg.): *Ludwig August Frankl (1810–1894)*. Eine jüdische Biographie zwischen Okzident und Orient. Wien 2016, S. 137–156.

—: *Nachgetragene Ironie*. Moritz Hartmann und Heinrich Heine. In: T. J. Reed, Alexander Stillmark (Hg.): *Heine und die Weltliteratur*. Cambridge: Legenda 2000, S. 77–103.

Levitschnigg, [Heinrich von]: *Heerschau vaterländischer Almanache*. In: *Der Humorist*, Nr. 16, 22. Jänner 1840, S. 63f.

lf [Alfred Meißner]: *Deutsche Literatur*. Gedichte von Betty Paoli. [Rezension]. In: *Ost und West*. Blätter für Kunst, Literatur und geselliges Leben, Nr. 100, 14. Dezember 1841, S. 402f.

Lindemann, Anna: *Sigmund Freud, das »Cocain« und die Morphinisten*. Ein Beitrag zur Geschichte der wissenschaftlichen und klinischen Praxis im Umgang mit Suchtmitteln (1850–1890). Husum: Matthiesen 2018.

Lindner, Martin: *»Noch einmal«*. Das tiefenpsychologische und künstlerische Konservieren der Erinnerung an den »Liebesfrühling« in Liebeslyrik-Zyklen 1820 bis 1860. In: Michael Titzmann (Hg.): *Zwischen Goethezeit und Realismus*. Wandel und Spezifik in der Phase des Biedermeier. Tübingen: Niemeyer 2002, 39–77.

Little, William Alfred: *Franz Grillparzer and Archer Thompson Gurney*. In: *The German Quarterly* 45/4 (1972), S. 629–644.

Litzmann, Berthold (Hg.): *Clara Schumann*. Ein Künstlerleben. Nach Tagebüchern und Briefen. Bd. 2: 1840–1856. Leipzig: Breitkopf und Härtel, 1905.

ll [Isidor Heller]: *Deutsche Literatur*. [Rezension des Albums der Wohlthätigkeit durch Beiträge der vorzüglichsten Dichter und Künstler]. In: *Ost und West*, Nr. 78, 28. September 1841, S. 315f.

Lorm, Hieronymus: *Die Zukunft der deutschen Lyrik*. In: *Die Grenzboten*. Zeitschrift für Politik, Literatur und Kunst 3 (1844), I. Semester, S. 575–587.

—: *Literarische Blätter aus Oesterreich*. In: *Die Grenzboten*. Zeitschrift für Politik, Literatur und Kunst 3 (1844), II. Semester, II. Band, S. 499–502.

—: *Meditationen über deutsche Lyrik*. In: *Deutsche Dichterhalle*, Jg. 1877, Nr. 17, S. 283–287.

—: *Betty Paoli*. In: *Allgemeinen Zeitung*. Beilage, 23. Juli 1894, S. 1–4.

Lukas, Wolfgang: *Novellistik*. In: *Hansers Sozialgeschichte der deutschen Literatur*. Bd. 5: Zwischen Restauration und Revolution 1815–1848. München: Hanser 1998, S. 251–280.

Luschin von Ebengreuth, [Arnold]: *Dr. Theodor Elze*. In: *Carniola*. Mitteilungen des Musealvereins für Krain 1908, Bd. 2, S. 87–97.

Lux, Christina: *Betty Paoli – Novellen*. DA Wien, 2014.

Maillet, Marie-Ange: *Histoire d'une traduction retrouvée*. In: Hermann von Pückler-Muskau: *Aperçus sur l'art du jardin paysager*. Edition établie, annotée et présentée par Stéphanie de Courtois, Marie-Ange Maillet et Eryck de Rubercy. Paris: Klincksieck 2014, S. XXVII–XLVIII.

Mansky, Matthias: *Literaturkanon und Identitätspolitik*. Notizen zu den Wiener Schillerfeiern im 19. Jahrhundert. In: *Aussiger Beiträge* 14 (2020), S. 13–38.

Marktl, Edith: *Lewinsky, Josef*. In: *Neue Deutsche Biographie* 14 (1985), S. 416f.

Martens, Wolfgang: *Bild und Motiv im Weltschmerz*. Studien zur Dichtung Lenaus. Köln, Graz: Böhlau 1976.

Martus, Steffen, Stefan Scherer und Claudia Stockinger: *Einleitung*. Lyrik im 19. Jahrhundert – Perspektiven der Forschung. In: Steffen Martus, Stefan Scherer und Claudia Stockinger (Hg.): *Lyrik im 19. Jahrhundert*: Gattungspoetik als Reflexionsmedium der Kultur. Bern: Lang 2005, S. 9–30.

Marx, Julius. *Die österreichische Zensur im Vormärz*. Wien: Verlag für Geschichte und Politik 1959.

Matthews, Samantha: *Psychological Crystal Palace?* Late Victorian Confession Albums. In: *Book History* 3.1 (2000), S. 125–154.

M.[autner], E.[duard]: *»Bunte Bücherschau«*. In: *Die Presse*, 3. Dezember 1848, S. 1f.

M.[oritz] H.[artmann]: *Burgtheater* [Kritik]. In: *Neue Freie Presse*, 15. November 1868, S. 1f.

Mailáth, Johann und Sigmund Saphir: *Vorwort*. In: *Iris*. Taschenbuch für das Jahr 1840, S. Vf.

Mayrhofer, Ernest: *Revue der Almanache für 1845*. In: *Der Wanderer*, 19. November 1844, Nr. 278, S. 1111.

McDayter, Ghislaine: *Byromania and the Birth of Celebrity Culture*. New York: University of New York Press 2009.

Mehoffer, J. Edler von: *Der Sandecer-Kreis im Königreich Galizien*. Wien: H. F. Müller 1842.

Meyer, Richard M.: *Die deutsche Literatur des Neunzehnten Jahrhunderts*. 2. Teil. 4. Aufl. Berlin: Bondi 1910.

Minor, Jakob: *Die deutsche Literatur in Wien und Niederösterreich*. In: *Die österreichisch-ungarische Monarchie in Wort und Bild*. Auf Anregung und unter Mitwirkung Seiner kaiserlichen und königlichen Hoheit des durchlauchtigsten Kronprinzen Erzherzog Rudolf. 1. Abtheilung: Wien. Wien: Kaiserlich-königliche Hof- und Staatsdruckerei 1886, S. 139–168.

Mittheilungen des k. k. Österreichischen Museums für Kunst und Industrie XIII (1878), Nr. 153.

Moldawsky, Paul Aloys [Paul Aloys Klar]: *Fürst Friedrich von Schwarzenberg*. In: *Libussa*. Jahrbuch für 1854. Prag, S. 429–442.

Murauer, Gerhard: *Inszenierung von Geschichte im öffentlichen Raum am Beispiel der Wiener Ringstraße*. DA Wien, 2009.

Neustadtl, Adolf: *Roman und Novelle in Oesterreich*: In: *Ost und West*, Nr. 82, 13. Oktober 1838, S. 336f.

Niedhammer, Martina: *Nur eine ›Geld-Emancipation‹?* Loyalitäten und Lebenswelten des Prager jüdischen Großbürgertums 1800–1867. Göttingen: Vandenhoeck & Ruprecht 2013.

Obenaus, Sibylle: *Literarische und politische Zeitschriften 1830–1848*. Stuttgart: Metzler 1986.

Orges, Hermann von: *Die Weltausstellung und die Frauenarbeit*. In: *Die Dioscuren* 1 (1872), S. 425–441.

Oser, Birgit: *Ada Christen – Betty Paoli*. Möglichkeiten weiblichen Schreibens im 19. Jahrhundert. DA Wien, 2005.

Özkan, Duygu: *Henle Ephraim Ullmann*. DA Wien, 2009.

P.[rutz], R.[obert]: *Neue Lyriker*. In: *Deutsches Museum*. Zeitschrift für Literatur, Kunst und öffentliches Leben, Nr. 7, 14. Februar 1856, S. 244–249.

P.[rutz], R.[obert]: *Literatur und Kunst*. Oestreichische Belletristik. In: *Deutsches Museum*. Zeitschrift für Literatur, Kunst und öffentliches Leben, Nr. 32, 7. August 1856, S. 230f.

Pasero, Ursula: *Geschlechterforschung revisited*: konstruktivistische und systemtheoretische Perspektiven. In: Theresa Wobbe, Gesa Lindemann (Hg.): *Denkachsen*. Zur theoretischen und institutionellen Rede vom Geschlecht. Frankfurt/M.: Suhrkamp 1994, S. 264–296.

Pataky, Sophie: *Lexikon deutscher Frauen der Feder*. Bd. 1. Berlin: C. Pataky 1898.

Payer, Peter: *Am Anfang war Betty Paoli*. In: *Die Presse*. Spectrum, 25. Mai 2018, S. I–II.

Pecht, Fr[iedrich].: *Eine Herbstwoche in Wien. I.* In: *Neue Freie Presse*, 19. Oktober 1872, S. 1–4.

—: *Eine Herbstwoche in Wien. II.* In: *Neue Freie Presse*, 26. Oktober 1872, S. 1–3.

—: *Eine Herbstwoche in Wien. III.* In: *Neue Freie Presse*, 9. November 1872, S. 1–3.

Pecht, Friedrich: *Kunst und Kunstindustrie auf der Wiener Weltausstellung 1873*. Stuttgart: Cotta 1873.

—: *Deutsche Künstler des neunzehnten Jahrhunderts*: Studien und Erinnerungen. Nördlingen: Beck 1877–1885.

Penzel, Joachim: *Der Betrachter ist im Text*. Konversations- und Lesekultur in deutschen Gemäldegalerien zwischen 1700 und 1914. Münster: LIT 2007.

Polko, Elise: *Oesterreichs schreibende Frauen*. In: *Wiener Leben*. Chronik der Tagesereignisse, Volkswirthschaft, Kunst, Theater, Literatur etc., 6. Jg., Nr. 41, 10. Oktober 1875, S. 7f.

Pollak, Ludwig: *Römische Memoiren*. Künstler, Kunstliebhaber und Gelehrte 1893–1943. Hg. v. Margarete Merkel Guldan. Rom: L'Erma di Bretschneider 1994.

Provinzial-Handbuch der Königreiche Galizien und Lodomerien für das Jahr 1849. Lemberg: k. k. galizische Aerarial Druckerei 1849.

Prutz, Robert: *Ueber Reisen und Reiseliteratur der Deutschen*. In: Robert Prutz: *Kleine Schriften zur Politik und Literatur*. Bd. 1. Merseburg: Louis Garcke 1847, S. 232–257.

R..r: *Tagebuch*. In: *Die Grenzboten*. Zeitschrift für Politik, Literatur und Kunst 2 (1843), S. 777–786.

R.: [*Anmerkung*]. In: *Leseblätter für Stadt und Land zur Beförderung der Kultur in Kunst, Wissenschaft und Leben*, Nr. 106, 16. September 1841, S. 841.

R: *Literarische Nachrichten*. In: *Wiener Zeitung*, 22. Dezember 1841, S. 2648.

Rabenlechner, Michael Maria: *Streifzüge eines Bibliophilen durch die deutsche Dichtung Österreichs der letzten hundertfünfzig Jahre*. Wien: Wiener Bibliophilengesellschaft 1931.

Rannicher, Jacob: *Das Fürstenhaus Schwarzenberg*. Ein Denkmal der Erinnerung an Carl Fürsten zu Schwarzenberg. 2. Aufl. Hermannstadt: Steinhaussen 1859.

Rechenschafts-Bericht des Wiener Frauen-Erwerb-Vereines für das Schuljahr vom 1. September 1899 bis 31. August 1900. Wien: Verlag des Vereins 1900.

Reinau, Max: [Moritz Rappaport] [Notiz]. In: *Leseblätter für Stadt und Land zur Beförderung der Kultur in Kunst, Wissenschaft und Leben*, Nr. 51, 4. Mai 1841, S. 401f.

Richter, Helene: *Josef Lewinsky*. Fünfzig Jahre Wiener Kunst und Kultur. Zum 150-jährigen Jubiläum des Burgtheaters mit Unterstützung der Stadt Wien. Wien u. a.: Deutscher Verlag für Jugend und Volk 1926.

Rietra, Madeleine (Hg.): *Jung Österreich*. Dokumente und Materialien zur Liberalen Österreichischen Opposition 1835–1848. Amsterdam: Rodopi 1980.

Rossbacher, Karlheinz: *Salons und Salonièren der Ringstraßenzeit*. (Dt. u. Engl.). In: Agnes Husslein-Arco, Alexander Klee (Hg.): *Klimt und die Ringstraße*. Ausstellungskatalog. Wien: Belvedere 2015, S. 61–76.

—: *Literatur und Bürgertum*. Fünf Wiener jüdische Familien von der liberalen Ära zum Fin de Siècle. Wien u. a.: Böhlau 2003.

—: *Literatur und Liberalismus*. Zur Kultur der Ringstraßenzeit in Wien. Wien: J & V 1992.

S: *Iris* [Rezension]. In: *Mnemosyne*, Nr. 100, 22. Dezember 1840, S. 408–410.

S.: *Literaturblatt*. Taschenbücher für 1844. Iris. In: *Wiener Zeitschrift für Kunst, Literatur, Theater und Mode*, Nr. 255, 23. Dezember 1843, S. 2038.

Salis-Marschlins, Meta von: *Theo Schücking*. In: Meta von Salis-Marschlins: *Auserwählte Frauen unserer Zeit*. Bd. 2. Graubünden: Selbstverlag 1919, S. 64–143.

Sandig, Marina: *Die Liebermanns*. Ein biographisches Zeit- und Kulturbild der preussisch-jüdischen Familie und Verwandtschaft von Max Liebermann. Neustadt/Aisch: Degener 2005.

Schaer, A. (Hg.): *Betty Paoli und Conrad Ferdinand Meyer*. Zeugnisse einer Dichterfreundschaft in elf Briefen (1877–1886). In: *Euphorion* 16 (1909), S. 497–510.

Scharmitzer, Dietmar: *Anastasius Grün (1806–1876)*. Leben und Werk. Wien u. a.: Böhlau 2010.

—: *Nicht Auersberg. Tant mieux*. Franz Grillparzer und Anastasius Grün: Protokoll einer komplizierten Beziehung. In: *Jahrbuch der Grillparzer-Gesellschaft*. 3. Folge, Bd. 20 (1997–2002), S. 278–318.

Schenkel, Wilhelm (Hg.): *Betty Paoli*. Ungedruckte Briefe. In: *Das literarische Echo* 18 (1915/1916), Heft 3, Sp. 151–164.

Scherer, Sophie von: *Erfahrungen aus dem Frauenleben*. Gedanken über weibliche Bestimmung und Bildung über Mutterpflicht und Erziehung. In einer Sammlung von Briefen mitgetheilt und allen Frauen, Müttern und erwachsenen Töchtern zum Selbststudium übergeben. Bd. 3. Gratz: J. A. Kienreich 1848.

Scherr, Thomas: *Freundlicher Wegweiser durch den deutschen Dichterwald für Gebildete außer dem Gelehrtenstande*; zugleich ein Schulbuch für Lehrerseminarien, höhere Töchterschulen und für die obern Klassen deutscher Realschulen und schweizerischer Sekundarschulen. Winterthur: Steiner 1842.

Schick, Leopold: *Gedichte von Betty Paoli*. [Rezension]. In: *Der Humorist*. Nr. 25, 4. Februar 1842, S. 102.

Schinkel, Sebastian u. a. (Hg.): *Zeit im Lebensverlauf*. Ein Glossar. Bielefeld: Transcript 2020.

Schlaffer, Heinz: *Das Dichtergedicht im 19. Jahrhundert*. Topos und Ideologie. In: *Jahrbuch der Schillergesellschaft* 10 (1966), S. 297–335.

Schlossar, Anton: *Taschenbücher und Almanache zu Anfang unseres Jahrhunderts*. In: *Zeitschrift für Bücherfreunde* 3 (1899/1900), S. 49–64 und S. 298–315.

—: *Die »Wiener Zeitschrift« von J. Schickh und F. Witthauer*. Ein Beitrag zur Geschichte des österreichischen Journalwesens in vormärzlicher Zeit. In: *Zeitschrift für Bücherfreunde* 5 (1901/1902), S. 464–479.

Schmid, Susanne: *Byron, George Gordon Lord, Manfred. A Dramatic Poem*. In: *Kindlers Literatur Lexikon*. Hg. v. Heinz Ludwig Arnold. Stuttgart, Weimar: Metzler 2009.

Schmidl, August: *Das Silberne Kaffeehaus*. In: *Neues Wiener Tagblatt*, 4. Jänner 1889, S. 1f.

Schmidt-Bergmann, Hansgeorg: *Nikolaus Lenau*. Zwischen Romantik und Moderne. Studien. Wien: Edition Praesens 2003, S. 75–86.

Schmidt-Zabierow, [Franz von]: *Der erste allgemeine Beamten-Verein der österreichisch-ungarischen Monarchie und seine Entwickelung im Jahre 1872*. In: *Die Dioskuren* 2 (1873), S. 543–554.

Schmidt-Zabiérow, Franz von: *Der allgemeine Beamten-Verein, seine Entstehung und Entwicklung, seine Ziele und Erfolge*. In: *Die Dioscuren* 1 (1872), S. 445–480.

Schmitz, Walter, Meinhard Prill: *Das lyrische Werk [Lenaus]*. In: *Kindlers Neues Literatur Lexikon*. Hg. v. Walter Jens. Studienausgabe Bd. 10. München: Kindler 1996, S. 189.

Schöckl, Brigitte: *Die österreichische Dichtung von der Neo-Empfindsamkeit zum Weltschmerz*. Konturen einer Entwicklungsgeschichte. In: *Lenau-Jahrbuch* 23 (1997), S. 59–80.

Schöne, Louis und Heinrich Köhler (Hg.): *Jahr-Buch und Repertorium des Wiener Stadt-Theaters vom Tage der Eröffnung bis Ende November 1872*. Wien: Selbstverlag 1873.

Schötz, Susanne: *Handelsfrauen in Leipzig*. Zur Geschichte von Arbeit und Geschlecht in der Neuzeit. Köln: Böhlau 2004.

Schrattenthal, Karl (Hg.): *Unsere Frauen in einer Auswahl aus ihren Dichtungen*. Mitgabe für Frauen und Töchter gebildeter Stände. Stuttgart: Greiner & Pfeiffer 1888.

—: *Die deutsche Frauenlyrik unserer Tage*. Mitgabe für Frauen und Töchter gebildeter Stände. Leipzig: Karl Naumburg 1892.

—: *Betty Paoli*. Gedenkblatt. In: *Schrattenthal's Frauen-Zeitung*. Beiblatt zur Preßburger Zeitung, 15. Juli 1894, S. 158f.

Schrittesser, Herbert: *Anton Bettelheim und Helene Bettelheim-Gabillon und das literarische Leben ihrer Zeit*. Diss. Wien, 2013.

Schüler, Max. Josef: *Der steiermärkisch-ständische Curort Tobelbad*. Gratz: Leykam's Erben 1856.

Schwingenschlögl, Rudolph: [Vorrede]. In: *Die Dioskuren* 10 (1881), S. VII–XIV.

Scott, Alice Annie: *Betty Paoli*. An Austrian Poetess of the nineteenth Century. London: Routledge 1926.

Sculpture française: Renaissance et temps modernes. Catalogue, Musée du Louvre Département des sculptures. Paris: Réunion des musées nationaux 1998.

Sengle, Friedrich: *Biedermeierzeit*. Deutsche Literatur im Spannungsfeld zwischen Restauration und Revolution 1815–1848. 3 Bde., Stuttgart: Metzler 1971–80.

Siebmacher's grosses und allgemeines Wappenbuch in einer neuen, vollständig geordneten und reich vermehrten Auflage mit heraldischen und historisch-genealogischen Erläuterungen. 14. Abt., Bd. 14: Der Adel von Galizien, Lodomerien u. der Bukowina. Nürnberg: Bauer und Raspe 1905.

Singleton, Esther: *How to Visit the Great Picture Galleries*. New York: Dodd, Mead and Company 1911.

Sonis, Louis-Gaston de (Hg.): *Lettres du comte et de la comtesse de Ficquelmont a la comtesse Tiesenhausen*. Paris: Plon-Nourrit et Cie 1911.

Sonnleitner, Johann: *Bauernfeld, Saphir, Nestroy*. Literarische Streitfälle im österreichischen Vormärz. In: Wendelin Schmidt-Dengler, Johann Sonnleitner, Klaus Zeyringer (Hg.):

Konflikte – Skandale – Dichterfehden in der Österreichischen Literatur. Berlin: Erich Schmidt Verlag 1995, S. 92–117.

Sprengel, Peter: *Geschichte der deutschsprachigen Literatur 1830–1870*. Vormärz – Nachmärz. München: C. H. Beck 2020.

Sp[itze]r, [Daniel]: *Wiener Spaziergänge*. In: *Die Presse*, 6. Mai 1866, S. 5.

—: *Wiener Spaziergänge*. In: *Die Presse*. Local-Anzeiger, 13. Mai 1866, S. 1.

Spitzer, Daniel: *Wiener Spaziergänge*. Bd. 3. Wien: Klinkhardt 1881.

—: *Wiener Spaziergänge*. In: *Neue Freie Presse*, 1. Jänner 1881, S. 6f.

—: *Wiener Spaziergänge*. Hg. v. Walter Obermaier. Bd. 1. Wien: Edition Wien 1986.

Stainlein von Saalenstein, Hermann: *Aus dem Tagebuche des Grafen Hermann Stainlein von Saalenstein*. Hg. und mit einer Einleitung versehen v. Em. Witmeur. Leipzig: Meisenbach, Riffarth & Co 1909.

Steinbrügge, Liselotte: *Das moralische Geschlecht*. Theorien und literarische Entwürfe über die Natur der Frau in der französischen Aufklärung. 2. Aufl. Stuttgart: Metzler 1992.

Steinebach, Friedrich: *Die Schillerfeier in Wien*. Zur Erinnerung an Schiller's hundertsten Geburtstag am 10. November 1859. Wien: Dienböck 1859.

Steiner, Rudolf: *Esoterische Betrachtungen karmischer Zusammenhänge*. Bd. IV: Das geistige Leben der Gegenwart im Zusammenhang mit der anthroposophischen Bewegung. Zehn Vorträge und eine Ansprache, gehalten in Dornach zwischen dem 5. und 28. September 1924. Dornach: Rudolf Steiner Verlag 1991.

Steininger, Emil Maria: *Vor dem Gewitter*. Ein neuer Roman von Bertha von Suttner. In: *Ostdeutsche Rundschau*, 23. Jänner 1894, S. 1f.

Stekel, Wilhelm: *Wissenschaft und Aberglaube*. Neue Mitteilungen über Perioden des menschlichen Lebens. In: *Kosmos*. Naturwissenschaftliches Literaturblatt 1 (1904), S. 136–145.

Stekl, Hannes: *Österreichs Aristokratie im Vormärz*. Herrschaftsstil und Lebensformen der Fürstenhäuser Lichtenstein und Schwarzenberg. Verlag für Geschichte und Politik 1973.

Stelzhamer, Franz: *Die Almanache von 1841*. [2. + 3. Teil]. In: *Wiener Zeitschrift* für Kunst, Literatur, Theater und Mode, Nr. 206, 26. Dezember 1840, S. 1645–1647; Nr. 207, 28. Dezember 1840, S. 1653–1655.

Stephan Thurm [Adolph Neustadt]: *Briefe an Th[eodor] M[undt] über die Literatur in Österreich 1838*. In: *Der Freihafen*. Galerie von Unterhaltungsbildern aus den Kreisen der Literatur, Gesellschaft und Wissenschaft 2 (1839), Heft 1, S. 198–245.

Stern, Adolf: *Geschichte der neuern Litteratur*. Bd. 6: Liberalismus und Demokratie. Stuttgart: Bibliographisches Institut 1884.

Straňáková, Monika: *»Es ist hier vieles ganz anders, als man bei uns glaubt…«*. Fanny Tarnows Reise nach St. Petersburg. In: Christina Ujma (Hg.), *Wege in die Moderne*, S. 229–242.

Strigl, Daniela: *Berühmt sein ist nichts*. Marie von Ebner-Eschenbach. Eine Biographie. 2., überarb. Aufl. Salzburg: Residenz 2019.

Strigl, Daniela: *Prolegomena zu einer neuen Biographie Marie von Ebner-Eschenbachs und »Berühmt sein ist nichts.«* Marie von Ebner-Eschenbach. Eine Biographie. Habilitationsschrift Wien, 2017.

Stürzl, Erwin A.: *Betty Paoli*: A Byronic Disciple? In: Erwin A. Stürzl (Hg.): *Gaben der Zeit – Fruits of the Time*. Salzburg: Institut für Anglistik und Amerikanistik 1989, S. 107–122.

Sz.: *Taschenbücher-Revue*. In: *Der Humorist*, 1./2. Dezember 1847, S. 1149.

T. S.: *Heerschau vaterländischer Almanache*. In: *Der Humorist*, Nr. 241, 2. Dezember 1840, S. 990.

Tebben, Karin (Hg.): *Beruf: Schriftstellerin.* Schreibende Frauen im 18. und 19. Jahrhundert. Göttingen: Vandenhoeck & Ruprecht 1998.

Thaler, Karl von: *Betty Paoli.* In: *Deutsche Dichtung* IV (1888), Heft 6, S. 183–185.

Trummer, Theodor: *Hebbel und österreichische Autoren seiner Zeit.* In: Ida Koller-Andorf, Hilmar Grundmann (Hg.): *Hebbel.* Mensch und Dichter im Werk. Klassiker und Realist. Wien: Verband der wissenschaftlichen Gesellschaften Österreichs 1992, S. 165–179.

Uhl, Friedrich: *Gesellschaft.* In: *Wien 1848–1888.* Denkschrift zum 2. December 1888. Hg. v. Gemeinderathe der Stadt Wien. Bd. II. Wien: Konegen 1888, S. 468–552.

Ujma, Christina (Hg.): *Wege in die Moderne.* Reiseberichte von Schriftstellerinnen und Schriftstellern des Vormärz. Bielefeld: Aisthesis 2009.

Ujvári, Hedvig: *Abriss der deutschsprachigen Presselandschaft in Ungarn im 18. und zu Beginn des 19. Jahrhunderts.* In: *Germanistische Studien* VII (2009), S. 63–76.

Urbach, Reinhard: *Schnitzlers Anfänge.* Was Anatol wollen soll. In: *IASL* 33 (2008), Heft 1, S. 113–154.

V.: *Frauen-Literatur auf der Weltausstellung.* In: *Neue Freie Presse*, 27. Oktober 1872, S. 1–3.

Valdek, Rudolf: *Ueber die Bildung unserer katholischen Geistlichkeit.* In: *Neue Freie Presse*, 13. November 1867, S. 1–3.

—: *Ein Preßprozeß.* In: *Neuen Freien Presse.* Beilage, 15. Mai 1868, S. 4–6.

Vavroušek, Martin: *Uffo Horn – der engagierte Dichter.* In: *brücken* – Germanistisches Jahrbuch Tschechien-Slowakei 20/1–2 (2012), S. 245–259.

Vehse, Carl Eduard: *Geschichte der deutschen Höfe seit der Reformation.* Bd. 34. Hamburg: Hoffmann und Campe 1854.

Verzeichnis Saemmtlicher bey der K. K. Armèe angestellten Feldärzte. Wien: Gedruckt mit Joh. Carl Schuender'schen schriften 1803.

Verzeichniß aller in der k. k. Haupt- und Residenzstadt Wien und sämmtlichen Vorstädten inner den Linien befindlichen numerirten Häuser und Plätze, Namen der Eigenthümer, Hausschilder, Straßen und Gassen, umgearb. von Alois Edlen v. Fraißl. Wien: Carl Gerold'sche Buchhandlung 1812, Neuaufl. 1816.

von der Ammer, Theodor: *Der fünfte Jahrgang der »Dioskuren«* [Rezension]. In: *Blätter für literarische Unterhaltung*, Nr. 47 (1876), S. 749–751.

Vormärz-Handbuch. Hg. v. Norbert Otto Eke im Auftrag des Forum Vormärz Forschung. Bielefeld: Aisthesis 2020.

Wallmann, Eckhard: *Helgoland – Eine deutsche Kulturgeschichte.* Hamburg: Köhler 2017.

Warmuth, G.: *Poesie* [Rezension zu Betty Paoli: *Neueste Gedichte*]. In: *Neue Freie Presse*, 1. April 1870, Abendblatt, S. 4.

Weilen, Alexander von: *Gabillon, Ludwig.* In: *Allgemeine Deutsche Biographie* 55 (1910), S. 477–479.

—: *Julie Rettich*: Erinnerungsblätter zum Gedächtnisse ihres hundertsten Geburtstages (17. April 1809). Wien: Manz 1909.

Weinzierl, Erika: *Amtliche österreichische Reaktionen auf Werke Silvio Pellicos 1832–1834.* In: *Mitteilungen des Österreichischen Staatsarchivs* 31 (1978), S. 209–218.

Werner, Michael (Hg.): *Begegnungen mit Heine.* Berichte der Zeitgenossen. 2. Bd: 1847–1856. Hamburg: Hoffmann und Campe 1973.

Werner, Richard Maria: *Einleitung zu Der Österreichische Parnaß verspottet in Wort und Bild.* Wien: Wiener Bibliophilen-Gesellschaft 1912.

—: *Betty Paoli*. Preßburg, Leipzig: Heckenast's Nfg. 1898.
Wertheimer, Joseph: *Die Triester Cultusgemeinde*. In: *Jahrbuch für Israeliten* (1855/56), S. 224f.
Wetzel, Michael (Hg.): *Grundthemen der Literaturwissenschaft*. Autorschaft. Berlin, Boston: De Gruyter 2022.
Wiedemann, Kerstin: *Zwischen Irritation und Faszination*. George Sand und ihre deutsche Leserschaft im 19. Jahrhundert. Tübingen: G. Narr 2003.
Wiedenmann, Ursula: *Karl August Varnhagen von Ense*. Ein Unbequemer in der Biedermeierzeit. Stuttgart, Weimar: Metzler 1994.
Wiener Weltausstellungs-Zeitung. Beilage zur Nr. 52, 22. Juni 1872.
Wilhelm, Gustav: *Briefe der Freiin Luise von Eichendorff an ihren Neffen Hermann*. In: *Aurora*. Ein romantischer Almanach 4 (1934), S. 3–19.
Wilhelmi, Heinrich Friedrich (Hg.): *Die Lyrik der Deutschen in ihren vollendetsten Schöpfungen während der letzten hundert Jahre, vornehmlich von Göthe bis auf die Gegenwart*. Frankfurt/M.: Brönner 1852.
Winkler, Gerhard: *Kuranda, Ignaz*. In: *Neue Deutsche Biographie* 13 (1982), S. 320f.
Wittner, Otto: *Moritz Hartmanns Jugend*. Diss. Wien, 1903.
—: *Österreichische Porträts und Charaktere*. Wien: Heller 1906.
Wolf, Gerson: *Joseph Wertheimer*, ein Lebens- und Zeitbild. Beiträge zur Geschichte der Juden Oesterreich's in neuester Zeit. Mit Benützung archivalischer Quellen. Wien: Herzfeld & Bauer 1868.
Wolfram: *Die Zerrissenen*. In: *Wiener Zeitschrift für Kunst, Literatur, Theater und Mode*. Nr. 53, 14. März 1848, S. 210.
Wurzbach, Constantin: *Bibliographisch-statistische Übersicht der Literatur des Österreichischen Kaiserstaates*. Erster Bericht vom 1. Jänner 1853 bis 31. December 1853. 2. Aufl. Wien: Manz 1856.
Wurzbach, Constantin von: *Biographisches Lexikon des Kaiserthums Oesterreich*. 60 Bde. 1856–1891. 1. Teil Universitäts-Buchdruckerei von L. C. Zamarski, 2. Teil Verlag der typografisch-literarisch-artistischen Anstalt, 3. und 4. Teil L. C. Zamarski, C. Dittmarsch & Comp., 5. Teil L. C. Zamarski & C. Dittmarsch, ab 1860 Wien: Kaiserlich-königliche Hof- und Staatsdruckerei.
X: *Vaterländische Poesie*. [Rezension zu *Oesterreichisches Odeon*]. In: *Wiener Zuschauer*, Nr. 96, 12. August 1842, S. 942f.
y. y. y.: *Aristokratische Poetinnen*. In: *Neues Wiener Abendblatt*. Abend-Ausgabe des Neuen Wiener Tagblatt, 25. Februar 1875, S. 2f.
Zacharasiewicz, Traute: *Nachsommer des Biedermeier, Emilie von Binzer*. Eine Freundin Adalbert Stifters. Linz: Adalbert Stifter Institut des Landes Oberösterreich 1983.
Zechner, Rosa: *»In unwandelbarer Zuneigung ergeben«*. Betty Paoli (1814–1894) und ihr Freundinnenkreis. In: *L'Homme*, 1, 1993, S. 18–39.
Zwei Landsmänninnen: *Briefwechsel zwischen Louise Gräfin von Schönfeld-Neumann und Hermine Villinger*. In: *Österreichische Rundschau* 7 (1906), S. 172–190.
Zeman, Herbert: *August Sauer (1855–1926) – ein altösterreichischer Gelehrter in seinem persönlichen Umfeld*. In: Christoph Fackelmann, Wynfrid Kriegleder (Hg.): *Literatur-Geschichte-Österreich*. Probleme, Perspektiven und Bausteine einer österreichischen Literaturgeschichte. Thematische Festschrift zur Feier des 70. Geburtstags von Herbert Zeman. Wien: LIT 2012, S. 129–189.

Zeyringer, Klaus und Helmut Gollner: *Eine Literaturgeschichte*. Österreich seit 1650. Innsbruck: Studienverlag 2012.

Ziegler, Edda: *Literarische Zensur in Deutschland, 1819–1848*. Materialien, Kommentare. München: Hanser 1983.

Zinck, Karl Hugo: *Betty Paoli (1814–1894) und Dr. Josef Breuer (1842–1925) in ihrer Zeit*. In: *VASILO* 25 (1976), S. 143–159.

—: *Betty Paoli und der Mönch aus Chartres*. In: *Das Goetheanum*. Wochenschrift für Anthroposophie 50/51 (1974), 397–400.

Digitale Quellen, Datenbanken und Portale

Amtsblatt der Stadt Wien: https://www.digital.wienbibliothek.at/wbrobv/periodical/titleinfo/1556308

Ananieva, Anna und Rolf Haaser: *Der Pester »Spiegel«*. Bibliografie, Autoren, Programme: ein Überblick. Tübingen: Universitätsbibliothek Tübingen 2016. https://publikationen.uni-tuebingen.de/xmlui/bitstream/handle/10900/70819/Ananieva_Haaser_Pester_Spiegel_Portalbeitrag.pdf?sequence=2&isAllowed=y

ANNO, digitaler Zeitungs- und Zeitschriftenlesesaal der Österreichischen Nationalbibliothek: https://anno.onb.ac.at

Anonym [Carl Lewinsky]: *Todesurtheil*, welches von dem Lemberger k. k. Criminal-Gerichte an Theophil Wiśniowski, fälschlich Carl Duval, Winnicki, Dabrowski, Zagorski und Benedict Lewinski genannt, wegen des Verbrechens des Hochverrathes, in Folge gerichtlichen, von den höheren Instanzen bestätigten Spruches, am heutigen Tage, d. i. den 31. Juli 1847 mit dem Strange vollzogen worden ist. Lemberg 1847: http://digital.onb.ac.at/OnbViewer/viewer.faces?doc=ABO_%2BZ150457502

Budde, Gunilla: *Als Erzieherinnen in Europa unterwegs*. Gouvernanten, governesses und gouvernantes. In: *Europäische Geschichte Online*. Hg. v. Institut für Europäische Geschichte. Mainz 2011: http://www.ieg-ego.eu/buddeg-2011-de

Cole, Jonathan: *Tales from the Special Operations Executive: Operation Remorse*. Blog der National Archives: https://blog.nationalarchives.gov.uk/tales-special-operations-executive-operation-remorse

Cur- und Fremden-Liste des Curortes Baden bei Wien, Jahrgänge 1833ff.: https://anno.onb.ac.at/info/bad_info.htm

Deutsche Biographie: https://www.deutsche-biographie.de

Editionsprojekt Verlagsbriefwechsel Haessel-Meyer: http://www.cfmeyer.ch/editionsprojekt

Eine Amtsreise durch Wolhynien. Bericht eines Pastors 1871. In: *St. Petersburgisches Evangelisches Sonntagsblatt* 1871, XIV. Jg., S. 386–389, S. 397–398, S. 405; XV. Jg., S. 12–15, S. 20–22: Transkript: https://www.myvolyn.de/get_file.php?id=29543599&vnr=164880

Figurenlexikon zu Lew Tolstois *Krieg und Frieden* (1867–69) von Anke-Marie Lohmeier: http://literaturlexikon.uni-saarland.de/index.php?id=7315

Frauen in Bewegung 1848–1938. Wiener Frauen-Erwerb-Verein: https://fraueninbewegung.onb.ac.at/node/598

Gatter, Nikolaus: *Solmar, Jette*. In: *Neue Deutsche Biographie* 24 (2010), S. 554–555: https://www.deutsche-biographie.de/pnd1017005893.html#ndbcontent

Hettche, Walter: *Der Nachsommer*. Eine Erzählung. StifterHaus: https://www.stifterhaus.at/stichwoerter/der-nachsommer-eine-erzaehlung

Hirschmüller, Albrecht: *E. Merck und das Kokain*. Zu Sigmund Freuds Kokainstudien und ihren Beziehungen zu der Darmstädter Firma. In: *Gesnerus* 52 (1995), S. 116–132: http://doi.org/10.5169/seals-521013

Historischer Währungsrechner der Österreichischen Nationalbank: https://www.eurologisch.at/docroot/waehrungsrechner

Ischler Cur-Liste: https://anno.onb.ac.at/info/cur_info.htm

Jooss, Birgit: *»Bauernsohn, der zum Fürsten der Kunst gedieh«*. Die Inszenierungsstrategien der Künstlerfürsten im Historismus. In: *Plurale*. Zeitschrift für Denkversionen 5 (2005), S. 196–228: https://doi.org/10.11588/artdok.00003122

Keller, Ulrich: *Das Bild des Krieges*. Der Krimkrieg (1853–1856). In: *Europäische Geschichte Online*. Leibniz-Institut für Europäische Geschichte: www.ieg-ego.eu/kelleru-2013-de

Kolowrat-Krakowsky: https://www.kolowrat.cz/en/jan-nepomuk-karel-called-hanus-count-krakowsky-nowohradsky-of-kolowrat-baron-of-ujezd

Lößl, Karl: *Ein bittend Wort*. Flugschrift. Wien 1848: https://www.digital.wienbibliothek.at/wbrobv/content/titleinfo/2012300

Österreichisches Biographisches Lexikon. Hg. v. Österreichische Akademie der Wissenschaften: https://biographien.ac.at/oebl

ÖBL-Projekt Wiener Weltausstellung 1873 revisited!: https://www.wiener-weltausstellung.at

Offenthaler, Eva: *Der »österreichisch-ungarische Buchhändler-Cavalier« Gustav Heckenast*. Biographie des Monats September 2011. Österreichisches Biographisches Lexikon und biographische Dokumentation: https://www.oeaw.ac.at/fileadmin/Institute/INZ/Bio_Archiv/bio_2011_09.htm

—: *Albumeintrag* für Wilhelm Hemsen. Universitäts- und Landesbibliothek Bonn. Nachlass Hemsen: https://digitale-sammlungen.ulb.uni-bonn.de/ulbbnhans/content/pageview/2482443

Matriken der Pfarre St. Michael. Am Hof: https://data.matricula-online.eu/de/oesterreich/wien/01-am-hof

Programm und Einladung zur Pränumeration der *Constitutionellen Donau-Zeitung*. ÖNB: http://data.onb.ac.at/dtl/7196802169

Protokolle des österreichischen Ministerrates 1848–1867: https://mpr.oeaw.ac.at

Mademoiselle Rachel [Felix] von Jean-Auguste Barre. Sammlung Louvre: https://collections.louvre.fr/en/ark:/53355/cl010093846

Reichs-Gesetz-Blatt für das Kaiserthum Österreich vom 6. 7. 1854: www.ris.bka.gv.at – Fundstelle 158/1854

Robinson, Jeffrey C.: *The Poetics of Expiration*. Felicia Hemans. In: *Romanticism on the Net* (29–30): https://id.erudit.org/iderudit/007715ar

Schumann, Clara und Robert: *Abschriften verschiedener Gedichte zur Composition* (1839–1852). Staats- und Universitätsbibliothek Dresden. 4871, VIII, 4-A3: https://digital.slub-dresden.de/werkansicht/dlf/494309/1

Steiner, Rudolf: *Esoterische Betrachtungen karmischer Zusammenhänge*. Bd. IV: Das geistige Leben der Gegenwart im Zusammenhang mit der anthroposophischen Bewegung. Zehn Vorträge und eine Ansprache, gehalten in Dornach zwischen dem 5. und 28. September 1924. 5. Vortrag. Dornach: Rudolf Steiner Verlag 1991, S. 77: https://steiner.wiki/GA_238#F%C3%9CNFTER_VORTRAG_Dornach,_14._September_1924

The LiederNet Archive: https://www.lieder.net/lieder/get_author_texts.html?AuthorId=2107

The London Gazette: https://www.thegazette.co.uk – Archive

Theaterzettel der beiden k. k. Hoftheater und des k. k. priv. Theaters an der Wien und ihrer Nachfolgerinstitutionen. ÖNB: https://anno.onb.ac.at/info/wtz_info.htm

Turgenev library des Vassar College (Poughkeepsie NY). Katalog: https://www.vassar.edu/specialcollections/docs/ivan-turgenev-and-his-library.pdf

Wappen der Familie Fleischl-Marxow: https://www.archivinformationssystem.at/detail.aspx?ID=4399869

Wien Geschichte Wiki: https://www.geschichtewiki.wien.gv.at

Zensurdatenbank der Abteilung für Vergleichende Literaturwissenschaft der Universität Wien. Datenbank zur Erfassung der in Österreich zwischen 1750 und 1848 verbotenen Bücher: https://www.univie.ac.at/zensur

Personenregister

Ackermann, Louise: 412
Adami, Heinrich: 21
Ahlefeldt, Elisa von: 194
Albert, Anny (Anna Kistner): 359, 360
Amerling, Friedrich von: 353
Andreas Schumacher, Andreas: 89
Anhalt-Dessau, Franz von: 186
Anhalt-Dessau, Louise von: 186
Anschütz, Heinrich: 267, 351
Arnim, Bettina von: 94, 100, 118, 143, 145, 155, 193
Arnold, Robert Franz: 12
Arnstein, Franziska (Fanny) von: 116
Assing, Ludmilla: 143, 194, 199
Auer, Alois (Ritter von Welsbach): 229
Auer, Michael: 229, 230
Auerbach, Berthold: 208, 291
Auersperg, Anton Alexander Graf von (Pseudonym: Anastasius Grün): 25, 26, 28, 50, 51, 58, 66, 74, 96, 289, 307, 336, 347, 348, 349, 352, 358, 367, 373
Bach, Alexander von: 182
Bach, Friedrich: 101, 102, 131
Bacheracht, Therese von: 194, 195
Bagréeff-Speranski, Elisabeth: 219, 220, 226, 233, 234, 350
Bandiera, Attilio und Emilio: 146, 188
Banville, Théodore de: 276
Barkóczy, Antonia: 281, 282
Barre, Jean-Auguste: 205
Barrière, Theodore: 278
Barthel, Carl: 211
Baudelaire, Charles: 205
Bäuerle, Adolf: 21, 24, 29
Bauernfeld, Eduard von: 35, 101, 105, 208, 219, 226, 227, 267, 288
Beck, Friedrich: 16
Belcredi, Richard Graf von: 53
Bender, Hedwig: 437
Berton, Pierre: 276
Bettelheim-Gabillon, Helene: 17, 30, 37, 38, 40, 58, 59, 200, 209, 218, 224, 232, 234, 240, 257, 269, 271, 272, 273, 277, 285, 329, 344, 372, 380, 404, 411, 433, 434, 437, 439, 442, 443
Bettelheim, Anton: 134, 178, 257, 269, 372, 411, 427, 435, 443, 444
Bettelheim, Friederike: 269, 415, 443
Bettelheim, Karoline: 411
Beust, Friedrich Ferdinand von: 328, 344, 347
Billroth, Theodor: 410, 411
Binzer, Emilie von: 134, 135
Bismarck, Otto von: 305
Bobrowska, Therese: 59
Bodenstedt, Friedrich von: 213, 283
Bölte, Amely: 47, 196, 199, 200, 215
Bonaparte, Napoleon: 116, 132, 308
Bonar, Ernest Augustus: 218
Bondy, Ottilie: 282, 309, 440
Botsaris, Markos: 114
Bourget, Paul: 405
Brahms, Johannes: 263
Braunthal, Karl Braun von: 47, 48, 50, 51, 52, 60, 68, 72, 96, 99, 289
Bremer, Fredrika: 119
Bretzenheim, Caroline: 19, 283, 287, 325
Bretzenheim, Ferdinand: 136
Bretzenheim, Karolina: 136

Breuer, Josef: 262, 325, 411, 430, 434, 437, 438, 439, 443
Browning, Elisabeth: 348
Brücke, Ernst von: 259, 261, 411
Brun, Friederike: 217
Bünau-Dahlen, Heinrich Graf von: 192
Bünau, Auguste Gräfin; später: von Sahr: 19, 192, 195, 200, 201, 202, 212, 214, 218, 282, 284
Byron, George Gordon: 20, 109, 110, 111, 112, 113, 114, 115, 116, 118, 132, 213, 216, 373
Callot, Magdalena Freiin von: 35
Campe, Julius: 139
Capendu, Ernest: 278
Carvalho e Melo, Sebastião José de: 309
Caste, Eduard: 200
Cerri, Cajetan: 177, 178, 287, 288, 290, 291, 336
Charlotte Stieglitz: 131, 152
Cherbuliez, Victor: 405
Chopin, Frédéric: 210
Christen, Ada: 380, 385, 403
Clary-Aldringen, Edmund Fürst von: 192
Cornelius, Peter von: 209, 355, 356
d'Agoult, Marie: 387
d'Astorga, Emanuele: 144
Darwin, Charles: 413, 415
Dawit, Anna: 15
Dawit, Franz Carl: 15
Decourcelle, Adrien: 277
Delacroix, Eugene: 354, 356
Destefani, Cajetan: 206
Dickens, Charles: 359
Dingelstedt, Franz: 139, 326, 336, 356, 363
Dixon, William Hepworth: 292
Dohm, Hedwig: 426
Doudan, Ximénès: 390
Droste-Hülshoff, Annette von: 72, 112, 155, 156, 157, 208, 294, 357, 358, 364, 365, 366, 367, 380, 407, 423, 428, 429
Dubsky, Adolph: 435
Dudevant, Aurora (Pseudonym: George Sand): 93, 94, 95, 100, 105, 106, 107, 108, 109, 110, 113, 117, 118, 157, 203, 207, 209, 210, 384, 386, 387, 388, 390, 404, 424
Dumas, Alexandre: 206
Ebert (später: Glaser), Juliane: 100, 102
Ebert, Karl Egon: 100
Ebert, Karl Egon: 100, 347, 348
Ebner-Eschenbach, Marie von/Marie Dubsky: 11, 12, 17, 18, 27, 40, 42, 43, 57, 59, 74, 91, 103, 134, 178, 194, 208, 213, 214, 220, 253, 255, 257, 258, 259, 262, 276, 277, 279, 285, 286, 287, 291, 302, 307, 329, 339, 340, 341, 342, 343, 345, 346, 347, 348, 349, 350, 357, 363, 367, 368, 369, 370, 371, 372, 373, 375, 377, 380, 383, 403, 406, 407, 408, 409, 410, 412, 418, 419, 420, 421, 423, 425, 427, 429, 431, 434, 435, 438, 439, 440, 441, 442, 443, 444
Ebner-Eschenbach, Moriz: 178, 339
Eichendorff, Joseph von: 132, 352
Eichendorff, Luise von: 352
Eichthal, Auguste von: 326, 329, 330, 332, 333
Eligius Franz Joseph Freiherr von Münch-Bellinghausen (Pseudonym: Friedrich Halm): 125, 126, 232, 267, 279, 284, 285, 288, 302, 307, 326, 373
Elßler, Fanny: 11, 281, 282, 284
Elze, Karl: 193, 201
Elze, Theodor: 183, 18, 189, 193, 201, 347
Erdödy, Maria Theresia: 134
Erzherzog Ferdinand d'Este: 176
Erzherzog Johann: 189
Esterházy, Anton: 134
Etienne, Michael: 291
Exner, Sigmund: 259, 260, 262, 411
Fabris, Placidus: 114
Faliero, Marino: 114
Falke, Johann: 345, 349
Faust, Pachler: 410
Felix, Rahel: 205, 209
Ferdinand VII. von Spanien: 390
Ferstel, Heinrich von: 334
Feuchtersleben, Ernst von: 12, 56, 73, 94, 95, 125, 294, 371

Feuillet, Octave: 279
Ficquelmont, Dorothea von: 191
Ficquelmont, Elisabeth-Alexandra: 191, 192, 404
Ficquelmont, Karl Ludwig Graf von: 191
Fischbach, Johann: 189
Fischhof, Joseph: 74
Flaubert, Gustave: 205
Fleischl (geb. Marx), Ida: 253, 254, 255, 256, 257, 258, 259, 260, 262, 263, 265, 266, 268, 269, 281, 282, 283, 284, 285, 287, 288, 299, 326, 339, 341, 344, 348, 350, 352, 363, 364, 367, 368, 369, 370, 371, 375, 376, 377, 405, 409, 412, 414, 415, 416, 418, 420, 421, 422, 430, 432, 436, 437, 438, 439, 440, 443
Fleischl, Adolf: 259, 339
Fleischl, Carl: 254, 258, 259, 260, 266, 304, 422
Fleischl, Ernst: 259, 260, 261, 262, 263, 265, 266, 342, 348, 407, 410, 411, 412, 417, 421, 434
Fleischl, Otto: 263, 264, 265, 342, 344, 353, 436, 437, 438, 439
Fleischl, Paul: 264, 265, 339
Fleischl, Philipp: 259
Fleischl, Richard: 264, 265, 407, 421
Fleischl, Samson: 258
Fleischl, Sara: 258
Fournier, August: 411
François, Louise von: 381
Frankl, Ernestine (geb. Wiener): 56, 126
Frankl, Ludwig August: 21, 56, 57, 73, 95, 101, 102, 116, 117, 118, 123, 124, 126, 289, 307, 336
Franzos, Karl Emil: 427
Frappart, Louis: 410
Frauenthal, Rosa: 339, 340, 341
Freiligrath, Ferdinand: 155
Freud, Sigmund: 260, 261, 262, 411, 432
Frey, Adolf: 381
Frey, Ludwig: 432
Frick, Ida: 154, 155
Friedländer, Max: 291, 339
Friedmann, Alfred: 371, 372
Fröhlich, Katharina: 375, 376, 377, 406
Fürst Liechtenstein: 310, 311
Fürst Windischgrätz: 184
Gabillon, Ludwig: 36, 44, 52, 59, 219, 231, 232, 233, 234, 235, 236, 237, 238, 239, 240, 241, 254, 258, 265, 266, 267, 270, 271, 276, 277, 278, 281, 282, 307, 326, 327, 329, 352, 376, 411, 432, 441, 446
Gabillon, Zerline (geb. Würzburg): 208, 232, 234, 237, 239, 240, 266, 267, 270, 271, 278, 281, 282, 285, 307, 326, 329, 351, 410, 411
Gaiger, Isidor: 290, 340
Gall, Louise von: 217, 367
Galliny, Flora (Pseudonym: Bruno Walden): 347
Galliny, Flora: 257, 437
Gasser, Helene: 255, 256, 263, 265, 282, 304, 363, 375, 377, 409, 416, 421, 422, 430, 431, 435, 437, 439, 440
Gaul, Franz: 288, 289, 290
Geibel, Emanuel: 358
Gentz, Friedrich von: 94, 284
Gersuny, Robert: 411
Girardin, Delphine de: 292
Glaser, K. A.: 30
Glaser, Rudolf: 98, 100, 102
Glück (später: Groschan), Therese/ Theresia (geb. Grünnagel): 15, 27, 30, 34, 40, 44
Glück, Anton: 15
Goethe, Johann Wolfgang: 74, 112, 158, 255, 275, 351, 358, 362, 433, 448
Goethe, Ottilie von: 56, 117, 118, 226, 373
Gomperz, Heinrich: 56
Gomperz, Julius: 411
Gomperz, Theodor, 411
Goncourt, Edmond: 405
Goncourts, Jules: 405
Gontscharow, Iwan: 213
Gottschall, Rudolf: 407
Graf Rossi: 334
Gräfin Károlyi: 218
Gräfin Kuefstein: 202
Gräfin Oldofredi: 224

Grillparzer, Franz: 12, 24, 56, 61, 73, 74, 75, 96, 101, 116, 125, 208, 219, 221, 255, 267, 281, 284, 288, 307, 353, 357, 373, 374, 375, 376, 377, 378, 380, 388, 390, 406, 415, 447
Groschan, Sigismund: 15, 34, 266
Gurney, Archer: 96, 116
Gustav Adolf Prinz zu Hohenlohe-Schillingsfürst: 329, 330
Gutzkow, Karl: 103, 105, 132, 149, 195, 228, 270
Haas, Karl: 72
Hadik, Helene: 325
Haessel, Hermann: 381, 383
Hager, Amalie: 439
Hahn-Hahn, Ida: 193, 217
Hainisch, Marianne: 302
Haizinger, Amalie: 277, 410, 440
Hammer-Purgstall, Joseph von: 69, 74
Hanslick, Eduard: 302
Hartel, Wilhelm von: 302
Hartmann, Moritz: 13, 45, 93, 100, 101, 102, 103, 104, 109, 125, 130, 132, 138, 140, 141, 142, 147, 148, 151, 178, 183, 184, 199, 200, 204, 279, 287, 291, 305, 386
Hebbel, Christine: 223, 267
Hebbel, Friedrich: 190, 227, 228, 268, 270, 281, 288, 289, 351
Heckenast, Gustav: 45, 72, 73, 95, 118, 123, 124, 126, 136, 159, 207, 268, 298
Heine, Heinrich: 54, 55, 61, 99, 118, 132, 143, 204, 205, 226
Helbig, Wolfgang: 334
Heller, Isidor: 99, 102
Hemans, Felicia: 119
Hemsen, Wilhelm: 195, 200, 343, 344, 355
Herloßsohn, Karl: 190
Hevesi, Ludwig: 239
Heyse, Paul: 19, 207, 225, 267, 268, 249, 407
Hohenfels, Stella von: 447
Hohenhausen, Elise von: 204
Holtei, Karl von: 219, 220, 351
Horn, Uffo: 41, 73, 99, 100, 102, 131, 336
Hugo, Victor: 122, 279
Hutten, Ulrich von: 381
Ibsen, Hendrik: 268, 269
Janin, Jules: 203, 206, 207, 209
Juch, Ernst: 414
Kaiser Ferdinand: 75, 179
Kaiser Franz Josef: 34
Kaiser Franz: 33
Kaiser Maximilian I.: 330
Kapriora, Moriz Wodianer von: 254
Karolina Augusta (Kaiserwitwe): 75
Károlyi, Ferdinandine von: 218
Kaufmann, Angelika: 186
Kaufmann, Jakob: 140, 141, 183, 184, 185
Keim, Franz: 410
Keller, Gottfried: 419
Kempen, Johann Franz: 53
Kittel, Marie: 431
Klapp, Michael: 288, 290
Kleist, Heinrich von: 364
Klemperer, Victor: 371
Knorr, Josephine: 340, 348, 350, 351, 358, 410
Kolá, Adrienne: 447
Kolisch, Sigmund: 386
Kollisch, Margarethe: 434
Kolowrat-Krakowský, Xaverine: 178
Kolowrat-Liebsteinsky, Franz Anton (František Antonín): 141, 142
Kolowrat-Liebsteinsky, Franz Anton Graf von: 114, 147, 312
Kolowrat, Hans: 353
Komlosy, Irma: 409
Kompert, Leopold: 16, 40, 131, 197, 198, 203, 211, 219, 281, 288, 291, 339, 408, 415
Kompert, Marie: 423
Kordesch, Leopold: 229, 230
Kronprinz Rudolf: 349, 409
Kuh, Emil: 337
Kühne, Gustav: 75, 106, 142, 183, 194, 195
Kuranda, Ignaz: 61, 102, 104, 184, 288
Kürnberger, Ferdinand: 293
La Roche, Carl: 267, 351
Ladenburg, Ludwig von: 339
Lamartine, Alphonse de: 177

Lambert-Thiboust: 277
Lämel, Louise von: 255
Lämel, Simon Edler von: 255
Landesmann, Heinrich (Pseudonym: Hieronymus Lorm): 13, 28, 103, 104, 110, 111, 116, 136, 145, 147, 148, 157, 188, 288, 291, 305, 363, 405
Laroche, Auguste: 281, 282, 283
Laube, Heinrich: 75, 98, 142, 182, 184, 194, 195, 204, 208, 232, 236, 239, 267, 273, 276, 277, 278, 280, 285, 287, 288, 307, 326, 335, 338, 340, 341, 342, 356, 376, 414
Laube, Iduna: 19, 59, 232, 240, 280, 281, 286, 287, 290, 299, 302, 303, 423
Leitert, Johann Georg: 335
Lenau, Nikolaus: 24, 50, 54, 55, 57, 61, 74, 75, 96, 97, 101, 104, 109, 110, 111, 116, 126, 150, 208, 351, 373, 384, 390
Lenbach, Franz von: 263
Lermontow, Michail: 45, 193, 212, 213, 214
Levi, Cecile: 264
Levitschnigg, Heinrich von: 93, 95, 115, 289
Lewald, Fanny: 105, 193, 200
Lewald, Lewald: 105
Lewinsky, Carl: 53, 54, 55, 56, 58, 59, 60, 61, 175, 176, 177, 182, 202, 203, 204, 285, 286, 353, 376, 411
Lewinsky, Josef: 31, 267, 273, 274, 275, 276, 277, 279, 282, 307, 326, 336, 338, 351, 352, 378, 406, 437, 441, 447, 457, 458
Liebermann, Max: 263
Lingg, Hermann: 274, 275
Lipparini, Ludovico: 114
Liszt, Franz: 152, 210, 263, 330, 335, 387
Littrow, Auguste: 286, 302, 344, 407, 412, 423
Littrow, Carl von: 286
Logau, Friedrich von: 73
Lößl, Karl: 179
Löwe, Sophie: 31
Löwenthal, Sophie von: 116
Ludwig, Otto: 19, 207, 218, 274, 275, 282
Luise Prinzessin von Brandenburg-Schwedt: 186
Macaulay, Thomas: 390
Mailáth, Johann Graf: 73
Makart, Hans: 340, 354, 356
Maria Anna (Gemahlin von Kaiser Ferdinand): 75
Marie Antoinette: 349
Marie-Louise von Österreich: 133
Marpurgo, Jacob: 117
Marpurgo, Rahel (geb. Luzatto): 117
Marx, Lippmann: 255
Maxwell, James Clerk: 260
Mazzini, Giuseppe: 146
Meißner, Alfred: 13, 98, 100, 101, 102, 103, 105, 144, 145, 204, 305
Meitner, Lise: 411
Meizoz, Jérôme: 457
Melesville: 279
Menzel, Adolph: 356
Mercier, Jules: 122
Mercœur, Élisa: 119, 120, 121
Metternich, Klemens Wenzel Lothar von: 24, 55, 102, 114, 132, 141, 175, 178, 184, 191, 334
Meyer, Betsy: 382
Meyer, Conrad Ferdinand: 208, 380, 381, 382, 383, 384, 390
Minor, Jakob: 20, 447
Möbius, Paul: 295, 302
Müller, Marie: 408, 427
Mundt, Theodor: 96
Musset, Alfred de: 390
Nadaud, Gustave: 347
Najmájer, Marie: 347, 348, 409, 410
Nestroy, Johann: 56, 66
Neumann-Schönfeld, Louise: 117, 129, 267, 277, 282, 420, 436, 440
Neustadt, Adolph (Pseudonym: Stephan Thurm): 96, 156
Niendorf, Emma: 116
Nietzsche, Friedrich: 263
Nikolaus II. Esterházy de Galantha: 15, 134, 135, 184, 310
Olivier, Ludwig: 193
Oppenheim, Henriette: 263
Orges, Hermann von: 344, 345

Oskar II., König von Schweden und Norwegen: 349
Otto, Louise: 155
Pálffy, Therese Gräfin: 182, 185, 189, 191, 192
Papst Pius IX.: 333, 334
Paul Anton I. Esterházy de Galantha: 133
Paul, Jean: 365
Pecht, Friedrich: 113, 202, 263, 268, 269, 282, 353, 354, 355, 356, 385, 419
Pellico, Maria: 145
Pellico, Silvio. 145, 188
Pergolesi, Giovanni Battista: 144
Petzold, Eugen: 91
Pfautsch, Friedrich Wilhelm: 16, 182
Pichler, Caroline: 74
Platen, August von: 43, 112
Politzer, Adam: 264
Politzer, Alice: 264
Polko, Elise: 64
Potron, Charles: 279
Precheisen, Olga: 378
Prechtler, Otto: 290
Preyer, Gottfried: 91
Preyß, Bertha: 407
Preyß, Georg: 219, 373, 376
Prinster, Katharina: 284
Prokesch-Osten, Irene: 152
Prokesch, Anton: 152, 192, 196, 203
Prokesch, Friederike (geb. Goßmann): 267, 410
Prutz, Robert: 153, 269, 270, 271
Puccini, Giacomo: 278
Pückler-Muskau, Hermann von: 277, 288
Pulszky, Therese: 405
Puschkin, Alexander: 29, 45, 192, 211, 212, 213
Racine, Jean: 205
Radetzky, Josef Wenzel: 187, 188, 305
Radziwill, Catherine: 404
Rappaport, Moritz: 21
Rettich, Julie: 267, 281, 284, 302, 303, 304, 305, 307, 351, 352
Rettich, Karl: 302, 304, 351
Richter, Helene: 274, 447
Ritter, Franz Xaver: 411
Rodenberg (Lewy), Julius: 194, 195, 291, 381
Romani, Felice: 31
Ronacher, Anton: 341
Rosegger, Peter: 347
Rosner, Leopold: 410
Rottmann, Carl: 153, 158
Rückert, Friedrich: 69, 70, 93, 352
Rust, Wilhelm: 196
Saar, Ferdinand von: 208, 347, 348, 357, 379, 380, 427, 432, 440, 441, 443, 444, 445, 446, 447
Sahr, Carl Heinrich Sahrer von: 192
Saphir, Moritz Gottlieb: 24, 35, 66, 72, 73, 101, 116, 414
Saphir, Sigmund: 73
Sardou, Victorien: 278
Savigny, Friedrich Carl von: 192
Schakowskoy, Nadejda: 334
Scheffel, Viktor: 358
Scheffer, Ary: 209, 210
Schenkel, Wilhelm: 199
Schick, Leopold: 67, 105
Schickh, Johann: 24, 41
Schickh, Josef Kilian: 35
Schilcher, Friedrich: 262
Schiller, Friedrich: 49, 142, 306, 307, 308, 339, 358, 362, 442, 358, 362, 442
Schlesinger, Julie: 282, 407
Schlossar, Anton: 24
Schmerling, Anton von: 53
Schnitzler, Arthur: 278
Schönerer, Georg: 415
Schopenhauer, Arthur: 103, 283, 412
Schoppe, Amalie: 155
Schratt, Katharina: 278, 340
Schubert, Franz: 74
Schücking, Levin: 217, 365, 366, 367, 428
Schücking, Theophanie: 367, 428, 429, 438, 439, 443
Schumann, Clara: 92, 280, 281
Schumann, Robert: 92
Schwab, Christoph: 151, 152, 196
Schwab, Gustav: 152

Schwarzenbach, Ernst: 437
Schwarzenbach, Mina: 263, 264
Schwarzenberg, Edmund: 132, 180, 188
Schwarzenberg, Felix: 176, 202
Schwarzenberg, Friedrich: 13, 118, 129, 130, 131, 132, 133, 135, 139, 150, 176, 180, 182, 183, 185, 186, 187, 191, 193, 202, 203, 207, 214, 218, 220, 221, 226, 229, 253, 277, 282, 289, 306, 353
Schwarzenberg, Josephine (geb. Wratislaw-Mitrowitz): 130, 133, 189
Schwarzenberg, Karl Philipp: 131, 132, 136, 152, 308
Schwarzenberg, Karl: 130, 132, 133
Schwarzenberg, Maria Anna (geb. Hohenfeld): 118, 129, 130, 132, 133, 134, 135, 136, 137, 138, 139, 140, 141, 142, 147, 148, 151, 180, 183, 184, 186, 187, 189, 193, 201, 407, 431
Scott, Walter: 276, 277, 338, 405
Scribe, Eugène: 279
Seidl, Johann Gabriel: 21, 72, 73, 74
Seligmann, Romeo: 56, 116
Sengles, Friedrich: 12
Shakespeare, William: 31, 113, 275
Sichrovsky, Heinrich von: 261
Sichrovsky, Sophie von: 261
Singleton, Esther: 312
Škoda, Josef von: 262
Sollogub, Wladimir Alexandrowitsch: 213, 214
Solmar, Henriette: 193, 194
Sonnenfels, Joseph von: 116
Sonnenthal, Adolf von: 267, 278
Sonntag, Henriette: 334
Speidel, Ludwig: 291, 292
Speranski, Michail: 219
Spitzer, Daniel: 292, 299, 300, 347, 352
Stadion, Franz Seraph: 176, 180, 183, 221, 412
Staël, Germaine de: 106
Stahr, Adolf: 200
Stein, Wilhelmina (Mina) von: 19, 59, 285, 326, 332, 333, 334, 353, 367
Steiner, Rudolf: 417
Stelzhamer, Franz: 95
Stieglitz, Heinrich: 151, 152, 153
Stifter, Adalbert: 29, 45, 95, 103, 104, 113, 123, 125, 135, 136, 150, 157, 158, 159, 178, 181, 185, 189, 190, 191, 207, 352
Strauß, Johann: 230
Strigl, Daniela: 257
Suttner, Arthur Gundaccar von: 410
Suttner, Bertha von: 410
Tarnow, Fanny: 193, 194, 196, 200
Taußig, Gabriel: 150
Thaler, Karl von: 431
Thimig, Hugo: 134
Tolstoi, Leo: 219
Turgenjew, Iwan: 139, 213, 284, 285, 405
Tyrolt, Rudolf: 340
Uhl, Eduard: 408
Uhl, Friedrich: 280, 281, 348, 349
Uhland, Ludwig: 122
Ullmann, Henle Ephraim: 116
Vacquerie, Aguste: 279
Varnhagen, Karl August: 143, 149, 192, 193, 196, 199, 200, 204, 208
Varnhagen, Rahel: 94, 95, 106, 118, 143, 208, 255, 390
Viardot-Garica, Pauline: 203, 209, 284, 285
Villinger, Hermine: 420, 428
Vogl, Johann Nepomuk: 35, 72, 73, 74, 75, 101
Volkmann, Robert: 92
Voltaire: 285
Wagner, Joseph: 267
Wagner, Richard: 91, 263
Wagner, Rudolf (Pseudonym: Rudolf Valdek): 281, 414, 415
Waldburg-Wurzach, Julie von: 91
Warrens, Eduard: 180, 218, 219, 221, 222, 226, 227, 228, 229
Weilen, Joseph: 267, 375, 408
Weissenthurn, Max: 423
Weiß, Karl (Pseudonym: Karl Schrattenthal): 426
Welten, Eduard Wiener von: 264
Werner, Richard M.: 46, 47, 65
Wertheimer, Henriette: 56, 58, 71, 115, 116,

117, 118, 122, 123, 125, 126, 130, 226, 265, 282, 373
Wertheimer, Joseph: 56, 115, 116, 117, 122, 125, 259
Wertheimstein, Franziska von: 261
Wertheimstein, Josephine von: 53, 261, 285
Wickenburg-Almasy, Albrecht von: 347
Wickenburg-Almasy, Wilhelmine von: 347
Wigand, Otto: 123, 143
Wiśniowski, Theophil: 175
Witthauer, Friedrich: 24, 41, 44, 53, 56, 57, 58, 68, 72, 74, 75, 89, 93, 101, 118, 120, 131, 158, 184, 367, 373
Wittner, Otto: 101
Wolf, Gerson: 116
Wolff, O. L. B.: 154
Wollstonecraft, Mary: 424, 425
Wolter, Charlotte: 276, 278, 406
Wüllerstorf-Urbair, Bernhard von: 218, 282
Wurzbach, Constantin: 303
Zahlhaas, Johanna von: 239
Zang, August: 180, 183, 227, 291
Zedlitz, Joseph Christian: 61, 219, 228, 229, 268, 288
Zichy, Edmund: 343
Ziegler, Karl (Pseudonym: Carlopago): 91

Bildnachweis

S. 8: Betty Paoli, um 1850, Carl Rahl (Künstler), Wien Museum Inv.-Nr. 93965, CC BY 4.0, Foto: Birgit und Peter Kainz, Wien Museum (https://sammlung.wienmuseum.at/objekt/519332)

S. 18: Betty Paoli, Porträt von Koberwein, *Gedenke mein!* 1857, Google Books (gemeinfrei)

S. 25: Friedrich Witthauer, Lithographie von Josef Kriehuber, 1845, Wikimedia Commons (gemeinfrei)

S. 48: Karl Johann Braun von Braunthal, Lithographie von Andreas Staub, um 1830, Wikimedia Commons (gemeinfrei)

S. 54: Carl Lewinsky, Foto aus dem Studio Angerer, Porträtsammlung Österreichische Nationalbibliothek, Pf 29036B1_1

S. 57: Ludwig August Frankl, Gemälde von Leopold Pollak, 1838, Wikimedia Commons (gemeinfrei)

S. 121: Élisa Mercoeur, Porträt von Achille Devéria, Wikimedia Commons (gemeinfrei)

S. 133: Friedrich Fürst Schwarzenberg (1800–1870), Lithographie von Josef Kriehuber, Wikimedia Commons (gemeinfrei)

S. 135: Fürst Nikolaus II. Esterházy. Miniaturbild von Joseph Lancedelli, 1803 (Ausschnitt), Wikimedia Commons (gemeinfrei)

S. 135: Betty Paoli, Josef Kriehuber (Ausschnitt), Sammlung Wien Museum (https://sammlung.wienmuseum.at/objekt/620283) (CC BY 3.0 AT)

S. 137: Foto eines Porträts der Fürstin Maria Anna Esterházy von Angelika Kauffmann, 1795, MAK, Wien (https://sammlung.mak.at/sammlung_online?id=collect-173898)

S. 158: Adalbert Stifter, Zeichnung von Moritz Daffinger, *Iris* 1848, austrian literature online (gemeinfrei)

S. 178: Betty Paoli, Lithographie von August Prinzhofer, 1848, Wikimedia Commons (gemeinfrei)

S. 222: Eduard Warrens, 1856, Josef Kriehuber (Lithograf), Joseph Stoufs (Ausführung), Wien Museum Inv.-Nr. W 6868, CC0 (https://sammlung.wienmuseum.at/objekt/531322)

S. 231: Ludwig Gabillon, 1855; Helene Bettelheim-Gabillon: *Ludwig Gabillon.* Tagebuchblätter – Briefe – Erinnerungen. Wien u. a.: Hartleben 1900, Frontispiz (gemeinfrei) (https://archive.org/details/tagebuchbltterboobettgoog/page/n9/mode/1up)

S. 237: Zerline Würzburg, Lithographie von August Prinzhofer, 1854, Theatermuseum Wien (https://www.theatermuseum.at/online-sammlung/detail/1108982)

S. 256: Ida Fleischl-Marxow, um 1865, Dr. H. Heid & F. Ronniger (Fotoatelier), Wien Museum Inv.-Nr. 49636/8, CC0 (https://sammlung.wienmuseum.at/objekt/425699)

S. 274: Josef Lewinsky, um 1860, Carl Mahlknecht (Fotograf), Theatermuseum, Wien, Inv.-Nr. FS_PV174286alt (www.theatermuseum.at/de/object/388797)

S. 286: Carl Lewinsky, Porträtsammlung Österreichische Nationalbibliothek Pf 29036B2_1

S. 289: Franz Gaul: *Der Österreichische Parnaß*, 1862. In: Richard Maria Werner (Hg.): *Der Österreichische Parnaß verspottet in Wort und Bild*. Wien: Wiener Bibliophilen-Gesellschaft 1912. (Privatbesitz)

S. 303: Julie Rettich, 1855, Josef Kriehuber (Lithograf), Wikimedia Commons (gemeinfrei)

S. 313: Betty Paoli, um 1870, Foto von Fritz Luckhardt, Wien Museum Inv.-Nr. Suppe 599, CC0 (https://sammlung.wienmuseum.at/objekt/788705)

S. 374: Franz Grillparzer, 1827, Moritz Michael Daffinger, Wikimedia Commons (gemeinfrei)

S. 382: Conrad Ferdinand Meyer, Wikimedia Commons (gemeinfrei)

S. 389: Betty Paoli: Ausgefüllter Fragebogen. WB, Hss., IN 205780 (eigenes Foto)

S. 406: Betty Paoli: Manuskript, 1887. WB, Hss., IN 28078, (https://www.digital.wienbibliothek.at/wbrobv02/content/pageview/5085228)

S. 409: Betty Paoli, gemalt von Marie Müller, 1886, Sammlung Wien Museum, CC BY 3.0 AT, Foto von Birgit und Peter Kainz, Wien Museum (https://sammlung.wienmuseum.at/objekt/105178)

S. 421: Betty Paoli, Marie von Ebner-Eschenbach und Ida Fleischl-Marxow beim Tarock, Foto von Richard Fleischl-Marxow 1891, Wien Museum Inv.-Nr. 55797, CC0 (https://sammlung.wienmuseum.at/objekt/525245)

S. 440: Parte Betty Paoli, *Neue Freie Presse*, 7. Juli 1894, Abendblatt, S. 15 (https://anno.onb.ac.at/cgi-content/anno?aid=nfp&datum=18940707&seite=15&zoom=33)

S. 459: Betty Paoli, um 1890, Foto von Karl Pietzner sen. Wien Museum Inv.-Nr. 50459, CC0 (https://sammlung.wienmuseum.at/objekt/42767)

Zeittafel

1814 30. Dezember: Geburt in der Färbergasse in Wien, Eltern Anton Glück, Arzt, und Theresia, geborene Grünnagel; Taufe auf den Namen Barbara Anna

1822 Anton Glück stirbt

1830 Umzug nach Ungarn

1832 Die Novelle *Alfred* und mehrere Gedichte erscheinen unter dem Namen Betty Glück; Rückkehr nach Wien

1833 Erster Sommeraufenthalt in Baden bei Wien, im Oktober Umzug nach Kremenez, Russland, Arbeit als Gouvernante

1834 Reise nach Szaflary, Galizien; Tod der Mutter

1835 Die Erzählung *Clary* erscheint unter dem Pseudonym Betty Paoli; Beziehung mit Carl Lewinsky

1836 Sommeraufenthalt in Baden bei Wien; Umzug nach Schlesien; Arbeit als Gouvernante

1837 Paolis Gedichte erscheinen im *Oesterreichischen Musenalmanach*, *Der Humorist*, *Der Telegraph*, der *Wiener Zeitschrift* und anderen Zeitschriften und Almanachen

1837 (?) Geburt und Tod ihres Sohnes

1838 Gast im Salon Wertheimer, wo sie u. a. Franz Grillparzer, Ottilie von Goethe, Ernst von Feuchtersleben kennenlernt

1839 Die erste Vertonung eines Paoli-Gedichts erscheint; Paoli wird Gesellschafterin bei Henriette Wertheimer; Beziehung mit Ludwig August Frankl

1841 Die erste Gedichtsammlung (*Gedichte*) erscheint

1842 Lernt bei ihrem Sommeraufenthalt in Baden Nikolaus Lenau kennen; erster Venedigaufenthalt

1843 Die zweite Auflage des ersten Gedichtbandes erscheint; Paoli wird Gesellschafterin der Fürstin Maria Anna Schwarzenberg; Freundschaft mit Adalbert Stifter; ihr zweiter Gedichtband (*Nach dem Gewitter*) erscheint

1844 Die dreibändige Prosasammlung *Die Welt und mein Auge* erscheint; Reise mit der Fürstin Schwarzenberg nach Dresden, Leipzig und Helgoland

1845 *Romancero*, eine Sammlung epischer Gedichte, erscheint

1846 Reise nach Venedig, Florenz und Bologna

1848 Marie Dubsky, verehelichte von Ebner-Eschenbach, tritt mit Paoli in Kontakt; Tod der Fürstin Schwarzenberg; Umzug nach Zerbst in Anhalt-Dessau; Paolis erste Feuilletons erscheinen in der *Presse*

1849 Gesellschafterin der Gräfin Auguste Bünau auf Schloss Dahlen bei Dresden

1850 Die Sammlung *Neue Gedichte* erscheint; Reise nach Paris, Begegnung mit Heinrich Heine

1851 Die erste Übersetzung aus dem Russischen erscheint in der *Wiener Zeitschrift*

1852 Reise nach Italien; Umzug nach Wien; Gesellschafterin von Elisabeth Bagréeff-Speranski; Vertragsverhandlungen mit der Redaktion des *Lloyd*

1852 Ausstellungs-, Theater- und Buchkritiken für den *Lloyd* und andere Zeitungen

1853 Beziehung mit dem Schauspieler Ludwig Gabillon

1855 13. März: Begegnung mit Ida Fleischl; zieht in das Haus von Ida und Carl Fleischl in der Oberen Bäckerstraße in Wien; die Sammlung *Lyrisches und Episches* erscheint

1856 Erste Übersetzung aus dem Französischen für das Burgtheater

1857 Die Erzählung *Anna* erscheint

1858 Beziehung mit dem Schauspieler Josef Lewinsky; erster Besuch bei Otto Ludwig in Dresden

1865 Erste Essays in der *Neuen Freien Presse*; das Buch *Wien's Gemälde-Gallerien in ihrer kunsthistorischen Bedeutung* erscheint

1868 Begegnet in Baden-Baden Iwan Turgenjew

1870 Der Gedichtband *Neueste Gedichte* erscheint; Reisen nach Dresden, Venedig und Rom

1873 Erste Gedichte für das Jahrbuch *Dioskuren*

1874 Schreibt Rezensionen über Ferdinand von Saar und C. F. Meyer

1875 Carl Fleischl wird geadelt und wählt den Zusatz ›von Marxow‹; *Grillparzer und seine Werke* erscheint

1876 Umzug in die Habsburgergasse 5, die letzte Adresse in Wien

1885 Ehrenmitglied des ›Vereins der Schriftstellerinnen und Künstlerinnen in Wien‹; 30. Dezember: große Feier zum 70. (eigentlich 71.) Geburtstag

1890 Winter: erkrankt schwer

1891 Ehrenmitgliedschaft der Grillparzer-Gesellschaft

1894 In der Nacht vom 4. auf den 5. Juli: Tod in Baden bei Wien

1895 24. Jänner: Gedenkfeier für Betty Paoli im Kleinen Musikvereinssaal in Wien; bei Cotta erscheint *Betty Paoli: Gedichte. Auswahl und Nachlaß*

Betty Paoli
»Ich bin nicht von der Zeitlichkeit!«
Ausgewählte Werke

Herausgegeben und mit einem
Nachwort von Karin S. Wozonig

ISBN 978-3-7017-1797-2

Das »Best of« ihrer Werke holt die Wiener Autorin Betty Paoli in den Kanon zurück. Einst war sie im ganzen deutschen Sprachraum berühmt für ihre leidenschaftliche Lyrik. Die Zeitgenoss*innen stellten sie auf eine Stufe mit Annette von Droste-Hülshoff. Paolis Gedichte wurden in Schulbücher aufgenommen und heute erleben sie auf Lyrikportalen im Netz ein Revival.

Als erste Berufsjournalistin Österreichs verfasste Paoli scharfsinnige und unterhaltsame Kritiken zu Kunst, Literatur und Theater, war meinungsbildend im Kulturbetrieb und Vorbild für die nächste Generation schreibender Frauen. Ihre Essays erschienen in den wichtigsten deutschsprachigen Zeitungen, wurden leidenschaftlich diskutiert.

Die Auswahl mit Kommentar und Nachwort gibt Einblick in das vielfältige Oeuvre dieser herausragenden Autorin.